1일 1강
논어 강독

1일 1강 논어 강독

1판 1쇄 발행 2020. 8. 19.
1판 11쇄 발행 2023. 9. 27.

지은이 박재희

발행인 고세규
편집 박보람 디자인 조명이
발행처 김영사
등록 1979년 5월 17일(제406-2003-036호)
주소 경기도 파주시 문발로 197(문발동) 우편번호 10881
전화 마케팅부 031)955-3100, 편집부 031)955-3200 | 팩스 031)955-3111

값은 뒤표지에 있습니다.
ISBN 978-89-349-8658-4 03140

홈페이지 www.gimmyoung.com 블로그 blog.naver.com/gybook
인스타그램 instagram.com/gimmyoung 이메일 bestbook@gimmyoung.com

좋은 독자가 좋은 책을 만듭니다.
김영사는 독자 여러분의 의견에 항상 귀 기울이고 있습니다.

1일 1강 논어 강독

論語

오두막에서 논어를 읽다

박재희 지음

김영사

| 서문 |

오두막에서 논어를 읽다

팥배나무 밑에서 논어 책을 펴다

홍천 천둥골 골짜기 계곡물을 따라 올라가보니 팥배나무 한 그루가 칡넝쿨에 꽁꽁 묶여 신음하고 있었습니다. 저는 그해 여름 오랜 결심을 실행으로 옮겼습니다. 칡뿌리를 낫으로 자르고 팥배나무를 둘러싸고 있던 칡줄기를 하나씩 털어내었습니다. 대수술이 끝나자 팥배나무는 막혔던 숨을 크게 한 번 내뱉더니 온전히 숨을 쉬기 시작했습니다. 반백 년 동안 묶여 있던 질곡에서 벗어나 비로소 온전히 세상과 만났습니다. 그 감동을 여세로 그동안 오가며 모아놓은 빛바랜 판재와 나무를 자르고 다듬어 팥배나무 아래 세 평짜리 오두막을 손수 지었습니다. 어느 더운 여름날 오두막 창가 안에서 논어를 읽다가 밖을 바라보면 팥배나무는 고마움을 그늘로 화답했고, 팥알처럼 생긴 팥배나무 열매는 배 향기를 내뿜으며 내 코를 행복하게 해주었습니다. 그렇게 새로운 논어 번역은 팥배나무 아래 오두막 창가에서 시작되었습니다. 평생 논어를 읽으며 제대로 번역해보자고 원을 세운 지 40년쯤 되던 그해 여름이었습니다. 번역은 여름날 흐르는 시냇물처럼 빨랐습니다. 노트북 두드리는 자판 소리는 오두막 옆을 흐르는 시냇물 소리와 어우러져 장맛비에 물 흐르듯이 빠르게 물살을 탔습니다. 그렇게 2,500살 묵은 논어의 498개 문장은 팥배나무 열매처럼 익어갔습니다.

논어를 묶고 있던 넝쿨을 걷어내다

논어는 총 20편 498개 문장으로 구성되어 있습니다. 문제는 각 편과 내용이 일관성이 없다는 것입니다. 예를 들어 1편 〈학이〉 편에 담긴 16개 문장은 학습, 친구, 군자, 효도, 정치, 성찰, 인간관계 등 서로 연관성이 전혀 없는 문장들의 모음입니다. 일반인들이 논어를 읽어보겠다고 책을 펴면 문장 하나하나의 단편적 이해는 수월하나, 통합적으로 연관하여 술술 읽어내기에는 너무 힘든 일입니다. 그러니 수많은 사람들이 〈학이〉 편을 마치기도 전에 책을 놓거나 던지기가 일쑤입니다. 도대체 무슨 말을 하려는 것인지 머릿속에 정렬이 되지 않기 때문입니다. 논어 전체 내용을 요즘 우리가 고민하는 큰 주제로 분류하고, 그 밑에 논어의 498개 문장을 새롭게 나눠 배치하여 번역하면 안 될까? 그러면 주제별로 항목별로 논어를 일관성 있게 읽을 수 있지 않을까? 팥배나무를 얽어매고 있던 칡넝쿨을 잘라내듯이, 논어를 얽매고 있던 번역의 고정관념을 거둬내기로 했습니다. 그 작업이 팥배나무 아래 오두막에서 진행되었습니다.

논어를 해체하고 다시 조립하다

일단 논어 전체 내용을 9개의 주제로 분류했습니다. 1. 학습, 2. 성찰, 3. 관계, 4. 사랑仁, 5. 예악, 6. 군자, 7. 인재, 8. 정치, 9. 공자와 제자들로 큰 주제를 정하고 논어 498개 문장을 팥배나무 열매처럼 바닥에 뿌려놓고, 하나씩 다시 주워서 해당 주제 안에 차곡차곡 집어넣었습니다. 문장의 번역과 해설은 짧은 것은 한 쪽, 긴 것은 두 쪽 안에서 해결한다는 원칙을 갖고 뜨거운 여름과 추운 겨울을 지나 다시 새로운 봄을 맞이했습니다. 조립된 레고 블록을 해체하고, 색깔과 모양별로 분류하여 다시 완성하는 작업처럼 재미있기도 했지만 힘들기도 했습니다. 번역보다 힘들었던 것이 주제 분류와 문장 배속이었습니다. 2,500년 동안 어떤 주석가도 해보지 않았던 방식이라 무엇보다 힘들었던 작업이었습니다. 조선 시대 이런 작업을 했다면 성현의 말씀을 함부로 건드렸다는 죄목으로 당장 사상범으로 몰려 수감되거나, 사람들의 비난에 견딜 수가 없었을 것입니다. 다행인 것은 오늘날 아무도 논어의 해체와 조립이라는 작업에 시비를 걸지 않는다는 것입니다. 논어의 번역이 끝났을 때 2,500년 동안 주석의 관성에 묶여 있던 논어는 크게 숨을 크게 한 번 내뱉더니 비로소 온전한 숨을 쉬기 시작했습니다. 그렇게 팔배나무 아래 오두막에서 논어는 다시 태어났습니다.

새로운 논어의 해석을 기다리며

고전 번역은 재해석이 중요합니다. 고전을 번역하는 시점의 시대정신을 반영하는 재해석이 없다면 고전 번역은 지식인들의 반복적 행위에 머물 것입니다. 다산의《논어고금주》번역이 빛을 발하는 것은 조선 후기 실학자의 안목으로 논어를 재해석했다는 것입니다. 경학자와 실용학자의 안목으로 시대적 요구를 반영하여 번역된 다산의 논어는 새로운 시대를 여는 미래정신이었습니다. 르네상스는 고전의 재해석을 통해 근대라는 새로운 문을 열었고, 불교의 선종은 불경의 재해석을 통해 새로운 깨달음의 길을 열었습니다. 유교의 성리학은 선진 유교경전의 재해석을 통해 이성의 합리성을 구축했습니다. 고전의 번역은 저자의 의도도 중요하지만, 그 의도가 시대에 따라 어떻게 재해석되어야 하느냐가 중요한 이유입니다. 기존 번역의 틀과 형식을 파괴한 이번 번역을 통해 논어 재해석의 물꼬가 트이고, 해체와 조립이라는 새로운 고전 번역의 방식이 보편화되기를 희망해봅니다. 부수지 않고는 새로운 것을 찾을 수 없다는 평소 신념이 과감하게 논어의 틀을 바꾸게 된 계기였음을 다시 한 번 강조하고 싶습니다.

이 책을 이런 독자들에게 권합니다.

1. 논어를 현대적 언어로 쉽게 읽고 싶은 독자.
2. 논어를 주제별로 항목별로 체계적으로 읽고 싶은 독자.
3. 자신의 관심 분야와 관련된 논어의 메시지를 선별하여 찾아보고 싶은 독자.
4. 자신의 논리를 논어에서 찾고 싶을 때 도움이 필요한 독자.
5. 하루 한 문장씩이라도 논어를 지속적으로 아무 때나 체계적으로 읽고 싶은 독자.

이 책이 나오기까지 많은 도움과 인연이 있었습니다. 선업善業으로 나를 항상 바르게 인도하고 계신 고인이 되신 부모님과 가족들, 최고의 전각작품을 새겨준 재전才全 박영상 선생, 동막골 오두막 집필실을 함께 지은 야닉 선배와 원고를 꼼꼼히 읽고 조언을 해준 윤원철, 김정현, 황성원 님과 제자들, 김홍희 사진 작가, 김영사 박보람 편집자, 오두막 창밖에서 늘 나의 작업을 지켜봐주고 그늘을 만들어준 그 팥배나무와 '그 자연'에게 감사의 뜻을 전합니다.

동막골 팥배나무 아래 오두막에서 石泉이 쓰다
2020. 8. 8

차례

| 서문 | 오두막에서 논어를 읽다 · 4

| 들어가기 전에 | 토론과 이야기 모음집, 논어論語 · 10

1장
학습學習

학습의 기쁨 · 16
학습의 실천 · 21
학습의 성과 · 37
학습의 목표 · 47

2장
성찰省察

자아 성찰 · 58
관계의 성찰 · 76
행복의 성찰 · 86
사회적 성찰 · 100

3장
관계關係

인간 관계 · 122
친구 관계 · 144
조직 관계 · 150
가족 관계 · 161

4장
사랑仁

사랑의 본질 · 184
사랑의 실천 · 198

5장
예악 禮樂

인간의 질서: 예 • 214
인간의 화해: 악 • 242

6장
군자 君子

군자의 정의 • 256
군자가 사는 삶 • 272

7장
인재 人材

인물 평가 • 304
인재 • 337

8장
정치 政治

정치 철학 • 392
정치 목표 • 413
정치 방법 • 425
정치인 • 442

9장
공자와 제자들 孔子弟子

공자 • 466
공자의 제자 • 538
안회 • 540
자공 • 552
자로 • 558
그 외 제자 • 563

| 에필로그 |
《1일 1강 논어 강독》을 마치면서 • 590

| 들어가기 전에 |

토론과 이야기 모음집, 논어論語

논어는 토론論과 이야기語를 모아놓은 대화록입니다. 공자와 제자, 귀족들 간의 토론과 대화를 모아서 편집한 책이 논어입니다. 영어로는 '공자의 어록The Analects of Confucius'이라고 합니다. 한마디로 공자님 말씀이라는 뜻입니다. 73년의 인생을 살다 간 공자의 어록은 2,500년간 아시아인들의 사고방식과 삶에 가장 많은 영향을 주었습니다. 20개 편 498개 문장으로 이루어진 현재 통용되는 논어는 단순한 책 한 권의 의미를 넘어 정치인에게는 국정 운영의 철학이었고, 일반인에게는 모범적 삶과 상식의 근거가 되었습니다. 논어는 한 글자도 바꿀 수 없는 완벽한 성인의 말씀이 아닙니다. 시대에 따라 다양한 편집과 주석으로 논어는 진화했습니다. 한국에서도 퇴계 이황의 주석과 다산 정약용의 주석 등 다양한 해석이 있었습니다. 앞으로 논어는 어떻게 진화할지 모릅니다. 미래에 뛰어난 주석자와 편집자가 나와 논어를 더욱 업그레이드하고 시대의 질문에 답할 명작으로 키워내기를 기대합니다. 논어에 공자가 무슨 이야기를 했느냐가 중요한 것이 아니라, 그 이야기가 지금 우리 시대에 어떤 의미를 지니느냐가 더욱 중요합니다.

논어의 저자는

공자가 아닙니다. 공자의 제자들이 공자의 어록 중에 선별하여 편집한 것입니다. 따라서 다양한 판본의 논어가 존재했었습니다. 제자마다 들은 내용이 다르고, 중요하게 생각한 것이 달랐기 때문입니다. 논어는 연구실에서 어떤 특정한 사람이 어떤 특정한 기간에 쓴 책이 아닙니다. 현장에서 어떤 이슈를 묻고 대답한 내용이 논어입니다. 그래서 일관성이 떨어질 수도 있고, 중복되는 문장도 있습니다. 인간의 삶은 일관적이지 않습니다. 시간과 공간에 따라 얼마든지 위배되고 중복될 수 있기 때문입니다. 그래서 논어는 교과서로 읽지 말고 현장 경험서로 읽어야 제맛이 납니다.

논어의 내용은

윤리나 제사, 예절에 관한 내용은 그리 많지 않습니다. 한 인간이 치열한 불확실성의 시대를 어떻게 살아가야 하는지에 대한 내용이 오히려 많습니다. 학습을 통해 세상을 보는 관점을 확대하고, 동지와의 관계를 통해 꿈을 실현하고, 타인의 평가에 연연하지 않고 자신의 페이스로 삶을 살아가야 한다는 공자의 인간문양이 담겨 있습니다. 역경 속에 굴하지 않고 더욱 단단한 나를 발견하는 계기로 삼아야 하며, 조직에 위기가 닥쳤을 때 자신의 목숨을 던져 세상을 구하라는 장엄한 격려가 논어 속에 있습니다. 하늘 아래 존재하는 '나'에 대한 처절한 질문과 대답, 논어의 주된 내용입니다.

논어의 진화는

다양한 방식으로 이루어져 왔습니다. 논어의 판본은 제나라 논어齊論, 노나라 논어魯論, 그리고 공자의 고택에서 발견된 고논어古論 등이 있었습니다. 한漢나라 때 장우張禹가 장후론張侯論 20편을 만들었고, 뒤이어 후한後漢의 정현鄭玄, 위魏의 하안何晏을 거쳐 현재 통용되는 논어의 체재 및 원문이 결정되었습니다. 결론적으로 논어는 정본이 없습니다. 시대에 따라 얼마든지 새로운 모습으로 진화할 수 있는 여지가 있는 책이 논어입니다. 논어의 498개 문장을 모두 번역하여 9개 항목으로 나누어 새롭게 편집한 본 책도 논어의 진화과정 중 하나입니다.

논어가 한국에 전래된 시기는 삼국시대입니다. 그 후 조선의 성리학 건국이념 덕분에 논어는 경전 중에서 가장 으뜸의 자리를 차지하게 되었습니다. 고시과목 중에 필수 과목이 된 것입니다. 당연히 국정 운영자들의 철학이 되었고, 통치의 기반이 되었습니다. 조선은 논어의 내용이 상식이 된 시대입니다. 정약용은 논어의 모든 주석을 모아 새롭게 편집하여《논어고금주》를 편찬했습니다. 논어 진화의 한 획을 그은 책입니다.

논어를 통해 유교의 인문학적 유전자를 찾아볼 수 있습니다. 내가 생각하고, 판단하고, 실행하는 인간의 행동 패턴에 논어적 유전자가 깊이 관여하고 있음을 부정할 수 없습니다. 논어를 통해 나를 더욱 깊이 이해하는 단서를 찾을 수 있기를 기대해봅니다.

|1장|

학습

學習

《논어》의 핵심 철학을 한마디로 정의하면 '학습學習'입니다. 평생 학습, 성찰 학습, 자기주도 학습, 성장 학습이 《논어》의 학습 철학입니다. 《논어》의 첫 구절은 학습의 기쁨으로 시작됩니다. 학습은 인생에서 가장 행복하고 기쁜 일이라는 선언입니다. "배우고 익히니 그 얼마나 기쁘고 가슴 뛰는 일인가?" 《논어》의 이 첫 구절은 잘 알려진 문장입니다. 3살 때 아버지를 잃고 홀어머니 밑에서 자란 공자에게 배움은 삶의 원천이자 현재를 버텨내는 힘이었습니다. 외롭고 힘들었던 어린 시절, 공자를 위로하고 용기를 줄 수 있었던 것은 학습이었습니다.

15살에 본격적인 배움을 시작한 공자는 35살 즈음에 은행나무 밑에 배움의 공간을 열어 제자들을 양성했습니다. 본인이 그랬듯이 배움을 통해 인간은 기쁨을 느끼고, 함께 성장하고, 좋은 관계를 맺고, 목표를 실현할 수 있다는 것을 제자들에게 가르쳤습니다. 그 당시 많은 젊은이들이 공자의 제자로 입문하여 학습했습니다. 그들은 학습이 인생의 기쁨뿐만 아니라 자신의 꿈과 희망을 실현시켜 줄 것이라고 믿었습니다. 학습의 기쁨이 확장하여 사회에 선한 영향력을 끼칠 수 있음을 공자와 그의 제자들은 경험했던 것입니다.

공자의 제자들은 학습을 통해 성숙하였고, 3년 정도의 학습 기한이 지나면 각 지역의 귀족들에게 스카우트되었습니다. 각 지역으로 흩어져 세상에 나아간 제자들은 자신들이 학습한 내용을 실제 정치와 사회에 실현하려고 했습니다. 이런 학습의 사회적 실천을 '도의 실천行道'이라고 했습니다. 학습은 높은 자리에 올라 권세와 부귀를 얻기 위해서가 아니라 학습을 통해 무장된 실력을 기반으로 자신의 가치道를 실현하는 것이라고 믿었기 때문입니다. 저는 이런 공자와 그 제자들을 '학습의 전사戰士'들이라고 부르겠습니다. 학습을 즐기고, 학습을 통해 성장하고, 학습된 가치를 실천하려고 노력하는 사람들士이란 의미입니다. 첫 주제인 〈학습〉 편을 통해서 2,500년 전, 지금의 산동성 중부 조그만 마을에서 있었던 학습 전사들의 꿈과 가치를 함께 살펴보도록 하겠습니다.

세상에서 가장 기쁜 일

자왈 학이시습지 불역열호
子曰 學而時習之 不亦說乎

공자가 말했다. "배우고 늘 익히고 있으니 이 또한 인생의 기쁨이 아니겠는가?"

사람마다 일상이 기쁜 이유는 많습니다. 사랑하고, 일하고, 돈 벌고, 운동하고, 여행하고, 취미생활을 즐기는 일은 기쁨을 주는 것들입니다. 그런데 공자는 학습을 기쁘다고 말합니다. 학습 말고도 기쁜 일이 세상에는 너무 많은데 좀 이상합니다. 입시나 취직 공부를 해본 사람은 공자가 말하는 학습의 기쁨에 대하여 의문을 품을 것입니다. 학습은 어쩌면 고통과 인내와 불편함이라고 기억되어 있기 때문일 것입니다. 한마디로 공자의 학습은 출세를 위한 입시공부가 아니었습니다. 새로운 것을 배우고學, 배운 것을 내 삶에 반영習하는 과정이었습니다. 배움이 내 삶에 반영되어 자존감 높은 삶으로 인도할 때 기쁨說의 충만함을 느낄 수 있다는 것입니다.

공자와 그 제자들은 주로 육예六藝를 학습했습니다. 예절禮, 음악樂, 활쏘기射, 말 타기御, 정치학書, 전략학數의 여섯 가지 학습 과목을 '육예'라고 했습니다. 예절을 통해 사회 질서를 익히고, 음악을 통해 타인과의 조화를 배우고, 수레를 몰고, 활을 쏘고, 정치와 전략 공부를 통해 전사로서의 자질을 향상했습니다. 공자에게 배움은 삶을 보다 윤택하고 수준 높게 살아가기 위한 구체적이고 실제적인 과정이었습니다.

그런데 후대 사람들은 학습을 어렵게 이해했습니다. 젊은이들은 학습을 출세를 위한 과정으로 생각했고, 관료들은 학습을 자신의 자리를 지키는 방편으로 생각했고, 탈속의 선비는 학습을 자신의 자존심을 지키는 고고한 이상으로 여겼습니다. 그래서 학습은 더욱 형이상학적이고, 정신적이고, 권력적이고, 관념적으로 변해 갔습니다. 공자에게 학습은 허학虛學이 아니라 실학實學입니다. 인생을 살아가면서 내 영혼을 떨리게 하는 것을 배우고 익히고 삶에 반영하는 실제 학문을 공부하는 것은 신나는 일임에 분명합니다. 공자는 학습의 맛을 충분히 느끼고 살았습니다. 그래서 그는 학습하고 그 내용을 제자들에게 전수하고 세상에 확장하는 것을 자신의 임무로 삼았습니다. 공자는 학습의 기쁨을 자신의 삶에서 가장 우선순위에 두고 살았습니다.

學習之說(학습지열) ◦ 학습은 인생에서 가장 가슴 떨리는 일

열(說): 열悅과 같은 뜻, 기쁘다, 말하다(설)

당신은 어떤 사람인가?

학이 14

자왈 군자식무구포 거무구안 민어사이신어언 취유도이정언 가위호학야이
子曰 君子食無求飽 居無求安 敏於事而愼於言 就有道而正焉 可謂好學也已

공자가 말했다. “군자가 먹는 것에 배부름을 추구하지 않고, 생활에 편안함을 추구하지 않고, 일을 민첩하게 처리하되 말은 신중히 하며, 도道를 가진 사람에게 나아가 나를 바로잡는다면 충분히 배움을 좋아하는 사람이라고 할 것이다.”

‘호학好學’은 학습의 기쁨을 느끼며 살아가는 사람이라는 뜻입니다. 공자와 그 제자들은 자신들을 ‘학습을 좋아하는 집단’이라고 정의했습니다. 학습을 통해 성숙한 인간(군자)이 되고자 하는 집단이라는 것입니다. 공자는 동양 최초로 가르치는 것을 직업으로 한 사람이었습니다. 제자들이 공자에게 모여든 것은 학습을 통해 자신들의 가치를 높이고자 했기 때문이었습니다. 호학은 공자가 문하생들에게 하는 최고의 칭찬이었습니다. 그런데 공자는 단순히 책을 많이 읽고 지식을 많이 얻었다고 호학이라고 칭찬하지 않았습니다. 기본적인 인성을 갖추어야 호학이라는 것입니다.

배부름을 추구하는 것求飽과 편안함을 추구하는 것求安은 인간의 기본 욕망입니다. 그 욕망으로부터 벗어나 민첩한 일 처리, 신중한 언어 사용, 인간의 도리를 기준으로 자기 성찰正을 한다면 그 사람은 진정 배움을 좋아하는 호학의 군자라고 할 수 있다는 것입니다. 공자에게 학습이란 몸 공부였고 현실 공부였습니다. 인간의 모든 일상이 바로 공부의 과정이었습니다. 호학은 책을 많이 읽은 사람도 아니고 시험 문제를 잘 푸는 사람도 아닙니다. 인간으로서 기본을 제대로 갖춘 사람이 호학입니다.

호학
好學 ◦ 배움을 좋아하는 사람

포(飽): 배부르다 | 민(敏): 민첩하다 | 신(愼): 신중하다 | 도(道): 도리

배움을 저축하라!

자 하 왈 일 지 기 소 망 월 무 망 기 소 능 가 위 호 학 야 이 의
子夏曰 日知其所亡 月無忘其所能 可謂好學也已矣

자하가 말했다. "날마다 내가 무엇을 잃었는지를 알고, 달마다 내가 닦은 능력을 잊지 않는다면 배움을 좋아하는 사람이라고 할 수 있다."

'호학'은《논어》에 16번 반복해서 나오는 단어입니다.《논어》에서 제시하는 행복한 삶의 중심에 배움이 있기 때문입니다. 공자보다 44살 연하인 자하子夏는 공자의 핵심 제자 10명 안에 드는 제자입니다. 공자학당의 정교수라고 할 수 있습니다. 산서山西 출신인 자하의 전공은 '예학禮學'입니다. 특히 예의 형식과 실천으로 유명하여 당시 위魏 나라 왕의 스승이 되기도 했습니다. 자하는 자식이 먼저 세상을 뜨자 너무 슬피 울어 실명했다고 합니다. 자식을 먼저 보낸 아버지의 슬픔을 그대로 느낀 사람이었습니다. 예의 형식에 너무 치우치다 보니 공자에게 몇 번 지적을 받은 적이 있습니다. 특히 예의 형식만 따지는 소인유小人儒가 되지 말고 예의 본질과 내면의 깊은 뜻을 깨달은 군자유君子儒가 되어야 한다는 공자의 지적이《논어》에 나옵니다.

자하의 호학에 대한 정의는 배움의 완벽한 기억과 습득입니다. 아무리 많이 배워도 그 배움이 나에게 남아 있지 않다면 배움이 아니라는 것입니다. 그래서 날마다日, 달마다月 배움이 나에게서 떠나지 않도록 노력해야 한다는 것입니다. 이 구절을 읽으면서 배움의 지식이 내 머리에 오래 남아 있는 것도 중요하지만 그 배움이 실천되지 않는다면 그저 머릿속에 가득 찬 지식일 뿐이란 생각이 듭니다.

일 월 무 망
日月無忘 ◦ 날마다 달마다 점검하여 내가 배운 학습을 잊지 말라!

망(亡): 잃다 | 망(忘): 잊다

자기주도 학습

자왈 고지학자위기 금지학자위인
子曰 古之學者爲己 今之學者爲人

공자가 말했다. "옛사람들의 학습은 자신을 위한 학습이었다. 요즘 사람들의 학습은 남에게 보여주기 위한 학습이다."

'위기지학爲己之學'은 자신을 위한 배움입니다. 학습을 통해 기쁨을 느끼고, 학습을 통해 행복해지는 것입니다. 나 자신을 성찰하고, 내 삶을 계획하고, 내 삶을 해석하기 위한 배움이 나를 위한 배움입니다. 관계를 잘 유지하고, 세상을 보는 시각을 넓히고, 사회적 공감대를 높이는 것입니다. 성인 학습에서 강조되는 자기주도 학습Self-directed learning과 닮아 있습니다. 타율이 아닌 자신이 직접 학습을 계획하고 주도하고 실행해가는 과정 속에서 기쁨을 느끼는 학습 형태라고 할 수 있습니다. 타인에 의해서 어떤 실용적 목적을 위해 이미 누군가에 의해 의도되고 계획된 교육 과정과 내용을 맹목적으로 따라가는 것이 아니라 자신의 기쁨을 기반으로 학습하는 것이《논어》에서 말하는 위기지학입니다.

'위인지학爲人之學'은 남에게 보여주기 위한 배움입니다. 배움을 통해 타인의 인정을 받기를 바라는 것입니다. 배움의 목표가 성공에 있으면 타인에게 인정받기 위한 학습이기에 결국 자아를 상실하게 됩니다. 공자는 옛사람들의 위기지학에 대비하여 당시 사람들이 위인지학에 몰두하는 것을 애석하게 생각하고 있습니다. 오늘날 우리의 학습 현실이 공자의 한탄과 그리 멀어 보이지 않습니다.

위기지학
爲己之學 ◦ 남에게 보여주기 위한 배움이 아닌 나를 위한 배움을 실행하라!

중도 포기

염구왈 비불열자지도 역부족야 자왈 역부족자 중도이폐 금여획
冉求曰 非不說子之道 力不足也 子曰 力不足者 中道而廢 今女劃

염구가 말했다. “스승님의 도道를 좋아하지 않는 것은 아니지만 실행하기에는 힘이 부족합니다.” 공자가 말했다. “힘이 부족하다는 것은 중도에 포기할 때 하는 말이니, 너는 지금 시도도 하지 않고 네 스스로 할 수 없다고 한계를 긋고 있구나!”

역부족力不足, 힘이 달려서 일을 성사시킬 수 없다는 뜻입니다. 힘이 부족해서 못 한다는 ‘역부족’은 자신의 능력이 없다는 것을 표현하고 있지만, 더 이상 노력하지 않겠다는 체념의 뜻도 담겨 있습니다. 공자의 제자가 된 염冉씨 3형제 중 막내인 염구冉求는 이재理財에 밝고 현실에 충실한 제자였습니다.

그는 당시 귀족이었던 계씨季氏의 밑에 들어가 세금을 많이 거두고 불의와 타협하여 성과를 올렸습니다. 공자의 제자 중에서 자공과 더불어 가장 실리적인 제자 중의 한 명이라고 할 수 있습니다. 그런 그가 공자에게 자신은 스승님子의 도道는 정말 좋아하지만 실천하기에는 힘이 부족하다고 말한 것입니다. 공자는 화가 좀 난 것 같습니다. 그래서 염구에게 힘이 부족한 것이 아니라 스스로 난 못한다고 한계를 긋고劃 있다고 나무라고 있습니다.

역부족이라는 말은 어떤 일을 시도하고 나서 중간中道에 도저히 힘이 달려 더 이상 못할 때 쓰는 말이지 시도도 하지 않는 사람이 쓰는 말은 아니라는 것입니다. 난 못한다고 미리 선을 긋기 전에 자신의 가능성을 믿고 영혼이 인도하는 방향을 따라 묵묵히 가다 보면 끝까지 못 가더라도 근처에는 갈 수 있습니다.

역부족
力不足 ◦ 실천할 힘이 부족하다고 함부로 말하지 말라!

열(說): 기뻐하다 | 폐(廢): 그만두다 | 획(劃): 긋다

학습의 과정

자공왈 빈이무첨 부이무교 하여 자왈 가야 미약빈이락 부이호례자야
子貢曰 貧而無諂 富而無驕 何如 子曰 可也 未若貧而樂 富而好禮者也

자공이 말했다. "가난해도 아첨하지 않고, 부유해도 교만하지 않으면 어떻습니까?" 공자가 대답했다. "괜찮구나! 그러나 가난 속에서 인생을 즐기고, 부유해도 예의를 좋아하는 사람만은 못한 것 같구나!"

자공왈 시운 여절여차 여탁여마 기사지위여
子貢曰 詩云 如切如磋 如琢如磨 其斯之謂與

자공이 말했다. "시경에 이르기를 '자른 듯하고, 썬 듯하고, 쪼은 듯하고, 간 듯하다'는 구절이 바로 이것을 말씀하시는 거군요?"

자왈 사야 시가여언시이의 고저왕이지래자
子曰 賜也 始可與言詩已矣 告諸往而知來者

공자가 말했다. "자공아! 비로소 너와 시詩를 이야기할 만하구나! 한마디 던지면 받아서 대답할 줄 아는구나!"

절차탁마切磋琢磨는 옥의 4단계 가공 방법입니다. 옥의 원석을 자르고切, 썰고磋, 쪼고琢, 가는磨 과정을 통해 아름다운 옥이 완성됩니다. 옥의 가공 과정인 '절차탁마'는 학습의 연마를 비유하는 말로 사용됩니다. 인간도 절차탁마의 학습 과정을 거쳐야 더 높은 단계로 발전합니다. 오랜 시간에 걸쳐 연마와 단련을 통해 더 성숙한 인간으로 변모할 수 있습니다.

학교 다닐 때는 특별한 두각을 나타내지 못하던 친구였는데 사회에 나와 오랜만에 만났을 때 성숙한 모습으로 변한 친구를 만나는 경우가 있습니다. 그럴 때마다 인간은 교육과 학습을 통해 얼마든지 변할 수 있다는 것을 새삼 느끼게 됩니다.

공자의 제자인 자공의 질문은 간단했습니다. 가난해도 아첨하지 않고, 부자여도 교만하지 않는 사람이 성숙한 군자의 모습이라는 것이었습니다. 그런데 공자의 대답은 의외였습니다. 가난貧해도 아첨諂하지 않는 것은 훌륭하지만 가난해도 가난 속에서 자신의 즐거움樂을 변치 않고 유지하는 것이 더 높은 단계이고, 부자富가 교만驕하지 않는 것도 훌륭하지만 부자가 예의禮를 지키며 사는 것이

더 높은 단계라는 것입니다. 즉, 인간에게 완성은 없으며 늘 더 높은 단계의 목표를 향해 끊임없이 성장하는 것이 군자의 인생 태도라는 것입니다. 이 대답을 들은 자공은 자신이 읽었던 《시경》의 구절을 떠올렸습니다. 절차탁마! 옥이 가공을 통해 더 높은 수준의 옥으로 만들어지듯이 인간도 학습과 교육을 통해 더 높은 단계로 성숙해질 수 있음을 비유한 말입니다. 공자는 자공의 이 한마디에 너무나 기뻤습니다. 자신이 가르치는 제자가 《시경》의 내용을 제대로 알고 있고, 그 내용을 인용하여 마음대로 사용할 수 있는 수준에 오른 것이 너무 행복했습니다. 선생과 제자가 문답을 통해 서로 성숙해가는 이 수업 장면이야말로 《논어》의 명장면입니다.

절 차 탁 마
切磋琢磨 ◦ 명품은 뼈를 깎는 고통을 겪어야 나온다.

빈(貧): 가난하다 | 첨(諂): 아첨하다 | 교(驕): 교만하다 | 미약(未若): ~만 못하다 | 절(切): 자르다 | 차(磋): 썰다 | 탁(琢): 쪼다 | 마(磨): 갈다 | 사(賜): 자공의 이름 | 시(始): 비로소 | 이(已): ~일 뿐. 어조사 | 저(諸): ~를

배움의 우선순위

자 왈 제 자 입 즉 효 출 즉 제 근 이 신 범 애 중 이 친 인 행 유 여 력 즉 이 학 문
子曰 弟子入則孝 出則弟 謹而信 汎愛衆 而親仁 行有餘力 則以學文

공자가 말했다. "젊은이들이여! 집에 들어가서 부모에게 효도하고, 집 밖에서는 윗사람을 공경하고, 일을 신중하게 처리하여 주변 사람들의 신뢰를 얻고, 널리 이웃을 사랑하고, 인격이 있는 사람을 가까이하라! 그러고도 남은 힘이 있으면 지식을 공부하라!"

여력餘力은 글자 그대로 남은餘 힘力입니다. 인간 공부를 먼저하고 남은 힘이 있으면 지식 공부하는 것이 순서입니다. 지식 공부보다 인성 공부가 더 우선순위라는 것이죠. 요즘 우리들의 문제의식과 그리 멀어 보이지 않습니다. 입시 공부에 밀려 인간 공부는 후순위로 생각되는 요즘, 지식 공부만 잘하면 인성은 그리 중요한 것이 아니라고 강조합니다.

그러니 명문대를 나온 엘리트지만 인성은 엉망인 사람을 자주 목격하게 됩니다. 공부는 잘했지만 인간 됨됨이 공부는 하지 못했던 것이죠. 공자는 젊은이들에게 인성 공부를 먼저하고 그리고 남은 시간이 있으면 그때 공부하라고 말합니다. 제자弟子는 젊은이들입니다. 젊은이들은 배움에 앞서 집에서 효도孝하고 이웃을 공경弟하며, 신중한 일처리로 주변의 신뢰信를 얻고, 이웃衆을 사랑愛하고, 어진仁 사람을 가까이하여 본받아야 합니다.

기본 인성이 안 된 공부는 오히려 그 사람을 망치는 결과를 가져올 것이기 때문입니다. 출세와 성공을 위한 공부이지만 인성 공부가 선행되어야 합니다. 인성이 완성되지 않은 사람에게 지식은 자신을 망치고 세상을 어렵게 만드는 도구가 될 수 있습니다. 기본을 갖추고 난 후에 남은 힘이 있으면 공부하라! 기본을 중요하게 여기는 논어의 공부 철학입니다.

여 력
餘力 ◦ 올바른 삶을 살고 남은 힘이 있으면 학습하라!

제(弟): 제悌와 같은 뜻, 공경하다 | 근(謹): 삼가다 | 범(汎): 널리, 접두사 | 여(餘): 남다

학력보다 한 수 위

자 하 왈 현 현 역 색 사 부 모 능 갈 기 력 사 군 능 치 기 신 여 붕 우 교 언 이 유 신
子夏曰 賢賢易色 事父母 能竭其力 事君 能致其身 與朋友交 言而有信
수 왈 미 학 오 필 위 지 학 의
雖曰未學 吾必謂之學矣

자하가 말했다. "현명한 사람을 만날 때 기쁜 표정으로 보고, 부모를 모실 때는 최선을 다하고, 군주를 섬길 때는 자신의 몸을 다하고, 친구와 교류할 때는 말에 신뢰가 있다면 그 사람이 비록 정식 공부를 안 했다 하더라도 나는 반드시 그 사람을 공부한 사람이라고 할 것이다."

학력이 없는 것을 미학未學이라고 합니다. 공자의 제자인 자하는 학습은 책에서만 배우는 것이 아니라고 거듭 강조합니다. 학교에 다닌 적이 없고 한 번도 책을 본 적이 없는 미학인 사람도 기본 인성과 능력을 갖추고 있다면 그 사람은 이미 충분히 공부를 한 사람이라는 것입니다.

공부는 학력도 아니고, 학벌도 아닙니다. 책을 수만 권 읽었다고 해도 인성이 나쁘고 능력이 없으면 단순히 지식과 정보만을 갖고 있는 사람이지 제대로 공부한 사람은 아닙니다. 내가 배울 것이 있는 사람을 진심으로 존경하고賢賢, 나를 낳아준 부모를 최선을 다해 모시고, 국가를 위해 헌신하고, 친구와의 신뢰를 잃지 않는 젊은이라면 그는 이미 배움이 충만한 사람입니다. 자하는 당시 젊은이들이 삶에 대한 실천 공부 없이 오로지 지식의 습득에만 매달리는 것을 걱정했습니다.

우리는 이미 지식이 권력이 될 수 없는 시대를 살고 있습니다. 학벌이 좋다고 해서 존경받아야 한다거나, 지식과 정보가 많다고 권위를 갖는 시대가 아닙니다. 한 번도 배운 적 없는 미학이라도 훌륭한 인성을 갖고 있다면 그 사람이 진정 '배운 사람'입니다.

미 학 지 학
未學之學 ◦ 배우지 않아도 인성을 갖추고 있는 사람.

현(賢): 덕행이 뛰어난 사람 | 역(易): 바꾸다 | 색(色): 얼굴 표정 | 갈(竭): 최선을 다하다 | 치(致): 바치다

지식인의 길

자왈 수능출불유호 하막유사도야
子曰 雖能出不由戶 何莫由斯道也

공자가 말했다. "누가 문을 통하지 않고 밖으로 나갈 수 있겠는가? 그런데 어찌하여 이 당연한 도리를 따르지 않는가?"

공자는 그의 이상이 세상에 받아들여 지지 못함을 자주 한탄했습니다. 그래서 때로는 조각배를 타고 바다를 건너 다른 곳으로 가고자 했고, 때로는 고향으로 돌아가 조용히 후학을 가르치는 데 여생을 보낼까도 생각했습니다. 공자는 방황하는 지식인이었습니다. 사람들이 집 밖으로 나가려면 문을 통해 나가는 것이 너무 당연한데, 왜 사람들은 자신이 제시하는 이상道을 받아들이지由 못하고 살아가는지 너무나 안타까워했습니다. 도道가 세상에 제대로 구동되지 못하는 아쉬움은 아시아에서 지식인의 중요한 문제의식이었습니다. 왜 세상은 너무나 당연한 상식을 좇지 않고 편법과 비상식으로 운영되는지에 대한 우환憂患입니다.

세상이 내 생각을 받아들여 주지 않고 비상식으로 구동될 때, 지식인이 취하는 두 가지 태도가 있습니다. 하나는 내 생각을 책으로 정리하여 남기는 방법이고, 또 하나는 후학을 키워 내 뜻을 잇게 하는 방법입니다. 저술과 교육, 지식인의 좌절을 극복하는 대안이었습니다. 다산 선생이 강진 유배 시절, 저술과 교육을 통해 자신의 도를 후세에 전하고자 했던 것도 그런 맥락으로 이해됩니다. 지금은 도가 행해지지 않더라도 후세에 반드시 내 꿈을 이룰 수 있다는 희망만은 포기하지 않았던 것입니다.

사도
斯道 ◦ 이 도(道)를 실천하며 세상을 살아가라!

유(由): 말미암다 | 사(斯): 이, 지시대명사

진짜 안다는 것은?

자왈 유 회여지지호 지지위지지 부지위부지 시지야
子曰 由 誨女知之乎 知之爲知之 不知爲不知 是知也

공자가 말했다. "자로由야! 너에게 아는 것에 대하여 깨우쳐주겠다. 아는 것은 안다고 하고, 모르는 것은 모른다고 하는 것, 이것이 진짜 아는 거란다."

지식은 공자와 그의 제자들이 추구하던 학습의 목표였습니다. 저는 이 구절을 읽으면서 그 장면을 상상해봅니다. 아는 것 자랑하기 좋아하고 성급했던 제자 자로由는 늘 주변 제자들에게 자신이 잘났다고 자랑했던 인물이었습니다. 하루는 자기가 잘 모르는 것도 아는 척하며 자랑하고 있는 자로를 불러 공자가 이 말을 하며 가르친誨 것 같습니다. "아는 것은 안다고 하고知之爲知之, 모르는 것은 모른다고 하는 것不知爲不知이 진짜 아는 것"이라는 가르침 속에서 "너 자신을 알라!"라고 한 소크라테스가 떠오릅니다.

우리는 자신이 모른다는 것을 알지 못한 채 안다는 착각에 세상을 살아가는 경우가 많습니다. 자신이 무엇을 알고 무엇을 모르는지 정확히 아는 것이 진정한 앎입니다. 노자도 "아는 자는 말하지 않고, 모르는 자들이 말이 많다"라고 강조합니다. 위의 짧은 문장 안에 '지'가 7번 반복됩니다. '지지위지지부지위부지시지' 빨리 읽기가 쉽지 않습니다. 아무 생각 없이 들으면 '지지지지지'라는 소리만 크게 들립니다. 마치 제비가 내는 소리 같기도 합니다. 그래서 저는 이 구절을 '제비장'이라고 합니다. 마치 제비가 지저귀는 소리같이 들려서입니다.

지지부지부지시지
知知不知不知是知 ◦ 아는 것은 안다고 하고,
모르는 것은 모른다고 하는 것이 진짜 아는 것이다.

회(誨): 가르치다

이단과 정통

자 왈 공 호 이 단 사 해 야 이
子曰 攻乎異端 斯害也已

공자가 말했다. "이단이라고 공격하면 이것은 나에게 손해가 될 뿐이다."

이단異端이란 종교단체에서 자주 쓰는 단어입니다. 원래 뜻은 나와 다른異 끝端에 서 있는 집단이란 뜻입니다. 나와 다른 생각과 기준을 갖고 있기에 공격의 대상이 되기도 합니다. 그러나 다르다는 이유만으로 공격攻하면 결국 이것斯은 나에게 손해害가 되어 돌아올 것입니다. 그러나 주자는 공攻을 공부工夫한다는 뜻의 공工으로 해석했습니다. 이러면 완전히 뜻이 달라집니다. 나와 다른 생각을 가지고 있는 이단을 공부하면 나에게 해가 될 것이라는 해석이 나옵니다. 유교만을 정통으로 생각하고 불교와 도교를 이단이라고 생각했던 주자의 입장에서 당연한 해석입니다.

해석은 시대정신을 반영합니다. 다양성diversity이 흐름인 이 시대에 이단은 공격의 대상이 아니라 포용의 대상이 되어야 합니다. 그래야 종교와 이념의 갈등과 전쟁이 끝나고 화해와 평화의 시대가 올 것입니다. 정통과 이단의 갈등, 결코 힘으로 해결할 수 없는 문제입니다. 다양성과 다름이 인정되는 사회를 공자는 꿈꾸었습니다.

편협한 지식은 나와 다른 생각을 용납하지 않습니다. 내가 옳다고 믿는 지식만 정의라고 생각하고 나와 다른 생각과 지식을 가지고 있는 사람은 이단으로 지탄하며, 나아가 폭력까지 행사합니다. 성숙한 사회는 다양성을 인정하는 사회입니다. 우리가 이단이라고 생각하는 것들이 많습니다. 동성 간의 결혼, 나와 다른 종교와 이념, 사회가 추구하는 방향과 다른 생각을 가지고 있는 사람들에 대한 폭언과 폭행이 계속된다면 결국 그 해는 자신에게 돌아올 것이라고 공자는 말하고 있습니다.

조선시대에 많은 사람들이 주자와 생각을 다르게 한다는 이유만으로 사문난적斯文亂賊으로 몰려 엄청난 피해를 입었습니다. 조선의 유교는 공자 사상도 아니고 오염된 공자의 잔재들이었습니다. 독재 시대에는 독재 정권에 반대하는 사람들을 이단으로 몰아 감옥에 가두고 핍박했습니다. 우리가 사는 이 시대에도 여전히 집단의 생각에 반대하는 소수에 대하여 관용을 베풀지 못하고 비난하고 있습니다. 공자가 말한 이단에 대한 관용이 필요한 시대입니다.

異端(이단) ◦ 나와 다른 관점을 가진 사람을 포용하라.

이(異): 다르다 | 단(端): 바르다 | 사(斯): 이것 | 이(已): –일 뿐

배움을 삶에 반영하라!

자왈 학여불급 유공실지
子曰 學如不及 猶恐失之

공자가 말했다. "배우면 그 배움에 도달하지 못한 듯하고, 오히려 알고 있는 것도 잃지 않을까 걱정하라!"

배움은 지식의 축적이 아닙니다. 그 배움을 어떻게 내 삶에 반영하며 살 것인가에 대한 심각한 질문이 배움 뒤에 따라야 합니다. 배움은 많은데 삶의 질은 엉망인 사람이 많습니다. 배움을 지식으로만 대한 결과입니다. 학위가 있고, 학력이 많다고 해서 많이 배웠다고 하지 않습니다.

하나를 배워도 자신의 삶에 반영시켜 삶의 질을 변화시키고 수준을 높인다면 이것이 진짜 배움입니다. 배움 뒤에 그 배움을 실천하지 못하고 있음을 늘 고민하고, 이미 실천하고 있는 것이라면 그 실천이 내 몸에서 중단되지 않기를 바라는 것이 학습의 실천입니다. 늘 배움을 실천하지及 못하고 있음에 대한 고민, 나는 이 배움을 실천하려면 아직 멀었다는 아쉬움, 오늘 실천하고 있는 배움이 혹시 중단되지失 않을까 하는 걱정恐은 참 멋진 학습의 실천입니다. 학습은 양量이 아닌 질質입니다. 얼마나 많이 학습했느냐가 아닌 얼마나 수준 높게 학습을 실천하고 있느냐에 대한 고민이 늘 뒤따라야 합니다.

학여불급
學如不及 ∘ 배움을 실천하지 못함을 고민하라!

공(恐): 걱정하다

유교의 교육 헌법 1조

자왈 유교무류
子曰 有敎無類

공자가 말했다. "교육에는 차별이 없다."

공자의 고향 산동성 곡부曲阜에 있는 공자의 사당에 가면 대성전이란 중심 건물이 있습니다. 기둥은 용으로 조각되어 있고, 내부는 어느 왕의 궁궐에 뒤지지 않는 규모로 온갖 성물로 장식되어 있습니다. 대성전 안에는 공자의 정체성을 잘 나타내는 글들이 쓰인 현판이 많이 걸려 있는데, 그중에서 가장 눈에 띄는 것이 바로 '유교무류有敎無類'의 현판입니다. "교육에는 차별이 없다." 공자의 교육 철학을 가장 잘 나타내는 말입니다.

공자는 자신에게 몰려드는 제자들을 차별 없이 받아들였습니다. 신분, 출신, 나이와 상관없이 배움의 문은 활짝 열려 있었습니다. 상인 출신 자공, 거리의 협객 출신인 자로, 장애를 갖고 있었던 민손, 빈민 출신 안회 등 당시 학습에 소외되어 있었던 무수한 사람들이 공자에게 몰려들었습니다. 심지어 호향互鄕 출신의 어린아이가 공자에게 배우러 왔을 때 공자는 차별 없이 그에게 학습의 기회를 주었습니다. 호향은 당시 천민들이 모여 살던 곳으로 가장 문란하여 사람들이 상종하기조차 꺼려했던 지역이었습니다. 공자는 의문을 제기하는 제자들에게 깨끗한 마음으로 배움을 청하러 온 사람이라면 지나간 그의 과거로 판단해서는 안 된다며 타일렀습니다. 출신과 성분과 나이를 초월한 학습의 균등한 기회, 유교가 현대 사회에서 여전히 의미를 지니는 이유 중의 하나입니다.

유교무류
有敎無類 ◦ 교육에는 차별이 없다.

말 없는 가르침

자왈 여욕무언 자공왈 자여불언 즉소자하술언 자왈 천하언재 사시행언
子曰 予欲無言 子貢曰 子如不言 則小子何述焉 子曰 天何言哉 四時行焉
백물생언 천하언재
百物生焉 天何言哉

공자가 말했다. "나는 지금부터 아무 말도 하지 않으려고 한다." 자공이 말했다. "선생님이 만약 아무 말씀도 안 하시면 저희들은 어떻게 선생님의 도를 계승하겠습니까?" 공자가 말했다. "하늘이 무슨 말을 하더냐? 사계절이 저절로 운행하고, 많은 존재가 생장해가는데 하늘이 무슨 말을 하더냐?"

교육의 방법 중에 말로 하는 교육이 그리 좋은 방법 같아 보이지는 않습니다. 교육과 학습의 가장 최고 방법은 스스로 깨닫고 느끼고 실천하는 것입니다. 노자는 말하지 않는 가르침을 불언지교不言之教라고 정의합니다. 말로 상대방을 설득하려 하지 말고, 말 없는 가르침을 통해 상대방의 마음을 움직이라는 것입니다. 인간은 말로 설득될 수 있는 존재가 아니며, 스스로 자신을 설득할 때 비로소 진정한 배움을 이룰 수 있다는 뜻입니다.

공자도 어느 날 자신이 말로 제자들을 가르치고 있다고 느낀 것 같습니다. 오로지 자신의 가르침만 듣고, 외우고, 믿는 제자들의 학습 태도에 문제의 심각성을 느꼈습니다. 그래서 말로 하는 가르침을 중단하겠다고 선언합니다. 스승의 절언絶言 선언에 제자들은 당황했습니다. 공자는 자연의 존재 방식을 통해 불언不言의 가르침을 제자들에게 설명합니다. 사계절이 운행하고, 만물이 존재하는 방식은 누가 누구에게 말로 하거나 강요하는 것이 없다는 원리를 통해 자신의 불언지교의 방법을 설명한 것입니다. 언어만을 통한 학습과 교육, 그리 좋은 방법은 아닌 것 같습니다.

천하언
天何言 ◦ 하늘이 무슨 말을 하겠는가?

술(述): 계승하다

거절의 가르침

유비욕현공자 공자사이질 장명자 출호 취슬이가 사지문지
孺悲欲見孔子 孔子辭以疾 將命者 出戶 取瑟而歌 使之聞之

노나라 사람 유비가 공자를 만나려고 왔는데 공자는 병을 핑계로 거절했다. 심부름꾼이 방을 나가자 거문고를 타며 노래를 불러 그로 하여금 일부러 듣게 했다.

배움을 청하러 온 사람에게 거절하는 것도 일종의 가르침의 한 방법일 수 있다는 것이 불설지교不屑之教입니다. 설屑은 깨끗하다는 뜻입니다. 불설不屑은 상대방이 깨끗하지 않다고 생각하는 것입니다. 그러니까 불설지교는 상대방이 깨끗하지 않고 문제가 있음을 우회적으로 표현하는 방법입니다. 당신이 나에게 배움을 청하러 왔으나 나는 당신에게 있는 문제를 스스로 해결하기 전까지 배움을 행하지 않겠다고 선언함으로써 상대방이 스스로 자신을 돌아보라는 것입니다. 배움에 대한 거절은 우회적으로 당신의 문제가 무엇인지를 한번 생각해보라는 암시이기도 합니다.

유비孺悲는 공자의 제자였으나 공자의 눈 밖에 난 제자였던 것 같습니다. 그가 가르침을 청했을 때 공자는 병을 핑계로 거절했습니다. 그리고 거절을 전하러 심부름꾼이 나가자, 유비가 들으라고 거문고를 타며 노래를 불러 듣게 했습니다. 거문고를 타고 연주하면서 자신이 아프지 않다는 것을 암시하고, 그런 암시를 통해 자신의 의도적 거절을 유비에게 알린 것입니다. 이렇게 상대방의 요구를 거절하면서 그 거절의 이유가 상대방에게 있음을 우회적으로 알리는 가르침을 불설지교라고 합니다. 공자의 거절 방법이 매정하지만 여운이 남습니다.

불설지교
不屑之敎 ◦ 상대방에게 문제가 있음을 우회적으로 알려서
상대방을 깨우치는 가르침

유비(孺悲): 노나라 사람으로 공자의 제자 | 설(屑): 깨끗하다, 결백하다

간절하게 물어라!

자하왈 박학이독지 절문이근사 인재기중의
子夏曰 博學而篤志 切問而近思 仁在其中矣

자하가 말했다. "배움을 넓히고, 뜻을 독실하게 하고, 물음이 간절하고, 생각이 일상에 가깝다면 인仁이 그 가운데 있을 것이다."

신유학新儒學의 완성자인 주자의 역저 《근사록近思錄》의 책 제목이 이 문장에서 나왔습니다. 근사近思는 우리 일상과 가까운近 생각思을 하라는 것입니다. 우리 일상과 먼 이론적 이야기보다는 실제적인 삶의 과정을 고민해야 한다는 것입니다. 아무리 고차원적이고 멋있는 이론이라도 우리의 삶과 멀다면 학습의 대상이 아니라는 것이죠.

자하의 이야기는 《논어》에 많이 등장합니다. 《논어》의 편집이 주로 자하의 문하에서 이루어졌다는 주장을 근거로 보면 아무래도 자하의 이야기가 많이 들어갈 수밖에 없었을 것입니다. 자하는 일상 학습을 중요하게 생각했습니다. 매일같이 벌어지는 일상이 모두 학습의 대상이라고 생각한 것입니다. 자고, 먹고, 청소하고, 생각하고, 관계하고, 일하는 모든 것이 학습이 되어야 한다는 주장입니다. 박학博學, 독지篤志, 절문切問, 근사近思의 학습 4항목은 자하 문하의 교훈校訓이었던 것 같습니다. 배움을 넓히고, 뜻을 독실하게 갖고, 물음을 간절히 하고, 생각을 비근하게 하는 것이 실제 학습의 중요한 내용이었습니다. 《중용中庸》에서 말하는 박학, 심문審問, 신사愼思, 명변明辯, 독행篤行의 학습 5항목과 함께 유교의 중요한 학습 태도입니다.

박학 독지 절문 근사
博學 篤志 切問 近思 ◦ 배움은 넓게, 뜻은 독실하게, 질문은 간절하게, 생각은 현실적으로.

독(篤): 굳다, 독실篤實하다 | 절(切): 간절懇切하다

군자가 있어야 할 자리

자하왈 백공거사 이성기사 군자학 이치기도
子夏曰 百工居肆 以成其事 君子學 以致其道

자하가 말했다. "기술자가 공방에 있어야 자신의 작업을 완성할 수 있듯이 군자도 평생 배움의 자리에 있어야 자신의 도道를 이룰 수 있는 것이다."

"기술자가 공방에 있어야 자신의 작업을 완성할 수 있듯이, 군자는 배움의 현장에 있어야 자신의 도가 완성될 수 있는 것이다." 이 비유가 암시하는 바는 인간은 평생 배움의 현장에서 멀어져서는 안 된다는 것입니다. 평생학습은 인간의 평생 과업입니다. 배움이 잠깐이라도 삶에서 떨어지는 순간 인간의 자존감은 추락합니다. 그래서 조상들의 사당에 그분이 읽던 책을 함께 보관하는 이유도 죽어서까지 학습을 포기하지 않겠다는 결연한 의지가 반영된 것입니다. 죽어서라도 학습을 포기하지 않겠다는 학습에 대한 결의는 유교의 학습에 대한 태도를 그대로 반영하고 있습니다.

학교를 졸업하면 바로 학습과 결별하고, 일자리만 얻으면 학습이 중지되는 현실에서 유교의 평생 학습 철학은 우리에게 새로운 삶의 방식을 제안합니다. 학생學生은 배움이 지속되는 사람의 호칭이며, 위패에 돌아가신 아버지를 '현고학생부군신위顯考學生府君神位'라고 쓰는 이유는 다른 어떤 지위나 호칭보다도 '배우는學 사람生'이라는 호칭이 위대하기 때문입니다. 학생! 평생 배움의 장에 있는 사람! 평생 갖고 싶은 호칭입니다.

학이치도
學以致道 ◦ 배움을 통해 자신의 도(道)를 완성하라!

사(肆): 가게, 공방 | 사(事): 작업 | 치(致): 이루다

취직과 학습

자 하 왈 사 이 우 즉 학 학 이 우 즉 사
子夏曰 仕而優則學 學而優則仕

자하가 말했다. "관직에 나아가 남는 시간이 있으면 학습하라! 학습하고 남는 시간이 있으면 관직에 나아가라!"

학습과 취직은 둘이 아닙니다. 취직했다고 학습이 끝나서도 안 되고, 학습이 중요하다고 학습으로만 끝나서도 안 됩니다. 학습은 사회의 선한 영향력으로 발전되어야 하며, 취직은 학습을 통해 성장의 길을 찾아야 합니다. 고된 일을 끝내고 학습에 대한 열정을 놓치지 않는 분들을 보면 존경스럽습니다. 학습을 통한 성장은 포기할 수 없는 인간의 평생 과업입니다.

고려 시대와 조선 시대의 조정에는 경연經筵이라는 학습회가 있었습니다. 임금과 신하들이 모여 학습을 통해 소통하고 성장하는 학습 모임입니다. 고시만 붙으면 이제 책 볼 필요가 없다고 말하는 고시생이나, 공무원 취직 시험을 마치고 공부하던 책을 모두 없애버리는 공무원은 학습을 오로지 취직과 성공의 수단으로만 여기는 사람들입니다. 사仕는 관직에 나아가 취직하는 것이고, 학學은 학습입니다. 학습이 중단되는 이유는 많습니다. 나이가 들어 눈이 침침하고 노안이 와서, 더 이상 학습을 통해 이루고 싶은 목표가 없어서, 학습보다 더 투자해야 할 재미있는 것이 많아서 등등의 이유가 있습니다. 그러나 학습을 멈춘다는 것은 육체적으로는 살아 있지만 정신적으로는 사망한 것과 같다고 해도 지나친 말은 아닌 것 같습니다.

학 사
學仕 ◦ 배움과 취직

사(仕): 벼슬하다 | 우(優): 넉넉하다

미래를 창조하는 방법

자왈 온고이지신 가이위사의
子曰 溫故而知新 可以爲師矣

공자가 말했다. "과거를 공부하여 미래의 대안을 찾는 사람이라면 스승이라고 할 만하다."

《논어》에서 많이 알려진 유명한 구절 중 하나입니다. 과거故는 미래新를 알기 위한 기반입니다. 과거의 지식을 철저하게 분석하고溫 따져서 새로운 미래의 답을 찾을 수 있는 사람이 진정 시대의 스승師이라고 할 수 있습니다. 스승은 지식이 많은 사람도 아니고, 학벌이 좋은 사람도 아닙니다. 과거 경험 속에서 미래의 창조적 대안을 찾아내는 사람이 진정 시대정신을 이끄는 스승이라고 할 수 있습니다.

온溫은 따뜻하다는 뜻입니다. 닭은 달걀을 품을 때 따뜻한 체온으로 감싸줍니다. 어미 닭의 따뜻함이 어린 병아리가 알을 깨고 나오는 힘이 되는 것입니다. 공부도 닭이 달걀을 품듯이 해야 합니다. 지식은 그저 눈으로 읽고 스쳐 지나가는 것이 아니라, 배우고學, 묻고問, 생각하고思, 판단하고辨, 실천하는行 과정을 통해 더욱 따뜻해지고 성숙합니다. 그런 과정을 통해 비로소 새로운 미래 창조의 단서를 찾을 수 있는 것입니다. 과거 인류의 지식을 발효시켜 새로운 미래 창조의 원동력을 만들어 낼 수 있는 사람이 진정한 스승입니다.

온고이지신
溫故而知新 ◦ 지나간 문명을 학습하고 미래의 문명을 창조하라!

온(溫): 규명하다, 분석하다 | 고(故): 이미 지나간 것

시를 읽는 이유

자 왈 시 삼 백 일 언 이 폐 지 왈 사 무 사
子曰 詩三百 一言以蔽之 曰思無邪

《시경》에 나오는 300여 수의 시를 한마디로 정의한다면 이렇게 말할 수 있다. "진솔한 마음."

《시경》은 노래 가사 305수를 모아 놓은 책입니다. 그곳에는 유행가風도 있고, 클래식雅도 있고, 제례 음악頌도 있습니다. 대부분이 공자 이전 시대에 유행했던 노래들입니다. 노래 가사의 특징은 진솔한 표현입니다. "슬퍼요", "좋아요", "나빠요", "미워요", "그리워요", "같이 살아요" 이런 내용이 《시경》에 나오는 유행가 가사입니다. 인간의 감정을 가장 진솔하게 표현하고 있는 유행가입니다. 공자는 《시경》의 가사를 한마디로 정의蔽했습니다. "사무사思無邪" 시를 지은 작자의 생각思이 아무런 거짓邪 없이無 그대로 표현되고 있다는 것입니다. 진실하다는 것이지요.

공자는 위선 가득한 윤리학자가 아닙니다. 인간의 감정을 가장 소중하게 생각한 실학자입니다. 정치는 민중의 마음을 이해하고 공감해주는 것입니다. 그래서 《시경》은 중요한 정치 교과서입니다. 《시경》의 내용은 백성의 마음이며, 그들의 생각을 진솔하게 반영하고 있다고 생각한 것입니다.

민중의 마음을 알고 싶다면 민중이 부르는 노래 가사를 가만히 들어보아야 합니다. 노래 가사 속에는 민중의 진실한 마음이 담겨 있습니다. 교과서에서 배우는 지식이 아니라 생생한 민중의 마음이 담겨 있습니다.

사 무 사
思無邪 ◦ 거짓 없는 순수한 생각.

폐(蔽): 덮다, 정의하다 | 사(邪): 사악하다, 거짓되다

학습의 넓이와 깊이

자왈 박학어문 약지이례 역가이불반의부
子曰 博學於文 約之以禮 亦可以弗畔矣夫

공자가 말했다. "넓게 문명을 공부하고, 예의로 그 배움을 요약해낸다면 도리에 위배되지 않을 것이다."

학습은 넓이와 깊이가 함께 가야 합니다. 넓기만 하고 깊지 못하면 잡다한 지식이 될 것이고, 깊지만 외연이 넓지 않으면 편견과 고집에 빠질 수 있습니다. 김장독을 땅에 묻을 때 독의 지름이 50cm라면 70cm 지름으로 땅을 넓게 파줘야 독이 쉽게 묻힙니다. 50cm 지름으로 파서는 독이 안전하게 들어가지 못하기 때문입니다. 그러나 넓게 팠다고 끝난 것이 아니라 깊이도 맞춰주어야 합니다.

박문博文은 넓게 파는 것이고, 약례約禮는 깊이 파는 것입니다. 박문은 문명文明을 학습하는 것입니다. 인간의 역사 속에서 축적되어 온 문화와 문명을 배우고 익히는 것이 박문의 학습입니다. 그러나 문명의 지식 축적만으로 학습이 끝나서는 안 됩니다. 내 삶의 마디마디에 그 축적된 지식이 녹아들고 요약되는 과정이 약례約禮입니다. 문명을 뼛속 깊이 체득하는 것이 약례입니다.

예禮를 통해 축적된 지식이 체화約되었을 때 비로소 지식과 삶이 만나게 됩니다. 그래야 비로소 상식道에 어긋나지 않는 학습의 완성이 이루어집니다.

박문약례
博文約禮 ◦ 넓게 문명을 공부하고 예로 내 삶을 꿰뚫어라!

불(弗): 부不와 동의어 | 반(畔): 위배되다

배움과 사색

子曰 吾嘗終日不食 終夜不寢 以思 無益 不如學也
(자왈 오상종일불식 종야불침 이사 무익 불여학야)

공자가 말했다. "내 일찍이 종일토록 먹지도 않고, 밤새도록 잠도 안 자고 생각에 빠져보았으나 아무런 소득이 없었다. 배우는 것만 못하다."

불교 학습의 두 방편은 경전 공부와 사색 공부입니다. 경전을 통한 학습을 교敎라 하고, 사색을 통한 학습을 선禪이라 합니다. 불경의 암송과 연구를 통해 부처님의 진의를 파악하고 성불의 목표를 향해 다가가는 교종敎宗과 화두를 중심으로 사색과 선정禪定을 통해 불성을 찾으려는 선종禪宗은 오랫동안 전해 내려오는 불교의 학습 방법입니다. 어떤 방법이 더욱 우수하고 효과가 있는지는 함부로 재단할 수 없습니다. 경전 공부는 오로지 책과 글에 매달려 본질을 잃을 수 있다는 비판이 있고, 선정 공부는 선현의 말씀은 접어둔 채 오로지 사색을 통해 공부하려 하니 독단과 고집에 빠질 수 있다는 우려가 있습니다.

《논어》에서도 학學과 사思의 공부 방법론을 말하면서 어느 한 편에 빠져 다른 방법을 외면한다면 큰 병폐가 있을 것이라고 합니다. 사색思 없는 학學은 지식 공부일 뿐이고, 배움學 없는 사색思은 독단의 위험이 있다고 경고하고 있습니다. 그래도 더욱 위험한 건 배움 없는 사색입니다. 공자는 밥도 안 먹고 잠도 안 자고 사색의 공부를 해보았습니다. 그러나 그 결과는 참담했습니다. 아무런 성과를 얻지 못했습니다. 그러니 무작정 생각만 하는 공부보다는 문헌을 통한 공부가 더욱 우수하다고 생각했습니다. 그러나 사색 없는 지식이 그 기반이 약하다는 것은 의심할 여지가 없습니다.

思無益(사무익) ◦ 학습하지 않고 밤새도록 사유만 하는 것은 유익하지 않다.

상(嘗): 일찍이 | 침(寢): 잠자다

본성과 습관

자왈 성상근야 습상원야
子曰 性相近也 習相遠也

공자가 말했다. "인간의 선천적 본성은 서로 유사하다. 인간의 후천적 습관은 서로 다르다."

지혜를 가진 인간이란 뜻의 호모사피엔스는 현생인류의 생물학적 명칭입니다. 다른 어떤 인류보다도 지혜롭고 슬기로운 호모사피엔스는 도구를 사용하고 언어로 의사소통을 한다는 점에서 현재 인류의 직접적인 조상으로 알려져 있습니다. 이들의 본성은 크게 보면 서로 유사합니다. 그러나 개별적인 인간을 관찰하면 개인차가 존재하죠. 인간의 보편적 특성을 성性이라 한다면 후천적으로 학습된 개인의 특성을 습習이라 합니다. 성과 습의 유사성과 차별성은 많은 철학자와 사상가에 의해 정의되었습니다.

공자는 인간의 본성이 인류라는 측면에서 같지만, 후천적으로 습관, 생활환경, 주변 관계 등에 의해 차별성을 보인다고 합니다. 인간의 동일同一한 본성 중에 인의예지가 있습니다. 타인의 불행을 공감하는 측은지심의 인仁, 부끄러움을 알고 느끼는 수오지심의 의義, 내가 가진 것을 남에게 먼저 양보할 줄 아는 사양지심의 예禮, 옳고 그른 것을 명확히 판단할 수 있는 지知는 인간이라면 누구나 갖고 태어난 본성本性입니다. 그러나 후천적 습관에 의해 공감 능력도 없고, 부끄러움도 모르고, 나눌 줄도 모르고, 시비 판단도 못하는 차이가 생겨날 수 있다는 것입니다. 인간의 본성을 회복하는 것, 이것이 유교의 인성론人性論입니다.

성근습원
性近習遠 ◦ 인간의 본성은 공통점이 있지만, 후천적 습관은 서로 다르다.

천재와 바보의 공통점

자왈 유상지여하우 불이
子曰 唯上知與下愚 不移

공자가 말했다. "오직 최고의 지혜를 가진 사람과 어리석은 바보는 바뀌지 않는다."

너무 똑똑해도 문제고 너무 어리석어도 문제입니다.

똑똑한 사람은 자신의 지식과 학력에 발목이 잡혀 누구의 말도 들으려 하지 않습니다. 자신이 가장 똑똑하다고 생각하기 때문입니다. 내가 세상에서 가장 잘났는데 누구의 말도 듣지 않겠다는 자세입니다. 그야말로 헛똑똑이라고 할 수 있습니다. 이런 사람의 특징은 세상의 변화도 인정하려 하지 않고, 자신의 잘못도 수긍하지 않습니다. 평생 자신이 옳다는 생각으로 세상을 살아가기에 한 발짝도 앞으로 나아가지 못하는 것이지요. 반대로 너무 어리석은 사람 역시 어찌할 도리가 없습니다. 배우고 들은 것 없으니 아무리 설명하고 이야기해주어도 이해하지 못할뿐더러 머리에 들어오지도 못하는 것입니다. 이런 어리석은 사람 역시 무지無知에 발목이 잡혀 평생을 자신이 만든 틀에서 나오지 못하고 살아갑니다.

공자는 이런 헛똑똑이를 상지上知라고 하고, 어리석은 바보를 하우下愚라고 정의합니다. 이렇게 지식과 무식의 그물에 걸린 사람들은 새로운 길로 인도할 수도, 새로운 안목을 갖게 할 수도 없다는 것입니다. 공자의 주변에는 이런 헛똑똑이들과 어리석은 바보들이 많았나 봅니다.

상지하우
上知下愚 ◦ 헛똑똑이와 어리석은 바보.

이(移): 옮기다, 변화하다

배움 없는 덕목의 위험함

자 왈 유 야 여 문 육 언 육 폐 의 호 대 왈 미 야 거 오 어 여
子曰 由也女聞六言六蔽矣乎 對曰未也 居 吾語女

공자가 말했다. "자로야! 너는 육언六言과 육폐六蔽에 대하여 들었느냐?" 자로가 대답하기를 "아직 듣지 못했습니다." 공자가 말하기를 "앉아라! 내 너에게 자세히 말해주리라!"

호 인 불 호 학 기 폐 야 우 호 지 불 호 학 기 폐 야 탕 호 신 불 호 학 기 폐 야 적
好仁不好學 其蔽也愚 好知不好學 其蔽也蕩 好信不好學 其蔽也賊
호 직 불 호 학 기 폐 야 교 호 용 불 호 학 기 폐 야 란 호 강 불 호 학 기 폐 야 광
好直不好學 其蔽也絞 好勇不好學 其蔽也亂 好剛不好學 其蔽也狂

"인仁을 좋아하면서 배우기를 좋아하지 않는다면 그 폐단은 어리석은 사람이 될 것이다. 지혜知를 좋아하면서도 배우지 않으면 그 폐단은 방탕한 사람이 될 것이다. 믿음信을 좋아하면서도 배우지 않으면 그 폐단은 남을 해치는 사람이 될 것이다. 곧음直을 좋아하면서도 배우지 않으면 그 폐단은 남을 비방하는 사람이 될 것이다. 용맹勇을 좋아하면서도 배우지 않으면 그 폐단은 혼란을 일으키는 사람이 될 것이다. 강직剛을 좋아하면서도 배우지 않으면 그 폐단은 경솔한 사람이 될 것이다."

어떤 덕목이든 배움으로 다듬지 않으면 문제가 발생합니다. 배움은 덕목을 연마하고, 세련되게 해주며, 더 큰 차원의 경지로 안내합니다.

사랑을 배움으로 다듬지 않으면 무분별한 사랑이 됩니다. 지혜를 배움으로 다듬지 않으면 자신의 지식을 믿고 과시하는 방탕한 지식이 됩니다. 믿음을 배움으로 다듬지 않으면 자신의 믿음을 맹신해서 남을 해치게 됩니다. 정직이 다듬어지지 않으면 타인의 부정을 비방하게 됩니다. 용맹이 다듬어지지 않으면 혼란을 일으키고, 강직함이 다듬어지지 않으면 광기 어린 사람이 됩니다. 배움을 평생 유지해야 하는 이유는 나 자신을 성찰하고, 내 가치를 다듬고, 내 삶을 세련되게 하고, 균형 잡힌 삶을 살 수 있게 하기 때문입니다.

육 언
六言 ◦ 사랑(仁), 지혜(知), 신뢰(信), 정직(直), 용기(勇), 강직(剛).

탕(蕩): 방탕하다 | 적(賊): 해치다 | 교(絞): 비방하다 | 광(狂): 경솔하다

시를 배우는 이유

자왈 소자하막학부시 시가이흥 가이관 가이군 가이원 이지사부 원지사군
子曰 小子何莫學夫詩 詩可以興 可以觀 可以群 可以怨 邇之事父 遠之事君
다식어조수초목지명
多識於鳥獸草木之名

공자가 말했다. "너희는 어찌하여 시를 배우지 않는가? 시는 내면의 감정을 일으키고, 새로운 관점을 볼 수 있고, 공감을 통해 집단화할 수 있고, 가슴의 원망을 표출할 수 있고, 가까이는 부모를 섬길 수 있고, 멀리는 임금을 섬길 수 있으며, 짐승과 초목의 이름을 많이 알게 하는 장점이 있다."

시를 읽는 이유는 다양합니다. 시를 통해 다양한 시각을 엿볼 수 있으며, 영혼의 공감을 불러일으키기도 합니다. 시에 나오는 수많은 정제된 언어를 발견하기도 하고, 모르는 단어를 접하게 되기도 합니다. 무엇보다 중요한 이유는 영혼의 떨림이 느껴진다는 것입니다.

공자는 제자들에게 시를 읽어야 한다고 늘 강조했고, 시를 통해 많은 공부를 할 수 있다고 생각했습니다. 첫째 흥興, 영혼의 떨림입니다. 둘째 관觀, 새로운 관점을 만납니다. 셋째 군群, 공감을 통한 집단의 소통입니다. 넷째 원怨, 맺혔던 원망의 해소입니다. 다섯째 관계, 부모와 임금 등 타인과의 관계의 새로운 발견입니다. 여섯째 시적 언어를 통한 다양한 사물과의 만남입니다. 시는 그저 문학작품의 장르가 아니라 학습의 중심이며, 영혼의 떨림이며, 시각의 발견이며, 관계의 시작입니다. 그런데 이후에는 이런 시 공부의 실제적 중요성이 없어지고 오로지 글자의 구성과 운율의 격식에만 매달려 시의 본래 의미를 완전히 잃어버리기도 했습니다. 지금도 여전히 격식과 틀에 갇힌 시를 보면 공자가 말한 시의 본질을 다시 생각해보게 됩니다.

흥관군원
興觀群怨 ◦ 시를 읽으면 감정의 유발, 새로운 관점,
집단의 소통, 원망의 해소가 된다.

이(邇): 가깝다

고집불통

자 위 백 어 왈 여 위 주 남 소 남 의 호 인 이 불 위 주 남 소 남 기 유 정 장 면 이 립 야 여
子謂伯魚曰 女爲周南召南矣乎 人而不爲周南召南 其猶正牆面而立也與

공자가 아들인 백어에게 말했다. "너는 《시경》의 〈주남〉과 〈소남〉을 배웠느냐? 사람이 〈주남〉과 〈소남〉을 배우지 않으면 그 사람은 담장을 정면으로 마주하고 서 있는 사람과 같다."

시 공부를 강조하는 공자는 아들 백어伯魚에게도 시 공부의 중요성에 대하여 말합니다. 그런데 이번에는 비유가 재미있습니다. 시를 안 읽으면 담장과 마주하고 서 있는 꽉 막힌 고집불통의 사람이 된다는 비유입니다. 담장을 마주하고 서면 담 이외는 아무것도 보이지 않습니다. 그야말로 꽉 막힌 사람입니다. 주변을 인지하지 못하고 오로지 눈앞에 있는 담장만 볼 수 있는 사람입니다.

공자는 특히 《시경》의 〈주남〉과 〈소남〉을 읽어야 한다고 했습니다. 〈주남〉과 〈소남〉에 나오는 시의 일관된 주제는 사랑입니다. 남녀 간의 사랑, 가족 간의 사랑, 타인과의 사랑이 〈주남〉과 〈소남〉의 내용입니다. 《시경》 〈주남〉의 첫 시는 남녀 간의 사랑을 주제로 한 세레나데입니다. 공자는 사랑의 시를 읽지 않으면 담벼락처럼 꽉 막힌 사람이 된다고 한 것입니다. 이성적으로 명철하고, 지식으로 무장해도 사랑을 모른다면 담벼락입니다.

공자는 아들이 오로지 지식 공부에 매달리는 것이 염려되었나 봅니다. 감정과 감성이 메마른 사람이 되는 것이 안타까웠겠죠. 그래서 아들 백어에게 〈주남〉과 〈소남〉을 읽으라고 권유한 것입니다. 시간 내서 《시경》의 〈주남〉과 〈소남〉 편만이라도 읽어보았으면 좋겠습니다.

정 장 면
正牆面 ◦ 담장을 정면으로 마주하고 서 있는 꽉 막힌 사람

장(牆): 담장 | 면(面): 향해 있다

놀기보다는 잡기

자왈 포식종일 무소용심 난의재 불유박혁자호 위지유현호이
子曰 飽食終日 無所用心 難矣哉 不有博奕者乎 爲之猶賢乎已

공자가 말했다. "종일 배부르게 먹고 마음 쓰는 바가 없다면 참 문제가 심각한 사람이다. 정 안 되면 장기나 바둑 두는 것이 있지 않는가? 이것이라도 하는 것이 안 하는 것보다 나을 것이다."

세상에서 가장 무용한 삶이 무위도식입니다. 아무 일도 안 하고 노는 것은 행복하기는커녕 인간으로서 수치스러운 일입니다. 요즘 젊은이들의 꿈이 건물주라고 합니다. 건물을 소유하고 세를 받아 편히 살고 싶다는 생각의 반영입니다. 그러나 아무 일 안 하고 노는 인생이 결코 행복한 인생이라고 할 수는 없을 것입니다. 공자는 종일 밥이나 먹고 노는 인생을 난難이라고 정의합니다. 문제가 심각한 사람이라는 뜻입니다. 그야말로 구제하기 어려운難 사람이라는 뜻입니다. 차라리 아무 일도 안 하고 놀고먹기보다는 바둑이나 장기라도 두라고 권유합니다. 장기나 바둑은 당시 잡기라고 여겨졌습니다. 비록 잡기이지만 바둑과 장기를 두려면 머리를 쓰고 마음을 써야 합니다. 비록 창의적인 삶은 아니지만 그래도 최소한 머리를 쓰는 기회를 얻게 된다는 것입니다. 그저 밥이나 먹고 놀며 사는 하루보다 훨씬 낫다는 것입니다.

70살을 넘겨 학습에 전념하시는 분들을 가끔 보게 됩니다. 나이 드셔서 공부는 해서 무엇하려나 하는 의구심을 갖는 사람들도 있습니다. 그러나 공부의 목표는 성과만이 아닙니다. 공부는 이전보다 성숙한 나를 만나게 해줍니다. 공부를 통해 기쁨을 느끼고, 살아 있음을 확인하게 됩니다.

박혁
博奕 ◦ 하루 종일 무위도식하기보다는 장기나 바둑이라도 배워라!

박(博): 장기 | 혁(奕): 바둑 | 현(賢): ~보다 낫다 | 이(已): 그만두다

도를 깨닫는다면?

자 왈 조 문 도 석 사 가 의
子曰 朝聞道 夕死可矣

공자가 말했다. "아침에 도를 들으면 저녁에 죽어도 여한이 없다."

참 간단한 문장인데 해석은 어렵습니다. 글자 그대로 풀면 간단합니다. 아침에 도를 깨우치면聞 저녁夕에 죽어도死 여한이 없다可는 것은 내가 그토록 바라던 꿈을 이루었다면 언제 죽어도 여한이 없다는 것입니다. 우리는 가끔 '~하면 죽어도 여한이 없다!'라는 말을 많이 하고 삽니다. 간절하게 원하던 것을 얻으면 더 바랄 것이 없다는 뜻입니다. 공자가 이 말을 한 것은 그만큼 간절하게 도를 추구했고, 그 도를 깨닫는다면 정말 여한이 없다는 간절한 마음에서이지 정말 죽겠다는 생각은 아니었을 겁니다.

이 문장을 읽으면서 엉뚱한 질문을 해봅니다. 아침에 도를 듣고 저녁에 죽어도 좋다면 낮에는 무엇을 할 것인가? 공자는 아침에 도를 깨치면 낮에는 깨달은 도를 세상에 전파하고 사람들을 깨우치려고 하지 않았을까요? 무엇을 얻는다는 것도 중요하지만, 그 얻은 것을 이 세상 사람들과 나누는 것도 참 중요한 일입니다. 돈을 벌어서 주변에 베풀고, 힘을 얻어서 약자를 돌보고, 지식을 얻어서 주변 사람들에게 나눠주는 것은 어쩌면 도를 닦은 인간이 사는 방식일 것입니다.

조 문 도 석 사 가 의
朝聞道 夕死可矣 ∘ 아침에 도를 깨달으면 저녁에 죽어도 여한이 없다.

문(聞): 듣다, 깨닫다 | 가(可): 좋다, 여한이 없다

도의 염원과 부끄러움

자 왈 사 지 어 도 이 치 악 의 악 식 자 미 족 여 의 야
子曰 士志於道 而恥惡衣惡食者 未足與議也

공자가 말했다. "도에 뜻을 둔 사람이 싸구려 옷과 맛없는 음식을 부끄러워한다면, 그와 함께 (도에 대하여) 토론하고 싶지 않다."

공자에게 학습의 목표는 도에 대한 깨달음이었습니다. 도에 뜻志을 두고 인생을 살아가는 것이 공자가 지향한 인생의 목표였습니다. 그런데 도에 뜻을 두고 사는 사람이 자신이 입고 있는 옷이 싸구려 옷이라고 부끄러워恥하고 맛없는 음식이라고 불평한다면 그 사람과 함께與 도를 토론하거나 이야기할 이유가 충분하지足 않다는 것입니다.

사람마다 사는 방식과 목표는 다릅니다. 부와 권력을 지향하는 사람은 좋은 옷과 음식 먹는 것이 삶에 중요한 일일 것이고, 명예를 지향하는 공명심 강한 사람은 남의 평가가 중요한 일일 겁니다. 그러나 적어도 인간답게 사는 것이 무엇인지에 대한 목표를 둔 사람이라면 당장 내 삶의 궁핍함에 대하여 불평하지 않는다는 것입니다. 성직자가 멋진 패션을 탐내고, 수도자가 맛있는 음식에 마음을 둔다면 애초부터 그 길을 가지 않았어야 합니다. 국민과 조국을 위해 자신의 인생을 바치겠다는 공직자와 정치인이 돈과 지위를 탐한다면 애초부터 직업을 잘못 선택한 것입니다. 길을 잘못 들었다고 생각하면 빨리 다른 길로 가는 것이 상책입니다. 그 능력과 재능이라면 얼마든지 다른 곳에서 충분히 자신이 원하는 욕망을 채울 수 있기 때문입니다.

지 도
志道 ◦ 도에 뜻을 두었다면 거친 옷과 음식을 부끄러워하지 마라!

악(惡): 좋지 않은

지식과 사유의 이중주

자 왈 학 이 불 사 즉 망 사 이 불 학 즉 태
子曰 學而不思則罔 思而不學則殆

공자가 말했다. "배우기만 하고 사색하지 않으면 그물에 걸릴 것이고, 사색만 하고 배우지 않으면 위태로울 것이다."

학學은 지식의 습득이고 사思는 지식의 사유입니다. 어떤 것이 더 중요할까요? 단순한 지식의 습득學만 있고 그것을 사유하고思 고민하여 내 삶에 반영하지 않는다면 그저 지식의 그물에 걸려 있는 것입니다. 반대로 배움의 기반 없이 사유만 한다면 그 결과는 위태로울 수 있습니다.

배움과 사색은 마치 새의 양 날개와 같아서 함께 움직여야 그 힘을 발휘할 수 있습니다. 그저 많이 배웠다고 어깨만 으쓱거리는 사람에게는 치열한 삶의 고민의 흔적이 보이지 않고, 오로지 생각만 깊다고 자랑하는 사람에게는 정확한 지식의 기반이 보이지 않습니다. 부처님의 자비는 배움과 사색의 양 날개로, 하느님의 사랑은 배움聖經과 묵상祈禱의 양 가지를 통하여 도달할 수 있습니다.

백 개의 지식을 배우는 것보다 한 가지 지식이라도 생각과 사색을 통해 숙성되어 있다면 그것이 참지식입니다. 공자는 지식이 배움과 사유의 양 날개로 움직일 때 비로소 살아 움직이는 지식이 될 수 있다고 생각했습니다. 학사學思, 배움과 사색의 양날입니다.

학 사
學思 ◦ 배움과 사색은 동전의 양면

망(罔): 그물에 걸리다 | 태(殆): 위태하다

학습과 취직

삼 년 학 부 지 어 곡 불 이 득 야
三年學 不志於穀 不易得也

공자가 말했다. "삼 년을 나에게 배우고 취직에 뜻을 두지 않는 제자를 쉽게 얻을 수가 없구나!"

공자에게 배우러 온 제자들의 목적은 취직이었습니다. 공자에게 3년 정도 배워서 당시 귀족들의 참모나 행정관으로 자리를 잡는 것이 그들이 공자에게 온 중요한 목적이었습니다. 실제로 공자는 제자들이 사회에 나가서 현실 참여를 통해 자신의 꿈과 비전을 세상에 널리 알릴 것을 요구했습니다.

당시 귀족들은 문화적 소양과 교양을 갖춘 공자 문하의 제자들을 선호했고, 민자건閔子騫 같은 몇몇 제자들을 제외하고 상당수 많은 공자의 제자들이 실제로 수업 연한이 끝난 후 귀족들의 행정관宰으로 진출했습니다. 그런데 어떤 제자들은 제대로 공부도 하지 않고 오로지 취직穀에만 관심志을 보이기도 했나 봅니다. 공자는 그런 제자들을 염려하며 취직에만 눈이 먼 제자들이라고 말한 것입니다.

대학이 취직을 위한 학교로 전락한 지 오래되었습니다. 물론 대학은 사회에 인재를 배출하여 세상을 이롭게 하는 기능도 있지만, 학문을 발전시키고 더 나은 미래를 만들기 위한 대안을 찾는 연구기관이기도 합니다. '공부의 목표는 취직!' 이런 등식을 한 번쯤은 고민해보아야 할 때입니다.

곡
穀 ◦ 배움의 목표는 취직인가?

곡(穀): 곡식, 녹봉, 취직

유연성과 균형감

자왈 가여공학 미가여적도 가여적도 미가여립 가여립 미가여권
子曰 可與共學 未可與適道 可與適道 未可與立 可與立 未可與權

공자가 말했다. "함께 배울 수는 있어도 함께 도에 이를 수는 없고, 함께 도에 이르렀다 하더라도 함께 도를 확립할 수는 없고, 함께 도를 확립할 수는 있다 하더라도 함께 권도權道의 경지에 이를 수는 없다."

배움이 익으면 도에 이르게 되고, 도가 익으면 확고한 가치가 확립立되고, 그것이 익으면 유연한 권도權道에 이르게 됩니다. 학學-도道-입立-권權의 단계는 마치 옥을 가공하는 절차탁마切磋琢磨의 과정에 비유할 수 있습니다. 학은 배움이고, 도는 그 배움을 통한 진리眞理의 발견입니다. 입立은 그 진리를 삶에 확고하게 반영하는 것이고, 권權의 뜻은 저울입니다. 권도는 상황에 따라 경중輕重을 분별할 수 있는 유연한 경지에 이른 깨달음입니다. 배움의 최고 목표는 유연한 삶의 경지에 이르는 것입니다.

도를 깨달았다는 사람들의 가장 큰 병폐는 자신이 깨달은 것만 진리라고 생각하여 다른 것을 인정하지 않는 것입니다. 진정 도를 깨달았다면 세상에는 고정불변의 진리란 없으며 변화만이 존재의 방식임을 깨닫는 것입니다. 자신이 배우고 익힌 한때의 지식에 발목이 잡혀 있지 않고, 부단히 새로운 지식으로 변화의 세상을 바라보는 것입니다. 우주의 존재 방식은 변화입니다. 그 변화를 인지하고 변화와 한 호흡으로 살아가는 것이 권의 경지입니다. 도의 절정은 유연하고 균형 잡힌 합리적인 권도입니다.

권
權 ◦ 배움의 극치는 유연함을 체득하는 것이다.

여(與): 함께 | 적(適): 가다 | 립(立): 확립하다 | 권(權): 권도權道, 유연한 사고

관점의 관통

子曰 賜也 女以予爲多學而識之者與 對曰 然 非與

공자가 말했다. "자공아! 너는 내가 많이 배우고 배운 것을 모두 기억하고 있는 사람이라고 생각하느냐?" 자공이 대답하기를 "그렇습니다. 아닌가요?"

曰非也 予一以貫之

공자가 말했다. "아니다. 나는 모든 것을 하나로 꿰뚫는 일관된 생각이 있는 사람이다."

공자에게 학습은 지식의 축적이 아니었습니다. 축적된 지식을 어떤 관점에서 꿰뚫느냐가 학습의 목표였습니다. 세상을 꿰뚫는 일관된 관점을 일이관지一以貫之라고 합니다. 잡다한 지식이 마치 실에 구슬이 꿰어지듯 한 축으로 정리되어 내 삶에 반영되고 있는 것입니다. 하나의 세계관으로 세상을 보는 눈, 변화를 읽어 내고 그 변화에 대응하는 법을 아는 것, 고정된 가치를 부정하고 세뇌된 지식을 타파하고, 새로운 미래의 희망을 찾아낼 수 있는 일관된 지식의 관점이 일관一貫입니다.

제자들은 스승인 공자가 지식을 많이 알고 있고, 기억력이 좋아서 한번 배운 것은 잊어버리지 않는다고 생각했습니다. 그래서 스승의 지식과 기억력에 경탄했습니다. 공자는 그런 제자들에게 자신이 많이 알고 기억하는 스승이 아니라고 말한 것입니다. 그리고 자신의 정체성을 일이관지라고 표현했습니다.

지식은 이제 학습의 목표가 아닙니다. 인터넷에서 자판만 누르면 바로 지식이 눈앞에 나타납니다. 어떻게 그 지식을 조합하고 응용하여 일관되게 꿰어내느냐가 현대의 학습 목표라면 공자는 이미 그런 학습을 강조한 사람입니다.

一貫 ◦ 하나로 관통하는 일관된 생각을 유지하라!

여(予): 나 | 지(識): 기억하다

지능 분류

공자왈 생이지지자 상야 학이지지자 차야 곤이학지 우기차야 곤이불학
孔子曰 生而知之者 上也 學而知之者 次也 困而學之 又其次也 困而不學
민사위하의
民斯爲下矣

공자가 말했다. "태어나면서 아는 자는 최상이고, 배워서 아는 자는 그다음이고, 부족해서 배우는 자는 그다음이고, 부족함에도 배우지 않는 자는 인간으로서 최하의 사람이다."

인간의 지적 능력을 IQ로 이야기합니다. 요즘은 지능지수 이외도 다른 지표가 많습니다. 하워드 가드너Howard Gardner의 다중이론에 의하면 언어, 논리, 공간, 음악, 신체, 관계, 성찰 등 다양한 지능으로 인간의 능력을 구별합니다.

공자는 인간의 지능을 4단계로 설명합니다. 최고 단계는 생이지지生而知之입니다. 태어나면서부터 남다른 지능을 갖고 태어나는 것입니다. 일명 하늘이 내린 재능, 천재입니다. 그다음 단계는 학이지지學而知之입니다. 배움을 통해 지적 능력을 배양해나가는 사람입니다. 학습과 연마를 통하여 자신의 역량을 키워나가는 노력형 인재입니다. 그다음 단계가 곤이학지困而學之입니다. 부족해서 배움을 통해 깨우치는 사람입니다. 머리는 좋지 않으나 열심히 노력하고 반복하여 힘들게 자신의 역량을 키워나가는 사람입니다. 자신의 부족함을 인정하고 힘든 노력을 통해 자신의 가치를 높이는 사람입니다. 마지막 4번째 단계는 곤이불학困而不學입니다. 부족한 상황에서도 배우지 않는 사람입니다. 학습의 효과가 거의 없는 사람입니다. 나는 어떤 유형인지 한번 질문해봅니다.

학이지지
學而知之 ◦ 부지런히 배워서 아는 사람

곤(困): 부족하다

공자의 농담

자 지 무 성 문 현 가 지 성 부 자 완 이 이 소 왈 할 계 언 용 우 도
子之武城 聞弦歌之聲 夫子莞爾而笑曰 割鷄焉用牛刀

공자가 무성武城이란 지역에 갔는데 마을에서 음악 소리와 노래하는 소리를 들었다. 공자가 빙그레 웃으며 말했다. "닭 잡는 데 어찌 소 잡는 칼을 사용하는가?"

자 유 대 왈 석 자 언 야 문 저 부 자 왈 군 자 학 도 즉 애 인 소 인 학 도 즉 이 사 야
子游 對曰 昔者 偃也 聞諸夫子 曰君子學道則愛人 小人學道則易使也

(무성의 책임자로 있는 공자의 제자) 자유가 대답하여 말하기를 "옛날에 제가 선생님에게 배우기로는 '군자는 도를 배우면 사람을 사랑하고, 소인은 도를 배우면 사람을 쉽게 이용한다고 들었습니다."

자 왈 이 삼 자 언 지 언 시 야 전 언 희 지 이
子曰 二三者 偃之言 是也 前言戱之耳

공자가 말했다. "얘들아! 자유의 말이 옳다. 내가 한 말은 농담이었을 뿐이다."

공자가 제자 자유가 책임자로 있는 무성이라는 지역에 갔습니다. 무성에 도착한 공자는 깜짝 놀랐습니다. 공자의 가장 이상적인 사회인 음악이 흐르는 사회를 그곳에서 본 것입니다. 공자는 한편으로는 기뻤고, 또 한편으로는 무성보다 더 큰 지역에서 이런 예악의 문화가 살아 있지 못함이 아쉬웠습니다. 그래도 마음은 행복했습니다. 자신에게 배운 제자가 실제 정치에서 예악을 실천하는 것을 보았기 때문입니다. "닭 잡는 데 소 잡는 칼을 쓰는구나!" 아주 큰 사회에서 응용될 수 있는 예악 문화가 조그만 지역에서 실현되고 있음이 아쉬워서 한 말입니다. 자유는 공자에게 바로 이의를 제기했습니다. 선생님의 가르침을 크든 작든 실천하는 것이 제자의 도리인데, 선생님의 말씀이 지나쳤다는 반발이었습니다. 공자는 바로 다른 제자들 보는 데서 사과합니다. "내 말은 농담이었다!" "자유의 말이 백번 옳다!" 참 멋진 장면입니다.

자신의 실언을 인정하고 제자의 말에 동의하는 스승 공자의 인격이 대단합니다. 공자 같은 성현도 농담을 좋아하는 유머 있는 사람이었습니다.

할 계 언 용 우 도
割鷄焉用牛刀 ◦ 닭 잡는 데 어찌 소 잡는 칼을 쓰는가?

현(弦): 현악기를 연주하다 | 할(割): 잡다, 베다 | 언(偃): 자유의 이름

|2장|

성찰

省察

성찰은 내 삶을 돌아보고 살펴보는 것입니다. 나는 오늘 하루 어떻게 살았나? 주변과 관계는 잘하고 있는가? 내가 하는 일에 최선을 다하고 있는가? 학습을 통해 성숙한 나를 만나고 있는가? 행복한 삶을 유지하고 있는가? 사회와 늘 소통하며 살고 있는가? 이런 질문을 하고 살아가는 사람이 성숙한 사람입니다. 지식을 배우고, 말을 잘하고, 평가를 좋게 받는다고 해서 군자가 아닙니다. 성찰의 삶을 통해 부족함을 채우고 날마다 성장하는 사람이 《논어》에서 제안하는 군자의 모습입니다.

성찰은 자아의 성찰에서 시작됩니다. 자신의 문제점을 파악하고, 과오를 인정하고, 미래의 방향을 설정하는 성찰을 통해 인간은 성장합니다. 나는 부끄러운 삶을 살아가고 있지는 않은지를 돌아보며 살아가는 것이 자아성찰입니다. 관계의 성찰은 주변 사람과 얼마나 적절한 관계를 맺고 살고 있는지에 대한 성찰입니다. 믿음으로 교류하여 신뢰를 얻고 있는지, 타인과 얼마나 소통하고 있는지, 가정과 사회에서 맺고 있는 사람들과의 관계 유지는 적절한지를 성찰하는 것입니다. 인간이 행복을 추구하는 존재라면 행복의 성찰도 빠트릴 수 없습니다. 나는 얼마나 행복을 느끼며 살아가고 있는지, 하루 일상을 놓치고 있지는 않은지를 질문해야 합니다. 크고 대단한 행복보다는 일상에서 만나는 조그맣지만 누구에게도 양보할 수 없는 행복을 만끽하고 살아가야 합니다. 아무리 많이 알고 부귀를 누려도 삶을 즐기는 사람의 행복은 따라갈 수가 없습니다. 사회적 성찰은 세상과의 소통입니다. 내가 사는 세상을 얼마나 아름답게 만들 것인가에 대한 질문입니다.

성찰省察은 살피고省 따져察 보는 것입니다. 나의 삶의 모든 측면을 꼼꼼히 살피고 문제점을 파악하여 교정하고, 부족한 것을 채우고, 미래의 대안을 제시하며 살아가는 것이 성찰의 본질입니다.

매일 자신에게 묻는 세 가지

증자왈 오일삼성오신 위인모이불충호 여붕우교이불신호 전불습호
曾子曰 吾日三省吾身 爲人謀而不忠乎 與朋友交而不信乎 傳不習乎

증자가 말했다. "나는 매일 세 가지 항목으로 나를 성찰한다. 첫째, 타인을 위해 최선을 다해서 일했는가? 둘째, 주변 친구들과의 교류에 신뢰를 다했는가? 셋째, 오늘 전해 들은 공부를 완전히 내 것으로 습득했는가?"

삼성三省은 매일 나를 세三 가지 항목으로 성찰省한다는 것입니다. 공자의 제자였던 증자의 말입니다. 오늘 주변 사람들을 위해 최선을 다하며 살았는가? 동료들과 신뢰 관계를 유지하고 있는가? 학습을 통해 성장하고 있는가? 쉽지 않은 성찰 항목입니다. 주변 사람들에게 최선을 다하고, 동료들과 팀워크를 발휘하고, 학습을 통해 성장하고 있다면 그 사람이 오늘날의 증자입니다.

충忠은 타인을 위해 내 능력을 다하는 것입니다. 내가 하고 있는 일에 최선을 다하는 직업윤리와 업業에 대한 성찰입니다. 신信은 동료와의 교류에 지속적인 신뢰를 보여주는 것입니다. 관계에 대한 성찰입니다. 습習은 그날 배운 것을 내 몸에 완전히 체득하여 내 삶의 태도를 바꾸는 것입니다. 지식이 머리가 아닌 삶에 반영되어 구동되고 있는 앎에 대한 성찰입니다.

매일 세 가지 항목으로 자신을 성찰하며 살아가기란 쉬운 일은 아닙니다. 내가 하고 있는 일에 최선을 다하기, 주변과 신뢰를 유지하기, 학습을 통해 성장하기. 이 세 가지 항목으로 나를 성찰하는 것이 삼성입니다.

삼성오신
三省吾身 ◦ 진심(忠), 신뢰(信), 학습(習) 세 가지로 나를 성찰하라!

성(省): 살피다, 성찰하다 | 모(謀): 계획하다

부끄러움의 성찰

자 왈 고 자 언 지 불 출 치 궁 지 불 체 야
子曰 古者 言之不出 恥躬之不逮也

공자가 말했다. "옛날 사람들이 말을 함부로 하지 않은 것은 자신이 한 말을 제대로 실행하지 못할 것을 부끄러워했기 때문이다."

말은 잘하는데 실천하지 못하는 사람이 있습니다. 결과는 사람들의 신뢰를 잃게 됩니다. 말은 적은데 실천에는 강한 사람이 있습니다. 사람들은 그를 늘 신뢰하고 존경합니다. 유교적 사고방식 중 하나가 말을 함부로 하지 않는 것입니다. 이유는 자신이 한 말을 실천하지 못함을 부끄러워하기 때문입니다. 약속을 어기고, 자신이 한 말을 뒤집고, 언제 내가 그런 말을 했냐며 정색을 하는 사람을 믿고 따를 사람은 없습니다.

유교에서 말을 줄이라는 것은 자신이 행하지 못할 말을 함부로 하지 말라는 뜻이지, 입을 다물라는 것이 아닙니다. 주변 사람에게 칭찬의 말을 하고, 용기를 주는 말을 하고, 사랑이 가득한 말을 하는 것을 권장하는 의미입니다. 그런데 언제부터인가 유교의 가르침은 입을 다물고 침묵하는 것으로 변모했습니다. 유교의 오염된 변형입니다. 말이 많으면 실수를 할 수 있습니다. 그러니 때와 장소를 가려 적절한 말을 한다면 참으로 지혜로운 사람이라고 할 수 있습니다. 말을 줄여라! 말할 때는 내가 그 말을 실천할 수 있는지를 한 번 더 생각하고 말하라! 공자의 언어에 대한 성찰입니다.

치 궁
恥躬 ◦ 내가 한 말을 내 몸이 제대로 실천하지 못함을 부끄러워하라!

궁(躬): 내 몸 | 체(逮): 미치다, 실천하다

자신을 꾸짖는 성찰

자왈 이의호 오미견능견기과이내자송자야
子曰 已矣乎 吾未見能見其過而內自訟者也

공자가 말했다. "끝났도다! 나는 자신의 잘못을 인정하고 안으로 자신을 꾸짖는 사람을 아직 보지 못했다!"

공자는 자신의 꿈과 이상이 세상에 더는 실현될 수 없다는 것을《논어》의 여러 곳에서 말하고 있습니다. 공자는 세상에 희망이 없다고 생각하는 근거로 '자기 성찰'을 하지 않는 풍조를 꼽았습니다. 세상 사람 중에 자신의 잘못을 알고 그 원인을 자신의 내면에서 찾아 성찰하고 꾸짖는 사람이 없다는 것입니다.

자송自訟은 스스로 자기 잘못의 원인을 찾고 꾸짖는 것입니다. "내 탓이오!"라고 외치는 사람만 있다면 그래도 세상은 희망이 있습니다. 잘못의 원인을 남에게 돌리고, 하늘을 탓하고 조상을 원망하는 사회는 더는 희망이 없습니다. 자신의 잘못을 인정하는 사람도 찾기 힘들고, 나아가 자신의 잘못을 인정하고 자신을 엄격하게 꾸짖는 사람은 더욱 드문 것이 요즘과 비슷합니다.

견과자송
見過自訟 ◦ 자신의 잘못을 보면 스스로 자신을 꾸짖어라!

이의호(已矣乎): 끝났도다! 한탄하는 말 | 송(訟): 꾸짖다

정직의 성찰

자 왈 인 지 생 야 직 망 지 생 야 행 이 면
子曰 人之生也直 罔之生也 幸而免

공자가 말했다. "인간의 생명력은 정직이다. 정직하지 않은 사람이 살아 있다면 운이 좋아 죽음을 면한 것이다."

인간의 생명력生은 정직直입니다. 직直은 '곧다'는 의미이니 인간이 땅에 발을 딛고 곧게 서 있는 것처럼 인간은 곧고 정직한 존재라는 것입니다. 이렇듯 인간이란 존재는 원래 곧고 정직한 존재인데 정직하지 못한 사람이 살아 있음은 요행으로 살아 있다는 것이지요. 살다 보면 늘 정직할 수만은 없습니다. 때로는 남을 속이기도 하고, 자신의 이익을 위하여 부정한 일을 저지르기도 합니다. 생존을 위한 어쩔 수 없는 선택이라고 하지만, 인간의 정체성을 포기하는 일입니다. 인간이 정직하지 못하면 인간이 아니라는 것이지요. 정직하지 못한데罔 살아 있다면 그것은 운幸이 좋아 죽음을 면免하고 있다는 것입니다.

이 문장을 읽다 보면 등골이 오싹해집니다. 가끔 내가 지금 살아 있는 것은 어쩌면 운이 좋아 살아 있다는 생각이 들기 때문입니다. 자신을 성찰하여 정직하지 못한 삶을 살고 있다면 내 존재는 처음부터 요행입니다. 공자는 당시 부정직한 사람들이 살아가는 모습을 비판하면서, 인간의 본래 모습을 잃고 사는 사람이라고 정의하고 있습니다. 인간이 인간의 모습을 하고 있다고 인간이 아니라, 정직하고 곧게 살아가는 것이 인간의 참모습이라는 공자의 정의를 다시 한 번 새겨봅니다.

인 지 생 직
人之生直 ◦ 인간의 생명력은 정직함이다.

직(直): 곧다, 정직하다 | 망(罔): 없다, ~이 아니다 | 행(幸): 운이 좋다

간섭의 성찰

자왈 부재기위 불모기정
子曰 不在其位 不謀其政

공자가 말했다. "그 자리에 있지 않으면 그 일에 대하여 관여하지 마라!"

헌문편 27절과 태백편 14절은 동일한 문장입니다.

남의 일에 끼어들고 간섭하며 훈계하는 사람은 아닌지 성찰하라고 합니다. 당신이 그 사람의 입장이 아니라면, 그 사람의 삶을 함부로 평가해서는 안 된다는 것입니다. 전통적으로 이 구절의 해석은 자신의 분수를 지키고, 내 권한 밖의 일에 대하여 함부로 나서지 말라는 것이었습니다. 특히 정치에 있어서 자신의 직책과 역할을 벗어나 다른 사람의 업무에 간섭하지 말라는 것입니다.

물론 오염된 해석도 있었습니다. 학생은 학교에서 공부나 하지 왜 정치에 간섭하느냐고 해석하면 권력자들에게 유리한 해석이 됩니다. 정치는 정치인에게 맡기고 일반인은 자신이 하는 일에나 충실해야 한다는 특권층 입장의 해석입니다. 현대 민주사회의 관점에서 보면 참으로 안타까운 해석입니다. 국민이 정치에 직접 참여하여 자신의 의견을 개진하고, 자신의 관점을 대변하는 정치인을 선발하여 정사를 맡기는 것이 민주정치이기 때문입니다.

타인의 삶에 함부로 끼어들어 훈계하지 말라는 참 좋은 글입니다.

부재기위
不在其位 ◦ 그 자리에 있지 않으면 그 일에 대하여 간섭하지 마라.

위(位): 자리 | 모(謀): 의논하다 | 정(政): 일

변명의 성찰

자하왈 소인지과야 필문
子夏曰 小人之過也 必文

자하가 말했다. "소인들은 자신의 잘못을 반드시 꾸미고 인정하지 않는다."

자하가 자신의 문하생에게 한 말입니다. 소인들은 잘못을 저지르고 인정하지 않으며, 나아가 자신의 잘못을 그럴듯하게 꾸며서 상대방에게 보이려고 한다는 것입니다. 문文은 '문식文飾'이며 '수식하다'는 의미입니다. 겉으로 그럴듯하게 꾸며서 감춘다는 것입니다.

자신의 잘못을 끝까지 인정 안 하고 논리를 만들어 방어하는 사람들이 있습니다. 자신의 잘못을 인정하는 순간 자신은 졌다고 생각하는 것이지요. 누가 보더라도 명백한 실수임에도 불구하고, 이런저런 변명과 이유를 들어 자신의 잘못을 인정하지 않는 사람을 소인이라고 정의하며 훈계한 것입니다. 반면 군자는 자신이 잘못을 변명하지 않고 인정하는 사람입니다. 자신의 실수를 깨끗하게 인정하고 책임을 지는 사람이 군자입니다.

공자가 잘못을 정의하면서 "잘못을 저지른 것이 잘못이 아니라, 잘못을 인정하지 않는 것이 잘못이다"라고 말한 적이 있습니다. 실수와 잘못을 인정하고 두 번 다시 잘못을 반복하지 않는 것이 성숙한 군자의 모습이라는 뜻입니다. 자신의 잘못을 손바닥으로 가린다고 가려지는 것이 아닙니다. 솔직한 잘못의 인정, 그것이 성숙의 과정입니다.

소인지과 필문
小人之過 必文 ◦ 소인들은 자신의 잘못을 반드시 변명하려고 한다.

문(文): 꾸미다, 수식하다

내면의 성찰

자왈 색려이내임 비저소인 기유천유지도야여
子曰 色厲而內荏 譬諸小人 其猶穿窬之盜也與

공자가 말했다. "얼굴빛은 사나워 보이는데 내면은 유약한 것을 비유하면 소인이 담장을 뚫고 넘어서 도둑질하는 것과 같다."

공자의 비판 정신이 돋보이는 글입니다. 겉모습은 그럴듯하게 꾸며 남들이 보기에는 카리스마도 있고 용기와 결연한 의지가 있는 것처럼 보이지만 내면을 들여다보면 유약하고 소심한 사람들에 대한 공자의 평가입니다. 평소에 자신 있게 말하고, 큰소리치고, 세상에 어떤 일이든 문제없다고 하는 사람 중에는 내면이 유약한 사람이 많습니다. 조그만 어려움에도 마음이 불안해지고, 큰 역경이 닥치면 잠도 못 이루며 두려워하는 사람들을 공자는 소인이라고 정의합니다. 공자와 맹자는 자신의 나이 40을 불혹과 부동심이라고 정의했습니다. 불혹不惑은 어떤 역경에도 혹하지 않는 마음이며, 부동심不動心 역시 강한 호연지기의 기운으로 어떤 어려움에도 흔들리지 않는 마음입니다. 내면의 정신근력이 붙어야 가능한 일입니다. 정신에도 근력이 있습니다. 일명 정신근력입니다.

인생을 살아가면서 다가오는 수많은 파도와 역경 속에 흔들리지 않는 정신근력을 가지고 묵묵히 자신의 길을 가는 사람이 대인大人이며 군자입니다. 얼굴만 멋있게 꾸미고 내면의 정신근력이 바닥인 사람은 그저 담이나 넘고 남의 것을 훔치는 좀도둑에 지나지 않습니다.

색려내임
色厲內荏 ∘ 겉모습은 사납고 내면은 유약한 사람

려(厲): 사납다 | 임(荏): 유약하다 | 천(穿): 뚫다 | 유(窬): 넘다

개선의 성찰

자왈 과이불개 시위과의
子曰 過而不改 是謂過矣

공자가 말했다. "잘못을 저지르고 고치지 않는 것, 이것이 진짜 잘못이다."

인간이 살면서 피할 수 없는 것 중의 하나가 잘못입니다. 인간은 누구나 실수와 잘못을 합니다. 중요한 것은 그 잘못을 딛고 더욱 성숙한 사람이 되는 것입니다. 자신의 잘못과 실수를 인지하지도 못하고, 받아들이지도 않고, 고치려 하지도 않는다면 큰 문제입니다. 살면서 저지르게 되는 실수나 잘못은 그 실수와 잘못을 인정하지 않을 때 비로소 잘못이 됩니다.

인간이 완벽한 존재가 아니라면 얼마든지 잘못을 저지를 수 있고 실수할 수도 있다는 전제하에 그 잘못을 통해 자신을 성찰하고 돌아보며 성장의 기회를 찾으라는 것이 공자의 잘못에 대한 관점입니다. 심지어 공자는 누군가 자신의 잘못을 지적해주는 것을 행운이라고까지 말하고 있습니다. "아! 나는 행복한 사람이다! 내가 잘못을 저지르면 사람들이 반드시 그 잘못을 알고 지적해주는구나!" 성현도 이렇듯 잘못을 저지르는데 우리가 잘못을 저지르는 것이 어찌 부끄러운 일이겠습니까?

잘못을 인정하고, 고치고, 새로운 방향으로 발전해나가는 것이 성숙한 사람들의 아름다운 삶의 문양입니다.

과이불개
過而不改 ◦ 잘못을 저지르고도 고치지 않는 것이 잘못이다.

불안, 근심, 두려움의 성찰

자왈 지자불혹 인자불우 용자불구
子曰 知者不惑 仁者不憂 勇者不懼

공자가 말했다. "지혜로운 자는 흔들리지 않고, 어진仁 자는 근심하지 않고, 용기 있는 자는 두려워하지 않는다."

불안惑, 근심憂, 두려움懼은 우리의 삶을 흔들어대는 모진 바람입니다. 이해할 수 없는 불안감은 잠을 설치게 하고, 이런저런 근심은 마음을 아프게 하고, 대항할 수 없는 두려움은 오늘 하루를 무기력하게 만듭니다. 인간이 이런 감정에서 벗어나기 위해서는 지인용知仁勇의 단련이 필요합니다.

지혜는 불안을 잠재우고, 사랑은 근심을 물리치고, 용기는 두려움에 흔들리지 않기 때문입니다. 지혜는 세상을 읽는 명철한 이성입니다. 학습을 통해 지혜를 연마하고, 상황을 판단하고 읽어내는 지혜가 있으면 불안이 줄어듭니다. 불안은 무지無知에서 오는 경우가 많기 때문입니다. 사랑의 실천이 근심을 잊게 만드는 것은 믿음이 있기 때문입니다. 타인의 입장에서 한 번 고민하고, 타인과 공감하는 사랑의 실천이 계속되면 나에게 다가온 어떤 근심도 더 이상 근심으로 남지 않습니다. 용기는 두려움을 이기는 힘입니다. 그저 남에게 자신의 힘을 과시하는 필부의 용기가 아니라, 두려움 속에서도 흔들리지 않는 정신근력을 가진 대장부의 용기는 공포와 두려움에 굴하지 않습니다.

불안을 이기는 지혜, 근심을 이기는 사랑, 두려움을 이기는 용기를 성찰하고 살아가야 합니다.

인자불우
仁者不憂 ◦ 사랑을 실천하는 사람은 근심하지 않는다.

혹(惑): 의심 | 우(憂): 근심 | 구(懼): 두려움

몸과 마음을 씻는 성찰

재 필 유 명 의 포 재 필 변 식 거 필 천 좌
齊必有明衣布 齊必變食 居必遷座

재계할 때에는 반드시 명의明衣를 입었는데 베로 만들었다. 재계할 때는 반드시 음식을 평상시와 다르게 먹었고, 앉을 때도 반드시 평상시와 다른 자리에 앉았다.

재계齋戒는 몸과 마음을 깨끗이 하는 성찰의 방법입니다. 특히 제사를 지내기 전에 마음을 가다듬고 조상과 만날 준비를 하는 것입니다. 제사의 종류에 따라 7일, 3일, 1일 등의 재계가 있습니다. 마음을 정결히 하고 먹는食 것을 삼가고, 행동을 조심하는 것을 재계라고 합니다.

명의明衣는 신과 만날 때 입는 속옷의 일종입니다. 가장 간단하고 간결한 옷으로 지내는 것입니다. 재계는 평상시 삶과 다른 일종의 경계의 기간이기에 먹는 것과 앉는 것이 평소와 달라집니다. 공자는 이런 원칙을 지키며 신과의 만남을 준비했습니다. 재계는 인생을 살면서 필요한 성찰의 행위입니다.

하루, 일주일, 한 달 등의 기간 중에 재계의 시간을 갖는 것도 좋고, 부모의 기일이나 혼인, 시험, 면접, 대사를 앞두고 마음과 행동을 조심하며 경계하는 재계를 하는 것도 좋습니다. 재계의 시간에는 평상시와 다른 모습으로 지내는 것이 좋습니다. 음식은 담백한 맛으로 소식하고, 장소는 되도록 정갈하게 정리하는 것이 좋습니다. 만남도 줄이고, 생각도 집중한다면 훌륭한 재계의 방법이라 할 수 있습니다. 나의 내면의 소리에 귀를 기울이고, 평소에 하고 싶었던 질문을 나에게 던진다면 재계의 높은 단계일 것입니다.

재
齊(齋) ◦ 인생의 라마단, 재계

재(齊): 재계齋戒하다 | 명의(明衣): 염습할 때 제일 먼저 입히는 옷, 간단한 속옷

분수의 성찰

석 부 정 부 좌
席不正 不坐

앉는 자리가 명분이 없으면 앉지 않았다.

자리席는 두 가지 의미가 있습니다.

첫째는 글자 그대로 자리입니다. 돗자리나 방석 같은 것을 의미합니다. 공자는 자신이 앉는 자리가 바르게 정리되어 있지 않으면 앉지 않았다는 뜻으로 해석됩니다. 비록 어떤 좌석에 앉더라도 자리를 바로 하고 앉는 것이 공자의 삶의 태도라는 것입니다.

둘째는 명분이라는 뜻입니다. 즉, 내가 앉을 자리가 아니면 앉지 않았다고 해석할 수 있습니다. 어느 자리에 참석할 때 가장 중요한 기준은 내가 가도 되는 자리인가에 대한 질문입니다. 내가 낄 자리가 아니면 아무리 나에게 이익이 되는 자리라도 사양했다는 공자의 자리 철학이 느껴집니다. 살다 보면 내가 가서는 안 되는 자리에 잘못 갔다가 낭패를 당하는 경우가 많습니다. 명분 없이 한 행동이 오히려 나에게 큰 화가 되어 돌아오는 경우입니다.

아무리 높은 자리라도 내 능력과 상황을 고려하여 앉아서는 안 될 자리면 사양하는 것이 좋습니다. 아무리 맛있는 음식이 잘 차려져 있는 자리라도 내가 낄 명분이 없다면 역시 가지 않는 것이 오히려 편안할 수 있습니다. 능력도 없이 앉아서는 안 될 자리에 앉아 낭패를 당하고, 낄 자리가 아닌 곳에 가서 창피를 당할 이유가 없기 때문입니다.

석 부 정 부 좌
席不正不坐 ◦ 내 자리가 아니면 앉지 마라!

중용의 성찰

자 공 문 사 여 상 야 숙 현 자 왈 사 야 과 상 야 불 급 왈 연 즉 사 유 여 자 왈 과 유 불 급
子貢問師與商也 孰賢 子曰 師也過 商也不及 曰然則師愈與 子曰 過猶不及

자공이 물었다. "자장과 자하 중에 누가 더 현명합니까?" 공자가 말했다. "자장은 넘치고 자하는 모자란다." 계속 물었다. "그렇다면 자장이 더 낫다는 것인가요?" 공자가 말했다. "넘치는 것이나 모자라는 것이나 같은 것이다."

과유불급過猶不及은《논어》에 나오는 글 중에 요즘도 많이 사용하는 글입니다. 넘치는 것이나 모자란 것이 결국 같은 문제를 갖고 있다는 뜻입니다. 중용의 관점에서 보면 넘치는 것도 문제고 좀 모자란 것도 문제라는 것입니다.

공자의 제자들 중에 자장은 뜻이 크고 넓어서 적극적이기는 하나 좀 넘치는 제자였습니다. 반면 자하는 소극적이고 소심한 성격의 제자였습니다. 이런 적극적인 성격의 자장과, 소극적인 성격의 자하에 대하여 누가 더 나은지를 자공은 공자에게 물었던 것입니다. 혈압이 높은 것과 낮은 것 중에 어떤 것이 더 문제일까라는 질문과 비교해보면 좋을 것 같습니다. 아마도 모든 의사들은 이렇게 대답할 것입니다. 혈압이 너무 높은 고혈압도 문제이고, 너무 낮은 저혈압도 문제라고 답하겠죠.

공자 역시 자공의 질문에 넘치는 것도 문제고 모자란 것도 문제이지, 두 사람을 비교하여 누가 낫다고 할 수 없다고 답합니다. 나는 좀 넘치는 사람인지, 아니면 좀 소극적인 사람인지 한번 성찰해보는 것도 좋을 것 같습니다.

과 유 불 급
過猶不及 ◦ 넘치거나 모자라거나 모두 문제

사(師): 공자의 제자 자장子張의 이름 | 상(商): 공자의 제자 자하子夏의 이름 | 유(愈): –보다 낫다 | 유(猶): –와 같다

헌문 21

실천의 성찰

자왈 기언지부작 즉위지야난
子曰 其言之不怍 則爲之也難

공자가 말했다. "자신이 말하는 것이 부끄럽지 않은 말이라면 이를 실천하는 것이 어려울 것이다."

말과 실천은《논어》에서 중요한 논점 중의 하나입니다. 말과 실천의 합일이야말로 성숙한 사람의 모습이기 때문입니다. 특히 말을 잘하거나 말이 많은 사람에 대하여 실천력이 부족한 사람이라고 지적합니다. 실천을 잘하는 사람은 말보다 행동을 더욱 중요하게 생각한다는 것입니다.

이 글에서 중요한 두 단어는 언言과 위爲입니다. 어떤 말言을 하는데 누구에게도 부끄럽지 않은 말을 한다면 오히려 그 말을 실천爲하기 어렵다는 것입니다. 예를 들어 '나는 정직하게 살 것이다!' 이 말은 누구에게도 부끄럽지 않은 말입니다. 그러나 이 말을 실천하며 사는 것은 쉬운 일이 아닙니다. 그래서 누구에게도 부끄럽지 않은 말은 실천하기 어렵다는 것입니다. 반대로 실천하기 쉬운 말은 부끄러운 말입니다. '나는 내 이익을 우선으로 생각하며 살 것이다!' 이 말은 하기가 참 부끄러운 말입니다. 오로지 내 이익을 위하여 살겠다는 욕심이기 때문입니다. 그러나 이런 말은 실천하기가 참 쉽습니다. 내 욕심과 이익을 채우며 살아가는 것이기 때문입니다.

누구에게도 부끄럽지 않은 말을 하며 살아간다는 것, 그 말의 실천은 쉽지 않은 것이 분명합니다.

언부작 위지난
言不怍 爲之難 ◦ 부끄럽지 않은 말은 실천하기 어렵다.

작(怍): 부끄러워하다

의문의 성찰

자왈 불왈여지하 여지하자 오말여지하야이의
子曰 不曰如之何 如之何者 吾末如之何也已矣

공자가 말했다. "어찌하면 좋을까? 어찌하면 좋을까?라고 묻지 않는 사람은 나도 어찌할 도리가 없다."

'여지하如之何'는 '어찌하면 좋을까?'라는 뜻입니다. 이 질문을 한다는 것은 성찰을 하고 있다는 것입니다. 자신의 말과 행동에 대하여 어떻게 하면 좋을까라는 질문을 한다는 것만으로도 충분히 문제의식을 갖고 사는 사람입니다.

공자가 제자들에게 바라는 것은 '어찌하면 좋겠습니까?'라는 질문을 하라는 것이었습니다. 그저 선생님이 말씀하시는 것을 받아 적고 외우는 그런 제자가 되지 말고, 문제의식을 갖고 치열하게 질문하는 제자가 되라는 당부입니다. 묻지 않는 제자는 공자 자신도 어찌할 수 없다고 말하는 것은 문제의식이 없는 제자는 더 이상 제자로 삼지 않겠다는 공자의 의지를 알 수 있습니다.

성찰은 질문으로 시작됩니다. '나는 오늘 제대로 살고 있는가?', '내일 나는 무엇을 하며 살 것인가?', '타인과의 관계를 어떻게 하면 더 좋은 관계로 발전시킬 수 있겠는가?' 공자는 질문하는 제자를 아꼈습니다. 그 치열한 질문의 결과가 더 나은 제자로 성숙한다고 믿었기 때문입니다. '여지하!', '여지하!' 어찌하면 좋을까? 어찌하면 좋을까? 늘 자신에게 묻는 질문이어야 합니다.

여지하
如之何 ◦ 물어라! "어떻게 하면 좋을까?"

말(末): 없다無

인격의 성찰

자왈 이의호 오미견호덕 여호색자야
子曰 已矣乎 吾未見好德 如好色者也

공자가 말했다. "끝났구나! 내가 덕을 좋아하기를 색을 좋아하듯이 하는 사람을 보지 못했다."

공자는 자신이 사는 세상이 더 이상 희망이 없다고 자주 말합니다. 공자는 절망적인 시대 현실을 고민했습니다. 공자가 살던 춘추시대 말기는 급격한 사회 변혁의 시기였습니다. 농업의 발전으로 생산물은 급격하게 늘어났고, 늘어난 생산물은 군대를 편성하고 유지하는 힘이 되어 전쟁의 동력이 되었습니다. 지배 권력은 백성을 생산의 도구, 수탈의 대상, 전쟁의 구성원, 부역의 당사자로 생각했습니다. 그들은 무자비하게 사람들을 수탈하고 핍박했습니다.

이런 난세를 공자는 고민했고, 자신이 어찌할 수 없음을 깨달았습니다. 제자들과 14년간의 유랑을 통하여 세상을 바꿔보고자 했으나 시대의 물결은 바꿀 수 없었습니다. 공자가 현실의 벽에 부딪힐 때마다 외쳤던 것이 이제 희망이 없다는 말입니다. 잘못을 저지르고도 자신을 반성하지 못하는 지도층 인사들의 몰염치, 도탄에 빠진 백성을 보고 세월의 탓이지 자신의 탓이 아니라고 변명하기에 급급한 지도자들을 비판했습니다. 오로지 색色에 빠져 덕德을 외면하고 있는 권력자들에게 실망을 넘어 절망을 느꼈던 것입니다.

색과 덕, 참 대비되는 두 단어입니다. 여색에 빠져 탐욕의 지도자가 될 것인가? 아니면 백성에게 덕을 베풀고 나누는 지도자가 될 것인가? 공자는 덕에 더 이상 관심 없는 지도자들을 보며 절망의 시대를 보았던 것입니다.

호덕호색
好德好色 ◦ 덕을 베풀기를 좋아하는 지도자와 색을 밝히는 지도자

덕의 성찰

자왈 유 지덕자 선의
子曰 由 知德者 鮮矣

공자가 말했다. "자로야! 덕을 아는 사람이 세상에 드문 것 같다."

공자와 그의 제자 자로는 자주 논쟁을 벌였습니다. 정치 참여를 위해 위나라 왕을 만나기 위해 함께 가는 중에도 정치 목표에 대한 치열한 논쟁이 있었습니다. 공자의 정명正名 정치철학에 이의를 제기하며 대든 제자가 자로입니다. 물론 그럴 때마다 자로는 공자에게 큰 가르침을 받습니다. 자로가 제자들에게 자신의 지식을 자랑할 때도 공자는 자로의 말 많음을 지적하며, "아는 것은 안다고 하고, 모르는 것은 모른다고 하는 것이 진정 아는 것"이라는 가르침을 내립니다.

이번에도 공자는 자로에게 아주 간단한 가르침을 하나 내립니다. 세상에 '덕을 아는' 사람이 드물다는 짧은 한마디였습니다. 세상의 권력자들이 탐욕에 빠져 색을 좋아하고 사치를 일삼고 있으니 진정 덕을 알고 실천하는 사람이 드물다는 것입니다.

덕德은 지도자가 반드시 실천해야 할 지도자의 위대한 능력입니다. 하늘이 부여한 사랑과 나눔의 능력이 덕입니다. 덕을 베풀며 사는 것은 하늘이 준 능력을 이 세상에 실현하는 것입니다. 덕을 깨닫고, 덕을 함양하고, 덕을 좋아하고, 덕을 실현하는 것이 공자가 말하는 지도자의 참 모습입니다. 그런데 덕을 실천하기는커녕 자신에게 그런 능력이 있다는 것조차 깨닫지 못하고 사는 지도자들에게 실망하며 자신의 제자 자로에게 동의를 구한 것 같습니다.

지덕
知德 ∘ 덕을 알고 실천하고 있는 자가 드물다.

미래의 성찰

자왈 인무원려 필유근우
子曰 人無遠慮 必有近憂

공자가 말했다. "사람이 멀리 내다보는 생각이 없으면 반드시 가까운 근심이 생긴다."

안중근 의사는 여순 감옥에서 순국을 앞두고 "인무원려난성대업人無遠慮難成大業"이라는 유묵을 남기셨습니다. "사람이 먼 미래를 바라보는 안목이 없으면 큰일을 이룰 수 없다"는 뜻입니다. 안 의사에게 큰일이란 대한민국의 독립이며, 세계의 평화였을 것입니다. 안 의사는 조국의 독립과 세계 평화의 대업을 위하여 긴 안목으로 거사를 치르신 것입니다. 이 글은 안 의사가 남기신 최후의 글이기에 비석에 새겨지기도 하고 많은 사람들의 가슴 속에 남아 있습니다. 안 의사는 아마도《논어》의 이 글을 읽고 유묵을 쓰신 것 같습니다.

원려遠慮란 멀리 내다보는 안목입니다. 눈앞에서 벌어지는 일에 연연하지 않고 10년, 20년 뒤에 일어날 일을 미리 내다볼 줄 아는 지혜의 눈이 원려입니다. 앞으로 어떤 위기가 다가올지, 어떤 준비를 해야 할지를 정확히 알면 어떤 위기라도 준비하고 견뎌낼 수 있습니다. 비 예보가 있는 날에 외출할 때 우산을 준비하고 나가면 비를 피할 수 있듯이, 어떤 일이 벌어지기 전에 멀리 내다보는 안목으로 준비한다면 큰 어려움을 만나지 않을 것입니다.

돌이켜보면 우리가 겪었던 위기의 대부분은 멀리 내다보는 안목의 부족 때문이었습니다. 역사의 흐름을 읽어내지 못하고 그저 아무런 준비 없이 수수방관했을 때 위기가 덮쳤던 것입니다. 눈앞에서 벌어지는 것에 연연하지 않고 멀리 내다볼 줄 아는 원려의 안목이 필요합니다.

원려근우
遠慮近憂 ◦ 멀리 내다보는 안목이 없으면 가까운 시일에 위험이 닥친다.

마차에서의 성찰

승거 필정립 집수
升車 必正立 執綏

수레에 오를 때에는 반드시 바르게 서서 수레의 끈을 잡았다.

거중 불내고 부질언 불친지
車中 不內顧 不疾言 不親指

수레를 타고 갈 때 이리저리 돌아보지 않았고, 빨리 말을 하지 않았고, 손가락으로 어디를 가리키지 않았다.

요즘으로 말하면 자동차를 탈 때 공자의 모습입니다.

수레에 올라升 바르게正 서서 수레의 끈綏을 잡은 것은 반듯하게 마차를 운전하는 모습을 형용한 것이고, 이리저리 돌아顧보지 않음은 마음이 산만하지 않음이고, 말을 빠르게疾 하지 않는 것은 아무리 급한 상황이 생겨도 화를 내지 않는 것이고, 손가락指으로 가리키지 않는 것은 혹시라도 상대방이 오해할 수 있기 때문입니다.

요즘 운전할 때 스마트폰을 보고, 누가 끼어들면 소리를 질러대고, 지나가는 차나 사람에게 손가락질하는 사람이라면 주의 깊게 읽어야 할 공자의 마차를 모는 모습입니다. 공자의 평소 생활 태도를 가장 잘 보여주는 장이 《논어》의 〈향당鄕黨〉 편입니다. 비록 마차를 탈 때 공자의 모습을 형용하고 있지만, 공자가 어떤 삶의 태도를 갖고 살았는지를 잘 보여주는 글입니다.

불내고 부질언 불친지
不內顧 不疾言 不親指。이리저리 돌아보지 마라! 급하게 말하지 마라!
손가락으로 가리키지 마라!

승(升): 오르다 | 수(綏): 수레 손잡이 줄 | 고(顧): 사방을 돌아보다 | 지(指): 가리키다

이익의 성찰

자왈 방어리이행 다원
子曰 放於利而行 多怨

공자가 말했다. "이익만 좇아 살면 미움을 많이 받게 될 것이다."

이익利을 추구하는 것은 인간의 기본 욕망입니다. 그런데 너무 내 이익만 추구하면放 그 사람의 행동行이 많은 사람의 미움怨을 사게 될 것입니다. 방放은 방종放縱입니다. 방리放利는 이익에 눈이 먼 방종의 삶입니다.

밥 먹을 때 맛있는 반찬을 혼자 먹으려고 양보도 없이 먼저 퍼가는 사람은 주변 사람들의 눈살을 찌푸리게 합니다. 오로지 자기 이익만 앞세우기에 결국 사람들의 미움을 사게 되는 것입니다. 조금 손해 보는 듯이 살면 나에게 복이 되어 돌아옵니다.

밥 먹고 나오면서 계산할 때면 꼭 신발 끈을 매거나 화장실을 갔다 오는 사람이 있습니다. 한 번은 참지만 계속 그러면 아무도 그 사람하고 밥 먹고 싶어 하지 않을 것입니다. 이익은 인간의 본능이지만 그 본능을 통제할 수 있다면 정말 성숙한 사람입니다. 이익의 본능을 이기지 못하고 오로지 자신의 이익만 챙기는 사람은 주변 사람들의 눈살을 찌푸리게 만듭니다.

이익만이 진리라고 생각하는 사람들이 많아지면 그 사회는 이익을 서로 차지하기 위해 서로 싸울 수밖에 없습니다. 참 이익은 옳음義을 추구했을 때 얻어지는 충만한 기쁨입니다.

방 리
放利 ◦ 이익에 빠져 주변의 미움을 받는다.

방(放): 놓이다 | 행(行): 행동하다, 살다 | 원(怨): 원망, 미움

만남의 성찰

자왈 견현사제언 견불현이내자성야
子曰 見賢思齊焉 見不賢而內自省也

공자가 말했다. "덕행이 뛰어난 사람을 만나면 그와 같아지기를 고민하라! 덕행이 없는 사람을 만나면 내 스스로 반성의 기회로 삼아라!"

인생을 살다가 덕행이 뛰어난 현인賢을 만나면 나도 저 정도 같은 급齊으로 살아야지 생각해야 하며, 덕행이 형편없는 사람을 만나면 저렇게 살면 안 된다는 생각을 하며 내 스스로 나도 저렇게 살고 있지는 않은지 내면內의 성찰省 기회로 삼아야 한다는 것입니다.

"삼인행필유아사三人行必有我師"라는 《논어》의 구절이 있습니다. 세 사람이 있으면 모두가 나의 스승이라는 뜻입니다. 한 사람이 뛰어난 사람이면 내가 본받을 스승이고, 한 사람이 별 볼 일 없는 사람이면 내 스스로 반성의 기회를 주는 사람입니다. 나머지 한 사람은 자기 자신이고요. 결국 세상의 모든 사람들은 내 스승입니다. 잘나면 본받아야 할 스승, 못나면 나를 반성시키는 스승, 이제부터 만나는 모든 사람들에게 "스승님!"이라고 부르십시오.

잘난 사람 만나면 "지가 뭘 잘났다고?" 하면서 헐뜯고 험담하고, 못난 사람 만나면 무시하며 사는 것이 요즘 세상입니다. 세상의 모든 사람은 내 스승 아닌 사람이 없습니다. '견현사제見賢思齊', 훌륭한 사람을 만나면 그를 본받아야 한다! 서예작품으로 자주 사용되는 글귀입니다.

견현사제
見賢思齊 ◦ 훌륭한 사람을 만나면 나도 그런 사람이 되기를 고민하라!

견(見): 만나다 | 현(賢): 덕행이 뛰어난 사람 | 제(齊): 같아지다, 가지런하다 | 성(省): 살피다, 성찰하다

충고의 성찰

자 왈 법 어 지 언 능 무 종 호 개 지 위 귀 손 여 지 언 능 무 열 호 역 지 위 귀
子曰 法語之言 能無從乎 改之爲貴 巽與之言 能無說乎 繹之爲貴

공자가 말했다. "바르게 타이르는 말을 좇지 않을 수 있겠는가만 잘못을 고치는 것이 (훨씬) 중요하다. 친절하게 비유하여 타이르는 말을 기뻐하지 않을 수 있겠는가만 그 실마리를 찾는 것이 (훨씬) 중요하다."

열 이 불 역 종 이 불 개 오 말 여 지 하 야 이 의
說而不繹 從而不改 吾末如之何也已矣

"기뻐하면서도 그 실마리를 찾지 못하고, 좇으면서도 고치지 못하는 사람, 나는 그 사람을 어떻게 해볼 수가 없다."

바른法 말語로 가르쳤는데 좇는다從고 하면서 자신의 잘못을 고치지改 않는 사람, 친절하고 공손巽한 말로 비유하여 가르쳤는데 좋다고說는 하면서 그 가르침의 실마리繹를 찾아내지 않는 사람에 대하여 공자는 포기할 수밖에 없다고 합니다. 겉으로만 좇는다고, 좋다고 하면서 실제 자신의 삶에 반영시키지 못하는 사람이기 때문입니다.

누군가 옳은 말을 하면 내 잘못을 고치는 계기로 삼고, 친절하게 비유하여 가르침을 주면 왜 그런 말을 했는지 이유를 찾아낸다면 훌륭한 성찰의 자세라고 할 것입니다. 책을 많이 읽고 그 내용이 좋다고 하는 것보다 구절 하나라도 가슴속에 새기며 나의 구습을 혁파하는 계기로 삼는 것이 더욱 중요합니다. 타인의 지적에 대하여 고맙다고 백 번 이야기하는 것보다 그 지적이 왜 나왔는지, 나에게 무엇이 문제인지를 찾는 것이 성찰의 자세입니다.

세상에 어떤 좋은 말과 가르침도 내 삶에 반영되지 않으면 아무런 의미가 없습니다. 올바른 가르침과 충고에 그저 박수만 칠 것이 아니라 곧바로 실천하는 것이 더욱 중요한 일입니다.

개 지
改之 ◦ 타인의 충고를 들으면 고쳐야 한다.

손(巽): 공손하다 | 역(繹): 실마리를 찾다

전달의 성찰

자 왈 도 청 이 도 설 덕 지 기 야
子曰 道聽而塗說 德之棄也

공자가 말했다. "길에서 들은 이야기를 길에서 떠들고 다니며 옮기는 사람들은 덕을 포기한 사람들이다."

길거리에서 들은 이야기를 아무런 고민과 성찰 없이 길거리에서 말하고 다니는 사람은 자신의 인격을 포기한 사람들입니다. SNS에 떠도는 이야기를 아무런 성찰과 검증 없이 이리저리 옮기고 다니는 사람이 있다면 공자의 이 말을 기억해야 합니다.

요즘 신문이나 TV, 유튜브 같은 다양한 매체들이 쏟아내는 정보와 이야기들을 길거리에서 쉽게 접할 수 있습니다. 스마트 폰을 통해 엄청난 뉴스와 이야기들이 쉴 새 없이 쏟아져 나오고, 근거 없는 뉴스와 이야기들은 또다시 아무런 검증도 거치지 않은 채 다른 곳으로 퍼져 나갑니다. 이런 잘못된 정보들의 폐해는 작게는 진실을 왜곡시키기도 하고, 크게는 사람과 조직을 파멸로 이끌기도 합니다. 근거 없는 길거리 뉴스는 왜곡된 여론이 되어 사회를 잘못된 방향으로 이끌기도 합니다. 그야말로 길거리道에서 듣고 길塗에서 떠드는 소리가 세상을 혼란에 빠트리고 사회를 교란시키고 있습니다.

공자도 그 당시 지식인들이 허무맹랑한 근거 없는 이야기들을 퍼트리며 자신의 존재감을 과시하는 것에 대하여 '인격 포기자'들이라고 지적하고 있습니다. 신비적인 것, 괴상한 것, 근거 없는 영웅담, 보이지 않는 허무한 것들을 이야기해야 사람들의 눈과 귀를 사로잡을 수 있다고 생각하는 '인격 포기자'들이 요즘 시대에도 넘쳐납니다.

도 청 도 설
道聽塗說 ◦ 길에서 들은 이야기를 길에서 말하고 다닌다.

도(塗): 길 | 기(棄): 버리다, 포기하다

대화의 성찰

공자어향당 순순여야 사불능언자 기재종묘조정 변변언 유근이
孔子於鄕黨 恂恂如也 似不能言者 其在宗廟朝廷 便便言 唯謹爾

공자는 동네에서 진실되게 살았기에 마치 말을 못하는 사람처럼 여겨졌다. 공자가 종묘나 조정에서는 조리 있게 말을 잘했지만 다만 삼갔다.

직장이나 밖에서 똑똑하고 말 잘하는 사람은 가족이나 친척들 앞에서는 말을 못하는 것처럼 합니다. 왜냐하면 친척과 친구들에게 자신의 능력을 자랑하려 하지 않기 때문입니다. 반대로 밖에서 말도 제대로 못하고 대접 못 받는 사람이 식구들이나 친척들에게 자신이 잘났다는 것을 증명하려고 노력합니다. 일명 방안 호랑이라고 하지요.

공자는 종묘宗廟나 조정朝廷에 출근해서는 말을 잘했습니다便. 그러나 늘 말을 삼가謹고 경계했지요. 공자가 퇴근하여 동네鄕黨에 와서는 말을 아끼고 진심으로 주변 사람들을 대했습니다. 식구나 친척, 친구들에게 자신을 주장하며 말을 많이 하기보다는 진실恂과 진심으로 사람들을 대한 것입니다. 참 멋진 공자입니다. 친구들에게 자랑이나 늘어놓고, 친척들과 식구들에게는 군림하려 하고, 직장에서는 제대로 직책을 수행하지도 못하는 사람이라면 이 구절을 몇 번이고 읽어볼 필요가 있습니다.

말을 잘해야 할 장소와 때가 있고, 진심으로 자신을 낮추고 주변 사람을 대할 때와 장소가 있습니다. 이런 때와 상황을 알고 처신하는 것이 '저울의 도' 권도權道입니다.

향당불능언 조정변변언
鄕黨不能言 朝廷便便言 ◦ 동네에서는 말을 줄이고,
조정(직장)에서는 조리 있게 말하라!

순(恂): 진실되다 | 사(似): –와 같이 | 변(便): 말 잘하다

변덕의 성찰

자장문 숭덕변혹 자왈 주충신 사의 숭덕야
子張問 崇德辨惑 子曰 主忠信 徙義 崇德也

자장이 덕을 높이고, 의혹을 분별하는 것에 대하여 물었다. 공자가 말했다. "진실과 신뢰를 기본으로 옳은 방향으로 옮겨가는 것이 덕을 높이는 숭덕이다.

애지욕기생 오지욕기사 기욕기생 우욕기사 시혹야 성불이부 역지이이
愛之欲其生 惡之欲其死 旣欲其生 又欲其死 是惑也 誠不以富 亦祗以異

사랑하면 그 사람이 살기를 바라고, 미우면 그 사람이 죽기를 바란다. 그런데 어떤 때는 살기를 바라면서 또한 어떤 때는 그 사람이 죽기를 바란다면 이것이 의혹이다. 진실로 부자도 되지 못할뿐더러, 또한 이상한 상황만 만들어질 것이다."

숭덕崇德은 '덕을 숭상하다', '덕을 중요하게 여긴다'는 의미입니다. 변혹辨惑은 의혹의 분별입니다. 도저히 풀 수 없는 문제를 해결한다는 뜻입니다. 공자의 제자 자장이 숭덕과 변혹의 뜻을 물었을 때 공자는 두 가지를 나누어서 대답합니다. 진실과 믿음으로 옳음을 향해 지치지 않고 정진하는 것이 숭덕입니다. 똑같은 사람이라도 애정과 미움이 시간과 상황에 따라 바뀌는 것이 풀지 못할 의혹疑惑이고 그 의혹을 풀고 인간을 사랑과 미움의 감정 없이 바라보는 자세가 변혹입니다.

참 명쾌한 대답입니다. 덕이란 의義를 추구하는 인간의 본능입니다. 진실과 믿음으로 옳음을 끈질기게 추구하는 것이 덕을 쌓는 일입니다. 살다 보면 똑같은 사람인데 예쁠 때는 잘되기를 바라고, 미울 때는 죽었으면 좋겠다는 생각이 들 때도 있습니다. 같은 사람인데 참으로 이해하지 못할 인간 감정의 숙제입니다. 인간을 사랑과 미움의 관점이 아닌 인간 그대로 보아주었을 때 비로소 감정의 숙제를 풀 수 있는 것입니다.

욕기생욕기사
欲其生欲其死 ◦ 사랑할 때는 살기를 바라고, 미워할 때는 죽기를 바란다.

숭(崇): 높이다 | 변(辨): 분별하다 | 사(徙): 옮기다 | 지(祗): 다만

겸양의 성찰

번 지 종 유 어 무 우 지 하 왈 감 문 숭 덕 수 특 변 혹
樊遲從遊於舞雩之下 曰敢問崇德修慝辨惑

번지가 공자를 따라 기우제 지내는 무우대 밑에서 거닐면서 말하기를 "감히 덕을 높이고, 간사함을 다스리고, 의혹을 제거하는 방법을 묻습니다."

자 왈 선 재 문 선 사 후 득 비 숭 덕 여 공 기 악 무 공 인 지 악 비 수 특 여 일 조 지 분
子曰 善哉問 先事後得 非崇德與 攻其惡 無攻人之惡 非修慝與 一朝之忿
망 기 신 이 급 기 친 비 혹 여
忘其身 以及其親 非惑與

공자가 말했다. "너의 질문이 훌륭하구나! 먼저 실천하고 이익은 나중에 생각하는 것이 덕을 높이는 숭덕崇德이 아니겠는가? 자신의 단점을 공격하고 타인의 단점을 함부로 공격하지 않는 것이 간사함을 다스리는 수특修慝이 아니겠는가? 어느 날 아침에 갑자기 일어나는 분노 때문에 자신의 몸을 망치고 주변 사람까지 힘들게 한다면 의혹이 아니겠는가?"

이번에는 공자의 수행비서 번지가 숭덕, 변혹, 수특修慝에 대하여 묻습니다. 숭덕은《논어》의 많은 개념 중에 많이 알려지고 자주 사용되는 말입니다. 덕을 쌓고 숭상하는 것입니다. 변혹은 의혹을 분별하여 말끔히 해소하는 것입니다. 수특修慝은 간사한 인간의 마음을 수행하는 일입니다. 공자는 같은 질문이라도 제자들의 수준과 물음의 의도를 정확히 간파하여 대답해주었습니다. 공자의 눈높이 공부법입니다. 공자의 답을 잘 읽으면 질문한 제자의 문제점을 잘 알 수 있습니다. 숭덕은 이익보다는 일에 집중하는 것이고, 수특은 타인의 단점보다는 나의 단점을 고민하는 것이고, 변혹은 한때 분노를 참아 미래의 어려움을 미리 방지하는 것이라는 공자의 대답입니다.

공자의 대답으로 미루어보아 번지는 어떤 일을 할 때 이익을 먼저 생각하고, 자신의 단점은 보려 하지 않고 남의 단점을 들추고, 한때의 분노를 참지 못해 곤란한 상황을 만들었던 제자였나 봅니다.

숭 덕 수 특 변 혹
崇德修慝辨惑 ◦ 덕을 숭상하고, 간사한 마음을 수양하고, 의문을 해소하라!

무우(舞雩): 기우제 지내는 곳 | 특(慝): 간사하다 | 혹(惑): 미혹하다 | 공(攻): 공격하다

평가에 대한 성찰

자공방인 자왈 사야 현호재 부아즉불가
子貢方人 子曰 賜也 賢乎哉 夫我則不暇

자공이 자신의 잣대로 사람들을 평가했다. 공자가 말했다. "자공은 그렇게 똑똑한가? 난 남을 평가할 겨를이 없다."

자공은 공자의 제자 중에 당시 귀족들에게 가장 잘 알려진 제자였습니다. 어쩌면 공자보다도 훨씬 높은 평가를 받은 제자라고도 할 수 있습니다. 사마천의 《사기》 〈화식열전〉에는 돈을 많이 번 재벌로 등장하기도 하고, 외교에 능한 외교 전략가로도 평가되고 있습니다. 공자가 유명해진 배경에는 자공의 공이 적지 않습니다. 예수에게 베드로가 있었듯이, 공자에게는 자공이 있었습니다.

그런 자공에 대하여 공자는 두 가지 관점으로 바라보았습니다. 한편으로는 충성심 깊은 충실한 제자로, 또 한편으론 실리를 추구하고 유명세를 즐기는 제자로 바라보았습니다. 그래서 《논어》에서 공자는 자공에 대하여 그리 후한 평가를 하고 있지 않습니다. 이 문장도 자공을 나무라는 장면입니다.

방方은 사람을 평가하거나 비교하는 것입니다. 자공은 자신이 똑똑하다고 생각했기에 당시 사람들을 평가하고 비교하고 우열을 논했습니다. 그런 자공에 대하여 공자가 한 소리 한 것입니다. "자공은 남을 평가할 정도로 그렇게 똑똑한가? 난 내 잘못을 돌아보고 살기에도 바쁘다." 타인에 대하여 평가하고 욕하기 전에 자신의 문제를 고민하고 단점을 돌아보는 것이 진정 현명한 사람의 태도입니다.

방인불가
方人不暇 ◦ 남을 평가할 한가한 시간이 없다.

방(方): 비교하다, 평가하다 | 가(暇): 겨를

인정에 대한 성찰

헌문 32

자왈 불환인지불기지 환기불능야
子曰 不患人之不己知 患其不能也

공자가 말했다. "남이 나를 알아주지 않는다고 걱정하지 말고, 내가 상대방을 알아주지 못함을 걱정하라!"

〈학이〉 편에도 유사한 문장이 나왔습니다. "불환인지불기지환부지인不患人之不己知患不知人" 남이 나를 알아주지 않는다고 근심하지 말고, 내가 남을 알아주지 못함을 근심하라! 세상이 나를 알아주지 않는다고 고민하기보다는 내가 먼저 상대방을 알아주면 상대방은 나를 저절로 알아주게 된다는 것입니다.

이 문장의 핵심은 관계의 성찰입니다. 좋은 관계는 상대방의 입장에서 배려하고 고민하는 것에서 시작됩니다. 기업은 내 물건을 알아달라고 하기에 앞서 고객의 마음을 먼저 읽어야 하며, 부모와 자식 역시 먼저 상대방의 마음을 먼저 이해하려고 노력할 때 좋은 관계가 만들어질 수 있습니다.

사람들 중에는 왜 나를 알아주지 않느냐고 불평하는 사람들이 있습니다. 회사가 내 능력을 알아주지 않는다고 불평하기 전에 내가 먼저 회사가 어떤 인재를 원하는지 알아야 합니다. 부부가 자신을 알아주지 않는다고 날을 세우기 전에 상대방을 얼마나 이해하려고 노력했는지 고민해보아야 합니다. 문제를 자신에게서 찾아야 합니다. 상대방을 탓한다고 문제가 해결되지 않습니다. "내 탓이오!" 이 말을 거듭 가슴에 새겨야 합니다. 모든 것을 내 탓으로 여기고 내가 먼저 다가가서 상대방의 마음을 이해하려고 노력한다면 상대방이 먼저 내 마음을 알아주며 다가올 것입니다.

불환인지불기지
不患人之不己知 ◦ 남이 나를 알아주지 않는다고 근심하지 마라!

자기 평가에 대한 성찰

자왈 궁자후이박책어인 즉원원의
子曰 躬自厚而薄責於人 則遠怨矣

공자가 말했다. "자신을 꾸짖기를 많이 하고 남을 꾸짖는 것은 적게 한다면 남의 원망을 멀리할 수 있을 것이다."

관계의 성찰에서 중요한 것이 '내 탓이오!' 철학입니다. 모든 게 다 내 탓이라는데 관계가 안 좋아질 수가 없습니다. 타인의 단점은 크더라도 너그럽게 받아들이고 이해해주고, 내 단점은 작더라도 철저하게 꾸짖고 따진다면 남에게 원망을 얻지 않을 것입니다.

남을 대할 때는 봄바람처럼 따뜻하게 대하고, 나에게는 가을 서리처럼 엄하게 대하라는 이야기가 있습니다. "대인춘풍待人春風, 지기추상持己秋霜"《채근담》에 나오는 구절입니다. 그런데 살다 보면 나에게는 관대하고, 남에게는 엄한 경우가 많습니다. 내가 저지른 잘못은 얼마든지 이유가 있어서 그런 것이니 용서할 수 있고, 남이 저지른 잘못은 어떤 이유에서도 용서가 안 된다는 논리입니다. 모든 것이 이기적이고 자기중심적인 생각에서 나온 것입니다. 타인에게 좀 너그럽게 대하고 나에게 엄하게 대한다면 나에 대한 원망이 점점 멀어질 것입니다.

자후박책
自厚薄責 ◦ 자신에게 엄격하고 타인에게 너그러운

궁(躬): 몸, 자신 | 후(厚): 많다 | 박(薄): 적다 | 책(責): 꾸짖다, 책임을 묻다

단순한 삶

자왈 이약실지자 선의
子曰 以約失之者 鮮矣

공자가 말했다. "단순하게 사는 사람 중에 실수하는 사람이 드물다."

약約은 단순한 삶의 방식입니다. 검약儉約은 검소하고 단순하게 살아가는 삶을 의미합니다. 최소한의 도구와 관계만을 갖고 사는 미니멀리즘minimalism의 삶을 약의 삶이라고 할 수 있습니다. 약속約束도 신중하게 정해서 만나는 사람에게 집중하고, 여기저기 기웃거리지 않고 내가 할 일에 집중하는 사람은 실수失할 확률이 적습니다鮮.

사람들을 끊임없이 만나고 하루 저녁에도 약속을 두세 개씩 잡고 사는 사람은 실수하는 경우가 많습니다. 핸드폰에 기억도 안 나는 사람의 번호는 과감하게 지워버리고, 꼭 나가지 않아도 될 곳은 가능한 나가지 말고, 반드시 만나야 할 사람이 아니라면 안 만나는 것도 참 간략하게 사는 인생 방법입니다. 집 안에서 안 쓰는 것은 과감하게 치우고, 불필요한 일상을 정리하는 것도 심플한約 삶의 방식이라고 할 수 있습니다.

옛 선비들이 최소한의 도구와 관계를 유지하며 자신의 영혼이 가고자 하는 곳에 집중했던 삶이 바로 이런 삶입니다.

약실지선
約失之鮮 ◦ 단순한 삶을 살면 실수가 적다.

약(約): 단순하다

부귀와 빈천

자 왈 부 여 귀 시 인 지 소 욕 야 불 이 기 도 득 지 불 처 야
子曰 富與貴 是人之所欲也 不以其道 得之 不處也

공자가 말했다. "부와 높은 지위는 사람들이 바라는 것이지만 정당한 방법을 거치지 않고 얻었다면 그 부귀에 처하지 않겠다."

빈 여 천 시 인 지 소 오 야 불 이 기 도 득 지 불 거 야
貧與賤 是人之所惡也 不以其道 得之 不去也

"가난과 낮은 지위는 사람들이 싫어하는 것이지만 정당한 방법을 거치지 않고 얻었더라도 거부하지 않겠다."

여기서 말하는 도는 정당正當함입니다. 정당한 방법으로 돈을 벌고 지위가 높아지는 것은 마다할 이유가 없습니다. 오히려 장려해야 할 일이지요. 그러나 부정한 방법不道으로 얻은 돈과 명예는 문제가 됩니다. 타인을 속이고 아프게 하여 얻은 부귀는 단연코 거부하겠다는 것입니다.

유교는 자본주의를 부정하는 것이 아니라 타락한 자본주의를 부정합니다. 검은 거래와 정당치 못한 방법으로 얻은 물질적 이익을 거부하겠다는 것입니다. 그래서 모든 사람들이 원하는 부귀가 정당하지 못한 방법으로 나에게 다가왔다면 그 부귀에 처處하지 않고 거부하겠다는 것입니다. 문제는 가난과 실패입니다. 모두가 싫어하는 가난과 실패가 나에게 왔는데, 그것이 정당치 못한 방법으로 다가왔더라도 나는 그 가난과 실패를 거부하지 않겠다는 것입니다.

최선을 다했는데 나에게 온 가난과 실패에 대하여 하늘을 원망하거나 남을 탓하기 쉽습니다. 그런데도 불합리한 상황마저 인정하고 순순히 받아들이는 자세는 쉽게 넘볼 수 있는 경지는 아닌 것 같습니다.

불 처
不處 ◦ 부귀와 빈천에는 원칙이 있다.

즐기는 삶

자왈 지지자 불여호지자 호지자 불여락지자
子曰 知之者 不如好之者 好之者 不如樂之者

공자가 말했다. "아는 것은 좋아하는 것만 못하고, 좋아하는 것은 즐기는 것만 못하다."

《논어》의 베스트 문장 10을 꼽는다면 그 안에 충분히 들어갈 문장입니다. 아는知 것, 좋아하는好 것, 즐기는樂 것, 이 세 가지는 인생을 살아가는 세 가지 모습이기도 합니다.

《논어》를 읽을 때 세 가지 부류로 나눠 보면, 단순히 《논어》의 구절을 읽고 아는知 사람이 있고, 《논어》의 구절을 좋아好하는 사람이 있고, 《논어》 구절을 살아가는 삶 속에서 즐기는樂 사람이 있습니다. 어떤 사람이 제대로 《논어》를 읽은 사람일까요? 《논어》의 구절을 그저 줄줄 외우는 것은 하수下手입니다. 《논어》의 구절을 좋아하여 《논어》 책을 옆에 끼고 다니는 사람은 중수中手입니다. 《논어》를 읽고 인생이 바뀌고 《논어》의 구절을 자신의 삶에 반영하여 즐기는 사람은 고수高手입니다. 고수는 《논어》를 읽고 《논어》를 버립니다. 더 이상 《논어》의 구절에 얽매이지 않고 《논어》를 삶 속에서 실현하기 때문입니다.

공자가 꿈꾸었던 최고의 삶은 즐기는樂 삶입니다. 즐기는 것은 몰입하여 푹 빠지는 것입니다. 학생이 공부를 즐기고, 청소부가 청소를 즐기고, 주부가 빨래하는 것을 즐기고, 직장인이 일하는 것을 즐기고, 노인이 늙어감을 즐긴다면 그것이 최고의 삶의 태도입니다. 세상에 즐기는 사람과 대항하여 이길 사람은 아무도 없습니다. 어떤 상황 속에서도 자신의 즐거움을 놓치지 않고 사는 사람은 성인의 경지에 이르렀다 할 것입니다.

락지
樂之 ◦ 즐기는 것이 가장 행복한 삶이다.

중용의 성찰

자왈 중용지위덕야 기지의호 민선구의
子曰 中庸之爲德也 其至矣乎 民鮮久矣

공자가 말했다. "중용처럼 사는 덕은 지극한 것이다! 일반인들이 그렇게 사는 사람이 적은 지 오래 되었다."

중용中庸은 균형 잡힌 인간의 삶입니다. 인간은 태어날 때부터 중용적 삶의 능력德을 갖고 태어났습니다. 그래서 중용처럼 균형 잡힌 삶을 사는 것은 인간으로서 지극히至 위대한 삶입니다. 그런데 일반인民 중에 그런 중용적 삶을 사는 사람이 드문鮮 지 오래久되었다는 것입니다. 중용적 삶은 직장과 가정의 균형, 인간관계의 균형, 감정의 균형, 판단의 균형, 남이 보지 않는 곳에서의 균형, 힘들고 어려운 역경 속에서의 균형 등이 지속적으로 유지되는 삶을 말합니다. 인간의 삶에서 매 순간순간 이런 균형을 잡고 살아가는 것은 어렵지만 위대한 것입니다.

중용을 실천하는 가장 중요한 기본은 성실입니다. 성실은 세상을 변화시키는 힘이며, 존재의 근원입니다. 꽃 한 송이도 성실하기 때문에 존재하는 것입니다. 햇빛, 물, 흙과 성실하게 관계했기에 비로소 꽃을 피울 수 있는 것입니다. 성실하지 않다면 세상에 어떤 존재도 없습니다. 존재한다는 것은 성실의 결과입니다. 인간도 성실의 중용이 있어야 비로소 바로 설 수 있습니다. 조그만 것에서 최선을 다하고, 보이지 않는 곳에서 마음을 다할 때 비로소 중용의 덕을 실천하는 사람이 될 수 있습니다. 이런 덕을 실천하며 사는 사람을 보고 싶습니다.

중용지덕
中庸之德 ◦ 중용의 덕을 실천하며 살라!

지(至): 지극하다 | 선(鮮): 드물다, 적다

작지만 큰 행복

자 로 증 석 염 유 공 서 화 시 좌
子路曾皙冉有公西華 侍坐

자로, 증석, 염유, 공서화가 공자를 모시고 앉아 (수업하고) 있었다.

자 왈 이 오 일 일 장 호 이 무 오 이 야 거 즉 왈 불 오 지 야 여 혹 지 이 즉 하 이 재
子曰 以吾 一日長乎爾 毋吾以也 居則曰 不吾知也 如或知爾 則何以哉

공자가 말했다. "내가 너희들보다 하루라도 나이가 더 많다고 나를 어려워하지 마라. 너희들은 평소에 나를 알아주지 않는다고 입버릇처럼 말하니 만약 누군가 너희들을 알아준다면 무엇으로서 너희들의 능력을 발휘하겠느냐?"

자 로 솔 이 이 대 왈 천 승 지 국 섭 호 대 국 지 간 가 지 이 사 려 인 지 이 기 근 유 야
子路 率爾而對曰 千乘之國 攝乎大國之間 加之以師旅 因之以饑饉 由也
위 지 비 급 삼 년 가 사 유 용 차 지 방 야 부 자 신 지
爲之 比及三年 可使有勇 且知方也 夫子哂之

자로가 경솔하게 대답했다. "천승의 나라가 대국 사이에 끼어 있어 군대의 침략을 당하여 기근이 발생한다면, 제가 그 위기를 맡아 삼 년 정도만 노력한다면 백성들을 용감하고 정의의 방향을 아는 사람들로 만들 수 있습니다!" 공자가 그 말을 듣고 빙그레 웃었다.

구 이 하 여 대 왈 방 육 칠 십 여 오 육 십 구 야 위 지 비 급 삼 년 가 사 족 민 여 기 예 악
求 爾何如 對曰 方六七十 如五六十 求也爲之 比及三年 可使足民 如其禮樂
이 사 군 자
以俟君子

"염구야! 너는 어떻게 하겠느냐?" 대답하여 말하기를 "저는 사방 육칠십 리, 혹은 오륙십 리 정도 되는 지역을 제가 맡아 관리한다면 삼 년 정도면 그곳에 사는 사람들이 경제적으로 풍족한 사람들이 되게 할 수 있습니다. 예악과 같은 것은 전문가인 군자를 기다려 그에게 맡기겠습니다."

적 이 하 여 대 왈 비 왈 능 지 원 학 언 종 묘 지 사 여 회 동 단 장 보 원 위 소 상 언
赤 爾何如 對曰 非曰能之 願學焉 宗廟之事 如會同 端章甫 願爲小相焉

"공서화야! 너는 어떻게 하겠느냐?" 대답하여 말하기를 "제가 능력이 있다고 말할 수는 없지만 배우기를 원하는 일이 있습니다. 종묘의 일과 외교사절 간의 회동에 외교복을 입고 외교 모자를 쓰고 조그만 도움이라도 되고 싶습니다."

점 이 하 여 고 슬 희 갱 이 사 슬 이 작 대 왈 이 호 삼 자 자 지 찬
點 爾何如 鼓瑟希 鏗爾舍瑟而作 對曰 異乎三子者之撰

"증점아! 너는 어떻게 하겠느냐?" 증점이 거문고를 타던 소리가 점점 줄어들더니 드르릉하고 거문고를 내려놓고 일어나서 대답하여 말했다. "저는 저 제자들의 선택과 다릅니다."

자 왈 하 상 호 역 각 언 기 지 야
子曰 何傷乎 亦各言其志也

공자가 말했다. "무슨 문제가 되겠는가? 또한 각자 자신의 뜻을 말하는 것뿐이니라."

왈 모춘자 춘복 기성 관자오륙인 동자육칠인 욕호기 풍호무우 영이귀
曰 莫春者 春服 旣成 冠者五六人 童子六七人 浴乎沂 風乎舞雩 詠而歸

증점이 말했다. "어느 저물어 가는 봄날 봄옷이 준비되면 어른 대여섯 명과 어린아이 예닐곱 명과 함께 기수에 가서 목욕하고, 무대에 올라 바람 쐬고, 시를 읊으며 집으로 돌아가는 것이 제 꿈입니다."

부자 위연탄왈 오여점야
夫子 喟然嘆曰 吾與點也

공자가 깊게 감탄하며 말했다. "나도 너와 뜻이 같구나!"

삼자자출 증석후 증석왈 부삼자자지언 하여
三子者出 曾晳後 曾晳曰 夫三子者之言 何如

세 명의 제자가 나가고, 증점이 뒤에 나가게 되었다. 증점이 말하기를 "저 세 명의 제자들의 이야기가 어떻습니까?"

자왈 역각언기지야이의
子曰 亦各言其志也已矣

공자가 말했다. "또한 각각 자신의 뜻을 말했을 뿐이다."

왈부자 하신유야
曰夫子 何哂由也

증점이 말하기를 "선생님이 자로의 말에 왜 웃으셨는지요?"

왈 위국이예 기언 불양 시고 신지
曰 爲國以禮 其言 不讓 是故 哂之

공자가 말했다. "나라를 다스리는 것은 예로써 하는 것인데 그 말이 겸손하지 않으니 그래서 웃은 것이다."

유구즉비방야여
唯求則非邦也與

"염구가 말한 규모의 나라는 나라가 아닌가요?"

안견방육칠십 여오륙십이비방야자
安見方六七十 如五六十而非邦也者

"사방 육칠십 리나 오륙십 리의 땅이 나라가 아니면 어떤 것이 나라이겠느냐?"

유적즉비방야여
唯赤則非邦也與

"공서화가 말한 것은 나랏일이 아닌가요?"

종묘회동 비제후이하 적야위지소 숙능위지대
宗廟會同 非諸侯而何 赤也爲之小 孰能爲之大

"종묘제사나 외교사절의 회동이 제후의 일이 아니라면 무엇을 제후의 일이라 하겠는가? 공서화가 하려는 일이 작은 일이라면 어떤 것이 큰일이겠는가?"

《논어》 최고의 명장면입니다. 이 글을 읽을 때마다 공자가 그 제자들과 어떻게 공부했는지 눈에 선하게 들어옵니다. 공자가 그토록 추구했던 도가 무엇이었는지 가슴에 확 들어오는 구절입니다. 공자의 제자들이 함께 앉아 이야기하고 있고, 그 옆에는 점點이라는 제자가 거문고를 타고 있습니다. 수업 시간에 음악 소리, 참 아름다운 수업 시간입니다.

수업의 제목은 '내 인생의 꿈'이었습니다. 제자들은 학교를 졸업하고 어떻게 살지에 대하여 각자 꿈을 말합니다. 대부분 출세와 성공이었습니다. 장군, 행정가, 외교관, 모두 자신의 미래를 자신 있게 말했습니다. 그런데 거문고를 타고 있던 증점의 꿈은 좀 달랐습니다. 먼 미래의 출세와 성공보다는 행복하고 영혼이 충만한 하루하루를 살아가겠다는 꿈이었습니다. 봄날이 되면 친구들과 함께 물놀이하고, 봄바람 쐬고, 노래 부르며 집으로 돌아오는 것이 그의 꿈이라는 대답에 다른 제자들은 아마도 말을 잃었을 것입니다. 자신의 젊은 시간을 바치고 공자에게 공부하러 온 이유는 출세와 성공이라고 믿었던 제자들은 평범한 삶의 행복이 인생의 목표라는 증점의 대답을 이해하지 못했을 것입니다. 그런데 공자는 증점의 꿈에 이렇게 화답합니다. "나도 너의 꿈과 같다." 참 아름다운 수업 장면입니다.

공자는 천하의 안정과 평화를 꿈꾸었습니다. 그러나 그의 가슴속에는 아름다운 일상을 보내며 사는 꿈도 있었습니다. 그래서 그의 가슴속 꿈을 대신 이야기한 증점에게 더욱 마음이 끌렸나 봅니다. 인생의 거대한 목표도 중요하고 출세와 성공을 통해 자존감을 세우는 것도 중요하지만, 평범한 일상의 즐거움 역시 위대한 성인이 바라던 삶의 모습이었습니다. 세상을 구하는 일도 중요하지만, 오늘, 지금, 여기에서의 영혼이 충만한 삶 역시 놓칠 수 없는 일입니다.

暮春(모춘) ◦ 어느 저물어 가는 봄날의 일상을 즐겨라!

안락함의 성찰

자 왈 사 이 회 거 부 족 이 위 사 의
子曰 士而懷居 不足以爲士矣

공자가 말했다. "선비가 안락한 삶을 추구한다면 선비라고 하기에는 부족하다."

인간은 누구나 안락한 삶을 원합니다. 좋은 음식과 편안한 잠자리, 큰 집과 호화스런 장식, 아름다운 정원과 수족이 되어 주는 사람들, 이런 안락함은 인간이 꿈꾸는 삶입니다. 그런데 이런 것을 추구하면 할수록 더 큰 안락을 추구하게 됩니다. 그리고 편안함에 발목이 잡힙니다. 편안함에 발목이 잡히면 사고는 중지되고 눈은 멀게 됩니다. 그래서 맹자는 안락安樂은 죽음의 신호이고 우환憂患이 오히려 삶의 신호라고 말했습니다.

선비란 안락과 우환의 갈림길에서 안락을 갈망하는 사람이 아닙니다. 안락을 추구하면 할수록 초심은 잊어버리고 탐욕과 욕망은 더 커지기 때문입니다. 나를 수양하고, 세상을 걱정하고, 사회 문제를 제대로 바라보며 새로운 미래를 제시하는 선비에게 안락함이란 어쩌면 장애물일 수도 있습니다. 물질적 바탕을 넘어 탐욕과 욕심으로 가득한 안락함에 대한 경계를 늦춰서는 안 됩니다. 그토록 선비답던 사람이 물질의 안락함에 빠져 초기 정신은 사라지고 자리와 안락에 연연해하는 모습을 보면 참으로 안타깝습니다.

부 족
不足 ◦ 안락함을 추구하는 사람을 선비라고 하기엔 부족하다.

거(居): 안락하게 살다

유익한 즐거움과 손해나는 즐거움

공자왈 익자삼요 손자삼요 요절예악 요도인지선 요다현우 익의 요교락
孔子曰 益者三樂 損者三樂 樂節禮樂 樂道人之善 樂多賢友 益矣 樂驕樂
요일유 요연락 손의
樂佚遊 樂宴樂 損矣

공자가 말했다. "유익한 즐거움 세 가지가 있고, 손해나는 즐거움 세 가지가 있다. 예악으로 절제하는 즐거움, 타인의 좋은 점을 말하는 즐거움, 현명한 친구가 많은 즐거움이 유익한 즐거움이다. 교만의 즐거움, 방탕함의 즐거움, 술자리의 즐거움이 손해나는 즐거움이다."

공자는 아는 것知보다는 좋아하는 것好, 좋아하는 것보다는 즐기는 것樂이 가장 위대한 삶의 패턴이라고 강조했습니다. 즐긴다는 것은 영혼이 떨리는 일입니다. 내 영혼을 떨리게 하는 것을 추구하며 산다는 것은 행복한 인생입니다. 그런데 영혼을 떨리게 하는 즐거움에도 유익한 것이 있고 손해가 되는 것이 있습니다. 예와 음악을 통해 내 삶을 조절해나가는 것, 타인의 장점을 드러내고 칭찬하는 것, 현명한 친구들과 인생을 사는 것은 유익한 즐거움입니다. 반대로 손해가 되는 즐거움도 있습니다. 교만하고 으스대는 즐거움, 질펀하게 노는 즐거움, 잔치와 향응에 빠지는 즐거움은 같은 즐거움이지만 인생에 도움이 되지 못합니다.

내 영혼의 떨림을 존중하며 즐겁게 인생을 사는 것은 행복한 일입니다. 그러나 같은 떨림이라도 나에게 손해가 되는 즐거움은 아닌지 한번 돌아봐야 합니다. 남에게 피해를 주고 상처를 주는 것은 내가 아무리 즐기는 것이라고 해도 삼가야 할 것입니다.

익자손자
益者損者 ◦ 이익이 되는 세 가지 즐거움과 손해가 되는 세 가지 즐거움이 있다.

락(樂): 즐기다 | 도(道): 말하다 | 일(佚): 흐트러지게 놀다 | 연(宴): 술자리

공감의 성찰

자공 문왈 유일언이가이종신행지자호
子貢 問曰 有一言而可以終身行之者乎

자공이 물어 말하기를 "한마디 말 중에 평생 간직하고 실천해야 할 말이 있습니까?"

자왈 기서호 기소불욕 물시어인
子曰 其恕乎 己所不欲 勿施於人

공자가 말했다. "그것은 서恕이다! 내가 하고 싶지 않은 것을 남에게 강요하지 말라!"

내 인생의 평생 좌우명을 한 단어로 말하라면 무엇이라고 대답할까요? 성실, 정직, 용기 등등 참 많은 화두가 사람마다 있을 것입니다. 자공이 공자에게 평생 간직해야 할 말을 한마디로 말씀해 달라고 부탁했습니다. 자공다운 질문입니다. 이재에 밝고 투자의 달인이었던 자공은 공자의 철학을 한마디 말로 요점 정리해 달라고 질문했던 것입니다. 요즘으로 말하면 족집게 과외를 요청한 거죠. 공자의 학습법은 질문을 한 사람의 눈높이로 대답해주는 것입니다. 그러니 공자의 답을 잘 읽으면 질문한 사람의 부족한 점이 무엇인지를 짐작할 수 있습니다.

공자는 '서恕'라는 한 글자로 대답합니다. 참 많은 의미를 갖고 있는 단어입니다. 용서하다, 공감하다, 상대방의 마음을 헤아리다, 이런 뜻입니다. 공자는 한 글자로 대답하고 여덟 글자로 보충 설명합니다. "내가 하고 싶지 않은 것을 남에게 강요하지 말라!" 이 대답 속에는 자공에 대한 가르침이 숨겨 있습니다. 자공의 문제점 중에 타인의 마음을 헤아리지 못하고 명령하고 지시하는 면이 있었던 것입니다. 지시만 하고 상대방의 마음을 헤아리지 못하는 사람은 '서'라는 글자 하나를 가슴에 새겨야 합니다.

기소불욕 물시어인
己所不欲 勿施於人 ◦ 내가 하고 싶지 않은 것을 타인에게 강요하지 마라.

나아가고 물러남의 성찰

자 왈 독 신 호 학 수 사 선 도 위 방 불 입 난 방 불 거 천 하 유 도 즉 현 무 도 즉 은
子曰 篤信好學 守死善道 危邦不入 亂邦不居 天下有道則見 無道則隱

공자가 말했다. "믿음이 독실하고, 배움을 좋아하며, 죽어도 원칙道을 끝까지 지켜야 한다. 위험한 나라에는 들어가지 말고, 혼란한 나라에는 머물지 말고, 천하에 도道가 있으면 세상에 나오고, 도가 없으면 은거하라!"

방 유 도 빈 차 천 언 치 야 방 무 도 부 차 귀 언 치 야
邦有道 貧且賤焉 恥也 邦無道 富且貴焉 恥也

"나라에 도가 있는데 가난하고 지위가 낮은 것은 부끄러운 일이며, 나라에 도가 없는데 부자이고 지위가 높은 것도 부끄러운 일이다."

어떻게 세상을 살아갈 것인가? 이 문제에 대하여 다섯 가지 원칙을 들어 말하고 있습니다. 1) 독실篤한 믿음信과 지속적인 배움, 2) 죽음을 각오한 가치道의 수호, 3) 위기에 처한 나라에서의 처신, 4) 출세見와 은거隱의 적절한 선택, 5) 부귀富貴에 대한 처신.

이 글을 읽다 보면 《논어》에서는 참 세상 사는 방법을 자세하게 설명하고 있다는 생각이 듭니다. 특히 세상에 나아갈 것인가? 아니면 물러나 은거할 것인가? 이 문제는 공자가 늘 치열하게 고민했습니다. 진퇴進退와 취사取捨의 선택은 지금도 여전히 우리 앞에 놓여 있습니다. 이 선택의 기준은 부끄러움恥입니다. 내 양심에 비추어 부끄럽지 않은 선택을 해야 후회가 없습니다.

요즘 부끄러움이 없는 세상이라고 합니다. 일제 강점기에 부끄럽게 식민지 권력과 야합하여 자신의 영달을 도모한 사람들이 다시는 이 땅에 나타나지 않으려면 그들이 얼마나 부끄러운 선택을 했는지 끝까지 사실을 파고들어 세상에 드러내야 합니다. 그들의 후손이 그런 조상을 둔 것이 너무나 부끄러워 참회하는 세상이 되어야 합니다. 부끄럽고 영화롭게 살기보다는 떳떳하게 평범하게 사는 것이 더욱 아름답다고 생각하는 세상이 되어야 합니다.

무 도 즉 은
無道則隱 ◦ 난세에는 조용히 물러나 나를 지켜라!

난세의 성찰

자왈 작자칠인의
子曰 作者七人矣

공자가 말했다. "난세를 피해 일어나 은둔한 자가 일곱 명이다."

세상이 어지러우면 자리를 내놓고 떠나는 것은 난세를 살아가는 삶의 태도입니다. 일명 은자隱者라고 부르는 이 사람들은 자리에 연연하지 않고 조용히 세상을 피해 숨어 살았습니다. 그래서 난세마다 속세를 떠나 청산에 묻혀 사는 사람들의 이야기가 전해져 옵니다. 백이와 숙제는 주周나라 혁명군의 부당한 정권을 피해 수양산에 들어가 삶을 마쳤습니다. 위魏, 진晉의 교체기에 산림에 숨어들어 유유자적하며 살다 간 죽림칠현 역시 은자들이었습니다. 이들은 권력과 난세를 피해 살았지만, 소극적인 측면에서의 저항이란 비판도 받습니다. 정말 세상을 걱정하는 현자라면 부당한 권력에 대항하여 싸워 세상을 바로잡는 것이 더욱 정당한 모습이라는 관점입니다.

공자는 7명의 은자들을 말합니다. 구체적으로 어떤 인물이었는지는 적혀 있지 않지만 과감하게 자신의 뜻을 좇아 자리를 버리고 떠난 사람들이라는 것입니다. 후대의 주석가들은 백이, 숙제, 우중, 이일, 주장, 유하혜, 소련, 장저, 걸익, 장인, 석문, 하궤, 의봉인, 초광접여 등을 제시하며 그 7명을 설명했습니다. 작作은 일어난다는 뜻입니다. 자리를 박차고 일어나 미련 없이 떠나는 결심을 했다는 뜻입니다.

작
作 ◦ 자리를 박차고 일어나 떠나라!

힘의 성찰

자왈 사부주피 위력부동과 고지도야
子曰 射不主皮 爲力不同科 古之道也

공자가 말했다. "활쏘기에서 활이 과녁을 얼마나 뚫었느냐는 중요하지 않다. 사람마다 힘이 다르기 때문이다. 이것이 옛날 활쏘기의 정신이다."

힘이 세다고 강한 사람이 아닙니다. 왜냐하면 힘은 선천적인 것에 더욱 좌우되기 때문입니다. 요즘 양궁에서 점수를 매기는 방법을 알면 이 구절은 쉽게 해석이 됩니다. 활을 쏴서 얼마나 10점에 가까이 맞췄느냐가 중요하지 얼마나 깊이 과녁을 뚫었느냐는 중요하지 않습니다. 양궁은 힘을 비교하는 것이 아니라 과녁에 가까이 맞추는 것을 비교하기 때문입니다.

공자가 살던 시대에는 힘을 중요하게 생각했나 봅니다. 그래서 활쏘기射를 할 때 가죽으로 만든 과녁皮을 얼마나 깊이 뚫었느냐를 중요하게主 여겼습니다. 그러나 사람들마다 모두 같은同 힘力의 등급科을 갖고 있지 않기 때문에 불공정한 게임 방식이라는 것입니다. 그래서 옛날의 과녁 중심의 게임 방법이 더욱 신사적이고 스포츠 정신에 맞는다는 것입니다.

요즘 우리의 경쟁이 공정한가를 돌아봅니다. 부모를 잘 만나서 이미 출발선에서 멀리 가 있는 사람과 가정 형편이 어려워 출발선에서 머뭇거리는 사람과의 경쟁이 공정할 수 없습니다. 부모의 재력은 자녀의 출세에 많은 영향을 끼칩니다. 그래서 누구나 공정하게 경쟁할 수 있는 사회를 만드는 것은 예나 지금이나 중요한 일입니다. 공자가 요즘 시대에 살았다면 불공정한 사회 경쟁 체제에 대하여 무엇이라고 했을지 궁금해집니다.

사부주피
射不主皮 ◦ 활쏘기는 과녁을 뚫은 힘으로 승부하는 것이 아니다.

사(射): 활쏘기 | 피(皮): 가죽, 과녁, 옛날에는 가죽으로 과녁을 만들었다 | 주(主): 중요하게 여기다 | 위(爲): 때문이다 | 과(科): 등급 | 고(古): 올리다

이름값의 성찰

자왈 고불고 고재고재
子曰 觚不觚 觚哉觚哉

공자가 말했다. "네모난 그릇이 네모나지 않으면 네모난 그릇이겠는가? 네모난 그릇이겠는가?"

고觚는 제례 의식에 쓰이는 네모난 술잔입니다. 그 술잔을 '네모난 술잔'이라고 이름 붙인 것은 네모나기 때문입니다. 그런데 그 술잔이 네모나지 않다면 네모난 술잔이 아니라는 것이죠. 임금이 임금답지 못하면 임금이라고 할 수 없고, 신하가 신하답지 못하면 신하라고 할 수 없습니다.

공자는 세상의 모든 존재가 '이름값'을 해야 한다고 생각했습니다. 자신의 이름에 부끄럽지 않은 삶을 살아야 한다는 정명正名 이론은 공자의 중요한 정치철학이었습니다. 이름과 실제가 일치되지 않는 세상이 난세의 시작이라고 본 것입니다. 자신이 정치를 하면 제일 먼저 이름과 실제가 일치되는 세상을 만들겠다는 것입니다.

국회의원이라는 이름의 유래와 뜻을 새겨 보면 무슨 일을 하는 사람인지 정확히 알 수 있습니다. 나라의 정책과 법을 제정하는 나라의 회의실에 모여 국가와 국민의 안녕과 발전을 위하여 토론하고 의논하는 사람이라는 의미를 띤 이름이라면, 그 이름값을 제대로 하는 것이 정명입니다. 부모, 자식, 교수, 기자, 국회의원, 회장, 청소부, 택시기사, 세상에는 참 이름이 많습니다만 이름값을 하며 살기란 쉽지 않습니다.

고불고
觚不觚 ◦ 네모난 그릇이 네모나지 않으면 네모난 그릇이라고 부를 수 있겠는가?

고(觚): 네모난 그릇

양심의 성찰

왕 손 가 문 왈 여 기 미 어 오 영 미 어 조 하 위 야
王孫賈問曰 與其媚於奧 寧媚於竈 何謂也

왕손가가 물어 말했다. "안방 아랫목 신령에게 아첨하기보다는 차라리 부엌 신령에게 아첨하는 것이 낫다는 말이 있는데 무슨 의미인지요?"

자 왈 불 연 획 죄 어 천 무 소 도 야
子曰 不然 獲罪於天 無所禱也

공자가 말했다. "그렇지 않다. 하늘에 죄를 얻으면 어디 가서 빌고 용서받을 곳이 없다."

어디 가도 용서받을 수 없는 죄가 있습니다. 무슨 죄일까요? 바로 나한테 저지른 죄입니다. 다른 사람에게 죄를 지으면, 그 사람에게 가서 용서를 받을 수 있습니다. 그런데 나에게 지은 죄는 어디 가도 용서받을 곳이 없습니다. 나에게 저지른 죄는 어떤 것일까요? 나를 속이는 죄입니다. 양심을 속이고 부끄러움을 속이는 죄를 저지르면 어디 가도 용서받을 곳이 없습니다. 명분은 없지만 나에게 이익이 되는 사람을 선택할 것인가? 아니면 나에게 이익은 안 되지만 명분을 가진 사람을 선택할 것인가? 이런 질문에 많은 사람들은 고민할 것입니다. 친구를 선택할 때 이익이냐 우정이냐의 기준이 있다면 어떤 선택을 하시겠습니까?

공자가 살던 시대에 많은 사람들이 명분보다는 이익을 선택했던 모양입니다. 그래서 당시 귀족이었던 왕손가가 명분만 있는 안방 아랫목 신령奧에게 제사 지내는 것보다 먹을 것을 주는 부엌 신령竈에게 제사 지내며 아첨媚하는 것이 나에게 이익이 될 것이란 당시의 속담을 명분주의자 공자에게 은근히 물은 것입니다. 왕손가는 공자가 명분만 있지 아무런 이익도 안 되는 천자天子 중심의 정치철학을 갖고 있는 것을 비꼬며 말했습니다. 변한 시대를 인정하고 강력한 힘과 권한을 갖고 있는 신흥 귀족에게 붙으면 얼마든지 출세할 수 있는데 왜 아무 힘도 없고 이익도 안 되는 구시대의 가치에 목숨을 거냐는 질문이었습니다. 공자는 단언하여 말합니다. "그렇지 않다不然! 하늘에 죄를 얻으면獲罪於天 어디 가서 용서받을禱 곳이 없다無!' 공자가 말하는 하늘天은 저 푸른 하늘이 아니라 자

신의 양심입니다. 내 양심을 속이는 죄를 지으면 내가 나를 용서하지 못할 것이란 생각입니다.

안중근 의사가 조국의 국토를 침탈한 일제 원흉을 죽이러 가려고 했을 때 많은 사람들이 말렸을 것입니다. 일본 제국주의자들에게 붙어 부와 이익을 누리던 친일파들은 이미 돌이킬 수 없는 현실을 인정하고 자신의 목숨을 보존해야 한다는 충고도 했을 것입니다. 그때도 안중근 의사는 이렇게 대답했을 것입니다.
"내 양심에 죄를 지으면 어디 가서도 용서받을 곳이 없다!"

자신의 양심을 소중히 여기며 이익이 안 되는 길을 묵묵히 걸어가는 사람을 시대의 변화를 모르는 바보라고 해야 할까요? 공자는 당장 권력자의 뒤에 줄을 서는 것이 이익일 수 있지만 장기적인 안목에선 결국 손해를 본다고 봤습니다. 당장 눈앞의 이익에 눈 멀지 말고 내 영혼 앞에 떳떳한 삶을 사는 것이 결국 진정한 이익입니다.

획죄어천
獲罪於天 ◦ 하늘(양심)에 죄를 지으면 용서받을 곳이 없다.

조(竈): 부엌, 부뚜막 신

무례의 성찰

자왈 공이무례즉로 신이무례즉시 용이무례즉란 직이무례즉교
子曰 恭而無禮則勞 愼而無禮則葸 勇而無禮則亂 直而無禮則絞

공자가 말했다. "공손한데 예가 없으면 고생만 하고, 신중한데 예가 없으면 두렵기만 하고, 용맹한데 예가 없으면 혼란만 일으키고, 곧은데 예가 없으면 서두르기만 한다."

군자 독어친즉민흥어인 고구불유즉민불투
君子 篤於親則民興於仁 故舊不遺則民不偸

"군자(지도자)가 주변 사람을 잘 대해주면 백성들에게 인仁의 마음이 일어날 것이고, 옛 친구를 버리지 않으면 백성들이 각박해지지 않을 것이다."

우리는 무례無禮하다는 말을 가끔 사용합니다. 예의禮가 없는無 것을 무례하다고 합니다. 그런데 무례는 예가 없는 것이 아니라 예로 절제하거나 통제하지 못하는 것을 의미합니다. 어떤 사람이 참 공손恭하기는 한데 예로 그 공손함을 잘 절제하지 못한다면 고생만 하는 공손함이 될 것입니다. 처음 만난 사람과 인사를 하는데 너무 공손해서 지나치게 머리와 허리를 굽힌다면 오히려 예가 아니라 고생만 하는 촌스러움이 될 뿐입니다. 신중愼함이 예로 통제가 안 되면 겁 많은葸 신중함이 될 것이고, 용맹勇함이 예로 통제가 안 되면 혼란亂의 용기가 될 것이고, 곧음直이 예로 통제가 안 되면 서두르기만 하는 곧음이 될 것입니다. 공손, 신중, 용맹, 곧음이 예를 통해 절제되고 잘 다듬어져야 비로소 그 빛을 제대로 발휘할 수 있습니다.

사람은 참 좋은데 무례한 사람을 만나는 경우가 있습니다. 인정은 많은데 절제의 예가 없고, 의욕은 넘치는데 절제의 예가 없고, 배려는 하는데 절제의 예가 없는 사람을 만나면 '무례'하다고 지적해주십시오. 당신의 그 좋은 장점들이 예로 잘 절제되고 다듬어지면 더욱 멋있어질 것이라고 말입니다. 예는 인간의 삶을 더욱 활성화시키는 윤활유와 같은 것입니다.

두 번째 문장은 아마도 공자의 이야기가 아니라 증자曾子의 이야기일 것이란 주석이 많습니다. 지도자가 주변 사람들親에게 잘하면篤 백성民이 그것을 본받

아 사랑仁의 문화가 생길 것이고, 지도자가 오랜故 친구舊를 저버리지遺 않으면 백성이 야박偸해지지 않을 것이란 겁니다. 결국 지도자의 의리 있는 사랑의 솔선수범이 사회 전체의 풍토를 바꾼다는 것입니다.

고구불유
故舊不遺 ◦ 옛 친구를 함부로 버리지 마라!

로(勞): 고생하다 | 시(葸): 두려워하다 | 교(絞): 급하게 서두르다 | 독(篤): 인정이 많다 | 유(遺): 버리다 | 투(偸): 야박하다

미움의 성찰

子曰 好勇疾貧 亂也 人而不仁 疾之已甚 亂也

자왈 호용질빈 난야 인이불인 질지이심 난야

공자가 말했다. "용기를 좋아하는 자가 가난을 미워하면 난을 일으킨다. 사람이 인仁하지 못함을 너무 심하게 미워하면 난을 일으킨다."

혼란은 미움에서 시작됩니다. 내가 처한 가난이 너무 싫으면 남의 집 담을 넘거나 남의 것을 탐내는 혼란을 일으킵니다. 도둑질의 용기가 되는 것이지요. 다른 사람이 인간답지 못한 것을 너무 미워하면 결국 상대방을 폭력을 통해 제재하려는 혼란을 일으킵니다. 내 가치에 어긋나는 사람을 두고 볼 수 없기 때문입니다. 자신만 고결하다고 착각하는 어긋난 신념입니다. 결국 혼란의 원인은 미움입니다.

용기勇 있는 사람이 가난貧을 미워疾하면 그 용기를 돈을 얻기 위한 곳에 사용하여 혼란亂을 일으킵니다. 바이킹들은 용맹했으나 척박한 환경 때문에 유럽 여러 나라를 침략하여 혼란에 빠트렸습니다. 자신들의 용맹을 욕망을 채우는 데 사용한 것입니다. 용맹이 가난을 미워하는 현실과 만나 일으킨 혼란입니다.

자신의 생각이 옳다고 생각하는 사람이 인仁하지 못한 사람을 너무甚 미워하면 역시 혼란을 일으킵니다. 세상의 모든 사람이 다 어질고 따뜻할 수는 없습니다. 그런데 자신의 가치 기준으로 상대방을 몰아세우고, 비난하고, 심지어 폭력을 아무런 생각 없이 행사하기도 합니다. 자신이 가진 뒤틀린 신념이 일으킨 혼란입니다. 아무리 자신이 용맹하고 옳다고 해도 미움을 이유로 혼란을 일으켜서는 안 됩니다.

疾貧亂(질빈란) ◦ 가난을 미워하면 난리를 일으킨다.

질(疾): 미워하다

증오의 성찰

자 왈 오 자 시 탈 주 야 오 정 성 지 란 아 악 야 오 리 구 지 복 방 가 자
子曰 惡紫之奪朱也 惡鄭聲之亂雅樂也 惡利口之覆邦家者

공자가 말했다. "나는 자주색이 붉은색을 빼앗는 것을 미워하고, 음란한 정나라 음악이 바른 음악을 어지럽히는 것을 미워하고, 말 잘하는 입이 나라를 전복시키는 것을 미워한다."

공자가 말하는 세 가지 증오하는 것입니다.

첫째는 자주색이 붉은색의 자리를 빼앗는 것입니다. 자주색은 간색間色이고 붉은색은 본색本色입니다. 굴러온 돌이 박힌 돌을 빼내는 형국입니다. 명분론자였던 공자는 명분이 없는 사람이 명분 있는 사람의 자리를 뺏어서는 안 된다고 생각했습니다.

둘째는 정鄭나라 음악樂이 클래식 음악의 자리를 위협하는 것입니다. 정나라 음악은 남녀 간의 음란함을 주제로 한 것이 많았습니다. 그런 음악이 제사나 의례에 쓰이는 아악雅樂의 자리를 위협하는 것을 미워했습니다.

셋째는 말 잘하는 사람利口이 나라를 혼란에 빠트리는 것입니다. 요즘 말 잘하는 높은 사람들이 나라의 운명을 기울게覆 하는 것과 다름없습니다. 공자가 그토록 미워했던 세 가지 일의 공통점은 혼란입니다. 주객이 전도되고, 낮은 수준이 높은 수준의 자리를 빼앗고, 말만 앞세우는 사람들이 나라를 혼란에 빠트리는 일을 묵과할 수 없었던 것입니다.

오 리 구
惡利口 ◦ 말 잘하는 입을 증오한다.

자(紫): 자주색, 간색間色 | 주(朱): 붉은색, 정색正色 | 아(雅): 바르다 | 복(覆): 전복하다

권력의 성찰

자 왈 향 원 덕 지 적 야
子曰 鄕原德之賊也

공자가 말했다. "동네에서 근엄한 척 폼 잡는 토호土豪들은 덕을 해치는 사람이다."

향鄕은 시골이란 의미이고 원原은 공손愿하다는 뜻입니다. 글자 그대로 해석하면 그리 나쁜 의미가 아닙니다. 시골 동네에서 공손하고 근후하게 살아가는 사람이란 뜻이니까요. 그러나 겉은 근후해 보이지만 세속에 영합하고 끼리끼리 몰려다니며 온갖 이권에 개입하고 자신들의 생각과 다른 사람들을 보이지 않게 괴롭히는 사람을 향원이라고 합니다. 명함은 그럴듯하지만 지방에서 온갖 부조리를 다 저지르는 토호土豪들입니다.

공자 시대에도 이런 토호들이 많았던 것 같습니다. 이웃의 고통은 관심 없고 오로지 자신들의 지위와 권력만 유지하려는 사람들, 그 지역의 유명 학교를 나와서 학연과 지연으로 똘똘 뭉친 이익집단들, 어떤 집안의 후손입네 하면서 토박이 텃세를 하는 사람들, 옷은 그럴듯하게 입고 다니고 예의는 철저히 차리지만 속을 파 보면 아무런 사회의식도 국가관도 없는 사람들, 이런 사람들이 향원입니다. 일명 그 동네 유지들입니다. 유지有志란 뜻을 가진 사람이지 돈이 많거나 자리가 높은 사람이 아닙니다. 아직도 이런 향원들이 지역의 발전을 가로막고 사회를 혼란에 빠트리고 있으니, 공자가 다시 태어나면 여전히 이 말을 할 것 같습니다.

향 원
鄕原 ◦ 동네에서 근후한 척하며 사는 사람이 되어서는 안 된다.

원(原): 근후愿하다

인내의 성찰

자왈 교언란덕 소불인즉란대모
子曰 巧言亂德 小不忍則亂大謀

공자가 말했다. "교묘한 말은 덕을 혼란스럽게 하고, 작은 것을 참지 못하면 큰 계획을 혼란에 빠트린다."

말을 잘하는 것과 말만 잘하는 것은 차이가 있습니다. 공자는 말만 잘하는 사람을 미워했습니다. 실천은 없고 오로지 미사여구美辭麗句로 권력자들에게 신임을 얻고 자리를 얻는 사람들이 나라를 혼란에 빠트리고 사회를 어지럽힌다고 생각했습니다. 그래서 말만 잘하는 사람을 교언巧言이라고 정의합니다. 교巧는 예쁘고 아름답다는 뜻입니다. 교언은 말을 예쁘게 하고 아름답게 꾸미는 사람입니다.

보고서를 잘 쓰고 기획서는 훌륭한데 도무지 실천하고는 너무 떨어진 사람들이 있습니다. 이런 사람들은 권력자들에게 신임을 얻습니다. 그들은 권력자의 신임을 바탕으로 높은 자리를 얻어 나라와 조직을 혼란에 빠트리는 것입니다.

절제와 인내는 지도자의 중요한 덕목입니다. 작은 것을 참지 못해서 결국 대사를 그르치는 경우가 있습니다. 대사를 앞두고 절제를 잃고 분노를 조절하지 못하면 결국 일을 성사시킬 수가 없습니다. 큰일을 앞두고는 인내가 중요합니다. 말만 잘하는 사람이 세상을 어렵게 만들고, 조그만 것에 분노하는 사람이 결국 대사를 그르친다는 이 말은 여전히 지금 시대에도 가슴에 새겨야 할 것입니다.

소불인
小不忍 ◦ 작은 것을 참지 못하면 대사를 그르친다.

사회참여의 성찰

佛肹召 子欲往 子路曰 昔者由也 聞諸夫子 曰親於其身 爲不善者 君子不入也 佛肹以中牟畔 子之往也如之何

진나라 대부 필힐이 반란을 일으키고 공자를 부르니 공자가 가려고 했다. 자로가 말하기를 "옛날 제가 선생님에게 들은 것이 있습니다. '자신의 몸에 직접 불선不善한 일을 한 사람의 무리에 군자는 끼지 않는다'고 말씀하셨죠. 필힐이 중모를 근거지로 반란을 일으켰는데 선생님이 그의 부름에 가려고 하심은 무엇 때문입니까?"

子曰然 有是言也 不曰堅乎 磨而不磷 不曰白乎 涅而不緇 吾豈匏瓜也哉 焉能繫而不食

공자가 말했다. "그런 말을 한 적이 있었다. 그런데 이런 말도 있지 않더냐? '단단하다고 말하지 않겠는가? 아무리 갈아도 얇아지지 않으니, 희다고 말하지 않겠는가? 아무리 검은 물을 들여도 검어지지 않으니.' 내가 어찌 박과 같이 가지에 매달려 먹지도 못하는 것과 같이 살겠는가?"

공자는 현실 참여자였습니다. 기회만 되면 정치에 직접 참여하여 자신의 정치적 소신을 실천하려고 했기 때문에 그저 초야에 묻혀서 사회와 유리된 채 살아가기를 거부했습니다. 자로와 같이 위나라에 가서 정치 참여를 하려고 했고, 제자들과 천하를 돌아다니면서 정치적 기반을 얻으려고 했던 적도 있었습니다. 그러나 대부분의 권력자들은 공자를 정치에 등용하기를 꺼려했습니다. 그들의 권력을 제어하며 정도를 실천하려는 공자가 아무래도 옆에 두고 등용하기에는 부담스러웠을 것입니다.

필힐이라는 사람이 쿠데타를 일으켜 공자를 초빙했을 때 공자의 마음은 흔들렸습니다. 비록 쿠데타로 잡은 정권이지만 자신이 가서 왕도정치와 민본정치를 실현할 수 있다고 생각했습니다. 자로는 마음이 흔들리는 공자에게 바로 직언을 했습니다. 명분 없는 정권에 끼어들어 정치하는 것은 스승이 할 행동이 아니라는 것이지요. 공자는 갈아도 닳지 않고 물들여도 검게 물들여지지 않는 마음으로 현실정치에 참여하겠다고 대답합니다. 비록 쿠데타 정권이지만 절대로 초심을 잃지 않고 자신의 정치적 소신을 실천하겠다는 다짐이었습니다. 실제로 이 말을 한 공자는 쿠데타 세력에 가담하지는 않았습니다. 그러나 그저 남에게 구경거리로만 여겨지는 조롱박은 되지 않겠다는 현실참여의 강한 의지를 갖고 있는 공자를 만날 수 있습니다.

요즘도 정치참여의 유혹을 받는 학자들이나 지식인들이 있습니다. 그들은 정치를 바꿔보겠다고 정치에 참여했다가 결국 자신의 몸만 망치고 혼란한 정치에 물들어버리는 경우도 많습니다. 초심을 잃지 않고 정치판에 끼어들어 자신의 정치적 소신을 밀고 나갈 수 있는 힘을 가진 사람은 그리 많아 보이지 않습니다.

> 涅而不緇(날이불치)。아무리 물들여도 검게 물들지 않는 사람이 되어라!

필힐(佛肸): 진晉나라 대부 조趙씨의 가신 | 린(磷): 얇다 | 날(涅): 검은 물을 들이다 | 치(緇): 검다 | 포과(匏瓜): 박 | 계(繫): 매달리다

도의 성찰

자왈 인능홍도 비도홍인
子曰 人能弘道 非道弘人

공자가 말했다. "사람이 도를 확장하여 나가는 것이지 도가 사람을 확장시키는 것이 아니다."

인간이 만든 이념이나 사유가 인간을 구속할 때 벌어지는 참사가 있습니다. 인간 위에 군림하는 이념의 피해입니다. 이념과 위배된다고 해서 사문난적斯文亂賊으로 몰려 조선시대에 많은 지식인들이 핍박을 받았습니다. 유교적 이데올로기道는 칼이 되어 사람들을 재단하고 처단했습니다. 참으로 이념이란 괴물이 만들어낸 참사입니다. 그 이념을 신봉했던 사람들은 정작《논어》의 이 글을 읽지 못했거나 건성으로 읽었던 것 같습니다. 인간이 이념과 철학을 만들어내는 것이지, 그 이념에 의해 인간이 구속되어서는 안 된다는 공자의 명확한 주장을 제대로 이해하지 못했던 것입니다.

인간은 도를 만들고, 넓히고, 실천하는 존재입니다. 시대적 상황과 사회적 상식을 바탕으로 도는 지속적으로 확장하여 발전해나갑니다. 그런데 인간이 만들어 낸 도가 인간 위에 군림할 때가 있습니다. 바로 이념의 시대입니다. 모든 상황을 이념이란 잣대에 담았을 때 인간은 자신들이 만든 이념의 늪에 빠지게 됩니다. 어떤 철학, 종교, 사상도 인간이 만든 것이기 때문에 인간 위에 군림해서는 안 된다는 것이 공자의 철학입니다. 도는 인간이 만들어내는 것이지, 인간 위에 군림해선 안 됩니다.

인능홍도
人能弘道 ◦ 인간이 도를 확장하여 나가는 것이다.

운명의 성찰

공 백 료 소 자 로 어 계 손 자 복 경 백 이 고 왈 부 자 고 유 혹 지 어 공 백 료 오 력
公伯寮愬子路於季孫 子服景伯以告曰 夫子固有惑志於公伯寮 吾力
유 능 사 저 시 조
猶能肆諸市朝

노나라 사람 공백료가 노나라 실세 계손에게 자로를 탄핵했다. 그때 자복경백이 이 소식을 공자에게 전하면서 말했다. "계손 선생이 분명 공백료의 이야기에 뜻이 흔들렸을 것입니다. 제가 가진 힘으로 공백료를 죽여 저 시장 거리에 걸어 놓겠습니다."

자 왈 도 지 장 행 야 여 명 야 도 지 장 폐 야 여 명 야 공 백 료 기 여 명 하
子曰 道之將行也與 命也 道之將廢也與 命也 公伯寮 其如命何

공자가 말했다. "도가 장차 이 세상에 행해지는 것도 하늘의 운명이고, 도가 장차 이 세상에서 없어지는 것도 하늘의 운명이니, 공백료 같은 사람이 하늘의 운명을 어찌하겠는가?"

명命은 공자에게 세상의 일을 풀어내는 기준이었습니다. 어떤 일이 잘 풀리는 것도 명이고, 안 되는 것도 명이라는 것입니다. 일명 천명天命이라는 것은 일의 성패에 관여한다는 것입니다. 언뜻 보면 운명론자 같아 보입니다. 그러나 공자에게 명은 운명이 아니라 순리였습니다. 시간과 공간의 접점에서 될 일이 있고 안 될 일이 있다는 것입니다. 명은 일종의 때이며 시간입니다. 일의 성패는 결국 시간이 결정하는 것입니다. 이것이 공자의 천명입니다.

공백료가 자로를 탄핵했고, 공자의 한 제자가 나서서 공백료를 손봐준다고 했을 때, 공자는 모든 것에는 때가 있으니 네가 나서서 될 일이 아니라고 만류합니다. 시간이 되면 도가 저절로 행해지고, 때가 아니면 도는 행해지지 않을 것이니, 운명의 시간을 받아들이는 것이 오히려 더욱 현명하다는 것입니다. 아마도 공자가 나이 50세가 넘어서 지천명知天命의 나이에 이 말을 했을 것입니다. 젊은 날 어떤 일이든 인간이 마음만 먹으면 다 할 수 있다는 생각을 접고 순리와 시간의 때를 기다리는 공자의 모습이 보입니다.

행 폐 명 야
行廢命也 ◦ 되고 안 되고는 모두 천명에 달려 있으니 서두르지 마라!

소(愬): 참소하다 | 사(肆): 늘어놓다

일상의 성찰

침불시 거불용 견자최자 수압필변 견면자여고자 수설 필이모
寢不尸 居不容 見齊衰者 雖狎必變 見冕者與瞽者 雖褻 必以貌

잠잘 때 시체처럼 (축 늘어져서) 자지 않았고, 평상시 거할 때 근엄한 얼굴을 하지 않았다. 상복을 입은 사람을 만나면 아무리 친한 사람이라도 얼굴이 변하여 애도를 표했고, 면류관을 쓴 사람과 눈이 먼 사람을 만나면 비록 평상시라도 반드시 예의를 갖추었다.

흉복자 식지 식부판자 유성찬 필변색이작 신뢰풍렬 필변
凶服者 式之 式負版者 有盛饌 必變色而作 迅雷風烈 必變

상복을 입은 자에게는 애도를 표했고, 지도와 호적을 지고 있는 사람에게는 경건함의 예를 표했다. (초대받아 가서) 성찬이 나오면 반드시 변색을 하고 일어나 고마운 예를 표했다. 우레가 빠르게 울리고 바람이 세게 불면 반드시 얼굴이 변하여 경건했다.

공자의 일상생활에 대하여 자세하게 나온 글입니다. 잠잘 때도 반듯했고, 평상시 얼굴은 온화했습니다. 상복을 입은 사람을 만나면 친한狎 사람이라도 애도의 예를 표했고, 공직에 있는 사람과 눈을 못 보는 사람에게도 공경의 예를 표했습니다. 나라의 지도와 호적을 적은 도판圖版을 지고 가는 사람에게는 국가와 국민의 상징을 지고 가고 있다고 여겨 예를 표했고, 초대받아 간 집에서 주인이 성찬盛饌을 내오면 주인의 성의에 고마움을 표했고, 우레雷가 심하게迅 치고 바람風이 사납게烈 불면 혹시라도 큰 사고가 생길까 걱정되어 변색했습니다.

공자는 매 순간 만나는 사람과 상황에 대하여 최선을 다해 자신의 감정을 진실하게 표한 것 같습니다. 공자의 일상 이야기를 읽다 보면 참 많은 성찰을 하고 살았던 분이라는 생각이 듭니다.

변색이작
變色而作 ◦ 좋은 음식을 대접받으면 기쁜 얼굴로 일어나 예를 표하라!

침(寢): 잠자다 | 용(容): 얼굴을 꾸미다 | 자최(齊衰): 상복 | 압(狎): 친하다 | 설(褻): 일상 | 식(式): 예를 표하다 | 신(迅): 빠르다

실행의 성찰

자로문문사행저 자왈 유부형재 여지하기문사행지
子路問聞斯行諸 子曰 有父兄在 如之何其聞斯行之

자로가 묻기를 "옳은 가르침을 들었으면 바로 행동에 옮겨야 합니까?" 공자가 말했다. "부모형제가 있는데 어찌 옳은 이야기를 들었다고 바로 실천에 옮기겠는가?"

염유문문사행저 자왈 문사행지
冉有問聞斯行諸 子曰 聞斯行之

염유가 묻기를 "옳은 가르침을 들었으면 바로 행동에 옮겨야 합니까?" 공자가 말했다. "들었으면 바로 행동에 옮겨야 한다."

공서화왈 유야문문사행저 자왈 유부형재 구야문문사행저 자왈문사행지
公西華曰 由也問聞斯行諸 子曰 有父兄在 求也問聞斯行諸 子曰聞斯行之
적야혹 감문
赤也惑 敢問

공서화가 말했다. "자로가 옳은 것을 들었으면 바로 행동으로 옮겨야 합니까?라고 물었을 때는 선생님께서 부모형제가 있으니 안 된다고 하셨고, 염유가 옳은 것을 들었으면 바로 행동에 옮겨야 합니까?라고 물었을 때는 선생님께서 들었으면 바로 행동에 옮겨야 한다고 하셨는데, 저는 이 상반된 두 가지 대답이 이해가 가지 않습니다. 감히 그 이유를 묻겠습니다."

자왈 구야퇴고진지 유야 겸인고퇴지
子曰 求也退故進之 由也 兼人故退之

공자가 말했다. "염유는 소극적인 사람이라 나아가라고 대답했고, 자로는 남보다 앞서려는 사람이라 물러나라고 대답한 것이다."

사람들은 적극적인 사람과 소극적인 사람이 있습니다. 공자는 제자들을 가르치며 그들이 어떤 사람인지를 정확히 알고 있었습니다. 자로처럼 즉흥적이고 적극적인 제자는 눌러서 그의 성급함을 제재했고, 염유처럼 소극적이고 내성적인 사람은 부추겨서 그의 단점을 보완해주었습니다. 나아가고 물러나는 것, 진퇴의 결정은 쉬운 일이 아닙니다. 적극적인 사람은 한 번 더 생각해 보고 성찰해야 합니다. 소극적인 사람은 과감하게 실행에 옮겨야 합니다. 부족함은 과감한 실행으로 메우고, 넘침은 한번 생각해보는 성찰로 눌러야 비로소 진퇴의 중용을 얻을 수 있습니다.

문사행지
聞斯行之 ◦ 옳은 이야기를 들었으면 행동으로 옮겨라.

몸가짐의 성찰

자로 6

자왈 기신정 불령이행 기신부정 수령부종
子曰 其身正 不令而行 其身不正 雖令不從

공자가 말했다. "자신의 몸을 바르게 하면 명령하지 않아도 저절로 시행될 것이고, 자신의 몸이 바르지 않으면 아무리 명령을 해도 사람들이 듣지 않을 것이다."

지도자의 지시나 명령이 제대로 하달되고 구성원들의 공감을 얻어 성과를 내는 데 가장 중요한 것은 무엇일까요?

지도자가 바른 사람이고, 명분도 있고, 능력을 갖추고, 공적인 태도를 지닌다면 구성원들은 지시하거나 강요하지 않아도 저절로 지도자의 뜻을 따를 것입니다. 반면 지도자가 사적이고, 자신의 이익만 추구하고, 도덕적으로 문제가 있는 사람이라면 아무리 지시와 명령을 내려도 구성원들이 자발적으로 따르지 않을 것입니다. 어쩔 수 없어서 따르는 척만 하겠지요.

공자는 구성원이 지도자의 지시와 명령을 자발적으로 따르려면 지도자의 바른 모습이 선행되어야 한다고 강조합니다. 정신正身, 내 몸을 바르게 했을 때 비로소 무위無爲의 리더십이 구동된다는 것입니다.

무위란 강요하지 않고도 구성원들의 마음을 움직여 자발적으로 성과를 내도록 하는 리더십입니다. 요순 같은 성현들은 모두 무위 정치를 구현한 사람들이었고, 그들의 성과는 자신의 수양과 공적 태도에 기인한 것입니다. 지시에 앞서 나의 몸가짐을 돌아보고 성찰해야 합니다. 아무리 벌과 상을 갖고 상대방의 마음을 움직이려고 해도 한계가 있습니다. 내 몸을 바르게 하는 것이 성과의 시작입니다.

신정
身正 ◦ 내 몸을 바르게 하면 명령하지 않아도 일이 저절로 시행될 것이다.

돌아봄의 성찰

자왈 구정기신의 어종정호 하유 불능정기신 여정인하
子曰 苟正其身矣 於從政乎 何有 不能正其身 如正人何

공자가 말했다. "진실로 자신의 몸을 바르게 하는 정치인이라면 정치를 하는데 무슨 어려움이 있겠는가? 만약 자신의 몸도 제대로 바르게 하지 못하는 정치인이라면 사람들을 어찌 바르게 할 수 있겠는가?"

정신正身은 자신의 몸을 바르게 하는 것입니다. 바르다正는 의미는 다양합니다. 사적인 것을 버리고 공적인 것을 중요하게 생각하는 자세, 도덕적으로 바르게 사는 삶, 정당하고 당당한 태도, 타인의 아픔을 공감하는 마음, 부끄러움을 알고 옳고 그른 것을 가릴 줄 아는 판단력 등이 모두 자신의 몸을 바르게 하는 정신입니다. 지도자가 되려면 정신의 수양부터 해야 합니다. 수신修身이 우선해야 합니다. 수신을 통해 성숙한 사람이 타인을 이끌고 리드해나갈 수 있습니다.

종정從政은 정치에 종사하는 것입니다. 수신과 정신이 된 사람이 정치에 종사하면 좋은 성과를 낼 수 있습니다. 백성의 마음을 얻고, 주변 사람의 신뢰를 얻고, 윗사람의 신임을 얻으면 좋은 정치의 기반이 마련되기 때문입니다. 수양이 되지 않은 사람이 정치를 하면 정치적 혼란을 가져옵니다.

정치政治의 정政은 바르게正 한다는 뜻입니다. 사람을 바르게 하고, 사회를 바르게 만들고, 나라를 바르게 다스리려면 정치인이 먼저 바른 수양이 되어 있어야 합니다. 자신의 몸도 제대로 바르게 하지 못하고 남을 바르게 하려 한다면 누구도 그를 따르려 하지 않을 것입니다. 내 몸을 먼저 바르게 하는 정신正身이 되어야, 타인을 바르게 하는 정인正人이 가능합니다.

정신
正身 ◦ 내 몸을 먼저 바르게 하라!

종(從): 종사하다

언행의 성찰

헌문 4

자왈 방유도 위언위행 방무도 위행언손
子曰 邦有道 危言危行 邦無道 危行言孫

공자가 말했다. "나라가 정상적일 때는 말과 행동을 높게 해야 한다. 그러나 나라가 비정상적이면 행동은 높게 해도 말은 공손해야 한다."

공자가 바라보는 국가 평가의 기준은 도가 구동되고 있는가에 대한 질문입니다. 도가 있는 나라는 원칙과 시스템이 제대로 구동되고 있는 나라입니다. 도가 없는 나라는 지도자의 독재가 횡행하며, 시스템이 무너지고, 원칙과 상식이 더 이상 통하지 않는 사회입니다. 관직에 있는 사람은 나라에 도가 있는지 없는지를 먼저 판단해야 합니다.

덕이 있는 지도자가 제대로 나라를 다스리고 있는 나라라면 말과 행동을 반듯하게 해야 합니다. 군주가 덕이 있고, 나라가 제대로 구동되고 있기 때문에 올바른 말과 행동이 얼마든지 받아들여질 수 있기 때문입니다. 반면 무도한 지도자가 마음대로 나라를 독단하고 있다면 나라에 도가 없는 상태입니다. 이럴 때는 몇 가지 선택이 있습니다. 자리를 내려놓고 미련 없이 떠나는 것, 아니면 무도한 지도자와 각을 세워 올바른 주장을 하는 것, 아니면 그저 침묵하고 세월이 지나가기만을 기다리는 것, 최악은 무도한 지도자와 영합하여 자리를 탐내는 것입니다.

공자의 판단은 복합적입니다. 일단 행동은 과감하게 하되 말은 겸손하고 조심스러워야 한다는 것입니다. 말에는 감정이 들어 있기에 겸손해야 하며, 행동은 자리에 연연하지 말고 과감하게 옳은 것을 실행하라는 것입니다.

위언위행
危言危行 ◦ 말과 행동을 대담하게 하라!

위(危): 높다

역할의 성찰

헌 문 치 자 왈 방 유 도 곡 방 무 도 곡 치 야
憲問恥 子曰 邦有道穀 邦無道穀 恥也

원헌이 부끄러움에 대하여 물으니 공자가 말했다. “나라에 도가 있는데 아무 일도 안하고 국가의 월급만 축내는 것이나, 나라에 도가 없는데 국가의 월급을 받는 것은 모두 부끄러운 일이다.”

부끄러워할 줄 아는 것은 지도자의 중요한 덕목입니다. 자신의 부정함을 부끄러워하고, 자신의 능력이 세상을 변화시키지 못함을 부끄러워하고, 아무런 역할도 하지 못하면서 높은 자리에 있는 것을 부끄러워할 줄 아는 것이 성숙한 지도자의 모습입니다.

원헌은 공자의 집에서 살림을 맡아 책임지고 관리하던 가재家宰였습니다. 그가 공자에게 부끄러움에 대하여 물은 것입니다. 공자는 관직에서 녹봉을 받고 있는 사람의 부끄러움에 대하여 언급했습니다. 나라에 도가 있는데 월급만 축내고 있는 것도 부끄러운 것이고, 나라에 도가 없는데 월급만 받고 있는 것도 부끄러운 것이란 대답입니다.

공자는 관직에 있는 사람이 늘 성찰해야 할 질문 중에 하나가 ‘내가 이 자리에서 마땅하게 제대로 역할을 하고 있는가?’에 대한 질문이었습니다. 그저 월급만 축내는 사람이 되어서도 안 되고, 부정한 권력과 야합하여 자리만 탐내서는 더욱 안 된다고 생각했습니다. 관직에 나아가는 것은 자리를 얻고자 함도 아니고, 월급을 받고자 함도 아니며, 오로지 내 능력과 이상을 실현하는 것을 목표로 해야 합니다. 그런데 그저 돈과 지위에 마음이 머물러 있다면 빨리 자리를 내려놓고 떠나는 것이 마땅하다는 것입니다. 부끄러움을 아는 사람이 되기란 쉽지 않습니다.

무 도 곡 치
無道穀恥 ◦ 나라에 도가 없는데 월급만 챙기는 것이 부끄러운 일이다.

곡(穀): 봉급

| 3장 |

관계

關係

《논어》에서 관계는 중요한 논제입니다. 부모자식, 부부, 형제, 군주와 신하, 동료와 친구, 이웃, 마을 사람들, 군주와 백성 등의 관계에 대하여 많은 항목에서 심도 있게 이야기하고 있습니다. 유교의 오륜 역시 관계에 대한 덕목입니다. 부모와 자식 간의 천륜父子有親, 부부 간의 역할夫婦有別, 군주와 신하 간의 책임君臣有義, 친구 간의 신뢰朋友有信, 세대 간의 질서長幼有序, 이 다섯 항목이 모두 관계에 대한 이야기입니다. 인간人間이란 단어의 뜻 자체가 사람人과의 관계間란 뜻이고 보면 동양의 유교적 가치에서 관계는 가장 중요한 덕목이라고 해도 과언이 아닙니다.

우리가 존재하는 우주도 관계망으로 존재합니다. 태양계 안에 있는 별들도 관계를 통해 안정을 이루고 상호작용을 합니다. 너무 멀지도 않고 가깝지도 않은 궤도의 관계를 만들며 태양계가 존속하고 있는 것입니다. 만약 행성 사이의 관계가 틀어지거나 벗어난다면 태양계는 더 이상 존속하지 못할 것입니다. 나무 한 그루도 태양과 흙과 바람과 비와 벌레 등의 수많은 존재와의 관계를 통해 생명력을 유지합니다. 살아 있는 동물은 물론 바위와 산과 풀 등 모든 존재는 관계망이란 맥락으로 존재합니다.

세상을 살면서 가장 힘든 것이 관계라고도 합니다. 관계에 빨간 불이 들어오면 많은 문제가 생깁니다. 형제가 반목하고, 부부가 틀어지고, 친구가 배신하고, 동료가 등을 돌리는 다양한 관계의 빨간 불은 인간에게 불안과 불쾌감을 만들어 냅니다. 심지어 한 번도 본 적이 없는 SNS에서 만난 사람들의 관계가 삶에 큰 영향을 끼치기도 합니다. 가족관계는 행복의 척도가 되고, 사회관계는 자존감의 기준이 되기도 합니다. 기업은 소비자와의 관계를 통해 존속하고, 권력은 국민과의 관계를 통해 생성과 소멸을 반복합니다. 관계란 인간이 존재하는 방식이며 맥락입니다.

《논어》에 나오는 문장 중 관계에 대한 문장을 추리고 네 가지 항목으로 나누었습니다. 인간관계, 친구관계, 조직관계, 가족관계는 인간이 살아가면서 맺고 있는 다양한 관계의 내용입니다. 가정에서 가족들과 생활하고, 길거리에서 사람들을 만나고, 친구와 교류하며, 직장이나 조직에서 만나는 수많은 관계들은 우리의 삶에 많은 영향을 끼칩니다. 관계가 좋으면 행복감과 자존감을 느끼기도 하고, 관계가 틀어지면 좌절과 우울함이 동반되기도 합니다. 인간이 느끼는 행복감의 많은 부분이 관계에서 오는 경우가 많습니다. 타인의 인정, 나눔의 공감, 열정의 공유 등은 인간을 행복하게 만드는 관계망입니다.

덕불고필유린

관계의 시작

자왈 불환인지불기지 환부지인야
子曰 不患人之不己知 患不知人也

공자가 말했다. "남이 나를 알아주지 않는다고 근심하지 마라! 내가 남을 알아주지 않음을 근심하라!"

관계의 시작은 상대방의 입장을 이해하는 것입니다. 나를 알아주는 것은 지기知己이며, 상대방의 입장을 알아주는 것은 지인知人입니다.

세상에는 아무도 나를 알아주지 않는다고 불평하는 사람이 많습니다. 부인은 남편에게 자신이 고생하고 있다는 것을 알아주지 않는다고 불평하고, 남편은 부인에게 자신이 얼마나 힘들게 생활하고 있는지 모른다고 불평을 합니다. 이렇게 서로 나를 알아주지 않는다고 불평을 하다 보면 결국 서운한 마음에 갈등이 생기게 됩니다. 그러나 불평만 할 것이 아니라 내가 먼저 상대방을 알아주려고知人 노력해야 합니다.

상대방의 입장에서 먼저 생각하고 고민해줄 때 갈등은 해소되고 비로소 소통이 이루어지게 됩니다. 회사가 나를 알아주지 않는다고 불평하지 말고 내가 먼저 회사가 무엇을 원하는지 고민해보아야 합니다. 상대방에게 나를 왜 사랑해주지 않느냐고 말하기 전에 내가 먼저 상대방을 사랑하고 있는지를 생각해보아야 합니다. 근심의 초점은 나를 알아주지知己 않는다고 불평하는 것이 아니라 내가 먼저 상대방을 알아주는知人 데 두어야 합니다. 먼저 다가가서 상대방에게 따뜻한 말 한마디를 건네고 공감한다면 상대방 역시 나에게 다가올 것입니다.

환부지인
患不知人 ◦ 내가 먼저 상대방을 알아주지 못함을 근심하라!

환(患): 근심하다 | 기(己): 나

가치의 우선순위

구분 자퇴조왈 상인호 불문마
廐焚 子退朝曰 傷人乎 不問馬

마구간에 불이 났다. 공자가 조정에서 퇴근하여 집에 돌아와서 말하기를 "사람이 다쳤는가?" 하고 묻고는 말에 대해서는 묻지 않았다.

공자의 집에 있는 마구간廐에 불이 났습니다. 공자가 조정에서 퇴근하여 그 소식을 듣고 사람은 안 다쳤냐고傷 묻고 말馬에 대하여 묻지 않았습니다. 사람이 소중한 존재라는 것입니다. 그렇다고 해서 말을 소중하게 여기지 않았다는 것이 아니라 사람에 대하여 그만큼 더욱 간절하게 생각했기에 미처 말에 대하여 묻지 못한 것입니다. 불이 났을 때 재산 피해가 얼마냐고 먼저 묻기보다는 사람은 안 다쳤냐고 묻는 것은 너무나 당연한 일입니다. 그러나 가끔 사람의 목숨보다 재물을 더욱 소중히 여기는 사람을 만나기도 합니다. 돈이 사람보다 우선순위에 있는 것입니다.

사회의 발전 정도는 사람의 가치가 어떻게 평가되고 있느냐를 보면 압니다. 후진국일수록 사람의 가치가 낮습니다. 선진국은 사람의 가치를 높이 평가합니다. 유교철학을 한마디로 휴머니즘 철학이라고 정의할 수 있습니다. 인간에 대한 존엄과 가치를 높이 평가하기 때문입니다. 세상에 모든 인간은 하늘의 명命을 갖고 태어난 존재로 출신과 배경에 상관없이 하늘다움, 천성天性을 지닌 위대한 존재입니다. 세상에 사람보다 우선하는 가치는 없습니다. 모든 사람의 호칭을 '하느님'으로 불러도 지나치지 않습니다.

상인호
傷人乎 ◦ 불이 났을 때 공자가 한 말. "사람이 다쳤는가?"

구(廐): 마구간

삶과 죽음의 우선순위

계로문사귀신 자왈 미능사인 언능사귀 감문사 왈미지생 언지사
季路問事鬼神 子曰 未能事人 焉能事鬼 敢問死 曰未知生 焉知死

자로가 귀신을 섬기는 방법에 대하여 물었다. 공자가 말하기를 “사람도 섬기기 힘든데 어찌 귀신을 섬기려는가?” 그러자 죽음이 무엇인지를 물었다. 공자가 말했다. “삶도 모르는데 어찌 죽음을 알겠는가?”

보이지 않는 실재와 신비적인 존재, 죽고 나서의 세계에 대하여 유교는 관심이 적습니다. 오히려 보이는 것, 내가 살고 있는 세계에 대한 관심이 더욱 큽니다. 죽고 나서 천국에 가는 것보다는 살아 있을 때 천국을 경험하는 것이 더욱 의미 있는 삶이라는 것입니다. 유교의 목표인 대동大同 세계는 세상의 모든 존재가 나름대로 가치 있고 의미 있는 존재로 대우받는 세상입니다. 그 세계는 죽어서 가는 곳이 아니라 우리가 사는 세상에서 만드는 것입니다.

존재는 죽음으로 소멸되며, 후손의 기억 속에서만 존재합니다. 물론 그 기억이 지워지면 완전한 소멸이 되는 것입니다. 그래서 공을 세우고 업적이 있어 영원히 후손들에게 기억되는 것이 유교의 중요한 삶의 목표가 되었습니다. 천국에 들어가는 것보다 후세에 기억되는 것이 더욱 가치 있는 일로 여겨졌기 때문입니다. 제사를 지내는 것은 귀신에 대한 숭배가 아니라 죽은 조상에 대한 추모의 식입니다.

자로는 귀신과 죽음에 대하여 관심이 많았습니다. 귀신을 잘 섬기고 죽어서 좋은 곳으로 가는 것이 중요하다고 생각했겠죠. 공자의 대답은 귀신보다 사람을 섬기는 것이 더 중요하고, 죽음 뒤의 문제보다는 삶의 문제가 더욱 절실하다고 대답한 것입니다. 내가 사는 이곳, 여기에서 어떻게 살 것인가에 대한 공자의 문제의식이 잘 드러나 있는 구절입니다.

미지생언지사
未知生焉知死 ◦ 삶도 제대로 모르는데 죽음을 어찌 알랴?

누구를 사귈 것인가?

자하지문인 문교어자장 자장왈 자하운하
子夏之門人 問交於子張 子張曰 子夏云何

자하의 문인이 자장에게 인간관계를 맺는 것에 대하여 물었다. 자장이 말했다. "너의 선생님인 자하는 무엇이라고 말씀하시던가?"

대왈 자하왈 가자여지 기불가자 거지
對曰 子夏曰 可者與之 其不可者 拒之

대답하여 말하기를 "저의 선생님 자하는 괜찮은 사람을 사귀고, 괜찮지 않은 사람은 거절하라고 하셨습니다."

자장왈 이호오소문 군자존현이용중 가선이긍불능 아지대현여
子張曰 異乎吾所聞 君子尊賢而容衆 嘉善而矜不能 我之大賢與
어인하소불용 아지불현여 인장거아 여지하기거인야
於人何所不容 我之不賢與 人將拒我 如之何其拒人也

자장이 말했다. "내가 들은 것과는 좀 다르구나. 군자는 현명한 사람을 존중하고, 대중을 포용하며, 착한 사람을 아름답게 여기고, 능력이 모자란 사람을 불쌍히 여겨야 한다. 내가 능력이 크다면 사람들을 포용하지 못할 것이 없고, 내가 능력이 없으면 사람들이 나를 거부할 것이니, 어떻게 내가 먼저 상대방을 거절할 수 있겠는가?"

자하의 문인이 자장에게 인간관계 비법에 대하여 물었습니다. 잘난 사람은 사귀고 못난 사람과는 관계를 끊는 것이 관계의 비법이라고 자하에게 배웠는데 그것이 맞는지 물었던 것입니다. 유능하고 능력 있는 사람들과 좋은 관계를 유지하고, 무능하고 능력 없는 사람과는 관계를 끊는 것이 이익이 된다는 관점입니다. 이런 관계를 맺는 사람에게는 좋은 사람들이 주변에 많이 있을 것입니다. 그러나 자장의 대답은 달랐습니다. 지도자의 인간관계는 잘난 사람이든 못난 사람이든 모두 관계의 그물망에 들어와야 한다는 것입니다. 현명한 사람은 존중하고, 일반인들은 포용하고, 잘난 사람은 칭찬하고, 못난 사람에게는 연민을 느끼는 것이 지도자의 관계 방식이라는 것입니다. 세상의 모든 사람들이 다 유능하고 똑똑할 수는 없습니다. 지도자는 다양한 사람들을 모두 안고 가는 사람입니다. 사회에 버려진 사람이 없을 때 대동大同의 세계가 만들어지는 것입니다.

존현용중
尊賢容衆 ◦ 현명한 사람을 존중하고, 어리석은 사람을 포용하라!

덕과 이웃

자왈 덕불고 필유린
子曰 德不孤 必有隣

공자가 말했다. "덕을 실천하는 사람은 외롭지 않다. 반드시 알아줄 이웃이 있다."

덕德은 인간이 가지고 있는 위대한 본성입니다. 타인에 대한 공감, 나눔의 실천, 정의의 수호, 옳은 판단은 덕의 내용입니다. 이런 덕을 실천하는 것은 어렵지만 의미 있는 일입니다. 덕을 베푼다는 것은 내가 가지고 있는 덕의 능력을 실천하는 일입니다. 타인의 아픔을 위로해주고, 가진 것을 나누고, 옳은 것을 실천하며, 부끄러움을 알고 사는 것이 덕을 실천하는 삶입니다. 그런데 덕을 실천하는 일은 무척 외로운孤 일입니다. 어쩌면 아무도 알아주지 않는 일을 하는 것일 수 있기 때문입니다.

덕을 실천하는 것은 남이 나를 알아주기를 바라며 하는 행동이 아닙니다. 덕을 실천하는 내가 행복하기 때문에 하는 것이지요. 누군가에게 인정받고 칭찬받기 위해 덕을 베푸는 것이 아니라 내 영혼의 소리에 귀를 기울여서 덕을 실천하는 것이기에 남의 평가에 연연하지 말라는 것이지요. 그런데 남의 평가에 연연하지 않고 묵묵히 덕을 실천하면서 살면 결국 내 진심을 알아주고 동조해줄 이웃隣이 생기게 됩니다. 이것을 덕린德隣이라고 합니다. 덕을 실천하는 사람에게는 동조해줄 이웃이 반드시 생긴다는 것입니다.

덕린
德隣 ◦ 덕을 행하면 반드시 알아주는 이웃이 있다.

고(孤): 외롭다 | 린(隣): 이웃

모두가 스승

자왈 삼인행 필유아사언 택기선자이종지 기불선자이개지
子曰 三人行 必有我師焉 擇其善者而從之 其不善者而改之

공자가 말했다. "세 사람이 함께 길을 가면 반드시 내 스승이 있으니, 선한 자를 선택하여 본받을 것이고, 선하지 못한 자는 내 잘못을 고치는 계기로 삼는다."

세상의 모든 사람들은 내 스승이라는《논어》의 유명한 구절입니다. 세 사람이 길을 가면行 한 사람은 나이고, 또 한 사람은 선善한 사람이고, 또 한 사람은 불선不善한 사람입니다. 선한 사람은 내가 배우고 따라야從 할 스승이고, 불선한 사람은 내가 내 잘못을 고치는改 스승이니, 결국 세상의 모든 사람은 내 스승이라는 것입니다.

인생을 살다가 착한 사람을 만나면 나도 저렇게 살아야지 다짐하는 계기로 삼을 것이고, 못난 사람을 보면 내 자신은 저런 잘못을 저지르고 살고 있지는 않은지 스스로 반성하는 계기로 삼는다면, 세상의 모든 사람은 나의 스승이니 만나면 반드시 스승의 예를 갖춰야 할 것입니다.

좋은 인간관계를 맺으려는 사람은 만나는 모든 사람에게 존중과 배려의 마음으로 만나야 합니다. 어떤 인간이든 절대적으로 선하고 악한 사람은 없습니다. 있는 그 모습 그대로 보아 주는 것이 좋은 관계의 시작입니다.

삼인행필유아사
三人行必有我師 ◦ 세 사람이 길을 가면 모두 나의 스승이다.

상대방의 진의 파악

헌문 33

자왈 불역사 불억불신 억역선각자 시현호
子曰 不逆詐 不億不信 抑亦先覺者 是賢乎

공자가 말했다. "상대방이 나를 속일 것이라고 미리 짐작하지 말고, 상대방이 신뢰가 없을 것이라고 미리 억측해서는 안 되지만, 먼저 상대방의 본심을 아는 자라면 현명한 사람이라 할 것이다."

좋은 인간관계는 상대방의 의도와 생각을 정확히 읽는 것에서부터 시작합니다. 상대방이 거짓을 말하고 있지는 않은지, 진실한 사람인지를 정확히 알아야 현명한 사람이라고 할 수 있습니다. 그렇다고 해서 미리 상대방이 나를 속일 것이란 전제로 관계할 필요는 없습니다. 아울러 상대방이 믿지 못할 사람이라고 미리 짐작해서도 안 됩니다.

지도자는 사람의 마음과 의도를 정확히 읽어야 하지만 선입관과 편견으로 사람을 대해서는 안 됩니다. 열린 마음으로 상대방을 대하고 상대방의 말과 행동에서 거짓과 불신을 읽어 낼 수 있다면 유능한 지도자라고 할 것입니다.

선각자현
先覺者賢 ◦ 먼저 상대방의 진의를 읽는 사람이 현명한 사람이다.

역(逆): 미리 | 사(詐): 속이다 | 억(億): 억측하다 | 억(抑): 그러나

마음과 관계의 함수

당체지화 편기번이 기불이사 실시원이
唐棣之華 偏其反而 豈不爾思 室是遠而

'앵두나무 꽃잎이 펄럭이며 휘날리네요! 내 그대 어찌 그립지 않겠습니까? 그러나 그대 계신 집이 너무 멀리 있네요!'

자왈 미지사야 부하원지유
子曰 未之思也 夫何遠之有

공자가 (이 시를 평론하여) 말했다. "생각이 없어서 그렇지 (정말 보고 싶다면) 무슨 먼 곳이 있겠는가?"

앵두나무唐棣 꽃잎華이 바람에 휘날리며偏 펄럭거리는反 어느 날, 시인은 보고 싶어思 하는 연인을 만나고 싶지만 집室이 너무 멀어遠 갈 수가 없다고 노래합니다. 이 시에 대한 공자의 촌철살인 같은 평론, "생각이 없어서 그렇지, 보고 싶다면 무슨 먼 곳이 있겠는가?" 정말 가슴을 확 파고드는 한마디입니다.

사랑하는 사람이 정말 보고 싶다면 가지 못할 무슨 이유가 있겠습니까. 그만큼 간절하지 않으니 멀다는 핑계를 대는 것이지요. 세상에는 어떤 것도 못할 이유가 없습니다. 마음이 간절하고 생각이 절박하면 꿈과 희망은 현실이 됩니다. '차가 막혀서, 길이 멀어서, 시간이 없어서, 돈이 없어서'라는 모든 이유는 간절하지 않기 때문입니다. 특히 사랑이 깊으면 그 사랑을 막을 어떤 장애도 있을 수 없습니다.

하원지유
何遠之有 ◦ 간절하면 먼 곳이 어디 있겠는가?

당체(唐棣): 앵두나무 | 편(偏): 펄럭이다, 번翻 | 번(反): 뒤집히다 | 이(爾): 그대

동네 사람과의 관계

향 인 음 주 장 자 출 사 출 의
鄕人飮酒 杖者出 斯出矣

동네 사람들과 술을 마실 때에 지팡이를 짚은 어른이 나가시면 이에 따라 나갔다.

향 인 나 조 복 이 립 어 조 계
鄕人儺 朝服而立於阼階

동네 사람들이 굿을 하면 조복을 입고 동쪽 계단에 서 있었다.

공자의 마을 사람과의 관계를 잘 보여주고 있습니다.

지팡이杖를 짚었다는 것은 60세 이상의 어른이라는 뜻입니다. 동네 사람鄕人들과 술 마시는 자리에서 어른이 나가면 따라 나갔다는 것은 노인을 존중했다는 것입니다.

나례儺禮는 역귀를 쫓는 굿의 일종입니다. 마을의 액운을 쫓는 의식이 진행될 때는 조복朝服을 입고 경건한 마음으로 동쪽 계단阼階에 서서 바라보았다는 것은 공동체의 중요한 일에 정성을 다해 참가했다는 것입니다.

공자는 직장에서, 마을에서, 집에서도 최선을 다해 앎과 행동을 일치하며 살았던 것 같습니다. 공자의 일상을 읽다 보면 그 역시 일반 사람들과 다르지 않은 사람인 것을 느끼게 됩니다. 저 멀리 하늘에서 내려온 사람이 아니라 우리들 중의 누군가가 바로 공자입니다. 공자는 신이 아니고 인간이라는 사실만으로도 충분히 매력 있는 사람입니다.

향 인 음 주
鄕人飮酒 ◦ 공자는 동네 사람들과 술자리를 함께했다.

나(儺): 역귀를 쫓다 | 조(阼): 동편 층계

선물을 받을 때

문인어타방 재배이송지
問人於他邦 再拜而送之

사람을 다른 나라에 보내 안부를 물을 때는 두 번 절하고 그 사람을 보냈다.

강자궤약 배이수지왈 구미달 불감상
康子饋藥 拜而受之曰 丘未達 不敢嘗

강자(계강자)가 약을 보내오거늘 절하고 그 약을 받으며 말하기를 "제가 그 약을 받을 주제가 안 되기에 먹을 수 없습니다"라고 일단 사양했다.

공자의 주변 사람과의 교류에 관한 이야기입니다.

사람을 다른 지역에 심부름 보내 안부를 물을 때 심부름꾼에게 두 번 절하여 再拜 보냈다送는 것은 정성을 다하여 상대방의 안부를 묻는다는 것입니다.

공자가 병이 들어 당시 귀족이었던 계강자季康子가 약을 보냈을 때 절하여 그 약을 받으며 자신이 그 약을 받을 처지가 안 되어 차마 먹을 수 없다고 한 것은 약을 보내준 귀족의 성의에 감사를 극진하게 표한 것입니다. 미달未達을 '약의 성분을 알지 못하여'라고 해석하기도 하지만 '그 약을 받을 수 있는 대상이 되지 못하여'라고 번역했습니다. 공자는 주변 인간관계에 있어서 성의를 다했던 것 같습니다.

미달불감
未達不敢 ◦ 받을 주제가 안 되어 감히 받을 수 없다.

궤(饋): 물건을 보내다 | 상(嘗): 맛보다

스승과 제자

자외어광 안연후 자왈 오이여위사의 왈자재 회하감사
子畏於匡 顔淵後 子曰 吾以女爲死矣 曰子在 回何敢死

공자가 광匡 지역에서 위기를 당했을 때 안연이 공자의 일행과 뒤처져 있다가 다시 만났다. 공자가 말했다. "나는 네가 죽은 줄 알았다." 하니, 안연이 말했다. "선생님이 살아계신데 제가 어찌 감히 함부로 죽겠습니까?"

공자는 다른 제자들도 아끼고 사랑했지만 특히 안연에 대해서는 각별한 관계를 유지했습니다. 공자는 광匡지역에서 양호陽虎라는 포악한 사람으로 오인을 받아 5일간 사람들에게 포위되어 있었습니다. 제자들은 뿔뿔이 흩어졌고, 공자도 가까스로 포위를 뚫고 살아 나왔습니다. 나중에 안연이 공자와 살아서 만났을 때 공자는 너무 반가워서 안연에게 죽은 줄 알았다고 말했습니다. 안연의 대답이 참 멋집니다. "선생님을 두고 어찌 제가 먼저 죽을 수가 있겠습니까?" 스승에 대한 애정이 듬뿍 묻어나는 대답입니다.

그 후로 안연은 31살의 나이에 공자보다 먼저 세상을 떠났습니다. 안연이 먼저 죽었을 때 공자는 통곡을 하며 울었습니다. 하늘이 자신을 버렸다는 말을 하며 슬피 울었던 것입니다. "당신을 두고 제가 어찌 먼저 죽을 수 있습니까?" 참 가슴에 다가오는 아름다운 관계에서 하는 말입니다.

하감사
何敢死 ◦ 어찌 감히 (당신보다 먼저) 죽을 수 있겠는가?

동포 형제

사 마 우 우 왈 인 개 유 형 제 아 독 무
司馬牛憂曰 人皆有兄弟 我獨亡

사마우가 근심하며 말하기를 "사람들은 모두 형제가 있는데 나만 홀로 형제가 없습니다."

자 하 왈 상 문 지 의 사 생 유 명 부 귀 재 천 군 자 경 이 무 실 여 인 공 이 유 례
子夏曰 商聞之矣 死生有命 富貴在天 君子敬而無失 與人恭而有禮

사 해 지 내 개 형 제 야 군 자 하 환 호 무 형 제 야
四海之內 皆兄弟也 君子何患乎無兄弟也

자하가 말했다. "내가 옛날에 들은 것이 있다. 죽고 사는 것에는 운명이 있는 것이고, 부귀는 하늘에 달려 있는 것이다. 군자가 공경으로 사람을 대하면 인심을 잃지 않을 것이고, 다른 사람에게 공경하여 예로 대한다면 세상 모든 사람들이 다 내 형제가 될 것이니, 군자가 어찌 형제가 없음을 근심하는가?"

사마우司馬牛는 형제를 잃고 슬퍼했습니다. 형제가 없다는 슬픔의 감정을 자하子夏에게 하소연했습니다. 세상 사람들은 모두 형제가 있는데 자신만 형제가 없다는 하소연이었습니다. 자하는 그런 사마우를 위로하며 공자의 말을 전했습니다. 죽고 사는 것, 부귀와 빈천은 모두 하늘에 달려 있는 것이니 너무 상심하지 말라는 위로였습니다. 특히 마지막 위로가 인상적입니다. "세상의 모든 사람들은 나의 형제四海之內 皆兄弟"라는 말 속에서 유교가 지향하는 인간관계의 본질을 볼 수 있습니다. 혈연을 넘어 인간이란 공통점만으로도 충분히 형제의 관계를 맺을 수 있다는 것입니다. 서로 공경하고, 예우하고, 존중하면 모든 인간은 형제가 될 수 있습니다.

사 해 지 내 개 형 제
四海之內 皆兄弟 ◦ 세상의 모든 사람들을 나의 형제로 대하라!

무(亡): 없다無 | 상(商): 자하의 이름

험담과 거짓

자 장 문 명 자 왈 침 윤 지 참 부 수 지 소 불 행 언 가 위 명 야 이 의 침 윤 지 참
子張問明 子曰 浸潤之譖 膚受之愬 不行焉 可謂明也已矣 浸潤之譖
부 수 지 소 불 행 언 가 위 원 야 이 의
膚受之愬 不行焉 可謂遠也已矣

자장이 밝은 지혜에 대하여 묻자 공자가 말했다. "물처럼 슬며시 젖어드는 비난과, 내 몸에 피부로 느껴지는 급박한 하소연을 (듣고) 실행에 옮기지 않는다면 충분히 밝은 지혜라 할 것이다. 물처럼 슬며시 젖어드는 타인에 대한 비난과, 내 몸에 피부로 느껴지는 급박한 하소연을 실행에 옮기지 않는다면 충분히 밝은 지혜를 넘어 생각이 깊다고 할 수 있다."

누군가 내 앞에서 어떤 사람을 티내지 않고 은근히 비난하거나, 피부로 실감할 정도로 정확한 사실을 들어가며 거짓을 말한다면 그 말을 믿고 행동에 옮기는 경우가 많습니다. 본인이 직접 보고 듣지도 않은 남의 말을 근거로 타인을 미워하거나 잘못된 조치를 할 수 있는 것입니다. 근거도 없는 모함을 받아들이고 그에 따른 조치를 한다면 현명한 사람이라고 할 수 없습니다. 현명함이란 사실을 근거로 명철하게 판단하는 것입니다. 명明은 지혜가 밝은 것이고, 원遠은 생각이 깊은 것입니다. 지혜가 밝고 생각이 깊으면 세상살이에 실수가 적습니다.

침 윤 지 참
浸潤之譖 ◦ 은근히 내 귀에 다가오는 남에 대한 비난에 동조하지 마라!

침(浸): 스며들다 | 윤(潤): 물에 젖다 | 참(譖): 남을 헐뜯다 | 부(膚): 피부 | 소(愬): 비방하다

나를 향한 호의와 악의

혹 왈 이 덕 보 원 하 여 자 왈 하 이 보 덕 이 직 보 원 이 덕 보 덕
或曰以德報怨何如 子曰 何以報德 以直報怨 以德報德

누군가 공자에게 말했다. "상대방의 원망을 덕으로 보답하면 어떨습니까?" 공자가 말했다. "어찌 상대방의 원망을 덕으로 보답하겠는가? 상대방의 원망은 내가 곧음으로 상대해야 하고, 상대방의 덕은 덕으로 상대해야 한다."

인간관계에서 상대방의 나에 대한 태도에 대한 대응을 이야기하고 있습니다. 상대방이 나를 원망하고 미워해도 덕으로 대응해야 한다는 것을 공자에게 질문했습니다. 아무리 상대방이 나를 힘들게 해도 덕으로 상대방을 상대해야 한다는 아주 원론적인 질문입니다. 그러나 공자는 그 말에 긍정하지 않았습니다. 상대방이 나를 원망하면 곧게直 내 일을 하면 된다는 것입니다. 일일이 다 대응할 필요 없이 내 갈 길을 묵묵히 가라는 것이죠. 물론 상대방이 나를 따뜻하게德 대하면 나 또한 따뜻함으로 대응해야 하는 것은 두말할 필요가 없습니다.

관계는 주고받는 것입니다. 상대방의 원망을 이해하고 무조건 사랑으로 대응하기보다는 묵묵히 자신의 길을 곧게 가라는 공자의 대답이 가슴에 다가옵니다. 색다릅니다. 《도덕경》에서는 나에게 잘하는善 사람이든, 못하는 사람이든 모두 잘 대해주면 상대방의 마음을 얻을 수 있다고 합니다. 노자의 인간관계는 무조건 상대방을 포용하는 것이라면, 공자는 일일이 다 사랑으로 대응할 필요는 없다는 것입니다.

이 직 보 원
以直報怨 ◦ 상대방이 나를 원망하더라도 내 갈 길을 가라!

사람을 잃지 않는 법

자왈 가여언이불여지언 실인 불가여언이여지언 실언 지자불실인
子曰 可與言而不與之言 失人 不可與言而與之言 失言 知者不失人
역불실언
亦不失言

공자가 말했다. "말해주면 들을 만한 사람인데 말하지 않는다면 사람을 잃게 될 것이고, 말해봤자 소용이 없는 사람인데 말한다면 말만 잃게 될 것이다. 지혜로운 사람은 사람을 잃지 않고, 또한 말도 잃지 않는다."

아무리 말을 해줘도 소용없는 사람이 있습니다. 자신의 생각만 옳다고 하고, 다른 사람의 말에는 귀 기울이지 않는 사람입니다. 이런 사람에게 옳은 이야기를 해주어도 결국 소용없습니다. 입만 아프고 말만 아까울 뿐이지요失言. 그러나 말을 해주면 충분히 알아들을 사람이라면 말을 아껴서는 안 됩니다.

적극적으로 상대방에게 나의 생각과 옳은 방향을 제시한다면 상대방의 마음을 얻을 수 있습니다. 이런 사람에게 침묵한다면 좋은 사람을 잃게 될 것입니다失人. 말을 해주면 잘 듣고 변할 가능성이 있는 사람可與言과 말을 해도 듣지 않고 변할 가능성이 없는 사람不可與言을 구별하여 상대하는 것이 지혜로운 사람의 관계 방식입니다.

불실인 불실언
不失人 不失言 ◦ 지혜로운 사람은 사람을 잃지 않고, 좋은 말도 잃지 않는다.

원칙과 정의

자 왈 군 거 종 일 언 불 급 의 호 행 소 혜 난 의 재
子曰 群居終日 言不及義 好行小慧 難矣哉

공자가 말했다. "여럿이 함께 종일 있으면서 나누는 말이 의義가 아니고 그저 조그만 지혜만 서로 행하기를 좋아한다면 잘되기 어려운 사람들이다."

사람들이 만나서 나누는 이야기의 주제는 다양합니다. 주식이나 부동산을 통해 돈을 버는 방법에서부터 골프나 자동차 같은 이야기에 이르기까지 작은 지혜小慧를 자랑하며 서로 이야기한다면 그 집단은 잘되기 참 어려운難 집단입니다. 집단의 중심에 의義가 있다면 앞으로 성장 가능성이 좋은 집단입니다. 의는 이익을 넘어선 원칙과 정의입니다. 원칙 없는 부귀는 뜬구름이며, 정의 없는 권력은 죄악입니다.

사회에 원칙과 정의가 무너지면 그 사회의 미래는 암울합니다. 어떤 방식으로든 승리했다고 모든 과정이 용서받는 사회는 불의不義의 사회입니다. 불의가 통용되는 사회에서 모든 사람이 침묵한다면 그 사회는 곧 붕괴될 것입니다.

맹자가 양혜왕에게 당신은 어찌 입만 열면 이익만 이야기하냐며 화를 내고 제발 의를 세우는 지도자가 되어야 한다고 당부한 것도 원칙과 정의가 통용되는 사회를 만들어야 한다는 유교학자들의 의견이 반영된 것입니다. 의가 더 이상 언급되지 않는 사회는 희망이 없습니다.

언 불 급 의
言不及義 ◦ 대화 속에 정의가 언급되지 않는다면 관계를 포기하라!

칭찬과 비난

子曰 吾之於人也 誰毁誰譽 如有所譽者 其有所試矣 斯民也 三代之所以直道而行也
(자왈 오지어인야 수훼수예 여유소예자 기유소시의 사민야 삼대지소이직도이행야)

공자가 말했다. "내가 사람에 대하여 누구를 비난하고 누구를 칭찬하겠는가? 만약 내가 칭찬하는 경우가 있다면, 아마도 그가 칭찬받을 만한 일을 한 적이 있어서일 것이다. 이 시대 사람들은 하은주 3대의 정직한 도를 이어받아 실천해온 사람들이다."

사람을 평가하는 것은 신중해야 할 일입니다. 사람을 칭찬하거나 비판하는 것에 따라 그 사람의 평판이 달라지기 때문입니다. 근거도 없이 무조건 나쁘다고 비판하거나, 아무런 실증도 없이 무조건 좋다고 칭찬하는 것은 선입관 때문입니다. 공자는 사람에 대한 평가를 신중하게 한다고 강조합니다. 칭찬譽과 비난毁을 가능한 자제한다는 것입니다. 비난은 가능한 해선 안 되고 혹시 칭찬을 하는 경우가 있다면 반드시 그 사람에 대하여 칭찬할 만한 근거를 시험試하고 나서 한다는 것입니다.

삼대三代는 공자가 가장 이상적으로 생각하던 하夏, 은殷, 주周 시대입니다. 이 시대는 문화적으로 사회적으로 상식과 원칙이 통하던 사회였습니다. 공자가 살던 혼란의 시대, 춘추春秋 시대와 비교하여 안정된 사회였습니다. 그런 사회를 경험한 사람들이라면 칭찬과 비난의 대상이 될 수 없다는 것입니다. 사회 환경은 그 사회를 사는 사람에게 영향을 주기 때문입니다. 근거 없는 비난과 칭찬은 오해와 선입관을 만들어 한 사람의 운명을 좌우하기도 합니다. 특히 각종 매체에서 무분별하게 행해지고 있는 마녀사냥은 현대사회에서도 늘 조심해야 할 일입니다. 마녀사냥은 중세 암흑시대 최악의 인간사냥이었기 때문입니다.

毁譽(훼예) ◦ 함부로 사람을 칭찬하거나 비난하지 말라!

훼(毁): 비난하다 | 예(譽): 칭찬하다

옛날 사람과 요즘 사람

자왈 오유급사지궐문야 유마자 차인승지 금무의부
子曰 吾猶及史之闕文也 有馬者 借人乘之 今亡矣夫

공자가 말했다. "나는 사관들이 기록을 빼놓고 기록하지 않는 것과 말을 가진 자들이 남에게 빌려주어 타게 하는 것을 보았는데 요즘은 그런 일이 없어졌다."

세상이 많이 변했다는 이야기를 자주 합니다. 옛날에는 이랬는데 요즘은 이렇다는 논리입니다. 공자 역시 이런 논리로 자주 이야기합니다. 옛날이 좋았다는 것입니다. 공자가 살던 난세를 한탄하며 자주 사용하는 공자의 말투입니다. 나이 든 사람들이 자주 사용하는 말투이기도 합니다. "아! 옛날에는 이랬는데 요즘은 이래."

공자는 두 가지를 옛날과 지금과 비교합니다. 역사를 기록하는 사관史이 근거와 확신이 부족한 역사적 사실에 대해서는 기록하지 않은 것闕文과 말馬을 가진 사람이 타인에게 자신의 말을 빌려주는 것, 이 두 가지가 옛날에는 있었는데 요즘은 없어졌다亡는 것입니다. 두 가지의 연관성은 없어 보입니다. 제자들과 대화 속에서 아마 이런 주제가 나온 것 같습니다. "요즘 역사학자들이 근거와 실증도 없으면서 아는 척하는 것이 참 못마땅해! 그리고 자신이 가진 자가용을 남이 좀 빌려달라고 하면 절대 안 빌려주는 세태가 참 안타까워! 옛날에는 안 그랬는데."

금무
今亡 ◦ 옛날의 그 사람들이 요즘은 없어졌구나!

유(猶): 오히려 | 궐(闕): 빠트리다 | 무(亡): 없다, 무無와 같은 뜻

잘못된 판단을 피하는 법

자 왈 중 오 지 필 찰 언 중 호 지 필 찰 언
子曰 衆惡之 必察焉 衆好之 必察焉

공자가 말했다. "모든 사람들이 미워해도 반드시 살펴서 확인하라! 모든 사람들이 좋다고 해도 반드시 살펴서 확인하라!"

관계의 몰락 이유 중의 하나가 거짓 정보에 의한 잘못된 판단입니다. 자신이 직접 보지도 않은 거짓 정보를 듣고 섣불리 판단하여 관계가 끊어지거나 일을 망치는 경우가 많습니다. 특히 다수의 거짓된 정보는 더욱 잘못된 판단을 내리게 합니다. 많은 사람들이 좋다고好 하는 것을 자세한 확인도 없이 옳다고 판단하고, 많은 사람들이 나쁘다고惡 하는 것 역시 자세한 확인 절차도 거치지 않고 나쁘다고 판단하는 경우가 많습니다.

이렇게 주관적이고 사실적인 판단을 버려두고 타인의 판단 결과를 근거로 잘못된 판단을 내리는 것에서 벗어나기 위해서는 직접 살피는 찰察의 과정이 필요하다고 공자는 강조합니다. 찰은 사실관계를 철저하게 살핀다는 뜻입니다. 검찰檢察, 경찰警察 조직의 이름에도 철저하게 사실관계를 살피라는 의미가 들어 있습니다. 제대로 사실 파악도 하지 않고 여론이나 거짓 정보에 의존하여 잘못된 판단을 내리면 사람의 인생을 좌우할 수 있습니다. 투자나 의사결정 역시 직접 따지고 살펴서 결정해야 하며, SNS에 떠도는 거짓 정보에 휘둘려 마녀사냥에 동참하는 어리석음을 범해서는 안 될 것입니다.

필 찰
必察 ◦ 사람을 판단할 때 직접 사실을 살피고 결정하라!

말과 의사소통

子曰 辭達而已矣

공자가 말했다. "말은 의사소통만 하면 된다."

좋은 관계는 원활한 의사소통에서 나옵니다. 소통이 잘되는 관계는 원만하고 갈등이 적습니다. 소통이 막혀 있는 관계는 갈등과 반목으로 관계에 이상신호가 생깁니다. 소통의 방법 중에 언어는 중요한 위치를 차지합니다. 언어를 사용하여 상대방과 의사소통을 할 때 화려하게 수식하거나 치장하는 것에 대하여 공자는 부정적입니다. 본질을 잃어버리고 오히려 정확한 의사의 소통에 장애가 될 수 있다는 것입니다.

'교언영색巧言令色'은 화려한 말의 수식과 꾸민 얼굴 표정입니다. 공자는 화려한 말의 수사가 오히려 본질을 잃게 할 수 있다고 여러 번 강조하고 있습니다. 언어는 수사보다는 의사 전달達이 본질입니다. 이런 정확한 의사 전달을 사달辭達이라고 합니다. 노자는 더 나아가 언어의 침묵이 오히려 의사소통에 효과적이라고 말합니다. 언어는 애초부터 정확한 의사소통을 하기에는 부족한 기호라는 것입니다. 불언不言의 의사소통 방식이 훨씬 효과적이라는 것입니다.

현대사회에서 화려한 수식의 언어와 말들이 본질을 흐리는 경우가 많습니다. 광고와 홍보의 대부분은 본질을 미화하고 수식하는 화려한 언사言辭들로 가득 차 있습니다. 진짜, 참, 원조, 우아한, 환상적인 등과 같은 수식으로부터 시작하여 진실을 왜곡하는 언어들은 우리의 판단을 흐리게 하고 눈을 멀게 만듭니다.

辭達 ◦ 언어는 내가 말하고자 하는 의도를 정확하게 전달해야 한다.

약자의 배려

사 면 현 급 계 자 왈 계 야 급 석 자 왈 석 야 개 좌 자 고 지 왈 모 재 사 모 재 사
師冕見 及階 子曰 階也 及席 子曰 席也 皆坐 子告之曰 某在斯 某在斯

맹인 악사 면冕이 공자를 만났을 때 계단에 이르자 공자가 말했다. "계단입니다." 자리에 이르자 공자가 말했다. "자리입니다." 모두 앉자 공자가 악사에게 고하여 말했다. "아무개는 여기에 있고, 아무개는 여기에 있습니다."

사 면 출 자 장 문 왈 여 사 언 지 도 여
師冕出 子張問曰 與師言之道與

악사 면이 나가자 자장이 물어 말하기를 "악사와 함께 이야기하는 도리道인가요?"

자 왈 연 고 상 사 지 도 야
子曰 然固相師之道也

공자가 말했다. "그렇다. 진정 맹인 악사를 배려하는 도리이다."

강자에게는 약하고 약자에게는 강한 사람이 있습니다. 저급한 사람입니다. 반면 약자에게 낮추고 섬기는 사람은 성숙한 사람입니다. 특히 사회적 약자에 대한 배려와 사랑은 공자의 중요한 철학입니다. 사회적 소외계층과 약자를 적극적으로 배려해야 한다는 것입니다. 공자가 시각장애인을 만났을 때 어떻게 배려하고 있는지가 자세히 나와 있습니다. 계단이 있으면 계단이라고 말해주고, 자리에 앉으면 옆에 누가 있는지 자세하게 설명하고 있습니다.

사師는 악사樂師입니다. 당시 시각장애인 중에는 음악을 연주하는 사람이 많았습니다. 눈이 안 보이니 듣는 감각이 뛰어나 훌륭한 연주가 가능했을 것입니다. 공자는 음악도 좋아했고, 음악을 연주하는 시각장애인을 더욱 존중했습니다. 시각장애인에 대하여 자세한 안내를 하는 스승을 보고 제자인 자장이 의아해서 물었습니다. 너무 자상하게 시작장애인을 배려하는 스승이 좀 이상했나 봅니다. 공자는 눈이 보이지 않는 사람의 관점에서 주변을 설명하고, 안내하는 것이 진정 약자에 대한 도리라고 대답했습니다.

상 사 지 도
相師之道 ◦ 약자를 돕는 도리를 알아야 한다.

사(師): 악사樂師 | 면(冕): 시각장애인의 이름 | 모(某): 누구 | 사(斯): 여기 이곳

완벽한 존재는 없다

주공위노공왈 군자 불이기친 불사대신원호불이 고구무대고즉불기야
周公謂魯公曰 君子 不施其親 不使大臣怨乎不以 故舊無大故則不棄也
무구비어일인
無求備於一人

주공이 그의 아들 노공에게 당부했다. "군자는 주변 친척을 버리지 않으며, 대신들이 자신을 써주지 않는다는 원망을 없게 하고, 옛 친구들을 큰 이유가 없으면 함부로 버리지 않으며, 한 사람에게 모든 것이 다 갖추어져 있기를 요구하지 않는다."

주공周公은 노나라의 제후이며, 노공魯公은 주공의 아들 백금伯禽입니다. 주공이 자신의 아들인 백금에게 당부하는 말입니다. 이 문장에서 군자는 한 지역을 책임진 귀족입니다. 서양의 영주나 성주의 개념입니다.

주공은 아들에게 왕위를 물려주면서 네 가지 원칙을 당부합니다. 첫째, 주변 사람들親을 버리지 마라! 특히 함께 창업했던 사람들은 끝까지 함께 가야 한다는 것입니다. 둘째, 중요한 사람들에게 능력에 맞는 역할을 맡겨서 그들이 원망하지 않게 해야 한다. 임무를 맡는다는 것은 자신의 정체성에 대한 자부심으로 여겨집니다. 중요한 조직의 관리자들에게 자부심을 느낄 수 있는 임무를 부여해야 합니다. 셋째, 옛 친구들은 특별한 일이 없으면 끝까지 함께하라. 나를 도와 조직의 생존을 위해 함께 일할 동지들을 관리하라는 것입니다. 넷째, 한 사람에게 모든 것이 완벽해야 한다는 생각을 버려라! 누구도 완벽하게 장점만 다 갖춘備 사람은 없습니다. 장점은 강화하고 약점은 보완하여 쓴다면 모두가 인재라는 것입니다.

이 문장은 공자가 제자들에게 주공의 이야기를 통해 리더의 조직 운영에 대하여 들려주는 것인 듯합니다.

무구비어일인
無求備於一人 ◦ 한 사람에게 완벽하기를 바라지 말라!

노공(魯公): 주공의 아들 백금伯禽 | 이(施): 버리다

친구의 기쁨

유붕 자원방래 불역락호
有朋 自遠方來 不亦樂乎
"친구가 있어 먼 곳에서 찾아오니 또한 즐거움이 아니겠는가?"

인간의 행복에 가장 많은 영향을 끼치는 것이 인간관계입니다. 특히 친구관계는 인간관계의 꽃입니다. 좋은 친구를 만나면 그가 나에게 힘이 되어주기도 하고, 좋은 길로 안내해주기도 합니다. 친구와의 경쟁을 통해 발전하기도 하고, 갈등을 통해 인생을 배우기도 합니다. 친구 중에서도 같은 꿈을 꾸고, 목표를 공유하고, 실천하는 친구를 동지朋라고 부릅니다.

공자는 먼 곳에서 자신과 함께하기 위하여 찾아오는 제자들을 동지라고 불렀습니다. 뜻志을 같이同하는 친구라는 것입니다. 예수와 부처에게 여러 동지들이 있었듯이, 공자 역시 자신과 협력할 동지들이 필요했습니다. 협력은 집단의 힘을 강하게 하며 그들의 꿈을 실현할 기반이 됩니다. 공자에게 멀리서 몰려드는 동지들을 만나는 것은 참으로 즐거운 일이었을 겁니다. 기독교가 예수의 제자이자 동지들에 의해서 세계적인 힘을 얻게 되었고, 불교가 부처를 따르던 동지들을 통해 강한 세력을 이루었듯이 공자는 자신의 동지들을 통해 고대문명의 질서 회복을 해법으로 제시하며 당시의 난세를 평정하고자 했습니다. 그런 공자에게 먼 곳에서 찾아오는 제자들을 만나는 것은 너무 반갑고 즐거운 일이었을 겁니다.

유붕자원방래 불역락호
有朋自遠方來 不亦樂乎 ◦ 친구가 먼 곳에서 찾아오니 또한 즐겁지 아니한가?

도움이 되는 친구, 손해가 되는 친구

공자왈 익자삼우 손자삼우 우직 우량 우다문 익의 우편벽 우선유 우편영 손의

孔子曰 益者三友 損者三友 友直 友諒 友多聞 益矣 友便辟 友善柔 友便佞 損矣

공자가 말했다. "도움이 되는 친구 셋이 있고, 손해가 되는 친구 셋이 있다. 친구가 정직하고, 친구가 성실하고, 친구가 견문이 많으면 도움이 되는 친구다. 친구가 편벽하고, 친구가 너무 아첨하여 부드럽고, 친구가 말만 너무 잘하면 손해가 되는 친구다."

친구도 도움이 되는 친구益友가 있고, 손해가 되는 친구損友가 있습니다. 사람은 친구를 통해 성장하기도 하고 손해를 보기도 합니다. 그래서 아무나 친구로 사귀면 큰 어려움에 봉착하기도 하고 퇴보하는 삶을 살기도 합니다.

이익이 되는 친구의 세 종류는 정직正直, 진실諒, 식견이 있는多聞 친구입니다. 인성이 좋고 세상의 이치에 대하여 많은 경험을 한 친구입니다. 당장 나에게 큰 기쁨을 주지는 못할 수도 있지만 시간이 지나면서 더욱 빛이 나는 친구입니다. 반면 손해가 되는 친구의 세 종류는 편벽便辟, 아부善柔, 말 잘하는便佞 친구입니다.

혹자는 친구를 이익과 손해라는 관점에서 사귀어서 되겠느냐는 질문을 할 수도 있습니다. 그러나 여기서 이익과 손해는 권력이나 돈에 의한 기준이 아닙니다. 그 친구가 얼마나 정직하고 진실하고 많은 경험을 갖고 있느냐라는 질문입니다. 비록 권력과 돈의 관점에선 나에게 손해가 되더라도 긴 안목으로 보면 나에게 도움이 되는 기본이 충실한 친구를 선택하라는 것입니다.

익자삼우

益者三友 ◦ 정직, 성실, 견문이 있는 자와 친구하라!

량(諒): 성실하다 | 벽(辟): 치우치다 | 영(佞): 아첨하다

친구의 본질

봉 우 사 무 소 귀 왈 어 아 빈
朋友死 無所歸 曰於我殯

친구가 죽어서 돌아갈 곳이 없으면 "우리 집에 와서 빈소殯所를 차려라!"라고 했다.

봉 우 지 궤 수 거 마 비 제 육 불 배
朋友之饋 雖車馬 非祭肉 不拜

친구가 선물을 주면 비록 수레와 말같이 귀중한 선물이라도 제사 지낸 고기가 아닌 이상 절하지 않고 받았다.

친구는 어렵고 힘들 때 서로 도와줄 의무가 있는 사이입니다. 죽어서 빈소殯所를 차릴 곳이 없으면 공자는 자신의 집에서 빈소를 차릴 수 있도록 했습니다. 또한 친구가 아무리 귀중한 선물을 보내도 절拜하지 않았다는 것은 친구 간에 서로 주고받는 것이 당연한 의義라고 여겼기 때문입니다. 다만 제사 지낸 고기祭肉에는 신성한 의미가 있으므로 절하고拜 받는 것이 당연한 예라고 여긴 것입니다. 공자의 일상 속에서 친구관계를 살펴보면 참 진실한 관계를 유지한 것 같습니다. 자신의 집을 친구의 장례식장으로 내어 주고, 자신이 가진 것을 아낌없이 주고받는 친구관계는 요즘 보기 드문 광경입니다.

맹자는 친구를 사귀려면 나이, 직업, 배경을 잊고 사귀어야 한다고 강조한 바 있습니다. 친구는 나의 부족함을 메우고 성장에 도움이 되기 때문에 친구의 본질을 보고 사귀어야 한다는 것입니다. 친구의 외적 요소만 보고 관계를 맺는다면 영원한 친구가 될 수 없습니다.

붕 우
朋友 ◦ 친구 이상의 관계, 붕우

빈(殯): 빈소를 차리다 | 궤(饋): 물건을 보내다

친구에게 충고하는 법

자 공 문 우 자 왈 충 고 이 선 도 지 불 가 즉 지 무 자 욕 언
子貢問友 子曰 忠告而善道之 不可則止 無自辱焉

자공이 친구와 교유하는 방법에 대하여 물었다. 공자가 말했다. "친구에게 충고하여 착한 길로 인도하다가 상대방이 듣지 않으면 그만두어 욕먹지 않아야 한다."

친구관계에서 충고가 중요하다고 말합니다. 친구는 서로의 잘못을 충고함으로서 더욱 성장할 수 있다고 생각하는 관점입니다. 그러나 충고忠告가 지나치면 관계가 끊어질 수도 있습니다. 상대방이 인정하지 않는 충고를 계속해서 한다면 잔소리나 비난으로 생각할 수 있기 때문입니다. 사실 충고할 때는 조심해야 합니다. 절대적인 선악善惡과 시비是非는 없습니다. 그러니 내가 생각하는 것이 반드시 옳은 것은 아닙니다. 물론 사회적 상식과 원칙을 기준으로 친구에게 충고할 수도 있지만, 그것 역시 사회적 통념일 수 있습니다. 그러니 절대적 기준에 부합되지 않는 것으로 친구에게 충고하는 것은 조심해야 합니다.

충고의 심사숙고가 어찌 친구뿐이겠습니까? 부부나 형제 같은 가족관계로부터 사회적인 관계에 이르기까지 충고는 조심해야 할 일입니다. 만약 부당한 일이 있어 충고한다면 자신의 의견을 담담하게 말하고 상대방이 동의하지 않거나 고치려 하지 않으면 더 이상 충고의 말을 하지 않아야 합니다. 그렇지 않고 지속적으로 상대방에 대하여 충고하다가는 결국 스스로 욕辱을 먹는 결과를 가져올 것입니다.

충 고 불 가 즉 지
忠告不可則止 ◦ 충고가 받아들여지지 않으면 더 이상 충고하지 마라!

도(道): 인도引導하다

친구를 사귀는 이유

증자왈 군자 이문회우 이우보인
曾子曰 君子 以文會友 以友輔仁

증자가 말했다. "군자는 학문을 통해 친구와 교유하고, 친구를 통해 부족한 인仁을 보충한다."

친구를 사귀는 이유는 무엇일까요? 친구를 통해 부족함을 채우고, 친구의 장점을 통해 성장하고, 친구와 함께 꿈과 목표를 이루고, 친구를 통해 슬픔과 기쁨의 감정을 공유하는 것은 친구를 사귀는 중요한 이유입니다.

증자는 친구를 배움의 동반자로 사랑의 실천자로 정의하고 있습니다. 친구를 학문學文을 통해 만나면 이상과 가치관이 같아집니다. 같은 선생님과 같은 학문을 통해 배움을 공유했기 때문에 생각이 비슷해지는 것입니다. 가치관의 공유를 통해 생각의 소통을 이룰 수 있고, 생각이 소통되면 큰 기쁨을 얻을 수 있습니다. 일명 말이 통하는 사람을 얻게 되는 것입니다. 또한 친구는 사랑仁의 부족함을 채워주는 존재입니다. 친구를 통해 공감을 이루고, 공감을 통해 사랑을 공유할 수 있게 됩니다. 서로 가진 것을 나누고, 존중하는 가운데 사랑의 실천을 경험하게 됩니다.

제나라 환공을 도와 패업을 이룬 정치가 관중은 자신의 친구 포숙아를 평가하면서, "나를 낳아준 사람은 부모이지만, 나를 알아준 사람은 친구 포숙아였다"라고 말하고 있습니다. 그만큼 친구를 통해 자신의 삶이 더욱 풍요롭고 행복해졌다는 것입니다.

이우보인
以友輔仁 ◦ 좋은 친구를 통해 사랑을 배워라!

가는 길이 다른 친구

자왈 도부동불상위모
子曰 道不同不相爲謀

공자가 말했다. "가는 길이 다르면 함께 일을 도모하지 말라!"

세상의 모든 사람과 교유하고 관계를 맺을 수는 없습니다. 필요에 따라서는 관계를 단절하기도 하고 새로 시작하기도 합니다. 관계라는 것이 영원하면 좋겠지만 만남에는 언제나 이별이 있는 것이니, 더 이상 같이 갈 수 없다고 생각할 때는 과감하게 친구관계를 정리하는 것도 바람직합니다. 친구 간의 의리義理라고 연연하여 끝맺음을 결정하지 못한다면 오히려 상호 간에 더 큰 상처를 입을 수도 있습니다.

같은 뜻과 목표를 갖고 있는 친구를 도반道伴이라고 부릅니다. 같은 길道을 걸어가는 인생의 동반자同伴者라는 의미입니다. 그러나 상황이 바뀌면 가는 길이 달라질 수도 있습니다. 그리고 더 이상 목표가 공유되지 않고 삶의 기준이 합치되지 않는다면 과감하게 도반의 관계를 풀어야 합니다. 최소한 친구관계를 유지하더라도 큰일을 함께 도모해서는 안 됩니다. 목표를 달성하는 과정에서 서로 다른 의견이 충돌할 것이고, 충돌이 갈등이 되고 반목이 된다면 결국 친구 간의 의리는 끊어지고 원수가 될 수도 있기 때문입니다. 한때는 영혼을 공유했던 친구가 원수가 되는 것보다 인생에서 불행한 일은 없을 것입니다. 가는 길과 방향이 다르다면道不同 함께 일을 벌이지 말고 그저 친구의 정만으로 교류하는 것이 훗날 비극을 방지하는 측면에서 좋을 것입니다.

도부동
道不同 ◦ 가치관이 다르면 동업(同業)하지 말라!

충고의 미학

자유왈 사군삭 사욕의 붕우삭 사소의
子游曰 事君數 斯辱矣 朋友數 斯疏矣
자유가 말했다. “모시는 임금에게 너무 자주 충언을 하면 치욕을 당할 것이다. 친구 간에 너무 자주 충고를 하면 관계가 멀어질 것이다!”

임금君을 모시는事 신하가 임금에게 충언을 하는 것은 당연한 일인데 너무 자주數 충언하면 결국 임금에게 미움을 받아 욕辱을 당할 수도 있습니다. 친구 역시 잘못을 충고해주는 것은 좋은 일인데 너무 자주 하면 친구 사이가 멀어지고 소원疏해질 수 있습니다. 그러니 아무리 옳은 말이라도 상대방이 안 들으면 너무 자주 해서는 안 된다는 것입니다. 좋은 말도 너무 많이 하면 잔소리가 되기 때문입니다.

이 말은 공자의 말이 아니라 공자의 제자인 자유子游의 말입니다. 공자도 친구 관계에서 충고를 하되 상대방이 듣지 않으면 중지해야 한다고 했습니다. 만나기만 하면 충고를 하는 사람들이 있습니다. 충고가 아무리 옳더라도 기분이 좋을 수는 없을 것입니다. 그리고 어떤 충고도 완벽하게 옳은 말일 수는 없습니다. 살아가는 방법이 다르고 삶의 기준이 다른 사람에게 자꾸 나의 가치를 기준으로 충고하는 것은 안하느니만 못합니다. 상대방의 잘못을 지적했는데 그것을 받아들이지 않는다면 더 이상 같은 충고를 하지 않는 것이 관계를 지속하는 방법입니다.

삭욕삭소
數辱數疏 ◦ 신하가 충언을 너무 자주 하면 욕을 당할 수 있다.

삭(數): 자주 | 욕(辱): 수치 | 소(疏): 멀어지다

친구를 모으는 법

자 왈 불 환 무 위 환 소 이 립 불 환 막 기 지 구 위 가 지 야
子曰 不患無位 患所以立 不患莫己知 求爲可知也

공자가 말했다. "내 자리가 없음을 걱정하지 마라! 내가 그 자리에 설 자격이 되는지를 걱정하라! 남이 나를 알아주지 않는다고 걱정하지 마라! 내가 알아줄 만한 사람이 되기를 구하라!"

이번 인사에서 왜 내가 그 자리位에 승진이 안 되었는지를 걱정患하지 말고 내가 그 자리에 설立 만한 사람이었는지를 먼저 고민하고, 남들이 나를 알아知주지 않는莫다고 걱정하지 말고 내가 알아줄 만한可知 사람이 되기를 먼저 구求하라는 것입니다.

"세상이 나를 알아주지 않는다", "회사가 나의 능력을 몰라준다"고 불평불만하기 전에 내가 먼저 알아줄 만한 사람인지를 고민하라는 뜻입니다. 기업이 만든 물건을 소비자가 안 사 준다고 고객에게 뭐라 하지 말고 소비자가 사고 싶은 물건을 어떻게 만들지 고민하면 답이 나옵니다. 결국 답은 내가 가지고 있는 것입니다. 남이 나를 알아주기 전에 먼저 알아줄 만한 사람이 되어야 한다는 것은 너무나 당연한 이야기입니다.

우리가 늘 하는 이야기인 "내 맘도 몰라주고"는 이제는 내가 먼저 상대방의 마음을 헤아리고 있는지를 고민해보아야 할 말인 것 같습니다. 아름다운 인간관계는 남이 나를 알아주지 않는다는 고집을 버리고 내가 먼저 나를 돌아보는 유연성이 있어야 만들어집니다.

불 환 무 위
不患無位 ◦ 자리가 없음을 고민하지 말고
그 자리에 있을 자격을 갖추었는지 고민하라!

환(患): 걱정하다 | 위(位): 자리, 지위 | 막(莫): ~하지 마라!

사람을 움직이는 법

자왈 민가사유지 불가사지지
子曰 民可使由之 不可使知之

공자가 말했다. "일반인은 그렇게 하게 만들 수는 있지만 왜 그렇게 해야 하는지를 알게 할 수는 없다."

사람들의 생각을 바꾸려고 하는 것보다 행동을 바꾸게 하는 것이 훨씬 효과적입니다. 자녀에게 공부하라고 잔소리하는 것보다 공부할 수 있는 환경을 만들어 공부하게 만드는 것이 더욱 효과적이라는 것이지요. 논리적인 설득으로 상대방의 생각을 바꾸는 것은 쉬운 일이 아닙니다. 아무리 좋은 논리와 이유를 들어 설명해도 상대방을 설득하기란 쉽지 않습니다. 차라리 상대방이 그렇게 할 수밖에 없는 조건을 만들어 상대방이 저절로 바뀌게 하는 것이 훨씬 효율적일 수도 있습니다. 물론 자기성찰이 충분하고 수양이 잘된 사람은 논리와 이유만으로도 설득이 가능합니다. 그러나 일반인民은 왜 그렇게 해야 하는지 알게知 하기란 참으로 어렵습니다. 그렇게 할由 수밖에 없게 만드는 것이 훨씬 빠릅니다.

때로는 사람들을 설득하려고 하지 말고 상대방이 그렇게 할 수밖에 없는 상황을 만드는 것이 훨씬 효과적일 수도 있습니다. 물론 일반인들에게 주로 적용되는 해법입니다. 수양이 잘된 사람한테 충분히 이해시키지 못하고 억지로 강요하면 오히려 역효과가 날 수도 있습니다. 자녀들에게 어떻게 하라고 하는 것보다 그렇게 할 수밖에 없는 상황을 만들어주는 것이 더욱 효과적일 때가 있습니다.

유지
由之 ◦ 그렇게 할 수밖에 없게 만들어라!

상사와 부하를 대하는 법

조 여 하 대 부 언 간 간 여 야 여 상 대 부 언 은 은 여 야
朝與下大夫言 侃侃如也 與上大夫言 誾誾如也

조정에서 하대부(부하직원)와 이야기할 때는 강직했고, 상대부(직장상사)와 이야기할 때는 온화했다.

군 재 축 적 여 야 여 여 여 야
君在 踧踖如也 與與如也

임금이 계실 때에는 공경을 다했고, 예의를 잃지 않았다.

공자는 부하직원下大夫에게는 강직한 상사로서, 직장상사上大夫에게는 온화한 부하로서, 주군君에게는 공경踧踖과 예의與與를 다하는 신하였습니다. 부하직원이 존경할 만한 상사, 윗사람이 함께하고 싶은 부하직원, 주군이 인정하는 신하로서 공자의 모습, 참으로 아름다운 일상입니다. 유교가 '아름다운 관계의 지속'을 추구하는 가르침이라면 공자는 몸소 가르침을 실천했던 것 같습니다.

간간侃侃은 강직한 모습으로 카리스마 있는 상사의 모습입니다. '깐깐하다'는 말이 여기서 나온 듯합니다. 은은誾誾은 온화하고 따뜻한 모습니다. 윗사람을 따르고 존경하는 아랫사람의 태도입니다. 축적踧踖은 공손한 모습입니다. 여여與與는 태연한 모습입니다. 임금이 계신 곳에서 공손하고 서두르지 않는 모습입니다. 공자가 직장인 조정에서 어떻게 주군과 상사와 부하직원과 관계했는지에 대하여 잘 설명하고 있습니다.

은 은
誾誾 ◦ 사람을 대할 때 온화하고 은은하게 대하라!

간간(侃侃): 강직하다 | 은은(誾誾): 온화하다 | 축(踧): 조심하다 | 적(踖): 공손하다

손님 접대하는 방법

군 소 사 빈 색 발 여 야 족 곽 여 야
君召使擯 色勃如也 足躩如也

주군이 불러 공자에게 손님 접대를 명하면 (임무를 받은 자로서) 진지한 얼굴로 발걸음을 조심스럽게 내디뎠다.

읍 소 여 립 좌 우 수 의 전 후 첨 여 야
揖所與立 左右手 衣前後 襜如也

함께 서 있는 동료에게 읍揖을 하되 왼손과 오른손으로 번갈아 했으며, 옷의 앞뒤 자락이 가지런하게 했다.

추 진 익 여 야
趨進 翼如也

빠르게 나아갈 때는 마치 새가 날개를 펴듯이 했다.

빈 퇴 필 복 명 왈 빈 불 고 의
賓退 必復命曰 賓不顧矣

손님이 물러가면 반드시 주군에게 복명復命하여 말하기를 "손님이 뒤를 돌아보지 않고 가셨습니다"라고 아뢰었다.

공자가 손님 접대의 임무擯를 수행할 때의 모습입니다. 손님 접대에는 얼굴 표정色, 발걸음足, 인사揖, 의상衣, 접견趨進, 그리고 사후 보고復命가 중요합니다. 표정은 진지하게勃, 발걸음은 조심스럽게躩, 인사는 절도에 맞게, 의상은 가지런하게襜, 접견은 새가 날개翼를 펴듯 가뿐하게 다가가고, 손님이 가면 흡족하여 뒤를 돌아보지顧 않고 가셨다는 사후 보고에 이르기까지 자신에게 맡겨진 손님 접대의 의무를 제대로 수행했습니다. 깔끔하고 효율적인 공자의 일처리가 돋보이는 구절입니다.

추 진 익 여
趨進翼如 ◦ 앞으로 나아갈 때 새가 날개를 펴듯이 사뿐히 다가가라!

빈(擯): 손님을 접대하는 사신 | 발(勃): 얼굴빛이 변하다 | 곽(躩): 발 디디다 | 읍(揖): 상대방에게 인사를 하다 | 첨(襜): 가지런하다 | 추(趨): 빨리 가다 | 익(翼): 날개

조정의 예법

입공문 국궁여야 여불용 입불중문 행불리역
入公門 鞠躬如也 如不容 立不中門 行不履閾

궁궐에 들어갈 때 몸을 굽히고 차마 펴지 못할 듯이 했다. (주군이 다니는) 문 가운데 서 있지 않았으며, 문지방을 밟고 다니지 않았다.

과위 색발여야 족곽여야 기언 사부족자 섭자승당 국궁여야 병기 사불식자
過位 色勃如也 足躩如也 其言 似不足者 攝齊升堂 鞠躬如也 屛氣 似不息者

주군의 빈자리를 지날 때 진지한 얼굴과 조심스런 발걸음을 내디디면서도 부족한 듯했다. 옷자락을 잡고 (주군이 있는) 당堂에 오를 때 몸을 굽히고 숨을 죽여 마치 숨 쉬지 않는 것처럼 했다.

출강일등 령안색 이이여야 몰계 추진익여야 복기위 축적여야
出降一等 逞顔色 怡怡如也 沒階 趨進翼如也 復其位 踧踖如也

(주군이 있는 곳에서) 나와 한 계단 내려가면 (그때서야) 안색을 펴서 환하게 했고, 계단을 다 내려와 자기 자리로 돌아갈 때에는 새가 날개를 펴듯이 걸어갔으며, 자신의 자리에 돌아와서는 공경을 다하여 자리했다.

이 문장에서 보면 공자는 확실히 충성스런 신하입니다. 오히려 공자의 주군에 대한 태도가 과장스러울 정도입니다. 몸을 굽히고鞠躬, 문 중앙으로 다니지 않고, 문지방을 밟지 않고, 주군의 빈자리에도 경의를 표하고, 주군에게 나아갈 때 숨도 제대로 쉬지 못하고, 자기 자리에 서 있을 때는 고개도 못 들고 서 있는 공자에게서 주군에 대한 존경심보다는 좀 가련한 공자의 모습이 연상됩니다. 심지어 과연 이 내용이 공자를 묘사한 것이 맞나 싶을 정도로 의심이 듭니다. 후대의 어떤 사람들이 공자를 너무 과장되게 묘사한 것이 아닌가 싶습니다.

유교적 사고방식 중에 상사 앞에서 고개도 못 들고 무조건 복종하며 서 있는 태도가 비판을 받는다면 아마도 이 문장에 나오는 공자의 태도 역시 비판을 면치 못할 것 같습니다.

행불리역
行不履閾 ◦ 문을 지날 때 문지방을 밟지 말라!

리(履): 밟다 | 역(閾): 문지방 | 섭(攝): 잡다 | 자(齊): 옷자락 | 병(屛): 막다 | 기(氣): 숨 | 령(逞): 풀다 | 이(怡): 기쁘다

외교관계 예법

집규 국궁여야 여불승 상여읍 하여수 발여전색 족축축여유순
執圭 鞠躬如也 如不勝 上如揖 下如授 勃如戰色 足蹜蹜如有循

(외교 사절이 되어 제후의 표식인) 명규命圭를 잡을 때는 몸을 굽히고 차마 (그 명규의 무게를) 이기지 못하듯 공경했으며, (명규를) 올릴 때는 서로 읍揖하여 인사하듯이, 내릴 때는 누군가에게 물건을 주듯이 높이를 맞추었으며, 얼굴빛은 진지하게 전쟁에 나선 사람처럼 했고, 발걸음은 좁고 낮게 떼며 마치 바닥에 붙어 있듯이 걸었다.

향례유용색 사적 유유여야
享禮有容色 私覿 愉愉如也

연회에 참가하는 예석禮席에서는 밝고 환한 얼굴로 참석했다. 개인적인 면담에서는 유쾌하고 밝은 모습으로 만났다.

공자가 제후의 명을 받아 외교 사절로 갔을 때의 모습을 묘사한 내용입니다. 규圭는 제후가 자신이 보내는 외교 사신에게 주는 증표로 옥玉으로 만듭니다. 그것을 잡고 상대방의 나라를 방문하여 외교적 의례를 거행하게 됩니다.

공자는 상대방 제후를 만나 규를 올리고上 내릴下 때 그 높이가 법도에 맞아 위로 올릴 때는 읍揖하는 위치에 있었고, 아래로 내릴 때는 물건을 주는 위치에 있었습니다. 얼굴色은 비장하고戰 진지하게勃, 발걸음은足 종종걸음蹜을 치며 바닥에 거의 닿듯이循 걸었습니다. 외교적 연회享에서 예禮를 행할 때는 얼굴의 긴장감을 풀고 환한容 모습이었습니다. 개인적私 만남覿에서는 유쾌하고愉 밝은 모습으로 만났습니다. 공자의 이런 외교 사신으로서의 역할을 수행하는 장면의 묘사가 아주 세밀합니다. 공자의 제자가 관찰했든지 아니면 누군가의 이야기를 듣고 상상했든지 간에 공자는 자신이 맡은 역할에 대하여 최선을 다하는 인물임에 분명합니다.

유유여
愉愉如 ◦ 늘 유쾌하고 밝은 모습으로 대하라!

규(圭): 옥으로 만든 홀笏 | 읍(揖): 상대방에게 공경을 표시하는 인사 | 축(蹜): 종종걸음 치다 | 향(享): 잔치 파티 | 적(覿): 보다 | 유(愉): 기뻐하다

주군을 모시는 자세

군 사 식 필 정 석 선 상 지 군 사 성 필 숙 이 천 지 군 사 생 필 흌 지
君賜食 必正席先嘗之 君賜腥 必熟而薦之 君賜生 必畜之

주군이 음식을 보내오면 반드시 바른 자리에 앉아 그 음식을 맛보았고, 주군이 날고기를 보내오면 반드시 익혀서 조상에게 올렸고, 주군이 살아 있는 짐승을 보내면 반드시 그 짐승을 키웠다.

시 식 어 군 군 제 선 반 질 군 시 지 동 수 가 조 복 타 신
侍食於君 君祭 先飯 疾君視之 東首 加朝服拖紳

주군 옆에서 모시고 밥을 먹을 때 주군이 음식을 제사 지내면 (주군보다) 먼저 맛을 보았다. 병이 들어 주군이 문병을 오면 동쪽으로 머리를 두고 조복을 위에 덮고 허리띠를 걸쳤다.

군 명 소 불 사 가 행 의 입 태 묘 매 사 문
君命召 不俟駕行矣 入太廟 每事問

주군이 명하여 부르면 수레에 멍에 얹기를 기다리지 않고 일단 출발했다. 태묘에 들어가서 예를 행할 때는 매사를 묻고 실행했다.

공자는 자신의 조국 노魯나라에서 벼슬을 한 적이 있습니다. 자신이 모시는 주군에 대한 자세가 이 문장에 잘 나타나 있습니다. 공자의 주군을 모시는 자세는 한마디로 말하면 공경과 진심입니다.

조리된 음식을 하사하면賜 먼저 맛嘗을 보고 다른 사람에게 음식을 나누어 주었고, 날고기腥를 하사하면 잘 익혀서熟 조상에게 올렸고薦, 산 짐승生을 하사하면 감사를 잊지 않기 위해 길렀습니다畜. 병문안을 오면 최대한 예의를 갖춰 조복朝服을 덮고 띠紳를 걸쳐 예의를 다했고, 주군이 부르면召 멍에駕 메는 것을 기다리지 않고 일단 도보로 출발行하여 그 명에 대하여 최선을 다했습니다. 좀 과장되기는 하지만 내가 모시는 주군에 대한 공자의 공경과 진실이 느껴집니다.

매 사 문
每事問 ◦ 그곳에 가면 그곳의 원칙을 매사에 물어라!

사(賜): 내려주다 | 성(腥): 비리다, 날고기 | 천(薦): 올리다 | 휵(畜): 기르다 | 타(拖): 걸다 | 신(紳): 띠 |
사(俟): 기다리다 | 가(駕): 멍에

주군을 모시는 법

자 로 문 사 군 자 왈 물 기 야 이 범 지
子路問事君 子曰 勿欺也 而犯之

자로가 신하가 군주를 섬기는 방법에 대하여 물었다. 공자가 말했다. "거짓으로 보고하지 말아야 한다. 그리고 군주의 잘못을 가차없이 말해야 한다."

사군事君은 주군을 모시는 방법입니다. 자로가 공자에게 주군을 어떻게 모셔야 하는지에 대하여 물었습니다. 공자는 자로의 눈높이에서 답을 해줍니다. 주군을 속이지 마라勿欺, 잘못된 길로 가면 주군이라도 가차없이 진실을 말하라犯之. 범犯은 상대방의 영역에 들어가는 것입니다. 내가 신하이고 상대방이 주군이라도 기죽지 말고 상대방의 영역에 들어가 진실을 말해야 한다는 것입니다. 속이지 말라는 것은 허위보고를 해서는 안 된다는 것입니다. 개인과 집단의 이익을 위해 진실을 왜곡했을 때 엄청난 피해가 발생합니다. 나에게 벌어질 피해를 걱정하기보다는 허위보고를 통해 벌어질 나라의 운명을 먼저 걱정해야 합니다. 주군이 잘못된 판단을 내리면 목숨을 걸고 막아야 하는 것도 주군을 모시는 방법입니다.

유교사회에서 이 두 가지는 주군을 모시는 신하의 정도正道로 인식되어 왔습니다. 주군의 잘못된 판단에 자신의 목숨을 걸고 반대했던 신하들의 정신 근력이었습니다. 자신을 속이지 않고 신하로서 진실을 말하고 실천하고자 했던 원동력이었습니다.

물 기 범 지
勿欺犯之 ◦ 주군을 섬길 때 거짓 보고를 하지 말고,
목숨 걸고 옳은 이야기를 하라!

범(氾): 침범侵犯하다

공경한 일처리

자왈 사군경기사이후기식
子曰 事君敬其事而後其食

공자가 말했다. "군주를 섬길 때 공경으로 자신의 일을 처리하고 대가는 나중에 생각한다."

신하와 주군과의 관계는 의義가 중심입니다. 군신유의君臣有義는 유교적 가치관에서 주군과 신하 관계의 핵심 가치입니다. 공경과 충성은 신하로서 주군을 대하는 태도이고 자애와 책임은 주군이 신하를 대하는 태도입니다. 신하가 자신의 이익을 위하여 일을 태만히 하고 주군에게 피해를 입힌다면 신하의 도리를 못한다고 할 수 있습니다.

중요한 것은 우선순위입니다. 신하의 개인적 이익과 공적인 업무 수행 가운데 어떤 것이 우선순위인가입니다. 당연히 공적 업무를 충실히 수행하는 것이 우선이고, 그에 따른 대가를 얻고 이익을 취하는 것은 후순위입니다. "선경사후기식先敬事後其食", 먼저 자신의 업무에 최선을 다하고 그에 따른 대가는 나중에 받는다는 공직자 윤리입니다. 돈을 받고 일을 하는 것이 우선순위일 수도 있습니다. 대가 없이 먼저 일을 하지는 않겠다는 것입니다. 그랬을 때 신하는 대가를 먼저 생각하기 때문에 업무는 대가만큼 수행할 수밖에 없습니다.

어떤 것이 우선순위라고 단언할 수는 없지만, 적어도 제대로 업무를 수행하면 돈과 명성은 반드시 따라온다는 철학이 유교의 업무 윤리입니다. 돈과 명예는 제대로 된 업무 수행의 결과라는 것입니다.

후기식
後其食 ◦ 먼저 업무를 제대로 수행하고 대가는 나중에 생각하라!

윗사람과의 대화법

공 자 왈 시 어 군 자 유 삼 건 언 미 급 지 이 언 위 지 조 언 급 지 이 불 언 위 지 은
孔子曰 侍於君子 有三愆 言未及之而言 謂之躁 言及之而不言 謂之隱
미 견 안 색 이 언 위 지 고
未見顔色而言 謂之瞽

공자가 말했다. "군자를 옆에서 모실 때 세 가지 잘못이 있다. 말하기도 전에 말하는 조급함의 잘못, 말을 했는데 응답하지 않는 숨김의 잘못, 안색을 살피지도 않고 말하는 눈먼 자의 잘못이다."

대화는 인간관계를 좌우합니다. 좋은 대화 속에 좋은 관계가 만들어지기도 하고, 대화가 안 풀리면 관계가 틀어지기도 합니다. 대화에도 기술이 있습니다. 상대방의 의도를 정확히 알고 이야기해야 하며, 말할 때와 침묵할 때를 놓치면 안 됩니다. 상대방의 기분을 잘 살펴서 대화하는 것은 기본입니다.

공자는 윗사람君子과의 대화법에서 세 가지 실수三愆를 저질러서는 안 된다고 강조합니다. 첫째는 상대방이 말을 꺼내기 전에 먼저 꺼내는 실수입니다. 조급躁함에서 오는 경우가 대부분입니다. 둘째는 상대방이 말을 꺼냈는데 아무런 응대도 하지 않는 것입니다. 이 경우에는 자신의 생각을 숨기려는 의도가 있기 때문입니다. 자신의 생각을 숨김없이 밝혀야 대화가 원활하게 진행될 것입니다. 셋째는 상대방의 안색顔色도 살피지 않고 자기 할 말만 하는 것입니다. 정말 앞 못 보는 사람과 다를 바 없습니다. 대화는 상대방의 상태를 잘 살펴 이어가야 하기 때문입니다.

대화에서 중요한 것은 타이밍입니다. 말해야 할 때와 들을 때를 정확하게 판단할 수 있어야 합니다. 상대방의 안색은 살피지도 않은 채 자신이 하고 싶은 말만 정신없이 해대고 남의 말에는 조금도 귀를 기울이지 않는다면 누구도 그 사람과 대화하고 싶지 않을 것입니다.

삼 건
三愆 ◦ 윗사람과 대화할 때 조심해야 할 잘못 세 가지, 조급함, 숨김, 분위기 파악

건(愆): 잘못 | 조(躁): 조급하다 | 고(瞽): 눈이 먼 사람

가정교육

유자왈 기위인야 효제 이호범상자 선의 불호범상 이호작란자 미지유야
有子曰 其爲人也 孝弟 而好犯上者 鮮矣 不好犯上 而好作亂者 未之有也

유자가 말했다. "그 사람 됨됨이가 부모에게 효도하고 형제에게 우애가 있는 사람이 윗사람에게 대들기 좋아하는 사람은 드물다. 윗사람에게 대들기 좋아하지 않는 사람이 사회에 혼란을 일으키기를 좋아하는 자는 없다."

집에서 새는 바가지 나가서도 샌다는 속담이 있습니다. 집에서 문제가 있는 사람은 밖에 나가서도 반드시 문제를 일으킨다는 의미입니다. 이렇게 가정과 사회를 같은 맥락에서 보고 그 사람이 어느 곳에서 제대로 구실을 못한다면 다른 곳에서도 역시 구실을 제대로 못할 것이란 생각이 이 속담에 담겨 있습니다.

일명 유교에서 말하는 가정, 사회, 국가의 일체관입니다. 집에서 효도孝와 공경弟을 다하는 사람은 사회에서도 윗사람을 범犯하지 않을 것이며, 윗사람을 범하지 않은 사람은 사회에서 혼란亂을 일으키지 않을 것이란 유자有子의 말 속에는 가정과 사회와 세상을 하나의 맥락으로 보는 일체관이 담겨 있습니다.

물론 가정에서는 부모와 형제에게 제대로 못하는 형편없는 사람이지만 사회에서는 인정받는 사람도 있을 것입니다. 그러나 가정에서의 제대로 된 인턴십 과정을 거친 사람이라면 사회에서도 평판이 좋은 사람이 될 확률이 높다는 것입니다. 이 말은 공자가 한 말은 아니지만 유교의 중요한 인간 판별법이기도 합니다. 역사 속 유교 국가에서 인재를 선발하는 과정에서 반드시 살펴보는 것 중의 하나가 가정에서의 평판입니다.

작난
作亂 ◦ 집에서 교육이 잘된 사람은 밖에서 혼란을 일으키지 않는다.

범(犯): 범하다 | 선(鮮): 드물다

집안 경영과 재테크

자위위공자형 선거실 시유 왈구합의 소유 왈구완의 부유 왈구미의
子謂衛公子荊 善居室 始有 曰苟合矣 少有 曰苟完矣 富有 曰苟美矣

공자가 위나라 귀족 형荊에 대하여 평가했다. "그는 집안 경영을 잘했다. 처음 돈을 모았을 때 '그런대로 모아졌구나!'라고 했고, 좀 더 형편이 나아졌을 때 '그런대로 갖추었구나!'라고 했고, 부자가 되었을 때 '그런대로 훌륭하구나!'라고 했다."

거실居室은 집안을 경영한다는 뜻이고, 선善은 잘한다는 뜻이니, 선거실善居室은 집안 경영을 잘한다는 의미입니다. 특히 재산을 모으고 축적하는 일에 대하여 칭찬하는 말입니다.

위나라 왕의 서자로 태어나 어려서부터 검소하고 지혜로웠던 형荊은 집안 경영을 잘했습니다. 재산 형성의 3단계를 거치면서 그때마다 교만하지 않고 겸손함으로 임했습니다. 처음 재산을 형성했을 때始有와 재산이 불어났을 때少有, 그리고 재산이 많아졌을 때富有마다 한 말이 재미있습니다. '그런대로 모였다苟合', '그런대로 나아졌다苟完', '그런대로 훌륭하구나苟美'라는 말로 자신의 재산에 대하여 말한 것입니다. 여기서 구苟는 '그런대로'로 번역했습니다. 요즘으로 말하면 억대, 10억대, 100억대에 이르는 재산 형성의 과정에서 그런대로 모아지고, 나아지고, 훌륭하다고 표현하고 있는 것입니다.

공자가 이렇게 귀족 형에 대하여 평가한 이유는 정확히 알 수 없지만, 적어도 재산을 만들고 형성하는 일에 대하여 부정적이지는 않은 것 같습니다. 유교는 자본의 축적에 대하여 오히려 긍정적으로 바라보는 관점입니다. 다만 부정한 방법을 통한 자본의 축적은 철저하게 비판하고 있습니다.

거실
居室 ◦ 집안을 경영하라!

조상을 모시는 법

증자왈 신종추원 민덕 귀후의
曾子曰 愼終追遠 民德 歸厚矣

증자가 말했다. "죽은 사람 장례를 잘 치르고, 돌아가신 조상을 잘 추모하면 백성의 덕이 넉넉하게 회복될 것이다."

어느 문중 선산 앞을 지나다 보면 신종추원愼終追遠이라는 현판이 걸려 있는 옛 건물을 보게 됩니다. 생을 마친終 조상을 애도하여 잘 보내드리고, 이미 돌아가신 조상遠을 잘 추모한다는 뜻입니다. 후손이 조상의 은혜에 감사하고, 조상의 뜻을 잘 계승하여 살겠다는 다짐입니다. 증자는 공자의 직계 제자로서 효도孝道로 유명했습니다. 유교 경전 13경 중에서 효경孝經은 증자가 지었다고 전해지기도 합니다. 증자는 산 자가 죽은 자를 추모하는 것은 효의 중요한 실천이라고 강조하고 있습니다. 장례와 제사는 후손이 조상에게 할 수 있는 효의 중요한 덕목이라는 것입니다.

인간은 죽음終을 통해 관계의 단절을 경험합니다. 더 이상 만날 수 없다는 아쉬움은 죽은 자나 산 자나 같은 마음입니다. 그래서 산 자가 그 아쉬움을 장례식이나 제사로 푸는 것입니다. 장례를 통해 슬픔을 정화하고, 제사를 통해 기억을 회복하여 이별의 아쉬움을 풀어내는 것입니다. 장례식과 제사는 산 자와 망자의 관계를 새로운 방식으로 지속시키는 유교의 중요한 의식입니다. 조상과 후손은 어쩌면 세대를 넘나드는 동지의 관계입니다. 먼저 가신 동지들을 최선을 다해 보내드리고 추모하는 것이 동지에 대한 예우입니다.

신종추원
愼終追遠 ◦ 죽은 사람 장례를 잘 치르고, 돌아가신 분을 잘 추모한다.

신(愼): 신중하다 | 종(終): 죽음 | 추(追): 추모하다 | 원(遠): 먼 세상에 간 사람 | 후(厚): 넉넉하다

부모와의 이별 방법

자 왈 부 재 관 기 지 부 몰 관 기 행 삼 년 무 개 어 부 지 도 가 위 효 의
子曰 父在 觀其志 父沒 觀其行 三年 無改於父之道 可謂孝矣

공자가 말했다. "부모가 살아계실 때는 자식의 뜻을 관찰하고, 부모가 돌아가셨을 때는 자식의 행동을 관찰하라! 삼 년을 부모의 생각을 바꾸지 않고 존중하는 자식이라면 효도하는 자식이라고 할 것이다."

학이편 11절 중 "三年無改於父之道, 可謂孝矣."는 이인편 20절과 동일한 문장입니다. 삼 년三年은 참 의미 있는 기간입니다. 부모님이 돌아가시고 삼년상을 치른다고도 하고, 서당 개 삼 년이면 풍월을 읊는다는 속담도 있습니다. 중학교, 고등학교 과정도 삼 년인 것을 보면 삼 년이라는 기간은 어떤 일이 완성되거나 종료되는 시간의 의미가 있는 것 같습니다. 특히 이별을 하고 나서 완전하게 잊혀지는 기간으로서 삼 년은 유교에서 중요한 의미를 갖습니다. 부모가 돌아가시고 삼 년이 지나야 비로소 부모와의 이별이 완전하게 종료된다고 생각했습니다. 정말 아끼고 사랑했던 사람이라면 최소한 삼 년이란 이별의 시간이 필요합니다. 떠나보내는 자나 남는 자나 이별의 슬픈 감정이 치유되는 데 삼 년이 걸리는 것입니다.

부모와 자식의 관계는 죽음을 넘어서까지 존재합니다. 자식이 부모가 돌아가셨다고 채 삼 년도 되지 않아 부모의 평소 생각을 비난하고, 부모의 생업을 단절하고, 급하게 거주지를 옮기고, 부모의 주변 인간관계를 부정한다면 불효자라는 것입니다. 삼 년이란 기간은 자식이 부모에게 갚아야 할 최소한의 기간입니다. 부모도 자식을 위하여 적어도 삼 년이란 시간을 바쳤으니, 자식도 부모를 위하여 삼 년이라는 시간의 여유를 주는 것이 당연하다는 것입니다. 자식과 부모의 관계는 연속성을 통해 더욱 빛이 납니다.

삼 년 무 개
三年無改 ◦ 부모님이 돌아가시고 삼 년은 부모님의 원칙을 바꾸지 말라!

몰(沒): '죽다'의 존칭, 돌아가시다 | 관(觀): 관찰하다 | 위(謂): ~라고 이르다

효도의 본질

맹의자 문효 자왈 무위
孟懿子 問孝 子曰 無違

맹의자가 효도에 대하여 물었다. 공자가 말했다. “어긋나지 않는 것입니다.”

번지어 자고지왈 맹손 문효어아 아대왈 무위
樊遲御 子告之曰 孟孫 問孝於我 我對曰 無違

(공자의 수행비서) 번지가 공자의 수레를 몰고 있었는데 공자가 그에게 말했다. “아까 맹손이 나에게 효도를 물었을 때 어긋나지 않는 것이 효도라고 대답했단다.”

번지왈 하위야 자왈 생사지이례 사장지이례 제지이례
樊遲曰 何謂也 子曰 生事之以禮 死葬之以禮 祭之以禮

번지가 말했다. “무슨 의미입니까?” 공자가 말했다. “부모님이 살았을 때 예로 모시고, 돌아가셨을 때 예로 장례를 치르고, 제사 지낼 때 예로 제사 지내라는 것이다.”

공자는 당시 정치인들의 자문에 자주 응했습니다. 당시 귀족이었던 맹의자는 공자를 만난 자리에서 효도孝에 대해서 물었고, 공자는 ‘어긋나지 않는 것無違’이라고 짧게 대답했죠. 그런데 맹의자는 무엇을 어긋나지 않아야 하는 것이냐고 더 이상 묻지 않았습니다. 귀족을 만나고 밖으로 나온 공자는 자신의 수레를 모는 수행비서 번지樊遲에게 자신이 준비해갔던 모범답안을 설명해줍니다. 효도는 예禮에 어긋나지 않게 부모님을 모시고事, 보내드리고葬, 추모하는祭 것이라고 말해주었습니다. 공자가 왜 묻지도 않았던 수행비서 번지에게 질문을 했을까요? 마음이 답답했나 봅니다. 당연히 무엇을 어긋나지 않는 것이냐고 맹의자가 물었어야 했는데, 묻지 않았기에 답답한 마음에 수행비서 번지에게 대답해준 것입니다. 공자는 자신의 철학과 생각을 어느 귀족도 심각하게 귀 기울여주지 않는 시대에 대한 답답함이 있었을 것입니다.

무위
無違 ◦ 효는 부모님의 뜻에 어긋나지 않는 것이다.

위(違): 위반하다, 어기다 | 번지(樊遲): 공자의 수레를 몰던 제자 이름 | 어(御): 말을 몰다

부모의 마음

맹 무 백 문 효 자 왈 부 모 유 기 질 지 우
孟無伯 問孝 子曰 父母 唯其疾之憂

맹무백이 효도에 대하여 묻자 공자가 대답했다. "부모는 오직 자식이 아픈 것을 가장 슬퍼한단다."

최고의 불효는 아픈 것입니다. 왜냐하면 부모는 자식이 아픈 것을 가장 가슴 아파하시는 분이기 때문입니다. 최고의 효도는 아프지 않는 것입니다. 그저 자식이 아프지 않는 것만으로도 부모에게 충분히 효도할 수 있습니다. 부모는 자식이 아픈 것을 가장 가슴 아프게 생각하기 때문입니다. 《논어》에 나오는 효도의 정의 중에 가장 가슴에 와 닿는 것이 효도는 아프지 않는 것이란 정의입니다. 부모는 자식이 병疾이 드는 것을 가장 근심憂으로 생각한다는 것만으로도 부모가 생각하는 효도가 무엇인지 헤아릴 수 있습니다.

자식을 키워보면 부모가 얼마나 자식이 아픈 것을 가장 가슴 아프게 생각하는지 알 수 있습니다. 자식이 열이 날 때 가슴 졸이며 병원으로 업고 가는 부모의 마음을 헤아린다면, 아프지 않고 내 몸 하나 건강하게 간수하는 것만으로도 충분한 효도라고 할 수 있습니다. 이런 질문을 한 맹무백이란 사람은 건강이 안 좋아 자주 아픈 사람이었나 봅니다. 그러니 눈높이 대답의 원조인 공자가 아프지 않는 것이 효도라고 대답했겠지요. 부모님을 위해서라도 아프지 않아야겠습니다. 늘 건강을 챙기고 몸을 소중히 여기는 것은 나를 위한 일이기도 하지만 부모님을 행복하게 해드리는 효도의 으뜸이기도 합니다.

질 지 우
疾之憂 ◦ 부모는 자식이 아픈 것을 가장 근심으로 여긴다.

질(疾): 질병

물질적 봉양

자유 문효 자왈 금지효자 시위능양 지어견마 개능유양 불경 하이별호
子游 問孝 子曰 今之孝者 是謂能養 至於犬馬 皆能有養 不敬 何以別乎

자유가 효도에 대하여 물었다. 공자가 대답했다. “요즘 효도는 물질적 봉양만 잘하는 것이라고 생각하는데 이것은 자신의 개나 말에게도 모두 잘할 수 있는 것이니, 공경 없는 물질적 봉양이라면 무슨 차이가 있겠는가?”

현대인은 자신이 사랑하는 개나 고양이 등 반려동물에게 시간과 돈을 아끼지 않고 최선을 다합니다. 유기농 영양식을 준비하는 것은 물론 동물 호텔이나 동물 전용 풀장 같은 곳에서 휴가를 함께 보내기도 합니다. 집 안에 사랑하는 동물을 혼자 둘 수 없어 장기간 멀리 가는 것을 포기하기도 하고, 심지어는 자신의 생활비보다 더 많은 돈을 들여 보살피기도 합니다. 그런데 이런 반려동물에 대한 애정과 관심을 효도라고 하지 않습니다. 아끼고 사랑한다고는 할 수 있죠. 이유는 공경敬이 개입되어 있지 않기 때문입니다. 개에게 공경을 다하여 밥을 주거나 놀아주지 않습니다.

물질적 봉양과 효도의 봉양과는 경敬이 있느냐 없느냐에 따라 구별됩니다. 공자가 살던 시대에 부모에게 물질적 봉양은 다해주었으나 진심을 다하여 공경하는 마음을 갖고 효도하는 사람이 드물었나 봅니다. 그래서 물질적 봉양만으로 효도했다고 하는 사람들에게 공자는 공경하는 마음이 없는 물질적 봉양은 자신이 사랑하는 애완견이나 말에게도 할 수 있는 것이라고 다소 과격하게 비난합니다. 부모에게 용돈을 주면서 다른 사람들 앞에서 아껴 쓰라고 면박을 주거나, 은행 계좌로 아무런 메시지 없이 용돈을 보내는 것만으로 효도를 다했다고 하는 사람들이 귀 기울여야 할 구절입니다.

불경
不敬 ◦ 부모에 대한 공경이 없다면 애완견을 사랑하는 것과
무슨 구별이 있겠는가?

개(皆): 모두

표정 관리

子夏 問孝 子曰 色難 有事 弟子 服其勞 有酒食 先生饌 曾是以爲孝乎

자하가 효도에 대하여 물었다. 공자가 대답했다. "(부모님 앞에서) 표정 관리 잘하는 것이 어려운 일이다. 일이 생겼을 때 젊은이들이 부모의 수고를 대신하고, 술과 음식이 있을 때 윗사람에게 먼저 올리는 것, 일찍이 이것이 효도라고 생각하는가?"

효도는 엽기가 아닙니다. 병든 부모를 위해 손가락을 깨물어 피를 내어 마시게 하는 것이나, 겨울철 꽁꽁 언 강물에 가서 부모가 드실 잉어를 잡기 위해 얼음을 깨고 들어가는 것은 효도라기보다는 엽기적 행동에 가깝습니다. 전통적으로 효도를 국가 이데올로기 통치에 이용했던 시절에는 엽기에 가까운 일을 효도라고 가르쳤습니다.

제자 자하의 효도에 대한 질문에 부모님 앞에서 얼굴 표정 관리色 하는 것이 어렵다難고 말하는 공자의 대답을 보면 효도는 참 평범하다는 생각이 듭니다. 효도는 특별하거나 힘든 것이 아닙니다. 부모의 마음을 헤아리고 지금 부모님에게 내가 할 수 있는 최선을 다하는 것이 효도입니다. 이것은 사회에 나와서 주변 사람의 마음을 잘 헤아리는 선행先行 교육이기도 합니다. 집에서 부모 마음을 잘 헤아릴 줄 아는 사람이 밖에 나와서 주변 사람들의 마음을 잘 헤아릴 줄 아는 공감 능력이 뛰어날 수밖에 없습니다. 그래서 효도는 사회에 나오기 전에 공감 능력을 키우는 중요한 트레이닝 과정입니다.

효도, 더 이상 상식을 뛰어넘는 엽기적 행위나 이데올로기가 되어서는 안 됩니다. 부모와의 공감, 효도의 시작입니다.

色難(색난) ◦ 효도할 때 부모님 앞에서 표정 관리 하는 것이 가장 어렵다.

색(色): 얼굴 표정 | 복(服): 대신하다 | 주사(酒食): 술과 밥 | 찬(饌): 음식을 올리다 | 증(曾): 일찍이

부모에게 조언하는 방법

자왈 사부모 기간 견지부종 우경불위 노이불원
子曰 事父母 幾諫 見志不從 又敬不違 勞而不怨

공자가 말했다. "부모를 모실 때 공손하게 부모님의 잘못을 이야기해야 한다. 혹시 내 이야기를 듣지 않으시면 그래도 공경하고 부모님의 뜻을 어겨서는 안 되며, 힘들더라도 부모를 원망해서는 안 된다."

자식이 부모父母를 모실事 때 부모님이 잘못하실 때도 있습니다. 부모의 잘못을 보고도 아무 말도 하지 않는 것은 효가 아닙니다. 부모가 나쁜 길로 들어서서 주변 사람들에게 욕먹는 것을 방관하는 자식이 불효자입니다. 단, 부모의 잘못을 간할 때는 일단 부모님께 공손하게 진심 어린 간언諫을 올려야 합니다. 부모가 자식의 충고와 뜻志을 인정하지從 않으신다고 해도 부모를 공경敬하지 않거나 부모님의 뜻을 거슬러서違는 안 됩니다. 힘들어도勞 원망怨하지 말고 또다시 부모님의 기분을 살펴 진심 어린 충고를 드려야 합니다.

임금이 잘못된 행동을 하면 신하가 목숨을 걸고 충언을 하여 임금을 바른 길로 인도해야 하듯이, 자식도 부모가 잘못된 행동을 하면 진심을 다하여 충언할 수 있어야 합니다. 왜냐하면 무조건 복종은 임금과 부모의 잘못을 더욱 확장시켜 결국 본인들이 큰 화를 당하고, 국가와 가정이 무너지는 결과를 가져올 수 있기 때문입니다. 충고는 상대방의 기분과 마음, 때와 장소를 잘 가려 하는 것이 중요한 것 같습니다.

기간
幾諫 ◦ 부모를 모실 때 부모가 잘못이 있다면 조심스럽게 잘못을 말해야 한다.

기(幾): 공손하게

삼년상의 이유

재아문삼년지상 기이구의 군자삼년불위례 예필괴 삼년불위악 악필붕
宰我問三年之喪 期已久矣 君子三年不爲禮 禮必壞 三年不爲樂 樂必崩
구곡기몰 신곡기승 찬수개화 기가이의
舊穀既沒 新穀既升 鑽燧改火 期可已矣

재아가 묻기를 "부모 삼년상은 기간이 너무 오래입니다. 군자가 삼 년 동안 예를 행하지 않으면 예는 반드시 무너질 것이고, 삼 년 동안 음악을 하지 않으면 음악은 반드시 무너질 것입니다. 지난 해 곡식이 이미 없어지고, 햇곡식이 익고, 부뚜막의 불씨도 일 년이면 바꾸는 것이니 일 년이면 충분할 듯합니다."

자왈 식부도 의부금 어여안호 왈안
子曰 食夫稻 衣夫錦 於女安乎 曰安

공자가 말했다. "부모가 돌아가셨는데 쌀밥을 먹고 비단옷을 입는 것이 너는 편안하느냐?" 재아가 말하기를 "편안합니다."

여안즉위지 부군자지거상 식지불감 문악불락 거처불안 고불위야
女安則爲之 夫君子之居喪 食旨不甘 聞樂不樂 居處不安 故不爲也
금여안즉위지
今女安則爲之

공자가 말하길 "네가 편안하다면 그렇게 해라! 군자는 부모님 상에 밥을 먹어도 맛있지 않고, 음악을 들어도 즐겁지 않고, 거처에도 편안하지 않으니 그래서 안하는 것이다. 네가 편안하다면 그렇게 해라!"

재아출 자왈 여지불인야 자생삼년연후 면어부모지회 부삼년지상
宰我出 子曰 予之不仁也 子生三年然後 免於父母之懷 夫三年之喪
천하지통상야 여야유삼년지애어기부모호
天下之通喪也 予也有三年之愛於其父母乎

재여가 방을 나가자 공자가 말했다. "재여는 참으로 인정머리가 없구나! 자식이 태어나서 삼 년은 되어야 부모의 품을 떠날 수 있는 것이니, 그래서 자식이 부모를 위해 삼년상을 치르는 것은 천하의 공통된 상례의 도리니, 재여는 부모에게 삼 년의 사랑을 받지 못했나 보구나!"

재여는 공자의 제자 중에 가장 공자의 말에 토를 많이 단 제자입니다. 공자는 심지어 재여를 썩은 나무와 무너져 내린 담장에 비유하며 더 이상 희망이 없는 제자로 욕을 하기도 했습니다. 낮잠을 잤다는 단순한 이유 때문입니다. 그런 재여가 부모 삼년상에 대하여 공자에게 이의를 제기했습니다. 부모상 삼 년간 아무 일도 안하고 슬퍼만 하면 결국 모든 학습이 정지되고 지식이 고갈되는 상황을 맞이하게 될 것이란 논리입니다. 아무리 길어도 일 년 정도면 부모에 대한 애도

기간으로 충분하다는 것이죠. 공자는 달리 할 말이 없었습니다. 재여의 말이 일리가 있기도 했기 때문입니다. 재여의 일 년 애도 기간에 대한 공자의 반대 논리는 좀 빈약합니다. 부모가 삼 년은 자식을 위해 최선을 다했으니 자식도 그 정도는 해줘야 자식의 도리라는 것입니다.

공자학당의 수업은 아주 흥미진진합니다. 무조건 스승의 말에 따르는 제자들이 아니라 반론을 제기하고 토론하는 모습 속에서 열린 교실의 분위기를 볼 수 있습니다. 요즘 삼일장이나 49구제만 지내면 탈상을 하는 장례를 보면 애도의 기간이 참 많이 짧아졌다고 할 수 있습니다. 슬픔의 기간도 패스트 타임인 것 같습니다.

三年(삼 년) ◦ 부모와의 이별은 최소 삼 년은 애도해야 한다.

찬(鑽): 뚫다 | 수(燧): 부싯돌 | 도(稻): 쌀

여행 갈 때 부모에게 해야 할 말

자왈 부모재 불원유 유필유방
子曰 父母在 不遠遊 遊必有方

공자가 말했다. "부모님이 살아계실 때는 멀리 가지 말 것이며, 갈 때는 반드시 가는 곳을 알려야 한다."

효도는 부모의 마음을 헤아리는 것입니다. 부모는 늘 자식 걱정이 앞섭니다. 그래서 눈에 안 보이면 늘 걱정합니다. 멀리 떠나보낸 자식과 통화할 때 항상 제일 먼저 하시는 말씀은 "어디냐?", "밥은 먹었냐?"는 것입니다. 그만큼 자식이 어디에 있는지, 그곳에서 밥은 잘 먹는지를 늘 걱정하시는 분이 부모님입니다. 특히 자식의 소재는 부모님이 가장 알고 싶어 하는 것입니다. 위험한 곳에 있지는 않은지, 좋은 사람들하고 있는지를 늘 고민하고 걱정하시는 분이 부모님입니다. 그래서 자식 된 도리로 내 소재를 부모님에게 반드시 알리고, 혹시 멀리 가게 되면 어디로 갈 것인지를 정확하게 알리고 떠나야 합니다.

부모父母님이 살아 계실在 때만이라도 멀리遠 다니지遊 말아야不 하며, 혹시 멀리 가게 되면 반드시必 가는 방향方을 알리는 것이 부모님의 마음을 헤아리는 자식의 참된 도리일 것입니다. 내가 있는 곳을 정확히 자주 알려주는 것만으로도 훌륭한 효도의 시작입니다.

유필유방
遊必有方 ◦ 멀리 여행 갈 때는 반드시 가는 장소를 알려야 한다.

유(遊): 여행하다

부모님의 나이

자왈 부모지년 불가부지야 일즉이희 일즉이구
子曰 父母之年 不可不知也 一則以喜 一則以懼

공자가 말했다. "부모님의 나이는 자식으로서 늘 기억하고 있어야 한다. (한 살 더 드시면) 한편으로는 오래 사셔서 기쁘고 또 한편으로는 나이 드셔서 슬프기 때문이다."

부모님이 한 살 더 드시면 일 년 더 사셔서 기쁘고喜 일 년 더 늙어 돌아가실 때가 가까워져서 슬프다懼는 구절이 가슴에 짠하게 다가옵니다. 누군가 나를 위해 건강하고 오래 살기를 기도해주는 사람이 있다는 것은 행복한 일입니다. 내 자식이 그런 생각을 하고 있다면 정말 자식 키운 보람이 있을 것 같습니다. 나는 부모님에게 그런 마음으로 대했는가를 돌아보면 참으로 안타까움을 금할 수 없습니다. 나를 있게 해주신 분들이 오래오래 건강하게 사시기를 바라는 자식 마음은 참으로 아름다운 효심입니다.

세상의 모든 일은 함께 다가옵니다. 기쁨은 슬픔과 함께, 행복은 불행과 함께 짝을 지어 다가옵니다. 그러니 세상에는 완전하게 슬프거나 기쁜 일도 없고, 완벽하게 불행하거나 행복한 일도 없습니다. 행복이여! 그 뒤에 불행이 기다리고 있구나! 불행이여! 그 속에 행복이 깃들고 있구나! 부모님이 나이 한 살 더 드신다는 것은 자식에게 기쁨이자 두려움이라는 공자의 이야기 속에서 기쁨과 두려움의 극단을 넘어서는 어느 경지를 보게 됩니다.

일즉이희 일즉이구
一則以喜 一則以懼 ◦ 부모님이 나이 한 살 더 드시는 것은 한편으로는 기쁘고 한편으로는 슬프다.

년(年): 나이, 연세 | 희(喜): 기쁘다 | 구(懼): 근심하다, 슬프다

법보다 우선하는 부모

섭 공 어 공 자 왈 오 당 유 직 궁 자 기 부 양 양 이 자 증 지
葉公語孔子曰 吾黨 有直躬者 其父攘羊 而子證之

섭공이 공자에게 말하기를 "우리 지역에 처신을 정직하게 하는 자가 있는데 아버지가 양을 훔쳤을 때 자식으로서 그 아버지의 죄를 증언했습니다."

공 자 왈 오 당 지 직 자 이 어 시 부 위 자 은 자 위 부 은 직 재 기 중 의
孔子曰 吾黨之直者 異於是 父爲子隱 子爲父隱 直在其中矣

공자가 말했다. "우리 지역의 정직함은 이와는 다릅니다. 부모는 자식을 위해 그 죄를 숨겨주고, 자식은 아버지를 위해 그 죄를 숨겨주니, 정직은 부자지간에 서로 감싸주는 데 있습니다."

유교는 법치보다는 예치를 더욱 중요하게 여깁니다. 법보다 우선하는 예의와 도덕에 근거한 인륜이 있다는 것입니다. 아버지가 도둑질을 했다면 신고하기보다는 숨겨주는 것이 자식의 도리라고 합니다. 이 문장을 근거로 동양의 유교사회가 법과 질서를 존중하는 사회로 발전하는 데 장애가 있다고 지적하는 사람도 있습니다. 부모 자식의 관계보다는 사회적 정의와 법질서의 수호가 우선이 되어야 한다는 것입니다.

자식이 양을 훔친 아버지를 법정에서 증언한 것에 대하여 정직하다고 당시 귀족 섭공은 생각했습니다. 그러나 공자는 자식과 부모는 서로의 잘못을 숨겨주는 관계라며 반박합니다.

춘추시대 말기의 사회는 법치가 새로운 정치제도로 자리 잡아갈 때였습니다. 법을 통해 조직이 운영될 때 높은 경쟁력을 갖출 수 있다고 본 것입니다. 이에 반해 공자는 도덕과 예의를 통해서 사회가 원활하게 구동될 수 있다고 생각했습니다. 새로운 법의 시대에 공자는 지난날의 예의 시대로 대항했던 것입니다.

자 위 부 은
子爲父隱 ◦ 자식이 부모를 위해 숨겨주는 것이 정직이다.

양(攘): 훔치다 | 증(證): 증언하다

사랑과 충성의 방식

자왈 애지 능물로호 충언 능물회호

子曰 愛之 能勿勞乎 忠焉 能勿誨乎

공자가 말했다. “사랑한다고 고생시키지 않을 것인가? 충성한다고 깨우쳐주지 않을 것인가?”

자식을 사랑한다고 무조건 자식을 편하게 해주지 않습니다. 차를 태워 학교에 보내고, 집안일은 아무것도 하지 않게 하기보다는 힘들어도 스스로 하게 하는 것이 진정 자식을 사랑하는 방법일 수 있습니다. 과보호가 사랑의 방식이 아니기 때문입니다.

사랑은 스스로 할 수 있도록 지켜봐 주고, 넘어져도 혼자 일어날 수 있는 용기와 힘을 가질 수 있게 하는 것입니다. 충성도 무조건 복종은 아닙니다. 잘못된 것을 용기 있게 지적하고 만류하는 것이 진정 충성의 자세라는 것입니다. 신하가 주군이 잘못을 저질렀을 때 용기 있게 그 잘못을 지적하는 것이 충성입니다.

사랑과 충성의 의미는 과보호와 침묵의 복종이 아니라는 공자의 말 속에서 사랑과 충성의 본질이 보입니다. 맹목적인 보호와 비판 없는 복종을 우리는 사랑과 충성이라고 오해하고 있지는 않은지 돌아볼 일입니다. 눈먼 사랑은 사람을 망치고, 비판 없는 복종은 사회를 혼란으로 이끌기 때문입니다.

애로충회

愛勞忠誨 ◦ 사랑한다면 고생시키고 충성한다면 잘못을 지적하라!

공자와 아들

진 항 문 어 백 어 왈 자 역 유 이 문 호
陳亢問於伯魚曰 子亦有異聞乎

진항이 공자의 아들 백어에게 물었다. "그대는 아버지에게 특별한 것을 들은 적이 있는가?"

대 왈 미 야 상 독 립 리 추 이 과 정 왈 학 시 호 대 왈 미 야 불 학 시 무 이 언 리 퇴 이 학 시
對曰 未也 嘗獨立 鯉趨而過庭 曰學詩乎 對曰未也 不學詩 無以言 鯉退而學詩

백어가 대답하기를 "없습니다. 다만 옛날에 아버님이 홀로 서 계실 때 제가 그 앞을 빠른 걸음으로 마당을 지나가고 있었는데, 아버님이 말씀하시기를 '시를 배웠느냐" 하셔서, 대답하여 '아직 안 배웠습니다' 했더니 아버님이 '시를 배우지 않으면 말을 제대로 할 수 없다' 하셔서 제가 물러나서 시를 배운 적이 있습니다."

타 일 우 독 립 리 추 이 과 정 왈 학 례 호 대 왈 미 야 불 학 례 무 이 립 리 퇴 이 학 례
他日 又獨立 鯉趨而過庭 曰學禮乎 對曰未也 不學禮 無以立 鯉退而學禮
문 사 이 자
聞斯二者

"다른 날에 또 아버님이 홀로 서 계셨을 때 제가 그 앞을 빠른 걸음으로 마당을 지나가는데 아버님께서 '예를 배웠느냐?' 하셔서, 대답하여 '아직 안 배웠습니다' 했더니 아버님이 말씀하시기를 '예를 배우지 않으면 제대로 서지 못할 것이다'라고 하셔서 제가 물러나서 예를 배운 적이 있습니다. 이 두 가지를 들은 것뿐입니다."

진 항 퇴 이 희 왈 문 일 득 삼 문 시 문 예 우 문 군 자 지 원 기 자 야
陳亢退而喜曰 問一得三 聞詩聞禮 又聞君子之遠其子也

진항이 물러나서 기뻐하며 말했다. "내가 하나를 물어서 세 가지를 얻었다. 시를 배워야 한다는 것, 예를 배워야 한다는 것, 그리고 군자는 자기 자식을 멀리하여 편애하지 않는다는 것이다."

공자에게는 20살에 얻은 아들이 있었습니다. 이름은 리鯉였는데 당시 귀족이 공자가 아들을 낳은 선물로 잉어鯉를 보내왔다고 해서 지은 이름입니다. 아버지가 훌륭하면 아들은 그 빛에 가린다고 했는지, 공리는 늘 공자의 그늘에 가려 있었습니다. 그는 50살에 세상을 떠났고, 자사子思라는 아들을 남겼는데, 공자의 손자이며《중용中庸》을 저술한 사람으로 알려져 있습니다.

《논어》에는 공자의 가족에 관한 내용이 거의 없습니다. 이 문장을 보더라도 공자는 아들과 많이 교류한 것 같지 않습니다. 그저 마당에서 마주치면 "요즘 무슨 공부하는가?" 정도의 문답만 나눈 것 같습니다. 아버지와 자식의 관계라는 측면에서 대화가 적었던 것 같습니다.

세상의 큰 가르침을 내린 공자, 그 역시 가장 힘든 것은 가족과의 관계였던 것이 아닐까 짐작해봅니다.

問一得三(문일득삼) ◦ **하나를 물어 세 가지를 얻는다.**

여성과 소인

자왈 유여자여소인 위난양야 근지즉불손 원지즉원
子曰 唯女子與小人 爲難養也 近之則不孫 遠之則怨

공자가 말했다. "오직 여자와 소인들은 대하기가 어려우니 가까이하면 불손해지고 멀리하면 원망을 하기 때문이다."

만약 이 문장의 내용이 공자가 한 말이 맞다면 참 안타까운 일입니다. 여성에 대한 유교의 편향된 관점이 드러나는 문장이기 때문입니다. 여자女子와 소인小人을 기르기養 힘든 존재라고 규정하고, 그 이유를 가까이하면 교만해지고不孫, 멀리하면 원망怨한다고 했으니 참으로 유교의 여성 비하의 혐의를 피할 수 없는 문장입니다. 그러나 이런 여성에 대한 비하 태도가《논어》의 다른 곳에서는 보이지 않으니,《논어》를 편집하는 사람이 의도적으로 끼워 놓은 것일 수도 있다는 생각을 해봅니다.

또한 모든 인간은 하늘의 명天命을 받아 태어난 존재로 하늘다움天性을 가지고 있다는 유교의 인간관과 배치되기도 합니다. 여성을 남성의 부속물로 보고 원죄의 근원이라고 생각하는 기독교적 여성관이나, 여성으로 태어난 사람이 수도를 통해 더 높은 경지로 태어나는 것이 남성이라고 하는 불교적 여성관에 비해서 세상의 모든 인간은 출신과 성별에 상관없이 위대하다고 생각하는 유교적 여성관은 확실히 세련되고 발전된 인간관입니다. 훗날 유교가 오염되고 남성 기득권층이 여성을 혐오와 비하의 대상으로 생각한 것은 유교의 본질과는 전혀 다른 모습입니다.

근즉불손 원즉원
近則不孫 遠則怨 ◦ 가까이하면 교만해지고 멀리하면 원망한다.

효도의 유예 기간

증자왈 오문저부자 맹장자지효야 기타가능야 기불개부지신 여부지정
曾子曰 吾聞諸夫子 孟莊子之孝也 其他可能也 其不改父之臣 與父之政
시난능야
是難能也

증자가 말했다. "내가 스승님에게 들었는데, '노魯나라 대부 맹장자의 효도는 다른 것은 가능하지만 그가 아버지의 신하와 아버지의 정치를 바꾸지 않은 것은 어려운 일이다'라고 하셨다."

부모가 돌아가시고 삼 년 정도 부모와의 이별 유예 기간을 두어야 한다는 것은 《논어》에서 자주 강조하고 있습니다.

부모가 죽고 그 자리에 자식이 올라가는 것은 일종의 권력 이동입니다. 일반인들이야 문제될 것이 없지만, 규모가 큰 가족이나 조직, 국가는 죽음을 통해 세대교체라는 권력의 이동이 벌어집니다. 왕이 죽고 세자가 왕의 자리에 오르고, 기업의 회장이 죽고 아들이 그 자리에 오르면 조직 내에 큰 권력의 변동이 일어납니다. 죽은 사람의 주변 사람들은 몰락하고 새로 자리에 오른 사람의 주변 사람들이 득세를 하게 됩니다. 이런 세대교체 과정에서 이전 세대 사람들은 소외될 수밖에 없고, 새로운 세대는 빠른 자리 이동을 원하게 됩니다. 이런 급격한 권력의 이동은 조직의 약화를 가져옵니다. 일명 세대교체 기간의 혼란입니다. 그래서 효도 윤리의 한 축으로 원활한 세대교체를 위한 부모와의 이별 유예 기간을 설정한 것입니다.

맹장자라는 새로운 권력이 이전 세대의 사람들을 함부로 치지 않고 부모의 정책을 함부로 바꾸지 않음으로써 명예롭게 퇴진할 수 있는 기간을 둔 것은 하기 힘든 효도의 방식이라는 겁니다. 효도, 원활한 세대교체를 위한 덕목으로 디자인된 것입니다.

불개
不改 ◦ 부모의 뜻을 계승하여 함부로 바꾸지 말라!

|4장|

사랑

仁

《논어》에서 가장 많이 언급되는 단어가 인仁입니다. 공자가 그토록 추구했던 최고의 목표는 인의 실천이었습니다. 인은 다양한 의미로 《논어》에 나옵니다. 타인에 대한 배려, 상대방의 입장에 대한 공감, 사랑의 실천, 존중과 배려 등 다양한 의미로서의 인이 있지만, 가장 중요한 핵심은 사랑입니다. 모든 인간은 태어날 때부터 사랑의 마음을 갖고 태어났으며, 사랑을 실천하는 것이 가장 성숙한 인간의 모습이라는 것입니다. 그 사랑하는 마음의 싹을 틔워서 이웃과 나누고 사회에 선한 영향력을 미칠 때 비로소 인을 실천하는 사람이 된다는 것입니다.

지도자는 인을 깨닫고 실천하는 사람입니다. 타인의 불행을 공감하고, 그들에게 다가가서 위로하고, 치유하고, 해결해주는 사람입니다. 자신의 이기심을 극복하고 타인과 함께하는 삶으로 돌아가야 한다는 극기복례克己復禮는 인의 가장 중요한 덕목입니다. 상대방의 마음을 공감하고 내가 하고 싶지 않은 것을 상대방에게 강요하지 않는다는 "기소불욕물시어인己所不欲勿施

於人" 역시 인을 실천하는 큰 축입니다. 인을 실천하는 것에 있어서는 스승에게도 양보하지 말라는 공자의 언급은 인은 그 무엇과도 바꿀 수 없는 가치라는 점을 강조한 것입니다.

인의 실천에도 기술이 필요합니다. 오만한 인의 실천은 사람들에게 상처를 줄 것이고, 무례한 인의 실천은 사람들의 마음을 떠나게 할 것입니다. 게으른 인의 실천은 허울뿐인 결과를 가져올 것이고, 공경 없는 인의 실천은 사람들의 신임을 얻지 못할 것입니다. 인은 내 안에 있는 사랑을 실천하는 일이지만, 그 인을 실천하려면 상당한 노력과 주의가 필요합니다.

공자가 그토록 강조했던 인간의 윤리인 인은 사랑의 자각과 실천입니다. 진실한 마음으로 내 주변 사람들에게 선한 영향력을 끼치는 일이 인을 실천하는 것입니다.

인의 시작은 가족사랑

君子務本 本立而道生 孝弟也者 其爲仁之本與
(군자무본 본립이도생 효제야자 기위인지본여)

군자는 근본에 힘쓰는 사람이다. 근본이 바로 서면 그곳에 길이 생긴다. 효도와 우애는 인仁을 실천하는 근본이다!

부모 형제를 공경하고 사랑하는 것이 인仁의 본질本입니다. 가족을 사랑하는 마음이 확장되어 이웃과 사회로 퍼져나가는 것이 인의 실천입니다. 가정에서 제대로 사랑을 실천하는 사람은 사회의 지도자로 충분한 역할을 할 수 있습니다. 군자는 지도자입니다. 지도자는 근본에 충실한 사람이고, 근본이 제대로 서면 막혔던 길道이 열리게生 되고 풀리지 않던 숙제가 해결됩니다. 반면 근본이 제대로 되어 있지 않은 사람은 사회를 문란하게 만들고, 국가를 혼란에 빠트립니다. 가정에서 사랑을 실천하지 못하는 사람은 사회에서 문제를 일으키게 됩니다.

가정에서 효도와 우애는 인의 근본입니다. 의사가 인턴을 거쳐 전문의가 되듯이, 리더는 가정에서의 인턴 과정을 거쳐 지도자로 성장하게 됩니다. 가정에서 제대로 된 사랑의 인턴 과정을 거친 사람이 사회에서 존경받는 리더십을 발휘할 수 있다는 것이 유교의 논리입니다.

本立道生(본립도생) ◦ 가정이 제대로 서면 새로운 길이 열린다.

무(務): 힘쓰다 | 여(與): -일 것이다!

말솜씨와 예쁜 얼굴엔 사랑이 없다

자왈 교언영색 선의인
子曰 巧言令色 鮮矣仁

공자가 말했다. "말을 잘 꾸미고 얼굴 표정을 예쁘게 짓는 사람 중에 인仁을 가진 자가 드물다."

학이편 3절과 양화편 17절은 동일한 문장입니다.

남을 속이는 사람들의 특징은 언변이 좋고巧言 말끔한 인상令色을 갖고 있다고 합니다. 사기를 당한 사람들의 공통된 이야기는 그 사람이 그럴 리가 없다는 것입니다. 심지어는 그 사기를 친 사람 역시 주변 사람을 잘못 만나 사기를 당했다거나, 운이 좋지 않아서 어쩔 수 없이 그렇게 되었다고 오히려 사기꾼을 동정하기도 합니다.

공자가 살던 시대에도 사기를 치는 지식인들이 많았나 봅니다. 당시 귀족들이 좋아하는 말만 골라 하고 웃음 가득한 표정으로 다가가야 귀족들에게 인정을 받고 물질적 도움도 받을 수 있었기 때문입니다. 공자는 말과 표정으로 인정받고 싶어 하지 않았습니다. 그래서 말言을 교묘하게巧 잘하는 자는 남을 속이려 하고, 얼굴 표정色을 예쁘게 잘 꾸미는令 사람은 무엇을 감추려고 하는 경우가 많다고 한 것입니다. 노자도 "말이 많으면 자주 궁지에 몰릴 것多言數窮"이라고 경고하고 있습니다. 수사와 화려한 언변 뒤에는 위험과 위기가 기다리고 있습니다. 표정과 언변보다는 기본에 충실한 사람이 되어야 합니다.

교언영색
巧言令色 ◦ 현란한 말재주와 예쁜 얼굴 표정 속에는 사랑이 드물다.

교(巧): 기교 | 영(令): 예쁘게 꾸미다 | 선(鮮): 드물다

사랑은 행복의 시작

자왈 불인자 불가이구처약 불가이장처락 인자 안인 지자 리인
子曰 不仁者 不可以久處約 不可以長處樂 仁者 安仁 知者 利仁

공자가 말했다. "사랑이 없는 사람은 오랫동안 힘든 상황을 견뎌내기 어려울 것이며, (또한) 오랫동안 즐거움을 유지하기도 어려울 것이다. 사랑이 있는 사람은 사랑을 실천하는 가운데 삶이 행복하고, 지혜로운 사람은 사랑을 실천하는 것이 이익이라고 생각한다."

사랑仁을 체득하지 못한 사람들은 어려운 상황約에 오랫동안久 처處하면 견디지 못하고 힘들어 합니다. 또한 즐거운 상황樂에 오랫동안長 처하지도 못합니다. 즐거움을 컨트롤하지 못하고 음란해지는 경우가 많기 때문입니다. 반면 사랑仁을 체득하며 사는 사람은 어떤 어려운 상황에도 흔들리지 않고 견뎌내며, 어떤 즐거운 상황에도 초심이 변하지 않습니다. 그래서 사랑을 실천하는 사람仁者은 어떤 경우에도 사랑과 함께하기에 늘 행복하고, 지혜로운 사람知者은 사랑을 통해 삶의 효율利을 높이며 살아갑니다.

주변에서 사랑을 실천하는 사람을 보게 됩니다. 저 정도 상황이면 참 힘들 터인데 남에게 짜증 한 번 내지 않습니다. 저 정도 성공했으면 교만할 터인데 초심을 잃지 않고 마음이 한결같습니다. 인을 실천하는 사람은 사랑을 통해 삶의 행복을 만들어내고, 지혜로운 사람은 사랑을 통해 삶의 질을 높입니다. 사랑은 인간이 행복해지기 위한 조건입니다.

안인
安仁 ◦ 사랑의 실천에서 행복을 느껴라!

구(久): 오랫동안 | 처(處): 머물다 | 약(約): 어려운 상황 | 장(長): 오래도록

좋아하고 미워할 수 있는 자격

자왈 유인자 능호인 능오인
子曰 惟仁者 能好人 能惡人

공자가 말했다. "오직 사랑을 실천하는 사람만이 사람을 좋아할 자격이 있고, 사람을 미워할 자격이 있다."

사람을 좋아하고好 미워하는惡 것은 참 위험한 일입니다. 누구를 미워하고 좋아하는 것에는 편견이 따르기 때문입니다. 나를 따른다고 해서 좋아하고, 나를 따르지 않는다고 미워하는 것이 일반 사람들의 특성입니다. 사람들은 자신의 관점과 이익에 따라 사람을 좋아하고 미워합니다. 그러나 공자는 오직 사랑을 실천하는 사람만이 사람을 좋아하고 미워할 자격이 있다고 말합니다. 왜냐하면 사랑을 실천하며 사는 사람은 편견이 없기 때문입니다. 좋아할 만해서 좋아하고, 미워할 만해서 미워한다는 것입니다.

옛날에는 어느 동네든 모든 사람들이 존경하는 어른이 한 분씩은 계셨습니다. 그분은 늘 타인을 존중하고 배려하며 사랑을 실천하시던 분이었습니다. 그래서 그분의 말이라면 동네 사람들은 늘 신뢰했습니다. 편견 없이 세상을 보고 자신의 이익과 상관없이 판단을 하기에 그분의 판단을 모든 사람들이 믿고 따르는 것입니다. 이런 분을 선생先生이라고 불렀습니다. 요즘 '선생'이 참으로 귀한 시절입니다.

호인오인
好人惡人 ◦사랑이 있는 자만이 편견 없이 사람을 좋아하고 미워할 수 있다.

호(好): 좋아하다 | 오(惡): 미워하다

사랑의 꿈

자왈 구지어인의 무악야
子曰 苟志於仁矣 無惡也

공자가 말했다. "진실로 사랑의 실천에 뜻을 둔 사람은 나쁜 짓을 할 수 없을 것이다."

사람마다 지향志하는 목표가 다릅니다. 성공 지향적인 사람도 있고, 권력 지향적인 사람도 있습니다. 돈을 인생의 목표로 삼는 사람도 있고, 명예를 가장 중요하다고 생각하는 사람도 있습니다. 인생의 중점을 어디에 둘 것이냐에 따라 그 사람의 일생이 달라집니다.

사랑의 실천에 뜻志을 둔 사람을 지인志仁이라고 합니다. 인생의 지향을 사랑의 실천에 둔 사람입니다. 이웃을 배려하고 존중하며, 이웃의 기쁨과 슬픔을 공감합니다. 이런 사람이라면 절대로 남에게 해를 끼칠 나쁜 짓惡을 하지 않습니다. 권력을 얻으려는 사람은 때로는 남을 이기고 올라가야 하며, 성공을 이루려는 사람은 어쩔 수 없이 남을 밟고 올라가야 합니다. 그래서 출세한 사람 중에는 다른 사람의 마음을 아프게 한 사람이 많을 수밖에 없습니다.

인생의 지향 목표는 다양합니다. 돈을 벌든, 권력을 얻든, 명예를 얻든 어떤 것이든 비난받아야 할 이유는 없습니다. 돈을 벌어 어려운 사람과 나누고, 권력을 얻어 하소연할 곳 없는 사람의 편에 선다면 아름다운 성공이라 할 것입니다. 사랑에 뜻을 두며 사는 것은 힘들지만 참으로 아름다운 삶의 지향입니다.

지인무악
志仁無惡 ◦ 사랑에 뜻을 둔 사람은 나쁜 짓을 하지 못한다.

구(苟): 진실로 | 지(志): 뜻을 두다 | 악(惡): 나쁜 행동

사랑은 인간의 본질

군자 거인 오호성명
君子 去仁 惡乎成名

"군자가 사랑의 실천을 포기한다면 어떻게 (군자라는) 이름을 얻을 수 있겠는가?"

군자 무종식지간 위인 조차 필어시 전패 필어시
君子 無終食之間 違仁 造次 必於是 顚沛 必於是

"군자는 밥을 먹는 짧은 시간에도 사랑의 실천을 포기해서는 안 되며, 잠깐이라도 반드시 이 원칙을 지키고, 넘어져 힘든 상황이라도 반드시 이 원칙을 지켜야 한다."

군자는 인을 실천하는 사람입니다. 그런데 군자가 인을 포기去仁한다면 군자라는 이름名으로 불릴 수 없을 것입니다. 인의 실천은 간헐적인 것이 아니라 지속적인 것입니다. 어느 순간이든 그의 삶에서 인은 구동되고 실천되어야 합니다. 그것이 비록 밥 한 끼 먹는終食 짧은 시간間이라도, 찰나의 순간造次이라도, 내 인생에 역경이 다가오는 순간顚沛이라도 인을 포기하지 않고 산다면 그 사람은 군자라고 할 수 있습니다.

맹자는 이런 군자의 삶을 대장부大丈夫의 삶이라고 말합니다. 대장부란 어떤 상황에도 흔들리지 않는 마음, 부동심不動心이 있어야 한다고 합니다. 그 부동심은 평소에 잘 기른 정신적 에너지인 호연지기浩然之氣를 갖고 있어야 합니다. 지속적 사랑仁의 실천, 어떤 상황에서도 흔들리지 않는 사랑에 대한 믿음, 내 비록 힘들고 손해 보더라도 사랑을 포기하지 않겠다는 굳은 결의로 인생을 살아간다면 그 사람은 군자라고 할 수 있습니다.

거인
去仁 ◦ 사랑을 포기한다면 어찌 인간이라 할 수 있겠는가?

집단 성격의 파악 방법

子曰 人之過也 各於其黨 觀過 斯知仁矣

자왈 인지과야 각어기당 관과 사지인의

공자가 말했다. "사람들의 잘못은 모두 자신이 속한 집단에서 기인한다. 어떤 사람의 잘못을 보면 그 사람이 속한 집단이 사랑을 실천하는 집단인지를 알 수 있다."

사람이 그가 속한 집단黨의 속성에 영향을 받는다는 것은 집단의 성격이 개인에게 영향을 끼칠 수밖에 없다는 논리입니다. 공자의 이런 논리가 반드시 모든 경우에 들어맞는 것은 아닙니다. 개천에서 용이 나기도 하고, 나쁜 사람들이 있는 곳에 선한 사람도 있습니다. 그러니 한 개인은 그 집단의 속성에 반드시 영향을 받는다고는 할 수 없을 것입니다. 그렇더라도 그 사람을 알려면 그 사람이 어떤 집단에 속해 있는지, 어떤 사람들과 함께 몰려다니는지 먼저 보면 알 수 있습니다. 어떤 사람이 어느 정당에 속했는지를 보면 그 사람의 정치적 성향과 삶의 가치를 어느 정도는 파악할 수 있습니다. 어떤 사람이 잘못過을 저질렀다면 대부분 그 사람이 속한 집단黨의 영향을 받은 것이고, 그 사람의 잘못을 분석하면 그 사람이 속한 집단의 성격을 추적하여 알 수 있다는 것입니다.

〈이인里人〉 편의 첫 구절에서도 사랑仁이 가득한 마을里을 선택하여 거주하는 것이 지혜롭다고 했습니다. 거주지, 동호회, 직장 등을 선택할 때 그 집단의 구성원들을 먼저 보면 그 집단의 특성을 알 수 있습니다. 어느 집단을 선택할 것인가는 인생에서 참으로 중요한 일입니다.

觀過知仁(관과지인) ◦ 그 사람이 한 잘못을 관찰하면 속한 집단의 인(仁)을 알 수 있다.

당(黨): 집단

대가 없는 실천

번지문지 자왈 무민지의 경귀신이원지 가위지의
樊遲問知 子曰 務民之義 敬鬼神而遠之 可謂知矣

번지가 지혜에 대하여 묻자 공자가 대답했다. "사람들이 옳다고 하는 것을 실천하고 귀신을 공경하되 가까이하지 않는다면 지혜롭다고 할 것이다."

문인 왈인자 선난이후획 가위인의
問仁 曰仁者 先難而後獲 可謂仁矣

(다시) 인자함에 대하여 묻자 답했다. "인자함이란 먼저 어려운 선택을 하고 결과는 나중에 생각한다면 인자하다고 할 것이다."

지혜로운 리더는 사람들民이 옳다고義 하는 것을 실천務합니다. 보이지 않는 신령鬼神에 대하여는 공경敬하지만 신령에 빠지지 않고 일정한 거리를 두고 멀리遠합니다. 인자한 리더는 먼저先 힘들고 어려운難 선택을 합니다. 결과를 얻는獲 것은 나중後에 고민할 일입니다.

지혜롭고 인자한 리더는 타인을 위해 어렵고 힘든 길을 선택하여 가는 사람입니다. 자신의 고집을 옳다고 하고, 자신의 욕심만 차리고, 신비한 것에 정신없이 빠져 있는 사람은 지혜롭지 못한 사람입니다. 쉬운 길만 선택하고 좋은 성과만 먼저 바라는 사람은 인자하지 못합니다.

세계적인 글로벌 선도 기업의 특징은 먼저 인간을 고민하고 제품을 개발한다는 것입니다. 제품이 어떻게 인류에게 기여할 것인가를 고민하고 이익과 수익은 나중에 생각한다는 것입니다. 그래서 일류가 되고 선두가 될 수 있는 것입니다. 어렵고 힘든 길이지만 사랑의 마음으로 실천하면 결국 좋은 결과는 따라올 것입니다.

선난이후획
先難而後獲 ◦ 사랑이 있는 자는 힘든 일을 먼저하고 대가는 나중에 고민한다.

무(務): 힘쓰다 | 획(獲): 얻다

지자와 인자의 차이

子曰 知者樂水 仁者樂山 知者動 仁者靜 知者樂 仁者壽
(자왈 지자요수 인자요산 지자동 인자정 지자락 인자수)

공자가 말했다. "지혜로운 사람은 물을 좋아하고, 어진 사람은 산을 좋아한다. 지혜로운 사람은 행동하고, 어진 사람은 고요하다. 지혜로운 사람은 삶을 즐기고, 어진 사람은 천명을 누린다."

지혜로운知 사람과 어진仁 사람을 비교하여 공자가 말하고 있는 구절입니다. 물水은 동動적이고, 산山은 정靜적입니다. 그래서 지혜로운 사람은 역동적인 삶과 물을 즐기고, 어진 사람은 고요한 삶과 산을 즐깁니다.

산은 안정적이고, 묵묵히 자신의 자리를 지키고 있습니다. 어떤 상황에서도 흔들리지 않고 일희일비하지 않습니다. 억겁의 시간을 자신의 자리에서 버티고 있는 산에 오르면 따뜻한 어머니의 품에 안긴 듯합니다.

물은 역동적이며 새로운 곳을 향해 용기 있게 흘러갑니다. 흐르다 바위를 만나면 맞서지 않고 돌아가기도 합니다. 자신을 낮추고 유연하게 흐름으로써 강과 바다에 이르게 됩니다.

정적인 산과 동적인 물은 인仁과 지知를 설명하는 중요한 비유입니다. 요산요수, 산도 좋아하고 물도 좋아한다면 사랑과 지혜를 모두 가진 사람이라고 할 수 있습니다.

樂山樂水(요산요수) ◦ 인자는 산을 좋아하고 지자는 물을 좋아한다.

요(樂): 좋아하다

사랑은 속아주는 것

재아 문왈 인자수고지왈 정유인언 기종지야
宰我 問曰 仁者雖告之曰 井有人焉 其從之也

재아가 물어 말하기를 "어진仁 사람은 비록 (그에게 누군가) 고하기를 우물에 사람이 빠졌다고 말하면 (그 말을 듣고) 정말 우물 속으로 쫓아 들어가겠네요?"

자왈 하위기연야 군자 가서야 불가함야 가기야 불가망야
子曰 何爲其然也 君子 可逝也 不可陷也 可欺也 不可罔也

공자가 말했다. "어찌 그럴 수 있겠는가? 군자를 (우물에) 가게 할 수는 있지만 (우물 안에) 빠트리지는 못하고, (이치에 닿는 말로) 속일 수는 있지만 (허무맹랑한) 말로 속일 수는 없는 것이다."

역시 말 잘하는 공자의 제자인 재아宰我다운 질문입니다. 인자한仁 사람은 남의 불행을 차마 두고 보지 못하여 누군가 와서 그에게 우물井에 사람人이 빠졌다고 거짓말을 하면 순진하게 그 말을 믿고 우물 속으로 사람을 구하러 쫓아從 들어갈 것이란 이야기입니다. 이 질문의 요지는 결국 착하면 손해라는 것이죠. 착하게 살면 늘 다른 사람에게 속고만 살게 될 것이란 겁니다.

공자의 대답은 명료합니다. 군자는 우물에 사람이 빠졌다는 소리를 들으면 우물까지는 가지만逝 우물에 가서 상황 판단을 하여 거짓말이라고 생각되면 우물에 들어가지陷 않는다는 것입니다. 군자는 사람이 빠졌다는 거짓말로 속여欺 우물까지 가게 할 수는 있어도 우물가에서 사람이 빠졌다는 근거 없는 말에 속지罔는 않는다는 것입니다.

인仁을 실천하는 사람은 위대한 바보입니다. 위대한 바보는 바보라서 속는 것이 아닙니다. 사람의 목숨을 갖고 속이면 속아주지만, 결코 몰라서 속는 것이 아니기 때문입니다.

가기
可欺 ◦ 사랑은 알고도 속아줄 수 있다.

서(逝): 가다 | 함(陷): 빠지다 | 기(欺): (허무맹랑하게) 속이다 | 망(罔): (논리적으로) 속이다

사랑의 실천

자왈 인원호재 아욕인 사인지의
子曰 仁遠乎哉 我欲仁 斯仁至矣

공자가 말했다. "인仁을 행하는 것이 멀다고 생각하는구나! 내가 인仁을 행하고자 하면 바로 인仁이 이를 것이다."

공자의 제자들은 인을 베풀기가 어렵고 멀다고遠 생각한 것 같습니다. 무슨 커다란 결심을 해야 행할 수 있는 높은 가치라고 생각한 것입니다. 그러나 인을 베풀 마음만 있다면欲 어떤 상황에서도 바로斯 실천할至 수 있다고 공자는 말합니다. 인을 실천하는 것은 먼 곳에 있는 것이 아니라 우리들의 일상에 있다는 것입니다. 식당에서 밥 주는 아주머니에게 고맙다고 인사하는 것, 전철 안에서 공부에 지친 몸으로 서서 집으로 가는 학생에게 자리를 양보하는 것도 인의 실천입니다.

오늘 내가 만나는 사람들에게 전하는 좋은 말 한마디, 힘들고 어려운 사람에게 베푸는 작은 행동과 관심, 세상에 인을 실천할 것은 너무나 많습니다. 인은 사랑이며, 사랑은 타인의 불행에 대하여 측은한 공감에서 시작됩니다. 인은 결코 먼 곳에 있는 것이 아닙니다. 내가 사랑을 실천하고자 하면 사랑은 바로 내 앞에 있습니다.

욕인
欲仁 ◦ 사랑을 실천하고자 하면, 사랑이 이를 것이다.

사랑의 참 모습

자왈 강의목눌 근인
子曰 剛毅木訥 近仁

공자가 말했다. "강직하고, 굳세고, 소박하고, 어눌함이 인仁에 가깝다."

강직剛하다는 것은 정직한 것입니다. 사랑을 실천함에 있어서 어떤 유혹에도 흔들리지 않는 정직함입니다. 굳세다毅는 것은 의지가 강한 것입니다. 사랑을 실천하는 의지가 굳은 것입니다. 소박木하다는 것은 순수하다는 것입니다. 사랑의 실천은 이익을 바라고 하는 것이 아닙니다. 순수한 마음이 바탕에 있어서 사랑을 베푸는 것입니다. 어눌하다訥는 것은 세련되지 못함입니다. 비록 거칠고 세련되지 못했지만 인의 실천에 있어서는 묵묵히 행동으로 보여주는 것입니다.

강의목눌剛毅木訥은 인의 실천을 가장 잘 설명해주는 말입니다. 인은 화려하지 않고, 치장하지 않고, 세련되지 않고, 돋보이지 않습니다. 묵묵히 남이 보지 않는 곳에서 내 안에 있는 하늘이 준 사랑의 인을 실천하는 것이 군자의 참 모습입니다.

강의목눌
剛毅木訥 ◦ 강직하고, 굳세고, 소박하고, 어눌한 것이 사랑

사랑과 지위의 관계

헌문 7

자왈 군자이불인자 유의부 미유소인이인자야
子曰 君子而不仁者 有矣夫 未有小人而仁者也

공자가 말했다. "군자가 어질지 못한 행동을 하는 경우는 있어도 소인이 어진 행동을 하는 경우는 없다."

군자와 소인은《논어》에서 대비되는 두 인간형입니다. 군자가 갖추어야 할 덕목은 많습니다. 근본에 힘쓰고, 사랑을 실천하며, 지혜를 발휘하고, 위기를 만나면 운명을 걸고, 공적인 마음으로 세상을 살아가는 사람입니다. 소인은 그에 반하는 인생을 살아가는 사람입니다. 말단에 힘쓰고, 불의와 타협하고, 자신의 이익만 추구하며, 패거리를 만들며 살아가는 사람입니다.

군자가 인생을 살아가면서 때로는 사랑을 포기하는 경우도 있습니다. 그보다 더 중요한 가치가 있다면 사랑을 포기할 때도 있는 것입니다. 국가가 위기에 빠져 목숨을 걸어야 할 때, 가족의 사랑을 위해 그 운명을 회피하지 않습니다. 비록 내 가족에게 사랑을 베풀지 못하더라도 더 큰 천명에 목숨을 거는 것입니다. 그러나 소인은 오로지 사적 이익만 추구하는 사람이기에 사랑의 실천에는 관심이 없습니다. 자신의 이기적 목표만 채우면 아무런 거리낌이 없습니다. 그래서 군자가 더 큰 목표를 위하여 사랑을 포기하는 일은 있어도 소인은 절대로 사랑을 실천하지 못하는 사람이라는 것입니다.

불인
不仁 ◦ 지위가 높은 사람이라도 사랑이 메마를 수 있다.

사랑에 빠지다

자왈 민지어인야 심어수화 수화 오견도이사자의 미견도인이사자야
子曰 民之於仁也 甚於水火 水火 吾見蹈而死者矣 未見蹈仁而死者也

공자가 말했다. "인간에게 있어서 사랑仁은 물과 불보다도 더 중요하다. 나는 물에 빠지고 불에 타서 죽은 것은 보았지만 인仁에 빠지고 불타서 죽었다는 것은 보지 못했다."

유교 정치이론의 핵심은 사랑의 실천입니다. 백성의 생업을 보장하고 행복을 추구할 수 있도록 하는 것이 바로 사랑의 실천, 인仁입니다. 지도자가 인을 실천하는 것을 민본民本 정치라고 합니다. 모든 정책의 우선순위를 백성에게 둔다는 것입니다. 국가 재정을 줄여서 백성을 위해 사용하고, 백성의 부역과 의무를 최소한으로 줄이고, 세금을 줄여 그들의 삶을 윤택하게 만드는 것이 사랑의 실천 정치입니다.

지도자의 인이 백성에게 제대로 전해졌을 때, 백성은 비로소 안정되고 행복한 삶을 살아갈 수 있습니다. 사람들의 삶에 영향을 주는 것들은 많습니다. 특히 농업사회에서 물과 불은 지대한 영향을 끼치는 것입니다. 물이 넘쳐 홍수가 나거나 불이 나서 산림과 집을 태우면, 농사를 망치고 사람들이 목숨을 잃기도 합니다. 그러나 물과 불보다 더 큰 영향을 미치는 것이 있으니 그것이 바로 지도자의 사랑입니다. 물에 빠져 죽고 불에 타죽었다는 말은 있어도 사랑에 빠져 죽었다거나 타 죽었다는 말은 없습니다. 지도자의 사랑이 민생에 얼마나 중요한지를 잘 설명하고 있는 글입니다. 지도자의 사랑은 물보다 진합니다.

인심어수화
仁甚於水火 ◦ 물에 빠지고 불에 타 죽는 사람은 있어도
사랑에 빠져 죽는 사람은 없다.

도(蹈): 밟다

사랑의 마을 선택

자왈 리인위미 택불처인 언득지
子曰 里仁爲美 擇不處仁 焉得知

공자가 말했다. "마을에 사랑이 가득한 곳이 아름다우니, 잘 선택하여 사랑 가득한 마을에 살지 않는다면 어찌 지혜롭다고 하겠는가?"

거주지를 선택할 때 사랑을 실천하는 이웃들이 있는 곳을 선택擇하여 사는處 것이 지혜로운知 사람들의 선택 기준입니다.

어느 곳에서 살 것인가는 요즘도 고민하는 문제입니다. 투자 가치, 좋은 학군, 교통, 편의시설 등 많은 고려 요소가 있지만, 결국 이웃이 가장 중요한 선택 기준이 되어야 한다는 것입니다. 서로 배려하고 존중하며 기쁨과 고통을 공감할 수 있는 이웃이라면 사랑이 가득한 좋은 마을里仁입니다. 상대방의 가치를 인정하고, 나와 다름을 이해하며, 각자의 색과 향기를 좋아해주는 이웃들이 있는 곳이 사랑이 가득한 마을입니다.

지혜로운 사람은 좋은 이웃이 있는 곳에 다가가 그들과 아름다운 관계를 통해 행복을 찾는 사람입니다. 집값이 비싸다고 좋은 마을이 아니고, 높은 사람들이 모여 산다고 살고 싶은 마을이 아닙니다. 이웃 간에 정이 있고 사랑을 공감하고 실천할 수 있는 마을, 이런 마을을 선택하여 사는 것이 지혜로운 사람들의 거주지 선택 기준입니다.

이인위미
里仁爲美 ◦ 사랑이 가득한 마을에 사는 것이 행복한 일이다.

리(里): 마을 | 인(仁): 인간다움, 사랑 | 택(擇): 선택하다 | 처(處): 살다 | 언(焉): 어찌

사랑은 이기심 극복

안 연 문 인
顔淵問仁

안연이 인을 물었다.

자 왈 극 기 복 례 위 인 일 일 극 기 복 례 천 하 귀 인 언 위 인 유 기 이 유 인 호 재
子曰 克己復禮爲仁 一日克己復禮 天下歸仁焉 爲仁由己而由人乎哉

공자가 말했다. "나의 이기심을 버리고 예로 돌아가는 것이 인을 실천하는 것이다. 하루만이라도 나의 이기심을 버리고 예로 돌아가면 천하의 모든 사람들이 인을 실천하게 될 것이다. 인을 실천하는 것이 나로부터 시작되는 것이지 남에게서 시작되는 것이겠는가?"

안 연 왈 청 문 기 목 자 왈 비 례 물 시 비 례 물 청 비 례 물 언 비 례 물 동
顔淵曰 請問其目 子曰 非禮勿視 非禮勿聽 非禮勿言 非禮勿動

안연이 말하기를 "인을 실천하는 구체적인 항목은 무엇입니까?" 공자가 말했다. "예가 아니면 보지도 말고, 예가 아니면 듣지도 말고, 예가 아니면 말하지도 말고, 예가 아니면 움직이지도 마라!"

안 연 왈 회 수 불 민 청 사 사 어 의
顔淵曰 回雖不敏 請事斯語矣

안연이 말했다. "제가 비록 똑똑하지는 못하지만 선생님의 말씀을 평생 실천하고자 합니다."

극기克己는 나의 이기심을 극복하는 것입니다. 복례復禮는 타인과 이익을 공유하는 것입니다. 인仁은 사람亻과 둘二이라는 글자가 모여 이루어진 글자입니다. 나가 아닌 우리의 공동 이익을 추구하자는 것입니다. 세상은 나 혼자 살 수 없습니다. 타인과 공존할 때 비로소 나의 존재는 더욱 빛이 날 수 있습니다. 이기적인 나에게 집착하다 보면 타인의 행복을 무시하는 경우가 많습니다. 이런 이기심은 세상을 더욱 혼란스럽게 만들고, 인간관계를 힘들게 만듭니다.

안연은 극기복례가 인의 실천이라는 공자의 대답을 듣고 감동을 받았습니다. 그리고 평생 그 한마디를 잊지 않고 살겠다고 맹세했습니다. 예禮는 나의 이기심을 버리고 상대방을 먼저 배려하는 것입니다. 인의 실천은 나의 이기심을 내려놓는 것에서 시작이 됩니다.

극 기 복 례
克己復禮 ◦ 이기심을 버리고 공동의 이익을 추구하는 것인 인(仁)의 실천이다.

극(克): 극복하다 | 복(復): 돌아가다 | 민(敏): 총명하다

사랑은 일일 실천

자왈 아미견호인자 오불인자 호인자 무이상지 오불인자 기위인의
子曰 我未見好仁者 惡不仁者 好仁者 無以尙之 惡不仁者 其爲仁矣
불사불인자 가호기신
不使不仁者 加乎其身

공자가 말했다. "나는 인을 좋아하는 사람도, 불인不仁한 사람을 미워하는 사람도 본 적이 없다. 인을 좋아하는 사람은 더 이상 바랄 게 없다. 불인한 사람을 미워하는 사람은 그 사람이 인을 실천함에 있어서 불인한 사람이 자기에게 영향을 끼치지 못하게 하는 사람이다."

유능일일 용기력어인의호 아미견력부족자 개유지의 아미지견야
有能一日 用其力於仁矣乎 我未見力不足者 蓋有之矣 我未之見也

"(나는) 어떤 능력 있는 사람이 단 하루라도 자신의 모든 힘을 인을 실천하는 데 사용하고, 도저히 힘에 부쳐 못하겠다고 하는 사람을 본 적이 없다. 아마도 있을 것이다. 내가 못 보았을 것이다."

공자는 사랑仁을 힘써力 실천하는 사람者은 반드시 모든 사람들의 존경을 받아야 한다고 생각했습니다. 그런데 당시 현실은 냉혹했습니다. 어느 누구도 인을 좋아하거나好 공경하지 않았습니다. 나아가 불인한 사람不仁者을 미워하지도 않았습니다. 불인한 사람을 미워한다면 자신의 주변에 그런 못된 사람이 다가오지加 않기를 바라는 사람입니다. 자신이 인을 실천하지는 못해도 불인한 사람은 용납하지 못하겠다고 생각하는 사람입니다.

공자는 평생은 아니더라도 단 하루一日만이라도 인을 실천하면서 살려고 노력力하는 사람을 보고 싶었습니다. 그러나 공자가 살던 시대에는 그런 사람도 찾아보기 힘들었나 봅니다. 인을 실천하며 사는 것이 바보 같은 짓이고 손해 보는 짓이라고 생각되는 세상은 더 이상 희망이 없습니다.

일일용력어인
一日用力於仁 ◦ 단 하루만이라도 자신의 힘을 사랑(仁)의 실천에 사용하라!

미견(未見): 아직까지 본 적이 없다 | 상(尙): 바라다 | 개(蓋): 아마도

사랑의 실천 기간

자왈 회야 기심 삼월불위인 기여즉일월지언이이의
子曰 回也 其心 三月不違仁 其餘則日月至焉而已矣

공자가 말했다. "안회는 그 마음이 삼 개월 동안 인仁을 떠나지 않았으나, 다른 제자들은 하루, 길어야 한 달 정도일 것이다."

공자가 그토록 아꼈던 수제자 안회는 늘 마음心을 인仁에 두고 살았습니다. 타인에 대한 사랑, 존중, 배려의 마음으로 지속적인 인의 생활을 삼 개월三月 정도 지속 유지하며 위배하지違 않고 살았습니다. 그런데 다른 나머지餘 사람들은 하루日나 좀 긴 사람은 한 달月 정도 인을 실천하고 살았다는 것입니다.

인에 기초한 삶은 쉽지 않습니다. 개인의 사욕을 포기하고 타인을 위해 사는 것은 인간으로서 어려운 일이기 때문입니다. 늘 타인을 위한 사랑으로 세상을 사는 분들을 보면 참 아름답습니다. 보통 사람들은 일 년에 한 번도 힘든 일을 매일같이 실천하는 분들이 진정한 성자聖者요 인자仁者입니다. 매일 이른 새벽 다른 사람들을 위하여 깨끗하게 길을 청소하는 분들이 인자입니다. 웃음으로 버스에 타는 승객들을 맞이하며 안전운전을 하시는 분들이 인자입니다. 공부에 지치고 힘든 학생에게 전철의 자리를 양보하는 나이 드신 분들이 이 시대의 인자입니다. 하루에 단 한 번이라도 인자의 삶을 살아보고 싶습니다.

삼월불위인
三月不違仁 ◦ 안회는 마음을 삼 개월 동안 인(仁)을 저버리지 않고 실천했다.

사랑의 정치

자 공 왈 여 유 박 시 어 민 이 능 제 중 하 여 가 위 인 호
子貢曰 如有博施於民而能濟衆 何如 可謂仁乎

자공이 말했다. "만약에 (정치인이) 백성에게 널리 사랑을 베풀고 대중의 어려움을 구제한다면 어떻습니까? 인仁을 실천하는 사람입니까?"

자 왈 하 사 어 인 필 야 성 호 요 순 기 유 병 저 부 인 자 기 욕 립 이 립 인
子曰 何事於仁 必也聖乎 堯舜 其猶病諸 夫仁者 己欲立而立人
기 욕 달 이 달 인 능 근 취 비 가 위 인 지 방 야 이
己欲達而達人 能近取譬 可謂仁之方也已

공자가 말했다. "어찌 인仁의 일뿐이겠는가? 반드시 (그런 사람이 있다면) 성聖스럽다고 할 것이다. 요순 같은 정치인도 그것을 어렵다고 생각했다. 인仁을 실천하는 사람은 자신이 서고자 하면 타인도 서게 하고, 자신이 도달하고자 하면 상대방도 도달하게 한다. 능히 (자신의 생각을) 가까운 데서 취해서 깨달아 (타인에게 실천한다면) 인을 실천하는 방법이라고 할 것이다."

인仁의 실천은 공감입니다. 내가 슬프면 상대방도 슬플 것이란 공감, 내가 먹고 싶은 것은 상대방도 먹고 싶을 것이란 공감이 인의 실천의 시작입니다. 정치인에게 가장 필요한 덕목은 이런 공감 능력입니다.

내가 서고立 싶다면 상대방人도 서게 해주고, 내가 도달達하고 싶은 것이 있다면 상대방도 도달하게 해주는 것이 인을 실천하는 방법입니다. 인을 어떻게 실천할지 먼 곳에서 찾을 필요가 없습니다. 아주 가까운近 곳, 내 마음이 원하는 것을 잘 생각해서取 상대방도 원할 것이란 점을 깨달아譬 실천하는 것이 인을 실천하는 방법方입니다. 백성民이 원하는 것을 널리博 베풀고施, 어려운 대중衆을 구제濟하는 것은 공감을 통해 가능하며, 그것은 인을 넘어 성聖의 영역이라고 할 수 있습니다. 사랑의 정치는 사람들의 어려움과 아픔을 공감하는 것입니다.

기 욕 립 이 립 인
己欲立而立人 ◦ 내가 서고자 하면 남부터 먼저 서게 하라!

시(施): 베풀다 | 제(濟): 구제하다 | 저(諸): 어조사 | 비(譬): 깨닫다

사랑과 배려

중궁문인
仲弓問仁

중궁이 인을 물었다.

자왈 출문여견대빈 사민여승대제 기소불욕 물시어인 재방무원 재가무원
子曰 出門如見大賓 使民如承大祭 己所不欲 勿施於人 在邦無怨 在家無怨

공자가 말했다. "집 밖을 나서서 만나는 모든 사람을 큰 손님 만나듯이 하라. 사람들에게 일을 시킬 때 큰 제사를 받들듯이 공경스럽게 하라. 내가 하고 싶지 않은 것을 남에게 시키지 마라. 그러면 나라에 원망하는 사람이 없을 것이고, 집안에 원망하는 사람도 없을 것이다."

중궁왈 옹수불민 청사사어의
仲弓曰 雍雖不敏 請事斯語矣

중궁이 말했다. "제가 비록 똑똑하지는 못하지만 선생님의 말씀을 평생 실천하고자 합니다."

중궁이 공자에게 인에 대하여 물었을 때 공자는 세 가지 측면에서 대답합니다. 첫째 모든 사람을 평등하게 대할 것, 둘째 사람들에게 지시할 때 공경의 자세를 잃지 않을 것, 셋째 상대방의 입장에서 먼저 생각할 것. 이렇게 지도자로서 인을 행하면 사람들의 인심을 잃지 않을 것이며, 원망을 받는 일이 없게 될 것이라 말입니다.

중궁은 천민 출신 제자였습니다. 크면서 무시도 많이 당하고 천민의 굴욕도 많이 겪었을 것입니다. 그런 제자의 물음에 공자는 약자의 입장에서 행동하는 것이 인이라고 대답했습니다.

기소불욕물시어인
己所不欲勿施於人 ◦ 내가 하고 싶지 않은 것을 남에게 시키지 마라!

사랑은 참는 것

사마우문인 자왈 인자 기언야인
司馬牛問仁 子曰 仁者 其言也訒

사마우가 인을 묻자 공자가 말했다. "인을 실천하는 사람은 말을 참고 아끼는 사람이다."

왈기언야인 사위지인의호
曰其言也訒 斯謂之仁矣乎

사마우가 말하기를 "말을 참고 아끼면 이런 사람을 인이라 할 수 있습니까?"

자왈 위지난 언지득무인호
子曰 爲之難 言之得無訒乎

공자가 말했다. "말을 참고 아끼는 것은 어려운 일이다. 말할 때 참고 아끼지 않을 수 있겠는가?"

사마우의 인에 대한 질문에 공자는 말을 아끼는 것이 인이라고 답합니다. 인訒은 말을 참고 아끼는 것입니다. 말을 많이 하려 하지 말고 남의 말을 경청하라는 것이죠. 사람들은 남의 말을 듣기보다는 자신의 말을 많이 하려고 합니다. 남이 말하는 도중에 끊고 들어가기도 하고, 상대방의 기분을 살피지 않고 자신이 하고 싶은 말을 장황하게 늘어놓기도 합니다. 때로는 상대방이 말할 기회조차 주지 않고 오로지 자신의 말만 하고 상대방이 이야기할 때는 이제 그만하자고 일어나는 사람도 있습니다.

사마우에게 말을 참고 상대방의 말을 듣는 것이 인이라고 대답한 이유가 있었을 것입니다. 사마우는 말을 참고 아끼는 것이 인이라는 공자의 대답에 너무 작다고 생각했습니다. 그가 생각하는 인은 좀 더 큰 덕목이기를 바랬습니다. 그래서 재차 말을 참는 것이 인이라고 물었을 때 공자는 말을 참고 아끼는 것이 결코 쉬운 일이 아니라고 대답합니다. 인은 거창한 것이 아니라 하고 싶은 말을 아끼고 상대방의 말을 많이 들어주는 것입니다.

기언야인
其言也訒 ◦ 인(仁)은 말을 참고 아끼는 것이다.

사랑이 피해야 할 것

극벌원욕 불행언 가이위인의 자왈 가이위난의 인즉오부지야
克伐怨欲 不行焉 可以爲仁矣 子曰 可以爲難矣 仁則吾不知也

(원헌이 묻기를)"승부욕, 과시, 원망, 욕심을 부리지 않는다면 인仁이라고 할 수 있습니까?" 공자가 말했다. "어려운 일이지만 그것이 인仁인지는 내가 확신하지 못하겠다."

이 질문을 한 원헌原憲은 공자의 72명의 핵심 제자 중의 한 사람이었습니다. 가난하게 살았지만 자신의 뜻을 굽히지 않고 안빈낙도의 삶을 즐기며 살았다고 합니다.

그는 승부욕克, 과시伐, 원망怨, 욕심欲을 버리고 산다면 인을 실천하는 것이냐고 공자에게 물었습니다. 이 네 가지 항목은 원헌이 자신 있게 실천하며 살아가는 삶의 모습이었던 것 같습니다. 그는 가난하게 살았지만 남과 경쟁하지 않았고, 자랑이나 과시욕도 없었습니다. 자신의 가난을 원망하지도 않았고, 자신에게 주어진 것 이외에 욕심도 내지 않았습니다. 아마도 이런 자신의 삶의 태도에 대하여 스승인 공자가 인을 실천하는 것이라고 동의해주기를 바랬던 것 같습니다. 그러나 공자는 그 네 가지만 가지고서는 인을 실천하는 것이 아니라고 말합니다. 적어도 실천하기 힘든 삶의 태도는 될 수 있겠지만 그것이 인의 실천을 모두 포괄하는 개념은 아니라는 것입니다.

극벌원욕
克伐怨欲 ◦ 사랑은 승부욕, 과시, 원망, 욕심이 아니다.

극(克): 이기다 | 벌(伐): 자랑하다

목숨보다 중한 사랑

자 왈 지 사 인 인 무 구 생 이 해 인 유 살 신 이 성 인
子曰 志士仁人 無求生以害人 有殺身以成仁

공자가 말했다. "지사志士와 인인仁人은 자신이 살려고 남을 해치지 않는다. 오히려 내 몸이 죽더라도 사랑을 실천하는 경우도 있다."

뜻을 가진 선비志士와 인을 실천하는 사람仁人의 특징은 자신의 목숨보다 자신이 믿는 가치를 더욱 소중하게 생각한다는 것입니다. 목숨보다 더 중요한 가치를 갖고 산다는 것은 참 어려운 일입니다. 누구도 목숨이 두 개일 수 없기 때문입니다.

안중근 의사가 자신의 목숨보다 소중하게 생각했던 것은 조국의 독립과 자유였습니다. 자신의 소신을 굽히고 구차하게 살기보다는 목숨을 던져 믿음을 실천하는 것이 더욱 의미 있는 삶이라고 생각한 것입니다.

모든 사람들이 다 이렇게 살 수는 없습니다. 그러나 지사와 인자들은 남들이 할 수 없는 선택을 합니다. 내 몸 하나 살려고 다른 사람을 해칠 수 없다는 굳은 결의가 있기 때문입니다. 역사는 이런 사람들을 기록하고 기억합니다. 그들이 포기한 목숨의 대가로 새로운 세상이 왔다는 것을 후세에 알리기 위함입니다.

살 신 성 인
殺身成仁 ◦ 내 몸을 던져 사랑을 실천한다.

사랑은 목수의 연장

자공문위인
子貢問爲仁

자공이 인을 실천하는 방법에 대하여 물었다.

자왈 공욕선기사 필선리기기 거시방야 사기대부지현자 우기사지인자
子曰 工欲善其事 必先利其器 居是邦也 事其大夫之賢者 友其士之仁者

공자가 말했다. "공인工人이 일을 잘하려면 반드시 먼저 연장부터 다듬는 것이다. 이 지역에 있으면서 이 지역 대부 중에 현명한 사람을 섬기고, 선비 중에 어진 자를 벗으로 삼아야 한다."

자공은 공자의 제자 중에 가장 머리 좋고 재산이 많은 제자였습니다. 당시 귀족들 사이에서 공자는 모르는 사람이 있어도 자공을 모르는 사람은 없었습니다. 그런 자공이 인의 실천에 대해 질문했을 때 공자는 우호세력을 만드는 것이 인을 실천하는 시작이라고 대답합니다. 인을 실천하려면 자리와 역할이 있어야 하고, 그런 자리와 역할을 만들려면 주요 인물들을 먼저 우호세력으로 만들어야 한다는 것입니다. 귀족大夫들과 전문가士 집단 중에 현명하고 인에 대하여 호의적인 사람들의 리스트를 뽑아서, 그들과 교유하여 관계를 넓혀놓아야 한다는 것입니다. 마치 목수가 목공일을 하기 전에 좋은 목공 도구들을 준비하는 것과 같다는 것입니다.

개혁은 혼자 하는 것이 아닙니다. 함께할 수 있는 사람들과 같은 꿈을 꾸고 집단으로 실천할 때 비로소 좋은 결과를 만날 수 있는 것입니다. 독불장군이 세상을 바꾸는 경우는 그리 많지 않습니다. 변화는 유연한 생각과 우호세력의 결집을 통해 더욱 빠르게 진행시킬 수 있습니다. 공자가 이런 대답을 자공에게 한 이유가 궁금해지는 대목입니다.

선리기기
先利其器 ◦ 기술자가 일을 잘하려면
반드시 먼저 공구부터 잘 다듬어 놓아야 한다.

리(利): 날카롭다, 다듬다

사랑은 양보하지 않는 것

子曰 當仁 不讓於師
(자왈 당인 불양어사)

공자가 말했다. "사랑仁을 실천하는 것에 있어서는 스승에게도 양보하지 않아야 한다."

인仁은 공자 철학의 가장 중요한 핵심 덕목입니다. 다양한 해석이 있으나 인간이 보다 나은 세상을 만들기 위해 실천하는 '인간다움의 실천'이라고 할 수 있습니다.

인은 나의 문제가 아니라 타자와의 관계 속에서 실천되는 덕목입니다. 타인의 마음에 공감하고, 상대방을 배려하고, 사회를 이롭게 하는 것이 인의 실천입니다. 자신의 수양과 개인의 가치만으로는 인을 설명하기에는 부족합니다. 그래서 공자는 제자들이 개인의 삶의 가치를 인이라고 질문할 때마다 인이라고 하기에는 부족하다고 대답한 것입니다. 용맹하다고 인이 아니고, 절제한다고 인이 아니고, 겸손하다고 인이 아니라는 것입니다. 인은 개인의 가치를 넘어 사회에 선한 영향력을 끼쳤을 때 비로소 그 덕목이 드러나는 것입니다. 자신이 소신을 갖고 사는 것은 중요합니다. 그러나 그 소신이 사회와 어떤 맥락을 갖고 있느냐가 더욱 중요합니다. 그저 개인적 가치에만 머물고 사회와 함께 호흡하지 못한다면 인을 실천한다고 하기에는 부족하다는 것입니다.

공자는 제자들에게 인을 실천함에 있어서 스승에게 양보하지 말라고 강력하게 말했습니다. 느낌으로는 제자들을 졸업시켜 사회에 내보낼 때 이런 말을 하지 않았나 싶습니다. "앞으로 사회에 나가서 너희들은 인을 실천하고 더 좋은 사회를 만들기 위해 최선을 다하라! 그런 실천에 있어서는 나에게도 양보하지 않는 강한 추진력을 가져야 한다!"

當仁不讓(당인불양) ◦ 사랑의 실천은 누구에게도 양보하지 마라!

사랑의 덕목

자장문인어공자 공자왈 능행오자어천하 위인의 청문지왈공관신민혜
子張問仁於孔子 孔子曰 能行五者於天下 爲仁矣 請問之曰恭寬信敏惠
공즉불모 관즉득중 신즉인임언 민즉유공 혜즉족이사인
恭則不侮 寬則得衆 信則人任焉 敏則有功 惠則足以使人

자장이 공자에게 인을 물으니 공자가 말했다. "세상에 다섯 가지를 행할 수 있다면 인仁을 한다고 할 것이다." 자세한 내용을 물으니 공자가 말했다. "겸손, 관대, 신뢰, 신속, 은혜이다. 겸손하면 무시당하지 않고, 관대하면 대중을 얻으며, 신뢰가 있으면 사람들이 신임할 것이고, 신속하면 성과가 있을 것이고, 은혜로우면 사람을 제대로 부릴 것이다."

위인爲仁은 인을 세상에서 실천한다는 뜻입니다. 자장이 인을 물었을 때 공자는 인을 실천하는 다섯 가지 항목을 제시합니다. 첫째 겸손하여 상대방의 마음을 얻어라恭! 둘째 관대함과 용서로 사람을 얻어라寬! 셋째, 신뢰로 사람들의 신임을 얻어라信! 넷째 민첩한 일처리로 성과를 만들어라敏! 다섯째 은혜를 베풀어 사람들이 스스로 움직이게 하라惠!

인을 실천하는 데도 세세한 신경을 써야 합니다. 교만하게 인을 실천하면 사람들에게 수모를 당할 것입니다. 엄격하게 인을 실천하면 사람들이 내 주변에서 떠나갈 것입니다. 신뢰가 없이 인을 실천하면 사람들의 신임을 잃게 될 것입니다. 느릿느릿 인을 실천하면 성과가 나지 않을 것입니다. 은혜가 없이 인을 실천하면 사람들을 제대로 이끌지 못할 것입니다. 사랑을 실천하는 일, 쉽게 볼 일이 아닙니다.

공관신민혜
恭寬信敏惠 ◦ 사랑의 덕목은 겸손, 관대, 신뢰, 신속, 은혜

포기할 수 없는 사랑

번 지 문 인 자 왈 거 처 공 집 사 경 여 인 충 수 지 이 적 불 가 기 야
樊遲問仁 子曰 居處恭 執事敬 與人忠 雖之夷狄 不可棄也

번지가 인에 대하여 물으니 공자가 말했다. "평상시에 공손하며, 일을 할 때는 공경스럽게 하고, 타인과의 관계에는 진심을 다하는 것이니 비록 야만의 땅에 가더라도 이것을 포기해선 안 될 것이다."

인에 대한 제자들의 질문이 계속 이어집니다. 이번에는 공자의 수레를 모는 번지라는 제자가 인에 대하여 물었습니다. 공자는 세 가지로 답을 합니다.

첫째는 평상시 생활할 때 공손해야 한다恭. 공손함은 겸손입니다. 겸손하지 못한 사랑의 실천은 아무리 그 의도가 좋아도 눈살을 찌푸리게 합니다. 자원봉사를 한답시고 사진이나 찍고 홍보나 하려 한다면 인을 실천하는 것과는 거리가 멀 것입니다. 둘째는 공경으로 일처리를 해야 한다敬. 일을 처리하는 데 있어서 공경을 다하여 해야 합니다. 나눔을 실천한다고 대충대충 한다면 나눔의 의미는 퇴색할 것입니다. 셋째는 진심으로 다해 관계를 맺어라忠. 인을 실천하는 관계자와 진심을 다해 교류해야 합니다.

전체적으로 보면 겸손과 공경, 그리고 진심으로 인을 실천하라는 것입니다. 인은 참 다양합니다. 그러나 인간이 가진 착한 마음을 주변과 나누고 사회와 공감하는 것이 인이라면 겸손, 공경, 진심이 바탕이 되어야 함은 분명해 보입니다.

공 경 충 불 가 기
恭敬忠不可棄 ◦ 겸손과 공경과 진심은 포기해서는 안 된다.

|5장|

예악

禮樂

공자가 살던 시대에는 사회의 큰 변화가 있었습니다. 예와 음악, 제사 같은 문명의 요소들이 형식, 절차, 내용 면에서 급격한 변화가 있었습니다. 특히 예악을 주관하는 주체의 변화는 그 어떤 변화보다도 심했습니다. 천자가 주관할 수 있는 제사를 제후나 대부들이 주관하게 되었고, 천자만이 거행할 수 있는 음악이나 무용, 예의 등이 아무런 제재 없이 신흥귀족 계급에 의해 거행되었습니다. 이런 시대의 변화를 공자는 비판했습니다. 예악이 붕괴되고 문화의 변형이 이루어지면 결국 난세가 지속될 것이라는 믿음이 있었습니다. 공자는 마음대로 예악을 변형하여 사용하는 사람들을 비난했고, 자신만큼은 신흥귀족에게 아첨하지 않고 고대문명의 부흥과 천자 중심의 예악 문명의 줄에 서겠다고 다짐했습니다. 화려하고 형식에 치우진 예보다는 검소함과 진심을 기반으로 하는 예의 본질을 회복해야 한다고 주장했습니다.

공자의 이런 생각이 시대의 변화를 읽어내지 못한 보수철학이라고 비난받을 수도 있습니다. 이미 천자의 권위는 무너졌고, 신흥 귀족은 실질적 권력을 갖고 있고, 사람들의 지위와 계급은 변동하고 있는데, 공자는 여전히 지나간 시대의 종법제도를 붙잡고 어떻게 하든 유지해보려고 발버둥치는, 시대를 못 읽어내는 고집 센 학자로 비춰질 수도 있습니다. 그러나 적어도 공자를 그런 식으로만 평가할 수 없는 이유는 공자가 권력에 아부하거나 자신의 영달을 위하여 지나간 문명을 그리워했던 것은 아니라는 점입니다. 모든 사람들이 자신의 분수를 알고, 자신의 역할과 행동을 적합하게 해나갈 때 세상은 비로소 태평한 세상이 될 수 있다고 믿은 것 역시 공자를 평가하면서 빠트릴 수 없는 요소입니다. 세상은 어차피 변화해나가는 것이며, 그 변화가 옳든 그르든 변화의 편에 서는 사람들이 있고, 그 변화가 그른 것이라면 그 변화 자체도 거부하겠다는 편에 서는 사람들도 있습니다. 어느 편에 서든, 자신의 생각을 존중하고 세상 사람들의 편에서 고민하고 평화와 인간의 행복을 추구한다면 무엇이 옳다고 할 수는 없을 것입니다.

예는 인간들이 생존하기 위한 질서입니다. 질서는 세상을 안정시키지만 갈등을 유발하기도 합니다. 질서의 틀에서 인간을 바라보면 인간은 그저 사회를 유지하기 위한 존재에 불과합니다. 개인들은 모두 각자의 자리에서 역할을 해야 합니다. 그래서 예는 사회질서를 유지하는 기능도 하지만 인간의 삶과 관계를 건조하게 만드는 부작용도 있습니다. 이런 부작용을 해소하는 것이 음악입니다. 서로 다른 소리를 인정하고, 그 소리들이 만나 화음을 내고 화해할 때 예에 의해 메말라진 인간이 다시 촉촉하게 부풀어집니다. 예와 악은 인간이 만드는 질서와 화해의 이중주라고 할 수 있습니다.

회사후소

문명의 계승

자 장 문 십 세 가 지 야
子張問 十世 可知也

자장이 물었다. "10세대 뒤의 일을 지금 알 수 있을까요?"

자 왈 은 인 어 하 례 소 손 익 가 지 야 주 인 어 은 례 소 손 익 가 지 야 기 혹 계 주 자
子曰 殷因於夏禮 所損益 可知也 周因於殷禮 所損益 可知也 其或繼周者

수 백 세 가 지 야
雖百世 可知也

공자가 대답했다. "은나라는 하나라 예를 기반으로 했으니 무엇을 버리고 무엇을 더했는지를 알 수 있다. 주나라는 은나라 예를 기반으로 했으니 무엇을 버리고 무엇을 더했는지를 알 수 있다. 그 누군가 주나라 예를 계승한다면 비록 100세대가 지나더라도 그 미래의 모습을 예측할 수 있을 것이다."

하은주夏殷周 3대는 공자가 이상적으로 생각하던 왕조였습니다. 삼대三代의 왕조는 지나간 정권의 문명을 계승하고 발전했습니다. 시대에 따라 사회적 상식禮은 변했지만 결국 계승因을 통해 발전하여 온 것입니다. 계승은 소멸損과 창조益의 두 과정을 거칩니다. 더 이상 의미가 없는 것은 소멸되고, 새로운 시대 이념에 맞는 것을 창조하는 것이 계승 발전입니다. 이런 문명의 계승이라면 100세대가 지난 뒤라도 우리는 그 문명을 상상할 수 있습니다. 왜냐하면 과거의 문명과 신문명 사이에 아름다운 계승이 매개되어 있기 때문입니다.

문명은 지식을 기반으로 합니다. 지식의 집합체가 보편성을 획득할 때 문명이 만들어집니다. 문명의 계승은 지난 시대의 보편적 지식을 부정하고 새로운 지식으로 재구성할 때 아름답게 이루어집니다. 아름다운 지식의 세대교체를 이 문장에서 보게 됩니다.

십 세 가 지
十世可知 ◦ (계승을 잘한다면) 10세 뒤의 미래 문명도 얼마든지 예측이 가능하다.

세(世): 30년 한 세대 | 인(因): 기반으로 하다 | 손(損): 버리다, 제거하다 | 익(益): 더하다, 창조하다

예와 용기

자왈 비기귀이제지 첨야
子曰 非其鬼而祭之 諂也

공자가 말했다. "자신이 모셔야 할 신이 아닌데 제사를 지내는 것은 아첨하는 것이다."

견의불위 무용야
見義不爲 無勇也

"옳은 것을 보고 행동하지 않는다면 용기가 없는 것이다."

이 문장에 대한 해석을 정확히 하려면 공자의 제사 철학을 이해해야 합니다. 제사를 주관하는 것은 일종의 권력입니다.

공자 시절에는 제사의 주관자는 반드시 명분이 있어야 했습니다. 장손이 조상의 제사를 주관할 권위를 지니고, 천자天子는 하늘에 제사할 권위를 지닙니다. 둘째 아들이 돈이 많다고 해서 형을 무시하고 제사를 주관할 수 없습니다. 제후諸侯가 강하다고 해서 천자를 무시하고 하늘 제사를 주관할 수 없습니다. 그런데 당시에 이런 전통이 무너졌습니다. 돈과 권력을 획득한 신흥 귀족들이 앞다투어 제사의 주관자가 되려고 했습니다. 제사의 주관자가 된다는 것은 새로운 권력을 가진다는 것입니다. 백성에게 새로운 제사의 주관자로서 권위를 높이는 수단이 될 수 있기 때문입니다.

공자는 이런 일종의 월권행위를 아첨행위라고 규정하며 그 제사는 무효라고 선언했던 것입니다. 두 번째 문장은 용기勇란 옳은 것義을 실천爲하는 행동에서 나온다는 것입니다. 정의에 대한 판단見을 행동으로 옮기는 것이 용기라는 이 구절은 명분 없는 제사를 보고도 비판하거나 중지시키지 않는다면 용기가 없다는 의미로 연결됩니다.

견의불위무용
見義不爲無勇 ◦ 옳은 것을 알고도 행동에 옮기지 않는다면 용기가 없는 것이다.

예의 본질

임방문 예지본 자왈 대재문 예 여기사야 영검 상 여기이야 영척
林放問 禮之本 子曰 大哉問 禮 與其奢也 寧儉 喪 與其易也 寧戚

임방이 예의 근본이 무엇이냐고 물었다. 공자가 대답했다. "대단하다! 너의 질문이여! 예는 사치하기보다는 차라리 검소한 것이 낫고, 상례는 대충 절차를 밟아 진행하기보다는 차라리 슬픔에 젖어 있는 것이 낫다!"

예禮는 공자가 생각하는 이상 사회의 중심축입니다. 예가 살아 있고 구동되고 있는 세상이 공자가 꿈꾸는 질서의 세상입니다. 세상의 모든 사람들이 자신의 분수를 알고 그 분수에 맞는 예를 행할 때 대동사회가 만들어진다고 생각했습니다. 부모는 자식에게 자애의 예를 행하고, 자식은 부모에게 효의 예를 행하고, 삶의 모든 과정이 예에 부합될 때 세상은 비로소 바로 서게 된다고 공자는 보았습니다. 그런데 예의 기본 정신을 망각하고 무늬만 예를 행하는 사람을 공자는 비판합니다.

임방林放은 당시 귀족이었습니다. 그가 예의 근본本에 대하여 물었을 때 공자는 그의 질문이 대단大哉하다고 칭찬했습니다. 귀족이 그런 질문을 한 것을 공자는 높이 평가한 것입니다. 공자는 예는 사치스럽게奢 꾸미는 것보다는 검소儉한 것이 더욱 낫고, 상례喪를 치를 때 대충 간략하게易 치르는 것보다는 차라리 슬픔戚에 젖어 망자를 추모하는 것이 더욱 낫다고 대답합니다. 공자는 예의 근본에서 꾸밈이나 절차보다도 검소하더라도 예의 본질을 잃지 않는 것이 더욱 중요하다고 생각했습니다. 상갓집에서 절차에 따라 마음에도 없는 상례 절차를 대충 치르려면 차라리 아무 절차 없이 망자의 죽음에 슬퍼하는 것이 더욱 예의 본질에 가까운 것입니다.

우리는 관혼상제 의례를 행할 때 절차와 원칙을 따집니다. 그러나 그런 절차나 수식보다는 예의 본질을 기억해야 합니다. 혼례는 사랑의 의례이며, 상례와 제례는 슬픔과 추모의 의례입니다. 비록 물 한 그릇을 떠 놓고 혼례를 치르더라

도 사랑과 축복이 가득 넘친다면 훌륭한 혼례입니다. 비록 큰 장례식장이 아니더라도 죽음을 진정 슬퍼하고 애도하는 사람들이 모였다면 그곳이 가장 아름다운 장례를 치르는 곳입니다. 비록 차린 것은 없어도 추모하는 후손들의 정성과 사랑이 가득한 제사상이라면 가장 아름다운 제사입니다.

돈을 많이 쓰고 절차가 복잡하다고 해서 예를 갖추었다고 할 수 없습니다. 공자가 말하는 예는 제사상을 어떻게 차리고 절을 몇 번 하는 예가 아니라 아름다운 인간관계를 이어 주는 진심과 공감이 가득한 형식입니다. 마음 없는 인사와 진심 없는 형식은 무례한 것입니다. 예의 근본을 생각하고 고민하는 것이 진정 예를 제대로 행하는 첫걸음입니다.

禮儉(예검) ∘ 예는 사치스럽게 하기보다는 검소한 것이 더욱 낫다.

재(哉): 감탄사 | 여기(與其) A 영(寧) B: A하기보다는 차라리 B하는 것이 낫다 | 사(奢): 사치하다 | 검(儉): 검소하다 | 이(易): 쉽게, 간략하게 | 척(戚): 슬프다

예와 문헌

자왈 하례 오능언지 기부족징야 은례 오능언지 송부족징야 문헌 부족고야
子曰 夏禮 吾能言之 杞不足徵也 殷禮 吾能言之 宋不足徵也 文獻 不足故也
족즉오능징지의
足則吾能徵之矣

공자가 말했다. "하夏나라 예를 내가 말할 수 있지만 (그 뒤를 이은) 기杞나라에 남은 증거가 부족하고, 은殷나라 예를 내가 말할 수 있지만 (그 뒤를 이은) 송宋나라에 남은 증거가 부족하다. 문헌이 부족한 까닭이니 문헌만 충분하다면 내가 얼마든지 증명해낼 수 있을 것이다."

문헌文獻은 책뿐만 아니라 문화 전반을 의미합니다. 경주에 가면 신라시대를 상상할 수 있는 문헌을 만날 수 있습니다. 문화재, 서적, 유물뿐만 아니라 현재 경주 사람들이 살아가는 생활습관 등이 모두 문헌입니다. 문명은 하루아침에 만들어졌다가 갑자기 사라지는 것이 아닙니다. 오랜 시간을 거쳐 만들어지고, 변형되고, 노화되고, 소멸됩니다. 다양한 곳에서 그 문명의 생성과 소멸 시간은 편차를 갖고 있습니다. 지금도 3,000년 전의 문명이 우리의 생활 속에 남아 있는 것이 많습니다. 우리의 생활습관과 언어 등에도 고대문명의 문헌이 존재하고 있습니다.

공자가 살던 시대에는 이미 고대 문화가 많이 파괴되어 남아 있지 않았습니다. 특히 문헌의 부족은 지나간 하夏나라와 은殷나라 문명을 고증하고 증명徵해내기 힘든 결정적인 이유였습니다. 거기에 하나라 후예인 기杞나라와 은나라 후예인 송宋나라에도 그 문헌의 증거를 찾기란 쉽지 않았습니다. 경주에 신라의 문헌이 있다고 해도 많이 부족합니다. 부여에 백제의 문헌이 있다고 해도 역시 부족합니다. 문헌도 부족한 공자가 살던 시대에 고대문명을 완벽하게 고증해내기란 쉽지 않았을 것입니다. 그래도 찬란했던 고대 문화를 부흥하고 새로운 미래창조의 발판으로 삼고자 했던 공자는 부단히 고대문명을 연구하고 고증해내었습니다. 그리고 그것을 제자들에게 전승했고, 제자들과 세상을 바꾸는 힘으로 삼고자 했습니다. 비록 당시에는 역부족이었지만 공자의 그런 생각은 2,500여

년간 동아시아의 주류가 되어 계승 발전하여 왔습니다. 조각난 문헌을 찾아내고 그것을 다시 조합하여 과거의 문명을 그려내고, 그 문명을 이 시대에 새롭게 조립해 나가는 것이 진정 창조적 문화 발전의 원동력입니다.

文獻不足(문헌부족)。(지난 문명을 고증하지 못하는 것은) 문헌이 부족하기 때문이다.

징(徵): 증거와 증명 | 하(夏), 기(杞), 은(殷), 송(宋): 나라 이름

예와 자본

자공 욕거곡삭지희양 자왈 사야 이애기양 아애기례
子貢 欲去告朔之餼羊 子曰 賜也 爾愛其羊 我愛其禮

자공이 초하루에 희생양을 제사에 올리는 의식을 없애려고 했다. 공자가 그 이야기를 듣고 말했다. "자공아! 너는 그 제사에 쓰이는 양이 아까워서 그러느냐? 나는 그것 때문에 사라질 예禮가 더 아깝다."

옛날 동네마다 대동제大同祭가 있었습니다. 그날이 되면 마을 사람들이 모두 모여 음식을 장만하여 나누고 결속을 다지는 축제의식이었습니다. 그런데 어느 날 누군가 이런 허례허식을 버리자는 제안을 했습니다. 돈도 많이 들어가고 미신적 요소가 있는 대동제를 없애는 것이 경제적으로 좋다는 의견이었고, 그 의견에 동의하여 결국 대동제는 많은 마을에서 사라지게 되었습니다. 비록 대동제에 들어가는 돈은 절약할 수 있었지만, 마을 사람들은 더 이상 모이지 않았고 마을 주민의 결속력도 약해졌습니다. 과연 대동제를 폐지한 것이 현명한 판단이었을까요? 경제성과 효율성에서 생각하면 대동의 예의를 폐지한 것이 옳았을지는 몰라도, 풍속과 마을 공동체의 유지 관점에서 보면 다시 복구할 수 없는 문화를 파괴한 것입니다.

공자의 제자였던 자공子貢은 상인 출신으로 철저하게 경제적 효율을 중요하게 생각했습니다. 어느 날 자공은 경제성을 이유로 초하루朔 제사에 쓰이는 희생양餼羊을 올리는 의식을 폐지去하려고 했습니다. 공자는 안타까웠습니다. 자공이 양을 올리는 것이 아까워서愛 의식을 폐지하려고 했지만 공자는 경제성 때문에 없어지는 예가 더욱 아까웠던 것입니다. 그래서 자신은 양을 사랑하는愛羊 것보다 예를 사랑愛禮한다고 자공에게 이야기한 것입니다.

우리는 허례허식이라는 이름으로 우리의 아름다운 의식을 많이 폐지했습니다. 낭비라는 이름은 우리의 전통을 부수는 명분이 되었습니다. 물론 지나친 허례虛禮는 경계해야 하지만 오로지 경제성과 효율성으로만 전통의식을 바라보아서는 안 됩니다. 의식Ritual은 경제성의 잣대로만 재단할 수 없는 소중한 문화입니다. 가정에서 시간과 경비 문제로 제사를 생략하고, 각종 가정의례를 축소하는 것이 요즘입니다. 당장은 경제적으로 이익이 되겠지만, 장기적 실리론자인 공자는 사라져 가는 많은 예의 형식들을 안타까워할 것입니다. 세상에는 돈으로 따질 수 없는 지켜야 할 것들이 많습니다.

애 기 례
愛其禮 ◦ 예를 사랑한다면 돈에 연연하지 마라!

삭(朔): 음력 매월 1일, 그때 지내는 제사 | 희양(餼羊): 제사 때 올리는 희생양 | 이(爾): 너 | 애(愛): 아끼다

관중의 무례

자왈 관중지기소재 혹왈 관중검호 왈관씨유삼귀 관사불섭 언득검
子曰 管仲之器小哉 或曰 管仲儉乎 曰管氏有三歸 官事不攝 焉得儉

공자가 말했다. "관중의 그릇은 작도다!" 누군가 그 말을 듣고 말했다. "관중은 검소합니까?" 공자가 말했다. "관중은 삼귀를 소유하고 관직을 여러 개로 나누었으니 어찌 검소하다고 하겠는가?"

연즉관중 지례호 왈방군 수색문 관씨역수색문 방군 위양군지호 유반점
然則管仲 知禮乎 曰邦君 樹塞門 管氏亦樹塞門 邦君 爲兩君之好 有反坫
관씨역유반점 관씨이지례 숙부지례
管氏亦有反坫 管氏而知禮 孰不知禮

"그렇다면 관중은 예를 아는 사람입니까?" 공자가 말했다. "나라의 왕 정도 되어야 병풍으로 문을 가리는데 관씨 또한 병풍을 설치하여 문을 가렸고, 두 나라의 왕이 외교적으로 만날 때 반점을 설치하는데 관씨 또한 반점을 설치하니, 관씨가 예를 알면 누가 예를 모르겠는가?"

예를 아는 것을 지례知禮라고 합니다. 사람이 예를 알고 실천한다면 그 사람에 대한 평가는 높을 수밖에 없습니다. 높은 지위에 있어도 예를 모른다면 낮은 평가를 내릴 수밖에 없습니다. 춘추 말기에 가장 유명한 정치가였던 관중管仲은 예를 아는 지도자였을까요?
관중은 관포지교로 잘 알려진 제나라의 유명한 정치가입니다. 제나라 환공桓公을 도와 천하를 제패하고 천자가 없는 혼란한 사회에 새로운 질서를 세우고, 여러 나라를 규합하여 외적의 침입을 막아낸 탁월한 정치가였습니다. 공자는 이런 관중에 대하여 두 가지 상반된 평가를 합니다. 관중이 오랑캐를 막아 내고 중국의 문명을 수호한 점에서는 그 가치를 인정합니다. 그러나 주周나라의 질서체계를 무너뜨리고 패자覇者의 정치질서를 세운 것에 대하여는 비판적입니다.

이 문장에서는 관중을 강하게 비판하고 있습니다. 첫째, 관중은 사치를 일삼았다는 점입니다. 삼귀三歸는 세 집 살림을 했다는 것입니다. 자신의 권력과 부로 세 집 살림을 하는 사치를 했다는 것이죠. 또한 관직을 통합攝하여 운영하지 않고 여러 직책을 나눠 방만하게 운영했으니 검소하지 않다고 지적했습니다. 말하자면 방만한 인력을 통해 재정의 낭비를 했다는 것입니다. 둘째 관중은 예의

를 모른다는 것입니다. 나라의 임금 정도 되어야 할 수 있는 병풍樹을 설치하여 문門을 가렸고塞, 임금의 외교적 만남에 설치하는 술잔 거치대反坫를 자신의 사적인 만남에 설치했으니 예를 모른다고 비난하고 있습니다.

당시 영웅으로 칭송받던 관중에 대하여 공자는 몇 가지를 예를 들어 그의 사치와 무례함을 비판하고 있습니다. 그러나 결국 공자는 관중의 공을 인정합니다. 비록 사치와 무례함은 있었지만 정치인으로서의 성공은 간과할 수 없다는 것입니다. 외세에 대한 중화문명의 수호, 민생 경제의 안정, 국민적 통합 같은 관중의 지도자로서의 성공을 공자는 매우 긍정하고 있습니다. 예를 아는 것知禮과 성공은 별개의 문제인 것 같습니다.

知禮乎(지례호) ◦ 사치한 정치인 관중은 예를 아는 사람인가?

관중(管仲): 제나라 환공의 재상 | 삼귀(三歸): 세 집 살림 | 섭(攝): 겸하다 | 수(樹): 병풍 | 색(塞): 막다 | 호(好): 우호적 만남 | 점(坫): 술잔을 올려놓는 대臺 | 숙(孰): 누구

팔일무의 의례

공자위계씨 팔일 무어정 시가인야 숙불가인야
孔子謂季氏 八佾 舞於庭 是可忍也 孰不可忍也

공자가 귀족 계씨에 대하여 평가했다. "(천자만이 거행할 수 있는) 팔일八佾 무용을 자기 집 뜰에서 추었으니 이런 일을 차마 용서할 수 있다면 어떤 일인들 용서할 수 없겠는가?"

팔일八佾은 가로세로 여덟八 줄佾로 대형을 만들어 64명의 무희들이 추는 춤입니다. 대규모 인원이 동원되는 춤이기에 천자가 주관하는 의식에서만 사용되었죠. 제후들은 육일六佾무를 사용했고, 급수에 따라 무용단의 규모가 정해져 있었습니다. 이런 계급과 지위에 따른 차별은 무용뿐만이 아니라 다른 것에서도 광범위하게 정해져 있었습니다. 음식의 규모, 복식의 색깔과 문양, 의식의 횟수, 집의 크기와 숫자 등 모든 분야에 걸친 차별을 '예'라고 합니다. 예의가 있다는 것은 그런 차별에 순종하고 따른다는 것입니다. 무례하다는 것은 정해놓은 예를 파괴하고 벗어나는 것을 의미합니다.

계씨季氏는 공자 당시 노나라의 귀족이었습니다. 그런데 강력한 힘을 길러 노나라 왕에게 대항할 정도의 큰 힘을 갖게 되었죠. 그는 강력한 힘을 바탕으로 천자가 제사를 지낼 때 거행하는 8라인의 춤, 64명의 무희로 구성된 팔일 무용을 자신의 집 뜰庭에서 거행합니다. 공자는 이런 계씨의 행동을 성토합니다. 이것은 용서忍할 수 없는 일이며, 이것을 용서한다면 그 어떤孰 것도 용서할 수밖에 없는 세상이라고 한탄합니다.

이미 천자, 제후, 대부의 구별이 모호해지고 오로지 힘만이 정의가 되어 버린 시대에 공자는 왜 새로운 권력을 비판했을까요? 정녕 공자는 새로운 시대를 거부하고 오로지 옛날만 그리워하던 복고주의자였을까요? 공자가 신흥 권력을 비판하는 것은 결코 자신에게 이로운 일은 아니었을 것입니다. 공자는 오로지 힘으로 세상을 지배하려던 세력에 대하여 강력히 대항한 것입니다. 권력과 돈이 세상의 전부라고 생각하던 신흥 귀족들의 일탈을 비판하고, 인간의 존엄을 중요하게 생각하고 인간을 위한 정치를 하여야 한다고 생각했습니다. 그런 의미에서 예는 탐욕과 사치에 물든 권력자들을 제어하는 기능을 할 수 있다고 보았습니다. 기본으로 돌아가서 내 위치를 돌아보고 세상의 아픔을 공감하는 지도자가 되기 위해서는 예의 기본 정신인 '분수'를 알고 절제하는 삶을 살아야 한다는 것입니다. 그것이 자기 분수를 아는 정명正名입니다. 정명은 자신의 이름名에 걸맞은正 행동을 하는 것입니다. 돈과 권력이 있다고 함부로 정명에 맞지 않는 예를 사용하는 신흥 귀족들에게 공자는 혹독한 평가를 했던 것입니다.

숙 불 가 인
孰不可忍 ◦ 무례함을 참을 수 있다면 무엇을 못 참겠는가?

일(佾): 줄 | 인(忍): 용서하다 | 숙(孰): 무엇

태산도 예를 안다

계씨 려어태산 자위염유왈 여불능구여 대왈 불능
季氏 旅於泰山 子謂冉有曰 女不能救與 對曰 不能

귀족 계씨가 태산에 가서 여旅제사를 지냈다. 공자가 계씨의 (행정관이었던) 제자 염유에게 물었다. “너는 말릴 수 없었는가?” 염유가 대답했다. “할 수 없었습니다.”

자왈 오호 증위태산 불여림방호
子曰 嗚呼 曾謂泰山 不如林放乎

공자가 말했다. “아아! 일찍이 태산이 (예의 근본을 물은) 임방보다 못하겠는가?”

중국에는 오행사상을 기반으로 한 산악신앙이 있습니다. 일명 중원中原을 중심으로 오악五嶽을 섬기는 신앙입니다. 중앙의 숭산崇山, 동쪽의 태산泰山, 서쪽의 화산華山, 남쪽의 형산衡山, 북쪽의 항산恒山을 각 방향의 대표적인 산으로 지정하고 그 산을 신성시하며 숭배하는 신앙을 오악신앙이라고 합니다. 그 다섯 개의 산 중에서 종가에 해당하는 종산宗山이 태산입니다. 산동성 태안에 위치한 태산은 옛날부터 오악 중에서 으뜸으로 여겨져 최고 권력자가 하늘에 제사를 지내던 곳이었습니다. 아마도 해가 제일 먼저 뜨는 동쪽에 있는 산이라고 해서 종산으로 인정받았던 것 같습니다. 태산은 인간과 하늘이 만나는 접점이기에 이곳에서 하늘에 제사를 지낸다는 것은 인간 세계를 대표할 만한 권력이 있다는 뜻입니다. 봉건시대에는 천자가 제사를 주관했으며, 왕조시대에는 황제가 그 역할을 했습니다.

그런데 노魯나라 대부大夫에 불과한 계씨가 태산에 가서 천자의 제사인 여旅제사를 지냈다는 소식을 듣고 공자는 화가 났습니다. 그래서 자기 제자이자 계씨의 행정관이었던 염유冉有에게 화를 내며 물었던 것이죠. 너女는 왜 네가 모시는 계씨의 그런 무례한 행동을 말리지救 못했냐는 것입니다. 공자 학당 출신이었던 염유도 난감하다는 듯이 대답합니다. 자신이 제지하려고 해도 할 수 없었다는 변명이었습니다. 공자는 얼마 전 예의 근본을 물은 임방林放을 떠올리며 태산은 절대로 계씨의 무례한 제사를 용납하지 않을 것이라고 말합니다. 예의 근본도 모르는 계씨의 제사는 아무런 소용이 없을 것이란 비난입니다. 공자는 당시 귀족들의 자신의 분수를 벗어난 탐욕적 제사 활동을 비난하며 근본으로 돌아가야 한다고 주장합니다. 그까짓 제사 누가 지내는 것이 뭐 그리 대단하다고 생각할지 모르지만 그 예의 원칙이 무너지면 결국 사회 전체의 질서가 무너질 것이란 것이 공자의 생각입니다.

조선시대의 예송禮訟 논쟁 역시 단순히 예의 원칙에 대한 논쟁이 아니라 사회 전체의 질서 유지냐 파괴냐의 논쟁이었기에 중요한 당파의 이슈가 되었던 것입니다. 사형제도, 동성결혼, 낙태 등의 논쟁이 지금은 대단한 정치적 이슈이지만 먼 훗날에는 정말 아무 문제도 아닌 것 갖고 과거에 왜 그리 싸웠는지를 이해 못하는 시대도 올 것입니다.

여 불 능 구 여
女不能救與 ◦ 너는 그 무례한 행위를 말릴 수 없었는가?

여(旅): 제사 이름, 천자가 태산에서 지내던 제사 | 염유(冉有): 공자의 제자 | 여(女): 너汝와 같은 뜻 | 구(救): 말리다, 구제하다 | 오호(嗚呼): 감탄사 | 증(曾): 일찍이 | 불여(不如): ~만 못하다

예와 본질

자하문 교소천혜 미목반혜 소이위현혜 하위야
子夏問 巧笑倩兮 美目盼兮 素以爲絢兮 何謂也

자하가 물었다. “(시경에) ‘예쁜 웃음과 보조개여! 아름다운 눈과 맑은 눈동자여! 흰 바탕 위에 색칠을 한다’라고 하는 구절이 있는데 무슨 의미인가요?”

자왈 회사후소
子曰 繪事後素

공자가 말했다. “그림 그리는 일은 흰 바탕이 있은 후에 가능하다는 뜻이다!”

왈 예후호 자왈 기여자 상야 시가여언시이의
曰 禮後乎 子曰 起予者 商也 始可與言詩已矣

자하가 말했다. “그렇다면 결국 예는 그다음이라는 뜻이겠네요?” 공자가 말했다. “나를 일으키는 자는 내 제자 상(자하)이로구나! 비로소 너와 시를 이야기할 만하구나!”

아무리 얼굴이 예뻐도 하는 행동이 상식적이지 않으면 미인이라고 할 수 없습니다. 아무리 돈이 많아도 베풀지 않는 부는 부자라고 할 수 없습니다. 아무리 예의를 잘 차려도 인성이 갖추어지지 않은 사람을 군자라고 할 수 없습니다. 아무리 뛰어난 그림도 결국 흰색 도화지가 있어야 그려지듯이 인간 역시 기본을 갖추어야 비로소 존경받는 인물이 될 수 있습니다.

이 구절을 읽다 보면 공자와 그 제자들의 수업 장면이 눈에 선하게 떠오릅니다. 제자들은 각자 의문이 생기면 공자에게 심사숙고하여 물었고, 공자는 제자들의 수준에 맞춰 자신의 생각을 이야기해주었습니다. 그러면 제자들은 수준에 맞춰 깨달음을 얻었고, 공자는 그런 수업을 너무 좋아했습니다. 공자의 제자 자하子夏가 《시경》의 구절을 읽다가 도저히 무슨 뜻인지 몰라서 공자에게 물었습니다. “아름다운巧 웃음笑에 예쁜 보조개倩, 아름다운美 눈目에 또렷한 눈동자盼, 흰 바탕素 위에 아름다운 채색絢을 한다”란 《시경》의 구절은 이해하기 쉽지 않습니다. 공자는 간단하게 대답합니다. “그림 그리는 일繪事은 흰 바탕素이 있은 후後에 가능하다.” 회사후소繪事後素는 자주 사용하는 말입니다. 결국 아무리 아름다운 그림도 흰 바탕이 선행되어야 하듯이, 아무리 예쁜 얼굴도 아름다운 마음씨가 선행되어야 한다는 것입니다. 얼굴이 예쁘고 옷을 아무리 잘 차려 입어도 인성이 갖추어지지 않은 사람이라면 의미가 없다는 것입니다. 사람이 인성을 갖추지 못하면 아무리 화려하고 세련된 예악禮樂이라도 의미가 없다는 구절이 떠오릅니다.

공자는 늘 기본을 강조한 것 같습니다. Back to the basics! 기본으로 돌아가자는 구호는 공자의 기본 철학입니다. 예의 형식보다 예의 본질로 돌아가자! 화려한 스펙과 지식보다는 인성이 갖춰져야 한다! 인간이 인간답지 못하다면 결코 지도자가 될 수 없다는 것이 공자의 기본 생각입니다.

繪事後素(회사후소) ◦ 예는 본질이 아름다워야 빛이 난다.

자하(子夏): 공자의 제자 | 교(巧): 예쁜 | 천(倩): 보조개 | 반(盼): 눈자위가 또렷하다 | 현(絢): 무늬, 채색하다 | 회(繪): 그림 그리다

예와 정치

혹문체지설 자왈 부지야 지기설자지어천하야 기여시저사호 지기장
或問禘之說 子曰 不知也 知其說者之於天下也 其如示諸斯乎 指其掌

누군가 체禘제사 내용에 대하여 공자에게 물었다. 공자가 대답했다. “나도 모르겠다. 그 누군가 이 세상에서 체제사에 대하여 설명할 수 있는 사람이 있다면 아마도 이것을 보는 것과 같을 것이다” 하고는 자신의 손바닥을 가리켰다.

옛날 어느 드라마 대사가 떠오릅니다. “이 손안에 있소이다!” 이 말은 모든 일이 다 내 손바닥 안에 있듯이 쉽게 처리할 수 있을 것이란 의미입니다. 공자는 제사를 정확히 아는 사람이라면 세상을 제대로 이끌 수 있는 사람이라고 생각했습니다. 그야말로 세상을 손바닥 안에 놓고 볼 수 있는 사람이라는 것입니다.

도대체 제사 지내는 것과 세상을 경영하는 것은 무슨 관계가 있을까요? 결론은 지나간 문명을 정확히 알아야 현재의 지도자가 될 수 있다는 것입니다. 제사는 단순히 의식이 아니라 문명의 본질로 본 것입니다. 제사의 내용, 절차, 의미를 정확히 안다는 것은 지나간 문명을 정확히 알고 있는 것이고, 그 문명에 대한 지식을 기반으로 위대한 리더십을 발휘할 수 있다는 것입니다. 리더십은 스킬이 아니라 아트라는 것이지요. 단순히 지식만 가지고는 훌륭한 리더십을 발휘할 수 없습니다. 지나간 문명에 대한 통찰력, 미래에 대한 예지력, 그리고 현재에 대한 정확한 인식을 통합하여 조직을 이끌어 나갈 때 비로소 큰 리더십이 구동될 수 있는 것입니다.

체제사는 천자가 하늘에 지내는 제사라는 것은 이미 설명했습니다. 공자가 살던 시대에는 이미 그 절차와 내용이 많이 훼손되어 원형을 알기 어려웠습니다. 누군가 체제사의 내용說을 물었고, 공자는 자신도 모르겠다不知고 대답하며, 누군가 그 제사의 원형을 알고 있는 사람이 있다면 세상을 손바닥掌 보듯이示 환히 들여다보는 혜안을 갖고 있을 것이라고 이야기합니다. 자신의 손바닥을 가리켰다指는 표현이 생생합니다. 지나간 과거의 문명을 제대로 알고 있는 사람이

있다면 이 어려운 난세에 어떻게 세상을 구제할지 알고 있는 사람일 것이란 비유입니다. 세상을 손바닥 보듯이 볼 수 있는 사람은 인문人文에 정통하고 천리天理를 꿰뚫고 있고 지리地理에 능통한 사람입니다. 영어와 법률과 수학에 정통하다고 해서 세상의 이치를 안다고는 알 수 없습니다. 제사는 단순한 의례를 넘어 문명을 읽는 중요한 코드입니다.

지기장
指其掌 ◦ 예를 알면 정치는 손바닥 안에 있다!

설(說): 이야기, 내용 | 저(諸): ~를, 어조사 | 지(指): 가리키다 | 장(掌): 손바닥

제례의 원칙

팔일 12

제 여 재 제 신 여 신 재
祭如在 祭神如神在

조상에게 제사를 지낼 때는 조상이 앞에 계신 듯이 지내야 할 것이고, 신령에게 제사 지낼 때는 신령이 앞에 계신 듯이 지내야 한다.

자 왈 오 불 여 제 여 부 제
子曰 吾不與祭 如不祭

공자가 말했다. "내가 제사에 직접 참여하지 않는다면 제사를 안 지낸 것과 같다."

제사의 대상은 다양합니다. 그러나 크게 둘로 나누면 조상에게 지내는 제사와 자연의 신령에게 지내는 제사로 나눌 수 있습니다. 조상 제사는 추모의 의식이며, 신령 제사는 경모敬慕의 의식입니다. 제사는 유령이나 보이지 않는 귀신에게 복종하는 의식이 아니라 산자와 죽은 자의 경계를 허무는 추모와 존경의 의식입니다. 제사는 나와 조상, 자연과의 교감의식이며, 겸손과 감사의 마음이 표현되는 인류의 중요한 의식입니다.

공자는 제사의 원칙을 이야기하면서 '앞에 계신在 듯이如'를 강조합니다. 비록 안 보이지만 계신 것처럼如在 정성을 다해야 한다는 것입니다. 내가 바빠서 제사에 참가하지 않고 아무리 돈을 많이 보내도 그것은 제사에 참여하지 않은 것과 같다고 하면서 제사는 정성의 마음이 가장 기본이라고 강조합니다. 제사상에 진수성찬을 차려놓고, 비싼 제기와 병풍을 쳐놓고 제사를 지내도 정성이 없다면 그 제사는 안 지낸 것과 같습니다. 하루 종일 정신없이 살다가 아무런 마음가짐 없이 퇴근하여 제사상 앞에서 절 몇 번 하는 것이 조상을 잘 모시는 제사인지는 생각해보아야 합니다.

제 여 재
祭如在 ◦ 제사를 지낼 때는 앞에 계신 듯이 지내라!

여(與): 참여하다

묻는 것이 예다

자 입 태 묘 매 사 문 혹 왈 숙 위 추 인 지 자 지 례 호 입 태 묘 매 사 문
子入大廟 每事問 或曰 孰謂鄹人之子 知禮乎 入大廟 每事問

공자가 태묘 사당에 들어가 매 제사 절차마다 물었다. 누군가 그것을 보고 말하기를 "누가 시골뜨기 추鄹 땅 출신의 아이를 예를 안다고 했는가? 태묘에 들어와서 매 절차를 저리 묻는고?"

자 문 지 왈 시 례 야
子聞之曰 是禮也

공자가 그 이야기를 듣고 말했다. "(알지만 묻는 것) 이것이 예禮이다."

공자는 예에 밝다는 소문이 있었고, 제사를 지내는 성전에 들어가 의례에 합류할 기회를 얻었습니다. 공자는 비록 예에 대하여 높은 수준에 이르렀지만 태묘太廟 제사에 참가하여 모든 절차를 매번 물었던每事問 것은 그 예를 몰라서가 아니라 혹시라도 태묘 제사 절차만의 특수성이 있을까 해서입니다. 나아가 그곳에서 예를 집행하는 사람을 존중하고자 하는 뜻이 있었습니다. 그런데 오로지 지식으로만 예를 알고 있었던 태묘의 관리들은 공자의 뜻을 알지 못하고 시골뜨기 추鄹 땅에서 온 공자를 예를 모르는 사람이라고 비난했던 것입니다. 알지만 그래도 묻는 것, 이것是이 예라는 공자의 말 속에 겸손의 정신이 느껴집니다.

"남의 집 제사에 감 놔라 대추 놔라 하지 말라!"는 속담이 있습니다. 집집마다 특수한 제사 절차가 있는데 자신이 알고 있는 제사 지식만 갖고 이래라저래라 한다면 정말 예를 모르는 사람입니다. 알지만 물어보는 것, 이것이 진정 아름다운 예의 정신입니다. 아는 사람은 늘 물어봅니다. 모르는 사람은 잘 묻지 않습니다. 왜냐하면 자신이 알고 있는 지식의 그물에 걸려 있기 때문입니다. Stay foolish! 난 아직도 어리석다! 난 아직도 물을 것이 많다! 정말 똑똑한 사람은 매사에 묻고 또 묻는每事問 사람입니다.

매 사 문
每事問 ∘ 매사에 알아도 묻는 것이 진정한 예(禮)다.

태묘(大廟): 나라의 제사를 지내는 사당으로 대大를 태太라고 발음한다 |
추(鄹): 공자가 나고 자란 노魯 나라 시골 동네

아첨과 진실

자왈 사군진례 인이위첨야
子曰 事君盡禮 人以爲諂也

공자가 말했다. "내가 임금을 섬김에 예를 다하는 것을 남들은 내가 아첨한다고 한다."

참 억울한 일입니다. 나는 최선을 다해 진실로 직장상사를 모셨는데 사람들은 내가 아첨諂한다고 수군거린다면 억울하지 않겠습니까? 공자도 같은 경우를 당했나 봅니다. 최선을 다해盡 예의禮를 갖춰 윗사람을 모셨는데事 사람들은 자신을 아첨諂한다고 생각하면以爲 얼마나 억울했겠습니까? 그러나 공자가 누구입니까? 타인의 시선과 평가에 주눅 들지 않고 자신의 길을 묵묵히 가는 공자입니다. "남이 나를 알아주지 않더라도 화내지 않으니 그것이 군자의 모습이다!"

세상을 살다가 누군가 나를 욕하고 비난한다면 그냥 무시하고 가십시오. 일일이 설명하고 해명해보았자 아무도 들어주지 않습니다. 그럴 때는 내 영혼과 마음을 믿고 무소의 뿔처럼 가면 됩니다. 그러면 사람들은 내 맘을 알아주게 되고, 못 알아주더라도 내 양심에 거리낌이 없기에 평안할 수 있는 것입니다. 세상을 산다는 것은 결국 나의 문제이지 타인의 문제는 아닙니다. 진실은 아첨이라고 비난당해도 여전히 진실입니다.

사군진례
事君盡禮 ◦ 아첨이라 욕먹어도 예를 다해 주군을 모셔라!

진(盡): 다하다 | 이위(以爲): ~라고 생각하다

보고 싶지 않은 예

자 왈 체 자 기 관 이 왕 자 오 불 욕 관 지 의
子曰 禘自旣灌而往者 吾不欲觀之矣

공자가 말했다. "체禘제사에 이미 관灌의례가 추가된 후로 나는 그 제사를 보고 싶어 하지 않았다."

"불욕관不欲觀"은 '보고觀 싶지欲 않다不'는 뜻입니다. 공자는 무엇을 그렇게 보고 싶지 않았을까요? 원형이 망가지고 명분이 사라진 잘못된 제사에 참석하여 그 제사를 보고 싶지 않다는 것입니다. 공자에게 제사는 단순히 추모의 행사가 아니라 사회질서 유지의 중요한 의식ritual이었던 것입니다. 제사의 본질이 훼손되고 절차가 마음대로 변하는 현실을 개탄하며 천자가 지내는 체禘제사를 지방 귀족들이 마음대로 지내면서 절차까지 바꿔가며 물을 붓는 의식灌까지 만들어 내고 있으니 더 이상 그 제사를 보고 싶지 않다고 개탄하고 있습니다.

공자가 단지 원형이 손상된 이유만으로 이렇게 강한 어조로 더 이상 참여하지 않겠다고 한 것일까요? 제사는 시대에 따라 얼마든지 그 의식 절차가 변형될 수 있습니다. 공자는 단순히 의식 절차의 변형보다는 명분 없는 제사 의식을 혐오했던 것 같습니다. 요즘 말로 하면 명분도 없는 사람들이 돈 있고 힘 있다고 마음대로 행동하는 모습에 실망을 했던 것입니다. 공자는 당시 신흥 귀족들의 명분 없는 행동과 교만한 의례 진행에 단단히 화가 나 있었음이 분명해 보입니다.

오 불 욕 관
吾不欲觀 ◦ 나는 뿌리 없는 예를 더 이상 보지 않겠다.

체(禘): 천자가 태산에서 지내는 제사 이름 | 관(灌): 제사를 지낼 때 물을 붓는 의례, 정확하지는 않다

예악의 시대정신

자왈 마면예야 금야준 검 오종중
子曰 麻冕禮也 今也純 儉 吾從衆

공자가 말했다. "마麻로 만든 모자를 쓰는 것이 (전통의) 예에 맞지만 요즘은 생사生絲로 만들고 있으니 검소하구나. 나는 요즘 시대 대중의 뜻을 따르겠다."

배하 예야 금배호상 태야 수위중 오종하
拜下 禮也 今拜乎上 泰也 雖違衆 吾從下

"(손님을 맞이할 때) 당堂 아래 내려가서 절하는 것이 예에 맞는데 요즘 사람들은 당 위에서 절하여 맞이하니 교만한 것이다. 나는 비록 대중의 뜻과 다르더라도 당 아래 내려가서 절하여 맞이하는 것을 따르겠다."

'공자는 전통만을 고집한 보수주의자였다?' 이 문장을 읽으면 이런 고정관념이 확 바뀝니다. 예는 시대정신을 반영하며, 합리적이고 상식적인 판단이 무엇보다 중요합니다. 이것이 공자의 사유방식입니다.

면冕은 모자입니다. 삼베麻로 만드는 것이 원칙이었으나 너무 촘촘하여 만들기 복잡하고 비용도 만만치 않았습니다. 그래서 당시 사람들은 생사純로 만들어서 간편하고 검소儉하게 사용했습니다. 공자는 비록 옛날 기준에 맞지는 않더라도 검소하고 편리한 그 시대의 원칙을 따르겠다는 것입니다. 손님이 찾아오면 당堂 아래 내려가서下 절拜하고 맞이하는 것이 원칙이지만 당시 사람들은 당 위에서上 손님에게 절하고 맞이했습니다. 공자는 그런 행위를 교만한泰 것으로 판단하고 당시 대중衆의 뜻에 위배違되더라도 원칙을 따르겠다고 합니다.

전통이 유지되려면 충분한 이유와 합리성이 있어야 합니다. 그것이 없다면 시대정신을 좇아야 한다는 것이 유연한 공자의 철학입니다. 개량한복을 입고, 간편한 제사를 지내고, 간단히 인사하는 다양한 예절은 합리성, 상식, 시대정신을 반영하여 유연하게 변하는 것이 합당하다는 것입니다.

오종중
吾從衆 ◦ 나는 이 시대를 사는 대중의 뜻에 따르겠다.

마(麻): 베 | 면(冕): 면류관, 모자 | 준(純): 생사 | 태(泰): 교만하다

예와 농사

번지청학가 자왈 오불여노농 청학위포왈오불여노포

樊遲請學稼 子曰 吾不如老農 請學爲圃曰吾不如老圃

번지가 농사짓는 법에 대하여 배우기를 청했다. 공자가 말했다. "나는 나이 많은 농부만 못하단다." 그러자 번지는 채소 키우는 법에 대하여 배우기를 청했다. 공자가 말하기를 "나는 나이 많은 채소 키우는 사람만 못하단다."

번지출 자왈 소인재 번수야 상호례즉민막감불경 상호의즉민막감불복

樊遲出 子曰 小人哉 樊須也 上好禮則民莫敢不敬 上好義則民莫敢不服

상호신즉민막감불용정 부여시즉사방지민 강부기자이지의 언용가

上好信則民莫敢不用情 夫如是則四方之民 襁負其子而至矣 焉用稼

번지가 방에서 나갔다. 그러자 공자가 말했다. "소인이구나! 번지여! 윗사람이 예를 좋아하면 백성은 모두 그를 공경할 것이고, 윗사람이 의를 좋아하면 백성은 모두 그에게 복종할 것이고, 윗사람이 신뢰를 좋아하면 백성은 모두 그에게 자신의 심정을 말할 것이다. 이와 같이 하면 사방의 백성이 자식을 포대기에 업고 몰려올 것이니, 어찌 직접 농사 지을 필요가 있겠느냐?"

이 문장을 읽으면서 공자는 농사짓는 일에 대하여 부정적이었다고 오해할 수도 있습니다. 제자 번지가 공자에게 농사에 대하여 물었을 때 공자는 늙은 농부가 훨씬 잘 안다고 대답했습니다. 지도자가 논밭에 나가 직접 농사를 짓는 것에 대하여 부정적인 의견을 낸 것입니다. 대신 리더가 예를 좋아하고, 의를 실천하고, 신뢰를 지키면 백성이 더 풍요로운 삶을 살 수 있다고 생각했습니다.

사장이 직접 공장에서 근로자들과 기계를 같이 돌리고, 지도자가 현장에서 직접 일을 함께하는 것이 좋아 보일 수는 있습니다. 그러나 지도자의 역할과 할 일이 반드시 현장에서 함께 일하는 것에 있지는 않을 것입니다. 오히려 현장 근로자를 존중하고, 옳은 방향을 결정하고, 사람들의 신뢰를 얻는 것이 리더로서 먼저 해야 할 일입니다.

오불여노포

吾不如老圃 ◦ 나는 농사짓는 일에 있어서는 나이든 농부만 못하다.

가(稼): 농사짓다 | 포(圃): 채소 가꾸다 | 강(襁): 포대기

상례의 근본

자 유 왈 상 치 호 애 이 지
子游曰 喪 致乎哀而止

자유가 말했다. "상례를 치를 때는 슬픔을 극진히 할 뿐이다."

예는 화려한 수식이나 절차에 있지 않습니다. 근본을 정확히 알고 행하는 것이 예의 본질입니다. 공자는《논어》에서 수차례에 걸쳐 예는 절차나 형식이 아니라 근본정신에 충실해야 한다고 강조합니다. 화려한 수식보다는 검소함, 화려한 말솜씨보다는 진정성, 복잡한 절차보다는 진심의 표현이 예의 본질에 가깝다는 것입니다.

공자의 제자 자유도 상례는 슬픔이 주가 되어야지 절차나 형식이 그 본질을 가려서는 안 된다고 말하고 있습니다. 후기 유교의 계승자들은 이런 예의 근본정신을 외면하고 절차와 의식에서 예를 찾으려고 했습니다. 조선시대 예학의 발전이 예의 형식적인 측면을 너무 강조하고 있다는 측면에서 초기 유교의 예의 정신에 위배된다고 할 수 있습니다. 지금도 예를 강조하면서 제사의 4대 봉사니, 혼인의 절차니 운운하는 사람들이 있는 것을 보면,《논어》를 읽어본 적이 있는지 의심이 갑니다.

상 치 호 애
喪致乎哀 ◦ 상례는 슬픔의 지극함으로 맞이하라!

부모의 상례

증 자 왈 오 문 저 부 자 인 미 유 자 치 자 야 필 야 친 상 호
曾子曰 吾聞諸夫子 人未有自致者也 必也親喪乎

증자가 말했다. "난 스승인 공자님에게 '사람이 자신의 최선을 다하지 못하는 것이 있더라도 부모님 상만큼은 최선을 다해야 한다'고 들었다."

상례는 다양의 의례 중에 제례와 함께 가장 정점에 있는 의례입니다. 죽은 자에 대한 마무리, 살아 있는 자의 죽은 자에 대한 애도를 가장 크게 실행하고 있는 것이 상례입니다. 요즘도 상가에 가보면 상례의 의례가 엄중합니다. 대부분 전문 장례식장에서 상례를 대행하고 있지만, 살아 있는 후손들의 죽은 자에 대한 슬픔과 마지막 보내는 의식은 그 어느 의례보다도 무게감이 있습니다. 비록 상례의 기간이 3일 내외로 줄었고, 49일 만에 대부분 애도의 기간이 종료가 되지만, 그 기간만큼은 슬픔을 극진히 하는 것이 인지상정입니다.

증자는 효도를 강조한 제자입니다. 특히 부모에 대한 상례에 대하여 최선을 다하는 것이 효도의 정점이라고 강조했습니다. 인간이 살아가면서 최선을 다하지 못할 일이 많이 있지만, 부모님을 마지막으로 보내드리는 친상만큼은 최선을 다하는 것이 자식의 도리라는 것입니다. 나를 낳아준 부모가 어느 날 내 곁을 떠났을 때 느끼는 상실감과 슬픔을 최선을 다해 표현하고 실행하는 것이 상례라면, 인간이 부모에게 할 수 있는 가장 늦은 효도일 수도 있다는 생각을 해봅니다. 물론 부모님의 뜻을 잊지 않고 잘사는 것이 진정 효도의 정점일 것입니다.

친 상
親喪 ◦ 부모의 장례에 최선을 다하라!

음악 이론

자어노태사악왈 악기가지야 시작 흡여야 종지 순여야 교여야 역여야 이성
子語魯大師樂曰 樂其可知也 始作 翕如也 從之 純如也 皦如也 繹如也 以成

공자가 노나라 국악원장인 태사大師에게 음악에 대하여 말했다. "음악은 누구나 알 수 있는 것이다. 처음 시작할 때 여러 악기들이 음을 모으고, 음악이 부드럽게 흐르다가 클라이맥스에 이르고, 끊어질 듯 다시 이어지면서 음악 한 곡이 완성되는 것이다."

공자는 확실히 아티스트였습니다. 특히 음악에 대한 수준은 상당히 높았습니다. 노래를 부르거나 악기를 연주하는 것은 공자의 일상에서 빼놓을 수 없는 일과였으며, 심지어 상갓집에 조문 간 날을 빼놓고는 항상 노래를 부를 만큼 노래를 좋아했습니다.

공자가 당시 노나라의 음악 책임자였던 태사에게 자신의 음악에 대한 견해를 펼칩니다. 음악의 네 가지 부분, 시작始作 부분에서는 여러 악기들이 모아지고翕, 진행 부분에서 부드럽게純 흐르다가, 강조 부분에서는 클라이맥스皦에 이르고, 결론 부분에서 끊어질 듯 이어지면서繹 음악이 완성된다는 것입니다. 기승전결起承轉結의 관점에서 음악 이론을 설명하면서 음악은 어려운 것이 아니라 누구나 알 수 있는可知 정말 쉬운 것이라고 강조합니다.

요즘도 음악을 어렵게 설명하는 사람들이 많습니다. 인간의 감정을 소리로 표현하는 것이 음악이라면 음악은 어려운 것이 아닙니다. 서로 다름의 만남翕, 순일한 운율純, 격정의 순간皦, 계속되는 여운繹은 음악의 중요한 네 가지 구성요소입니다. 공자는 음악교육은 쉽게 가르쳐야 한다고 하면서 당시 노나라 국립국악원장에게 음악이론을 이야기한 것입니다.

악가지
樂可知 ◦ 음악은 누구나 알 수 있는 것이다.

천자의 음악

삼가자 이옹철 자왈 상유벽공 천자목목 해취어삼가지당
三家者 以雍徹 子曰 相維辟公 天子穆穆 奚取於三家之堂

노나라 세 가문의 귀족들이 (천자의 음악인) 옹雍 음악으로 제사를 마무리했다. 공자가 말했다. "(천자를) 도와주는 사람이 제후이어야 하거늘 천자의 아름다운 (옹) 음악을 어찌 세 가문의 집에서 (도용하여) 취하는가?"

옹雍은 천자가 제사를 마칠 때 사용하는 배경 음악입니다. 예의 관점에서 보면 천자 이외의 귀족이 이 음악을 사용하여 제사를 마무리하면 무례無禮한 것이 됩니다. 예의 질서를 교란시켰다는 이유입니다. 예는 봉건사회를 유지하는 중요한 규범체계였으며, 통제의 기준이기도 했습니다. 예는 사회질서를 유지하기 위한 중요한 도구였지만, 한편으로는 새로운 변화와 혁신을 가로막는 장벽이기도 했습니다.

공자는 음악樂을 통해서 신흥 귀족들의 무례한 탐욕을 비판합니다. 자신이 처한 지위와 역할을 벗어나는 사치스런 행위를 당장 중단하라는 것입니다. 당시 노나라 신흥 귀족 세 가문三家이 천자의 제사 음악인 옹雍 음악을 도용하여 자신들 제사의 마지막 의식인 철상徹 절차에 사용한 것에 대하여 분노하며, 천자를 도와相야 할 귀족辟公이 천자의 음악을 도용하여 취取하는 것에 대하여 비난한 것입니다.

천자목목
天子穆穆 ◦ 천자의 밝고 장엄한 음악이여!

삼가(三家): 당시 노나라 권력을 삼분하고 있던 세 가문의 귀족 | 옹(雍): 천자가 제사 지낼 때 쓰는 음악 | 철(徹): 제사상을 거두는 절차 | 벽공(辟公): 제후의 별칭 | 목(穆): 밝고 장엄한 | 해(奚): 어찌

기쁨과 슬픔의 미학

자왈 관저 락이불음 애이불상
子曰 關雎 樂而不淫 哀而不傷

공자가 말했다. "《시경》 '관저' 장의 가사는 즐겁지만 음란하지 않고, 애절하지만 상처 나지 않는 슬픔이 담겨 있다."

슬픔이 지나치면 상처가 되기도 합니다. 인간이 살면서 어찌 슬픔이 없을 수 있겠습니까? 그러나 그 슬픔이 상처가 되어 남지 않기를 바라며 살 뿐입니다. 정신적 슬픔, 육체적 슬픔, 경제적 슬픔 등 인간이 겪어내야 할 슬픔이 너무 많습니다. 나에게 왜 이런 슬픔이 다가왔는지 아무리 생각해도 이유를 알 수 없을 때도 많지요. 그래도 희로애락喜怒哀樂이 인간이 살아가는 존재방식의 감정이라면 다가온다고 두려워할 필요도 없을 것 같습니다. 그런데 때로는 슬픔이 너무 크면 인생에 평생 지울 수 없는 큰 상처로 남기도 합니다. 지나간 슬픔이야 시간이 지나면 잊혀지지만 남겨진 상처는 늘 인간의 마음을 아프게 합니다.

공자가 "슬픔이 상처가 되지 않는다"라고 말한 것은 시를 평론하면서 한 말입니다. '관저關雎'는 《시경》에서 가장 먼저 나오는 시입니다. 사랑하는 여인을 그리워하는 남자의 마음이 잘 나타나 있습니다. "요조숙녀窈窕淑女여! 나의 좋은 짝이로다! 그대를 생각함에 이리저리 뒤척이며 잠 못 이룹니다!" 어느 남자의 사랑하는 여인에 대한 간절함, 그것이 이루어질 수 없는 사랑이라면 아마도 그 남자에게는 상처로 남을 수 있을 것입니다. 애절한 사랑의 이별은 상처로 남기 쉽기 때문입니다. 공자는 이 시(노래 가사)를 읽고 이렇게 평론했던 것입니다.

"즐겁지만 음란에 이르지는 않았구나!"
"슬프지만 상처로 남지는 않았구나!"

인간의 연애 감정을 그대로 보여주는 이 《시경》의 구절을 평론하면서 공자는 기쁨이 음란함이 되지 않고 슬픔이 상처가 되지 않는다는 기가 막힌 평론을 했던 것입니다. 슬픔이 인간을 아프게 하지만 상처만 남지 않는다면 참 아름다운 아픔입니다. 기쁨이 인간을 즐겁게 하지만 음란하지만 않는다면 참 아름다운 기쁨입니다. 공자의 기발한 음악평론입니다. 저는 이 구절을 읽을 때마다 어떻게 인간의 감정을 이렇게 절제할 수 있을까 고민해봅니다. 기쁨樂이 지나치면 음란淫하게 되고 슬픔哀이 넘치면 상처傷가 되는 것이 당연한 이치인데, 기쁨을 제어하여 음란에 이르지 않고 슬픔을 간직하여 상처가 되지 않게 되는 것은 놀라운 인간의 감정 통제능력입니다. 인생을 살면서 만나는 아픔이 상처로 남지 않고, 기쁨이 쾌락이 되지 않았으면 좋겠습니다.

락이불음 애이불상
樂而不淫 哀而不傷 ◦ 즐겁지만 음란하지 말고, 슬프지만 상처가 되지 말라!

음(淫): 음란하다 | 상(傷): 상처

도덕성과 예술성의 겸비

자 위 소 진 미 의 우 진 선 야 위 무 진 미 의 미 진 선 야
子謂韶 盡美矣 又盡善也 謂武 盡美矣 未盡善也

공자가 순임금의 음악인 소韶 음악에 대하여 평론했다. "진실로 아름답구나! 또한 진실로 도덕적이구나!" 무왕의 음악인 무武 음악에 대하여 평론했다. "진실로 아름답구나! 그러나 진실로 도덕적이지는 않구나!"

뛰어난 예술적 아름다움과 완성도에도 불구하고 도덕적인 측면에서 비난을 받아 그의 재능과 작품이 제대로 인정받지 못하는 경우가 있습니다. 동성연애자이자 마약을 복용했던 아티스트의 노래가 한때 우리나라에서 금지곡으로 지정된 적도 있고, 월북 작가라는 이유만으로 한국 문화계에서 이름을 꺼내는 것조차 금기시되었던 적도 있습니다. 예술가는 작품도 중요하지만 그의 도덕성과 행적도 중요하다는 관점에서 본 것입니다. 이제는 그런 기준은 많이 사라졌지만 여전히 우리의 인식 속에는 예술가는 작품성과 도덕성 모두를 가져야 한다는 무의식적인 기준이 남아 있습니다. 공자는 예술을 평가면서 도덕성과 작품성이 모두 좋아야 한다고 말합니다. 작품성이 아무리 좋아도 도덕성에 상처가 있으면 완전한 평가를 받을 수 없다는 것입니다.

소韶 음악은 순舜임금을 찬양하는 노래입니다. 순임금은 혁명이 아닌 선양禪讓을 통해 정권을 계승했습니다. 그래서 그 내용이 예술적으로 아름답고美 도덕적으로 선善하다는 것입니다. 그러나 무武 음악은 쿠데타로 정권을 잡은 무왕武王을 찬양하는 노래이기에 음악적 아름다움은 있으나 도덕적으로 완벽한 선함은 아니라는 것입니다. 아무래도 피를 통해 정권을 잡았기에 그 정권에 명분이 있더라도 선한 도덕적 판단은 할 수 없다는 것이겠지요. 그래서 순임금의 음악은 예술적으로도 아름답고美 도덕적으로도 완전하나善 무임금의 음악은 예술적으로는 아름답지만 도덕적으로는 완벽하지 않다未盡善고 한 것입니다.

음악은 무엇으로 평가받아야 할까요? 예술성美과 도덕성善, 이 모든 것이 갖

추어져 있으면 좋겠지만, 어떤 사람은 예술성만 좋으면 위대한 예술이라고 하고, 어떤 사람은 도덕적 기반 없는 예술성은 의미가 없다고 합니다. 도덕성이 결여된 영화나 가수의 아름다운 예술성은 부정되어야 할까요? 아니면 예술성은 떨어지더라도 도덕성이 있다면 좋은 평가를 받아야 할까요? 여전히 이 시대에 묻는 질문입니다.

盡美盡善(진미진선) ◦ 음악은 예술성과 도덕성을 갖춰야 한다.

소(韶): 순임금의 음악 | 무(武): 무임금의 음악

예악의 본질

자왈 예운예운 옥백운호재 악운악운 종고운호재
子曰 禮云禮云 玉帛云乎哉 樂云樂云 鐘鼓云乎哉

공자가 말했다. "예 어쩌고, 예 어쩌고 하는 것이 옥과 비단을 말하는 것이겠는가? 음악이 어쩌고, 음악이 어쩌고 하는 것이 종소리, 북소리를 말하는 것이겠는가?"

예는 옥玉과 비단帛으로 치장하고 격식에 맞춰 움직이는 것이 아닙니다. 음악은 종鐘과 북鼓을 장단에 맞춰 기교 있게 잘 연주하는 것이 아닙니다. 예의 본질은 형식에 앞서 질서의 아름다움을 추구하는 것이며, 음악의 본질은 음률에 앞서 화해의 아름다움을 추구하는 것입니다. 예의를 지킨다고 멋진 옷을 차려입고 '예가 어떻고' 한다고 예를 제대로 알고 시행하는 사람이 아닙니다. 오히려 예의 형식에 구속되어 본질을 잃고 있는 경우가 많습니다. 악기를 기교로 잘 연주하면서 '음악이 어떻고' 한다고 해서 음악을 제대로 알고 있는 사람이 아닙니다.

공자는 예의 형식과 음악의 기교에 집착하고 있는 사람들에게 일침을 날렸습니다. 당신들이 하고 있는 예와 악은 본질을 벗어난 껍데기라고 선언한 것입니다. 예는 서로 다른 인간의 욕망을 형식을 통하여 조절하고, 타인을 존중하고 배려하기 위해 존재하는 것입니다. 음악은 서로 다른 소리가 음률로 조화되고 화해되는 역할을 합니다. 예가 어떻다는 둥 예의 형식을 입으로 외워대는 예의 전문가와 음악의 기교와 소리에 모든 음악의 완성이 있다고 착각하고 있는 음악가들이 있다면 이 문장을 몇 번이고 되새기며 읽어야 합니다. 공자가 그토록 추구했던 예와 악은 사회의 질서와 화해를 위한 문명이었습니다.

예운예운 악운악운
禮云禮云 樂云樂云 ◦ 예가 어쩌고 예가 어쩌고, 음악이 어쩌고 음악이 어쩌고 (말만 한다고 예악이 아니다).

본질과 세련

자왈 선진 어예악 야인야 후진 어예악 군자야 여용지즉오종선진
子曰 先進 於禮樂 野人也 後進 於禮樂 君子也 如用之則吾從先進

공자가 말했다. "옛사람들은 예악에 있어서 순수한 사람들이고 요즘 사람들은 예악에 있어서 세련된 군자다. 만약 내가 그 둘 중에 하나를 사용한다면 나는 옛사람들의 순수함을 따르겠다."

문화의 발전이란 무엇일까요? 세련되어지는 것일까요? 아니면 순수한 본질로 돌아가는 것일까요? 복잡하고 세련된 것이 문화의 발전이라고 생각하는 사람들은 더 화려하고 다양하고 디테일이 좋아지는 것을 중요하게 생각합니다. 그러나 화려하고 세련된 것보다 순수하고 본래의 아름다움이 더 중요하다고 생각하는 사람도 있습니다. 화려함 속에 가려진 순수성의 부재가 안타깝다는 것이지요.

공자는 문화의 순수함과 세련됨 가운데 순수함을 선택했습니다. 옛날先進 예악 문화는 촌스럽지만野 순수한 마음이 반영되어 있었다는 것입니다. 그러나 요즘後進 세상 사람들은 세련된 군자의 예악을 시행하고 있지만 화려한 수식이 너무 과장되어 있다는 것입니다. 공자의 결론은 순수한 예악 문화의 부활입니다. 복잡한 절차의 예의보다는 소박한 진실이 담긴 예가 더욱 아름다우며, 기교만 살아 있는 음악보다는 인간의 영혼을 울리는 순수한 음악이 더욱 의미가 있다는 것입니다. 슬퍼하지도 않으면서 화려한 절차와 비싼 장례 용품으로 치러지는 장례, 사랑의 기쁨보다는 오로지 예단과 혼수, 남의 눈을 의식한 사치스런 결혼식에 대한 거부감을 표현한 것입니다. 본질과 세련됨, 두 가지가 잘 어우러지면 완전할 수 있다는 생각을 해봅니다.

선진야인 후진군자
先進野人 後進君子 ◦ 옛사람들은 순수한 문화를 향유했고, 요즘 사람들은 화려한 군자의 문화를 선호한다.

예악과 정벌

공 자 왈 천 하 유 도 즉 예 악 정 벌 자 천 자 출 천 하 무 도 즉 예 악 정 벌
孔子曰 天下有道則禮樂征伐 自天子出 天下無道則禮樂征伐

공자가 말했다. "천하에 도가 있으면 예악의 제정과 정벌의 결정이 천자로부터 나온다. 천하에 도가 없으면 예악의 제정과 정벌의 결정이 제후로부터 나온다."

자 제 후 출 개 십 세 희 불 실 의 자 대 부 출 오 세 희 불 실 의 배 신 집 국 명
自諸侯出 蓋十世希不失矣 自大夫出 五世希不失矣 陪臣執國命
삼 세 희 불 실 의
三世希不失矣

"제후로부터 나오면 대개 10세世 안에 망하지 않는 경우가 드물고, 대부大夫로부터 나오면 5세世 안에 망하지 않는 경우가 드물고, 측근 신하들이 나라의 운명을 마음대로 휘두르면 3세世 안에 망하지 않는 경우가 드물다."

천 하 유 도 즉 정 부 재 대 부 천 하 유 도 즉 서 인 불 의
天下有道則政不在大夫 天下有道則庶人不議

"천하에 도가 있으면 정치가 대부大夫에 의해서 결정되지 않고, 천하에 도가 있으면 일반 서민들이 나서서 정치에 이의를 제기할 일이 없다."

예악을 제정하는 주체는 누구일까요? 지금의 관점에서 보면 당연히 그 시대를 사는 사람들과 뮤지션들입니다. 예의 형식과 구성, 그리고 내용의 결정은 시대의 산물이며 사회적 합의에 의해 만들어지는 것입니다. 음악 역시 시대를 반영한 뮤지션들의 작품입니다. 그러나 공자는 예악 제정의 결정권은 영민한 천자가 가져야 한다고 생각했습니다. 천자가 예악을 정하여 반포하면 세상 사람들은 당연히 따라야 한다는 것입니다. 그러나 시대는 변하고 있었습니다. 천자의 권한은 점점 축소되었고, 예악의 제정이나 전쟁의 결정도 제후나 대부들에 의해 결정되는 시대가 된 것입니다. 이것은 시대의 변화에 따른 권력의 분산을 의미합니다. 공자는 이런 권력의 분산이 혼란의 원인이라고 생각한 것입니다. 그래서 모든 예악의 결정권과 전쟁의 결정은 천자에게로 다시 귀속되어야 한다고 강조한 것입니다.

예악의 제정은 정치권력과 상관관계가 있습니다. 지금도 법을 제정하는 것이 국민이 뽑은 국회의원들의 권한이라고 하지만, 그 뒤에는 보이지 않는 권력이

존재하고 있는 것입니다. 자본, 계급, 권력의 속성은 사회의 규칙과 법을 그들의 이익과 관점에서 제정하고 시행하는 것입니다. 공자는 백성을 위한 관점에서 천자가 제정한 예악이 제대로 시행될 때 세상에 비로소 평화의 시대가 온다고 생각했습니다. 분산된 권력이 자신들의 이익을 위해 예악을 제정할 때 세상은 혼란에 빠지고, 국가는 멸망의 길을 걷게 된다고 본 것입니다. 공자가 생각한 도道가 제대로 운용되고 있는 시대는 영민한 천자가 자신의 이익을 버리고 공적인 마음으로 예악을 제정하는 시대입니다. 충분히 동의할 만한 생각이지만, 그러나 시대는 이미 변하고 있었고 역사의 물결은 거스를 수 없게 일고 있었습니다.

예악정벌
禮樂征伐 ◦ 천하에 도(道)가 있는 시대에는
예악과 전쟁의 결정은 천자에 의해 결정된다.

정(征): 치다 | 희(希): 드물다 | 배(陪): 모시다

시, 예, 악

자 왈 흥 어 시
子曰 興於詩

공자가 말했다. "시詩를 통해 일어나라!"

입 어 례
立於禮

"예禮를 통해 바로 서라!"

성 어 악
成於樂

"악樂을 통해 성숙하라!"

참 간단하지만 해석이 어려운 문장입니다. 주자朱子도 이 문장을 해석함에 있어서 창조적인 해석을 시도했습니다. 시詩는 인간의 양심을 흥기시키고, 예는 인간의 주체성을 세우고, 악樂은 인간의 순수함을 완성시켜 준다는 해석입니다. 고전은 시대를 반영하여 해석이 진화합니다. 주자가 살던 시대에 충분히 유용한 해석이었습니다.

시는 내용이 있는 노래입니다. 우리는 시를 읽고 노래를 부르면서 잠들어 있는 내 영혼이 깨어나고 있음을 느낍니다. 내가 잊고 있었던, 나의 잠든 마음을 흔들어 깨우는 것이지요. 저는 이런 영혼의 깨어남을 흥興이라고 정의합니다. 노래를 통해 흥이 나면 마치 내 몸 세포에 환하게 불이 켜진 듯 행복해집니다. 마음이 상쾌하고, 몸이 가뿐해지고, 얼굴이 밝아집니다.

예는 타인과 지켜야 할 원칙과 상식입니다. 깨어난 영혼은 예를 통해 자기 자리를 잡아 갑니다. 나 혼자만의 천방지축 흥이 아니라 주변과 소통하고 교류하는 흥의 에너지로 진화하는 것은 예를 통해 가능합니다. 예는 깨어난 흥을 절제하고, 이끌고, 부드럽게 만들어줍니다.

악樂은 깨어나서 자리 잡은 흥을 완성시켜 줍니다. 악은 음악이며, 좋아함이며, 즐거움이며, 몰입입니다. 몰입을 통해 흥은 극에 이르러 모든 근심이 사라지고, 인간의 욕망은 더 이상 나를 괴롭히지 않습니다. 깨어난 영혼이 자기 자리를 잡고 위대한 완성의 단계에 이르게 되는 것입니다.

시, 예, 악, 이 세 가지는 공자가 그토록 강조하던 삶의 동반자였습니다. 공자는 늘 시를 읊었고, 예를 실천했고, 악과 함께 했습니다. 이것이 단순히 문학으로서의 시, 예절로서의 예, 음악으로서의 악은 아닌 듯합니다. 공자는 시, 예, 악의 문명을 통해 자신의 영혼을 깨우고興, 세우고立, 성숙成하게 만들어 나갔습니다. 우리의 일상을 돌아봅니다. 잠들어 있는 나의 흥, 누워 있는 내 꿈, 미숙한 내 자아를 다시 일으켜 성숙한 삶으로 지속되기를 꿈꿔봅니다.

성 어 악
成於樂 ◦ 음악을 통해 인간은 완성된다.

예악과 인성

자왈 인이불인 여례하 인이불인 여악하
子曰 人而不仁 如禮何 人而不仁 如樂何

공자가 말했다. "사람이 인성을 갖추지 못했다면 예禮가 무슨 의미가 있을 것이며, 사람이 인성을 갖추지 못했다면 음악樂이 무슨 의미가 있겠는가?"

"예와 같은如 것이 무슨何 소용이 있겠는가?" 이 말은 공자가 그 당상 귀족들을 조롱하며 하는 말입니다. 아무리 화려한 예를 갖추고 엄중하게 예를 집행하더라도 인간 됨됨이가 안 된 사람이라면 예와 같은 것이 다 무슨 소용이 있겠냐는 것입니다.

예의 기본은 인성人性입니다. 인성을 갖추지 못한 사람이 아무리 화려한 예를 행한다고 하더라도 의미가 없을 것입니다. 자신의 이익만 알고, 오로지 남의 것을 빼앗아 자신의 것으로 만드는 것이 목표인 사람이 아무리 예쁜 옷을 입고, 격식을 차리고, 훌륭한 음악과 그림을 감상하고 우아한 삶을 산다고 해도 그것은 아무런 의미 없는 예에 불과하다는 것입니다.

인간에 대한 사랑과 인성을 갖추지 못한 귀족들이 우아한 음악과 무용으로 자신들을 치장하고 돋보이는 것에 대한 공자의 강한 비판이 보이는 글입니다. 부자가 되고 권력을 가진 사람들이 음악을 후원하고 예의를 차리지만 그보다 더 중요한 것은 인간에 대한 사랑과 배려의 정신입니다. 주변 사람들의 불행은 모른 척하면서 우아한 음악과 예의 형식을 차려 본들 큰 의미가 없습니다.

인이불인 여예악하
人而不仁 如禮樂何 ◦ 인성이 없다면 예와 악이 무슨 의미가 있겠는가?

| 6장 |

군자

君子

군자는《논어》에 107번이나 반복되어 나오는 단어입니다. 그만큼 공자가 중요하게 생각하고 새롭게 제시한 인간형입니다.《논어》를 잘 읽는 방법 중의 하나가 군자에 대한 개념을 놓치지 않는 것입니다.《논어》의 매 구절마다 군자에 대한 설명이라고 생각해보십시오. 훨씬 쉽게 이해가 될 것입니다. 군자는 내세가 아닌 현세를 추구하며, 미신이 아닌 냉철한 이성을 갖추고, 이념이 아닌 사람을 소중히 생각하고, 타율이 아닌 자율을 중시하며 사는 사람입니다. 산속에서 새소리나 듣고 나물과 국을 끓여 먹으며 세상의 불의를 한탄만 하고 자신의 삶에 정신적 만족을 느끼며 살아가는 사람은 군자가 아닙니다.

군자는 정신적 만족이나 명상적 행복만을 추구하는 사람이 아닙니다. 세상과 동떨어져 자신만의 환상세계에 머무는 사람은 더더욱 아닙니다. 명분과 논리와 허세에 빠져 현실과 이상 사이에서 갈피를 못 잡고 오락가락하며 사는 사람도 아닙니다. 군자는 치열한 학습을 통해 전문지식을 습득하고, 세상을 바라보는 경륜을 익히며, 꿈을 같이하는 동지와 협력하여 누구의 평가에도 연연하지 않고 적극적으로 자신의 인생을 개척해나가는 사람입니다. 《논어》의 첫 구절에 나오는 군자의 정의는 "자신의 영혼을 사랑하는 사람"입니다.

오늘날의 군자를 상상해봅니다. 글이나 암송하고 지식을 자랑하며 남에게 군림하는 지식인은 일단 제외합니다. 학벌과 지위와 자본을 내세워 타인보다 우월하다는 자의식으로 가득 찬 사람들도 제외합니다. 권력을 잡고 국가의 안위와 국민의 생존에는 관심 없고, 오로지 표만 얻어 그 자리에 오래 머물고자 하는 정치인들도 제외합니다. 군자는 자신의 삶을 소중히 여기고, 일상의 즐거움을 느끼며 사는 사람입니다. 황색 언론에 휘둘리지 않고 사실을 명확하게 볼 줄 아는 안목을 가진 사람입니다. 불의를 보면 진실을 말하고, 진실을 듣지 않으면 자신의 신념을 행동으로 옮기는 사람입니다. 타인의 불행을 공감하고 나눔을 실천하며 세상과 하나 되어 살아가는 사람입니다. 비록 지식과 지위는 없어도 내가 처한 자리에서 명철한 판단력과 민첩한 행동으로 세상에 선한 영향력을 끼치는 사람입니다.

통합형 인재

위정 12

자왈 군자불기
子曰 君子不器

공자가 말했다. "군자는 (한 가지만 담는) 그릇이 되어서는 안 된다."

군자는 어느 한 분야만 아는 그릇器이 되어서는 안 된다는 뜻입니다. 독일의 막스 베버는 이 구절을 가지고 동양 사회를 비판했습니다. 동양이 근대 산업국가가 못된 이유 중의 하나가 바로 이 구절의 사고방식에 있다는 것입니다. 그릇은 어떤 기능과 능력을 비유합니다. 그런데 동양 사회는 한 가지 분야에 깊이 파고 들어가는 전문가specialist를 부정한다不器는 것입니다. 모두 아는 보편적 지식인을 높이 여기기 때문에 전문성에 기초한 깊은 과학적 지식과 탐구가 없었다는 논리입니다.

다소 억지에 가까운 이야기이지만 근대 사회에서 동양 사회에 대한 비판의 논거로 많이 이용되었습니다. 그런데 요즘 이 논리는 설 자리를 잃고 있습니다. 다양한 분야가 융합을 통해 새로운 가치를 창조하는 이 시대에 어느 한 분야器만 파고드는 꽉 막힌 사람이 되지 말고 다양한 분야를 융합하는 군자가 되라고 하는《논어》의 이 구절은 점점 더 힘을 얻고 있습니다.

군자는 한 가지만 담는 그릇器이 아니라 다양한 지식과 지혜를 융합하여 미래의 대안을 창출하는 창조적 인간입니다. 예전에는 한 가지 전문성으로도 충분히 새로운 창조가 가능했습니다. 그러나 시대는 변하여 다양한 지식이 만나지 않으면 창의적 사고와 작품이 나오지 않는 세상이 되었습니다. 기술자는 인문학을 통해 인간을 위한 새로운 기술을 제안하고, 인문학자는 기술을 통해 인류의 방향을 진단합니다. 깊이와 넓이가 모두 중요한 시대에 군자는 통합형 인재의 모습과 닮아 있습니다.

불기
不器 ◦ 분야를 넘나드는 통합형 인재(人才)가 되어라!

군자와 소인의 차이

자왈 군자 회덕 소인 회토 군자 회형 소인 회혜
子曰 君子 懷德 小人 懷土 君子 懷刑 小人 懷惠

공자가 말했다. "군자는 덕을 마음에 품고 사는 사람이고, 소인은 땅(돈)을 마음에 품고 사는 사람이다. 군자는 법의 엄중함을 마음속에 품고 살고, 소인은 자신의 잘못을 용서받으려는 마음을 품고 산다."

군자와 소인은 《논어》에서 늘 대비되는 두 인간형입니다. 군자는 인仁을 실천하고 공公을 우선으로 하지만 소인은 자신의 이익利만을 추구하고 개인의 욕심私을 우선으로 합니다. 군자는 자신의 능력德을 어떻게 베풀까 마음속에 늘 간직하고懷 살지만 소인은 어떻게 하면 땅土을 넓히고 돈을 벌까를 가슴속에 품고懷 삽니다. 그래서 군자는 엄격한 잣대刑로 자신을 통제하고, 소인은 어떻게 하면 자신의 잘못을 감추고 빠져나갈까惠를 고민하며 삽니다.

일반인이 군자처럼 살기란 쉽지 않아 보입니다. 인간은 늘 물질적 풍요에 대한 욕망이 있고, 내 것에 대한 집착이 있기 때문입니다. 그래도 물질적 이익만이 내 마음을 평생 지배하고 있다면 인간의 삶은 너무나 고달픕니다. 덕을 베풀고, 사랑을 실천하고, 엄격한 잣대로 자신을 단속하는 군자, 입만 열면 부동산 이야기만 하고 법망을 빠져나갈 고민만 하는 소인, 어떤 인생을 살 것인가는 자신의 선택입니다.

회덕
懷德 ◦ 가슴속에 덕을 품고 사는 것이 군자다!

회(懷): 품다 | 토(土): 땅, 재산 | 형(刑): 형벌, 법률적 책임 | 혜(惠): 은혜, 용서

군자의 세 가지 원칙

자 왈 군 자 지 어 천 하 야 무 적 야 무 막 야 의 지 여 비
子曰 君子之於天下也 無適也 無莫也 義之與比

공자가 말했다. "군자는 이 세상을 살면서 오로지 한 가지만 주장하지 않고, 부정하는 것도 없다. 의義로운 기준만 있어서 따를 뿐이다."

군자는 세상天下을 살면서 오로지適 한 가지만을 옳다고 주장하지도 않고, 무조건 안 된다莫고 부정하지도 않으며, 옳은義 것을 기준으로 삼아 따르며比 사는 사람입니다. 의는 그 시대를 사는 사람들의 상식에 가까운 것입니다. 세상에는 변치 않는 절대적 진리도 없으며, 반드시 부정되어야 할 것도 없으니 오로지 옳은 것을 기준으로 삼아 유연하게 살겠다는 것입니다.

변치 않는 이념과 절대적 가치는 유교의 가치관이 아닙니다. 세상의 가치는 시대를 반영하며 사람을 기준으로 변화한다는 것입니다. 시대적 요구와 인간의 가치를 기준으로 변하는 것이 진리이며, 많은 사람들이 부정하는 진리는 더 이상 진리가 아니라는 것이 유교의 시중時中 사상입니다. 그런데 가끔 유교적 가치관으로 변장한 이념과 이데올로기가 인간 위에 군림하는 것을 봅니다. 100년 전에 실행되던 원리를 똑같이 재현하는 것이 유교가 아닙니다. 유교의 탈을 쓰고 고집과 편견을 강요해서는 안 될 것입니다.

무 적 무 막 의 지 여 비
無適 無莫 義之與比 ◦ 고집도 없다. 편견도 없다. 의와 함께할 뿐이다.

적(適): 오로지 주장하다 | 막(莫): 없다, 부정하다 | 비(比): 좇다

군자 선비

자위자하왈 여위군자유 무위소인유
子謂子夏曰 女爲君子儒 無爲小人儒

공자가 자하에게 일러 말했다. "너는 군자 같은 선비가 되어라! 소인 같은 선비가 되어서는 안 된다!"

선비儒는 공자와 그 제자들을 당시 사람들이 부르던 호칭입니다. 그런데 말만 선비지 행동은 소인배小人처럼 하는 사람이 되어서는 안 된다는 것입니다. 겉으로는 선비인 양 하는데 사는 모습을 보면 개인의 사욕만 채우려 하고, 군림하려 하고, 남에 대한 배려는 없고, 성찰과 반성 없이 사는 사람이라면 소인 같은 선비입니다. 공자는 제자 자하에게 군자 같은 선비가 되어야지 무늬만 선비가 되어서는 안 된다고 당부하고 있습니다.

현대 사회의 지식인에도 군자형 지식인과 소인형 지식인이 있습니다. 지식보다 인성을 소중히 여기고, 고집과 편견을 버리고 사회 정의를 위해 사는 사람은 군자형 지식인입니다. 반면 학벌과 연줄에 얽매여 있고, 자신의 편견과 선입관에 위배되는 모든 것을 공격하고, 사회적 역할에 대한 고민 없이 사적 이익을 위해 사는 사람은 소인형 지식인입니다. 공자는 당시 선비라고 칭하면서 소인처럼 살아가는 사람을 경계하며 군자형 선비가 되라고 제자들에게 말한 것입니다.

무위소인유
無爲小人儒 ◦ 소인의 모습을 가진 무늬만 군자가 되어서는 안 된다.

여(女): 너, 여汝 | 유(儒): 선비

형식과 본질의 조화

자 왈 질 승 문 즉 야 문 승 질 즉 사 문 질 빈 빈 연 후 군 자
子曰 質勝文則野 文勝質則史 文質 彬彬然後 君子

공자가 말했다. "(사람이) 마음은 있는데 표현을 못하면 촌스럽고, 표현은 잘하는데 마음이 없다면 억지로 꾸미는 것이니, 마음과 표현이 잘 어우러진 후에 군자답다고 할 수 있다."

어떤 사람이 사랑하는 마음質이 있는데 그 마음을 잘 표현文하지 못한다면 촌스러운野 것입니다. 반대로 사랑한다고 잘 표현文은 하는데 사랑하는 마음質이 떨어진다면 그것은 억지로 꾸미는史 것입니다. 무엇이 더 중요할까요? 사랑한다는 마음이 있다고 아무런 표현을 안 하는 것도 문제고, 표현은 잘하는데 사랑하는 마음이 모자라는 것도 문제입니다. 그래서 군자는 마음質과 표현文이 잘 어우러져彬 균형이 잡혀 있어야 한다는 것입니다.

백화점 직원이 웃는 서비스 교육만 받아 마음에도 없이 기계적으로 고객에게 인사하는 것은 꾸밈史입니다. 반대로 아무리 고객을 환영하는 마음이 있어도 무뚝뚝하게 표현을 하지 못한다면 촌스러운野 것이지요. 고객을 반기는 진심質과 그 진심을 표현文하는 것이 잘 균형 잡혀 있다면 그것이 군자다운 서비스입니다. 빈빈彬彬은 잘 섞여 있어서 어우러지고 있는 모습입니다. 본질과 형식이 잘 어우러져 있는 모습이 바로 군자의 문양입니다.

문 질 빈 빈
文質彬彬 ◦ 형식과 본질이 잘 섞여 어우러지고 있는 모습으로 살아가라!

질(質): 진실된 마음 | 승(勝): ~보다 낫다 | 문(文): 겉으로 꾸밈 | 야(野): 촌스럽다 | 사(史): 꾸미다

무늬만 군자

자왈 논독시여 군자자호 색장자호
子曰 論篤是與 君子者乎 色壯者乎

공자가 말했다. "논리가 독실한 것만 가지고 그 사람을 평가한다면 군자이겠는가? 아니면 겉만 멋진 사람이겠는가?"

논독論篤은 논리論적인 말솜씨가 독실篤한 모습입니다. 글도 잘 쓰고, 말도 잘하고, 이론도 훌륭한 지식인의 모습입니다. 많은 사람들의 인기를 얻고 있고, 사회적으로도 유명한 사람입니다. 공자는 이런 사람이 반드시 군자는 아니라고 말합니다. 오히려 말 잘하고 얼굴 표정을 잘 짓는 교언영색의 사람들은 인仁이 많이 부족하다고 강조하기도 합니다.

군자는 말은 어눌해도 행동은 민첩한 사람입니다. 논리적인 말과 표정보다는 빠른 실천력을 갖고 있는 사람입니다. 그저 얼굴色만 장엄壯한 사람들은 군자와 거리가 멀다는 것입니다. 공자는 군자의 인간형을 제시하면서 말을 잘하고, 논리적으로 글을 쓰고, 표정을 잘 짓는 사람들과는 거리를 둡니다. 당시 사람들은 그 사람의 얼굴이 잘생기고 말을 잘하면 군자라고 생각했던 것 같습니다.

군자자색장자
君子者色壯者 ◦ 논리와 말솜씨만 좋은 사람이 되어서는 안 된다.

논(論): 논리적 말솜씨 | 독(篤): 독실하다 | 여(與): 허여하다, 평가하다 | 색(色): 겉모습

외면과 내면의 통합

극 자 성 왈 군 자 질 이 이 의 하 이 문 위
棘子成曰 君子質而已矣 何以文爲

(위나라 대부) 극자성이 말했다. "군자는 순수한 바탕만 있으면 되는데 어찌하여 화려한 문식이 필요한가."

자 공 왈 석 호 부 자 지 설 군 자 야 사 불 급 설 문 유 질 야 질 유 문 야 호 표 지 곽
子貢曰 惜乎 夫子之說君子也 駟不及舌 文猶質也 質猶文也 虎豹之鞹
유 견 양 지 곽
猶犬羊之鞹

자공이 말했다. "선생님이 군자를 말씀하시는 논리가 안타깝습니다. 말 네 마리가 끄는 빠른 마차도 말하는 혀를 쫓아가지 못한다고 하지요. 문식은 곧 바탕이고, 바탕은 곧 문식입니다. 호랑이와 표범의 가죽에서 문양을 제거하면 개나 말의 가죽에서 문양을 제거한 것과 같게 되지요."

문文과 질質 중에 어느 것이 더 중요한가? 《논어》에서 자주 언급되는 문제입니다. 문은 문양文樣입니다. 문양은 겉으로 드러난 모습입니다. 질은 감추어진 본질입니다. 드러난 문양과 내면의 본질 중에 어떤 것이 더 중요한가?

극자성은 본질本質만 좋으면 드러난 형식은 문제가 되지 않는다고 생각했습니다. 소박하고 질박한 내면의 아름다움만 있다면 드러나는 형식과 수식 따위는 문제가 안 된다는 것입니다. 그러나 자공은 강하게 비판합니다. 내면의 아름다움과 외면의 아름다움 중에 어느 것이 더 중요하다고 말할 수 없다는 것입니다. 자공은 짐승의 가죽을 예로 들어 설명합니다. 표범과 개의 가죽은 털을 벗기면 똑같다, 그러니 외면의 털과 문양이 결국 표범과 개를 구별하는 중요한 요소라는 것입니다. 외면과 내면의 적절한 어울림, 문질빈빈文質彬彬이 군자의 모습입니다.

문 유 질
文猶質 ◦ 내면과 외면이 잘 어우러진 군자가 되어라!

사(駟): 네 마리 말이 끄는 수레 | 곽(鞹): 털을 제거한 가죽

태연과 교만 사이

자왈 군자태이불교 소인교이불태
子曰 君子泰而不驕 小人驕而不泰

공자가 말했다. "군자는 태연하지만 교만하지 않고, 소인은 교만하고 태연하지 못하다."

《논어》에는 군자와 소인을 비교하는 문장이 18회에 걸쳐 나옵니다. 군자가 성숙한 인간형이라면 소인은 미숙한 인간형입니다. 이 두 인간형의 비교를 통해 군자의 태도와 가치를 극명하게 드러내고 있습니다.

태泰는 태연자약泰然自若한 것입니다. 어떤 상황에서도 흔들리지 않는 강한 정신력을 지닌 사람입니다. 하늘이 무너져도 흔들리지 않는 부동심不動心의 자세를 지닌 사람입니다. 그런데 이런 사람은 잘못하면 교만할 수 있습니다. 자신의 강한 정신력을 강조하다 보면 교만함에 빠질 수 있기 때문입니다. 군자는 하늘이 무너져도 흔들리지 않는 정신력을 갖고 있는 사람이지만 겸손함을 지니고 있는 사람입니다. 반면 소인은 교만하기만 하고 정신적으로는 불안한 사람입니다. 평소에 자신이 강하다고 우쭐대다가 힘든 일이 닥치면 어쩔 줄 몰라 헤매는 사람입니다. 태연함과 겸손함을 모두 겸비한 사람이 군자입니다.

태이불교
泰而不驕 ◦ 어떤 일에도 태연(泰然)하라! 그러나 교만하지는 말라!

발전과 퇴보

헌문 24

자왈 군자상달 소인하달
子曰 君子上達 小人下達

공자가 말했다. "군자는 수준이 갈수록 높아지지만, 소인은 수준이 갈수록 떨어지는 사람이다."

군자와 소인의 비교 문장입니다. 군자와 소인은 방향성에서 차이가 납니다. 군자는 갈수록 세련되고 통달해가는 사람입니다. 반면 소인은 갈수록 수준이 하향하는 사람입니다. 인간은 태어날 때는 큰 차이가 없지만 살아가면서 차이는 점점 벌어집니다.

상달上達은 수준이 향상되어 가는 삶입니다. 정신의 영역이 넓어지고, 사유의 폭이 깊어집니다. 사물을 보는 안목이 높아지고, 사람을 대하는 태도가 진실합니다. 나이가 먹으면 먹을수록 더욱 세련되고 너그럽고 유연해지는 삶이 상달上達입니다. 반면 하달下達은 갈수록 수준이 떨어지는 것입니다. 물질적 욕망에 사로잡혀 깊은 사고는 정지되어 있고, 남의 평가에만 온통 정신이 팔려 있습니다. 남과의 경쟁에서는 지지 않으려고 하고, 자신의 잘못을 인정하기는커녕 어떤 논리를 만들어서라도 자신을 정당화시킵니다. 나이가 먹을수록 딱딱해지고 고집과 편견으로 가득한 삶이 하달下達입니다. 상달과 하달의 방향성의 차이가 곧 군자와 소인의 차이입니다.

상달
上達 ◦ 가면 갈수록 단순하게 단단하게 단아하게.

군자의 세 가지 도

자 왈 군 자 도 자 삼 아 무 능 언 인 자 불 우 지 자 불 혹 용 자 불 구
子曰 君子道者三 我無能焉 仁者不憂 知者不惑 勇者不懼

공자가 말했다. “군자가 가야 할 길이 세 가지가 있다. 나는 어떤 것도 해내지 못하고 있다. 어진 자는 근심하지 않는 것, 지혜로운 자는 흔들리지 않는 것, 용맹한 자는 두려워하지 않는 것.”

자 공 왈 부 자 자 도 야
子貢曰 夫子自道也

자공이 말했다. “선생님께서 스스로 겸손하게 하신 말씀이다.”

군자가 추구하는 삶의 목표가 세 가지가 있습니다. 지인용智仁勇의 목표입니다. 지혜로운 사람이 되어 세상의 이치를 깨닫고, 어진 사람이 되어 자신감으로 충만하고, 용감한 사람이 되어 두려워하지 않는 것이 군자가 꿈꾸는 세 가지 삶의 목표입니다.

지혜는 상황을 정확히 파악하여 이해하는 것입니다. 지금 나에게 다가온 상황을 정확히 파악하여 대처한다면 어떤 상황에서도 흔들리지 않을 것입니다. 사랑은 타인을 존중하고 배려하는 것입니다. 남의 불행을 공감하고 타인의 입장에서 생각하며 살기에 어떤 근심도 있을 수 없습니다. 용기는 흔들리지 않는 신념에서 나옵니다. 비록 내 목숨이 경각에 달렸다고 하더라도 강한 신념이 있기에 두려움이 없는 것입니다.

공자는 스스로 지인용을 추구하는 사람이라고 말하며 아직까지 높은 수준에 이르지 못했다고 자탄했습니다. 자공은 공자의 이 말을 듣고 스승이 스스로 낮추어 말씀하신 것이라고 대답합니다.

불 우 불 혹 불 구
不憂 不惑 不懼 ◦ 근심하지 말라! 의심하지 말라! 두려워하지 말라!

군자의 성과 달성

자왈 군자 의이위질 예이행지 손이출지 신이성지 군자재
子曰 君子 義以爲質 禮以行之 孫以出之 信以成之 君子哉

공자가 말했다. "군자는 의義를 바탕으로 삼고, 예禮를 실천하고, 겸손으로 상대를 대하고, 믿음으로 일을 성사시키니 이런 사람이 군자다."

군자의 네 가지 삶의 방식입니다. 의義, 예禮, 손孫, 신信으로 살아가는 사람이 군자입니다. 의는 옳음입니다. 군자의 가장 밑바닥에는 옳음의 바탕質이 깔려 있습니다. 예는 원칙입니다. 군자의 행동行은 원칙에 위배되지 않습니다. 손孫은 겸손입니다. 군자의 인간관계는 겸손함으로 상대방을 대합니다. 신信은 믿음입니다.

군자의 일처리는 믿음을 통해 성과成를 도출합니다. 군자는 옳음을 기반으로 원칙을 행하고, 겸손함으로 주변 사람과 교류하고 그들의 신뢰를 얻어 좋은 성과를 내는 사람입니다. 정의, 예의, 겸손, 신뢰의 네 바퀴의 동력으로 조직을 리드하고 좋은 성과를 내는 지도자의 모습이 그려집니다.

의례손신
義禮孫信 ◦ 정의, 예의, 겸손, 신뢰로 성과를 달성하라!

큰 흐름과 작은 지혜

자왈 군자 불가소지이가대수야 소인불가대수이가소지야
子曰 君子 不可小知而可大受也 小人不可大受而可小知也

공자가 말했다. "군자는 작은 지혜는 없으나 큰 임무는 수행할 수 있고, 소인은 큰 임무는 감당하지 못하나 작은 지혜는 가능하다."

군자는 조직의 책임자이며 리더입니다. 조직의 생존을 깊은 안목으로 고민하는 사람이며, 당장 눈앞의 이익보다는 장기적인 이익에 더욱 관심을 갖고 있는 사람입니다. 비록 조직의 한 부분을 맡아서 처리할 수는 없지만, 조직 전체 큰 흐름을 읽어 내고 이끄는 사람입니다.

소지小知는 작은 지혜입니다. 어느 한 부분에 대한 지식과 처리 능력입니다. 대수大受는 큰 흐름을 이끌어내는 능력입니다. 조직 전체의 지속적 생존을 이끌 수 있는 능력입니다. 군자는 작은 지혜를 가진 사람이 아니라 조직 전체의 지속적 생존을 고민하고 이끄는 사람입니다. 군자는 작은 지혜를 넘어 조직의 큰 흐름을 이끄는 사람이며, 소인은 작은 지혜에 사로잡혀 큰 흐름을 보지 못하는 사람입니다. 여기서 군자와 소인은 우열을 논하는 것이 아니라 하는 역할이 다르다는 것을 말합니다. 사람마다 자신의 역할과 임무를 수행할 그릇이 다릅니다. 사람마다 다른 능력과 장점을 잘 파악하여 그들이 잘할 수 있는 일에 임무를 맡기는 것이 중요합니다.

대수
大受 ◦ 작은 지혜는 없어도 큰 임무를 수행할 능력이 있어야 한다.

군자의 길

자 왈 군 자 정 이 불 량
子曰 君子貞而不諒

공자가 말했다. "군자는 올바른 길로 가지 작은 믿음에 연연하지 않는다."

자신이 가고 있는 길을 확신하고 작은 일에 구애되지 않고 묵묵히 살아가는 것은 쉽지 않은 일입니다.

정貞은 '곧다'는 뜻입니다. 사람 이름에 많이 들어가는 글자입니다. 살아가는 모습이 반듯한 것입니다. 유혹에 흔들리지 않고, 자신의 걸음걸이로 곧게 앞으로 나아가는 삶의 모습입니다. 량諒은 작은 믿음과 의리입니다. 작은 믿음에 연연하고, 작은 의리에 목숨을 거는 것입니다. 작다고 무시할 것은 아니지만 거시적으로 보면 무모한 삶의 태도입니다. 인생을 살다 보면 작은 것에 발목이 잡혀 큰 인생의 흐름에 장애가 될 수 있습니다. 내가 가야 할 길이 있는데 작은 믿음과 소신 때문에 결국 가던 길을 포기하게 되기도 합니다.

공자가 왜 이런 말을 했는지는 앞뒤가 없어서 정확히 알 수는 없습니다. 다만 군자의 삶을 살아가는 사람은 멀리보고 자신의 길을 곧게 가는 사람입니다. 작은 믿음에 흔들리지 않고 큰 그림을 그리며 가는 사람입니다.

정 이 불 량
貞而不諒 ◦ 단단하게 자신의 길을 가라! 작은 믿음에 연연하지 마라!

정(貞): 올바르다 | 량(諒): 작은 일에 구애되는 믿음

군자의 정의와 용기

자로왈 군자상용호 자왈 군자의이위상 군자유용이무의위란
子路曰 君子尙勇乎 子曰 君子義以爲上 君子有勇而無義爲亂
소인유용이무의위도
小人有勇而無義爲盜

자로가 말했다. "군자는 용맹을 숭상하는 사람입니까?" 공자가 말했다. "군자는 정의를 더욱 우선으로 삼는다. 군자가 용기만 있고 정의가 없다면 혼란을 일으킬 것이고, 소인이 용기만 있고 정의가 없다면 도둑질할 것이다."

공자와 자로의 군자에 대한 토론입니다. 자로가 군자는 용기勇를 숭상尙하는 사람이냐고 질문했습니다. 무사 출신 자로다운 질문입니다. 자신이 용맹하다고 생각하여 군자는 용기를 가진 사람이냐고 물은 것입니다. 공자는 용기만 갖고는 군자가 될 수 없다고 말합니다. 옳음義을 기반으로 한 용기가 아니면 만용이라는 것입니다.

건달들이 의롭지 못한 용기를 뽐내며 남을 괴롭힌다면 사람을 해치는 용기입니다. 지도자가 자신의 이익을 위한 용기를 펼친다면 사회를 혼란시키는 용기입니다. 용기는 의에 기반을 두어야 합니다. 그래야 비로소 용기가 빛을 발할 수 있는 것입니다. 남의 집 담을 넘는 용기, 사회를 혼란에 빠트리는 용기는 정의롭지 못합니다.

의이위상
義以爲上 ◦ 정의를 가장 높은 가치로 두고 살아라!

작은 것과 큰 것의 통합

자유왈 자하지문인소자 당쇄소응대진퇴즉가의 억말야 본지즉무 여지하
子游曰 子夏之門人小子 當灑掃應對進退則可矣 抑末也 本之則無 如之何

자유가 말했다. "자하의 문인 젊은이들은 물 뿌리고, 청소하고, 응대하고, 나아가고 물러나는 예절은 괜찮게 배웠지만 그러나 말단일 뿐이다. 근본적인 배움은 없으니 어찌할까나?"

자하 문지왈 희 언유 과의 군자지도 숙선전언 숙후권언 비저초목 구이별의
子夏 聞之曰 噫 言游 過矣 君子之道 孰先傳焉 孰後倦焉 譬諸草木 區以別矣

군자지도 언가무야 유시유졸자 기유성인호
君子之道 焉可誣也 有始有卒者 其惟聖人乎

자하가 그 이야기를 듣고 말했다. "아! 자유의 말이 지나치다. 군자의 도는 무엇을 먼저라 하여 전할 것이고, 무엇을 뒤라 하여 게을리할 것인가? 비유하자면 풀과 나무에는 각각 종류가 있어 서로 구별이 되는 것과 같다. 군자의 도를 어찌 (군자의 작은 실천은 외면한 채 고상한 것만) 속여서 가르치겠는가? 처음과 끝을 모두 소유한 사람은 오직 성인일 뿐이다."

공자가 죽고 난 후 제자들마다 각자 깨달은 바가 달랐습니다. 그래서 각자 자신의 깨달음이 정통이라고 생각했습니다. 특히 자유와 자하는 서로 대립되는 주장을 했습니다. 자하는 그의 문인들에게 물 뿌리고 청소하고 응대하는 일상의 예절을 주로 강조하여 가르쳤습니다. 자유는 그런 자하의 문인들을 비판했습니다. 지엽적인 일상의 가르침보다는 보다 차원 높은 철학을 가르쳐야 한다는 것입니다. 이 말을 들은 자하는 자유의 말이 지나치다며 비판했습니다. 군자의 도는 모두가 중요하다는 것입니다. 스승인 공자는 차원 높은 철학도 알지만, 일상의 비천한 일도 모두 꿰뚫은 성인이었다는 것입니다. 청소도 할 줄 모르고, 밥도 할 줄 모르면서 무슨 고상한 철학을 이야기할 것이며, 차원 높은 삶의 가치는 외면하고 오로지 일상에서 벌어지는 일에만 매달리면 무슨 깨달음을 얻을 것이냐는 논점입니다. 하학상달下學上達, 아래로는 일상의 배움을 추구하고, 위로는 보이지 않는 높은 가치에 다다르는 것이 스승인 공자의 가르침이라는 것입니다.

유시유졸
有始有卒 ◦ 바닥에서 하늘까지 모든 것을 통달하는 삶을 살아라!

쇄(灑): 물 뿌리다 | 소(掃): 청소하다 | 억(抑): 또한 | 무(誣): 속이다

이상과 현실

子曰 君子謀道 不謀食 耕也 餒在其中矣 學也 祿在其中矣 君子憂道 不憂貧
(자왈 군자모도 불모식 경야 뇌재기중의 학야 록재기중의 군자우도 불우빈)

공자가 말했다. "군자는 도道를 고민하지 먹는 것을 고민하지 않는다. 밭을 아무리 갈아도 굶주릴 수 있으나 배움은 그 가운데 행복이 있다. 군자는 도를 근심하지 가난을 근심하지 않는다."

도道를 쫓을 것인가? 돈을 쫓을 것인가? 늘 고민하는 문제입니다. 내가 가고자 하는 길道을 가자니 먹는 것食이 걱정되고, 먹는 것만을 위해 살자니 자존감이 떨어집니다. 그래서 꿈道과 현실食의 사이에서 줄타기를 하며 살아가는 것이 인간입니다. 하루에도 몇 번씩 사표를 던지고 싶지만, 가족과 생활을 생각하니 다시 주머니에 사표를 집어넣게 됩니다.

군자는 도의 실천謀을 고민하는 사람입니다. 지금 비록 통장은 비어 있고 먹을 것은 변변치 않지만 자존감을 더욱 소중하게 생각하는 사람입니다. 군자는 자신의 도를 실천하지 못함을 고민憂하지 가난貧을 걱정하는 사람이 아닙니다.

憂道(우도) ◦ 도의 실천을 고민하라! 가난은 내 인생에 큰 문제가 아니다.

뇌(餒): 굶주리다 | 록(祿): 행복

타인의 평가에 연연하지 않는다

인 부 지 이 불 온 불 역 군 자 호
人不知而不慍 不亦君子乎

"남이 나를 알아주지 않더라도 화내지 않으니 또한 군자가 아니겠는가?"

군자는 남人이 나를 알아주지 않더라도不知 흔들리거나 화내지 않고不慍 자신의 걸음 속도를 유지하며 살아가는 사람입니다. 타인의 판단이나 평가에 휘둘리며 사는 요즘입니다. 나를 내가 평가하지 못하고 타인에게 평가를 맡기면 온전한 나를 만날 수 없습니다. 세상의 중심은 바로 나이며, 내 삶에서 온전히 내가 주인이 되어야 합니다.

남의 평가와 기준에 내 인생을 맡기면 온전한 나의 인생이 될 수 없습니다. 사람들이 나에게 박수 치면 좋아하다가 조금이라도 비난을 하거나 저평가를 하면 고통스러워하는 사람이라면 자기중심을 놓치고 사는 사람입니다. 인간은 타인의 평가에 약할 수밖에 없습니다. 그러나 군자는 남의 평가에 휘둘리지 않습니다.

부 지 불 온
不知不慍 ◦ 남이 나를 알아주지 않더라도 화내지 말라!

온(慍): 화내다

군자의 친구 사귀는 법

자왈 군자 부중즉불위 학즉불고 주충신 무우불여기자 과즉물탄개
子曰 君子 不重則不威 學則不固 主忠信 無友不如己者 過則勿憚改

공자가 말했다. "군자가 신중하지 않으면 위엄이 없고, 배워도 그 배움이 단단해지지 않는다. 진심과 믿음을 인생의 목표로 삼고, 내가 배울 것이 없는 사람과 친구하지 말고, 잘못했으면 고치는 데 주저하지 말라!"

학이 8

자한 24

학이편 8절 중 "主忠信 無友不如己者 過則勿憚改"는 자한편 24절과 동일한 문장입니다.

군자는 학벌과 가문이 좋은 사람이 아니라 노력을 통해 인성을 갖추고 수준 높은 일상을 살아가는 사람입니다. 신중한重 처신과 기본이 탄탄한固 배움學, 진실忠과 신뢰信, 좋은 친구友와 부단한 자기반성改은 군자가 살아가는 방식입니다.

"나보다 못한 친구와 사귀지 말라無友不如己者!"는 구절에 눈길이 갑니다. 이 구절은 겉으로 보면 논리가 맞지 않습니다. 나보다 못한 사람과 친구하지 말라는 논리로 보면 어느 누구도 친구관계가 이루어질 수 없기 때문입니다. 왜냐하면 나보다 나은 친구는 나와 친구하지 않을 것이기 때문입니다.

그러나 사람에게는 각자 자신의 장점이 있습니다. 공부를 잘하는 사람, 운동을 잘하는 사람, 악기를 잘 다루는 사람, 그림을 잘 그리는 사람, 모두 각자 자신만이 갖고 있는 재능이 다르기 때문에 친구관계가 이루어질 수 있는 것입니다. 내가 갖고 있지 않은 재능과 능력을 가진 사람과 친구하면 나의 결핍을 보완해 줄 수 있기 때문입니다. 공부만 잘하는 사람끼리 몰려다니거나, 운동만 잘하는 사람끼리 몰려다니는 것보다, 내가 갖고 있지 않은 능력을 갖고 있는 친구를 사귀는 것이 군자의 친구 사귀는 원칙입니다.

무우불여기자
無友不如己者 ◦ 내가 배울 것이 없는 사람과 친구하지 마라.

중(重): 신중하다 | 위(威): 위엄 | 우(友): 친구로 사귀다 | 불여(不如): –만 못하다 | 탄(憚): 꺼리다, 주저하다

말보다 행동

자공문군자 자왈 선행기언 이후종지
子貢問君子 子曰 先行其言 而後從之

자공이 공자에게 군자에 대하여 물었다. 공자가 대답했다. "(군자는) 말하기 전에 먼저 실천하고 그리고 말을 해야 한다."

말과 행동의 일치는 《논어》에서 중요하게 생각하는 가치입니다. 말은 잘하는데 실천이 없다면 공허한 말입니다. 나중에 한번 만나서 밥을 먹자는 지나가는 말에서부터, 내가 반드시 어떻게 해주겠다는 실천 불가능한 말에 이르기까지 인간은 말의 공허함에 빠져 살아갑니다.

지키지도 못할 약속을 밥 먹듯 하는 사람에서부터 지키지도 못할 공약을 남발하는 정치인에 이르기까지 세상은 온통 말뿐인 세상입니다. 효도하겠다는 말은 어디 가고 부모님에게 전화 한 통도 없고, 사랑하겠다는 말은 어디 가고 배신을 밥 먹듯이 합니다.

그야말로 빈말이 무성한 시대는 지금이나 공자가 살던 시대나 비슷했나 봅니다. 자공이 공자에게 군자에 대하여 물었을 때 공자는 먼저先 행동行으로 보여주고 그 뒤에 말을 하라고 충고합니다. 아마도 자공에게 부족한 것이 행동보다는 말이 앞서는 것이었나 봅니다. 말없이 묵묵히 행동으로 자신을 보여주는 사람이 군자입니다.

선행기언
先行其言 ◦ 말에 앞서 행동으로 실천하라!

군자의 경쟁 방법

자왈 군자 무소쟁 필야사호 읍양이승 하이음 기쟁야군자
子曰 君子 無所爭 必也射乎 揖讓而升 下而飮 其爭也君子

공자가 말했다. "군자는 직접적으로 싸우지 않는다. 반드시 싸울 일 있으면 활쏘기 시합으로 해야 한다. 활쏘기 시합은 쏘기 전에 서로 인사하고, 양보하고, 올라가서 활을 쏘고 내려와서 진 사람이 벌주로 술을 마시는 예의가 있는 승부 방법이다. 이런 승부야말로 군자들의 승부 방법이다."

싸우는 데도 예의가 있습니다. 서로 왜 싸우는지를 말하고, 싸움의 규칙을 정하고, 서로 인사하고, 공평하게 승부를 가리고, 이긴 자는 진 자를 위로하고, 진 자는 이긴 자에게 승복하고 그렇게 해서 갈등을 푼다면 진정 군자가 예의로 싸우는 방법입니다. 무작정 상대방에게 주먹을 휘두르거나, 반칙과 비열한 방법으로 승리를 탐하거나, 감정을 주체하지 못하고 달려드는 것은 소인들이 싸우는 방식입니다. 경쟁爭은 인간 사회에서 필요하지만 그것이 물리적인 폭력이나 물질적 소유의 경쟁이라면 저급합니다.

공자는 군자가 반드시必 다툴 일이 있으면 활쏘기射로 승부를 내라고 합니다. 활쏘기는 활을 쏘기 전에 서로에게 인사揖하여 예의를 표하고, 먼저 쏘라고 양보讓하고, 사대에 올라升 활을 쏜 후 내려와서下 진 사람이 패배를 인정하고 벌주로 술을 마시는飮 일종의 신사들의 승부 방식입니다. 이렇게 승부를 내다 보면 결국 상대를 이해하게 되고 갈등의 마음은 사라지고 화해가 이루어질 것입니다.

무소쟁
無所爭 ◦ 군자는 남과의 경쟁에 마음을 두지 않는다!

쟁(爭): 다투다 | 사(射): 활쏘기 | 읍(揖): 상대방에게 인사하다 | 양(讓): 양보하다 | 승(升): 오르다昇와 같은 뜻 | 음(飮): 벌로 술을 마시다

정의와 이익

자왈 군자 유어의 소인 유어리
子曰 君子 喩於義 小人 喩於利

공자가 말했다. "군자는 의義에 기뻐하고 소인은 이익利에 기뻐한다."

정의와 이익 중에 어떤 것을 선택할 것인가는 우리가 늘 고민하는 문제입니다. 정의를 선택하자니 이익은 없고, 이익을 선택하자니 옳음을 포기해야 할 때 더욱 고민에 빠지게 됩니다. 군자는 공公적인 의義에 밝은喩 사람이고, 소인은 사私적인 이익利에 밝은喩 사람입니다.

이 문장을 읽으면서 정의義와 이익利이 이분법적으로 완벽하게 구별될 수 있는 것인가를 생각해봅니다. 우리가 정의라고 생각하는 것 속에 이익의 무의식적 동기가 있을 수 있습니다. 남에게 덕을 베푸는 것이 정의로운 행동이지만, 그 행동의 동기가 남에게 칭찬을 받거나 박수를 얻기 위한 이익 때문이라면 과연 완벽한 정의라고 할 수 있을까요? 인간이란 존재가 과연 어떤 이익에 대한 관심 없이 완벽하게 정의로운 행동을 할 수 있을까요? 이 질문에 대한 답은 쉽지 않습니다. 그럼에도 자신의 이익을 포기하고 의로운 삶을 살아가는 사람들이 있습니다. 철길에 떨어진 사람을 구하고 목숨을 잃은 의인義人들, 국가를 위기에서 구하기 위해 자신의 목숨을 초개와 같이 던진 의사義士들은 하루하루 자신의 이익만을 위하여 살아가는 사람들이 늘 본받아야 할 사람들입니다.

유어의
喩於義 ◦ 개인의 이익을 넘어 정의를 추구하라!

유(喩): 기뻐하다

말은 어눌하게, 행동은 민첩하게

자왈 군자 욕눌어언이민어행
子曰 君子 欲訥於言而敏於行

공자가 말했다. "군자는 말은 어눌하게 하려 하고 행동은 민첩하게 하려고 하는 사람이다."

《논어》에 나오는 글귀 중에 서예가들이 가장 많이 쓰는 구절 중의 하나입니다. 말言은 적게訥, 행동行은 빠르게敏! 눌언민행訥言敏行. 여기저기 이 네 글자를 쓴 액자나 족자를 만나게 됩니다. 심지어 큰 나무 판에 이 글귀를 전각으로 새겨 벽에 걸어놓는 경우도 많습니다.

인생을 살다 보면 어제 한 말을 후회하기도 하고, 방금 전에 한 말을 한탄하기도 합니다. 말을 조금 줄였더라면 좋았을 것이라고 반성도 합니다. 그러나 그때 감정으로 말을 한 것을 후회해보았자 이미 때는 늦은 것입니다. 말을 너무 많이 해서 구설에 오르기도 하고, 말 때문에 대사를 그르치기도 합니다. 때로는 잘나가던 사람이 말 한 번 잘못해서 커다란 위기를 만나 추락하기도 합니다. 그래서 지도자는 말을 적게 하는 것을 미덕으로 삼았으며, 빠른 행동을 통해 말을 실천하는 사람이 되고자 했습니다. 언행일치言行一致, 말보다 실천! 이런 사람은 유교에서 꿈꾸는 군자의 모습입니다.

눌언민행
訥言敏行 ◦ 말은 적게 하려고 노력하고, 행동은 민첩하게 하려고 노력하라.

눌(訥): 말을 더듬다 | 민(敏): 민첩하다

군자의 공부 방법

자왈 군자박학어문 약지이례 역가이불반의부
子曰 君子博學於文 約之以禮 亦可以不畔矣夫

공자가 말했다. "군자가 널리 문명을 배우고, 그 배움을 사회에 예禮로써 요약해낼 수 있다면 도道에 어긋나지 않을 것이다."

문文은 인간의 문명입니다. 인간으로서 다양한博 인문적 교양을 축적하고 배우는學 것은 군자의 중요한 삶의 태도입니다. 그리고 그 다양한 인문을 인간 사회의 예로 요약約하고 실행할 수 있다면 인간의 도리道에 어긋나지畔 않을 것입니다. 어떤 사람이 엄청난 인문적 지식과 교양을 축적했지만 그것을 자신의 삶에 반영시키지 못하고 타인과의 관계에 적용하지 못한다면 그저 지식의 축적에 불과합니다. 지식과 교양이 나와 이웃과 사회의 정의에 부합되었을 때 더욱 그 빛을 발휘할 수 있습니다. 지식의 습득, 박학博學과 사회적 적용, 약례約禮는 군자가 공부하는 방법입니다.

박문약례
博文約禮 ◦ 널리 문명을 배우고 사회적 공의에 적용하라.

박(博): 넓게 | 문(文): 인간의 문양文樣 | 약(約): 묶다, 요약하다 | 반(畔): 위배違背되다

평온과 근심

자 왈 군 자 탄 탕 탕 소 인 장 척 척
子曰 君子 坦蕩蕩 小人 長戚戚

공자가 말했다. "군자는 마음이 평온하며 넓고 여유롭다. 소인은 늘 근심이 가득하다."

군자는 어떤 상황 속에서도 마음이 늘 탄탄坦하고 여유蕩蕩가 있습니다. 그러나 소인은 늘長 근심에 싸여 걱정하고戚 슬퍼합니다. 혹시라도 어떻게 될까 하는 두려움에 싸여 있습니다.

인간은 늘 근심과 공포를 느끼며 살아갑니다. 그러나 군자는 근심을 미리 걱정하거나 마음에 상처를 입지 않습니다. 일희일비하지 않는 안정되고 평온한 여유를 잃지 않기 때문입니다. 사랑을 실천하기에 근심憂하지 않고, 지혜가 있기에 의심惑하고, 용기가 있기에 두려움懼이 없습니다. 정신적인 걱정과 육체적 아픔, 경제적 결핍에서도 여유를 잃지 않고 탄탄하게 살아갑니다. 그러나 소인들은 늘長 걱정과 근심戚에 싸여 하루하루 불안 가득히 살아갑니다. 다가오지도 않은 일에 대하여 미리 걱정하고 불안에 떠는 것입니다.

탄 탕 탕
坦蕩蕩 ◦ 평온하고 여유를 잃지 마라!

탄(坦): 평온하다, 탄탄坦坦하다 | 탕(蕩): 넓고 여유롭다 | 척(戚): 슬퍼하다

군자다운 사람

증자왈 가이탁육척지고 가이기백리지명 임대절이불가탈야 군자인여
曾子曰 可以託六尺之孤 可以寄百里之命 臨大節而不可奪也 君子人與
군자인야
君子人也

증자가 말했다. "아버지 없는 어린 임금을 믿고 맡길 만하고, (그 어린 임금을 위해) 제후의 왕명을 대신 부탁할 만하고, 큰 절개를 지키며 그 사람의 뜻을 빼앗을 수 없다면 군자다운 사람일 것이다! 군자다운 사람일 것이다!"

증자가 생각하는 군자의 정의는 자신의 직분에 충실한 사람입니다. 아버지를 잃은 어린六尺 임금孤을 믿고 맡길託 만하고, 제후百里 규모의 왕명命을 부탁할寄 만하다는 것은 그가 권력에 대한 욕심이 없다는 것입니다. 비록 어린 군주지만 목숨을 걸고 지켜낼 수 있는 절개節가 있고, 어떤 협박에도 자신의 뜻을 굽히거나 빼앗기지奪 않을 배짱이 있는 신하입니다. 이런 신하가 한 명 있으면 그 나라가 튼튼히 유지될 수 있습니다.

고양이에게 생선을 맡긴다는 속담이 있습니다. 자기 이익을 위해 국가의 재정을 허비하고, 자신의 직분을 잊고 나라 예산을 함부로 유용한다면 소인小人입니다. 내가 맡은 자리에서 사익에 기울지 않고 공익을 위해 사는 사람이 이 시대의 진정한 군자입니다.

임대절이불가탈
臨大節而不可奪 ◦ 큰 절개를 지키고 자신의 뜻을 빼앗기지 말라!

탁(託): 맡기다 | 고(孤): 아버지 없는 어린 임금 | 기(寄): 부탁하다 | 탈(奪): 빼앗다

근심과 두려움

사 마 우 문 군 자 자 왈 군 자 불 우 불 구
司馬牛 問君子 子曰 君子 不憂不懼

사마우가 군자에 대하여 물었다. 공자가 말했다. "군자는 근심도 두려움도 없는 사람이다."

왈 불 우 불 구 사 위 지 군 자 의 호
曰不憂不懼 斯謂之君子矣乎

사마우가 말하기를 "근심도 두려움도 없으면 이런 사람을 군자라고 할 수 있습니까?"

자 왈 내 성 불 구 부 하 우 하 구
子曰 內省不疚 夫何憂何懼

공자가 말했다. "스스로 성찰하여 거리낌이 없으면 무엇을 근심하고 무엇을 두려워하겠는가?"

하늘을 우러러 한 점 부끄럼 없이 살기란 어려운 일입니다. 내가 저지른 부끄러운 행동을 다른 사람은 몰라도 내가 알고 있기 때문입니다. 내 자신에게 물어보아 거리낌이 있다면 근심과 두려움이 엄습합니다. 혹시라도 내가 저지른 일에 대하여 처벌과 응징이 있을 수 있다는 두려움입니다.

사마우는 형인 사마환퇴가 반란을 일으킨다는 소식을 듣고 두려워했습니다. 혹시라도 반란에 실패하면 그 여파가 자신에게 미칠까 두려웠던 것입니다. 공자는 그런 사마우의 심리상태를 알고 군자는 근심憂과 두려움懼이 없는 사람이라고 대답한 것입니다. 그리고 자신이 스스로 반성하여 거리낌이 없다면 근심할 필요도 없다는 것입니다.

세상을 살아가면서 공포와 근심에 힘들 때가 있습니다. 그러나 자신이 부끄러운 행동을 하지 않았다면 당당하게 살아가야 합니다. 내가 떳떳한데 자신을 두려움과 공포에 밀어넣을 이유는 없기 때문입니다.

하 우 하 구
何憂何懼 ◦ 내가 떳떳하면 무엇을 근심하고 두려워하리오.

구(疚): 거리끼다 | 구(懼): 두려워하다

장점의 강화

자왈 군자성인지미 불성인지악 소인 반시
子曰 君子成人之美 不成人之惡 小人 反是

공자가 말했다. "군자는 타인의 장점을 강화시키고, 타인의 단점을 소멸시킨다. 소인은 이와 반대이다."

만나면 상대방의 단점을 들추는 사람이 있습니다. 당신은 무엇이 문제라든 둥, 어떤 것을 고쳐야 한다는 둥, 온통 트집과 비난으로 가득합니다. 이런 사람을 만나면 괜히 위축되고, 자존감이 떨어지게 됩니다. 반대로 나의 장점을 찾아주고 칭찬해주는 사람을 만나게 되면 성장의 기쁨을 맛봅니다. 칭찬과 격려에 더욱 자신의 장점을 강화시키기 때문입니다.

군자는 상대방의 장점美을 끌어내고 완성成시켜 주는 사람입니다. 그리하여 주변 사람들을 높은 수준으로 변화시켜 나갑니다. 반면 소인들은 남의 단점惡만 들추고 만들어成 내는 사람입니다. 그러니 소인들 주변에는 늘 자존감이 떨어지는 사람으로 가득 차게 됩니다. 상대방의 장점을 발견하고, 끌어내고, 칭찬하고, 발전시켜 주는 사람이 진정 군자의 리더십을 발휘하는 사람입니다.

성인지미
成人之美 ◦ 상대방의 장점을 끌어내라!

다양성의 추구

자왈 군자 화이부동 소인 동이불화
子曰 君子 和而不同 小人 同而不和

공자가 말했다. "군자는 다름을 인정하고 화합을 추구하는 사람이며 같음을 강요하지 않는다. 반면 소인들은 같음만을 추구하고 다름의 화합을 인정하지 않는다."

'따로 또 같이'는 다양성과 통일성을 모두 강조할 때 쓰는 말입니다. 세상은 너무나 다양하기에 각자 따로따로의 생각과 삶의 패턴이 있습니다. 그러나 그 다양성이 하나의 통일성으로 화합이 될 때 비로소 조직의 경쟁력이 커질 것입니다.

화和는 음악 용어입니다. 서로 다른 악기들이 만나서 내는 화음和音입니다. 오케스트라의 화음 안에는 서로 다른 악기의 다양한 소리가 만나고 있습니다. 서로 양보하고, 이해하고, 존중했을 때 비로소 화음이 제대로 나오는 것입니다. 동同은 같다는 뜻입니다. 각자의 다양성을 버리고 하나의 같음으로 들어오라는 전체주의적 사고가 담겨 있습니다.

화이부동和而不同은 다름을 인정하고 같음을 강요하지 않는 군자의 철학입니다. 통합과 통일은 하나가 아니라, 다양성을 기반으로 화합의 균형을 이루는 큰 하나입니다. 같음의 강요는 늘 갈등의 요소를 유발합니다. 나와 다른 것에 대하여 폭력을 행사하기도 합니다. 강요된 같음은 결국 분열로 끝날 수밖에 없습니다.

화이부동
和而不同 ◦ 화합을 추구하며 같음을 강요하지 말라!

섬김과 기쁨

자로 25

자 왈 군 자 이 사 이 난 열 야 열 지 불 이 도 불 열 야 급 기 사 인 야 기 지
子曰 君子 易事而難說也 說之不以道 不說也 及其使人也 器之
소 인 난 사 이 이 열 야 열 지 수 불 이 도 열 야 급 기 사 인 야 구 비 언
小人 難事而易說也 說之雖不以道 說也 及其使人也 求備焉

공자가 말했다. "군자는 모시기는 쉬워도 기쁘게 하기는 어려운 사람이다. 왜냐하면 원칙을 벗어나 기쁘게 하면 군자는 기뻐하지 않기 때문이다. 군자가 사람을 부릴 때는 그 사람의 능력에 맞게 일을 시키는 사람이다. 반면 소인은 모시기는 어려워도 기쁘게 하기는 쉬운 사람이다. 왜냐하면 원칙을 벗어나 기쁘게 해도 소인은 기뻐하기 때문이다. 소인이 사람을 부릴 때는 모든 것을 다 갖추기를 바라는 사람이다."

모시기事 쉬운易 사람이 있습니다. 특별히 요구하는 것도 없고, 강요하는 것도 없기 때문입니다. 그러나 그 사람을 기쁘게說 하기엔 어렵습니다. 원칙道이 아니면 기뻐하지 않기 때문입니다. 꼼수로 그 사람의 마음을 사로잡을 수 없습니다. 이런 사람을 군자라고 합니다. 반면 모시기 어려운 사람이 있습니다. 요구하는 것도 많고 강요하는 것도 많습니다. 당장 시키는 일을 하지 않으면 불같이 화를 내기도 합니다. 그런데 이런 사람을 기쁘게 하기는 쉽습니다. 원칙에 위배되더라도 꼼수로 그의 마음을 사로잡을 수 있기 때문입니다. 뇌물을 바치거나, 그가 원하는 사적인 일을 해주면 기뻐한다는 것을 너무나 잘 알고 있기 때문입니다. 이런 사람을 소인이라고 합니다.

군자는 아랫사람에게 완벽함을 강요하지 않습니다. 그가 가장 잘하는 것을 파악하여 일을 시킵니다. 반면 소인은 아랫사람에게 완벽함을 요구합니다. 열 번 잘하더라도 한 번 잘못하면 불같이 화를 내며 질책을 합니다. 군자와 소인, 참 색깔이 다른 사람입니다.

이 사 난 열
易事難說 ◦ 대하기는 쉬워도 기쁘게 하기는 어려운 사람이 되어라!

이(易): 쉽다 | 열(說): 기쁘다 | 기(器): 그릇, 능력

내 자리를 지켜라!

증 자 왈 군 자 사 불 출 기 위
曾子曰 君子思不出其位

증자가 말했다. "군자는 생각이 자신이 처한 위치를 벗어나서는 안 된다."

가끔 내 자리를 잊어버릴 때가 있습니다. 지금 내 처지가 어떤지도 모르고 경거망동하기도 합니다. 그릇은 작은데 큰 것을 담으려 하고, 지혜는 짧은데 큰일을 도모하려 하고, 능력은 하찮은데 큰 자리를 탐한다면 모두가 자신에 대해 정확한 파악을 못하고 사는 사람입니다.

군자는 자신의 처지位를 정확히 파악하고 그에 합당한 생각과 행동을 하며 사는 사람입니다. 부귀한 자리에 있으면 부귀한 자로서 세상에 도움을 주고 나눌 것이며, 빈천한 처지에 처하면 가난한 자로서 분수를 알고 행동해야 합니다. 근심과 어려움에 처하면, 환란에 처한 상황에서 가장 합당한 삶의 방식을 찾아내야 합니다. 지금 처한 상황도 제대로 모르고 생각思은 저 먼 곳에 가 있다면 현실과 이상 간에 괴리가 일어날 것입니다. 군자는 늘 자신이 처한 상황을 정확히 알고 행동하는 사람입니다.

사 불 출 기 위
思不出其位 ◦ 자신이 처한 처지를 벗어나서 고민하지 말라.

역경을 마주하는 태도

위령공 문진어공자
衛靈公 問陳於孔子

위령공이 공자에게 군사 진법陳法을 물었다.

공자대왈 조두지사 즉상문지의 군려지사 미지학야 명일수행
孔子對曰 俎豆之事 則嘗聞之矣 軍旅之事 未之學也 明日遂行

공자가 대답하여 말하기를 "예를 집행하는 일은 옛날부터 들었지만, 군대의 일은 배우지 못했습니다" 하고는 다음날 마침내 떠났다.

재진절량 종자병 막능흥
在陳絶糧 從者病 莫能興

진陳나라에서 양식이 떨어졌을 때 따르던 제자들이 병이 들어 일어나지도 못할 지경이었다.

자로온견왈 군자역유궁호 자왈 군자고궁 소인궁사람의
子路慍見曰 君子亦有窮乎 子曰 君子固窮 小人窮斯濫矣

자로가 화가 나서 공자를 만나 말하기를 "군자도 이렇게 힘들 때가 있습니까?" 공자가 말했다. "군자는 힘들 때 오히려 마음이 더욱 단단해진다. 그러나 소인은 힘들면 바로 함부로 행동한다."

그 사람을 제대로 알려면 어렵고 힘들 때 보면 정확히 알 수 있다고 합니다. 평상시에는 그럴듯하게 처신하지만 조금이라도 어려운 일이 닥치면 어찌할 줄 몰라 허둥지둥 갈피를 못 잡는 사람이 많습니다. 날씨가 추워져 봐야 소나무가 푸른 나무라는 것을 알 수 있듯이, 인간도 어려울 때 흔들리지 않는 사람이 진정 군자라고 할 수 있을 것입니다.

위나라 왕이 군대의 일에 대하여 물었을 때 공자는 자신은 병법의 전문가가 아니라며 미련 없이 짐을 싸서 제자들과 위나라를 떠났습니다. 도중에 양식이 떨어지고 제자들은 굶주릴 때 자로가 공자에게 왜 우리가 이런 고난을 당해야 하냐고 따져 물었습니다. 공자는 어려울 때 흔들리지 않는 사람이 군자라고 하면서 자로에게 대답했던 것입니다.

고궁
固窮 ◦ 군자는 역경을 당하면 더욱 단단해진다!

진(陳): 군대의 진을 치다 | 조(俎): 고기를 올려놓는 제기 | 두(豆): 제수를 담는 제기 | 려(旅): 군대의 단위 | 온(慍): 성내다 | 람(濫): 함부로 하다

군자의 근심

자왈 군자 병무능언 불병인지불기지야
子曰 君子 病無能焉 不病人之不己知也

공자가 말했다. "군자는 능력이 없음을 근심하지 남이 나를 알아주지 않음을 근심하지 않는다."

"남이 나를 알아주지 않음을 근심하지 말고, 내가 알아줄 만한 사람이 되었는가를 근심하라!" 이런 의미의 문장이 《논어》에는 자주 등장합니다.

공자와 그 제자들의 가장 큰 문제의식 중의 하나가 세상 사람들이 우리를 알아줄 것인가에 대한 의문이었습니다. 이렇게 모여서 고대문명을 학습하고, 예의를 닦고, 능력을 연마하는데 과연 세상이 우리를 알아줄 것인가에 대한 질문을 제자들은 공자에게 자주 했던 것 같습니다. 그런 질문을 받을 때마다 공자는 세상이 우리를 알아주지 않는다고 걱정하지 말고, 우리를 알아줄 만한 실력을 연마해야 한다고 강조했던 것입니다. 우리의 무능無能을 먼저 병病으로 안다면 결국 세상이 우리를 알아줄 것이란 믿음이었습니다. 공자는 당시 귀족들에게 크게 환영받지는 못했지만 공자의 제자들은 전국 각지로 흩어져 귀족들에게 발탁되었습니다.

열심히 공부하는 젊은이들에게 세상이 너희를 알아주지 않음을 근심하지 말고 알아줄 만한 실력을 키워야 한다고 말하면서 이 구절을 인용한다면 적절할 것 같습니다.

병무능
病無能 ◦ 자신의 무능을 먼저 고민하라!

병(病): 근심

군자와 명성

자 왈 군 자 질 몰 세 이 명 불 칭 언
子曰 君子 疾沒世而名不稱焉

공자가 말했다. "군자는 죽어서 자신의 이름이 세상에 알려지지 않는 것을 싫어한다."

호랑이는 죽어서 가죽을 남기고 사람은 죽어서 이름을 남긴다는 속담의 근원을 찾자면 이 구절을 만나게 됩니다. 군자는 죽어서沒世 자신의 이름名이 후세 사람들에게 불려稱지지 않는 것에 대하여 못 견딘다疾는 것입니다.

이 문장의 본래 뜻은 살아 있을 때 세상을 위해서 자신의 삶이 선한 영향력을 끼쳐야 한다는 의미일 것입니다. 그런데 이 문장이 오염되어 오로지 자신의 이름을 남기는 것이 마치 성공한 사람의 삶인 양 포장된 것입니다. 그래서 족보에 이름을 남기려고 하고, 비석에 자신의 이름을 관직과 함께 새기려고 한 것입니다. 높은 관직을 지내고 많은 돈을 번 덕분에 이름을 남기기보다는 세상 사람들을 위하여 봉사하고 도움을 준 이유로 이름을 남겨야 할 것입니다. 이름을 남기기보다는 선한 영향력을 끼친 그 사람을 기억하는 사람이 많은 것이 훨씬 의미 있는 삶일 것입니다.

명 불 칭
名不稱 ◦ 내 이름을 억지로 세상에 남기려고 하지 말라!

내 탓이오!

자왈 군자 구저기 소인 구저인
子曰 君子 求諸己 小人 求諸人

공자가 말했다. "군자는 자신에게서 책임을 묻고, 소인은 남에게 책임을 묻는다."

내 탓이오! 내 탓이로다! 참 아름다운 말입니다. 모든 문제는 결국 내 문제로 시작되었다는 진솔한 고백입니다. 사람과의 관계가 끊어진 것도 내 탓이고, 자식이 불효를 하는 것도 결국 내 탓입니다.

경제가 어려워지고 국민의 삶이 팍팍해지는 것도 결국 내 탓이라고 외치는 정치인이 있다면 그 사람이 바로 군자입니다. 군자는 모든 문제의 원인을 자신己에게 찾는求 사람입니다. 타인을 원망하거나 하늘을 탓하지 않습니다.

한 나라의 지도자가 백성이 굶어 죽는 상황에서 하늘과 날씨를 탓한다면 그 자리에 있을 자격이 없다는 것이 유교의 지도자 책임론입니다.

구저기
求諸己 ◦ 모든 것이 내 탓이로다!

저(諸): 어조사, -에게

군자의 자부심

子曰 君子矜而不争 群而不黨

공자가 말했다. "군자는 자부심이 있지만 남과 경쟁하지 않는다. 무리는 짓지만 편당 짓지 않는다."

자부심은 사람의 가치를 높입니다. 내가 비록 낮은 자리에서 힘든 일을 하고 있더라도 자부심만 있으면 얼마든지 그 상황을 즐길 수 있습니다. 남들이 보기에는 비록 손해나고, 별 볼 일 없는 일이라도 자부심은 내 삶을 더욱 의미 있게 만들어줍니다. 그런데 자부심이 다른 방향으로 발전하면 남과의 경쟁에서 이기는 것이라고 생각하기도 합니다. 상대방과 경쟁하여 이겨야만 비로소 자존감과 자부심이 높아진다고 착각하는 것입니다.

자부심은 경쟁争을 통해 나오는 것이 아닙니다. 자신의 내면을 성찰하고, 영혼의 충만함을 느낄 때 비로소 아름다운 자부심이 나오는 것입니다. 군자는 패거리 짓거나, 집단의 이익을 위해 경쟁하지 않습니다. 오로지 공명한 정의와 사회적 소명을 완수하는 것이 군자의 삶의 철학입니다.

不争 ◦ 자부심은 경쟁에서 이기는 것에서 나오지 않는다.

긍(矜): 아끼다, 숭상하다, 자긍심自矜心

군자의 인재 등용 방법

자왈 군자 불이언거인 불이인폐언
子曰 君子 不以言擧人 不以人廢言

공자가 말했다. "군자는 말을 잘한다고 그 사람을 등용하지 않고, 사람이 나쁘다고 그 사람의 좋은 말까지 버리지 않는다."

사람을 등용하는 기준은 많습니다. 학력이나 능력을 보기도 하고, 주변의 관계들을 보기도 합니다. 특히 말 잘하는 것을 보고 발탁하는 경우도 있습니다. 공자는 말 잘하는 능력에 대하여 싫어한 것 같습니다. 말 잘하는 사람 중에 인간성 좋은 사람이 없다고 하며 교언영색의 문제점을 지적하고 있습니다.

생각건대 공자는 언변이 그렇게 좋은 사람은 아니었다고 추측을 해보기도 합니다. 말은 어눌할수록 좋고, 더듬을수록 좋다고 한 것을 보면 공자가 말을 약간 더듬지는 않았을까 상상해보기도 합니다. 리더가 사람을 취하여 등용할 때 절대 말하는 것을 보고 판단하지 말라고 합니다. 그 사람의 인성과 숨겨진 능력을 보라는 것입니다. 반면 그 사람이 밉다고 그 사람이 한 좋은 말까지 버려서는 안 된다고 합니다.

불이언거인
不以言擧人 ◦ 말만 듣고 그 사람을 등용하지 말라!

폐(廢): 버리다

군자의 부끄러움

자 왈 군 자 치 기 언 이 과 기 행
子曰 君子恥其言而過其行

공자가 말했다. "군자는 자신의 말이 실천보다 과장되는 것을 부끄러워한다."

세상을 살다 보면 부끄러운 일이 많습니다. 직책을 제대로 수행하지 못하면서 월급만 받는 것도 부끄러운 일이고, 제대로 된 조직에서 역할을 못하는 것도 부끄러운 일이라고 공자는 말한 적이 있습니다. 공자가 가장 강조하는 부끄러운 일은 말만 앞세우고 행동은 따라가지 못한 것입니다. 말은 청산유수인데 행동은 말과 너무 멀리 떨어져 있는 것입니다. 말言이 행동行보다 너무 지나치다면過, 군자는 그것을 부끄러워해야 한다는 것입니다.

살다 보면 말이 행동보다 앞서는 경우가 많습니다. 지키지도 못할 약속을 하기도 하고, 실천하지도 못할 말을 많은 사람들 앞에서 하는 경우도 있습니다. 그러나 실제로 그 말을 완전히 다 지키는 사람은 그리 많지 않습니다. 그래서 말은 가능한 줄이고, 행동은 가능한 민첩하게 하라는 것이 공자의 끊임없는 주문입니다. 공자가 제자들에게 한 말 중에 말보다 실천이 앞서야 한다는 말이《논어》에는 자주 반복해서 나옵니다.

치 언
恥言 ◦ 지키지도 못할 말을 하는 것을 부끄러워하라!

세 가지 경계

공 자 왈 군 자 유 삼 계 소 지 시 혈 기 미 정 계 지 재 색 급 기 장 야 혈 기 방 강
孔子曰 君子有三戒 少之時 血氣未定 戒之在色 及其壯也 血氣方剛
계 지 재 투 급 기 로 야 혈 기 기 쇠 계 지 재 득
戒之在鬪 及其老也 血氣旣衰 戒之在得

공자가 말했다. "군자는 세 가지 경계해야 할 것이 있다. 어렸을 때는 혈기가 안정되지 않았기에 색을 경계하고, 나이가 먹어서는 혈기가 막 강해져서 싸움과 경쟁을 경계하고, 늙으면 혈기가 이미 쇠퇴하여 욕심을 경계해야 한다."

어릴 때는 색을 경계하고, 젊어서는 경쟁을 경계하고, 늙어서는 욕심을 경계하라고 합니다. 청년 시기에는 혈기가 왕성해서 색의 유혹에 취약합니다. 물론 색은 청년뿐만 아니라 나이가 먹어서도 조심해야 합니다. 그러나 젊어서 사리판단이 흐릴 수 있기 때문에 더욱 색을 조심해야 한다는 것입니다.

중장년이 되면 승부와 경쟁을 경계해야 합니다. 남과 싸워 이기는 것이 인생의 중요한 목표가 되는 시기이기에 무리하게 경쟁하다 보면 몸과 마음을 망치는 경우가 있습니다.

노년이 되면 욕심이 줄어들 것 같지만 탐욕이 오히려 더해진다고 합니다. 몸이 늙어 자신의 자존감을 유지할 수 있는 것이 자리와 돈 같은 것밖에 남지 않기 때문입니다. 그러니 나이가 먹으면 지위와 돈에 더욱 집착을 보인다는 것입니다.

인생을 살면서 각 시기마다 경계해야 할 것이 어찌 색과 경쟁과 탐욕뿐이겠습니까? 내 인생의 단계마다 자신이 가지고 있는 문제를 되돌아보며 사는 것은 군자의 성숙한 삶의 태도입니다.

계
戒 ◦ 지금 내가 경계해야 할 것은 무엇인가?

따뜻한 카리스마

공자왈 군자 유삼외 외천명 외대인 외성인지언
孔子曰 君子 有三畏 畏天命 畏大人 畏聖人之言

공자가 말했다. "군자는 세 가지 경외의 대상이 있다. 하늘의 소명召命, 훌륭한 사람, 성인의 말씀을 경외敬畏한다."

소인부지천명이불외야 압대인 모성인지언
小人不知天命而不畏也 狎大人 侮聖人之言

"소인은 천명을 알지 못하니 경외심이 없고, 훌륭한 사람을 업신여기고, 성인의 말씀을 모욕한다."

두려워하고 공경하는 마음을 경외敬畏심이라고 합니다. 존경敬과 두려움畏이 동시에 있는 마음입니다. 두려움은 무서운 것뿐만 아니라 존경의 의미도 담고 있습니다. 너무나 존경스럽기 때문에 두렵기까지 한 것입니다. 경외심을 '따뜻한 카리스마'라고 번역해도 좋을 듯합니다. 존경할 만한 따뜻함이 있고, 한편으로는 무시 못할 카리스마를 동시에 갖고 있는 것입니다.

하늘이 나에게 명한 소명의식을 경외합니다. 내가 이 세상에 온 이유에 대한 경외심입니다. 나보다 현명한 사람을 경외합니다. 내가 늘 본받고 따라야 할 선지식에 대한 경외심입니다. 성현의 말씀을 경외합니다. 나보다 앞서간 성현의 길에 대한 경외심입니다. 경외하는 삶은 늘 진지합니다.

경외
敬畏 ◦ 천명, 현인, 성현의 말씀을 경외하라!

외(畏): 경외敬畏하다 | 압(狎): 가벼이 여기다

생각하라! 또 생각하라!

공 자 왈 군 자 유 구 사 시 사 명 청 사 총 색 사 온 모 사 공 언 사 충 사 사 경 의 사 문
孔子曰 君子 有九思 視思明 聽思聰 色思溫 貌思恭 言思忠 事思敬 疑思問
분 사 난 견 득 사 의
忿思難 見得思義

공자가 말했다. "군자는 늘 생각해야 할 아홉 가지가 있다. 눈으로 볼 때는 명확하게 보고 있는지를 생각하고, 귀로 들을 때는 정확하게 듣고 있는지를 생각하고, 얼굴 표정을 지을 때는 온화하게 짓고 있는지를 생각하고, 몸가짐은 공손한지를 생각하고, 말할 때는 진심인지를 생각하고, 일을 할 때는 공경하게 수행하고 있는지를 생각하고, 의심이 날 때는 물어볼 생각을 하고, 화가 날 때는 뒷날의 어려움을 생각하고, 이득을 얻을 때는 정의로운 이득인지를 생각하여야 한다."

아홉 가지를 생각하며 살라는 구사九思의 내용입니다. 보고, 듣고, 표정, 모습, 언행, 일처리, 물음, 분노, 이득에 대하여 고민하고 생각하며 살라는 것입니다. 우리는 아무 생각 없이 살아갑니다. 생각 없는 삶을 살다 보면 내가 어디로 가고 있는지 좌표가 제대로 찍혀지지 않는 경우가 많습니다. 나에 대한 성찰 없이 산다는 것은 그저 살아 있다는 것밖에는 의미가 없습니다.

나는 지금 제대로 보고 듣고 말하고 일하고 있는지, 일은 제대로 처리하고 있는지, 정의롭지 못한 이익은 과감하게 거부하고 있는지, 모르는 것에 대하여 철저하게 따져 묻고 있는지, 감정적 분노를 얼마나 제어하고 있는지를 고민하며 산다는 것은 살아 있음 이상의 존재 방식입니다.

사
思 ◦ 무엇을 하든 생각하고 살아라!

군자의 미움

자공왈 군자역유오호 자왈유오 오칭인지악자 오거하류이산상자
子貢曰 君子亦有惡乎 子曰有惡 惡稱人之惡者 惡居下流而訕上者
오용이무례자 오과감이질자
惡勇而無禮者 惡果敢而窒者

자공이 말했다. "군자도 미워하는 것이 있습니까?" 공자가 말하기를 "미워하는 것이 있단다. 다른 사람의 단점을 자꾸 들추어내는 사람을 미워하고, 수준 낮은 사람이 높은 사람을 비방하는 것을 미워하고, 용기만 믿고 예의가 없는 사람을 미워하고, 과감하기만 하고 꽉 막힌 사람을 미워한다."

왈사야 역유오호 오요이위지자 오불손이위용자 오알이위직자
曰賜也 亦有惡乎 惡徼以爲知者 惡不孫以爲勇者 惡訐以爲直者

공자가 말하기를 "자공아 너도 미워하는 것이 있느냐?" 자공이 말했다. "너무 재고 살피는 것을 지혜라고 생각하는 사람을 미워합니다. 겸손하지 못한 것을 용기라고 생각하는 사람을 미워합니다. 남에게 고자질하는 것을 정직하다고 생각하는 사람을 미워합니다."

미움은 인간이라면 누구에게나 있는 것입니다. 아무리 성현이라도 미워하는 마음이 없을 수 없습니다. 전지전능한 신들도 미워하는 것이 있고, 아무리 부모라도 자식이 미울 때가 있습니다. 미움은 세상의 모든 존재들이 갖고 있는 본능입니다.

자공이 공자에게 군자도 미워하는 것이 있느냐고 물었습니다.《논어》에 보면 공자도 자주 미워하는 것에 대하여 언급하고 있습니다. 수업 시간에 낮잠이나 자고 선생님 가르침에 토를 다는 제자 재여를 미워했고, 말만 잘하고 행동이 따르지 않는 사람을 미워했습니다. 남의 단점을 들추는 사람, 자기보다 수준 높은 사람을 비방하는 사람, 용기만 있고 예의가 없는 사람, 과단성은 있는데 꽉 막힌 사람을 미워한다고 말했습니다. 미움, 아무리 이해하려고 해도 이해가 안 되는 미운 사람이 있습니다.

오
惡 ◦ 모든 인간은 미워하는 마음을 갖고 있다.

오(惡): 미워하다 | 칭(稱): 들추어내다 | 산(訕): 비방하다 | 질(窒): 막히다 | 요(徼): 살피다 | 알(訐): 고자질하다

군자의 변신

자하왈 군자유삼변 망지엄연 즉지야온 청기언야려
子夏曰 君子有三變 望之儼然 卽之也溫 聽其言也厲

자하가 말했다. "군자는 세 가지 다른 모습을 가지고 있다. 멀리서 보면 근엄한 모습, 그러나 가까이 다가가면 따뜻한 모습, 그 말을 들어보면 확고한 모습을 갖고 있다."

한 인간에게서 한 가지 모습만 보이는 것보다 다양한 모습이 보이는 것이 더욱 성숙한 사람의 모습일 수 있습니다. 그 사람은 엄격한 사람이다, 그 사람은 따뜻한 사람이다, 그 사람은 사나운 사람이다, 이렇게 하나의 모습으로 사람이 규정된다면 단순한 사람입니다. 그러나 이 세 가지 색깔을 모두 갖고 있다면 어떨까요? 멀리서 보면 엄격한 사람인데 가까이 다가가 보면 따뜻한 색깔도 갖고 있고, 어떨 때 보면 확고한 의지를 갖고 있는 사람이라면 참 다양한 색깔을 가지고 있는 사람입니다.

군자는 어느 한 색깔로 표현할 수 없는 사람입니다. 엄격한 리더의 모습 속에서 따뜻함을 발견할 수 있는 사람, 따뜻한 카리스마를 갖고 있는 군자의 모습입니다. 겸손하고, 마음 깊고, 아낌없이 주고, 믿음이 가고, 능력 있고, 때를 아는 여러 가지 변화의 색을 가진 사람의 모습이 진정 훌륭한 리더입니다.

변
變 ◦ 다양한 색깔로 나를 변화하라!

엄(儼): 엄격하다 | 온(溫): 따뜻하다 | 려(厲): 확고하다

신뢰와 충고

자장 10

자하왈 군자신이후 노기민 미신즉이위려기야 신이후간 미신즉이위방기야
子夏曰 君子信而後 勞其民 未信則以爲厲己也 信而後諫 未信則以爲謗己也

자하가 말했다. "군자는 상대방의 신뢰를 얻고 난 후에 사람들에게 일을 시킨다. 신뢰가 없는 상태에서 일을 시키면 자신을 괴롭힌다고 생각한다. 신뢰를 얻고 난 후에 상대방의 잘못을 이야기한다. 신뢰를 얻지 않고 잘못을 말해주면 자신을 비방한다고 생각한다."

믿음이 있으면 어떤 지시나 충고도 거부감이 없습니다. 상대방이 나를 힘들게 하거나 비난하려는 것이 아님을 잘 알고 있기 때문입니다. 신뢰가 없는 상태에서 상대방이 나에게 지시하면 나를 괴롭힌다고 생각합니다. 신뢰가 없는 상태에서 충고를 하면 나를 비난한다고 생각합니다. 불신의 골이 깊기 때문입니다.

리더가 조직의 구성원들에게 제일 먼저 얻어야 할 덕목은 신뢰입니다. 신뢰를 바탕으로 한 조직은 리더가 가고자 하는 방향을 향해 한마음으로 갈 수 있기 때문입니다. 자공이 국가를 이끄는 중요한 덕목을 물었을 때, 공자는 먹는 문제, 국방력, 신뢰라고 대답하면서 가장 중요한 것이 결국 백성의 신뢰라고 했습니다. 신뢰, 가장 강한 경쟁력입니다.

무신불간
無信不諫 ◦ 신뢰를 못 얻었다면 충고도 하지 마라.

려(厲): 괴롭히다 | 방(謗): 비방하다

군자는 하류를 싫어한다

자 공 왈 주 지 불 선 불 여 시 지 심 야 시 이 군 자 오 거 하 류 천 하 지 악 개 귀 언
子貢曰 紂之不善 不如是之甚也 是以君子 惡居下流 天下之惡 皆歸焉

자공이 말했다. "폭군 주의 불선함이 이토록 심하지는 않았다. 그래서 군자는 수준 낮은 곳에 있는 것을 싫어한다. 천하의 모든 악이 그곳으로 모여들기 때문이다."

하류下流는 물줄기의 가장 아래에 있는 곳입니다. 하류에 대하여 유교와 도교는 서로 다른 해석을 하고 있습니다. 노자는 훌륭한 지도자는 하류가 되어야 한다고 합니다. 모든 물줄기가 모여드는 하류가 되어야 세상을 품을 수 있다는 것입니다. 나를 낮춰야 세상의 모든 것들이 나에게 모여들어 내 품 안에 들어올 수 있다는 것입니다.

유교에서는 하류를 싫어합니다. 수준 낮은 하류는 천하의 모든 악한 것들이 모여드는 곳이라는 이유 때문입니다. 인생도 하류인생이 있고, 계층도 하류계층이 있다고 하는 것은 유교의 논리입니다. 폭군 주紂왕의 폭정 때문에 나라가 하류로 전락했다고 지적합니다.

요즘도 하류의 인간들과 조직이 많습니다. 학력은 높고 지위는 높지만 하는 행동은 모든 악한 행동을 서슴지 않고 벌이는 하류입니다. 수준 낮은 하류가 어제 오늘 일만은 아닌 것 같습니다.

하 류
下流 ◦ 인생이 하류가 되어서는 안 된다.

공인의 과오

자 공 왈 군 자 지 과 야 여 일 월 지 식 언 과 야 인 개 견 지 경 야 인 개 앙 지
子貢曰 君子之過也 如日月之食焉 過也 人皆見之 更也 人皆仰之

자공이 말했다. "군자의 잘못은 마치 일식이나 월식과 같아서 잘못을 저지르면 모든 사람들이 다 바라보게 되고, 잘못을 고치면 모든 사람들이 그를 우러러보게 된다."

공인公人은 사람들이 누구나 알고 있는 사람입니다. 정치를 책임진 정치인이나, 국가 공무원도 공인이고, 사람들의 인기를 끌고 있는 배우나 스포츠 스타들도 공인이라고 합니다. 공인이란 의미는 그 사람이 미치는 영향이 크거나, 차지하고 있는 위치가 남다른 사람입니다. 공인은 모든 사람들의 이목이 집중되어 있기에 자신의 행동에 책임을 져야 합니다.

공자의 제자 자공은 이런 사람을 해日와 달月로 비유했습니다. 해와 달은 모든 사람들이 모두 쳐다보는 존재이기에 공인과 같다는 것입니다. 일식과 월식이 일어나거나 끝나면 사람들은 모두가 쳐다보고 인지합니다. 공인도 마찬가지여서 그의 일거수일투족이 모든 사람들의 주목을 받고 있음을 잊어서는 안 된다는 것입니다. 공인의 잘못은 누구나 보고 알고 있습니다. 어쩌면 본인만 손바닥으로 잘못을 가리고 모른 체하고 있을 수도 있습니다.

일 월 지 식
日月之食 ◦ 공인의 잘못은 일식과 월식과 같아 모든 사람들이 알고 있다.

식(食): 먹히다 | 경(更): 고치다

|7장|

인재

人材

《논어》 498문장 중에 가장 많은 내용을 담고 있는 것이 인간에 대한 품평입니다. "어떤 사람이 가장 유능한 인재인가?" 이런 질문에서부터 당시 인물에 대한 평가에 이르기까지 인간에 대한 다양한 품평이 《논어》에 언급됩니다.

공자는 인물에 대한 평가를 통해 제자들에게 가르침을 전했습니다. 인물을 평하는 과정 속에서 어떤 인물이 되어야 하는지가 자세하게 드러나기 때문입니다. 그 사람을 아는 방법 중에 그 사람의 사람 평가를 들어보는 방법이 있습니다. 역사적 인물에 대한 평가, 현재 잘 알려진 인물에 대한 평가는 어느 정도 자신의 가치관과 생각이 반영되어 있기 때문입니다. 《논어》의 인물평에서는 당시 잘 알려진 인물이나 역사적으로 유명한 사람들에 대한 공자의 평가가 나옵니다. 공자의 인물평은 객관적이라고 잘 알려져 있습니다. 자신의 제자라도 철저하게 객관적 평가를 하고 있는 공자의 인물평을 통해 공자의 생각과 가치관을 어느 정도 알 수 있습니다. 인물평은 호평과 악평이 있습니다. 호평의 이유는 자신의 소신을 지키는 것, 세상을 위해 목숨을 거는 것, 인재를 알아주는 안목, 관계의 우수함 등입니다. 악평의 이유는 분수를 모르는 것, 자신의 이익만 고집하는 것, 위기에 자신의 안위만 추구하는 것, 무례한 처신과 행동 등이 그 이유입니다.

인재는《논어》의 핵심 내용입니다. 군자는《논어》에서 말하는 가장 이상적인 인재이고, 선비士는 전문 지식을 갖추고 도덕을 실천하는 전문 관료입니다. 성인聖人은 인재의 가장 완성된 모습이며, 현인賢人은 현명한 지혜로 살아가는 사람입니다. 선인善人은 상식을 실천하고, 착하게 인생을 살아가는 사람입니다. 항인恒人은 항심의 마음으로 변치 않고 살아가는 사람입니다. 광자狂者는 꿈은 높지만 실천력이 떨어지는 사람이고, 우자愚者는 우직하지만 능력이 모자란 사람입니다.《논어》에는 이런 다양한 인재의 유형이 나오고, 공부의 목표를 인재가 되는데 두었습니다.

사람이 자산이라는 말을 많이 합니다. 어느 기업의 자산은 기계나 자본이나 기술이 아니라 결국 사람이라는 것입니다. 훌륭한 인재를 보유한 조직이나 국가는 결국 경쟁력이 높아집니다. 아무리 자본이 많고 기술이 좋아도 구성원이 시원찮으면 지속 생존에 실패할 것입니다.《논어》에서 말하는 인재에 대한 품평을 통해 현재 우리가 꿈꾸는 인재의 모습을 그려봅니다.

임중도원

공문자, 불치하문의 주인공

자공 문왈 공문자 하이위지문야 자왈 민이호학 불치하문 시이위지문야
子貢 問曰 孔文子 何以謂之文也 子曰 敏而好學 不恥下問 是以謂之文也

자공이 물었다. "공문자孔文子라는 사람은 왜 문文이라는 글자를 넣은 것이지요?" 공자가 말했다. "그 사람은 행동이 민첩하고 배움을 좋아하며 아랫사람에게 묻는 것을 부끄러워하지 않았으니 이 때문에 문이라는 글자를 넣은 것이다!"

공문자는 위衛나라 귀족이었습니다. 그의 시호는 공문자孔文子였는데 자공이 왜 그 사람의 시호에 문文이라는 글자를 넣었는지 물었습니다. 공자는 세 가지 이유로 말합니다. 첫째 행동이 민첩敏했다. 둘째 배우기를 좋아했다好學. 셋째 아랫사람에게 묻는 것을 부끄러워하지 않았다不恥下問. 이것이 '문'이 들어간 이유라는 것입니다. 시호는 죽은 사람에게 붙여지는 호칭으로 그 사람이 어떻게 살다가 갔는지를 감안하여 후대 사람들이 정하는 것입니다.

공문자는 실행력이 뛰어났고, 배우기를 좋아하고, 나보다 아랫사람에게 묻는 것을 부끄러워하지 않았나 봅니다. 특히, "불치하문不恥下問", 나를 낮추어 묻는 것을 부끄러워하지 않았다는 평가에 눈길이 갑니다. 스티브 잡스는 나를 낮추고 주변 사람에게 물으라고 하면서 "STAY FOOLISH!"라고 말했습니다. 나는 어리석다! 늘 배워야 한다! 묻는 것을 부끄러워하지 마라! 더 이상 배울 것이 없다고 하는 자는 성장할 수 없다! 이런 뜻일 겁니다. 세상에 자신이 제일 똑똑하다고 생각하여 주변에게 묻지 않고 독선적으로 결정하는 사람은 큰 후회를 하게 되는 경우가 많습니다. 묻는 사람이 훌륭한 인재입니다.

불치하문
不恥下問 ◦ 아랫사람에게 묻는 것을 부끄러워하지 말라!

자산, 네 가지 인생 원칙

자위자산 유군자지도사언 기행기야공 기사상야경 기양민야혜 기사민야의
子謂子産 有君子之道四焉 其行己也恭 其事上也敬 其養民也惠 其使民也義

공자가 자산에 대하여 평가했다. "군자의 도리 네 가지를 모두 행한 사람이다. 자신의 몸가짐은 겸손했고, 윗사람을 섬길 때 공경했고, 백성을 돌볼 때 은혜로웠고, 백성을 이끌 때 정의로웠다."

자산은 정鄭나라 정치가였습니다. 정치적 수완을 발휘하여 약소국 정나라를 주변 강대국으로부터 지킨 사람입니다. 행정과 외교에 능했던 자산에 대하여《논어》에 나오는 공자의 평가는 상반된 두 가지가 있습니다. 부정적인 평가는 자산이 백성에게 은혜를 베푸는 정치가였으나 '보여주기식' 은혜를 베풀었다는 혹평입니다. 그럼에도 자산은 정치가로서 탁월한 면이 있다고 평가합니다.

자산은 정치가로서 네 가지 원칙道을 지켰다고 합니다. 겸손恭, 공경敬, 은혜惠, 정의義가 그것입니다. 자신의 몸가짐은 겸손하고, 윗사람을 모실 때 공경하고, 백성을 돌볼 때 은혜롭고, 백성을 동원할 때 정의로웠다는 것입니다. 이런 네 가지 항목을 리더로서 군자가 갖추어야 할 덕목으로 제시합니다.

요즘 정치인들에게 이런 덕목을 갖추었는지를 적용시켜 보면 어떨까 싶습니다. 국민 앞에 늘 겸손하고, 공경하며, 약자를 보호하고 정의를 수호하는 정치가라면 공자가 이상적으로 생각하는 정치인의 모습을 갖추었다고 할 수 있을 것입니다.

공경혜의
恭敬惠義 ◦ 정치인의 네 가지 덕목은 겸손, 공경, 은혜, 정의

행기(行己): 몸가짐 | 공(恭): 겸손하다

안평중, 관계의 달인

자왈 안평중 선여인교 구이경지
子曰 晏平仲 善與人交 久而敬之

공자가 말했다. "안평중은 인간관계를 잘 맺는구나. 오랜 시간이 지나도 서로 공경하는구나."

안평중은 제나라 정치가 안영입니다. 3대에 걸쳐 재상을 역임했던 안영은 인재를 아끼고 백성을 위한 정책을 편 유능한 재상으로 알려져 있습니다. 그가 인간관계를 잘 유지했던 가장 중요한 원칙은 상호 공경敬입니다. 오랜 관계를 맺다 보면 공경심이 떨어지게 됩니다. 부부가 오래 살다 보면 서로 막 대하게 되고, 친구도 오랜 시간이 지나면 공경심이 떨어지기도 합니다. 상호 공경은 지속적이고 아름다운 인간관계를 맺기 위한 가장 중요한 기반입니다. 그래서 조선 사대부들은 부부 간에 상호 경어 사용을 권장했고, 친구 간에도 공경하는 마음을 잃지 않고 만나는 것을 중요하게 생각했습니다.

상호 공경은 예의와 형식에서 나옵니다. 서로 만나서 예의로 인사하고, 언어 사용을 절제하고, 호칭을 따로 정하고, 양보로 권하는 것은 상호 공경을 위한 중요한 형식입니다. 가까울수록 더욱 상대방을 배려하고 공경하는 것은 좋은 인간관계를 유지하기 위한 첫걸음입니다. 태양과 지구가 저토록 오랫동안 좋은 관계를 유지해올 수 있었던 비결은 서로 각자의 자리를 인정하고 적절한 거리에서 상호 공경했기에 가능한 것이 아니었을까 생각해봅니다.

구이경지
久而敬之 ◦ 오랜 시간이 지나도 서로 공경을 잃지 않는 것이 좋은 관계의 비결

장문중, 미신 신봉자

자왈 장문중 거채 산절조절 하여기지야
子曰 臧文仲 居蔡 山節藻梲 何如其知也

공자가 말했다. "장문중이 신령스런 (죽은) 거북을 보관할 때 산과 수풀 모양의 무늬를 닫집 기둥에 새겨 화려하게 하니 그 사람을 어찌 지혜롭다 하겠는가?"

장문중은 지혜롭다고 알려진 노魯나라 귀족이었습니다. 그런데 미신을 좋아하여 큰 거북이를 박제하여 닫집 안에 보관했습니다. 닫집 기둥에 산을 조각하고, 동자기둥에는 수풀무늬를 새겨 넣어 화려하게 단청하여 치장했습니다. 공자는 그런 장문중의 미신행위를 비판하며 지혜롭지知 못하다고 한 것입니다.

공자는 미신을 원천적으로 부정합니다. 인간을 위해 무엇을 할 것인가를 고민하지 않고 귀신에게 아첨하고 비는 것은 인간의 본질을 잃어버리는 행위이며, 무지한 사람들의 삶의 패턴이라는 것입니다. 그 정성과 돈을 차라리 이웃을 구제하는 데 사용하라는 것이 공자의 철학입니다.

공자가 요즘 다시 와서 화려한 치장과 값비싼 재료로 높고 크게 지은 종교 시설을 보면 아마도 똑같이 말씀하실 겁니다. 신령이 있다면 화려한 곳에 신령이 깃들지 않을 것입니다. 오히려 검소하고 소박하며 인간에 대한 사랑이 가득한 곳에 신령은 함께할 것입니다. 신전을 화려하게 장식하고 복잡한 의례를 치르는 곳에 신은 깃들지 않습니다.

하여기지
何如其知 ◦ 미신을 신봉하는 사람을 어찌 지혜롭다고 하겠는가?

거(居): 보관하다 | 채(蔡): 박제 거북이 | 절(節): 기둥 | 조(藻): 수풀무늬 | 절(梲): 동자기둥

자문, 자리에 연연하지 말라

子張問曰 令尹子文 三仕爲令尹 無喜色 三已之 無慍色 舊令尹之政必以告 新令尹 何如 子曰 忠矣 曰仁矣乎 曰未知 焉得仁

자장이 물어 말했다. "영윤 자문이 세 번 영윤 벼슬에 임명되었을 때에도 기뻐하는 표정이 없었고, 세 번 그 자리에서 물러날 때도 화난 표정이 없었으며, 구임 영윤의 업무를 반드시 신임 영윤에게 자세히 보고했다 하니 어떤 사람입니까?" 공자가 말하기를 "충직한 사람이구나!" 자장이 말하기를 "인仁한 자입니까?" 공자가 말했다. "확신할 수는 없지만 어찌 인하다고 하겠는가?"

영윤令尹은 관직의 명칭입니다. 초나라 귀족 자문子文이 영윤 벼슬에 세 번 임명되거나 세 번 해임될 때 기쁨喜과 성냄慍의 감정 변화가 없었다는 것은 벼슬에 연연하지 않았다는 것입니다.

대부분 높은 자리에 오르면 축하를 하고 기뻐하지만, 그 자리에서 물러나게 되면 슬퍼합니다. 인간의 감정은 얻음과 잃음에 움직이게 됩니다. 그런데 자문은 자리에 오르고 내려옴에 전혀 감정의 요동이 없었나 봅니다. 특히 자문은 자신이 직책에서 물러날 때 신임 영윤에게 자신의 모든 업무를 정확하게 인수인계했다는 것은 자신의 해야 할 임무를 충실히 다했다는 것입니다. 자리에서 내려올 때 업무에 대한 자세한 인수인계도 없이 갑자기 사라지는 사람이 많은 걸 보면, 자문의 이런 행동은 충실한 직무수행의 본보기인 것 같습니다.

공자의 제자 자장은 이런 자문이 인仁을 체득한 사람이냐고 묻자 공자는 충실忠한 사람이기는 하지만 인한 자는 아니라고 대답합니다. 정말 공자는 인의 평가에는 인색했던 것 같습니다. 인은 충실함, 신뢰, 용기, 정의, 예의보다도 훨씬 높은 단계의 수준인 것 같습니다.

無喜色 無慍色 ◦ 잘된다고 기뻐하지도 않고, 안 된다고 화내지도 않는다.

영윤(令尹): 관직 명칭 | 사(仕): 벼슬하다 | 온(慍): 성내다 | 정(政): 정사, 업무

진문자, 청렴한 정치인

최자 시제군 진문자 유마십승 기이위지 지어타방 즉왈유오대부최자야
崔子 弑齊君 陳文子 有馬十乘 棄而違之 至於他邦 則曰猶吾大夫崔子也
위지 지일방 즉우왈 유오대부최자야 위지 하여 자왈 청의 왈인의호 왈미지
違之 之一邦 則又曰 猶吾大夫崔子也 違之 何如 子曰 淸矣 曰仁矣乎 曰未知
언득인
焉得仁

(자장이 묻기를) "최자가 제나라 임금을 시해했는데 진문자는 자신이 소유한 말 10승乘을 과감하게 버리고 떠났으며, 다른 나라에 이르러 말하기를 '우리나라 대부 최자 같은 사람이구나!' 하고는 떠나서 다른 나라에 이르러 또 말하기를 '우리나라 대부 최자 같은 사람이구나!' 하고 또 떠났다 하니 어떤 사람입니까?" 공자가 말하기를 "깨끗한 사람이구나!" 자장이 말하기를 "인仁한 자입니까?" 공자가 말했다. "확신할 수는 없지만 어찌 인하다고 하겠는가?"

진문자는 제나라 귀족이었습니다. 당시 최자崔子라는 귀족이 임금을 시해弑하고 정권을 잡자 아낌없이 자신의 모든 것을 버리고 떠났습니다. 자신의 가진 것에 연연하지 않고, 명분 없는 정권에 아부하지 않겠다는 것입니다. 그리고 다른 나라에 갔을 때 그 나라에서도 명분 없는 귀족이 정권을 잡고 있었습니다. 진문자는 또다시 섬길 만한 사람이 아니라고 하며 또 과감하게 떠났습니다.

이런 진문자에 대하여 당시 사람들의 평가가 높았나 봅니다. 자장이 공자에게 진문자에 대한 평가를 해달라고 하자, 청렴한淸 사람이라고 공자는 평가합니다. 그러나 역시 인仁은 허락하지 않았습니다. 자신이 가진 것에 연연하지 않는 깨끗한 지도자이지만 인을 체득한 사람은 아니라는 평가였습니다.

앞에서 자문은 충실한 지도자이고, 진문자는 깨끗한 정치인이라고 평가한 공자, 인의 평가에는 인색했습니다. 인은 사랑입니다. 타인을 사랑하고, 타인과 나누고, 타인과 공감하는 지도자는 충실함과 청렴함보다는 한 수 위임이 분명합니다.

청
淸 ◦ 청렴한 정치인을 청(淸)이라 한다.

시(弑): 윗사람을 죽이다 | 기(棄): 버리다 | 위(違): 떠나다

계문자, 생각이 너무 많았던 정치인

계 문 자 삼 사 이 후 행 자 문 지 왈 재 사 가 의
季文子 三思而後行 子聞之 曰再思可矣

계문자가 세 번 생각하고 난 후에 행동에 옮긴다는 세간의 이야기를 공자가 듣고 말했다. "두 번 생각하면 충분하다."

계문자는 노나라 귀족입니다. 행동하기 전에 반드시 세 번 생각하고 행동한 신중한 사람이었나 봅니다. 무엇이든 깊이 생각하고 심사숙고하여 결정하면 신중한 결정을 내릴 수 있겠지요. 그런데 공자는 그런 계문자를 좋지 않게 평가합니다. 세 번 고민하고 생각하면 오히려 제대로 된 판단을 못할 수 있다는 것입니다. 사실 세 번 생각하고 행동하면 너무 이것저것 재게 되고 결국 원점으로 돌아오기도 합니다. 오히려 단순하게 결정한 것이 좋은 결과를 갖고 오는 경우도 많습니다.

살다 보면 이것저것 재고 너무 많이 생각하다 보면 정작 행동으로 못 옮기는 경우가 많습니다. 물건을 살 때 생각이 많으면 결정을 하지 못하고 주저하게 됩니다. 결정 장애가 있다고 말하기도 합니다. 인생의 큰 결정도 너무 생각이 많으면 과감한 결정을 못 내리게 됩니다. 공자는 두 번 정도 심사숙고하면 좋은 결과를 얻어 행동할 수 있을 것이라 합니다. 너무 깊은 생각은 오히려 병이 될 수 있습니다. 내 영혼의 소리를 잘 듣고 두 번 정도 고민하고 결정하면 후회하지 않는 좋은 결정을 할 수 있습니다.

재 사 가
再思可 ◦ 생각이 너무 많은 것도 병이다. 두 번 정도 고민하면 적당하다.

영무자, 바보의 지혜로 처신하라

자왈 영무자 방유도즉지 방무도즉우 기지 가급야 기우 불가급야
子曰 甯無子 邦有道則知 邦無道則愚 其知 可及也 其愚 不可及也

공자가 말했다. "영무자는 나라가 잘 다스려지면 지혜를 발휘하고, 나라가 어지러우면 어리석음으로 처신하니 그 지혜는 따라갈 수 있으나 그 어리석음의 처신은 따라갈 수 없다!"

영무자甯無子는 위나라 귀족입니다. 세상이 잘 다스려지면有道 지혜知를 발휘하여 관직에 나아가 세상을 위해 자신의 능력을 발휘했고, 세상이 어지러우면無道 자신의 지혜를 감추고 어리석음愚으로 처신하여 관직에서 물러나 성명을 보존했던 모양입니다. 공자는 그의 지혜는 충분히 따라갈 수 있지만可及 그의 어리석음의 처신은 따라가기 힘들다고 감탄하고 있습니다.

관료는 진퇴進退에 대한 결정을 잘 내려야 합니다. 특히 어지러운 세상에 함부로 나아가면 몸이 다치거나 마음에 상처가 납니다. 때로는 때가 아니라고 생각하면 조용히 물러나 때를 기다리는 것이 진정 지혜로운 자의 처신입니다. 나아감과 물러남, 그중에서 더 힘든 것은 때를 기다리며 물러날 줄 아는 어리석음의 처신입니다. 총명하기도 어렵고, 바보처럼 살기도 어렵지만 총명한 사람이 총명함을 버리고 바보처럼 보이며 살기란 가장 어려운 일입니다. 때로는 바보의 지혜로 자리에서 물러나는 것이 정말 총명한 사람들의 선택입니다.

방무도즉우
邦無道則愚 ◦ 세상이 어지러우면 바보처럼 살아가는 것이 현명한 선택이다.

유도(有道): 상식과 원칙이 지켜지는 세상 | 무도(無道): 상식과 원칙이 무너진 어지러운 난세

백이와 숙제, 과거를 문제 삼지 않는다

자왈 백이숙제 불념구악 원시용희
子曰 伯夷叔齊 不念舊惡 怨是用希

공자가 말했다. "백이와 숙제는 (사람들의) 지나간 나쁜 과거는 염두에 두지 않았다. 그래서 원한이 이 때문에 드물었다."

백이와 숙제는 공자가 역사 속으로 끌어낸 인물입니다. 공자의 좋은 평가 덕분에 세상에 많이 알려지게 되었습니다. 백이와 숙제는 주周나라 무왕의 쿠데타에 동참하지 않고 은殷왕조의 신하로서 절개를 지키다가 산속에서 곤궁한 삶을 살다 간 형제 정치인이었습니다.

사마천은 《사기열전》에서 백이와 숙제 두 형제의 이야기를 가장 먼저 다루고 있습니다. 이 두 형제의 인생은 후대 사람들에게 인간이 살아가야 할 방향에 대하여 제시하고 있습니다. 명분 없는 권력과 세상에 아부하지 않고 살아가는 것도 삶의 한 방법이라는 독야청청獨也青青 인간 유형의 선구자입니다. 이들은 상대방의 지나간 나쁜 것을 마음에 두지 않고 대했습니다. 사람은 지나간 과거로 평가할 것이 아니라 지금의 모습으로 평가해야 한다는 생각이었습니다. 그 사람이 과거에 어쨌든, 나에게 어떤 실수를 했든 그것은 과거의 일일 뿐이라는 것입니다. 그래서 사람들은 이 두 형제를 원망하는 경우가 드물었습니다. 우리는 사람들을 대할 때 지나간 과거를 들춰내며 대하는 경우가 많습니다. 그러나 지나간 것은 지나간 것일 뿐, 중요한 것은 지금 그 사람의 모습입니다. 과거에 머물지 않고 지금에 집중하며 살아가는 사람은 아름답습니다.

불념구악
不念舊惡 ◦ 과거를 묻지 말라!

염(念): 마음에 두다 | 원(怨): 원망 | 희(希): 드물다

미생고, 위선과 선행 사이

자왈 숙위미생고직 혹걸혜언 걸저기린이여지
子曰 孰謂微生高直 或乞醯焉 乞諸其隣而與之

공자가 말했다. "누가 미생고를 정직하다고 했는가? (내가 듣기로) 누군가 그에게 식초를 빌리러 왔는데 (자신의 집에 없어서) 그 이웃에 가서 식초를 빌려주었다고 하던데."

오지랖이 넓은 사람이 있습니다. 끼어들 일 안 끼어들 일 모두 참견하여 자신의 존재감을 확인하고, 자신의 능력을 과시하려는 사람입니다. 당시 미생고라는 사람이 정직한 사람이라고 소문이 났던 모양입니다. 그런데 공자는 미생고의 정직이 위선의 정직이라고 평가합니다. 그 근거로 누군가 그의 집에 식초를 빌리러 왔을 때 자신의 집에 식초가 없자 이웃까지 가서 식초를 빌려와서 그 빌린 것을 주었다는 사실을 예로 듭니다.

어떻게 생각하면 미생고의 이 행동은 아름다운 미담이 될 수도 있습니다. 자신에게 없는 것을 남에게 가서 꾸어서까지 준 것은 훌륭한 일로 칭찬받을 만합니다. 그러나 그런 행동이 어쩌면 자신의 명성을 높이기 위한 것이라면 그것은 위장된 정직일 수 있다는 것입니다. 식초가 자기 집에 없었다면 솔직하게 집에 없다고 이야기해야 한다는 것이지요. 그래도 상대방이 식초를 꼭 구해야 하겠다고 하면, 그때 이웃집에 가서 식초를 빌려와 줄 수는 있다는 것입니다.

참 쉽지 않은 판단입니다. 어떤 사람이 자신에게 없다는 것을 감추고 누군가의 것을 빌려서 자기 것인 양 주었다면 그것은 위선일까요? 아니면 선행일까요? 위선과 선행의 판단이 때로는 참 어려울 수도 있습니다.

걸린
乞隣 ◦ 이웃에게 빌려 자기 것인 양 준 것은 위선의 선행이다.

숙(孰): 누구 | 혹(或): 누군가 | 걸(乞): 빌리다 | 혜(醯): 식초 | 린(隣): 이웃

맹지반, 용기와 겸손

자왈 맹지반 불벌 분이전 장입문 책기마 왈비감후야 마부진야

子曰 孟之反 不伐 奔而殿 將入門 策其馬 曰非敢後也 馬不進也

공자가 말했다. "맹지반은 자랑하지 않는 사람이다. 전투에서 패하여 후퇴할 때 가장 늦게 후퇴했는데, 성문에 들어올 때 말에게 채찍을 가하며 이렇게 말했다. '내가 늦게 오려고 한 것이 아니라 말이 앞으로 나아가지 않아서 그런 것이다.'"

맹지반은 노나라 귀족이었습니다. 공자는 맹지반의 용기와 겸손을 칭찬하고 있습니다. 그가 전쟁에 나가서 전투에서 후퇴奔할 때 대부분 제일 먼저 도망가려고 하는데 가장 뒤에서殿 후퇴하는 용기도 가상하거니와 자신의 용기를 자랑伐하지 않고 자신의 말馬을 채찍질策하며 말이 나아가지進 않아서 늦게 온 것이라고 말한 겸손도 훌륭하다는 것입니다.

용기는 있는데 겸손하지 못한 사람이 있고, 겸손은 있는데 용기가 없는 사람도 있습니다. 용기와 겸손이 결합하면 시너지가 일어나 성숙한 위대함이 됩니다. 용기는 겸손과 함께했을 때 더욱 빛을 발합니다.

불벌

不伐 ◦ 자신의 용기를 자랑하지 않는다.

벌(伐): 자랑하다 | 분(奔): 패주하다 | 전(殿): 군대의 후미 | 책(策): 채찍질하다

축타와 송조, 언변과 미덕

자 왈 불 유 축 타 지 영 이 유 송 조 지 미 난 호 면 어 금 지 세 의
子曰 不有祝鮀之佞 而有宋朝之美 難乎免於今之世矣

공자가 말했다. "축관인 타鮀의 말재주와 송나라 조朝의 미색이 없으면 요즘 세상에서 어려움을 면하기 어렵구나!"

축관祝官이었던 위衛나라 귀족 타鮀는 말재주佞로 유명했고, 송나라 귀족 조朝는 잘생긴 외모美로 유명했습니다. 공자가 살던 시대에도 사람을 평가할 때 언변과 용모를 중요하게 보았습니다. 그래서 공자 같은 사람이 아무리 좋은 철학과 비전을 제시해도 아무도 귀를 기울이지 않았습니다. 공자가 난세에 언변과 용모 없이는 어려운 상황을 면免하기 어렵다難고 한 것을 보면 공자가 심각하게 어려운 상황에 봉착했을 때 했던 말 같습니다.

요즘도 말 잘하고 훤칠한 외모를 가지고 있으면 일단 사람들의 주목을 끌게 됩니다. 연설학원을 다니고 성형을 하여 언변과 용모를 높이면 주목받는 요즘입니다. 이미지 메이킹이란 말이 당연한 것으로 받아들여지고 있습니다. 겉모습만 보고 사람을 판단하는 잘못된 풍토는 예나 지금이나 변한 것이 없는 것 같습니다.

영 미
佞美 ◦ 말재주와 잘생긴 용모로 승부하는 세상이 난세다.

축(祝): 축관 | 영(佞): 언변이 좋다 | 면(免): 벗어나다

태백, 소문 없는 영웅

자 왈 태 백 기 가 위 지 덕 야 이 의 삼 이 천 하 양 민 무 득 이 칭 언
子曰 泰伯 其可謂至德也已矣 三以天下讓 民無得而稱焉

공자가 말했다. "태백泰伯, 이 사람은 아마도 지극한 덕을 실천한 사람이라고 평가할 수 있다. 세 번이나 천하를 양보했어도 어느 누구도 그를 칭찬하는 사람이 없는 것을 보면 말이다."

태백은 주周나라 문왕文王의 큰아버지입니다. 당연히 주나라 왕위 계승 1순위였지요. 그러나 아버지는 막내아들에게 자신의 왕위를 물려주고자 했습니다. 그는 아버지의 유언을 받들어 막내 동생에게 왕위를 양보하고 둘째 동생과 함께 남쪽으로 홀연히 떠난 인물입니다.

자신이 가질 수 있는 대권天下을 세三 번이나 포기하고 다른 사람에게 양보讓할 수 있다면 그 사람의 덕德은 훌륭하다고 평가謂할 수 있을 것입니다. 더구나 백성民 몰래 그런 위대한 양보를 결정하여서 사람들 누구도 그를 칭송稱하지 않게 했으니 더욱 지극한 덕至德을 실천한 인물이라는 것입니다. 오른손이 하는 일을 왼손이 모르게 행하는 선행은 더욱 지극한 선행이라고 할 수 있듯이 말입니다.

세상에는 더 큰 대의大義를 위해 내가 가진 것을 포기하는 사람이 있습니다. 그것도 아무 티도 안 내고 조용한 포기를 했다면 정말 위대한 인물입니다. 기업을 운영하여 평생 번 돈을 소문 없이 조용히 사회에 환원하고 떠난 사람, 나라와 민족의 발전을 위해 내가 오를 수 있는 관직을 나보다 더 잘할 수 있는 사람에게 양보하고 떠난 사람이 있다면 지덕至德을 실천하며 사는 사람입니다. 이런 박수받지 않는 위대한 선택을 한 리더가 소문 없는 영웅입니다.

지 덕
至德 ◦ 소문 없이 기득권을 내려놓는 사람이 위대한 영웅이다.

태백(泰伯): 주周나라 문왕文王의 큰아버지 | 가위(可謂): ~라고 평가할 만하다 | 칭(稱): 칭찬하다, 칭송하다

자산·자서·관중, 세 유명 정치인

혹 문 자 산 자 왈 혜 인 야 문 자 서 왈 피 재 피 재
或問子産 子曰 惠人也 問子西 曰彼哉彼哉
문 관 중 왈 인 야 탈 백 씨 병 읍 삼 백 반 소 사 몰 치 무 원 언
問管仲 曰人也 奪伯氏 駢邑三百 飯疏食 沒齒無怨言

누군가 자산에 대하여 어떤 사람이냐고 묻자 공자가 말했다. "은혜를 베풀 줄 아는 사람이다." 자서에 대하여 묻자 공자가 말하기를 "그 사람 말이냐? 그 사람 말이냐?(사람 같지도 않은 사람)" 관중에 대하여 묻자 공자가 말했다. "그 사람은 귀족 백伯씨의 영지인 병駢읍의 3백 호를 몰수했는데 백씨는 가난하게 살면서도 죽을 때까지 관중을 원망하는 말을 하지 않았다."

자산은 정나라 정치가였고, 자서는 초나라 정치인이었고, 관중은 제나라 정치인이었습니다. 이 사람들은 당시 유명한 정치인들로 세간에 그들의 이름이 자주 오르내리던 인물들이었습니다. 누군가 공자에게 이 세 유명 정치인들에 대하여 평가를 해달라고 했습니다.

공자는 관중을 가장 수준 높은 정치인으로 평가합니다. 그가 백씨 귀족의 영지를 국가에 귀속시켰는데 그 귀족이 원망하지 않았으니, 정치 능력을 갖춘 유능한 정치인이라는 것입니다. 자산은 백성에게 은혜를 베푼 정치인으로 중간 평가합니다. 은혜는 베풀었지만 자신의 이름을 알리기 위한 포퓰리즘populism이라는 것입니다. 자서에 대해서는 아예 논의조차 의미가 없는 정치인으로 평가절하합니다. 자신이 초나라에 등용할 기회가 있었는데 그가 반대했던 일이 있어서 그런 것이 아닌가 생각됩니다.

몰 치 무 원 언
沒齒無怨言 ◦ 죽을 때까지 원망받지 않는 사람이 되어라!

병(駢): 땅 이름 | 소(疏): 거친, 나쁜 | 사(食): 밥

맹공작, 자문위원과 실무자

자 왈 맹 공 작 위 조 위 로 즉 우 불 가 이 위 등 설 대 부
子曰孟公綽 爲趙魏老則優 不可以爲滕薛大夫

공자가 말했다. "노나라 대부 맹공작은 조趙나라나 위魏나라같이 큰 나라의 자문위원이 되기에는 충분하나 등滕나라나 설薛나라와 같이 조그만 나라의 행정을 맡는 대부大夫가 되기에는 능력이 부족하다."

조직의 자문위원과 실무자는 완전히 다른 직책입니다. 자문위원은 원로로서 조직의 전체적인 흐름에 대하여 자문하는 직책입니다. 그러나 세세한 조직실무를 직접 챙기기에는 한계가 있는 사람입니다. 반면 실무책임자는 꼼꼼하게 실무를 챙기고 일을 하는 사람입니다. 실행력과 업무 능력이 요구되는 직책입니다.

공자는 노나라 귀족 맹공작에 대한 인물평을 하면서 조나라나 위나라 같은 큰 나라의 가신家臣, 즉 자문위원老은 맡길 수 있으나 실무 책임자大夫를 맡기기에는 능력이 부족하다고 말합니다. 이 문장으로만 보면 맹공작을 어떻게 평가한 것인지 명확하지는 않습니다. 큰 흐름을 보는 능력은 있지만, 세세한 실무를 챙기기에는 문제가 있다는 것인지, 아니면 꼼꼼한 실무를 맡기기보다는 조직의 큰 흐름을 볼 수 있는 직책을 맡겨야 한다는 것인지 애매한 평가입니다. 그러나 문맥으로 보아 가신 정도의 직책은 가능하지만 실무 책임자로는 문제가 있다는 인물평인 듯합니다. 자문위원과 실무책임자, 각자 능력과 역할은 다른 직책인 것임은 분명합니다.

로
老 ◦ 원로자문은 가능해도 실무책임자는 어렵다.

맹공작(孟公綽): 노나라 귀족 | 로(老): 원로, 가신 | 대부(大夫): 실무책임자 | 작(綽): 너그럽다

공숙문자, 시중의 정치인

자 문 공 숙 문 자 어 공 명 가 왈 신 호 부 자 불 언 불 소 불 취 호
子問公叔文子於公明賈曰 信乎夫子 不言不笑不取乎

공자가 공명가에게 공숙문자의 사람 됨됨이에 대하여 물었다. "진실로 공숙문자 선생은 말씀도 안 하시고, 웃지도 않으시고, 물건을 함부로 취하지도 않으십니까?"

공 명 가 대 왈 이 고 자 과 야 부 자 시 연 후 언 인 불 염 기 언 락 연 후 소 인 불 염 기 소
公明賈對曰 以告者過也 夫子時然後言 人不厭其言 樂然後笑 人不厭其笑
의 연 후 취 인 불 염 기 취 자 왈 기 연 기 기 연 호
義然後取 人不厭其取 子曰其然 豈其然乎

공명가가 대답하여 말했다. "말한 사람이 좀 지나쳤습니다. 선생은 때가 된 후에 말하시니 사람들이 그분의 말을 싫어하지 않고, 즐거운 상황에서 웃으시니 사람들이 그분의 웃음을 싫어하지 않고, 명분이 있은 후에야 물건을 취하시니 사람들이 그분의 취함을 싫어하지 않는 것입니다." 공자가 말했다. "정말 그러하신가요? 어찌 그럴 수 있단 말입니까?"

공숙문자는 위나라 대부였습니다. 워낙 유명한 정치인이라 공자에게도 그의 명성이 들렸나 봅니다. 말도 없고, 웃지도 않고, 재물을 탐내지도 않는다는 소문으로 유명했습니다. 공자는 소문이 사실인지 공명가에 물었고, 공명가는 색다른 답을 합니다. 공숙문자는 말해야 할 때 말을 하니 사람들이 그 사람의 말을 좋아하고, 웃을 상황이 되었을 때 웃으니 그의 웃음을 좋아하고, 가져도 될 명분이 있을 때 가지니 그의 취함에 아무런 거부감이 없다는 것입니다. 이 말을 들은 공자는 너무 놀랐습니다. 자신이 그토록 이상적으로 생각하는 정치인의 모습을 본 것입니다. 말하고, 웃고, 취하는 모든 행동이 명분과 상황에 맞게 하는 사람이 공자가 꿈꾸던 정치인의 롤 모델이었기 때문입니다.

일명 때와 장소를 정확히 알고 실천하는 시중時中의 정치인입니다. 말도 없고, 웃지도 않고, 이익을 취하지도 않는 사람이 유교에서 말하는 위대한 정치인이 아니라 명분과 상황을 정확히 알고 그때와 장소에 가장 적합한 행동을 하는 시중의 정치인이 유교의 이상적 리더의 모습입니다.

시 연 후 언
時然後言 ◦ 말해야 할 때 말할 줄 아는 사람이 되어라!

공숙문자(公叔文子): 위나라 대부 | 공명가(公明賈): 위나라 사람 | 신(信): 진실로 | 염(厭): 싫어하다

장무중, 군주와 힘을 겨룬 귀족

자왈 장무중 이방 구위후어노 수왈불요군 오불신야
子曰 臧武仲 以防 求爲後於魯 雖曰不要君 吾不信也

공자가 말했다. "장무중이 방防 지역을 점거하고 노나라 왕에게 후계자를 세워줄 것을 요구했다. 비록 그는 임금에게 강요하지 않았다고 하나 나는 그 말을 못 믿겠다."

장무중은 방防 지역의 영주이며 노나라 귀족이었습니다. 그는 노나라 왕에게 자신의 이복형을 대부大夫로 임명하라고 요구했습니다. 군사적 힘으로 강하게 요구했기에 노나라 왕은 그의 요구를 들어주었습니다. 공자는 그 사건에 대하여 평론하고 있는 것입니다. 대부大夫가 군주君主에게 힘으로 자신의 요구를 관철한 것은 문제를 삼아야 한다는 것입니다. 국가 안에서 벌어진 권력 충돌에 있어서 군주의 편을 든 것입니다. 계열사 사장이 회장에게 협박하여 자신의 요구를 충족했다면 문제가 있다는 것입니다.

공자는 왜 이런 권력 게임에 끼어들어 군주의 편에 섰을까요? 어쩌면 당시 권력구조로 보면 대부인 장무중이 훨씬 힘이 강할 수도 있었는데, 공자는 힘의 편이 아닌 명분의 편에 선 것입니다. 《논어》에는 이런 공자의 생각이 자주 등장합니다. 힘 센 제후보다는 명분 있는 천자의 편에 섰던 공자는 현실 감각이 없었던 바보 같은 정치 평론가였을까요? 공자가 생각하는 도道가 있는 세상은 기존 권력체계가 유지되는 세상이었습니다. 강하고 힘 센 사람이 기존의 질서체계를 흔드는 것을 부정하고, 명분과 질서가 살아 있는 세상을 꿈꾸었던 것입니다. 자신에게 이익이 되지 않는다는 것을 잘 알면서도 명분의 편에 선 공자에 대한 평가는 간단한 일은 아닙니다.

불요
不要 ◦ 자신의 힘을 믿고 명분 있는 사람에게 함부로 강요하지 마라!

방(防): 지역 이름 | 장무중(臧武仲): 노나라 대부 | 요(要): 강요하다

진문공과 제환공, 천하를 움직인 정치인

자왈 진문공휼이부정 제환공 정이불휼
子曰 晉文公譎而不正 齊桓公 正而不譎

공자가 말했다. "진문공은 속임수에 능하고 바르지 않은 군주이다. 제환공은 바르면서 속이지 않은 군주이다."

진문공과 제환공은 춘추시대 천하를 뒤흔들며 제후들의 맹주가 된 패자覇者들입니다. 초나라 장왕, 진나라 목공, 송나라 양공과 함께 춘추春秋 오패五覇라고도 합니다. 천자의 힘이 약화되고 통솔력이 떨어지자, 성공한 제후가 나서서 다른 제후들을 이끌었던 것입니다. 요즘으로 말하면 재벌기업 회장의 힘이 약화되고 계열사 대표 중에 힘을 가진 사람이 다른 계열사의 맹주 노릇을 하는 것과 같습니다. 창업자의 모기업을 물려받은 직계 후손을 대신하여 방계 후손이 자신이 착실하게 키운 힘을 갖고 기업 전체를 끌고 나가는 것입니다.

이들은 힘으로 세상의 패자가 되어 천자의 역할을 마음대로 했다는 문제점도 있지만, 여전히 천자의 지위를 인정하고 중국의 힘을 하나로 모아 외세에 대항하고 국내 문제를 교통정리했다는 점에서 긍정적으로 평가되기도 합니다. 공자는 이들에 대한 평가를 하면서 진문공은 속임수에 능하다고 했고, 제환공은 정직하다고 평가했습니다. 나름 패자들 중 일부에 대하여는 긍정적인 평가를 한 것입니다. 이들이 없었다면 중국 민족은 외세의 힘에 의해 소멸되었을 것이고 문명과 예악이 붕괴되었을 것이라고 본 것입니다.

정이불휼
正而不譎 ◦ 바르면서 남을 속이지 않는다.

휼(譎): 속이다

관중, 배신과 명분 사이

자로왈 환공살공자규 소홀사지 관중불사 왈미인호
子路曰 桓公殺公子糾 召忽死之 管仲不死 曰未仁乎

자로가 말했다. "제나라 환공이 라이벌 공자 규糾를 죽였는데 규의 참모인 소홀은 함께 죽었는데 또 다른 참모인 관중은 함께 따라 죽지 않았습니다. 그러니 관중은 인仁하지 않다고 말할 수 있습니다."

자왈 환공구합제후 불이병거 관중지력야 여기인 여기인
子曰 桓公九合諸侯 不以兵車 管仲之力也 如其仁 如其仁

공자가 말했다. "제나라 환공은 각국의 제후들을 규합했는데 군대를 동원하지 않고 했던 것은 관중의 공이 있었기에 가능했다. 누가 그만큼 인仁한 사람이 있겠는가? 누가 그만큼 인한 사람이 있겠는가?"

제나라 정치인 관중에 대한 언급은《논어》에 10번 나오고, 그를 주제로 토론한 내용은 4번입니다. 그만큼 춘추시대의 비중 있는 정치인이면서, 공자의 큰 관심을 끈 정치인입니다. 공자의 관중에 대한 평가는 양면성을 가지고 있습니다. 제나라 환공을 도와 중국 문명을 수호한 정치인이라는 긍정적 평가와 함께, 패자를 도와 천자 중심의 종법제도를 뒤흔든 정치인이라는 부정적인 평가입니다. 이번 장에서 이슈는 관중은 자신이 밀던 공자公子 규가 죽고 상대편이었던 환공이 정권을 잡자 자신의 주군을 배신하고 환공의 재상이 되었다는 것입니다. 의리의 화신 자로답게 관중은 배신의 정치인이라는 질문입니다. 공자는 관중이 비록 배신을 했지만, 제후들을 무력 없이 규합하고 그 힘으로 중국 문명을 수호한 공을 인정해야 한다는 것입니다. 배신보다 더 중요한 것이 있다면 그것이 정치인의 인이라고 말합니다. 그때 상황에서 최적의 솔루션은 무엇인가? 시중時中이야말로 공자의 가장 중요한 정치 철학입니다.

규합제후
九合諸侯 ◦ 제후들을 규합하여 중국 문명을 수호했다면 인(仁)한 정치인이다.

규(九): 끌어 모으다. 규(糾)와 같은 뜻

관중, 배신보다 더 큰 가치

자공왈 관중 비인자여 환공 살공자규 불능사 우상지
子貢曰 管仲 非仁者與 桓公 殺公子糾 不能死 又相之

자공이 말했다. "관중은 어진 사람이 아닌 듯합니다. 환공이 공자 규를 죽였을 때 자신이 섬기던 공자 규와 따라 죽지 않고 오히려 환공을 도왔지 않았습니까?"

자왈 관중상환공패제후 일광천하 민도우금 수기사 미관중
子曰 管仲相桓公覇諸侯 一匡天下 民到于今 受其賜 微管仲
오기피발좌임의 기약필부필부지위량야 자경어구독이막지지야
吾其被髮左衽矣 豈若匹夫匹婦之爲諒也 自經於溝瀆而莫之知也

공자가 말했다. "관중은 환공을 도와 제후들의 패자가 되어 천하를 한 번 바르게 평정했다. 그리하여 사람들이 지금에 이르기까지 관중의 수혜자가 된 것이다. 만약 관중이 없었다면 우리는 머리를 산발하고 왼쪽 어깨로 옷깃을 여미는 오랑캐가 되었을 것이다. 그러니 어찌 일개 지아비 지어미의 하찮은 의리 때문에 스스로 목매어 죽어 도랑에서 뒹굴어 어느 누구도 알아주지 않는 사람과 비교가 되겠는가?"

관중에 대한 인물 평가입니다. 이번에는 자공이 관중을 배신의 정치인이라고 지적합니다. 공자는 관중이 없었으면 중국은 오랑캐 문명으로 변했을 것이라고 지적하면서, 배신의 문제점보다 관중의 공로를 더욱 중요하게 평가해야 한다고 했습니다. 필부의 의리보다 현실을 직시하는 현실감각이 정치인에게 더욱 중요하다는 것입니다.

필부필부지량
匹夫匹婦之諒 ◦ 보통 남자와 여자의 작은 의리에 연연하지 마라!

사(賜): 은덕 | 미(微): 없다 | 피(被): 풀어헤치다 | 임(衽): 옷깃 | 량(諒): 하찮은 의리

공숙문자, 문명인

공숙문자지신대부선 여문자 동승저공 자문지왈 가이위문의
公叔文子之臣大夫僎 與文子 同升諸公 子聞之曰 可以爲文矣

공숙문자의 가신인 대부 선僎이 문자와 왕의 조정에 나아가 함께 신하가 되었다. 공자가 그 소식을 듣고 말하기를 "진정 문文이라는 칭호가 시호에 들어갈 만하구나!"

그 사람을 알려면 그 사람이 누구를 윗사람에게 천거하느냐를 보면 됩니다. 대부분 자신보다 능력이 떨어지거나 못한 사람을 천거합니다. 왜냐하면 나보다 능력이 많은 사람을 천거하면 윗사람이 자신보다 천거한 사람을 더욱 가까이할까 걱정되기 때문입니다. 자신의 능력을 뛰어넘는 사람보다는 자신보다 못하고 내 밑에서 배신하지 않을 사람을 주로 천거하는 것이 일반적인 추천 방법입니다.

공숙문자는 위나라 왕에게 자신의 가신으로 있던 선僎을 천거하여 자신과 같은 대부의 반열에 오르게同升 했습니다. 어제까지 내 밑에 있던 사람을 과감히 추천하여 자신의 지위와 같은 동열에 오르게 한 것입니다. 공자가 그 이야기를 듣고 공숙문자를 칭찬하며 그의 시호에 문文이 들어갈 충분한 이유가 있다고 평했습니다. 죽은 뒤에 그 사람을 평가하여 불러주는 공숙문자의 시호에 문이 들어간 것은 당연하다고 한 것입니다. 문의 의미 중 하나가 문명인입니다. 문명인은 당파와 지위에 연연하지 않고 수준 높은 문화적 삶을 살아가는 사람입니다. 당파성과 이기심을 버리고 자신의 부하를 과감하게 추천하여 자신과 같은 지위에 오르게 한 공숙문자는 확실히 문명인文明人입니다.

문
文 ◦ 문명인이 되어라!

승(升): 지위에 오르다 | 저(諸): –에 | 공(公): 위나라 왕의 조정

원양, 공자에게 욕먹은 공자의 친구

원양 이사 자왈 유이불손제 장이무술언 노이불사 시위적 이장고기경
原壤 夷俟 子曰 幼而不孫弟 長而無述焉 老而不死 是爲賊 以杖叩其脛

공자의 친구 원양이 다리를 뻗고 앉아 공자를 기다리고 있었다. 공자가 말했다. "어릴 적에는 공손하지도 못하고, 나이가 먹어서는 잘한다는 소문도 없고, 나이가 들어 죽지도 않는다면 이런 사람을 인간의 적賊이라고 부른다." 그리고는 지팡이로 그의 정강이를 툭 쳤다.

공자도 애증愛憎이 많은 사람이었습니다. 자신의 제자 중에서도 사랑한 제자도 많았지만 미워한 제자들도 많았습니다. 당시 유명한 정치인이나 인물 중에서도 공자가 싫어한 사람이 많았습니다. 원양原壤은 공자의 고향 친구입니다. 어릴 적 친구였기에 서로 잘 아는 사이였습니다. 원양은 그의 어머니가 죽자 노래를 불렀다고 합니다. 도가적 사유를 가진 무리가 아니었나 생각됩니다. 공자가 그런 친구를 좋아할 리 없습니다. 어느 날 원양이 공자와 약속을 하고 기다리고 있는데 다리를 쭉 뻗고夷 기다리고 있었나 봅니다. 공자가 기분이 나빴는지 친구 원양에게 욕설을 퍼부었습니다. "어려서 망나니짓만 하다가, 나이 먹어 이룬 것도 없고, 늙어서 죽지도 않는 인간의 적이다!"라고 하면서 지팡이로 그의 쭉 뻗은 정강이를 때린 것입니다. 인간의 도리를 제대로 지키지 않고 사는 친구에게 욕설을 퍼부었던 것입니다.

노이불사
老而不死 ∘ 아무 일도 안하고 늙어서 죽지도 않는 것이 인류의 적이다.

이(夷): 평평하다 | 사(俟): 기다리다 | 술(述): 말하다 | 고(叩): 두드리다 | 경(脛): 정강이

장저, 걸닉, 은자와 현자의 논쟁

장 저 걸 닉 우 이 경 공 자 과 지 사 자 로 문 진 언
長沮桀溺 耦而耕 孔子過之 使子路 問津焉

은자隱者인 장저와 걸닉이 서로 함께 밭을 갈고 있었다. 공자가 그곳을 지나다가 자로를 시켜 나루터를 묻게 했다.

장 저 왈 부 집 여 자 위 수 자 로 왈 위 공 구 왈 시 야 노 공 구 여 왈 시 야 왈 시 지 진 의
長沮曰 夫執輿者 爲誰 子路曰 爲孔丘 曰是也 魯孔丘與 曰是也 曰是知津矣

장저가 말했다. "저 수레고삐를 잡고 있는 사람은 누구인가?" 자로가 말하기를 "공자입니다." "저 사람이 노나라 공자란 말인가?" "예, 그렇습니다." "그렇다면 나루터가 어디 있는지 잘 알고 있을 것이다."

문 어 걸 닉 걸 닉 왈 자 위 수 왈 위 중 유 왈 시 노 공 구 지 도 여 대 왈 연
問於桀溺 桀溺曰子爲誰 曰爲仲由 曰是魯孔丘之徒與 對曰然

이번에는 걸닉에게 물으니 걸닉이 말했다. "그대는 누구인가?" "자로라고 합니다." "노나라 공자의 제자 말인가?" 대답하기를 "예, 그렇습니다."

왈 도 도 자 천 하 개 시 야 이 수 이 역 지 차 이 여 기 종 피 인 지 사 야
曰滔滔者 天下皆是也 而誰以易之 且而與其從辟人之士也
기 약 종 피 세 지 사 재 우 이 불 철
豈若從辟世之士哉 耰而不輟

"도도하게 흘러가는 역사의 물결이 지금의 세상인데 누가 그 물결을 바꿀 수 있겠는가? 또한 그대는 사람을 피해서 사는 선비를 따르지 말고 세상을 피해 사는 선비를 따르는 것이 어떠한가?" 하고는 씨를 흙으로 덮는 것을 계속했다.

자 로 행 이 고 부 자 무 연 왈 조 수 불 가 여 동 군 오 비 사 인 지 도 여 이 수 여 천 하 유 도
子路行以告 夫子憮然曰 鳥獸 不可與同群 吾非斯人之徒與而誰與 天下有道
구 불 여 역 야
丘不與易也

자로가 공자에게 가서 있는 대로 이야기하니 공자가 멍하니 생각하며 말했다. "새와 짐승은 인간이 함께 무리 지어 살 수 없는 법, 내가 이 인간들과 함께하지 않는다면 누구와 함께하겠는가? 천하에 도가 있었다면 내가 이렇게 세상을 변화시키려고 하진 않았을 것이다."

장저와 걸닉은 혼란한 세상을 피해 숨은 은자隱者였고, 공자와 그 제자들은 세상에 나아가 세상을 바꾸고자 한 현자顯者였습니다.

공자와 그 제자들이 세상을 바꾸고자 천하를 돌아다니며 어느 지역을 지나다가 밭을 갈고 있던 장저와 걸닉을 만났습니다. 장저는 나루터를 물으러 온 공자의 제자 자로에게 공자처럼 잘난 사람은 나루터가 어디 있는지 잘 알고 있을 것

이라고 비꼬며 알려주지 않았습니다. 걸닉은 자로에게 역사의 도도한 흐름을 개인이 바꿀 수 없다고 하며, 자로에게 은자로 편입할 것을 권했습니다. 사람을 피해 다니는 공자를 따르기보다는 세상을 피해 사는 자신들의 그룹에 편입하라는 권유였습니다. 공자는 제대로 된 임금이 아니면 신하가 되기를 거부했기에 사람을 피해 다니는 사람이라고 비꼰 것입니다. 이 말을 전해 들은 공자는 한탄하며 말했습니다. 내가 세상을 피하는 것은 쉽지만, 지식인으로서 세상 사람들을 떠나 나 혼자 산속에 숨어 살 수는 없다는 것입니다. 산속의 짐승들하고 벗하며 사는 인생이 개인적으로는 행복할 수는 있지만 세상 사람들을 포기할 수는 없다는 것이었습니다.

은자와 현자의 논쟁, 각자의 논리는 충분합니다. 유교인의 세상에 대한 우환憂患 의식과 도교인의 속세를 떠난 자유自由의지는 여전히 지금도 논쟁 중입니다.

문진
問津 ◦ 이곳에서 저곳으로 건너갈 배가 머무는 나루터를 묻다.

장저(長沮), 걸닉(桀溺): 세상을 피해 사는 은자隱者 | 우(耦): 짝 | 도도(滔滔): 물이 넘쳐 흐르다 | 우(耰): 씨를 뿌려 흙으로 덮다 | 철(輟): 그치다 | 무(憮): 멍하다

사어, 거백옥, 안 되면 물러나라!

자 왈 직 재 사 어 방 유 도 여 시 방 무 도 여 시 군 자 재 거 백 옥 방 유 도 즉 사
子曰 直哉 史魚 邦有道 如矢 邦無道 如矢 君子哉 蘧伯玉 邦有道則仕
방 무 도 즉 가 권 이 회 지
邦無道則可卷而懷之

공자가 말했다. "곧구나! 사관史官 어魚여! 나라에 도가 있을 때에 화살처럼 곧고, 나라에 도가 없을 때도 화살처럼 곧구나! 군자구나! 거백옥이여! 나라에 도가 있을 때는 나아가 벼슬을 하고, 나라에 도가 없을 때에는 자신의 생각을 거두고 감출 줄 아는구나!"

진퇴進退는 공자에게 중요한 인생의 결정입니다. 나아갈 것인가? 아니면 물러날 것인가? 진퇴에 대한 결정은 그 사람의 가치 평가의 기준이 됩니다. 지도자가 도道가 없는데 그저 자리만 보존하고 월급만 받는 것은 지식인으로서 수치스러운 일이고, 지도자가 도가 있어 세상이 인재를 필요로 하는데 물러나 일신의 안녕만 추구하는 것도 지식인의 도리가 아닙니다.

사관이었던 어魚는 화살矢처럼 곧은 인물이었습니다. 나라에 도가 있든 없든 자신의 자리에서 원칙을 지킨 곧은 인물이라는 것입니다. 거백옥은 나라에 도가 있을 때는 벼슬길로 나아갔지만 도가 없을 때는 조용히 자신의 생각을 거두고 물러날 줄 아는 사람이라는 평가입니다. 공자는 이 두 인물 중에 누구를 더 높게 평가할까요? 거백옥입니다. 세상이 혼란스럽고 지도자가 무도할 때는 자신의 생각을 감추고 조용히 있는 것이 더욱 지혜롭다는 평가입니다.

권 이 회 지
卷而懷之 ∘ 때가 아니라고 생각하면 조용히 생각을 접고
가슴속 깊이 감추어야 한다.

사(史): 사관 | 어(魚): 위나라 대부 | 권(卷): 거두다(收) | 회(懷): 감추다

장문중, 자리를 도둑질한 사람

자왈 장문중 기절위자여 지유하혜지현이불여립야
子曰 臧文仲 其竊位者與 知柳下惠之賢而不與立也

공자가 말했다. "장문중은 자신의 지위를 도둑질한 사람일 것이다! 유하혜의 현명함을 알고도 그를 천거하여 등용하지 않았다."

노나라 대부 장문중은《논어》에 두 번 언급된 정치인입니다. 한 번은 사치와 미신을 숭상하던 정치인으로 공자에게 비판받았고, 이번에는 조직의 인사에 태만했다는 비판을 받고 있습니다. 노나라의 현명한 정치인 유하혜를 제대로 천거하지 않고 인사에서 누락시켰다는 비판입니다. 유하혜는 유능한 정치인이었는데, 장문중이 그의 앞길을 막고 인사에 반영하지 않았습니다.

공자는 이런 장문중의 직책 태만을 절위竊位라고 표현합니다. 자리位를 훔친竊 사람이라는 뜻입니다. 자신의 자리에 걸맞은 행위를 하지 않고, 그저 월급이나 받고 있는 것은 자리를 훔친 것과 같다는 것입니다. 어느 시대이든 밥이나 축내며 자리를 훔친 사람들이 많습니다. 자신의 자리가 어떤 일을 해야 하는 자리인지 제대로 알지도 못하고, 그저 지위나 보존하려고 하고 조직의 예산만 축내는 사람이 절위竊位입니다.

절위
竊位 ◦ 월급만 축내며 자리만 보존하려는 자리 도둑이 되어서는 안 된다.

절(竊): 훔치다

미자, 기자, 비간, 은나라 세 명의 인자

미자 거지 기자 위지노 비간 간이사 공자왈 은유삼인언
微子 去之 箕子 爲之奴 比干 諫而死 孔子曰 殷有三仁焉

미자는 떠났고, 기자는 노예가 되었고, 비간은 충간하다 죽었다. 공자가 말했다. "은나라에 세 명의 인자仁者가 있었다."

은나라가 망하고 주周나라의 세상이 되었을 때 망한 은殷나라 신하들의 선택은 다양했습니다. 새로운 정권에 영합하여 자리를 보존한 사람들도 있었고, 미련 없이 자리를 내놓고 산속으로 숨은 정치인들도 있었습니다. 아무리 못나도 나에게 봉급을 주던 은나라를 배신하지 못하겠다면서 적극적으로 대항한 사람들도 있었고, 은나라 왕에게 충언을 하다가 죽은 신하들도 있었습니다.

공자는 그들 중 세 사람의 정치인을 예를 들어 인자仁者라고 평가하고 있습니다. 미자, 기자, 비간 이 세 사람은 비록 선택은 달랐지만 인仁을 실천한 정치인들이었다는 것입니다. 미자는 미련 없이 자리를 버리고 떠난 은둔형이었고, 기자는 새로운 정권에 저항하다가 노예가 된 저항형이었습니다. 비간은 지난 정권의 지도자에게 충언을 하다가 죽은 교정형 정치인이었습니다. 은둔을 하든, 저항을 하든, 충언을 하든 모두가 인을 실천한 정치인이라는 공자의 인물 평가입니다.

거 노 사
去, 奴, 死 ◦ 망한 나라 정치인의 세 유형, 떠난 사람, 노예가 된 사람, 죽은 사람

미자(微子): 폭군 주紂왕의 서형庶兄 | 기자(箕子): 주왕의 숙부 | 비간(比干): 주왕의 숙부

유하혜, 잘려도 잘리지 않았던 정치인

유 하 혜 위 사 사 삼 출 인 왈 자 미 가 이 거 호 왈 직 도 이 사 인 언 왕 이 불 삼 출
柳下惠 爲士師 三黜 人曰 子未可以去乎 曰直道而事人 焉往而不三黜
왕 도 이 사 인 하 필 거 부 모 지 방
枉道而事人 何必去父母之邦

유하혜가 법 집행 책임자가 되었는데 세 번 내침을 당하니 사람들이 말하기를 "그대 아직도 떠날 때가 되지 않았는가?" 유하혜가 말했다. "자신의 도道를 곧게 하고 사람을 섬기면 어디에 간들 세 번 내쳐지지 않겠는가? 자신의 도道를 굽히고 사람을 섬긴다면 어찌 부모의 나라를 반드시 떠날 필요가 있겠는가?"

유하혜는 공자가 높게 평가한 노나라 정치인이었습니다. 그의 능력 중에 가장 높게 평가받는 것이 프레임이 없다는 것입니다. 정해진 틀이 없는 정치인이었기에 유연하게 인생을 살았다는 것입니다.

유하혜가 지금의 검찰총장격인 사사士師가 되었을 때, 자신의 소신을 좇다가 세 번이나 면직黜당했습니다. 사람들은 그 정도면 자리를 내놓고 물러나야 하지 않느냐고 했죠. 유하혜는 곧은 소신으로 주군을 섬긴다면 어디를 가더라도 반드시 면직될 것이라고 말하면서 자신의 조국을 떠나지 않을 것이라고 말합니다. 만약 자신의 도를 굽혀서 주군을 섬겨 자리를 보존한다면 하필 부모의 나라를 떠날 필요가 무엇이 있냐고 반문합니다.

유하혜는 원칙을 지킨 소신 있는 정치인이었습니다. 그러나 감정에 휘둘리지 않고 묵묵히 자신에게 주어진 자리에서 최대한 역할을 다했던 정치인입니다. 공직자가 사표를 내고 떠나는 것은 쉬워도 자신의 조국을 위해 끝까지 원칙을 밀고 나가며 자리를 지키는 것은 어려운 일입니다.

삼 출
三黜 ◦ 세 번 잘려도 내 업무를 함부로 버리지 않는다!

사사(士師): 법 집행 책임자 | 출(黜): 내쫓기다 | 왕(枉): 굽히다

접여, 은자의 노래

초광접여 가이과공자왈 봉혜봉혜 하덕지쇠 왕자불가간 래자유가추
楚狂接輿 歌而過孔子曰 鳳兮鳳兮 何德之衰 往者不可諫 來者猶可追
이이이이 금지종정자태이
已而已而 今之從政者殆而

초나라 광자狂者인 접여接輿가 노래를 부르며 공자가 탄 수레 앞을 지나갔다. "봉황이여! 봉황이여! 어찌 너의 덕이 그토록 쇠퇴했는가? 지나간 일은 어쩔 수 없지만 다가올 일은 마음대로 할 수 있는 것, 끝났도다! 끝났도다! 지금 정치하는 사람들은 이미 위태롭도다!"

공자하 욕여지언 추이피지 부득여지언
孔子下 欲與之言 趨而辟之 不得與之言

공자가 수레에서 내려 함께 이야기하려고 했으나 접여는 빠른 걸음으로 피해서 함께 이야기할 수 없었다.

《논어》에는 광자狂者들의 이야기가 자주 등장합니다. 광자란 미친 사람이란 뜻이지만, 난세를 피해 미친 사람처럼 행세하며 살아가는 은자를 말합니다. 난세에 세상일에 끼어들면 결국 세상을 구하기는커녕 자신의 몸도 보존하지 못할 것이니, 함부로 세상에 나서지 않고 주어진 한평생 조용히 살다 가자는 지식인을 은자隱者라고 합니다.

접여接輿는 초나라 은자였습니다. 그가 공자가 탄 수레를 지나가면서 노래를 부른 것입니다. 봉황은 공자를 은유합니다. 세상은 이미 돌이킬 수 없는 난세가 되었는데, 봉황이 어찌 세상을 고쳐보려고 그리 분주하게 돌아다니냐는 것입니다. 자신처럼 은둔하며 살아가는 것이 성명을 보존하는 길이라는 것입니다. 공자는 그 말의 속뜻을 알아듣고 쫓아갔지만 만날 수 없었습니다. 이런 일이 실제로 있었는지는 모르겠지만, 공자의 마음속 어딘가에는 은자가 되어 미친 척하며 세상을 살고 싶은 마음이 있지 않았을까 추측해 봅니다.

왕자불가간 래자유가추
往者不可諫 來者猶可追 ◦ 지나간 것은 어쩔 수 없지만
다가올 일은 내가 결정할 수 있다.

봉(鳳): 봉황새, 공자를 은유 | 추(追): 따르다 | 추(趨): 쫓아가다 | 피(辟): 피하다

일민, 난세의 지식인들

일민 백이숙제 우중이일 주장유하혜소연 자왈 불항기지 불욕기신
逸民 伯夷叔齊 虞仲夷逸 朱張柳下惠少連 子曰 不降其志 不辱其身
백이숙제여
伯夷叔齊與

일민逸民으로는 백이, 숙제, 우중, 이일, 주장, 유하혜, 소연이 있었다. 공자가 말했다. "자신의 뜻을 굽히지 않고 자신의 몸을 더럽히지 않았던 사람은 백이와 숙제이다."

위유하혜소연 강지욕신의 언중륜 행중려 기사이이의 위우중이일
謂柳下惠少連 降志辱身矣 言中倫 行中慮 其斯而已矣 謂虞仲夷逸
은거방언 신중청 폐중권 아즉이어시 무가무불가
隱居放言 身中淸 廢中權 我則異於是 無可無不可

유하혜와 소연에 대해 평가했다. "자신의 뜻을 굽히고 몸을 더럽혔지만 그들의 말은 도리에 부합되었고, 행동은 생각에 합당했으니 그들은 이런 것이 있을 뿐이다." 우중과 이일에 대해 평가했다. "그들은 은거하여 말을 함부로 했으나 몸은 깨끗함에 맞았고, 벼슬하지 않은 것은 상황의 도인 권도權度에 부합되었다. 나는 이들과 다른 사람이니 옳은 것도 없고 옳지 않는 것도 없는 사람이다."

일민逸民은 자신의 소신을 지키며 사는 사람들입니다. 혼란한 세상에 권력에 대항하며 자신의 믿음을 지켰던 사람들에 대하여 공자는 일민이라고 정의하며 평가하고 있습니다. 첫째, 요지부동형입니다. 자신의 소신을 꺾지 않겠다며 죽음을 선택한 사람들입니다. 무왕에 대항하며 수양산에서 굶어 죽었다는 백이伯夷와 숙제叔齊입니다. 둘째, 이런들 저런들 어떠하리형입니다. 유하혜, 소연은 자신의 뜻을 굽혔지만 그들의 말과 행동은 원칙과 도리에 합당했다는 것입니다. 셋째, 은둔형입니다. 우중, 이일은 세상을 피해 은거했지만, 깨끗한 원칙을 지키며 권도權道에 부합되었다는 것입니다. 공자는 스스로 이 세 가지 인간형 어디에도 속하지 않는다고 말합니다. 자신은 자신이 처한 상황과 현실을 직시하고, 자신의 원칙을 고집하지 않으며, 그 시간, 상황에서 가장 최적의 답을 찾아내는 시중時中형 지식인이라고 선언합니다.

무가무불가
無可無不可 ◦ 옳은 것도 없고 옳지 않은 것도 없다.

일민(逸民): 벼슬에 연연하지 않고 소신대로 사는 사람 | 항(降): 굴복하다 | 윤(倫): 도리 | 권(權): 저울질하다

하조장인, 삼태기를 맨 은자

자 로 종 이 후 우 장 인 이 장 하 조
子路從而後 遇丈人以杖荷蓧

자로가 공자를 쫓아가다가 뒤처졌는데 지팡이에 삼태기를 매달고 가는 어른丈人을 만났다.

자 로 문 왈 자 견 부 자 호 장 인 왈 사 체 불 근 오 곡 불 분 숙 위 부 자 식 기 장 이 운
子路問曰 子見夫子乎 丈人曰四體不勤 五穀不分 孰爲夫子 植其杖而芸
자 로 공 이 립 지 자 로 숙 살 계 위 서 이 사 지 현 기 이 자 언
子路拱而立 止子路宿 殺鷄爲黍而食之 見其二子焉

자로가 물어 말했다. "선생님은 우리 선생님을 보셨습니까?" 장인이 말하기를 "사지를 부지런히 움직이지 않고, 오곡도 구별하지 못하는데 누구를 선생님이라 하는가?" 하고는 지팡이를 옆에 꽂아두고는 김을 매었다. 자로가 손을 공손히 모으고 서 있자 자로를 자신의 집에서 하룻밤 묵게 하고는 닭을 잡고 기장으로 밥을 지어 먹이고는 자신의 두 아들을 만나게 했다.

명 일 자 로 행 이 고 자 왈 은 자 야 사 자 로 반 현 지 지 즉 행 의
明日子路行以告 子曰隱者也 使子路反見之 至則行矣

다음 날 자로가 길을 떠나 공자를 만나 그대로 이야기하니 공자가 말하기를 "은자隱者로구나!" 하고는 자로를 시켜 다시 가서 만나 뵙게 했는데 도착해보니 떠나고 없었다.

자 로 왈 불 사 무 의 장 유 지 절 불 가 폐 야 군 신 지 의 여 지 하 기 폐 지
子路曰 不仕無義 長幼之節 不可廢也 君臣之義 如之何其廢之
욕 결 기 신 이 난 대 륜 군 자 지 사 야 행 기 의 야 도 지 불 행 이 지 지 의
欲潔其身而亂大倫 君子之仕也 行其義也 道之不行 已知之矣

자로가 말했다. "세상에 나아가 벼슬하지 않는 것은 의가 없는 것이니, 장유長幼의 예절도 없앨 수 없는 것인데 군신君臣의 의를 어찌 없앨 수 있겠는가? 자신의 몸을 고결하게 한다고 인간의 큰 윤리를 혼란에 빠트리는 것이다. 군자가 벼슬을 하는 것은 자신의 옳은 생각을 실행에 옮기고자 하는 것뿐이니 도가 세상에 실행될 수 없음은 이미 알고 있는 것이다."

자로가 은자를 만났습니다. 삼태기蓧를 매고荷 가는 어른丈人이었습니다. 공자의 행방을 묻자 은자는 제 손으로 노동도 하지 않고 자신이 먹는 곡식도 구별할 줄 모르는 글방 샌님이라고 공자를 비판했습니다. 그리고 자로를 자신의 집으로 초대하여 저녁을 대접하고 두 아들을 만나게 하고 하룻밤 묵게 했습니다. 자로는 공자를 만나 자신이 만난 은자에 대하여 이야기했습니다. 공자는 은자와 대화를 하고 싶어 찾았지만 결국 만나지 못했습니다.

자로는 이미 세상은 돌이킬 수 없는 혼란의 세상이 되었음을 인정하고 있습니다. 그러나 지식인이 세상을 구하고자 하는 것은 그 결과가 중요한 것이 아니

라 지식인으로서 현실을 그냥 무시할 수 없다는 소명의식 때문이라는 것입니다. 유교의 현실참여 사상이 잘 나타나 있는 자로의 독백입니다.

은자가 자신에게 두 아들을 인사시킨 것은 장유長幼의 예절을 실행한 것인데, 군신君臣의 의를 버리고 사회 부조리를 묵과하는 것은 지식인이 차마 할 수 없는 선택이라는 것입니다. 도가 세상에 실행되지 않을 것이라는 것을 잘 알면서도 그 길을 가는 지식인의 엄숙한 소명의식이 느껴지는 글입니다.

> 군자지사 행기의
> 君子之仕 行其義 ◦ 군자가 세상에 나아가 관직에 오르는 것은 자신의 옳은 가치를 실현하려는 이유 때문이다.

장인(丈人): 어른 | 하(荷): 매달다 | 조(蓧): 삼태기 | 치(植): 꽂다 | 운(芸): 잡초를 뽑다 | 서(黍): 기장 | 사(食): 먹이다 | 현(見): 만나게 하다

떠나간 음악가들

태사지 적제 아반간 적초 삼반료 적채 사반결 적진 고방숙 입어하 파도무
大師摯 適齊 亞飯干 適楚 三飯繚 適蔡 四飯缺 適秦 鼓方叔 入於河 播鼗武
입어한 소사양 격경양 입어해
入於漢 小師陽 擊磬襄 入於海

음악 총책임자 지摯는 제나라로 갔고, 아반 연주자 간干은 초나라로 갔고, 삼반 연주자 료繚는 채나라로 갔고, 사반 연주자 결缺은 진나라로 갔고, 북 치는 방숙은 하내河內로 들어갔고, 작은 북 치는 무는 한중漢中으로 들어갔고, 음악 부책임자 양陽과 경쇠磬 연주자 양은 해도海島로 들어갔다.

노나라 국립국악원의 해체와 실직한 음악가들이 어디로 떠났는지 공자는 8명의 뮤지션들의 행방을 이야기하고 있습니다. 세상이 혼란해지고 사회가 변화되면 없어지는 직업과 새로 생긴 직업으로 나누어집니다. 노나라가 힘이 없어지고, 사회가 변화함에 따라 뮤지션들이 흩어졌습니다. 지나간 시대에는 최고의 연주자들이었지만, 변화한 세상에서 더 이상 설 자리가 없었던 것입니다.

당시 뮤지션들은 왕을 위한 연주자들이었습니다. 왕이 평화로워야 세상이 평화롭다는 논리 때문에 왕의 정서를 위로하고, 왕의 감정을 부추기고, 왕의 기분을 조화롭게 하기 위해 뮤지션들이 필요했던 것입니다. 음악에 관심이 많던 공자는 떠나간 당시 최고 음악가들을 열거하며 그들이 흩어진 것에 대하여 아쉬워하고 있습니다.

태사
大師 ◦ 음악 총 책임자

태사(大師): 음악을 책임지는 관리 | 아반(亞飯): 군주가 식사할 때 두 번째 연주하는 연주자 | 삼반(三飯): 군주가 식사할 때 세 번째 연주하는 연주자 | 사반(四飯): 군주가 식사할 때 네 번째 연주하는 연주자 | 고(鼓): 북 치는 연주자 | 파(播): 흔들다 | 도(鼗): 작은 북 | 경(磬): 경쇠

인재 판별법

자왈 시기소이 관기소유 찰기소안 인언수재 인언수재
子曰 視其所以 觀其所由 察其所安 人焉廋哉 人焉廋哉

공자가 말했다. "그 사람이 무엇을 하는지 보고, 그것을 왜 하는지를 관찰하고, 어떤 결과를 편안하게 생각하는지를 분석하면 사람들이 어찌 숨길 수 있겠는가? 어찌 숨길 수 있겠는가?"

인재를 구별하는 방법은 무엇일까요? 학력과 학벌, 가정환경과 주변 배경, 뛰어난 지능과 영리함, 이런 것들을 모두 갖추었다고 해서 반드시 인재라고 할 수는 없습니다.

공자는 인재를 구별하는 세 가지 항목을 제시합니다. 첫째는 그가 무엇을 하는지以를 보고視, 둘째는 그것을 하는 동기由를 살피고觀, 셋째는 어떤 결과를 가장 편안하게 생각하는지安를 분석察하면 그 사람이 인재인지 정확히 알 수 있다는 것입니다. 행위, 동기, 결과, 이 세 가지로 그 사람을 제대로 판단할 수 있다는 것입니다.

행위에는 동기가 있고, 결과가 있습니다. 나는 어떤 일을 하고 있는가? 왜 그 일을 하는가? 그 일을 할 때 어떤 결과를 원하는가? 늘 자신에게 묻는 질문입니다. 행위를 할 때 옳은 일을 열정으로 최선을 다해야 하고, 동기에는 소명의식이 있어야 합니다. 결과에 대하여 연연하지 않는 사람이라면 인재라고 할 수 있을 것입니다. 행위를 보고, 동기를 살피고, 결과를 분석하면 그 사람의 됨됨이를 어느 정도 파악할 수 있습니다.

인언수재
人焉廋哉 ◦ 사람이 어찌 자신의 실력을 속일 수 있겠는가?

이(以): 하다爲 | 유(由): 이유 | 안(安): 편안하다, 즐거워하다 | 수(廋): 숨기다

인재가 되기 위한 조건

유자왈 신근어의 언가복야 공근어례 원치욕야 인불실기친 역가종야

有子曰 信近於義 言可復也 恭近於禮 遠恥辱也 因不失其親 亦可宗也

유자가 말했다. "그 사람의 믿음이 정의義의 기준에 부합되면 그의 말은 실천될 수 있다. 그 사람의 공손함이 예禮의 원칙에 부합되면 치욕을 멀리할 수 있다. 이것을 기초로 주변 사람들의 마음을 잃지 않는다면 모든 사람의 중심이 될 수 있을 것이다."

종가에는 종손이 살고 있습니다. 종손은 보통 그 문중의 대표자입니다. 종손은 문중의 대소사를 최종 결정합니다. 종손이 살고 있는 종가의 기본 조건은 무엇일까요? 그저 대를 이어 온 집안의 장손이라고 종가라 할 수 있을까요? 조상이 남긴 고택에서 한복을 차려입고 항아리에 된장을 담근다고 종가라고 할 수는 없습니다.

공자는 종가의 두 가지 덕목을 강조합니다. 첫째, 신념입니다. 신념은 사적인 이익이 아니라 문중의 전체 이익에 부합되는 공적 신념이어야 합니다. 둘째, 공손함입니다. 종손이라고 어깨에 힘을 주는 것이 아니라 문중의 구성원들에게 자신을 낮추는 공손함입니다. 이 두 가지가 갖추어지고 난 후에 구성원들의 마음을 얻으면 비로소 집안의 중심이 될 수 있습니다. 이런 종가라야 그의 결정을 구성원들이 모두 따르고 원망하지 않습니다. 공적인 원칙에 부합되는 신념, 예의 준칙에 근거한 공손함, 구성원들과의 원만한 관계 유지가 그 집안 중심宗家에 선 지도자가 될 자격입니다. 정치, 행정, 기업, 각종 조직의 리더는 공적인 이익을 기반으로 한 신념과 원칙을 잃지 않는 섬김의 철학을 가지고 있어야 합니다. 그래야 구성원의 마음을 얻어 제대로 된 조직 운영을 할 수 있을 것입니다.

신공근어의례

信恭近於義禮 ◦ 믿음과 공손함이 정의와 예의에 맞아야 한다.

복(復): 실행하다 | 공(恭): 공손하다 | 치(恥): 부끄럽다 | 욕(辱): 욕을 먹다 | 종(宗): 우두머리 중심

인재 선발 조건

자 장 학 간 록 자 왈 다 문 궐 의 신 언 기 여 즉 과 우 다 견 궐 태
子張 學干祿 子曰 多問闕疑 愼言其餘則寡尤 多見闕殆
신 행 기 여 즉 과 회 언 과 우 행 과 회 록 재 기 중
愼行其餘則寡悔言寡尤 行寡悔 祿在其中

자장이 취직하는 방법에 대하여 배우고자 하니 공자가 말했다. "많이 들어서 의심나는 것을 제하고, 그 남은 것을 신중하게 말하면 과실이 적을 것이다. 많이 보아서 문제 있는 것을 제하고, 그 남은 것을 신중하게 행하면 후회가 적을 것이다. 그러면 취직은 저절로 그 가운데 있을 것이다."

간干은 구한다는 뜻이고, 록祿은 월급이라는 뜻이니, 간록干祿은 월급을 받는 방법, 즉 취직하는 방법을 배우고자學 물은 것입니다. 공자 문하의 제자들은 취직을 하고자 했습니다. 당시 귀족들에게 발탁되어 자신의 능력도 발휘하고 그에 상응한 대우도 받고 싶었겠지요.

공자는 취직을 위해서는 과실尤과 후회悔가 적어야 한다고 합니다. 많이 물어서問 그동안 의심疑 났던 것을 제거闕하고 확실한 것만 신중愼하게 말言하면 과실이 적을 것이고, 많이 봐서見 문제殆 있는 것들을 제거하고 확실한 것만 신중하게 행동行하면 후회가 적게 될 것입니다. 이렇게 과실과 후회가 없는 상태가 되면 많은 사람들이 그를 등용하여 쓰게 될 것이란 논리입니다. 요즘으로 말하면 많이 보고 물어서 정직한 지식을 기반으로 신중하게 말하고 행동하면 결국 좋은 취직자리가 기다릴 것이란 것입니다.

많이 보고 묻는 과정 속에서 나의 능력과 지식은 더욱 견고하게 됩니다. 공자와 그 제자들에게 있어서 자신의 능력을 발휘할 수 있는 자리를 얻는 것은 중요한 목표였습니다. 자신이 배우고 익힌 경륜을 세상에 나아가 쓰는 것을 중요하게 생각했던 것입니다.

학 간 록
學干祿 ◦ 인재로 등용되기 위해 배워야 할 것

간(干): 구하다 | 록(祿): 월급 관직 | 궐(闕): 제거하다 | 우(尤): 과실 | 의(疑): 의혹 | 태(殆): 위태로움 | 회(悔): 후회하다

신뢰와 인재

자 왈 인 이 무 신 부 지 기 가 야 대 거 무 예 소 거 무 월 기 하 이 행 지 재
子曰 人而無信 不知其可也 大車無輗 小車無軏 其何以行之哉

공자가 말했다. "사람이 신뢰가 없으면 그 사람을 인정할 수 없다. 그것은 큰 수레에 바퀴축이 없고 작은 수레에 연결축이 없는 것과 같으니 그 수레가 어찌 앞으로 나아갈 수 있겠는가?"

신뢰가 없으면 인재가 될 수 없다는 것은 공자가 수차례 강조한 내용입니다. 공자는 인간의 가장 중요한 덕목 중에 하나로 신뢰信를 강조합니다. 정치인이 신뢰가 없다면 사람들이 떠나고, 기업이 신뢰가 없으면 미래가 없습니다.

인간이 사회를 이루고 문명을 만들어온 기반은 신뢰입니다. 힘들고 어려울 때 상대방이 손을 내밀어 반드시 나를 끝까지 잡아 줄 것이란 믿음이 인류 문명을 건설한 것입니다. 수레車에 연결 축輗이 없고 연결고리軏가 없으면 수레가 앞으로 갈 수 없듯이 인간도 신뢰가 없으면 인간으로 존립이 더 이상 불가능합니다.

자공이 공자에게 국가의 구성요소 중에 가장 중요한 것이 무엇인가에 대하여 물었을 때도, 경제와 국방보다 더 중요한 것이 결국 백성의 신뢰라고 대답합니다. 먹을 것이 부족하고, 국방의 힘이 약해도 백성의 신뢰를 잃지 않으면 그 나라는 생존할 수 있다는 이론입니다. 신뢰받지 못한다는 것은 인재로서 결격사유입니다.

무 신 부 지 기 가
無信不知其可 ◦ 신뢰가 없다면 그 사람을 인재라고 할 수 없다.

예(輗): 마차 바퀴를 연결하는 쐐기 | 월(軏): 수레 끌채 끝 나무를 고정하는 쐐기

인재 평가

자왈 거상불관 위례불경 임상불애 오하이관지재
子曰 居上不寬 爲禮不敬 臨喪不哀 吾何以觀之哉

공자가 말했다. "윗자리에 있으면서 너그럽지도 못하고, 예를 한답시고 공경함도 없고, 상례에 임해서 슬퍼하지도 않는 사람이라면 내가 어찌 그를 평가할 이유가 있겠는가?"

사람을 평가할 때 몇 가지 기준을 공자는 제시합니다.

높은 자리에 있는 사람이 너그러움이 있고, 예를 행할 때 공경함이 있고, 상례를 치를 때는 슬픔으로 맞이하는 사람이라면 참으로 높은 평가를 받는 사람이라는 것입니다. 그런데 그 반대의 경우라면 그 사람을 그 무엇何으로도 평가觀할 수 없을 사람이라는 것입니다. 윗자리上에 있는居 사람이 너그럽지寬 못하면 오로지 힘과 형벌로 아랫사람을 대합니다. 예를 행한답시고爲 온갖 형식은 다 갖추고 행하면서 공경함敬을 찾아볼 수 없다면 그가 행한 예는 무의미합니다. 상례는 슬픔이 근본인데 그저 형식적인 상례를 치른다면 차라리 아무 절차 없이 슬픔에 젖어 망자를 애도하는 것이 낫습니다.

공자는 근본을 중요시 여겼습니다. 지도자는 사랑과 용서가 근본이고, 예는 공경이 근본이고, 상례는 슬픔이 근본입니다. 근본을 잊고 형식에 머물러 있다면 그 사람은 평가할 가치도 없는何以觀 사람입니다. 배려 없는 권력만 있고, 공경 없는 사치만 있고, 슬픔 없는 화려한 장례식을 치르는 그런 사람을 구태여 평가하고 싶은 생각이 없다는 것입니다.

하이관
何以觀 ◦ 그 사람을 평가할 가치도 없다.

인재의 처신

자 유 위 무 성 재 자 왈 여 득 인 언 이 호 왈 유 담 대 멸 명 자 행 불 유 경 비 공 사
子游爲武城宰 子曰 女得人焉爾乎 曰有澹臺滅明者 行不由徑 非公事
미 상 지 어 언 지 실 야
未嘗至於偃之室也

자유가 무성武城의 행정책임자가 되었다. 공자가 말했다. "너는 인재를 얻었는가?" 자유가 말했다. "담대멸명이라는 사람이 있는데, 길을 갈 때 지름길로 다니지 않고, 공적 업무가 아니면 아직까지 한 번도 제 방에 찾아온 적이 없습니다."

자유子游가 무성의 행정책임자宰로 갔을 때 공자가 그곳을 방문했습니다. 자신이 키운 제자가 사회에 나가서 얼마나 배움을 현실정치에 실현하고 있는지 궁금했을 것입니다. 공자가 한 질문은 제대로 된 인재人를 얻었느냐得는 것이었습니다. 정치의 핵심은 결국 인재를 얻는 것에 있다는 공자의 생각입니다.

자유는 담대멸명澹臺滅明이라는 인재를 얻었다고 대답했습니다. 이 사람의 장점은 아무리 힘들어도 샛길徑로 다니지行 않고, 공적 업무公事를 제외하고 사적으로 자신을 찾아오지 않는다는 것입니다. 결국 원칙을 지키고 공적인 일처리를 하는 인재라는 것입니다.

지름길은 빨리 갈 수 있다는 효율 면에서 보면 대부분 사람들이 선택하고 싶어 하는 길입니다. 그러나 원칙을 어기고 지름길을 선택하면 결국 모든 게 허사가 되고 맙니다. 아무리 힘들고 어려워도 때로는 대로大路를 선택하여 떳떳하게 가는 것이 정답일 수 있습니다.

행 불 유 경
行不由徑 ◦ 아무리 힘들어도 샛길로 다니지 않는다.

경(徑): 지름길 | 언(偃): 자유의 이름

인재의 경계, 중인

자왈 중인이상 가이어상야 중인이하 불가이어상야
子曰 中人以上 可以語上也 中人以下 不可以語上也

공자가 말했다. "중간 정도 되는 사람 이상만 높은 경지의 이야기를 해줄 수 있다. 중간 정도 이하 사람에게는 높은 경지의 이야기를 해줄 수 없다."

어느 분야든 배우는 순서가 있습니다. 처음에 기초를 익히고, 기초가 자리 잡으면 중급, 고급으로 확장하여 배웁니다. 기초도 안 마친 사람에게 고급의 기술을 가르쳐줘봤자 수용할 수도 없을뿐더러 머리만 교만해져서 더 높은 수준에 오를 수 없습니다.

공자의 교육 방식은 일명 눈높이 교육입니다. 그 사람의 능력과 수준을 정확히 파악하여 그 수준에 합당한 교육을 해야 한다는 것입니다. 사람마다 특성이 다르고 수준이 다르기 때문에 그것에 맞춰 교육을 하는 것이 공자의 교육철학입니다.

중인中人은 중간급 인재입니다. 실력이나 인성이 중간 정도인 사람입니다. 중인 이하 수준의 사람에게 지나치게 어려운 형이상적 담론이나 이상적인 내용을 가르친다면 이해도 하지 못하고, 자신의 생각 수준에서 받아들일 것입니다. 그러니 함부로 높은 차원의 교육을 해서는 안 된다는 것입니다. 인간이 일상에서 마땅히 해야 할 소학小學의 기본 교육을 마친 사람에게 비로소 조직을 운영하고 이끄는 대학大學의 고차원 교육을 시켜야 비로소 훌륭한 인재가 될 수 있을 것입니다.

중인
中人 ◦ 기본 인성교육을 마치고 인간의 마땅한 도리를 행할 수 있는 수준의 사람

인재의 등급

자왈 성인 오부득이견지의 득견군자자 사가의
子曰 聖人 吾不得而見之矣 得見君子者 斯可矣

공자가 말했다. "성인을 내가 직접 만나보지 못했으니 군자라도 만나보았으면 좋겠다."

자왈 선인 오부득이견지의 득견유항자 사가의 무이위유 허이위영
子曰 善人 吾不得而見之矣 得見有恒者 斯可矣 亡而爲有 虛而爲盈

약이위태 난호유항의
約而爲泰 難乎有恒矣

공자가 말했다. "선인을 내가 직접 만나 보지 못했으니 변치 않는 사람이라도 만나보았으면 좋겠다. 없으면서 있는 것처럼 꾸미고, 비었으면서 차 있는 것처럼 꾸미고, 별 볼 일 없으면서도 대단한 것처럼 꾸민다면 변치 않는 마음을 갖고 살기란 어려울 것이다."

성인聖人이 아니라면 군자라도, 군자가 아니면 착한 사람善人이라도, 착한 사람이 아니면 변치 않는 마음을 가진 자恒라도 만나見 보았으면 좋겠다고 공자가 아쉬워하는 내용입니다.

대부분의 사람들은 없으면서無 있는有 척하고 비었으면서虛 채운盈 척하고 별 볼 일 없으면서約 대단한泰 것처럼 하면서 살아갑니다. 변치 않는 항상 하는 마음을 가진 사람은 그렇게 살지는 않습니다. 없으면 없는 대로, 비었으면 비어 있는 대로, 별 볼 일 없으면 별 볼 일 없는 대로 가감 없이 그대로 보여주며 자신의 페이스를 잃지 않고 묵묵히 살아가는 사람이 항심恒心이 있는 사람입니다. 이런 사람이 몇 사람만 있어도 그 사회는 단단한 기반이 있습니다.

항자
恒者 ◦ 있으면 있는 대로, 없으면 없는 대로 과장하지 않고
꾸미지 않고 사는 마음이 한결같은 사람

항(恒): 언제나 | 약(約): 별 볼 일 없다 | 태(泰): 대단하다

출신을 묻지 마라!

호향 난여언 동자현 문인혹
互鄕 難與言 童子見 門人或

호향互鄕 출신 사람들과 만나서 이야기하는 것은 (허용하기 힘든) 어려운 일이라고 생각 했는데, (호향 출신) 어린아이가 와서 공자를 만나뵈었다. 그래서 제자들이 (그 만남에 대하여) 문제를 제기했다.

자왈 인결기이진 여기결야 불보기왕야 여기진야 불여기퇴야 유하심
子曰 人潔己以進 與其潔也 不保其往也 與其進也 不與其退也 唯何甚

공자가 말했다. "어떤 사람이든 자신을 깨끗이 하여 찾아온다면 나는 그 사람의 지금의 깨끗함을 인정할 뿐, 그 과거의 어떤 것도 문제 삼지 않겠다. 아울러 그 사람이 (자신을 깨끗이 하여) 찾아오는 것을 허락할 뿐 그 뒤에 그가 물러나서 어떤 사람이 될 것이라는 예측도 하지 않겠다. 그러니 내가 (호향 출신 어린아이와 만난 것이) 무슨 심한 일이겠는가?"

《논어》의 멋진 장면 중의 하나입니다. 호향互鄕은 천민들이 사는 동네였습니다. 그래서 그 동네 출신과 이야기言를 하는 것은 허용하기 힘들다고難 당시 제자들은 생각했습니다. 그런데 공자는 그 동네 출신 어린아이童子를 만났고見, 제자들은 그 만남에 대하여 의혹惑을 제기했던 것입니다.

그런데 공자가 누구입니까? 그 사람이 어떤 출신인지는 전혀 개의치 않았습니다. 천민 출신 제자 중궁仲弓을 임금감이라고 칭찬한 일도 있습니다. 그저 현재 그 사람의 태도가 더욱 중요하다고 생각했습니다. 그래서 자신己을 깨끗이潔 수양하고 찾아오는進 사람이라면 그의 과거往가 어떠했든 마음에 두지保 않고不 열린 마음으로 만났던 것입니다. 또한 그가 물러나서退 어떻게 살아가든 함부로 예측하지 않았습니다. 그러니 공자가 호향 출신 동자童子를 만난 것이 이상하지도, 어떤何 심甚한 일도 아니라는 것입니다. 자기소개서에 출신과 학력, 심지어 부모의 직업과 재산까지도 기입하게 하여 사람을 판단하는 일이 비일비재한 요즘, 인간에 대한 평가는 오직 현재의 모습만 보고 결정하겠다는 공자의 평가 방식은 지금도 여전히 유효한 인재 평가 방식입니다.

불보기왕
不保其往 ◦ 그 사람의 지나간 과거를 묻지 말라!

고루한 사람, 교만한 사람

자왈 사즉불손 검즉고 여기불손야 녕고
子曰 奢則不遜 儉則固 與其不孫也 寧固

공자가 말했다. "사치하는 사람은 겸손하지 못하고 검소한 사람은 고리타분하니, 겸손하지 못한 사람보다는 고리타분한 사람이 낫다."

돈이 많아 사치奢하며 삶을 살아가는 사람들 중에는 겸손遜하지 못한 사람이 많습니다. 반대로 검소儉한 사람 중에는 고리타분固한 사람이 많습니다. 그래도 겸손하지 못한 사람보다는與其 차라리寧 고리타분固한 사람이 낫다고 공자는 말합니다.

고리타분한 사람은 고집도 세고 자신의 생각만 옳다고는 하지만 교만하거나 남을 무시하지는 않습니다. 부자 중에는 자신의 부를 과시하고, 없는 사람을 무시하고, 늘 자신의 돈을 빼앗아 갈 것이란 생각에 노심초사하는 사람이 많습니다. 자신이 소유한 부가 오로지 자신의 노력에 의해서 만들어졌을 것이란 착각을 하기도 합니다. 반면 검소하게 사는 사람 중에는 고집스럽고 고리타분한 사람이 많습니다. 자신의 검소함을 너무 자랑스럽게 여긴 나머지 사치를 일삼는 사람에 대하여 증오심을 갖기도 합니다. 어떤 삶이든 한쪽으로 치우치면 병폐가 생기기 마련입니다. 부자인데도 겸손하고, 검소한데도 너그러우면 균형 잡힌 삶이라고 할 수 있을 것입니다. 교만한 사람과 고루한 사람 중에 그래도 우열을 정한다면 고루한 사람이 좀 낫다는 것이 공자의 생각입니다.

검즉고
儉則固 ◦ 검소하면 고리타분할 수 있다.

사(奢): 사치하다 | 손(遜): 겸손하다 | 녕(寧): 차라리

교만한 사람, 인색한 사람

자왈 여유주공지재지미 사교차린 기여 불족관야이
子曰 如有周公之才之美 使驕且吝 其餘 不足觀也已

공자가 말했다. "만약 주공周公 같은 능력의 아름다움이 있어도, 교만하고 인색한 사람이라면 그 나머지는 볼 것도 없다."

능력才은 있는데 교만驕하거나 인색吝한 사람이 있습니다. 그런 사람은 아무리 능력이 있어도 인재로 쓰기에는 부족합니다. 한마디로 말하면 인성을 못 갖추었기 때문입니다. 자신의 능력을 과시하며 다른 사람을 무시하거나, 칭찬과 따뜻한 격려보다는 주변 사람들을 비난하고 욕을 한다면 그 능력은 절대로 좋은 성과를 만들어 내지 못할 것입니다. 그러니 그 나머지餘는 더 이상 볼觀 것도 없습니다. 결국 인성이 기본이 되어야 재능과 능력이 빛을 발휘할 수 있는 것입니다.

세상은 능력이 중요한 시대를 지나 기본 인성을 갖춘 능력이 더욱 빛을 발하는 시대로 움직이고 있습니다. 의학의 발달은 의사의 능력보다는 인성을 더욱 중요하게 만들 것이며, 과학의 발달 역시 개인의 기본 인성을 더욱 소중하게 여기는 시대를 열 것입니다. 바야흐로 기본으로 돌아가야 답을 찾을 수 있는 시대입니다. 재주와 능력만 믿고 교만하고 자만하면 큰 코 다칩니다. 학벌과 화려한 스펙을 가진 사람이 교만과 인색함으로 세상을 살아간다면 어느 누구도 그 사람을 인재라고 여기지 않을 것이기 때문입니다.

교린
驕吝 ◦ 교만하고 인색한 사람이라면 아무리 능력이 있어도 인재라고 할 수 없다.

교(驕): 교만하다 | 린(吝): 인색하다

선비를 말하다

증자왈 사불가이불홍의 임중이도원 인이위기임 불역중호 사이후이
曾子曰 士不可以不弘毅 任重而道遠 仁以爲己任 不亦重乎 死而後已
불역원호
不亦遠乎

증자가 말했다. "선비는 강하지 않을 수 없다. (왜냐하면) 그에게 맡겨진 임무는 소중하고 가야 할 길은 멀기 때문이다. 인仁을 자신의 임무로 여기니 또한 소중하지 아니한가? 죽은 뒤에야 그 임무가 끝나는 것이니 이 또한 먼 길이 아니던가?"

사士란 선비이며, 선비는 평생 자신의 소명召命을 소중하게 여기며 사는 사람입니다. 돈을 벌고, 명예를 얻는 소명이 아니라 사랑仁을 실천하고 사회에 확산하는 소명입니다. 그래서 그 소명을 실천하기 위하여 지속적인弘 강인한毅 마음을 가져야 합니다. 이 임무는 선비가 죽을死 때까지 지속되기에 멀고遠도 험한 길입니다.

안중근 선생, 이순신 장군, 박열 의사 같은 분들은 조국의 보존과 백성의 평안을 위해 죽을 때까지 자신의 소명을 잊지 않았던 분들입니다. 이런 분들이 진정 선비입니다. 그저 일신의 안위만 걱정하며 집에 틀어박혀 책이나 읽거나 세상이나 걱정하면서 예의염치나 따지고 국가의 정책을 비난하고 선비인 양하는 사람들은 무늬만 선비일 뿐입니다. 선비는 실천가이며, 개혁가이며, 사회참여를 소중히 여기는 사람입니다.

임중도원
任重道遠 ∘ 맡겨진 소임은 중요하고 가야 할 길은 너무도 멀다.

홍(弘): 넓다 | 의(毅): 굳세다 | 중(重): 소중하다

공자가 거절한 사람

자 왈 광 이 부 직 동 이 불 원 공 공 이 불 신 오 부 지 지 의
子曰 狂而不直 侗而不愿 悾悾而不信 吾不知之矣

공자가 말했다. "뜻만 높고 정직하지 못하고, 아는 것도 없으면서 성실하지 못하고, 능력도 없으면서 미덥지 못한 사람을 나는 인정하지 않는다."

공자가 인정하지 않는 세 가지 유형의 사람이 있습니다. 첫째 유형은 뜻만 높고狂 사는 모습은 곧지直 못한 사람입니다. 자신의 꿈과 이상은 높은데 살아가는 모습을 보면 정직하지 못한 사람입니다. 그저 말만 앞세우고, 이념에 사로잡혀 사는 사람입니다. 둘째 유형은 아는 것도 없으면서侗 성실愿하지 못한 사람입니다. 무지한 사람이 자신의 무지를 인정하지 않고 살아가는 모습이 불성실하다면 더 이상 볼 것이 없습니다. 셋째 유형은 능력도 없으면서悾 미덥지信 못한 사람입니다. 무능력한 사람이 신뢰도 없다면 더 이상 말할 것이 없습니다.

이 세 가지 유형을 반대로 정리해봅니다. 이상은 높은데 사는 모습은 정직하고, 아는 것은 없더라도 성실하고, 능력은 부족해도 신뢰할 만한 사람이라면 그나마 가르쳐볼 여지가 있는 사람입니다. 이 글은 아마도 공자에게 배움을 청하러 온 제자들 중 누군가를 지적하며 한 말이거나, 이런 사람들은 제자로 받아들이지 않겠다는 선언인 것 같습니다.

오 부 지
吾不知 ◦ 뜻만 높고, 무지하고, 무능한 사람이라면 나는 인정하지 않겠다.

광(狂): 뜻이 높다 | 동(侗): 무지(無知)하다 | 원(愿): 성실하다 | 공(悾): 무능無能하다

호색한 사람, 호덕한 사람

자왈 오미견호덕 여호색자야
子曰 吾未見好德 如好色者也

공자가 말했다. "나는 덕德 있는 사람을 좋아하기를 여색女色을 좋아하는 것처럼 좋아하는 사람을 만난 적이 없다."

덕德보다는 여색色을 더 좋아하는 것이 공자가 살던 당시 귀족들의 특성이었나 봅니다. 공자는 자신의 능력德을 진정 좋아하고 등용해줄 귀족들을 만나고 싶어 했습니다. 그러나 한결같이 덕德보다는 색色을 더 좋아好하는 것이 당시 귀족들이었습니다. 여색을 가까이하고, 유능한 인재를 멀리하는 당시 귀족들에게 공자는 실망했습니다. 색을 좋아하듯이 능력 있는 사람을 좋아해줄 사람이 있다면 자신의 능력을 다할 수 있다고 생각했습니다.

위衛나라 왕은 자신이 아끼는 여인과 함께 마차를 타고 먼저 가고 공자는 다음 마차를 타고 오게 했습니다. 자신에 대한 예우가 여인보다 못하자 공자는 아마도 이런 말을 한 것 같습니다.

높은 자리에 있는 사람이 자신을 낮추고 능력 있는 사람을 우대하고 아낀다면 참으로 인재를 좋아하는 사람입니다. 조직의 리더는 인재를 모으는 것이 가장 우선이라는 공자의 생각을 이 문장에서 봅니다.

호덕 호색
好德 好色 ◦ 덕을 좋아할 것인가? 색을 좋아할 것인가?

완성의 정의

자왈 비여위산 미성일궤 지오지야 비여평지 수복일궤 진오왕야
子曰 譬如爲山 未成一簣 止吾止也 譬如平地 雖覆一簣 進吾往也

공자가 말했다. "비유하건대 산을 만들 때 한 삼태기의 흙을 남기고 중지했다면 내가 중지한 것이고, 비유하건대 평지를 만들 때 비록 한 삼태기의 흙을 쏟아부어 시작함도 내가 나아간 것이다."

산山을 쌓을 때 한 삼태기簣가 모자라더라도 그 산은 완성이 안 된 것입니다. 반대도 평지平地를 만들 때 한 삼태기의 흙을 부었더라도 그 일은 시작進한 것입니다. 완성은 하나가 모자라도 미완성이 되고, 시작은 하나만 해도 시작이 이미 된 겁니다. 목표를 향한 중단 없는 열정, 그리고 과감한 시도 속에서 공자는 희망을 보았습니다.

목표를 향해 정진하다가 중도에 그만두는 사람이 있습니다. 여건이 안 받쳐 주었다는 둥, 운이 안 따라 주었다는 둥 다양한 이유를 대지만 결국 그만둔 것은 자신입니다. 반대로 어떤 목표를 향해 새로운 일을 할 때 첫발을 내디디는 것이 무엇보다 중요합니다. 아직 갈 길은 멀지만 시작이 반이기에 용기 있는 결단을 실행에 옮긴 것입니다. 이런 새로운 일의 과감한 첫발을 내디딘 것도 결국 내 결정에 의해 시작된 것입니다.

일의 완성이나 시작은 모두 나와 관계된 일입니다. "생각했다면 시작하라! 시작했다면 끝장을 봐라!" "모든 일의 주체는 나이며, 그 어떤 누구를 위해 살지 말라!" 정말 단단한 영혼을 가진 공자의 철학이 느껴집니다.

오지오왕
吾止吾往 ◦ 그만두는 것도 내가 그만둔 것이고, 시작한 것도 내가 시작한 것이다.

비(譬): 비유하다 | 궤(簣): 삼태기 | 지(止): 중지하다 | 평(平): 평평하게 하다 | 복(覆): 엎다

모든 나무에 열매가 열리지는 않는다

자왈 묘이불수자 유의부 수이부실자 유의부
子曰 苗而不秀者 有矣夫 秀而不實者 有矣夫

공자가 말했다. "싹이 났는데 꽃이 피지 않는 것도 있을 것이다. 꽃은 피었는데 열매를 맺지 않는 것도 있을 것이다."

싹이 나고, 잎이 나고, 꽃이 피고, 열매가 열리는 것이 식물의 이치입니다. 그러나 싹苗이 났다고 모두 꽃秀이 피는 것도 아니고, 꽃이 피었다고 모두 열매實를 맺는 것도 아닙니다. 창업을 해서 매출이 늘어나고 탄탄한 기업으로 성장하기까지 참 많은 어려움이 중간에 기다리고 있습니다. 인간도 배움을 시작하여 배움이 익고 결실을 맺기까지에 참 많은 시간이 걸립니다. 중간에 넘어져 포기하기도 하고, 어려움에 주저앉기도 합니다. 열매와 결실을 얻을 때까지 흔들리지 않는 부동심不動心과 강한 정신적 에너지인 호연지기浩然之氣로 밀고 나가야 합니다.

공자는 제자들을 가르치면서 싹만 난 제자, 꽃만 핀 제자, 열매를 거둔 제자들을 만나보았을 것입니다. 처음에 올 때는 큰 뜻을 품고 왔다가 중도에 그만두고 포기하는 제자들도 있었을 것이고, 처음에는 눈에 크게 띄지 않았는데 결국 끝까지 공부를 마치고 사회에 나가 제 역할을 하는 제자도 보았을 것입니다. 세상의 모든 나무에 반드시 열매가 모두 열리지 않듯이 모든 사람이 어떤 일을 시작해서 마지막 결실을 보지는 않습니다. 중단 없는 정진과 포기하지 않는 끈기가 결국 훌륭한 인재로 결실을 맺을 수 있습니다.

수이부실
秀而不實 ◦ 꽃이 피었다고 모두 열매를 맺는 것은 아니다.

묘(苗): 싹 | 수(秀): 꽃 | 실(實): 열매

선생과 후생

자 왈 후 생 가 외 언 지 래 자 지 불 여 금 야 사 십 오 십 이 무 문 언 사 역 부 족 외 야 이

子曰 後生 可畏 焉知來者之不如今也 四十五十而無聞焉 斯亦不足畏也已

공자가 말했다. "후학들은 두려워할 만하다. 그들의 미래가 우리보다 못하다고 어찌 장담하겠는가? 그러나 (그들이) 나이 사십이나 오십이 되어도 (특별한) 명성이 없으면 이 또한 두려워할 것이 없다."

선생先生이란 말은 상대방을 높일 때 부르는 호칭입니다. 그런데 이 말을 글자 그대로 따져 보면 먼저先 태어났다生는 의미입니다. 태어난 날이 빠르다는 이유로 상대방을 존대하는 호칭이 되었으니, 능력이나 덕성과는 상관이 없는 말입니다. 그저 나보다 먼저 태어났으면 의례적으로 선생이라고 부를 수 있다는 것입니다.

후생後生은 선생先生보다 늦게 태어난 사람들입니다. 나이가 어리거나 젊은 사람들입니다. 젊은이들은 정말 두렵습니다畏. 강한 체력과 정신력, 그리고 젊음의 열정이 그들의 무기입니다. 나이가 어리다고 무시하다가는 큰 코 다칩니다. 나이든 선생들이 이들을 상대하여 이긴다는 것은 예나 지금이나 쉽지 않은 일입니다. 젊은이들은 새로운 지식으로 무장되어 있고, 다양한 문물 도구를 다룰 수 있으며, 진취적이고 도전 정신이 강합니다. 그러나 지속적인 끈기만큼은 양보할 수 없습니다. 아무리 치고 올라오는 젊은이들이라고 해도 그들이 40살이 넘어서 특별한 능력을 보여주지 않는다면 두려워할 필요가 없는 상대입니다. 후생들과 경쟁하여 지지 않으려면 부단한 노력과 변화에 대한 긍정적인 생각, 지치지 않는 열정과 학습이 필요합니다.

후 생 가 외

後生可畏 ◦ 뒤에서 쫓아오는 젊은 사람들이 두려운 존재다.

외(畏): 두려워하다 | 언(焉): 어찌 | 문(聞): 소문, 명성을 얻다

장군과 필부

자왈 삼군가탈수야 필부불가탈지야
子曰 三軍可奪帥也 匹夫不可奪志也

공자가 말했다. "삼군三軍의 장군은 빼앗을 수 있어도 필부匹夫의 뜻은 빼앗을 수 없다."

삼군三軍은 규모가 큰 군대입니다. 좌군, 우군, 중군을 나누어 그 군대를 통칭하는 말입니다. 그런 대규모 군대의 장수帥는 얼마든지 빼앗아奪 포로로 잡거나 죽일 수 있습니다. 강한 힘으로 몰아붙이면 얼마든지 장수를 잡을 수 있는 것입니다. 그러나 아무런 직책도 이름도 없는 필부匹夫라도 그의 의지志가 확고하면 누구도 빼앗을 수 없습니다. 필부는 이름 없는 사람입니다. 동네 어디에서든 볼 수 있는 평범한 사람입니다. 그러나 이런 사람의 뜻이 확고하고, 신념이 곧으면 어떤 힘과 폭력으로도 필부의 뜻을 빼앗을 수 없습니다. 민초라고 부르는 사람들의 힘이 모이면 정권을 무너트리고 세상을 바꿀 수도 있습니다.

조선의 마지막 왕 고종은 일본 제국주의 군대에게 유린당했어도 일개 필부에 불과한 안중근 의사나 아우내 장터에서 태극기를 흔들던 필부필부匹夫匹婦의 독립을 향한 의지는 어느 누구도 빼앗을 수 없었습니다. 의지意志는 한 개인의 가슴속에 있는 것이기 때문입니다. 어떤 협박과 위협 속에서도 흔들리지 않고 자신의 길을 가는 사람의 영혼은 아무도 빼앗을 수 없습니다.

필부
匹夫 ◦ 이름 없는 민초의 뜻은 어떤 강한 힘도 꺾을 수 없다.

탈(奪): 빼앗다 | 수(帥): 장수 | 필부(匹夫): 신분이 낮은 남자

세한도 속의 인재

자왈 세한연후 지송백지후조야
子曰 歲寒然後 知松栢之後凋也

공자가 말했다. "세월이 추워진 후에야 소나무와 잣나무가 늦게 시드는 나무임을 알 수 있다."

추사 김정희는《논어》의 이 구절을 주제로 1844년 제주도 유배 중에 훗날 국보 180호로 지정된 〈세한도歲寒圖〉를 그렸습니다. 온 세상이 눈으로 덮여 여름에 푸르렀던 나무들이 모두 시들었을 때 소나무松와 잣나무栢 몇 그루가 시들지 않고 서 있는 모습 속에서 역경에 굴하지 않는 군자의 모습을 보았습니다. 그것은 어쩌면 유배에 처한 추사 자신의 모습과 대비되어 시들지 않는 소나무와 잣나무처럼 뜻을 잃지 않겠다는 다짐이기도 했을 것입니다.

상대방 군대의 장수를 빼앗을 수는 있어도 필부의 뜻은 함부로 꺾지 못한다는 앞의 구절이 겹쳐 떠오릅니다. 추위가 어쩌면 피할 수 없는 역경이라면, 그 역경 속에서 흔들리지 않는 정신을 유지하는 것은 인재의 소양입니다. 유난히 힘들고 어려울 때 추사의 〈세한도〉를 보고 있노라면 막혔던 심사가 조금은 풀리는 듯합니다. 그 사람을 제대로 알려면 이익과 손해 앞에서 그가 어떤 선택을 하는지를 보고, 어려운 일에 대처하는 그의 태도를 보면 알 수 있습니다. 날씨가 추워져야 소나무 잣나무가 푸르다는 것을 알 수 있듯이, 어려운 상황이 닥쳐 봐야 그 사람이 훌륭한 인재인지를 알 수 있습니다. 좋은 환경에서 인재의 구별은 쉽지 않기 때문입니다.

세한
歲寒 ◦ 세월이 추워져야 그 사람이 인재인지를 알 수 있다.

조(凋): 시들다

인재의 단계

子曰 由之瑟 奚爲於丘之門 門人 不敬子路 子曰 由也 升堂矣 未入於室也

공자가 말했다. "자로의 거문고 연주 소리가 어찌 내 문하에서 들리는가?" 그 후로 제자들이 자로를 공경하지 않았다. 공자가 말했다. "자로는 당에는 오른 사람이다. 아직 방에는 들어가지 못했을 뿐이다."

인재가 되기 위한 단계가 있습니다. 옥의 원석이 가공되어 완성된 옥기로 만들어지듯이 인재도 시간을 들여 단계를 거쳐야 비로소 훌륭한 인재로 만들어지는 것입니다.

공자는 두 가지 단계로 인재의 완성을 이야기하고 있습니다. 첫 번째 단계는 당에 오르는 승당升堂입니다. 당堂은 마루입니다. 방 안에 들어가기 전에 마루에 먼저 올라가야 합니다. 두 번째 단계는 입실入室입니다. 마루를 지나 방에 들어가는 것입니다. 공자는 자로를 입실의 단계에 이르지는 못했지만 승당의 단계에는 이른 제자라고 정의합니다. 아직 완성되지는 않았지만 그래도 완성의 전 단계에는 이르렀다는 것입니다.

자로는 성급하고 감정을 조절하지 못하는 제자였습니다. 어느 날 자로의 거문고를 타고 있는 소리가 공자 학당에 들렸을 때 공자는 싫은 내색을 했습니다. 아마도 자로가 공자에게 무슨 잘못을 저질러 공자의 심기가 불편했던 것 같습니다. 제자들은 그 뒤로 자로를 무시했습니다. 그러자 공자는 자로는 입실만 안 했을 뿐이지 승당은 한 제자라고 옹호한 것입니다. 제자에게 야단을 친 공자였지만, 한편으로 그를 칭찬하여 보호해준 공자였습니다. 공자의 제자에 대한 애증愛憎이 잘 드러나고 있습니다.

升堂(승당) ◦ 완성의 전 단계에 오르다.

해(奚): 어찌 | 승(升): 오르다昇

착한 사람의 정의

자 장 문 선 인 지 도 자 왈 불 천 적 역 불 입 어 실
子張問善人之道 子曰 不踐迹 亦不入於室

자장이 착한 사람의 도에 대하여 물었다. 공자가 말했다. "성현의 자취를 밟지 않았으며, 또한 성현의 경지에 들어가지 못한 사람이다."

공자는 인재의 완성을 입실入室이라고 표현합니다. 방에 들어갔다는 것은 성인의 경지에 이르렀다는 것입니다. 집에 들어가는 과정이 있습니다. 처음에 대문을 열고 들어가는 입문入門, 정원과 마당을 지나가는 과정過庭, 마루에 오르는 승당升堂, 방 안에 들어가는 입실入室입니다. 대문→마당→마루→방의 네 단계의 과정을 인재의 양성 과정에 비유합니다. 대문으로 들어가 방에 들어가면 비로소 인재가 된다는 것입니다.

인재의 종류도 다양합니다. 선인善人, 현인賢人, 항자恒者, 달인達人, 인인仁人, 성인聖人은 모두 인재를 구분한 단어들입니다. 선인은 착한 마음을 가지고 상식적으로 살아가는 사람이고, 현인은 지혜로운 사람입니다. 항자는 뜻이 한결같은 사람이고, 달인은 한 분야에 능통한 사람입니다. 인인은 사랑을 널리 베푸는 사람이고, 성인은 완성의 경지에 이른 사람입니다.

공자는 선인을 정의하면서, 성현 공부를 하지 않았고 성현의 경지에 이르지는 않았지만 선하게 인생을 살아가는 사람이라고 합니다. 성인이 못 되어도, 상식을 지키며 살아가는 선인만 되어도 인재라고 할 수 있습니다.

선 인 지 도
善人之道 ◦ 착한 사람이 살아가는 방법을 익혀라!

천(踐): 밟다, 실천하다 | 적(迹): 성현의 자취

달인의 정의

자장문사하여 사가위지달의
子張問士何如 斯可謂之達矣

자장이 묻기를 "선비는 어떻게 해야 이 사람을 통달한 선비라고 할 수 있습니까?"

자왈 하재 이소위달자
子曰 何哉 爾所謂達者

공자가 말했다. "무엇이냐? 네가 지금 말하는 통달했다고 하는 것이."

자장대왈 재방필문 재가필문
子張對曰 在邦必聞 在家必聞

자장이 대답하여 말했다. "나라에서 반드시 그 사람의 이름이 알려져 있고, 한 집안에서도 그 사람의 이름이 알려져 있는 것입니다."

자왈 시문야 비달야
子曰 是聞也 非達也

공자가 말했다. "그것은 유명한 것이지 통달한 것이 아니란다."

부달야자 질직이호의 찰언이관색 려이하인 재방필달 재가필달
夫達也者 質直而好義 察言而觀色 慮以下人 在邦必達 在家必達

"통달했다는 것은 그 사람이 정직하고 정의를 좋아하고, 상대방의 말과 표정을 잘 관찰하여 생각하고 나를 상대방에게 낮출 줄 아는 것이니, 그래야 나라에서도 통달했다고 하고 집안에서도 통달했다고 할 수 있다."

부문야자 색취인이행위 거지불의 재방필문 재가필문
夫聞也者 色取仁而行違 居之不疑 在邦必聞 在家必聞

"소문이 나서 유명해졌다는 것은 얼굴은 사랑으로 가장하고 행동은 그에 위배되면서도 자신의 삶에 의문을 제기하지 않는 것이니, 그런 사람을 나라에서 반드시 유명하고 집안에서도 유명하다고 하는 것이다."

이름이 알려진 사람들 중에는 대중적 이미지와 실제 삶이 다른 경우가 많습니다. 명성에 비해 삶은 초라하고 보잘것없는 경우가 있기 때문입니다. 소문이 나고 유명해진 사람 중에는 여러 사람 앞에서 얼굴은 인자한 표정을 짓고 사람을 대하지만, 사적 생활을 살펴보면 교만하고 독단적인 사람도 있습니다. 자신의 삶에 대해선 성찰도 제대로 하지 못하고 그저 이름만 알려져 유명한 사람에 대하여 공자는 소문聞만 무성한 사람이라고 평가절하하고 있습니다.

자장은 공자에게 달인達人에 대하여 질문하면서, 소문所聞난 사람과 혼동했습

니다. 이름이 알려진 사람이 달인이라고 생각했던 것입니다. 공자는 소문만 무성한 유명인과 달인은 다르다고 말합니다. 달인은 성품이 정직하고, 정의를 실천하며, 상대방의 말과 표정을 읽을 줄 알아야 하고, 상대방을 섬길 줄 아는 사람이라는 것입니다. 소문만 무성하고, 실제 행동은 형편없는 유명인, 공자가 살던 시대에도 있었나 봅니다.

색 취 인 이 행 위
色取仁而行違 ◦ 얼굴은 인자한 표정을 지으면서 행동은 형편없는 사람들을 소문만 무성한 유명인이라고 한다.

문(聞): 이름이 알려지다 | 의(疑): 의문을 제기하다

인재를 알아보는 안목

번 지 문 인 자 왈 애 인
樊遲問仁 子曰 愛人

번지가 인仁을 물으니 공자가 말하기를 "사람을 아끼고 사랑하는 것이다."

문 지 자 왈 지 인
問知 子曰 知人

앎을 물으니 공자가 말하기를 "사람을 볼 줄 아는 것이다."

번 지 미 달 자 왈 거 직 조 저 왕 능 사 왕 자 직
樊遲未達 子曰 擧直錯諸枉 能使枉者直

번지가 이 대답을 잘 이해하지 못했다. 공자가 보충하여 말하기를 "정직한 사람을 등용하여 부정한 사람 위에 임명하면 부정한 사람이 정직하게 될 것이다."

번 지 퇴 견 자 하 왈 향 야 오 현 어 부 자 이 문 지 자 왈 거 직 조 저 왕 능 사 왕 자 직
樊遲退 見子夏曰 鄕也 吾見於夫子而問知 子曰 擧直錯諸枉 能使枉者直
하 위 야
何謂也

번지가 그 자리에서 물러나와 자하를 만나 말했다. "방금 전에 내가 선생님과 만나 지혜를 물었는데 선생님이 말씀하시기를 '정직한 사람을 등용하여 부정한 사람 위에 임명하면 부정한 사람이 정직하게 될 것이다'라고 대답하셨는데 무슨 의미인가?"

자 하 왈 부 재 언 호 순 유 천 하 선 어 중 거 고 요 불 인 자 원 의 탕 유 천 하 선 어 중
子夏曰 富哉 言乎 舜有天下 選於衆 擧皐陶 不仁者 遠矣 湯有天下 選於衆
거 이 윤 불 인 자 원 의
擧伊尹 不仁者 遠矣

자하가 말했다. "선생님의 말씀의 의미가 깊구나! 순임금이 천하를 다스릴 때 여러 사람들 가운데 인재를 선발했는데 고요를 등용하니 어질지 못한 자들이 멀리 사라졌다. 탕 임금이 천하를 다스릴 때 여러 사람들 가운데 인재를 선발했는데 이윤을 등용하니 어질지 못한 자들이 멀리 사라졌다."

번지는 공자의 수레를 모는 제자였습니다. 《논어》에 총 10번이나 언급되는 중요한 인물입니다. 공자의 운전기사였으니 공자와 대화할 기회도 많았을 것입니다.

어느 날 번지는 인仁과 지知에 대하여 물었습니다. 질문을 보면 수준을 안다고 합니다. 너무 직접적인 질문이라 스스로 성찰한 결과의 질문 같지는 않아 보입니다. 공자는 인은 사람을 사랑하는 것愛人이라고 대답하고, 지知는 사람을 볼 줄 아는 능력이라고 대답했습니다. 번지는 무슨 의미인지 몰랐습니다. 공자는 정직한 사람을 뽑아서 부정한 사람의 윗자리에 올려놓는 인사가 부정한 사람들

을 교정하는 지혜로운 지도자의 모습이라고 부연 설명합니다. 번지는 그래도 공자의 말을 이해 못하고 자하에게 그 의미를 물었습니다. 자하는 순임금과 탕왕이 정직한 인재를 높은 자리에 등용하니 문제 있는 신하들이 자취를 감추었다고 말하여, 공자의 가르침에 대하여 감탄합니다.

재미있는 광경입니다. 공자의 운전기사 번지, 공자 문하의 뛰어난 제자인 자하, 이들 사이에서 벌어진 인재를 알아보고 등용하는 인사 원칙에 대한 대화가 흥미롭습니다. 요즘으로 말하면 윗물 인사론입니다. 윗물이 맑으면 아랫물도 맑아진다는 것입니다. 유능하고 정직한 사람이 고위직에 있으면 아래에 있는 사람들은 저절로 정화가 된다는 것입니다.

知人(지인) ◦ 인재를 알아보고 높은 자리에 등용하면 아랫자리는 저절로 정화된다.

거(擧): 등용하다 | 조(錯): –에 두다 | 왕(枉): 굽은, 부정직한

인재 등용 비결

중궁 위계씨재 문정 자왈 선유사 사소과 거현재
仲弓 爲季氏宰 問政 子曰 先有司 赦小過 擧賢才

중궁이 계씨의 행정관이 되어 정치를 물었다. 공자가 말했다. "무슨 일이든 먼저 책임자에게 권한을 위임하라! 작은 실수는 용서해주고, 인격과 재능을 갖춘 사람을 등용해야 한다."

왈 언 지 현 재 이 거 지 왈 거 이 소 지 이 소 부 지 인 기 사 저
曰焉知賢才而擧之 曰擧爾所知 爾所不知 人其舍諸

중궁이 말하기를 "어떻게 인격과 재능이 있는 줄 알고 그를 등용할 수 있습니까?" 공자가 말했다. "일단 네가 알고 있는 인격과 재능을 갖춘 사람을 등용하면, 네가 모르는 인재들을 사람들이 내버려두겠느냐?"

중궁은 천민 출신 제자였습니다. 말솜씨가 뛰어나지 않아 눌변이었습니다. 공자는 그런 중궁을 덕을 갖추고 임금이 될 만한 사람이라고 극찬했습니다. 위대한 인재는 출신과 언변으로 판단할 수 없다는 것입니다.

중궁은 공자 문하에서 공부하고 계씨의 행정관으로 등용되었습니다. 그가 공자에게 정치에 대하여 자문을 구할 때 공자는 세 가지로 대답합니다. 책임자에게 맡겨라! 작은 실수는 용서하라! 인재를 등용하라! 중궁은 인재 등용 방법에 대하여 다시 물었습니다. 어떻게 해야 제대로 인재인 줄 알고 등용할 수 있느냐는 질문이었습니다.

공자는 일단 네가 알고 있는 인재부터 등용하면 그 인재가 또 다른 인재를 등용할 것이라고 하면서, 마중물 이론으로 답했습니다. 일일이 모든 인재를 내가 다 알아서 등용할 수 없으니, 우선 잘 알고 있는 인재를 마중물로 등용하면 그가 또 다른 인재를 천거하여 등용할 것이니, 좋은 인재는 또 다른 좋은 인재를 끌어올 것이란 것입니다. 지금도 여전히 유효한 인재 등용방식입니다.

거 현 재
擧賢才 ◦ 능력 있는 인재를 뽑아 등용하면,
그 인재가 또 다른 인재를 부를 것이다.

사(赦): 용서하다 | 현(賢): 덕이 있는 인재 | 재(才): 능력이 있는 인재 | 사(舍): 내버려두다

지식과 현장 능력

자왈 송시삼백 수지이정부달 시어사방 불능전대 수다역해이위

子曰 誦詩三百 授之以政不達 使於四方 不能專對 雖多亦奚以爲

공자가 말했다. "시경 300편을 외운다고 해도 그에게 정치를 맡겼는데 능숙하게 수행하지 못하고, 외국에 사신으로 보냈는데 제대로 외교적 상대를 하지 못한다면 비록 아무리 많은 시를 외운다고 해도 무슨 소용이 있겠는가?"

시를 많이 외우고 경전을 줄줄 읽는다고 훌륭한 인재는 아닙니다. 아무리 지식이 많다고 해도 현장에서 제대로 써먹지 못하면 그저 머릿속에 갇힌 지식일 뿐입니다. 영어 시험 점수는 만점인데 영어로 소통하지 못하고, 법률 지식은 해박한데 법적 문제를 해결하지 못한다면 그야말로 지식의 그물에 걸려 있다고 할 수 있습니다.

공자는 《시경》을 다 외우는 실력을 갖고 있더라도, 정치에 응용하지 못하고 외교에 도움이 되지 못한다면 아무런 의미가 없는 암기 능력일 뿐이라는 것입니다. 《시경》의 내용은 백성의 소리이며, 소통의 메시지이며, 은유와 비유의 미학입니다. 시를 많이 알면 백성의 소리를 이해할 수 있으며 상대방과 소통을 원활하게 할 수 있습니다. 그런데 시만 줄줄 외우고 그 뜻을 제대로 성찰하거나 음미하지 못하면 정치와 외교에 아무런 도움이 되지 못합니다. 스펙은 화려하고, 시험 점수는 좋고, 학력은 높은데 실제 현장에서 아무런 도움이 안 되는 사람들은 인재가 아닙니다. 인재란 현장의 문제를 정확히 파악하고 현장에서 가장 현실적인 답을 찾아낼 수 있는 사람입니다. 학력이 사람 평가의 기준이 된 요즘 다시 한 번 새겨들을 만한 이야기입니다.

송시

誦詩 ◦ 시를 줄줄 외우고 암기한다고 인재가 아니다.

수(授): 맡기다 | 시(使): 사신으로 가다

선비의 정의

자 공 문 왈 하 여 사 가 위 지 사 의
子貢問曰 何如 斯可謂之士矣

자공이 물어 말하기를 "어느 정도 되어야 그 사람을 능력 있는 선비라고 할 수 있겠습니까?"

자 왈 행 기 유 치 시 어 사 방 불 욕 군 명 가 위 사 의
子曰 行己有恥 使於四方 不辱君命 可謂士矣

공자가 말했다. "자신의 행동에 부끄러움을 알고, 외국에 특사로 가서 자신을 보낸 군주의 명을 욕되게 하지 않으면 능력 있는 선비라고 할 수 있다."

왈 감 문 기 차
曰敢問其次

자공이 말하기를 "감히 그다음 밑의 단계를 묻습니다."

왈 종 족 칭 효 언 향 당 칭 제 언
曰宗族稱孝焉 鄕黨稱弟焉

공자가 말하기를 "문중 사람들이 그의 효를 칭찬하고, 동네 사람들이 그의 공손함을 칭찬하는 사람이다."

왈 감 문 기 차
曰敢問其次

자공이 말하기를 "그다음 단계를 묻습니다."

왈 언 필 신 행 필 과 경 경 연 소 인 재 억 역 가 이 위 차 의
曰言必信 行必果 硜硜然小人哉 抑亦可以爲次矣

공자가 말하기를 "말은 반드시 지키려 하고, 행동에는 과감함이 있는 사람이니, 이런 사람은 딱딱한 소인이라 할 수 있지만 그래도 그 밑의 단계의 능력 있는 선비라고 할 수 있을 것이다."

왈 금 지 종 정 자 하 여
曰今之從政者 何如

자공이 말하기를 "요즘 정치하는 사람들은 어떤 단계의 사람들입니까?"

자 왈 희 두 소 지 인 하 족 산 야
子曰 噫 斗筲之人 何足算也

공자가 말했다. "아! 한 말이나 작은 그릇밖에 안 되는 사람들을 어찌 따질 일이 있겠느냐?"

선비士는 전문가입니다. 원래는 전쟁에서 전사戰士의 의미였지만 나중에 지식을 연마하고 능력을 갖춘 전문가의 의미로 변모되었습니다. 변호사辯護士, 기사技士, 의사義士, 세무사稅務士 등 다양한 전문 직종의 사람들에게 요즘도 선비란 뜻의 사士를 붙여줍니다.

공자 당시 선비는 군주에게 등용된 인재의 의미였습니다. 군주나 귀족 선비에도 등급이 있다고 합니다. 상급 선비는 행동에 책임을 지고 외교 능력을 발휘하는 사람입니다. 민생을 살피고 외교를 잘하니 나라에 큰 도움이 되는 선비입니다. 중급 선비는 문중과 지역 사람들의 신뢰를 받는 사람입니다. 비록 관직에 나아가지는 않았지만 지역사회에서 그의 신념과 능력을 인정받고 있는 사람입니다. 하급 선비는 말과 행동을 과감하게 실천하려고 하는 사람입니다. 너무 과감하게 밀어붙이는 실천력을 가져서 갈등을 일으킬 문제는 있지만 그래도 잘 쓰면 능력을 발휘할 수 있는 인재입니다.

자공은 당시 정치하는 선비들에 대하여 어떤 등급이냐고 물었습니다. 공자는 어느 등급이라고 논의할 가치도 없는 사람들이라 말합니다. 두소지인斗筲之人, 한 됫박밖에 안 되는 능력을 가진 사람들이 정치를 하고 있으니 논의할 가치도 없다는 혹평입니다.

두소지인
斗筲之人 ◦ 그릇의 크기가 한 됫박밖에 못 담을 정도의 사람을
어찌 선비라 하겠는가?

경(硜): 단단하다 | 두(斗): 한 말 | 소(筲): 작은 그릇

광자와 견자의 차이

자왈 부득중행이여지 필야광견호 광자진취 견자유소불위야
子曰 不得中行而與之 必也狂狷乎 狂者進取 狷者有所不爲也

공자가 말했다. "도저히 중용의 균형을 지키는 인재를 얻어 함께하지 못한다면, 반드시 광자와 견자라도 함께할 것이다. 광자는 진취적인 장점이 있고, 견자는 하지 않아야 할 것은 결코 안 하는 장점이 있는 자들이다."

공자 제자들의 출신은 다양했습니다. 천민, 빈민 출신에서부터 장애인에 이르기까지 다양한 계층의 제자들이 공자에게 모여들었습니다. 공자는 제자들을 모두 반갑게 맞이한 것은 아닙니다. 때로는 마음에 차지 않는 제자도 있었고, 공자가 미워하는 제자도 있었습니다. 공자는 균형감中行 있는 제자들을 선호한 것 같습니다. 진퇴進退와 출사出仕의 균형감을 갖고 있는 제자들을 양성하고 싶어 했습니다. 그러나 제자들 중에는 행동이 경솔하고, 뜻만 높아 현실감이 떨어지는 사람들狂도 있었고, 자신의 소신을 굽히지 않고 고집으로 지키는 유연성 없는 사람들狷도 있었습니다. 비록 중용의 균형감은 떨어지지만 뜻과 소신만큼은 양보하지 않는 사람들이었습니다.

광자狂者는 뜻은 높은데 현실감이 떨어지는 사람입니다. 견자狷者는 소신은 있지만 고집스러워 유연하지 않은 사람입니다. 공자는 균형감 있는 사람들을 얻어 함께하지 못한다면, 이런 유형의 인재들과 함께 자신의 꿈을 실천하고자 했습니다. 세상을 바꾸려는 높은 뜻을 품고 있는 사람, 자신의 소신을 지키며 뜻을 굽히지 않는 사람, 이런 사람들이라도 요즘 시대에 보았으면 좋겠습니다.

광자견자
狂者狷者 ◦ 뜻만 높고 소신은 단단한데 현실성과
융통성이 없는 사람이 되어서는 안 된다.

광(狂): 행동이 경솔하다 | 견(狷): 뜻을 굽히지 않다

한결같은 마음을 가진 사람

자왈 남인유언왈 인이무항 불가이작무의 선부 불항기덕 혹승지수 자왈
子曰 南人有言曰 人而無恒 不可以作巫醫 善夫 不恒其德 或承之羞 子曰
부점이이의
不占而已矣

공자가 말했다. "남쪽 나라 사람들의 말 중에 '사람이 변치 않는 마음이 없으면 무당이나 의사도 되기 힘들 것이다'라고 했는데 좋은 말이다." 주역에서 '자신의 덕이 일정하지 않으면 자주 부끄러운 일을 당할 것이다'라고 말하는데, 공자가 말했다. "점을 쳐볼 필요도 없다."

남인南人은 공자가 살던 중원 지역을 중심으로 보면 중국의 남쪽, 야만의 지역을 의미합니다. 공자는 남쪽 촌사람들의 속담을 인용하여 항심恒心의 중요성을 강조하고 있습니다. 사람이 한결같은 마음으로 살지 않으면, 천한 무당이나 의사도 될 수 없을 것이란 속담은 인간이 한결같은 마음을 가지고 살아야지, 변덕이 심하면 그 당시 천한 직업으로 여겨졌던 무당이나 의사도 못 될 것이라는 것입니다. 비록 문명이 낮은 남쪽 사람들의 속담이지만 훌륭한 말이라고 공자는 칭찬합니다.

《주역》에 "자신의 덕이 한결같지 않으면 결국 낭패를 당할 것"이란 글에 대하여 공자는 한결같은 마음이 없는 사람은 미래를 점 쳐볼 필요도 없다고 한 것입니다. 아무리 좋은 점괘가 나와도 소용이 없고, 좋은 점괘가 나오지도 않을 것이기 때문입니다. 사람이 한결같은 마음을 갖고 살기란 쉽지 않습니다. 날씨가 추워져 봐야 소나무와 잣나무가 푸른 것을 알 수 있듯이, 사람은 힘들었을 때 그 사람의 본질을 알 수 있습니다. 어떤 상황에서도 흔들리지 않는 항심을 갖고 사는 것, 성숙한 인간의 모습입니다.

항
恒 ◦ 어떤 상황에서도 흔들리지 않는 한결같은 사람이 되어라!

항(恒): 변치 않는 | 승(承): 이어서

사랑과 미움을 동시에 받는 인재

자공문왈 향인 개호지 하여
子貢問曰 鄕人 皆好之 何如

자공이 물어 말하기를 "마을 사람들이 모두 좋은 사람이라고 하면 어떤 사람입니까?"

자왈 미가야
子曰 未可也

공자가 말하기를 "썩 좋은 사람이 아니다."

향인 개오지 하여
鄕人 皆惡之 何如

"그러면 마을 사람들이 모두 미워하는 사람이면 어떤 사람입니까?"

자왈 미가야 불여향인지선자호지 기불선자 오지
子曰 未可也 不如鄕人之善者好之 其不善者 惡之

공자가 말했다. "역시 썩 좋은 사람은 아니다. 마을 사람 중에 착한 이는 그를 좋아하고 착하지 못한 이는 그를 미워하는 것이 진정 훌륭한 사람이다."

모든 사람들이 다 칭찬하는 사람은 훌륭한 인재일까요? 공자의 대답은 노입니다. 모든 사람들이 좋다고 하는 사람은 문제가 있는 사람이라는 것입니다. 모든 사람에게 인기를 얻기 위해 어쩌면 자신을 속일 수도 있다는 것입니다. 일명 포퓰리즘의 인간형일 수 있다는 것이지요. 대중의 인기를 얻기 위해서 자신의 원칙과 소신을 저버리는 사람이 비록 모든 사람의 지지를 받는다고 해도 바람직하지 않다는 것입니다. 물론 모든 사람이 다 싫어하고 미워하는 사람 역시 문제가 있습니다. 얼마나 문제가 있으면 모든 사람이 다 그 사람을 미워하겠습니까? 훌륭한 인재는 좋은 사람이 그를 좋다고 생각하고 나쁜 사람은 그를 밉다고 여기는 사람입니다. 일명 소신을 지키고 인기에 영합하지 않는 사람이 훌륭한 인재입니다.

선자호지 불선자오지
善者好之 不善者惡之 ◦ 착한 사람은 그를 좋아하고,
나쁜 사람은 그를 미워하는 것이 훌륭한 사람이다.

격려와 화합의 인재

자 로 문 왈 하 여 사 가 위 지 사 의
子路 問曰 何如 斯可謂之士矣

자로가 물어 말했다. "어떤 사람이라야 전문 관리라고 할 수 있습니까?"

자 왈 절 절 시 시 이 이 여 야 가 위 사 의 붕 우 절 절 시 시 형 제 이 이
子曰 切切偲偲 怡怡如也 可謂士矣 朋友 切切偲偲 兄弟怡怡

공자가 말했다. "간절하게 서로 격려하고 상호 간에 화합하는 사람이라면 제대로 된 전문 관리라고 할 수 있다. 친구 간에게는 간절하게 서로 격려하는 사이이고, 형제 간에는 기쁘게 화합하는 사이이다."

사士는 전문 관리입니다. 전사戰士와 기사騎士처럼 전쟁의 관리자를 의미하기도 하고, 지식과 능력을 겸비한 관직에 있는 전문 관료를 사士라고 합니다. 훗날에는 지식인의 통칭이 되었습니다.

자로는 협객 출신이었기에 전문성을 겸비한 사가 되고 싶었습니다. 공자는 격려와 화합이란 말로 사를 설명합니다. 사는 상호 간에 간절한 격려를 통해 동반 성장해야 한다는 것입니다. 아울러 화합을 통하여 결속력을 높이는 집단입니다.

신라의 화랑은 상호 격려를 통해 성장하고, 화합을 통해 팀워크를 배웠습니다. 이런 집단이 국가와 백성을 위해 소명의식을 갖고 봉사한 것입니다. 인재는 능력만 갖고 판단할 수 없습니다. 서로 격려를 통해 시너지를 만들어내고 화합을 통해 경쟁력을 높여 나가는 사람이 진정 인재입니다.

절 절 이 이
切切 怡怡 ◦ 간절하게 격려하라! 기쁘게 화합하라!

절(切): 간절하다 | 시(偲): 격려하다 | 이(怡): 기뻐하다

인덕이 좋은 인재

헌문 5

子曰 有德者 必有言 有言者 不必有德 仁者必有勇 勇者不必有仁

공자가 말했다. "덕이 있는 사람은 반드시 훌륭한 말을 하지만, 훌륭한 말을 하는 사람이라고 해서 반드시 덕이 있는 것은 아니다. 인仁한 자는 반드시 용기가 있지만, 용기가 있다고 해서 반드시 인을 가진 자는 아니다."

덕德은 인간이 갖고 태어난 위대한 능력입니다. 인仁은 타인에 대한 사랑입니다. 인재는 덕을 베풀고 사랑을 실천합니다. 인덕仁德이 있는 사람입니다. 자신의 능력을 밝히고明德, 밝힌 덕을 세상에 베푸는 사람에게 우리는 '덕분德分'이라는 말을 자주 사용합니다. 덕분에 고맙다는 것입니다. 덕을 밝히고 베푸는 사람의 말은 사람에게 감동을 줍니다. 그러나 말만 잘하는 사람이라고 해서 덕이 있거나 베푸는 사람은 아닙니다.

타인에 대한 공감을 사랑으로 실천하는 인자仁者는 용기가 있습니다. 비록 내가 피해를 보더라도 사랑을 실천하겠다는 살신성인殺身成仁의 용기입니다. 그러나 용기가 있는 사람이라고 해서 반드시 사랑을 실천할 수 있는 사람은 아닙니다. 인덕을 베푸는 사람은 감동의 말과 용기를 보여주는 사람입니다.

德者有言 仁者有勇 ◦ 덕이 있는 사람은 말이 훌륭하고,
사랑을 베푸는 사람은 용기가 있다.

힘보다는 덕

南宮适 問於孔子曰 羿善射 奡盪舟 俱不得其死 然禹稷 躬稼而有天下
夫子 不答 南宮适出 子曰 君子哉 若人 尙德哉 若人

남궁괄이 공자에게 물어 말하기를 "예羿는 활을 잘 쏘았고, 오奡는 배를 끌고 다닐 정도로 힘이 셌는데 모두 제명에 죽지 못했습니다. 그런데 우禹와 직稷은 몸으로 농사를 짓고 살았는데 결국 천하를 소유하게 되었습니다." 공자가 그 질문에 대답을 하지 않았다. 남궁괄이 방에서 나가자 공자가 말했다. "군자로구나! 이 사람이여! 덕을 숭상하는구나! 이 사람이여!"

강하고 힘이 센 자는 제명에 죽지 못한다는《도덕경》의 구절이 있습니다. 힘이 세다고 반드시 오래 살거나 훌륭한 인재는 아니라는 것입니다.

예羿는 활의 명수였는데 요임금을 도와 괴물을 죽이고 하늘의 떠 있는 10개의 태양 중 9개를 쏘아 떨어트려 세상을 불길 속에서 구원한 영웅입니다. 오奡는 힘이 센 장수였는데 배를 끌 정도로 힘이 세서 모두가 그의 힘을 두려워했습니다. 그러나 이들은 천하의 영웅으로 칭송받았지만, 제명에 죽지 못했습니다. 반면 우禹와 직稷은 힘은 없었지만 지혜를 갖고 있어서 결국 천하를 얻게 되었습니다.

제자 남궁괄은 이 두 부류의 사람을 비교하면서 힘이 센 것보다 지혜로운 사람이 결국 천하를 다스릴 수 있는 인재라고 한 것입니다. 이것은 공자를 빗댄 것으로, 공자 같은 분이 천하를 다스리는 지위에 있어야 한다는 당위성을 강조한 것입니다. 공자는 제자의 말에 기분이 좋았나 봅니다. 그리고 그가 없을 때 그를 덕을 높이는 사람, 상덕尙德이라고 칭찬한 것입니다.

尙德(상덕) ◦ 덕을 숭상하고 실천하는 사람이 인재다.

예(羿): 궁술의 명인 이름 | 오(奡): 힘센 사람 이름 | 탕(盪): 끌다 | 가(稼): 농사짓다

문서 작성의 과정

자왈 위명 비심 초창지 세숙토론지 행인자우 수식지 동리자산 윤색지
子曰 爲命 裨諶 草創之 世叔討論之 行人子羽 修飾之 東里子産 潤色之

공자가 말했다. "(정나라에서) 외교 문서를 만들 때에 비심이 초고를 쓰고, 세숙이 검토하고, 행인 관직에 있는 자우가 수식을 하고, 동리에 사는 자산이 윤색을 하여 완성했다."

문서를 작성할 때 여러 과정을 거칩니다. 당연히 전문가와 인재가 필요합니다. 1단계는 초고草稿입니다. 이 과정을 초창草創이라고도 합니다. 초草는 풀이란 뜻이고 창創은 만든다는 뜻이니, 초창은 풀처럼 두서없이 내용을 늘어놓는 것입니다. 2단계는 토론討論입니다. 초고를 갖고 검토하고 논의하는 과정입니다. 3단계는 수식입니다. 토론을 통해 정리된 내용을 수식을 통해 매끄럽게 만드는 과정입니다. 4단계는 윤색潤色입니다. 윤문이라고도 하는 과정으로 완성된 문서에 옷을 입히는 과정입니다. 이 4단계를 거쳐 비로소 훌륭한 문서가 만들어지는 것입니다.

공자는 각 단계마다 인재가 필요하고, 그 인재 중에 대표적인 네 사람을 열거했습니다. 초고에는 비심, 토론에는 세숙, 수식에는 자우, 윤색에는 자산이 최고 전문가였다는 것입니다. 지금도 대통령의 연설문이나 중요한 국가 문서를 작성할 때도 이런 과정을 거칠 것입니다. 이런 과정을 거치지 않았다면 참 안타까운 일입니다.

초창 토론 수식 윤색
草創 討論 修飾 潤色 ◦ 문서 작성 4단계

비(裨): 돕다 | 침(諶): 믿다 | 초(草): 대강 초안하다 | 행인(行人): 관직 이름

부자와 빈자의 차이

자왈 빈이무원난 부이무교이
子曰 貧而無怨難 富而無驕易

공자가 말했다. "가난한 자가 가난을 원망하지 않기는 어려워도, 부자가 교만하지 않기는 쉽다."

훌륭한 인재는 가난한 집에서 많이 나오기도 합니다. 가난을 겪고 일어선 사람은 경쟁력이 남보다 뛰어날 수 있습니다. 공자는 자신의 경쟁력은 어린 시절의 가난이라고 이야기하기도 합니다. "나의 어린 시절은 빈천했기에 지금 세상의 다양한 일들에 대한 능력이 생기게 된 것이다!"라고 하며 자신의 어릴 적 가난이 자신의 현재 경쟁력이라고 말하고 있습니다.

이런 사람들의 특징은 가난을 원망하거나 불평하지 않는 사람들입니다. 비록 가난하더라도 긍정적 사고로 자신의 현실을 인정하고, 가난을 통하여 더욱 단단하게 자신의 삶을 채워 나간 사람들입니다. 대부분 가난에 처하여 가난을 원망하지 않기란 쉽지 않습니다. 늘 자신에게 다가온 가난이 불행하다고 생각하기 때문입니다.

반면 부자들은 교만하기 쉽습니다. 자신들이 가진 부를 많은 사람들은 동경하기 때문에 과시하고 교만해지기 쉽습니다. 부자와 빈자, 부자는 교만하기 쉽고, 빈자는 원망하기 쉬운 것이 인지상정입니다. 그러나 빈자가 자신의 가난을 원망하지 않는 것보다 부자가 자신의 부를 과시하지 않고 교만하지 않는 것은 오히려 쉽다는 것입니다. 이미 가진 것이 많기에 아무래도 자신을 낮추는 여유가 있는 것이 아닐까 생각됩니다.

빈이무원
貧而無怨 ◦ 가난을 탓하지 말고 가난 속에서 삶을 즐겨라!

완성된 인재

헌문13

자로문성인 자왈 약장무중지지 공작지불욕 변장자지용 염구지예
子路問成人 子曰 若臧武仲之知 公綽之不欲 卞莊子之勇 冉求之藝
문지이예악 역가이위성인의
文之以禮樂 亦可以爲成人矣

자로가 '완성된 사람'에 대하여 물었다. 공자가 말했다. "장무중의 지혜와, 공작의 욕심 없음과, 변장자의 용기와 염구의 기예를 예악으로 잘 다듬어 문식을 더한다면 또한 완성된 인간이라고 할 수 있을 것이다."

왈금지성인자 하필연 견리사의 견위수명 구요 불망평생지언
曰今之成人者 何必然 見利思義 見危授命 久要 不忘平生之言
역가이위성인의
亦可以爲成人矣

또 말하기를 "요즘 시대의 완성된 인간을 어찌 그런 모든 것이 필요하다고 하겠는가? 이익 앞에서 옳고 그름을 생각하고, 나라의 위기를 만나면 목숨을 던지고, 오래된 약속이라도 평생 자신의 약속을 잊지 않고 실천하는 사람이라면 또한 완성된 인간이라고 할 수 있을 것이다."

19세 이상의 사람을 성인成人이라고 부릅니다. 그러나 나이만 성인이지 행동이나 생각은 미성인인 경우가 많습니다. 성인의 원래 의미는 완성된 인재라는 뜻입니다. 절차탁마를 통하여 완성된 인재가 성인입니다.

자로가 성인을 물었을 때 공자는 성인의 정의를 구체적인 사람들을 인용하여 정의합니다. 장무중의 지혜, 공작의 무욕, 변장자의 용기. 염구의 기예를 예악으로 잘 다듬은 사람이 성인이라는 정의입니다. 그러나 이런 완전한 사람은 당시에 없었나 봅니다. 그래서 이익보다는 정의, 목숨보다는 소명, 말보다는 실천, 이 세 가지만 가지고 있어도 성인이라고 정의할 수 있다고 공자는 말합니다. 나이만 먹었다고 성인이 아니라, 깊은 성찰을 통해 정의를 실천하고, 세상에서 자신의 역할을 고민하고, 말한 것을 실천하는 사람이 진정 성인입니다.

성인
成人 ◦ 정의, 소명, 실천의 세 덕목을 갖고 있는 사람

장무중(臧武仲), 공작(公綽), 변장자(卞莊子): 노나라의 정치인大夫

국운과 인재

자언위령공지무도야 강자왈 부여시 해이불상
子言衛靈公之無道也 康子曰 夫如是 奚而不喪

공자가 위나라 영공이 무도한 군자라고 말했다. 그러자 강자가 말하기를 "그랬다면 어째서 위령공은 군주의 자리를 잃지 않는 것입니까?"

공자왈 중숙어 치빈객 축타치종묘 왕손가 치군려 부여시 해기상
孔子曰 仲叔圉 治賓客 祝鮀治宗廟 王孫賈 治軍旅 夫如是 奚其喪

공자가 말했다. "그의 신하 중숙어는 외교를 잘하고, 축타는 종묘를 잘 관리하고, 왕손가는 군대를 잘 운용한다. 이런 훌륭한 신하들이 각자 맡은 바 임무를 잘 수행하고 있으니 어찌 군주의 자리를 잃겠는가?"

나라의 군주가 포악하고 무도한데 그 나라가 망하지 않고 임금이 지위를 잃지 않는 이유가 있다면 무엇일까요? 오래된 전통 문명이 그 나라의 멸망을 늦출 수도 있고, 강한 국방력과 국가 자산이 나라를 지켜주는 기둥이 될 수도 있습니다. 그러나 그 나라에 훌륭한 인재가 버티고 있는 것이 더욱 중요한 이유입니다.

위령공은 무도하고 무능한 군주였습니다. 그런데 위나라가 멸망하지 않고 군주가 쫓겨나지 않는 이유가 무엇인지 궁금하여 강자가 물었습니다. 공자는 유능한 인재들이 위나라에 버티고 있어서 군주의 자리가 보존될 수 있는 것이라고 말합니다. 외교 전문가 중숙어, 행정 전문가 축타, 국방 책임자 왕손가 같은 인재들이 위나라에 버티고 있기 때문이라는 것입니다. 재벌 기업의 회장이 무능하더라도 그 기업이 보존될 수 있는 것은 유능한 경영자들이 있어서 가능할 수 있다는 생각을 해봅니다.

무도
無道 ◦ 무도한 군자가 자리를 잃지 않는 것은 주변에 인재가 있기 때문이다.

해(奚): 어찌 | 상(喪): 잃어버리다 | 빈객(賓客): 외교 사절 | 군려(軍旅): 군대

외교의 달인

거백옥 시인어공자 공자여지좌이문언왈 부자하위 대왈
蘧伯玉 使人於孔子 孔子與之坐而問焉曰 夫子何爲 對曰
부자욕과기과이미능야 사자출 자왈시왈시호
夫子欲寡其過而未能也 使者出 子曰使乎使乎

위나라 귀족 거백옥이 사신을 보내 공자에게 안부를 물었다. 공자가 그를 맞이하여 함께 앉아서 물었다. "거백옥 선생은 요즘 어떻게 지내십니까?" 사신이 대답하여 말했다. "선생께서는 자신의 잘못을 줄이려고 노력하시나 잘 안 되신다고 걱정하십니다." 사신이 나가자 공자가 말했다. "저 훌륭한 사신이여! 저 훌륭한 사신이여!"

훌륭한 리더 밑에는 훌륭한 특사特使가 있습니다. 특사는 리더를 대신하여 상대방 리더와 소통을 중재하는 사람입니다. 대통령 특사는 상대방 국가의 정상이나 리더들을 만나 의견을 전달하고 소통시키는 중요한 역할을 하는 사람입니다. 특사가 누구냐에 따라 양국의 관계가 완전히 뒤바뀔 수도 있습니다.

거백옥은 위나라 정치 지도자였습니다. 그가 특사를 공자에게 보내 안부를 물었습니다. 공자는 의례적으로 특사에게 거백옥의 근황을 물었습니다. 특사의 대답이 참 멋졌습니다. "우리 리더는 매일 잘못을 줄이려 하시나 잘 안 되어 고민하고 계십니다!" 너무 자랑하는 것도 아니면서 상대방 리더의 진심이 느껴지는 말이었습니다. 공자는 거듭 거백옥의 특사를 칭찬했습니다. 외교관의 정수를 보여주는 구절입니다.

과과미능
寡過未能 ◦ 잘못을 줄이려고 노력하나 쉽지 않다.

시(使): 특사, 심부름꾼 | 과(寡): 줄이다, 적게 하다

무늬만 인재

자왈 기불칭기력 칭기덕야
子曰 驥不稱其力 稱其德也

공자가 말했다. "천리마는 힘 때문에 천리마라고 부르지 않는 것이다. 천리를 갈 수 있는 능력이 있어야 천리마라고 하는 것이다."

인재人才는 인재의 능력과 조건을 갖추어야 비로소 인재라고 할 수 있습니다. 이름만 인재지 실제로 능력이 없는 사람이 많습니다. 학벌 좋고 스펙은 괜찮은데 실제 현장에서 능력을 제대로 발휘하지 못하는 사람이 있기 때문입니다.

이력서에는 화려한 스펙으로 가득 차 있고, 소문은 인재라고 나 있지만, 실제로는 아무런 성과도 내지 못하는 사람이 공자 당시에도 많았나 봅니다. 그래서 공자는 무늬만 인재인 사람을 비판하면서 천리마의 예를 든 것입니다. 천리마驥라고 하면 실제 천리를 갈 수 있는 능력이 있어야 천리마라고 부를 수 있다는 것입니다. 아무리 힘이 좋아도 실제 천리를 달리지 못한다면 천리마라고 할 수 없다는 것입니다.

사람도 마찬가지입니다. 잠깐 능력을 발휘하고, 좋은 이력을 소유한 사람이라도 장기적인 성과를 만들어 내지 못한다면 진정한 인재라고 할 수 없다는 것입니다. 공자는 당시 이름만 알려져 있고 실제로는 능력이 없는 사람이 자리를 차지하고 있는 현실에 대하여 비판했습니다. 요즘도 인재라고 불리는 사람들을 자세히 살펴보면 무늬만 인재인 사람이 한둘이 아닐 것입니다.

기덕
驥德 ◦ 천리마는 천리를 달릴 수 있는 능력이 있어야 천리마라고 할 수 있다.

기(驥): 천리마 | 칭(稱): 부르다

인재가 피해야 할 곳

자왈 현자피세 기차피지 기차피색 기차피언
子曰 賢者辟世 其次辟地 其次辟色 其次辟言

공자가 말했다. "현명한 사람은 난세를 피하고, 그다음은 문제 있는 곳을 피하고, 그다음은 상대방의 얼굴 표정을 피하고, 그다음은 상대방의 말을 피한다."

세상을 살아가면서 피해야 할 것이 많습니다. 부정한 길은 피해야 하고, 정직하지 못한 사람은 피해야 합니다. 내 것이 아닌 부귀는 피해야 하고, 위험한 때와 장소는 피해야 합니다. 일반인들도 이렇게 피할 것이 많지만, 현명한 인재가 특히 피해야 할 것이 있습니다.

공자는 네 가지로 정리합니다. 첫째, 시간입니다. 어려운 시대를 피해야 합니다辟世. 세상이 어지러운데 함부로 나서면 몸만 상하고 얻는 것은 없습니다. 둘째, 공간입니다. 문제 있는 자리는 피해야 합니다辟地. 내 자리가 아닌데 욕심을 내거나, 부정한 사람의 주변에 있으면 큰 화를 입게 됩니다. 셋째, 상대방의 얼굴을 피해야 합니다辟色. 상대방이 화가 나 있는데 거기서 함부로 상대하면 자신에게 해만 끼칠 뿐입니다. 일단 상대방 얼굴을 관찰하여 문제가 있다고 생각하면 그 자리에서 피해야 합니다. 넷째, 상대방의 말을 피해야 합니다. 상대방의 말이 좋지 않거나 문제가 있으면 그곳에서 피해야 합니다. 현명한 사람은 내가 있어야 할 곳인지, 피해야 곳인지를 정확히 아는 사람입니다. 난세에 있어서는 안 될 곳에서 상대방의 얼굴과 말이 선하지 않은데 피하지 않고 있다가 결국 큰 화를 입게 될 것입니다.

피
辟 ◦ 현명한 사람은 피해야 할 때와 장소를 정확히 안다.

피(辟): 피避와 같은 뜻

속성은 답이 아니다

궐 당 동 자 장 명 혹 문 지 왈 익 자 여
闕黨童子 將命 或問之曰 益者與
자 왈 오 견 기 거 어 위 야 견 기 여 선 생 병 행 야 비 구 익 자 야 욕 속 성 자 야
子曰 吾見其居於位也 見其與先生幷行也 非求益者也 欲速成者也

공자가 궐당 동네 어린아이에게 손님 접대를 하게 했다. 누군가 묻기를 "그 아이가 학업 성과가 뛰어난 아인가요?" 하니 공자가 말했다. "난 그 아이가 앉아 있는 태도를 보았고, 그가 선생과 나란히 걸어가는 것을 보았는데 조금씩 성장하려는 것이 아니라 빨리 무엇인가를 이루려고 하는 아이다. (그래서 그 아이에게 손님 접대를 시켜 스스로 깨우치게 하는 것이다.)"

속성速成은 빨리 이룬다는 뜻입니다. 짧은 시간에 결과를 이루는 것을 속성이라고 합니다. 속성 교육도 있고, 속성 과외도 있습니다. 속성은 시간이 단축되는 장점이 있지만, 기본을 제대로 갖추지 못하는 결과를 가져올 수도 있습니다.

공자 고향동네 어린아이가 공자의 문하에 들어와 속성으로 공부하려고 했습니다. 그 아이는 지식은 채우고 아는 것은 많아졌으나 인성과 기본 예절은 문제가 많았나 봅니다. 어른들 앞에서 무례하게 앉아 있고, 어른들과 어깨를 나란히 하고 걸어가는 예의 없는 아이가 되었습니다. 공자는 지식은 많이 채웠지만 기본 인성을 갖추진 못한 어린아이에게 손님 접대를 시켰습니다. 사람들은 그 아이가 똑똑해서 손님 접대라는 중요한 일을 맡게 되었다고 생각했습니다. 그러나 공자는 그 아이가 손님 접대를 통하여 기본 예절을 스스로 익히게 되기를 기대했습니다. 그 아이에게 직접 타이르기보다는 스스로 깨우치게 되기를 원한 것입니다. 빨리빨리 이룬 속성速成은 미완의 완성일 수 있다는 생각을 해봅니다.

속 성
速成 ◦ 빨리 이룬 것은 기본이 약하다.

궐당(闕黨): 공자가 태어난 동네 | 장명(將命): 명령을 전달하는 심부름을 하다

은사와 의사

공 자 왈 견 선 여 불 급 견 불 선 여 탐 탕 오 견 기 인 의 오 문 기 어 의
孔子曰 見善如不及 見不善如探湯 吾見其人矣 吾聞其語矣

공자가 말했다. "선한 것을 보면 내가 못하고 있는 것처럼 반성하고, 불선한 것을 보면 마치 뜨거운 물에 손을 댄 것처럼 하는, 나는 그런 사람들을 보았고, 그런 행동을 했다는 이야기도 들었다."

은 거 이 구 기 지 행 의 이 달 기 도 오 문 기 어 의 미 견 기 인 야
隱居以求其志 行義以達其道 吾聞其語矣 未見其人也

"숨어 살면서 자신의 뜻을 추구하고, 정의를 행하면서 자신의 도道를 실천하는, 그런 사람들이 있다는 이야기는 들었지만 그런 사람은 직접 보지 못했다."

착한 사람善人은 상식을 지키고, 타인을 배려하며 사회 규칙에 위배되지 않는 삶을 사는 사람입니다. 우리는 살면서 주변의 착한 사람을 많이 볼 수 있습니다. 법 없이도 살 수 있는 사람들입니다.

은사隱士와 의사義士는 다른 차원입니다. 은사는 남들이 알아주지 않아도 자신의 꿈과 목표를 잃지 않고 사는 사람입니다. 비록 궁벽한 곳에서 살지만 자신의 소신을 꺾지 않고 사는 사람입니다. 의사義士는 정의를 실천하는 사람입니다. 세상의 바른 도道를 실천하며 사는 사람입니다.

공자는 늘 착하게 살려고 노력하고, 착하지 않은 일에 대하여는 절대로 끼어들지 않는 착한 사람들은 많이 보고 들었다고 말합니다. 그러나 남들이 알아주지 않아도 자신의 뜻을 잃지 않은 은사와, 옳은 일을 행하며 세상에 도를 실천하려는 의사들의 이야기는 들어는 보았으나 실제로 만나본 적은 없다고 말합니다. 착하게 사는 것도 어렵지만, 은사와 의사로 살기는 더욱 어려운 일입니다.

은사 의사
隱士 | 義士 ◦ 숨어서 소신을 잃지 않는 사람 | 세상에 나와 도를 실천하는 사람

탐(探): 더듬다 | 달(達): 이루다

어느 두 사람의 죽음

제 경 공 유 마 천 사 사 지 일 민 무 덕 이 칭 언 백 이 숙 제 아 우 수 양 지 하
齊景公有馬千駟 死之日 民無德而稱焉 伯夷叔齊 餓于首陽之下
민 도 우 금 칭 지 기 사 지 위 여
民到于今稱之 其斯之謂與

(공자가 말했다.) "제나라 경공은 말을 수천 마리를 소유했지만 그가 죽는 날에 백성 중 그의 덕을 칭송하는 사람이 없었고, 백이와 숙제는 수양산 자락에서 굶어 죽었지만 백성이 지금까지 그들의 덕을 칭송하고 있으니, 그것은 바로 이것을 말하는 것이다."

사람이 죽을 때 세상 사람들의 반응을 보면 그 사람이 어떻게 살았는지를 알 수 있다고 합니다. 살아 생전 아무리 부귀영화를 누리고 살았던 유명한 사람이라도 죽을 때 아무도 애도하는 사람이 없다면 그 사람의 인생은 그리 좋다고 할 수 없습니다. 반면 살아서는 부귀영화를 누리지 못했지만 그 사람의 죽음에 대하여 두고두고 애도하고 기억한다면 그 사람의 인생은 가치 있는 인생이 될 것입니다.

제경공은 제나라 군주였습니다. 그의 재산은 천대의 전차를 소유할 정도로 많았습니다. 그러나 그가 죽었을 때 사람들은 아무도 그를 애도하지 않았습니다. 그저 지위만 높고 돈만 많은 어느 한 사람이 죽은 것뿐이었습니다. 백이와 숙제는 수양산에서 굶어 죽었습니다. 비록 가난과 고통에서 살다 갔지만 후세에 그들의 이름은 사람들의 입으로 전해졌습니다. 돈 많은 재벌과 유명한 정치인보다 자신의 삶을 의미 있게 살다 간 사람이야말로 후세에 길이 기억되는 인재입니다.

칭
稱 ◦ 사람의 평가는 그가 죽은 후에 사람들이 하는 칭찬을 들어봐야 안다.

사(駟): 마차를 끄는 네 마리 말 | 아(餓): 굶어 죽다 | 칭(稱): 칭찬하다

자리에 연연하는 사람

子曰 鄙夫 可與事君也與哉 其未得之也 患得之 旣得之 患失之 苟患失之 無所不至矣

공자가 말했다. "비속한 사람들과 함께 주군을 모실 수 있겠는가? 그들은 벼슬자리를 얻기 전까지는 어떻게 하면 그 자리를 얻을까 고민하고, 어쩌다 그 자리를 얻으면 오로지 잃을까만 근심하니, 진실로 그 자리를 잃는다고 생각하면 해서는 안 될 일까지도 하는 사람들이다."

비부鄙夫는 어리석고 천한 사람입니다. 조직에서 결코 함께 근무하고 싶지 않은 사람입니다. 공자는 비부의 특성을 두 가지로 정의하면서 이런 사람들과는 함께 주군을 모시고 싶지 않다고 합니다. 첫째, 자리를 못 얻었을 때는 어떻게 하면 그 자리에 오를까 노심초사 고민하는 사람, 둘째, 원하던 자리에 오르면 어떻게 하면 그 자리를 지킬까를 고민하며 해서는 안 될 일까지 서슴지 않고 하는 사람이라는 것입니다.

비부는 오로지 자리에 연연하며 사는 사람입니다. 자신의 자리를 지키기 위해 남을 모함하기도 하고, 그 자리에 오르기 위해 수단과 방법을 가리지 않는 사람입니다. 이런 사람과 같은 조직에 있으면 생각만 해도 끔찍합니다. 공자는 정치인으로서 이런 사람과 함께 군왕을 모시며 근무하고 싶지 않다고 말합니다. 자신의 이익을 위해서는 수단과 방법을 가리지 않고 사는 사람은 이 시대에도 참 많이 볼 수 있습니다.

鄙夫 ◦ 오로지 자리에 연연하며 인생을 살아가는 속물근성의 사람

비(鄙): 비천하다

인재가 사라진 시대

자왈 고자 민유삼질 금야혹시지무야 고지광야사 금지광야탕 고지긍야렴
子曰 古者 民有三疾 今也或是之亡也 古之狂也肆 今之狂也蕩 古之矜也廉
금지긍야분려 고지우야직 금지우야사이이의
今之矜也忿戾 古之愚也直 今之愚也詐而已矣

공자가 말했다. "옛날에 백성은 세 가지 병폐가 있었는데, 요즘은 이마저도 없어졌다. 옛날에 뜻이 높은 자狂者들은 조그만 원칙에 구애받지 않았는데, 요즘 뜻이 높은 자들은 방탕하기만 하다. 옛날에 자부심이 강한 자矜者들은 모가 났었는데 요즘 자부심이 강한 자들은 화내고 포악하기만 하고, 옛날에 우직한 자愚者들은 정직했는데 요즘 우직한 자들은 거짓말만 한다."

공자는 인재가 없는 시대를 고민했습니다. 오로지 자신의 이익과 자리에만 연연하는 사람들을 보며, 더 이상 세상에 희망이 없다고 생각했습니다. 옛날에는 별 볼일 없는 인재마저 보이지 않는 시대를 한탄한 것입니다.

공자는 세 종류의 인재를 비교하고 있습니다. 광자狂者는 뜻이 높은 사람입니다. 옛날에는 방자한 병폐가 있었지만, 요즘은 방탕하다는 것입니다. 긍자矜者는 자부심이 강한 사람입니다. 옛날에는 모난 병폐가 있었지만 요즘은 사납다는 것입니다. 우자愚者는 우직한 사람입니다. 옛날에는 너무 곧은 병폐가 있었지만 요즘은 사기만 친다는 것입니다. 옛날에는 수준이 떨어진 세 종류의 인재들이 그나마 있었는데, 요즘은 그마저도 찾아볼 수가 없다는 공자의 한탄입니다.

광자 긍자 우자
狂者 矜者 愚者 ◦ 꿈이 큰 사람, 자부심이 강한 사람, 우직한 사람

무(亡): 없다無 | 광(狂): 뜻만 높은 사람 | 사(肆): 방자하다 | 렴(廉): 모나다 | 려(戾): 포악하다

마흔 살에 얻어야 할 것

자왈 연사십이견오언 기종야이
子曰 年四十而見惡焉 其終也已

공자가 말했다. "나이가 40살이 되어 남들에게 미움의 대상이라면 그것은 이미 끝난 것이다."

나이 40대는 인생에서 중요한 시기입니다. 청년기를 지나 인생이 익어가는 시기이기도 하고, 이 나이에 무엇을 이룬 것이 없으면 나머지 인생이 초라해지기도 합니다. 인생에서 가장 격동의 시기이기도 하고, 가장 활동적인 시기이기도 합니다. 공자는 자신의 나이 40대를 불혹不惑이라고 정의하면서 세상의 이치가 명확하게 보이기에 나에게 다가오는 충격과 역경에 대하여 흔들리지 않는 나이라고 정의했습니다.

맹자는 그의 나이 40대를 부동심不動心이라고 정의하면서 호연지기浩然之氣의 정신적 에너지로 안정된 정신적 토대를 갖추는 시기라고 했습니다. 부귀와 빈천에 연연하지 않고, 어떤 위협과 협박에도 흔들리지 않는 시기라는 것입니다. 나이 40대, 그 나이에 이르러 사람들에게 미움의 대상이 된다면 더 이상 그 사람에게 희망이 없다고 합니다. 저렇게 살면 안 된다고 손가락질 받고, 어떻게 인간이 저럴 수가 있냐고 사람들의 입에 오르내리면 그의 인생은 살아 있어도 숨만 쉬고 있는 것일 뿐 살아 있는 것이 아니라는 것입니다. 요즘은 평균 나이가 상향되었으니, 60대쯤이 옛날의 40대가 아닐까 위안을 가져봅니다.

사십
四十 ◦ 인생의 절정 시기(지금은 60대)

견(見): ~라고 여겨지다 | 오(惡): 미워하다

선비의 용기

자 장 왈 사 견 위 치 명 견 득 사 의 제 사 경 상 사 애 기 가 이 의
子張曰 士見危致命 見得思義 祭思敬 喪思哀 其可已矣

자장이 말했다. "선비가 위기를 만나 목숨을 던지고, 이익을 만나 옳은 것인지를 생각하고, 제사를 지낼 때 공경을 다하고 있는지 생각하고, 상례를 치를 때는 슬픔을 다하고 있는지를 생각한다면 훌륭한 선비라 할 것이다."

선비士는 《논어》에서 자주 제시하는 인재의 모델입니다. 전문 지식을 갖춘 관료이기도 하고, 뜻을 품고 세상을 위해 헌신하는 사람이기도 합니다. 자신이 모시는 주군을 위해 목숨을 바치기도 하고, 위기에 물러서지 않고 당당히 맞서는 사람입니다.

자장은 선비를 네 가지로 정의했습니다. 위기를 맞이하여 목숨을 던질 수 있는 사람, 의롭지 못한 물건이나 지위는 취하지 않는 사람, 공경을 다하여 조상을 추모하는 사람, 죽음을 슬픔으로 애도하는 사람입니다. 일관성은 없지만 선비라는 인재의 그림을 그리는 데 도움이 됩니다. 목숨보다 더 소중한 것이 있다는 것은 선비의 중요한 정의입니다. 탐욕을 정의로 제어할 수 있다는 것은 이성이 작동되고 있다는 것입니다. 제사와 상례에 공경과 애도를 다할 수 있다는 것은 예의 본질을 알고 실천하고 있다는 것입니다. 선비는 동양 사회에서 중요한 인재의 모습이었습니다. 현대 사회에서 선비란 어떤 의미인지 한번 고민해보아야 할 듯합니다.

견 위 치 명
見危致命 ◦ 위기가 닥치면 내 목숨을 던질 준비가 되어 있는가?

치(致): 바치다

존재감을 얻는 조건

子張曰 執德不弘 信道不篤 焉能爲有 焉能爲亡
(자장왈 집덕불홍 신도부독 언능위유 언능위무)

자장이 말했다. "덕을 지켜나가는 것이 넓지 못하고, 도에 대한 믿음이 독실하지 않다면 어찌 그를 있다고 할 것이며, 없다고 할 것인가? 있으나 마나 한 존재일 뿐이다."

존재감이 없는 사람이 있습니다. 있어도 그만, 없어도 그만인 사람입니다. 이런 사람이라면 인재라고 할 수 없습니다. 조직에서 존재감이 없는 사람은 조직에 도움이 되지 못합니다. 그 사람이 없는 자리가 크게 느껴지는 사람이 진정 조직의 보배입니다. 그 사람의 가치는 평소에 어떻게 살았느냐가 결정합니다.

자장은 두 가지로 정의합니다. 덕德을 제대로 펼치지弘 못한 사람과 도에 대한 믿음이 부족한 사람입니다. 자신의 능력을 확신하고, 그 덕을 넓게 펼치는 과정에서 그 사람의 존재감은 더욱 커집니다. 나아가 자신의 역할을 충실히 하고, 그것을 바탕으로 확장해나간다면 진실로 인재라고 할 수 있을 것입니다. 자신의 신념道을 굳게 믿고信 묵묵히 앞으로 나아가는 사람의 존재감은 상당합니다. 아무리 큰 위험이 닥쳐도 흔들리지 않는 정신 근력은 조직의 생존에 큰 역할을 합니다. 덕의 확장과 도에 대한 믿음, 이 두 가지가 없다면 그저 있으나마나 한 존재라는 것입니다.

執德信道(집덕신도) ◦ 덕을 지켜나가고 도에 대한 믿음을 갖고 있는 사람

소도와 대도

자하왈 수소도 필유가관자언 치원공니 시이군자불위야
子夏曰 雖小道 必有可觀者焉 致遠恐泥 是以君子不爲也

자하가 말했다. "비록 작은 도道라도 반드시 볼 만한 것이 있으나 원대한 도에 이르는 데 장애가 될까 두려운 것이니, 이 때문에 군자는 작은 도에 연연하지 않는 것이다."

도道는 소도小道와 대도大道가 있습니다. 소도는 작은 꿈의 실천입니다. 안정된 지위에 오르고, 자신이 처한 곳에서 자신의 꿈을 조용히 실천하는 것입니다. 비록 작은 도의 실천이기는 하나 의미가 있는 삶입니다. 그러나 자신이 있는 곳에 안주하는 폐해도 있습니다. 좀 더 높은 곳으로 확장하여 나아가는 데 장애가 되기도 합니다. 동네나 직장에서 도를 펼치며 사람들의 신뢰를 얻고 있는 사람이 소도小道에 갇히면, 더 큰 대도大道의 세계로 나아가는 데 장애泥가 될 수 있습니다.

자장은 소도의 실천이 비록 볼 만하지만可觀 더 먼 곳으로의 확장致遠에는 장애가 될 수 있다고 강조하고 있습니다. 그래서 군자는 원대한 도의 실천을 꿈꿔야 한다는 것입니다. 세상을 살다 보면 지금 내 현실에 만족하고 사는 것이 행복하기는 하지만 더 이상 꿈을 꾸지 않는 삶은 허전하기도 합니다. 더 큰 꿈을 꾸는 것이 반드시 옳은 것은 아니지만, 머물러 정체되어 있는 나에 대하여 한 번은 의문을 제기하는 것도 중요합니다.

소도가관
小道可觀 ∘ 작은 도의 실천은 볼 만은 하지만,
더 큰 도의 세계로 나아가는 데 장애가 될 수 있다.

니(泥): 막히다

소덕과 대덕

자하왈 대덕불유한 소덕 출입가야
子夏曰 大德不踰閑 小德 出入可也

자하가 말했다. "큰 덕이 한계를 넘지 않는 한, 소덕은 경계를 넘나들어도 괜찮다."

덕德은 소덕과 대덕이 있습니다. 대덕은 세상에 큰 덕을 베풀고, 큰 원칙에서 벗어나지 않는 것입니다. 인재로서 세상에 자신의 능력을 베풀고, 인간으로서 마땅히 행해야 할 큰 원칙에서 벗어나지 않는 것이 대덕입니다. 소덕은 작은 덕을 베풀고, 작은 원칙에서 벗어나지 않는 것입니다. 남에게 내가 가진 것을 나누어 주거나, 상대방을 존중하고 배려하며 예의를 지키는 것은 소덕입니다.

자하는 대덕을 지킨다는 것을 전제로, 작은 덕은 때로 못 지킬 수도 있다는 것을 인정합니다. 인간이 어떻게 모든 세세한 일에 신경을 쓰고 마음을 둘 수 있겠습니까? 공자도 한 인간에게 모든 것이 갖추어져 있기를 바라서는 안 된다고 강조한 바 있습니다. 인간이기에 친구의 생일을 잊을 때도 있고, 부모님 기일을 미처 생각지 못할 때도 있는 것입니다. 그런 작은 덕을 실천하지 못했다고 해서 그 사람을 비난할 수는 없습니다. 큰 덕을 지키고 실천한다면 작은 덕의 실수는 봐줄 수 있는 것입니다. 상대방의 작은 실수에 너무 연연하지 말아야 할 것 같습니다. 큰 차원에서 잘못이 없다면 작은 것은 얼마든지 여유를 갖고 지켜봐줄 수 있어야 합니다.

소덕출입가
小德出入可 ◦ 작은 덕의 실천이 모자라도 큰 덕을 넘지 않는 한 여유를 갖고 지켜봐 줘야 한다.

| 8장 |

정치

政治

《논어》는 정치학 교과서입니다. 정치인의 자세, 철학, 자기수양, 국가경영의 목표, 백성을 대하는 태도, 정치의 방법 등에 대하여 《논어》는 다양한 의견을 내놓고 있습니다. 춘추시대 말기에는 정치의 방법이 예치禮治에서 법치法治로 옮겨 가고 있던 시대였습니다. "법불아귀法不阿貴", 법은 귀한 자에게 아부하지 않는다는 법치의 정치철학은 만인은 법 앞에 평등하다는 뜻을 가지고 있으나, 실제는 귀족의 권한을 법을 통해 제한하여야 한다는 군주 중심의 정치철학입니다. 그동안 귀족 중심의 정치철학이 예치禮治였다면, 법치는 국가 최고 권력자에게 힘을 몰아주는 새로운 시대의 정치 방법이었습니다. 공자는 법에 의한 통치를 비판합니다. 통제는 원활하게 될지언정 인간의 자존감은 떨어진다는 것입니다. 인간의 자발적 자각과 실천의 결여는 결국 국가의 위기를 가져올 것이란 주장입니다. 공자는 정치에 참여하고자 했습니다. 세상을 바꿀 수 있는 가장 빠른 방법은 정치라는 것입니다. 공자는 자신에게 정치를 맡기면 일 년이면 작은 성과가 나오고, 삼 년이면 큰 성과를 낼 수 있다고 자신했습니다. 공자가 제자들과 함께 천하를 주유한 것도 정치에 참여할 기회를 얻고자 함이었습니다. 그러나 공자에게는 정치에 참여할 기회가 주어지지 않았습니다. 기존 권력을 비판하고, 백성을 위한 정치를 해야 한다고 주장하는 공자를 쉽게 등용할 귀족이 없었기 때문입니다. 그러나 공자의 제자들은 당시 귀족들에게 등용되어 정치에 참여할 기회를 얻었습니다. 염유와 자로는 노나라 계씨의 가신으로 특채되어 정치에 참여했고, 자공은 여러 나라에서 초빙 1순위 정치인으로 활약하며 부와 명예를 동시에 얻었습니다. 공자는 당시 군주들에게 정치 자문의 기회를 얻기는 했지만 직접 정치 지도자로 나라를 이끄는 기회를 얻지 못했습니다. 말년에는 고향으로 돌아와 자신의 정치철학을 정리하고 후학을 양성하는 데 전념했습니다.

공자의 정치철학은 정명正名과 덕치德治입니다. 이름값에 부합되는 정치를 해야 하며, 지도자의 바른 덕성에 기초한 정치를 해야 한다는 것입니다. 정치의 목표는 안인입니다. 세상 사람들을 편안하게 해주는 것이 정치인이 가장 중요하게 생각해야 할 목표라는 것입니다. 백성의 신뢰를 얻고, 그들을 경제적으로 풍요롭게 하고, 국방력을 길러 백성을 보호하는 것 역시 공자가 추구했던 정치의 목표였습니다. 자율의 무위정치는 공자의 정치 방법입니다. 백성의 삶을 자유롭게 결정할 수 있도록 권력이 보장해주어야 한다는 것입니다. 정치인은 바른 자세와 덕성으로 백성을 위해 봉사할 때 비로소 존경받는 정치인이 될 수 있다고 강조합니다. 공자와 그에게 가르침을 청하러 모여든 각계각층의 제자들은 정치를 통해 난세를 극복하려고 했고, 정치인이 되어 세상을 바꾸려는 꿈을 가지고 있었습니다. 비록 당시에 이들의 정치철학이 적극적으로 현실에 반영되지 못했더라도 후세에 이들의 정치철학과 목표가 역사 속에서 중요한 정치의 기본 정신으로 구동되었습니다. 이번 장에서는 《논어》에 나오는 정치에 관련된 구절 중에서 철학, 목표, 방법, 정치인의 항목으로 나누어 설명해보도록 하겠습니다.

정치의 정의

계 강 자 문 정 어 공 자
季康子問政於孔子

계강자가 공자에게 정치에 대하여 물었다.

공 자 대 왈 정 자 정 야 자 솔 이 정 숙 감 부 정
孔子對曰 政者 正也 子帥以正 孰敢不正

공자가 대답하여 말했다. "정치는 바르게 하는 것입니다. 당신이 바름으로 솔선수범한다면 누가 감히 바르지 않겠습니까?"

노나라의 유력한 정치인 계강자가 공자에게 정치를 물었습니다. 계강자의 질문이 직설적이었기에 공자의 대답도 간단했습니다. "정치는 바르게正 하는 것." 정말 정치에 대하여 멋진 대답을 했습니다.

정치는 타인을 통치하는 행위가 아니라 나부터 먼저 바르게 수양하고 경영해야 한다는 자기성찰 이론입니다. 자신도 제대로 바르게 통솔하지 못하면서 어떻게 타인을 인도하여 바르게 만들 수 있느냐는 공자의 정치철학입니다. 자신을 먼저 바르게 경영하고, 가족을 제대로 이끌고, 지역사회의 신뢰를 얻어야 비로소 정치에 참여하여 타인을 바르게 할 수 있는 자격이 주어진다는 것입니다. 자신도 제대로 바르게 통솔하지 못하는데 누가 그 정치인의 지시와 통솔을 따르겠냐는 역설입니다. 리더는 자기를 바르게 경영하는 사람입니다. 리더십의 시작은 자기경영에서 출발합니다.

정 자 정 야
政者正也 ◦ 정치는 나부터 바르게 경영하는 것이다.

솔(帥): 거느리다

흘러가는 강물에서 정치를 보다

자 재 천 상 왈 서 자 여 사 부 불 사 주 야
子在川上曰 逝者如斯夫 不舍晝夜

공자가 강가에서 말했다. "흘러가는 것이 이와 같구나! 밤낮을 쉬지 않는구나!"

가는 것이 있으면 오는 것이 있고, 오면 결국 떠나는 것이 세상의 이치입니다. 영원히 쉬지 않고 운행하는 것이 우주의 본질이라면 공자는 왜 이런 이야기를 강가川上에서 했을까요? 강물이 흘러가는 것을 보면 결국 쉬지 않는 변화의 물결을 볼 수 있습니다. 도도히 흘러가는逝 강물, 밤낮晝夜을 쉬지舍 않고 흐르는 강물 속에서 변화의 영원함을 본 것입니다.

송宋나라 때 정자程子는 이 구절에서 군자 자강불식自强不息의 태도와 순수함의 지속성을 보았습니다. 저는 이 구절을 읽으면 정치의 본질을 생각합니다. 지금은 힘들고 어려운 현실이라도 결국 역사의 도도한 물결처럼 세상은 더욱 발전할 것이란 공자의 정치적 신념이 느껴집니다. 지금은 자신의 정치적 이상을 이 세상에 펼칠 수 없지만 언젠가는 반드시 후학들이 자신의 꿈을 이어줄 것이라는 연속성을 강물을 통해 공자는 느꼈을 것입니다.

불 사 주 야
不舍晝夜 ◦ 밤낮을 쉬지 않고 흘러가는 역사의 물결을 보라!

서(逝): 가다 | 사(舍): 머물다

요순시대 정치철학

요 왈 자 이 순 천 지 력 수 재 이 궁 윤 집 기 중 사 해 곤 궁 천 록 영 종
堯曰 咨爾舜 天之曆數 在爾躬 允執其中 四海困窮 天祿永終

요임금이 말했다. "아! 너 순舜이여! 하늘의 운세가 이제 너의 몸에 이르렀도다! 진실로 중심을 잃지 말고 정치에 임하라! 온 세상이 힘들고 어렵게 되면 하늘의 부르심이 영원히 끝나리라!"

순 역 이 명 우
舜亦以命禹

순임금은 같은 당부를 우임금에게 했다.

요순시대는 성공한 정치 때문에 태평성대라고 알려져 있습니다. 태평성대의 기준을 어디에다 놓고 보느냐에 따라 다르지만, 모든 사람들이 각자 자신의 색깔과 존재방식을 인정받는 시대가 태평성대입니다.

백성이 비교와 경쟁이 아닌 독립과 자존으로 살아갈 수 있는 세상이 태평성대라면 요순시대는 확실히 태평성대입니다. 국가는 최소한의 간섭을 통하여 백성의 자유를 보장했고, 무위無爲의 정치를 통하여 사람들은 자유롭게 자신에게 주어진 삶을 자존감 높게 누릴 수 있었습니다. 요순시대의 정치 지도자들이 갖고 있던 정치철학은 중용의 정치와 책임의 정치였습니다. 어느 곳에 치우치지 않는 중용의 리더십을 발휘하고, 세상의 어려움이 곧 나의 책임이라는 책임의식을 가진 것입니다.

윤 집 기 중
允執其中 ◦ 진실로 그 중용의 균형을 잡아 정치를 행하라!

자(咨): 아! 탄식하다 | 이(爾): 너 | 윤(允): 진실로 | 집(執): 잡다

은나라 정치철학

왈 여 소 자 리 감 용 현 모 감 소 고 우 황 황 후 제 유 죄 불 감 사 제 신 불 폐 간 재 제 심
曰予小子履 敢用玄牡 敢昭告于皇皇后帝 有罪不敢赦 帝臣不蔽 簡在帝心
짐 궁 유 죄 무 이 만 방 만 방 유 죄 죄 재 짐 궁
朕躬有罪 無以萬方 萬方有罪 罪在朕躬

탕湯 왕이 말했다. "나 못난 리履는 검은 소를 제물로 바치며 감히 거룩하신 하늘님께 고합니다. 이 세상에 죄를 지은 자를 용서하지 않을 것이며, 하늘님이 정하신 신하를 버리지 않겠습니다. 인재를 간택하여 등용함은 모두 하늘님의 뜻에 따르겠습니다. 제 몸에 죄가 있으면 이것은 백성의 잘못이 아니며, 백성이 죄를 지으면 이 죄는 모두 저의 잘못입니다."

《상서商書》〈탕고湯誥〉에 나오는 글입니다. 은나라 건국자이자 혁명가였던 탕湯 왕이 하나라 폭군 걸桀 왕을 정벌하고 함께했던 제후들에게 했던 말입니다. 현모玄牡는 검은 소입니다. 검은 소를 하늘에 제물로 올리면서 새로운 은나라의 혁명 철학을 이야기하고 있습니다.

첫째, 죄를 지은 자는 용서하지 않겠다. 둘째, 그러나 나에게 협조하는 신하는 모두 포용하겠다. 셋째, 혁명으로 인한 모든 죄는 나에게 있다. 탕 왕은 이 세 가지를 공표함으로써 자신의 혁명철학을 공유했습니다.

짐 궁 유 죄
朕躬有罪 ◦ 세상의 모든 죄는 내가 다 안겠다.

리(履): 탕 왕의 이름 | 궁(躬): 몸 | 모(牡): 수컷 소 | 사(赦): 사면하다 | 폐(蔽): 가리다 |
짐(朕): 천자가 스스로 칭하는 호칭

주나라 정치철학

주 유 대 뢰 선 인 시 부 수 유 주 친 불 여 인 인 백 성 유 과 재 여 일 인
周有大賚 善人是富 雖有周親 不如仁人 百姓有過 在予一人

주周나라에 큰 상이 내려졌으니 선한 사람들이 모두 부자가 되었다. "비록 (폭군 주왕에게) 지극히 친한 사람이 있었어도 (주나라에) 어진 사람만 못하니, 백성에게 죄가 있으면 모두 나 한 사람의 책임이다."

근 권 량 심 법 도 수 폐 관 사 방 지 정 행 언
謹權量 審法度 修廢官 四方之政 行焉

도량형을 정비하고, 법과 제도를 살피고, 없어진 관직을 부활시키니 사방 세상의 정치가 제대로 행해지게 되었다.

흥 멸 국 계 절 세 거 일 민 천 하 지 민 귀 심 언
興滅國 繼絶世 擧逸民 天下之民 歸心焉

멸망한 나라를 다시 부흥시키고, 끊어진 세대를 이어주고, 숨어 사는 백성을 등용하시니 천하의 백성의 마음이 모두 돌아왔다.

소 중 민 식 상 제 관 즉 득 중 신 즉 민 임 언 민 즉 유 공 공 즉 열
所重民食喪祭 寬則得衆 信則民任焉 敏則有功 公則說

백성의 먹는 것과 상례와 제례를 소중하게 생각했다. 너그러우면 백성의 마음을 얻을 것이고, 신뢰가 있으면 백성의 신임을 얻을 것이고, 빠른 일처리는 성과를 낼 것이고, 공정하면 백성이 기뻐할 것이다.

주周나라는 은나라 폭군 주紂왕을 폐위하고 새롭게 건국한 혁명 국가였습니다. 혁명군 대장 무왕은 새로운 나라를 건국하면서 새로운 정치 비전을 제시했습니다. 첫째, 혁명에 동조하고 공을 세운 자는 모두 포상했습니다. 둘째, 도량형을 정비하고謹權量 법과 제도를 살피고審法度 없어진 관직을 부활하여修廢官 정치 시스템을 정비했습니다. 셋째, 망한 나라를 다시 부흥시키고興滅國 끊어진 가계를 이어주고繼絶世, 숨은 인재를 등용擧逸民하여 백성의 마음을 얻었습니다. 넷째, 경제를 살리고 문화를 부흥했습니다. 이런 혁신으로 백성의 마음을 얻고, 신뢰를 얻고, 성과를 내어 백성의 지지를 받았습니다.

공 즉 열
公則說 ◦ 정치가 공적으로 행해지면 백성의 호응을 얻을 것이다.

뢰(賚): 하사하다

이름값 하는 정치

제 경 공 문 정 어 공 자
齊景公問政於孔子

제나라 경공이 공자에게 정치에 대하여 물었다.

공 자 대 왈 군 군 신 신 부 부 자 자
孔子對曰 君君臣臣父父子子

공자가 대답하여 말했다. "임금은 임금답게 하고, 신하는 신하답게 하고, 부모는 부모답게 하고, 자식은 자식답게 하는 것이 정치입니다."

공 왈 선 재 신 여 군 불 군 신 불 신 부 불 부 자 부 자 수 유 속 오 득 이 식 저
公曰善哉 信如君不君 臣不臣 父不父 子不子 雖有粟 吾得而食諸

제경공이 말했다. "좋습니다. 진실로 임금이 임금 노릇 못하고, 신하가 신하 노릇 못하고, 부모가 부모 노릇 못하고, 자식이 자식 노릇 못하면 비록 먹을 곡식이 있더라도 내가 그것을 먹을 자격이 있겠습니까?"

제나라 경공이 공자에게 정치를 자문했을 때, 공자는 '이름값답게'라는 정치철학으로 답했습니다. 일명 정명正名의 정치철학입니다. 임금답게君君, 신하답게臣臣, 부모답게父父, 자식답게子子 세상이 돌아간다면 최고의 정치라는 것입니다. 경공이 감탄을 합니다. 임금이 이름값 못하고, 신하가 이름값 못하고, 부모가 이름값 못하고, 자식이 이름값 못하는 세상은 아무리 경제가 풍족해도 혼란한 세상이라는 것입니다. 경제적 풍요만이 정치의 목표는 아닌 듯합니다.

군 군 신 신 부 부 자 자
君君臣臣父父子子 ◦ 임금답게, 신하답게, 부모답게,
자식답게 이름값하며 살아가는 세상

신(信): 진실로 | 저(諸): 어조사, -까?

정명의 정치

자로왈위군 대자이위정 자장해선
子路曰衛君 待子而爲政 子將奚先

자로가 말하기를 "위나라 임금이 선생님을 기다렸다가 정치를 맡기시면 선생님은 무엇부터 먼저 하시렵니까?"

자왈 필야정명호
子曰 必也正名乎

공자가 말했다. "반드시 그런 기회가 주어진다면 이름부터 바로잡을 것이다."

자로왈 유시재 자지우야 해기정
子路曰 有是哉 子之迂也 奚其正

자로가 말하기를 "겨우 이것뿐입니까? 선생님의 생각은 현실과 거리가 있습니다. 어찌 이름을 바로잡는다는 것을 가장 먼저 하신다 하십니까?"

자왈 야재 유야 군자어기소부지 개궐여야
子曰 野哉 由也 君子於其所不知 蓋闕如也

명부정즉언불순 언불순즉사불성 사불성즉예악불흥 예악불흥즉형벌부중
名不正則言不順 言不順則事不成 事不成則禮樂不興 禮樂不興則刑罰不中

형벌부중즉민무소조수족 고군자명지 필가언야 언지필가행야 군자어기언
刑罰不中則民無所措手足 故君子名之 必可言也 言之必可行也 君子於其言

무소구이이의
無所苟而已矣

공자가 말했다. "경솔하구나! 자로야! 군자는 자신이 알지 못하는 것을 들으면 그저 아무 말 않고 가만히 있어야 한다. 이름이 제대로 바르지 않으면 그 사람의 말을 누구도 따르지 않을 것이고, 그 말을 따르지 않으면 일이 제대로 이루어지지 않을 것이다. 일이 제대로 되지 않으면 예악이 제대로 작동되지 않을 것이고, 예악이 제대로 작동되지 않으면 국가의 형벌이 균형을 잃게 될 것이다. 형벌이 균형을 잃으면 백성은 손발을 어디에 두어야 할지 모르게 될 것이다. 그러므로 군자는 이름값을 제대로 해야 반드시 말할 명분이 생기는 것이며, 말하면 반드시 실천될 수 있는 것이니, 군자는 그의 말에 구차함이 없어야 한다."

공자는 정치 지향적 지식인이었습니다. 자신의 도道를 실천하기 위해선 반드시 정치를 통해 가능하다고 생각했습니다. 그래서 숨어 사는 은자隱者의 삶보다는 정치에 적극적으로 참여하는 현자顯者의 길을 선택한 것입니다.

자로는 위나라 출신의 제자로 공자를 위나라 왕에게 소개하여 정치에 참여할 기회를 주고자 했습니다. 위나라로 가는 길에 자로가 공자에게 위나라 왕을 만나면 무엇부터 정치를 한다고 대답할지를 물었습니다. 공자는 정명正名의 정치

철학을 이야기합니다. 이름값 하는 정치를 해야 한다는 것입니다. 군주는 군주의 이름값을 신하는 신하의 이름값을 할 때 세상은 비로소 정상으로 돌아간다고 생각한 것입니다.

정치의 핵심은 명칭에서 나옵니다. 내가 맡고 있는 직책의 이름이 무엇인지를 정확히 분석해보면 내가 해야 할 일과 해선 안 될 일이 명확하게 나옵니다. 정명正名, 이름값 제대로 하자는 공자의 정치 철학입니다.

正名(정명) ◦ 명실이 부합하는 정치를 실현해야 한다.

우(迂): 현실과 거리가 있다 | 야(野): 경솔하다 | 궐(闕): 비어 있다 | 조(措): 두다 | 구(苟): 구차하다

덕의 정치

자왈 위정이덕 비여북신 거기소 이중성 공지
子曰 爲政以德 譬如北辰 居其所 而衆星 共之

공자가 말했다. "정치는 지도자의 덕으로 해야 한다. 비유하자면 북극성이 자기 자리에 있으면 여러 별들이 북극성을 중심으로 함께 모이는 것과 같다."

정치가를 위정자爲政者라고 부르는 것은 이 구절에서 유래합니다. 정치政를 한다爲는 뜻입니다. 정치하는 사람의 조건은 학력도, 경력도, 가문도 아닌 덕德이 있어야 합니다. 정치를 할 때爲政 덕德이 있어야 사람들이 그 지도자를 중심으로 함께共한다는 것입니다. 그것은 마치 밤하늘의 북극성北辰을 중심으로 여러 별衆星들이 도는 것과 같습니다. 밤하늘을 올려다보면 하늘의 북극성은 움직이지 않고 여러 별들이 북극성을 중심으로 도는 것같이 보입니다. 인간세상도 덕을 가진 지도자를 중심으로 사람들이 모두 따르는 모습으로 비유譬한 것입니다.

법이나 형벌로 정치를 하면 사람을 두렵게 하지만 진심으로 복종하는 것은 아니라고 합니다. 덕을 베풀고 사랑으로 다가가면 사람들은 진심으로 마음의 문을 열 것입니다. 권위와 술수, 형벌 같은 것은 잠깐 사람의 마음을 얻을 수는 있지만 오래가지는 못합니다. 정치는 기술術이 아니라 진심德입니다. 술수는 당장 효과는 좋지만 오래가지 못합니다. 진심德은 긴 시간을 놓고 보면 사람의 마음을 얻는 가장 강력한 힘입니다.

위정이덕
爲政以德 ◦ 정치인은 덕의 정치를 해야 한다.

비(譬): 비유하다 | 신(辰): 별 | 공(共): 함께하다

이적의 정치

자 왈 이 적 지 유 군 불 여 제 하 지 무 야
子曰 夷狄之有君 不如諸夏之亡也

공자가 말했다. "비문명권 사람들에게 임금이 있는 것이 문명권 사람들에게 임금이 없는 것보다 낫다."

이적夷狄은 중화주의에서 나온 비문명권을 의미합니다. 이른바 오랑캐라고 하는 야만의 개념인데 지극히 편협한 이론입니다. 자신들은 문명인이고 그 밖에 있는 모든 사람들은 비문명이며 야만이라는 것입니다. 중화주의의 야만 개념은 지리적, 민족적, 역사적 경계를 기반으로 합니다. 지리적으로는 황하를 중심으로 한 중화 지역 이외의 모든 지역은 야만입니다. 민족적으로는 화하華夏 한족 이외의 모든 민족을 말합니다. 역사적으로는 중국 왕조에 편입되지 않은 민족과 지역입니다. 그러나 역사적으로 보면 오랑캐라고 지목했던 이적들이 중국의 본류가 된 적이 많습니다. 동이족 순임금의 우虞 나라, 서북부 산악 지역 출신의 진秦나라, 몽고의 원元 왕조, 만주의 청淸 왕조 등 많은 왕조의 기원이 이적입니다.

공자는 비록 문명이 없는 곳에 사는 사람들이라도 그들의 지도자인 임금君이 있어 안정된 사회를 이루고 있다면, 일명 문명인이라고 하는 화하華夏 민족이 임금도 없이亡 혼란에 빠진 것보다 낫다고 지적한 것입니다. 산이 높아 명산이 아니고 신선이 살아야 명산이듯이, 문명이 발달한 곳이 문명권이 아니라 문명인이 살면 그곳이 문명사회입니다. 야만과 문명의 경계는 지리와 민족과 역사가 아니라 지금 얼마나 야만을 극복하고 문명에 가까이 다가가 있느냐입니다. 문명은 관용과 다양성, 상식과 보편성을 기반으로 합니다. 경제적 풍요와 기술적 발전을 곧 문명이라고 하지는 않습니다.

이 적
夷狄 ◦ 문명의 밖에 또 다른 문명이 있다면 그들이 문명인이다.

이적(夷狄): 비문명 지역 | 불여(不如): ~보다 못하다 | 하(夏): 중국 문명 | 무(亡): 없다無

어느 줄에 설 것인가?

자왈 주감어이대 욱욱호문재 오종주
子曰 周監於二代 郁郁乎文哉 吾從周

공자가 말했다. "주周나라는 하夏나라와 은殷나라 두 시대를 본받았으니 빛나고 빛나도다! 문명이여! 나는 주나라를 따르겠다!"

정치는 줄이라고 말합니다. 줄을 잘 서야 정치에 참여할 기회를 얻고 권력의 한 자락을 얻을 수 있습니다. 위대한 바보 공자는 줄을 잘못 섰습니다. 아니, 알면서 끈 떨어진 줄에 섰습니다. 주周나라는 이미 해체되어 가고 있었고, 신흥 귀족들이 사회의 주도권을 잡고 있던 시대에 공자는 오로지 주나라를 따르겠다吾從周는 다짐입니다. 이유는 주나라가 하夏나라와 은殷나라를 계승한 정통성 있는 나라이며, 그 문명文이 빛나기郁 때문이라는 것입니다. 비록 새로운 귀족 세력이 정권을 잡고 권력을 휘두르고 있어도 절대로 따르지 않겠다는 공자의 다짐입니다.

이쯤 되면 공자는 자신의 신념을 꺾지 않았던 투사의 모습과 겹쳐집니다. 남들이 서지 않는 줄에 섰지만 공자는 행복했습니다. 비록 당대에는 그가 선 줄이 끈 떨어진 줄이었지만, 그 후 역사 속에서 공자는 가장 줄 잘 선 정치인으로 존경받았습니다. 정치인은 눈앞의 이익에 흔들리지 않는 강단이 있어야 합니다.

오종주
吾從周 ◦ 나는 끈 떨어진 주나라 줄에 서겠다.

감(監): 보다, 본받다 | 이대(二代): 하夏나라와 은殷나라 | 욱(郁): 빛이 나는 모양 | 문(文): 문명, 화려한 문채

제자를 탄핵한 공자

계씨부어주공 이구야 위지취렴이부익지
季氏富於周公 而求也 爲之聚斂而附益之

귀족 계씨가 주공보다 부유했는데, 염구가 그를 위해 세금을 걷어 더욱 부유하게 해준 것이었다.

자왈 비오도야 소자 명고이공지 가야
子曰 非吾徒也 小子 鳴鼓而攻之 可也

공자가 말했다. "염구는 내 제자가 아니다. 제자들아! 북을 울리고 그를 탄핵함이 마땅하다."

공자의 제자들은 공자에게 배우고 나서 귀족들에게 등용되었습니다. 관료로서, 정치인으로서 활동했던 제자 중에 염구는 성공한 관료였습니다. 계씨의 가신이 되었던 염구는 계씨를 위해서 최대한 세금을 거두었습니다. 그 덕분에 계씨는 더 많은 부를 소유할 수 있었습니다. 공자는 그 이야기를 듣고 염구를 소환했습니다. 그리고 제자들 앞에서 염구를 탄핵했습니다. 북을 치고, 제자들이 둘러싼 가운데 귀족의 수족이 되어 백성의 고혈을 쥐어짠 염구를 질타했습니다. 백성을 위한 정치를 하라고 가르쳤던 공자에게 염구는 너무나 실망스런 제자였던 것입니다. 관료로서 자신이 모시는 귀족을 위하여 세금을 많이 거두어들이는 신하를 취렴지신聚斂之臣이라고 합니다.

비오도야
非吾徒也 ◦ 귀족을 위하여 백성의 고혈을 짜내는 사람은 우리 무리가 아니다!

취(聚): 모으다 | 렴(斂): 거두다

사형제도

계 강 자 문 정 어 공 자 왈 여 살 무 도 이 취 유 도 하 여
季康子問政於孔子曰 如殺無道 以就有道 何如

계강자가 공자에게 정치에 대하여 물어 말하기를 "만약 무도한 놈을 사형시켜 백성을 도리를 아는 곳으로 나아가게 하는 것이 어떻겠습니까?"

공 자 대 왈 자 위 정 언 용 살 자 욕 선 이 민 선 의 군 자 지 덕 풍 소 인 지 덕 초
孔子對曰子爲政焉用殺 子欲善而民善矣 君子之德風 小人之德草
초 상 지 풍 필 언
草上之風必偃

공자가 대답하여 말했다. "정치를 하는 데 어찌 사형제도를 사용하십니까? 그대가 선을 추구하면 백성은 저절로 선을 추구하는 사람들이 될 것입니다. 군자의 덕은 바람이고, 소인의 덕은 풀과 같습니다. 풀 위에 바람이 불면 바람결 따라 풀은 눕게 되는 것입니다."

정치는 지도자의 인격과 품성이 중요합니다. 지도자가 바르면 나라가 바르게 되고, 지도자가 사적 이익을 추구하면 나라는 혼란에 빠집니다. 그래서 지도자를 바람風에 비유하고, 백성을 풀草에 비유합니다. 풀은 바람이 부는 방향대로 흔들리니, 그만큼 백성의 삶에 정치 지도자들의 영향이 크다는 것입니다. 훌륭한 정치인이 있는 나라는 훌륭한 풍토風土가 만들어지고, 백성의 삶은 더욱 윤택해집니다.

계강자가 공자에게 무도한 백성에 대한 사형집행을 의논했을 때, 공자는 사형제도로는 백성을 교화시킬 수 없다고 말합니다. 오히려 정치 지도자들이 선한 마음으로 정치를 하면 백성은 그들을 신뢰하고 선한 삶을 살 수 있다는 것입니다. 공자는 사형제도를 부정하면서 교화의 방법으로 정치 지도자부터 선하게 바뀌어야 한다고 강조했습니다.

초 상 지 풍 필 언
草上之風必偃 ◦ 풀 위에 바람이 불면 풀은 바람 부는 방향으로 눕는다.

언(偃): 눕다

오십보백보 정치

자왈 노위지정형제야
子曰 魯衛之政兄弟也

공자가 말했다. "노나라와 위나라의 잘못된 정치는 형제 간이구나!"

공자는 당시 여러 나라의 정치를 비교하면서 모두 문제가 있다고 비판했습니다. 누가 누구보다 더 잘한다고 말할 수 없는 참혹한 정치현실이라는 것입니다. 노나라와 위나라의 정치를 비교하면서 형제지간이라고 비평한 것은 그들의 잘못된 정치가 크게 다르지 않다는 것입니다. 백성의 농토는 황폐하고, 창고는 비어 있어 모두가 굶주리고 도탄에 빠져 있는데, 귀족 정치인들은 화려한 옷을 입고, 날카로운 칼을 차고, 주지육림酒池肉林에 빠져 백성의 삶을 도외시하고 있는 현실은 노나라나 위나라나 크게 다르지 않으니, 정치를 못하고 있는 점에서는 형제지간이라는 것입니다.

양혜왕이 자신은 백성을 위해 최대한 정치를 잘하고 있는데 왜 백성이 자신에게 모여들지 않고 있는지 맹자에게 물었을 때 맹자는 오십보백보의 이야기로 대답했습니다. 전쟁에서 오십 보 도망가나 백 보 도망가나 결국 도망간 것은 똑같다는 것입니다. 현대사회에서 정치의 주체들이 서로 상대방보다는 잘하고 있다고 하나 공자와 맹자의 관점으로 보면 형제지간이고, 오십보백보일 것입니다.

형제
兄弟 ◦ 잘못하고 있는 정치의 관점에서 보면 양쪽 모두 형제지간이다.

국정과 사정

자료 14

염자 퇴조 자왈 하안야 대왈 유정 자왈 기사야 여유정 수불오이
冉子 退朝 子曰 何晏也 對曰 有政 子曰 其事也 如有政 雖不吾以
오기여문지
吾其與聞之

염유가 조정에서 퇴근했다. 공자가 말하기를 "어찌 이리 늦었느냐?" 염유가 대답하기를 "국정 논의가 있었습니다." 공자가 말했다. "국정이 아니라 계씨의 개인적인 일이었을 것이다. 만약에 국정이 있었다면 비록 내가 지금 현직 대부는 아니지만 전직 대부로서 참여하여 국정 논의를 들었을 것이다."

정치가 혼란해지면 국정國政은 없어지고, 사정私政이 난무합니다. 국정이 국가 운영을 위한 정책을 토의하고 결정하는 것이라면 사정은 정치인들의 개인 또는 집단의 이익을 토의하고 결정하는 것입니다. 공자의 제자 염유가 조정에서 퇴근하고 늦게 돌아오면서 국정을 토의하고 왔다고 하자 공자는 귀족 정치인의 이익을 토론한 것이 어찌 국정이냐고 꾸짖습니다.

밀실에서 정치인들이 모여 자신들의 이익을 고민하고 토론하는 것은 사적인 정치입니다. 권력을 연장하고, 권력자들의 이익을 추구하기 위하여 공적인 정치가 아닌 사적인 정치를 하는 것입니다. 현대사회 정치의 가장 큰 문제 중에 하나가 바로 사적인 정치를 하는 것입니다. 국가와 국민을 위한 소명의식 없이 오로지 개인과 집단의 권력욕을 채우는 정치라면 사적 정치라는 비난을 면치 못할 것입니다.

사
事 ∘사적 정치는 그들의 권력욕을 위한 일(事)일 뿐이지 국정(國政)이 아니다.

안(晏): 늦다

충신독경의 정치인

자 장 문 행
子張問行

자장이 자신의 생각이 실행될 수 있는 방법에 대하여 물었다.

자 왈 언 충 신 행 독 경 수 만 맥 지 방 행 의 언 불 충 신 행 부 독 경 수 주 리 행 호 재
子曰 言忠信 行篤敬 雖蠻貊之邦 行矣 言不忠信 行不篤敬 雖州里 行乎哉
입 즉 견 기 참 어 전 야 재 여 즉 견 기 의 어 형 야 부 연 후 행 자 장 서 저 신
立則見其參於前也 在輿則見其倚於衡也 夫然後行 子張書諸紳

공자가 말했다. "말을 진심과 믿음으로 하라! 행동을 독실과 공경으로 하라! 그러면 비록 저 야만의 땅이라도 너의 생각이 실행될 수 있을 것이다. 말에 진심과 믿음이 없고, 행동에 독실과 공경이 없다면 비록 네가 사는 문명의 마을에서라도 네 생각이 실행될 수 있겠는가? 네가 서 있을 때 앞에서 충신忠信과 독경篤敬이 느껴져야 하고, 수레에 타고 있을 때는 충신과 독경이 수레의 가로 목에 기대고 있는 네 모습에서 느껴져야 한다. 그런 후에 진실로 너의 생각이 실행될 수 있다." 자장이 이 말을 자신의 허리띠에 써 넣었다.

행行은 자신의 생각이 실행되는 것입니다. 정치인은 자신의 철학과 비전을 정치에 반영시키고 실행하는 사람입니다. 그 기반에는 국가와 국민을 위한 소명의식이 있어야 합니다.

자장이 공자에게 자신의 철학과 생각이 정치에 반영되기 위한 방법을 물었습니다. 공자는 정치인 자신부터 먼저 성찰해야 한다고 대답합니다. 남을 설득하기 전에 자신을 먼저 성찰해야 한다는 것입니다. 성찰은 두 가지입니다. 말과 행동의 성찰입니다. 진심과 믿음이 느껴지는 말, 성실과 공경을 다하는 행동이 정치인으로서 늘 고민해야 할 성찰입니다. 말에서 거짓과 불신이 느껴지고, 행동에서 불성실과 교만이 느껴진다면 아무리 훌륭한 주장이라도 실행될 수 없을 것입니다. 정치인의 성찰이 우선되어야 그의 말이 세상에 구현될 수 있을 것입니다. 자장은 공자의 이 말을 듣고 평생 잊지 않기 위해 여섯 글자를 허리띠에 새겨 넣었습니다.

언 충 신 행 독 경
言忠信 行篤敬 ◦ 진심과 신뢰 있는 말, 성실과 공경하는 행동이 정치인의 생명

만(蠻): 미개 민족 | 맥(貊): 북방 민족 | 참(參): 참여하다 | 형(衡): 수레의 가로목 | 신(紳): 띠

지혜, 사랑, 바름, 원칙의 정치

자왈 지급지 인불능수지 수득지 필실지
子曰 知及之 仁不能守之 雖得之 必失之

공자가 말했다. "지혜가 충분하더라도 사랑으로 그것을 지키지 못한다면 비록 얻었더라도 반드시 잃게 될 것이다."

지급지 인능수지 부장이리지즉민불경
知及之 仁能守之 不莊以涖之則民不敬

"지혜가 충분하고 사랑으로 지켰더라도 바르게 백성에게 다가가지 않는다면 백성은 그를 공경하지 않을 것이다."

지급지 인능수지 장이리지 동지불이례 미선야
知及之 仁能守之 莊以涖之 動之不以禮 未善也

"지혜가 충분하고, 사랑으로 지키고, 바르게 다가갔더라도 예의 원칙으로 행동하지 않는다면 좋은 결과를 얻지 못할 것이다."

정치인이 갖추어야 할 덕목에 대하여 이야기하고 있습니다. 정치인의 지식과 능력은 무엇보다 중요합니다. 나라와 백성을 위하여 올바른 길을 제시하고, 대안을 찾아내고, 실행할 수 있는 능력은 정치인의 첫 번째 조건입니다. 그러나 백성에 대한 사랑仁이 없다면 능력은 빛을 잃습니다. 지혜와 사랑을 갖추어도 바름이 있어야 합니다. 바르지 않은 능력과 사랑은 사람들에게 해를 끼치고 거짓을 보여 주는 것입니다. 마지막 네 번째는 예의입니다. 예禮는 절하고 허리를 숙이는 행위가 아닙니다. 원칙과 상식입니다. 원칙과 상식을 벗어나면 어떤 능력이나 사랑, 바름이라도 의미가 없습니다. 사회적 상식과 공익의 원칙에 부합되는 예야말로 정치인이 가장 중요하게 여겨야 할 덕목입니다.

지혜로 일하라! 사랑으로 지켜내라! 바름으로 다가가라! 원칙으로 행동하라! 정치인으로서 갖추어야 할 중요한 네 가지 덕목입니다.

지인장예
知仁莊禮 ◦ 지혜, 사랑, 바름, 원칙

장(莊): 바르다 | 리(涖): 다가가다

합리적 보수주의자

공자왈 녹지거공실 오세의 정체어대부 사세의 고삼환지자손미의
孔子曰 祿之去公室 五世矣 政逮於大夫 四世矣 故三桓之子孫微矣

공자가 말했다. "신하의 월급을 주는 주체가 공실을 떠나 대부의 손에 맡겨진 지가 5세世가 흘렀구나. 정치가 대부에 의해 결정된 지가 4세世가 흘렀구나. 그러니 삼환 자손의 힘이 미약해진 것이다."

공자가 꿈꾸었던 정치는 천자 중심의 종법 정치였습니다. 천자를 중심으로 제후, 대부로 이어지는 질서 체계가 가장 이상적인 정치라는 것입니다. 종손이 중심이 되어 여러 자손이 각자 분수에 맞게 움직이는 집안이 가장 이상적인 가정 이듯이 세상은 각자의 역할 체계가 흔들리지 않고 구동되어야 한다는 것입니다. 그런데 공자가 살던 시대는 이미 종법 정치는 무너지고, 힘 있는 자가 권력을 독점하는 세상이 되었습니다. 제후가 패자가 되어 천자의 역할을 대신하고, 힘 있는 대부들이 제후의 자리를 넘보는 세상이 된 것입니다.

공자의 관점에서 보면 체계가 흔들리고 질서가 무너지는 난세였습니다. 제후의 재정이 열악해져서 신하들의 월급이 힘 있는 권력자의 주머니에서 나오고, 정치의 헤게모니는 대부들에게 집중되었습니다. 이런 새로운 질서체계를 공자는 한탄했지만, 세상은 이미 새로운 권력 재편이라는 소용돌이로 접어들고 있었습니다. 새로운 시대 변화를 막으려고 했던 공자, 그를 구시대 권력을 옹호하는 지식인이라고 칭하는 것도 무리는 아닙니다. 그러나 공자는 합리적 보수주의자였습니다. 권력의 중심에 백성이 있어야 한다는 것을 잊은 적이 없기 때문입니다.

정체어대부
政逮於大夫 ◦ 정치권력이 힘 있는 대부에게 집중된 난세

체(逮): ~에 이르다

인재 영입 제의

양화욕견공자 공자불견 귀공자돈 공자시기무이왕배지 우저도
陽貨欲見孔子 孔子不見 歸孔子豚 孔子時其亡而往拜之 遇諸塗

양화가 공자를 만나고 싶어 했으나 공자는 만나 주지 않았기에 (공자가 없는 틈을 타) 공자에게 돼지를 선물로 보냈다. 공자 역시 양화가 없는 틈을 타서 양화의 집에 가서 절하여 답례하고 돌아오다가 길에서 양화를 마주치게 되었다.

위공자왈래 여여이언 왈회기보이미기방 가위인호 왈불가
謂孔子曰來 予與爾言 曰懷其寶而迷其邦 可謂仁乎 曰不可

양화가 공자에게 일러 말하기를 "이리 오시오! 내가 그대와 이야기하고 싶소!" 공자가 다가오니 말하기를 "가슴에 보물을 품고서 자신의 조국이 길을 잃고 헤매게 만드는 것이 인仁이라 할 수 있소?" 공자가 말했다. "아니지요."

호종사이기실시 가위지호 왈불가
好從事而亟失時 可謂知乎 曰不可

양화가 말하기를 "일하기를 좋아하는 사람이 자주 그때를 놓친다면 지혜롭다고 할 수 있겠소?" 공자가 말했다. "아니지요."

일월서의 세불아여 공자왈낙 오장사의
日月逝矣 歲不我與 孔子曰諾 吾將仕矣

양화가 말하기를 "해와 달은 이미 지나가고 있는데 세월은 나를 기다려주지 않는다오." 공자가 말했다. "알았습니다. 내 장차 그대 밑에서 정치를 하겠습니다."

양화는 계씨의 가신으로 쿠데타를 일으켜 노나라 왕을 가두고 정치를 전횡했습니다. 그는 공자를 회유하여 자신의 쿠데타 그룹에 들어오라고 했으나 공자는 가려고 하지 않았습니다. 보수성이 강한 공자가 윗사람을 죽이고 권력을 잡은 혁명 세력에 가담하려고 하지 않은 것은 당연한 일이었습니다.

양화는 공자가 없는 틈을 타서 공자에게 돼지를 선물로 보냈습니다. 당사자가 없을 때 선물이 오면 반드시 가서 예를 표해야 한다는 것을 알았기 때문입니다. 그러나 공자도 양화가 없는 틈을 타서 예를 표하고 나왔습니다. 그러다가 양화를 길에서 만난 것입니다. 공자는 난처했을 것입니다. 보기 싫은 사람을 어쩔 수 없이 길에서 봐야 했기 때문입니다. 양화는 공자를 은유적으로 설득했습니다. 가슴에 보물을 품고 조국이 어려울 때 방관한다면 인자仁의 도리가 아니고, 나

서야 할 때를 놓친다면 지혜로운知 자의 선택이 아니라는 논리였습니다. 기회는 항상 오는 것이 아니니 시기를 놓치지 말고 새로운 정치 세력에 합류하자는 권유였습니다.

자신이 원하지 않는 정당에서 인재 영입 스카우트 제의가 왔다면 공자는 어떻게 대답했을까요? 일단 합류한다고 대답하고 결국 합류하지 않았습니다. 왜 그 자리에서는 합류한다고 해놓고 나중에 합류하지 않았을까요?

일 월 서 의 세 불 아 여
日月逝矣 歲不我與。시간은 흘러가는구나! 세월은 나를 기다려주지 않는다!

양화(陽貨): 노나라 귀족 계씨의 가신으로 계환자를 가두고 정치를 전횡했다 | 귀(歸): 물건을 보내다 | 무(亡): 무無와 같은 의미 | 도(塗): 길 | 기(亟): 빠르다(극), 자주(기) | 서(逝): 가다

정치 참여 요청을 받은 공자

공산불요이비반소 자욕왕 자로불열왈 말지야이 하필공산씨지지야
公山弗擾以費畔召 子欲往 子路不說曰 末之也已 何必公山氏之之也

공산불요가 비 땅을 점거하여 반란을 일으키고 공자를 초빙했다. 공자가 가려고 하니 자로가 기분 나쁜 기색으로 말했다. "아무리 갈 곳이 없더라도 하필이면 공산씨에게 가려고 하십니까?"

자왈 부소아자 이기도재 여유용아자 오기위동주호
子曰 夫召我者 而豈徒哉 如有用我者 吾其爲東周乎

공자가 말했다. "나를 초빙하려는 자가 어찌 헛되이 나를 부르겠느냐? 만약 누구든 나를 등용하는 자가 있다면 나는 그 나라를 동주東周의 수준으로 올려놓을 것이다."

공자는 정치가 세상을 바꿀 수 있다고 생각했습니다. 제자들과 천하를 돌아다닌 것도 정치에 참여할 수 있는 기회를 얻고자 함이었습니다. 그래서 정치 영입 제의가 올 때마다 공자는 적극적으로 참여하려고 했습니다.

공산불요는 혁명을 통해 반란을 일으킨 사람입니다. 그리고 공자에게 영입 제의를 했습니다. 공자는 합류할 의사를 가졌으나 자로는 명분 없는 곳에는 합류하지 말아야 한다고 말렸습니다. 공자는 내가 비록 명분 없는 곳에서 정치를 하지만, 결국 그곳을 수준 높은 집단으로 만들어놓을 수 있다고 자신합니다. 고결한 사람들이 정치에 참여할 때 "내가 그곳에 가서 바꾸어놓겠다!"고 자주 말합니다. 그러나 집단에 들어가면 결국 그 집단의 일원으로 변하는 것을 자주 봅니다. 결국 공자는 공산불요의 집단에 합류하지 않았습니다. 공자가 정치에 적극적으로 참여하고자 했던 의도는 명확한 것 같습니다.

여유용아
如有用我 ◦ 만약 나를 등용한다면 나는 세상을 바꿀 것이다!

요(擾): 어지럽다 | 반(畔): 반란을 일으키다 | 말(末): 무無와 같은 뜻 | 도(徒): 헛되다 | 여(如): 만약 | 용(用): 등용하다

정치의 3대 과제

자공문정 자왈 족식 족병 민신지의
子貢問政 子曰 足食 足兵 民信之矣

자공이 정치에 대하여 묻자 공자가 말했다. "먹는 것을 풍족하게 하고, 군대를 튼튼히 하고, 백성의 신뢰를 얻는 것이다."

자공왈 필부득이이거 어사삼자 하선 왈거병
子貢曰 必不得已而去 於斯三者 何先 曰去兵

자공이 말했다. "반드시 부득이해서 이 세 가지 중에 하나를 뺀다면 무엇을 먼저 하시겠습니까?" 공자가 말하기를 "군대를 빼겠다."

자공왈 필부득이이거 어사이자 하선 왈거식 자고개유사 민무신불립
子貢曰 必不得已而去 於斯二者 何先 曰去食 自古皆有死 民無信不立

자공이 말하기를 "반드시 부득이해서 나머지 두 가지 중에서 하나를 뺀다면 무엇을 먼저 하시겠습니까?" 공자가 말했다. "먹는 것을 포기하겠다. 옛날부터 인간은 모두 죽음을 피할 수 없다. 백성의 신뢰가 없다면 정치는 존립 기반이 없어진다."

《논어》의 정치에 대한 언급 중에 유명한 구절입니다. 정치는 경제, 국방, 신뢰가 중요한 과제라는 것입니다. 자공은 전문 정치인이었습니다. 공자의 제자 중에서 가장 성공한 정치인이 자공입니다. 그는 권력과 부를 동시에 얻은 사람이었습니다. 그가 공자에게 정치의 목표를 물었을 때, 공자는 민생의 안정, 강한 군대, 백성의 신뢰를 중요한 정치 목표로 제시했습니다. 자공은 그중에서 가장 중요한 것이 무엇이냐고 물었고, 공자는 정치권에 대한 백성의 신뢰를 가장 중요한 것이라고 했습니다. 그 뒤에 백성의 민생과 국방력이라고 대답했습니다.

요즘 정치인은 경제를 가장 중요한 첫 번째 정치 과제로 제안할 것입니다. 먹고사는 문제가 정치에서 가장 중요하다는 것입니다. 경제가 활성화되면, 국방력도 강해지고, 국민의 신뢰도 높아질 것이라는 논리입니다. 그러나 아무리 경제가 발전하더라도 정치에 신뢰가 없는 사회가 된다면 국가의 존립 기반이 무너질 것이라는 논리도 간과할 수는 없습니다.

족식 족병 민신
足食 足兵 民信 ◦ 정치의 목표: 경제적 풍요, 강한 군대, 백성의 신뢰

백성과 함께하는 정치

애 공 문 어 유 약 왈 연 기 용 부 족 여 지 하
哀公問於有若曰 年饑用不足 如之何

노나라 왕 애공이 유약에게 물었다. "올해 기근이 들어 왕실의 재정이 부족하니 어떻게 하면 좋겠는가?"

유 약 대 왈 합 철 호 왈 이 오 유 부 족 여 지 하 기 철 야
有若對曰 盍徹乎 曰二吾猶不足 如之何其徹也

유약이 대답하여 말했다. "10분의 1 세금제도를 시행하시지요." 애공이 말하기를 "10분의 2 세금제도도 오히려 부족한데 어찌 10분의 1 세금제도를 시행하겠는가?"

대 왈 백 성 족 군 숙 여 부 족 백 성 부 족 군 숙 여 족
對曰百姓足 君孰與不足 百姓不足 君孰與足

유약이 대답하여 말했다. "백성이 풍족하면 임금께서는 누구와 더불어 부족할 것이며, 백성이 부족한데 임금께서는 누구와 더불어 풍족할 것입니까?"

정치에서 세금은 가장 뜨거운 이슈입니다. 세율의 결정과 세금의 종류가 사람들의 삶에 큰 영향을 미치는 것은 예나 지금이나 다름이 없습니다. 노나라 왕 애공이 공자의 제자 유약에게 국가 재정의 확충에 대하여 질문했습니다. 흉년이 들어 세금이 걷히지 않으니 조세제도를 상향 조정해야 한다는 질문이었습니다. 유약은 10분의 1 조세제도인 철법徹法을 제시합니다. 10분의 1 세율은 오랜 전통을 가진 조세제도입니다. 부가세, 십일조, 봉사료 등등은 모두 10분의 1의 세율입니다.

애공은 세율을 높이기를 원했습니다. 유약은 백성의 고혈을 짜서 국가의 재정을 늘린다면 결국 국가의 권력기반이 무너질 것이라고 말합니다. 백성이 곤궁한데 군주가 어찌 행복할 것이며, 백성이 풍족하면 결국 군주도 풍족해질 것이란 논리입니다. 세금을 걷어 쓰는 용도가 옛날과 달라졌다고는 하나, 현대 사회에서도 세금은 보이지 않는 권력의 힘입니다.

백 성 족 군 족
百姓足君足 ◦ 백성이 풍족하면 군주도 풍족해질 것이다.

기(饑): 흉년 | 철(徹): 10분의 1 조세

표심을 잡아라!

섭공문정 자왈 근자열 원자래
葉公問政 子曰 近者說 遠者來

섭공이 정치를 물었다. 공자가 말했다. "가까운 지역에 있는 사람들은 기쁘하게 하고, 먼 곳에 있는 사람들은 오게 만드는 것이다."

정치의 목표는 사람들을 행복하게 해주는 것입니다. 좋은 정책을 시행하여 사람들이 경제적으로 풍족하고, 정신적으로 안정되며, 각자 자신의 삶을 즐겁게 영유할 수 있도록 해주는 것이 정치의 목표입니다. 훌륭한 정치인이 있는 나라의 사람은 기뻐하고, 멀리 있는 사람은 그 사람 주변으로 몰려들게 할 수 있다면 정치를 잘하는 것입니다. 예나 지금이나 정치권력은 지지하는 사람의 숫자로 계산됩니다.

국경이 분명하지 않았던 춘추시대 말기는 백성의 거주지 선택이 비교적 자유로웠습니다. 그들은 자신이 있는 곳을 떠나 훌륭한 정치가 시행되고 있는 지역으로 이주했습니다. 그들은 정치 지도자의 관점에서 보면 세금의 원천, 부역의 대상, 군대의 자원이었습니다. 사람들이 많이 모여든다는 것은 국가가 부강해지고, 정치 지도자의 힘이 강해진다는 것을 의미합니다. 요즘 유권자의 표가 결국 권력의 힘이 되는 것과 같은 이치입니다. 그 나라에 있는 사람들은 행복하고, 멀리 있는 사람들은 그 나라로 이민 가고 싶게 하는 것이 좋은 정치입니다.

근자열 원자래
近者說 遠者來 ◦ 좋은 정치는 그 나라 사람은 행복하고
주변 나라 사람들은 이민 오고 싶게 만드는 것

정치의 목표

자 로 문 군 자 자 왈 수 기 이 경 왈 여 사 이 이 호 왈 수 기 이 안 인
子路問君子 子曰 修己以敬 曰如斯而已乎 曰修己以安人
왈 여 사 이 이 호 왈 수 기 이 안 백 성 수 기 이 안 백 성 요 순 기 유 병 저
曰如斯而已乎 曰修己以安百姓 修己以安百姓 堯舜 其猶病諸

자로가 군자에 대하여 물었다. 공자가 말했다. "공경함으로 자신을 수양해야 한다." 자로가 말했다. "이와 같을 뿐입니까?" 공자가 말하기를 "사람들을 편안하게 하는 것으로 자신을 수양해야 한다." 자로가 말하기를 "이와 같을 뿐입니까?" 공자가 말했다. "백성을 편안히 하는 것으로 자신을 수양해야 한다. 백성을 편안하게 하는 것으로 수양하는 것은 요순도 어렵게 생각했던 일이다."

《논어》에서 군자는 성숙한 정치인이란 의미로도 사용됩니다. 군자가 정치 지도자가 되어 나라를 이끌어나갈 때 백성은 모두 편안하고 행복한 삶을 누릴 수 있다는 것입니다.

자로가 정치인으로서 군자에 대하여 물었을 때 공자는 공경으로 자기수양하는 사람이라고 답합니다. 좀 더 자세히 알려 달라는 자로의 질문에 자기수양을 통해 주변 사람들을 편안하게 해주고, 나아가 백성을 편안하게 해줄 때 비로소 군자라고 할 수 있다고 답합니다. 자기수양修己 → 주변 사람의 안정安人 → 백성의 안정安百姓의 과정을 통하여 비로소 유능한 정치인으로서 군자의 임무가 완수된다는 것입니다. 자기수양과 백성의 안정, 이 두 가지는 불가분의 관계를 갖고 있습니다. 수양이 안 된 지도자가 세상 사람들을 행복하게 해줄 수 있다는 것은 상상하기 어려운 일입니다.

수 기 안 인
修己安人 ◦ 자기를 수양하고 사람들을 편안하게 하라!

병(病): 어려워하다

국가의 발전 단계

자왈 제일변 지어노 노일변 지어도
子曰 齊一變 至於魯 魯一變 至於道

공자가 말했다. "제齊나라가 한 번 개변하면 노魯나라가 되고, 노나라가 한 번 개변하면 도가 있는 나라에 이를 것이다."

공자의 정치적 이상은 도道가 실천되는 나라였습니다. 정치인은 국민을 존중하고, 국민은 정치인을 존경하는 나라를 만드는 것이 공자와 그 제자들이 갖고 있던 정치적 목표였습니다. 한 나라의 품격은 경제 수준이나 물질의 풍요에 의해서만 결정되는 것이 아닙니다.

제齊나라는 당시 비록 강대국이었지만 문명의 후진국이었고, 노魯나라는 소국이었으나 제나라보다는 발전한 문명의 중진국이었습니다. 공자는 제나라가 한 단계 발전하면 노나라가 될 수 있고, 노나라가 한 단계 발전하면 도의道義 국가가 될 수 있다고 했습니다. 인간의 존엄이 살아 있고, 사랑과 배려가 있는 세상이 도가 있는 나라입니다. 물질적 풍요와 경제의 총량으로 인간의 행복을 규정하거나 나라의 수준을 정할 수 없음은 예나 지금도 마찬가지입니다.

변
變 ◦ 변해야 높은 단계로 발전한다.

진정한 성공

자왈 대재 요지위군야 외외호유천위대 유요측지 탕탕호민무능명언
子曰 大哉 堯之爲君也 巍巍乎唯天爲大 唯堯則之 蕩蕩乎民無能名焉

공자가 말했다. "위대하도다! 요堯의 군왕다운 모습이여! 높고 크도다! 오직 하늘이 가장 위대하거늘, 오직 요堯만이 그 하늘을 본받았으나 너무나 넓고 넓어 백성이 요堯의 공덕을 뭐라 형용할 수 없구나!"

외외호기유성공야 환호기유문장
巍巍乎其有成功也 煥乎其有文章

"높고 크도다! 요堯의 성공적인 정치여! 빛나도다! 요堯의 아름다운 문명의 정치여!"

정치인 요堯의 성공적인 리더십을 거듭 강조하고 있는 문장입니다. 요의 아름다운 정치는 공평무사한 하늘天의 속성을 인간 세상에 그대로 실현했음에도 불구하고 그 정치적 공덕이 너무 넓고 넓어蕩蕩 백성民이 요堯의 능력을 형용名하여 칭송할 수 없었다는 것입니다. 가장 위대한 지도자는 그 지도자가 누구인지 백성이 형용할 수 없는 지도자라는 노자의 정치철학과 일맥상통하는 대목입니다.

가장 위대한 어머니는 자식이 그 어머니의 위대함을 모르는 어머니입니다. 왜냐하면 너무 넓고 넓은 어머니의 사랑을 뭐라고 형용할 수 없기 때문입니다. 요의 성공成功적인 문명文章의 정치는 바로 누구도 형용할 수 없는 너무나 상식적인 것에서 시작되었던 것입니다.

민무능명
民無能名 ◦ 백성(民)이 무엇이라고 형용(名)할 수 없는(無) 지도자가 가장 위대한 지도자

측(則): 본받다 | 탕탕(蕩蕩): 넓고 넓다 | 명(名): 이름하다, 형용하다 | 환(煥): 밝다 | 문장(文章): 문명

재판보다 예방

자 왈 청 송 오 유 인 야 필 야 사 무 송 호
子曰 聽訟吾猶人也 必也使無訟乎

공자가 말했다. "송사를 판결하는 것을 남만큼 하지만, 반드시 중요한 것이 있다면 애초부터 송사가 없게 하는 것이다."

공자의 이력 중에 하나가 노나라 대사구大司寇였습니다. 요즘으로 말하면 검찰총장이나 법무부 장관 정도의 직책입니다. 재판을 판결하고, 범인을 잡아들이는 것이 중요한 업무였습니다. 청송聽訟은 송사를 판결한다는 뜻입니다. 청聽은 듣는다는 뜻이고, 송訟은 시비를 다툰다는 뜻이니 시비를 잘 듣고 판결한다는 것입니다.

공자는 자신이 송사를 판결함에 있어서 다른 누구보다도 자신이 있지만, 그보다 더 중요한 것은 송사 자체를 없애는 일이라는 것입니다. 훌륭한 판사는 재판을 잘하는 것보다 송사 자체를 없게끔 하는 사람이고, 훌륭한 의사는 병을 잘 고치는 것보다 병을 미리 예방하는 사람입니다. 공자는 훌륭한 정치는 갈등을 잘 해결하는 정치가 아니라 애초에 갈등이 생기지 않게 하는 정치라는 것입니다. 범죄 예방, 송사 예방, 예방의학은 유능한 사람들이 문제를 푸는 방식입니다.

사 무 송
使無訟 ◦ 애초에 송사를 없게 하는 것이 명판사이다.

노인, 친구, 어린이를 위한 정치

안 연 계 로 시 자 왈 합 각 언 이 지
顔淵季路侍 子曰 盍各言爾志

안연과 자로가 공자를 모시고 있었다. 공자가 말했다. "어찌 너희들의 뜻을 이야기하지 않느냐?"

자 로 왈 원 거 마 의 경 구 여 붕 우 공 폐 지 이 무 감
子路曰 願車馬 衣輕裘 與朋友共 敝之而無憾

자로가 말했다. "저는 마차와 말, 옷과 비싼 외투를 친구와 함께 같이 쓰고 망가지더라도 서운해하지 않으며 살고 싶습니다."

안 연 왈 원 무 벌 선 무 시 로
顔淵曰 願無伐善 無施勞

안연이 말했다. "저는 잘났다고 자랑하지 않고, 제 주변 사람들을 힘들게 하지 않으면서 살고 싶습니다."

자 로 왈 원 문 자 지 지
子路曰 願聞子之志

자로가 말했다. "선생님의 생각을 듣고 싶습니다."

자 왈 노 자 안 지 붕 우 신 지 소 자 회 지
子曰 "老者安之 朋友信之 少者懷之"

공자가 말했다. "나이든 분들은 편안하게 해주고, 친구들과는 신뢰로 교류하고, 어린이들은 품어주며 살고 싶단다."

사람들은 각자 자신의 꿈이 있습니다. 공자와 그의 제자 안연과 자로가 함께 모여 꿈 이야기를 하고 있었습니다. 성급한 제자 자로가 먼저 대답합니다. 자신이 아끼는 마차와 말, 좋고 가벼운 외투를 친구와 함께 사용하고 입다가 다 떨어지더라도 서운해하지 않으며 살고 싶다고 대답합니다. 역시 친구를 소중하게 생각했던 협객 출신 자로다운 대답입니다.

안연은 점잖게 대답합니다. 자신이 잘났다고 남에게 자랑하지 않고, 다른 사람 힘들게 하지 않으며 살고 싶다는 것입니다. 그러자 자로가 스승인 공자의 꿈은 무엇이냐고 묻습니다. 이때 공자는 대답합니다. 나보다 나이 더 먹은 사람은 편안安하게 해주고, 친구들과는 신뢰信를 유지하고, 어린 아이들은 품어주며懷 살고 싶은 것이 자신의 꿈이라는 것입니다. 역시 공자다운 삶의 태도입니다.

늙은 사람, 동년배, 젊은 사람, 이 세 계층은 결국 세상에 존재하는 모든 사람들입니다. 공자는 그들에게 그들이 필요한 것을 행하며 살고 싶다는 꿈을 말합니다. 노인들에게 편안한 노후를 보장하고, 젊은이들의 아픔을 보듬어주고, 일반 사람들과 믿음으로 사는 세상, 어쩌면 이 시대에 꿈꾸는 위대한 사회의 모습과 닮아 있는 것 같습니다. 공자의 정치철학은 노인, 어린이가 보호되는 세상, 젊은이들이 마음 놓고 자신이 하고 싶은 일을 할 수 있는 세상이었습니다.

노자안지 붕우신지 소자회지
老者安之 朋友信之 少者懷之 ◦ 노인은 편안하게, 사람은 신뢰 있게,
어린아이는 품어주는 정치

시(侍): 옆에서 모시다 | 합(盍): 어찌 -하지 않느냐? | 이(爾): 너 | 구(裘): 갖옷, 외투 | 폐(敝): 떨어지다 | 감(憾): 서운해하다 | 시(施): 베풀다 | 로(勞): 수고롭다 | 벌(伐): 자랑하다

정치의 목표는 인구, 경제, 교육

자 적 위 염 유 복
子適衛 冉有僕

공자가 위나라에 갈 때 염유가 공자의 수레를 몰고 수행했다.

자 왈 서 의 재 염 유 왈 기 서 의 우 하 가 언 왈 부 지 왈 기 부 의 우 하 가 언 왈 교 지
子曰 庶矣哉 冉有曰 旣庶矣 又何加焉 曰富之 曰旣富矣 又何加焉 曰敎之

공자가 말하기를 "사람들이 많구나!" 염유가 말하기를 "이미 사람들이 많이 모여들었다면 그다음엔 무엇을 해야 합니까?" 공자가 말하기를 "그들을 부자로 만들어야 한다." 염유가 말하기를 "이미 부자가 되었다면 그다음에 무엇을 해야 합니까?" 공자가 말했다. "그들을 가르쳐야 한다."

공자가 살던 시대에 인구의 증가는 정치의 가장 중요한 이슈였습니다. 인구가 많아지는 이유는 자연 증가와 이민 인구의 증가입니다. 경제적 풍요는 자연 인구의 증가를 가져오고, 타 지역에서의 인구를 끌어들이는 역할을 했습니다.

공자가 그의 제자 염유와 함께 위나라로 가면서 인구가 많은 것을 보고 정치가 잘되고 있다고 감탄했습니다. 염유가 인구 증가 뒤에는 어떤 정책을 펴야 하냐고 묻자, 공자는 경제적 풍요 정책이 있어야 한다고 대답했습니다. 그 후에는 어떤 정책이 필요하냐고 묻자 공자는 교육정책이 뒤따라야 한다고 대답했습니다. 백성을 위한 정치는 사람을 끌어들이고, 각종 민생을 위한 정책은 사람들의 경제 소득을 높이고, 학교를 세우고 교육제도를 정비하면 사람들을 문명인으로 만들 수 있다는 것입니다. 인구, 경제, 교육, 공자가 말하는 선진국으로 가는 정치 이슈입니다.

부 지 교 지
富之 敎之 ◦ 먼저 부자로 만들고 문명 교육을 시행하라

복(僕): 수레를 몰다 | 서(庶): 많다

나라가 변하는 데 걸리는 시간

자왈 여유왕자 필세이후인
子曰 如有王者 必世而後仁

공자가 말했다. "만약 제대로 된 왕이 있다면 반드시 30년 정도 지나야 사람들의 인성이 따뜻해질 것이다."

훌륭한 정치 지도자가 있어서 나라를 다스리면 어느 정도 기간이 있어야 따뜻한 사람들이 사는 세상을 만들 수 있을까요? 공자는 30년이라는 기간을 잡습니다. 적어도 30년은 지나야 그 나라가 제대로 된 나라로 반듯하게 설 수 있다는 것입니다.

30년이면 1세대입니다. 적어도 한 세대가 지나야 사람들이 변하고 서로 존중하고 배려하는 세상이 될 수 있다는 것입니다. 세상은 갑자기 변하지 않습니다. 적어도 세 번의 파도가 밀려와야 비로소 근본적인 변화가 일어납니다.

5년 임기의 대통령이 아무리 유능한 정치인이라고 해도 그 나라가 갑자기 바뀌지는 않습니다. 공자의 말대로라면 6명의 유능한 대통령이 연속적으로 나와야 비로소 그 나라가 근본부터 바뀔 수 있다는 것입니다. 그렇다고 대통령의 임기를 30년으로 할 수는 없는 일입니다. 유능한 대통령이 연속적으로 여섯 번 나온다는 것도 쉽지 않은 일입니다. 한 나라가 사람들이 살 만한 나라로 변한다는 것은 예나 지금이나 참으로 어려운 일인 것 같습니다.

세
世 ◦ 세상이 변하는 데 걸리는 시간, 30년

병역의 의무

자 왈 선 인 교 민 칠 년 역 가 이 즉 융 의
子曰 善人 敎民七年 亦可以卽戎矣

공자가 말했다. "선한 지도자가 백성을 7년 정도 교화시키면 그들이 자진해서 전쟁터로 나가게 될 것이다."

국가의 의무 중에 병역의 의무를 수행하는 것은 목숨을 거는 일입니다. 전쟁에 나가 나라를 위해 목숨을 걸고 싸우는 것이기에 그 어떤 다른 의무보다도 어려운 일입니다. 모든 인간은 죽기보다는 살기를 원합니다. 전쟁에 동원되어 목숨을 건다는 것은 누구도 원치 않는 일입니다. 그러나 누군가 나가서 싸우지 않으면 결국 나라는 망하고 백성은 죽거나 고통을 받게 됩니다.

그렇다면 어떻게 해야 전쟁에 자발적으로 참여하여 국가와 국민을 위해 목숨을 걸게 할 수 있을까요? 그 답은 소명의식입니다. 국가에 대한 헌신과 국민을 위한 희생이라는 소명의식 없이는 전쟁을 제대로 수행하기가 쉽지 않기 때문입니다.

공자는 병사들이 소명의식을 갖고 능동적으로 전쟁에 참가하여 군인의 의무를 수행하기 위한 교육 기간으로 7년을 제시합니다. 7년 정도의 교육이 있어야 비로소 군인으로서 자부심과 소명의식을 갖게 된다는 것입니다. 제대로 소명의식도 갖추지 않은 상태에서 전쟁터로 내모는 것은 사지로 사람을 들여보내는 것과 같습니다. 적어도 내가 왜 전쟁터에서 목숨을 걸고 싸우는지에 대한 충분한 답을 갖고 나가야 죽어도 떳떳하게 죽을 수 있을 것입니다.

칠 년
七年 ◦ 국가관 확립을 위한 의무교육

국가 경영 3대 과제

자 왈 도 천 승 지 국 경 사 이 신 절 용 이 애 인 사 민 이 시
子曰 道千乘之國 敬事而信 節用而愛人 使民以時

공자가 말했다. "천 대의 수레를 동원할 수 있는 나라를 이끄는 정치 지도자는 국가 정책을 신중하게 결정해서 백성의 신뢰를 얻어야 하며, 국가 재정을 절약하여 타인을 위해 사용하고, 백성을 동원할 때는 그들의 생업 시기를 살펴야 한다."

천승지국千乘之國은 제후諸侯 국가 규모입니다. 전쟁이 일어나면 천대의 전차乘를 동원할 수 있는 규모의 나라입니다. 만승지국萬乘之國은 천자 국가의 규모입니다. 전차 한 대에 약 150명 정도의 군병이 배속된다면 15만 병력을 일시에 동원할 수 있는 나라가 천승지국의 규모입니다. 그런 큰 나라의 정치 지도자가 국가 정책을 신중하게 결정하면敬事 백성이 신뢰를 보낼 것이며, 국가 재정을 절약하면節用 백성에게 이익이 되어 돌아갈 것이고, 국가 의무를 시기에 맞게 부과하면使民 백성의 생업이 편안할 것입니다. 신중한 정책 결정, 재정 절약을 통한 복지 확대, 국가 의무의 시의적절한 부과, 이 세 가지가 제대로 이루어지고 있다면 그 나라는 모두가 살고 싶어 하는 행복한 국가라는 것입니다.

공자는 국가 경영의 목표를 국가 구성원의 행복 증진에 두었습니다. 국가 자원이 권력자에게 집중되어서는 안 된다고 생각했습니다. 민본民本 정치는 국가의 정책이나 재정이 백성을 근본으로 결정되어야 한다는 유교의 정치사상입니다. 현대 정치 지도자도 국가 정책 결정이나 국가 재정 사용에 신중해야 합니다. 국회의원의 쪽지 예산, 표를 의식한 선심성 정책, 무분별한 행사, 특정 집단의 이익을 위한 과도한 예산 편성 등은 오늘날도 여전히 안고 있는 문제입니다.

경 사 절 용 사 민
敬事 節用 使民 ◦ 신중한 정책, 재정 절약, 적절한 의무 부과

도(道): 도導와 같은 뜻, 이끌다 | 시(時): 시기에 맞추다

화합의 정치

유자왈 예지용 화위귀 선왕지도 사위미 소대유지
有子曰 禮之用 和爲貴 先王之道 斯爲美 小大由之

유자有子가 말했다. "예禮의 실행에 있어서 화합이 중요하다. 지난날 위대한 지도자들의 정치는 이런 화합 때문에 아름다울 수 있었으며, 작고 큰 모든 정책들이 화합에 기초하여 실행되었다."

유소불행 지화이화 불이례절지 역불가행야
有所不行 知和而和 不以禮節之 亦不可行也

"제대로 실행되지 않는 것이 있다면 화합만 알아서 화합만 실행하고 예禮로써 적절히 조절하지 못했기 때문이니, 그렇게 행해서는 안 될 것이다."

화和는 화합입니다. 화합은 유연성에 기초한 다양성의 어울림입니다. 화합은 절대 불변의 고정성이 아니라 상황에 따라 유연하게 변하는 것입니다. 화和는 원래 음악 용어입니다. 서로 다른 악기들이 만나 화음和音을 만들어내는 것입니다. 상대의 소리를 듣고 그 소리에 맞춰 내 소리를 낸다면 멋진 화음이 나올 것입니다.

유교에서 강조하는 예禮는 변하지 않는 이데올로기나 진리가 아닙니다. 시대와 상황에 따라 유연하게 변하는 것이 예의 본질입니다. 예에는 본질體과 실행用의 두 측면이 있습니다. 지도자는 사회 원칙인 예의 실행에서 본질을 벗어나지 않는 범위에서 화합으로 운영하여야 합니다. 아무리 원칙이 중요해도 현실을 반영하지 않는 원칙은 이념이고 고집이기 때문입니다. 오로지 화합의 유연성만 고집하여 예의 본질을 훼손해서도 안 될 것입니다. 공자는 예의 그물에 걸려 예외와 상황을 인정하지 않고 화합을 부정하는 정치가를 비판하며 조화調和와 화합和合이 정치의 핵심이라고 했습니다. 요순堯舜 같은 명군은 예의 원칙에 구애받지 않고 사회적 화합을 중요시하여 높은 지도력을 발휘한 지도자라고 공자는 강조한 것입니다.

화위귀
和爲貴 ◦ 정치의 실행에 있어서 화합이 중요하다.

사(斯): 이것, 사물을 가리키는 대명사 | 절(節): 절제하다, 조절하다

덕의 정치

자 왈 도 지 이 정 제 지 이 형 민 면 이 무 치
子曰 道之以政 齊之以刑 民免而無恥

공자가 말했다. "법규로 인도하고 형벌로 통제하면 백성은 (법규와 형벌에서) 벗어나기만 하면 부끄러움이 없을 것이다."

도 지 이 덕 제 지 이 례 유 치 차 격
道之以德 齊之以禮 有恥且格

"덕으로 인도하고 예로 통제하면 부끄러움도 알고 선한 삶에 이르게 될 것이다."

정치에서 법규政와 형벌刑은 효율적인 도구입니다. 그러나 법과 형벌은 인간을 단기적으로 규제할 수는 있지만 마음을 바꾸지는 못합니다. 사람들은 법규만 빠져나가면 부끄러움恥이 없기無 때문입니다. 고속도로에서 과속 측정기에 걸리지만 않으면 부끄러움이 없습니다. 걸리면 운이 없어서 걸렸다고 생각하죠. 잘못을 저질러 놓고도 돈으로 유능한 변호사를 고용하여 법의 그물을 빠져나가면 마음에 전혀 부끄러운 마음이 없는 사회는 암울합니다.

도덕德과 예의禮를 기반으로 하는 덕치德治는 인간의 양심을 기반으로 합니다. 속도계에 걸리든 안 걸리든 자신의 양심에 부끄러움이 있기에 원칙을 어기지 않습니다. 늘 자신이 선한 상태로 이르게格 되기를 원합니다. 공자는 법치法治보다는 덕치德治가 효율적인 정치라고 본 것 같습니다. 그러나 현대사회는 법치 사회입니다. 개인의 도덕적 자각만으로는 사회가 효율적으로 유지되기란 쉽지 않기 때문입니다. 공자의 덕치는 너무 이상적일까요? 그렇다고 법치만이 답은 아닌 것 같습니다. 법치와 덕치가 잘 어우러진 사회를 꿈꿔봅니다.

도 지 이 덕 제 지 이 례
道之以德 齊之以禮 ◦ 덕으로 이끌고, 예로 통제하라!

도(道): 이끌다導 | 제(齊): 가지런히 하다, 통제하다 | 면(免): 벗어나다 | 치(恥): 부끄럽다 | 격(格): 이르다

자율의 정치

자왈 외외호 순우지유천하야이불예언
子曰 巍巍乎 舜禹之有天下也而不與焉

공자가 말했다. "아! 크고 위대하도다! 순舜과 우禹 임금의 세상을 소유하고도 간섭하지 않았던 그 리더십이여!"

소유는 간섭을 부르고, 간섭은 강요를 부릅니다. 나아가 강요는 폭력까지 행사하기도 합니다. 그래서 소유한 사람이 그 소유를 내려놓고 자율과 배려를 한다면 참으로 아름다운 리더의 모습이라고 할 수 있습니다.

순舜과 우禹의 높고 위대한巍巍 리더십은 세상天下을 소유有하고도 간섭與하지 않았다不는 것입니다. 공자가 바라던 리더의 모습은 무위無爲를 실천하는 자율의 리더입니다. 지도자가 프레임을 만들고 모든 사람들이 그 틀 안으로 들어오기를 바란다면 사회적 갈등이 일어날 수밖에 없습니다. 세상 사람들의 가치와 생각이 모두 다르기 때문입니다. 큰 틀 안에서 각자의 색깔과 가치를 담아주고, 그들의 삶에 간섭을 최소화했을 때 비로소 자율의 정치가 이루어지는 것입니다.

무위란 '아무것도 하지 않는 것'이 아니라, '할 수 있음에도 불구하고 하지 않는 것'입니다. 강요하거나 소리 지르지 않고 스스로 하게 만드는 리더십은 이 시대에도 여전히 유효합니다.

불예
不與 ◦ 간섭하지 말고 각자의 색깔을 인정하라!

외외(巍巍): 높고 큰 모양 | 예(與): 간섭하다, 끼어들다

무위의 정치

자왈 무위이치자 기순야여 부하위재 공기정남면이이의
子曰 無爲而治者 其舜也與 夫何爲哉 恭己正南面而已矣

공자가 말했다. "아무런 간섭도 없이 세상을 잘 다스린 사람은 순임금이실 것이다. 순임금은 어떻게 다스렸는가? 자신을 공손하게 낮추고, 남쪽을 바라보며 계셨을 뿐이다."

무위정치는 유가와 도가에서 모두 가장 이상적인 정치로 제시합니다. 국가권력을 최소화하고 백성의 자율권을 극대화하며, 중앙권력보다 지방권력을 더욱 강하게 인정하는 것이 무위정치입니다. 현대사회에서 지향하는 선진정치의 모습과 많이 닮아 있습니다. 프레임과 이데올로기를 내세워 백성을 그 안에 가두려는 정치와는 전혀 다른 자율의 정치입니다.

요순시대는 이런 자율의 정치, 무위의 정치가 제대로 구동되었다고 합니다. 이유는 아직 사회가 복잡하게 분화되지 않았고, 중앙권력이 지방권력을 압도할 만한 힘이 없었으며, 정치 지도자가 간섭보다는 자율을 중시하는 정치철학을 가졌기 때문입니다.

남면南面은 남南쪽을 향하여 얼굴面을 향해 있다는 의미로, 아무런 통제를 하지 않고 그저 자리를 지키고 바라보고만 있다는 뜻입니다. 방관의 의미보다는 관심을 갖고 지켜본다는 의미가 더욱 강합니다. 국가권력의 간섭 없이 경제가 돌아가고, 사회가 안정되고, 국민이 행복해진다면, 우리가 사는 시대의 정치적 이상이기도 합니다. 간섭한다고 세상이 더 잘 돌아가는 것은 아닌 것 같습니다.

공기정남면
恭己正南面 ◦ 나를 공경히 하고 남쪽을 향해 바르게 앉아만 있어도 세상은 저절로 태평성대가 될 것이다.

인사가 만사

애공문왈 하위즉민복 공자대왈 거직조저왕즉민복 거왕조저직즉민불복
哀公問曰 何爲則民服 孔子對曰 擧直錯諸枉則民服 擧枉錯諸直則民不服

애공이 물었다. "어떻게 하면 백성을 복종시킬 수 있을까요?" 공자가 대답하여 말했다. "정직한 사람을 등용하여 부정한 사람 윗자리에 올리시면 백성은 복종할 것입니다. 부정한 사람을 등용하여 정직한 사람 윗자리에 올리시면 백성은 복종하지 않을 것입니다."

거擧는 인재를 등용하여 요직에 앉히는 것입니다. 선거選擧, 천거薦擧, 과거科擧는 모두 인재를 등용擧하는 방법입니다. 가려 뽑거나選, 추천薦하거나, 시험科을 보거나 모두 인재를 뽑는 방법입니다. '거직擧直'은 곧은直 인물을 등용擧한다는 뜻입니다. 사적인 이익이 아닌 공적 이익을 중요하게 생각하며, 어떤 당파에도 휘둘리지 않고 곧게 자신의 길을 가는 사람을 직直이라고 합니다. 정직正直하고 강직剛直한 인물입니다.

백성의 민심을 얻는 방법에 대하여 노나라 왕 애공이 물었을 때 공자는 인사人事를 통한 해법을 제시합니다. 곧은直 인물을 윗자리에 등용하는 것이 해법이라고 본 것입니다. 조정에 정직하고 강직한 사람이 윗자리에 등용擧되어 부정직한 사람枉 위에 있어야錯 결국 조정은 맑아지고, 조정이 맑아져야 백성이 지도자를 신뢰하고 따른다服는 것입니다. 공자의 인사 원칙의 핵심은 '윗물론'입니다. 윗물이 맑아야 아랫물도 맑아진다는 것입니다. 윗자리에 있는 사람이 곧으면 모든 사람들이 신뢰하게 됩니다. 연줄과 사적인 관계에서 벗어나 정직하고 곧은 사람을 요직에 등용하는 것이 사람의 마음을 얻는 지름길입니다.

거직조저왕
擧直錯諸枉 ◦ 정직한 인재를 등용하여 부정한 사람 윗자리에 앉혀라!

애공(哀公): 노나라의 왕 | 복(服): 복종하다 | 거(擧): 등용하다 | 직(直): 정직하다 | 조(錯): ~위에 두다 | 왕(枉): 굽다, 부정직한 사람

부리는 법 섬기는 법

정공문 군사신 신사군 여지하 공자대왈 군사신이례 신사군이충
定公問 君使臣 臣事君 如之何 孔子對曰 君使臣以禮 臣事君以忠

정공이 물었다. "임금이 신하를 부리고, 신하가 임금을 섬기는 방법은 어떠해야 합니까?" 공자가 대답했다. "임금은 신하를 예를 갖춰 부리고, 신하는 임금을 충심으로 모셔야 합니다."

윗사람이 아랫사람을 부리는 것을 사使라고 하고, 아랫사람이 윗사람을 섬기는 것을 사事라고 합니다. 아랫사람을 어떻게 부려야 내가 원하는 방향으로 가게 할 수 있고 윗사람을 어떻게 섬겨야 제대로 모실 수 있을 것인가는 조직에서 중요한 문제입니다. 일명 상하上下의 관계론입니다. 공자가 말하는 답은 간단합니다. '내가 먼저'입니다. 남이 나를 알아주기를 바라기 전에 내가 먼저 상대방의 마음을 알아주는 것이 좋은 관계의 핵심입니다.

노나라 왕이었던 정공定公은 임금이 신하를 부리고使, 신하가 임금을 섬기는事 방법에 대해 물었습니다. 도대체 어떻게 하면如之何 되냐는 것입니다. 공자는 '내가 먼저' 이론으로 대답합니다. 임금이 먼저 신하를 예禮를 갖춰 대하면 신하는 임금에게 충성忠으로 섬길 것이라는 것입니다. 임금이 신하를 떨어진 고무신짝처럼 여기면, 신하 역시도 임금 알기를 헌 장갑 여기듯이 할 것입니다. 내가 먼저 상대방을 예우했을 때 상대방 역시 나를 진심으로 대한다는 것은 너무나 당연한 일입니다. 모든 관계는 '내가 먼저'에서 시작됩니다. 공경으로 상대방을 대하면 충성으로 돌아옵니다.

사신이례 사군이충
使臣以禮 事君以忠 ◦ 아랫사람을 예우하고 윗사람을 진심으로 섬겨라!

정치의 시작은 가정

혹위공자왈 자해불위정 자왈 서운효호 유효 우우형제 시어유정
或謂孔子曰 "子奚不爲政" 子曰 "書云孝乎 惟孝 友于兄弟 施於有政
시역위정 해기위위정
是亦爲政 奚其爲爲政"

누군가 공자에게 말하기를 "당신은 왜 정치에 직접 참여하지 않으시나요?" 공자가 말했다. "(정치학 교과서인) 서경에 이렇게 적혀 있습니다. '효도하라! 오직 집에서 효도하고 형제에게 우애하라! 이것은 정치로 파급되리라!' 이것 또한 정치를 하는 것이니 어찌 정치에 참여하는 것만 정치를 한다고 하겠습니까?"

집에서 효도하고 형제에게 잘하는 것이 정치의 시작이라는 것이 유교의 정치철학입니다. 공자는 정치에 참여하고자 했으나 직접 정치에 참여할 기회를 얻지 못했습니다. 누군가 공자에게 왜奚 정치政에 직접 참여하지 않느냐고 물었습니다. 공자는 정치학 교과서인 《서경書經》에 나오는 구절을 인용하여 자신의 정치철학을 설파합니다. 정치는 관직에 나아가 직접 참여하는 것도 정치이지만, 집에서 부모에게 효도孝하고 형제에게 우애友하면 그것이 사회에 파급되어施 퍼져나갈 것이니 그것 또한 정치의 한 방식이라는 것입니다. 일명 우리가 잘 알고 있는 '수신제가치국평천하修身齊家治國平天下'의 정치 원리입니다. 남을 바로잡기 위해 고민하지 말고 내가 먼저 바로 하고, 집안을 잘 경영하면 결국 사회에 파급되어 세상이 바르게 되고 천하가 평화롭게 된다는 것입니다.

가정은 정치의 중요한 단위입니다. 요즘 산업사회에서 가정과 사회가 연속성을 지니기는 쉽지 않습니다. 다른 사람과의 화합을 말하기 전에 먼저 가족과의 화합을 고민해보아야 합니다. 정치인은 남을 통치하기 전에 자신의 가정부터 제대로 경영하는 모습을 보여주어야 한다는 것은 의심할 여지가 없습니다.

효우위정
孝友爲政 ◦ 가정에서 효도하고 우애 있는 것이 정치의 시작이다.

해(奚): 어찌, 왜 | 우(友): 우애 | 시(施): 파급되다

과거를 묻지 마라

애공 문사어재아 재아 대왈 하후씨이송 은인이백 주인이률 왈사민전률
哀公 問社於宰我 宰我 對曰 夏后氏以松 殷人以栢 周人以栗 曰使民戰栗

애공이 공자의 제자였던 재아宰我에게 국가 상징 나무에 대하여 물었다. 재아가 대답했다. "하夏나라는 소나무를 사용했고, 은殷나라는 잣나무를 사용했고, 주(周)나라는 밤나무를 사용했는데, 주나라가 밤나무栗를 사용한 것은 백성을 두려워 떨게慄 하려고 했던 것입니다."

자문지왈 성사불설 수사불간 기왕불구
子聞之曰 成事不說 遂事不諫 旣往不咎

공자가 그 이야기를 전해 듣고 말했다. "이미 이루어진 일이라 말할 수 없고, 끝난 일이라 뭐라 할 수 없고, 지나간 일이라 허물할 수 없구나!"

이미 지나간 일은 누구를 탓하거나 원망한다고 해결되지 않습니다. 이미 지나간 것은 좋든 나쁘든, 지나간 대로 인정하고 넘어가는 것이 때로는 좋은 답이 되기도 합니다.

재아宰我는 공자의 제자 중에서 공자에게 가장 많이 혼난 제자입니다. 공자가 하는 말마다 토를 달고 이의를 제기했습니다. 당시 노나라 왕이었던 애공哀公이 국가마다 어떤 사직나무社를 숭상했는지에 대하여 물었습니다. 재아가 하夏나라는 소나무松, 은殷나라는 잣나무栢, 주周나라는 밤나무栗라고 대답한 것까지는 좋았는데 너무 앞서가서 주周나라가 밤나무栗를 사용한 것은 백성을 두려워慄 떨게 하려는 이유였다고 대답한 것입니다. 밤나무의 율栗과 두려워 떤다는 전율戰慄과 같은 율栗자를 쓴다는 점에 착안한 대답이었습니다. 그 이야기를 전해 들은 공자는 자신이 가르친 제자 재아의 용렬함을 개탄하며 말합니다. 이미 이루어진 일成事, 끝난 일遂事 지나간 일旣往이라 말할說 수도, 뭐라諫 할 수도, 허물할咎 수도 없으니 모두가 제자 잘못 키운 자신의 잘못이라고 말합니다.

기왕불구
旣往不咎 ◦ 이미 지나간 일이라 뭐라고 꾸짖을 수 없다.

도둑을 없애는 비법

季康子 患盜 問於孔子
계강자 환도 문어공자

계강자가 도둑을 걱정하며 공자에게 대책을 물었다.

孔子對曰 苟子之不欲 雖賞之 不竊
공자대왈 구자지불욕 수상지 부절

공자가 대답하여 말했다. "진실로 당신이 욕심만 부리지 않는다면 비록 상을 주더라도 사람들은 남의 것을 훔치지 않을 것입니다."

세상이 혼란해지고, 범죄가 늘어나고, 민심이 흉흉해지는 이유는 무엇일까요? 오로지 그 나라에 사는 사람들의 문제일까요? 아니면 그들이 그렇게 될 수밖에 없는 상황을 만든 정치 지도자들의 문제일까요? 범죄를 저지른 사람을 탓하기 전에 그 사람이 범죄를 저지를 수밖에 없는 상황을 만든 정치 지도자들의 반성이 먼저라는 것입니다.

계강자는 노나라 대부로서 성격이 포악하고 무도하여 그가 다스리는 지역은 도둑이 들끓고 민심이 흉흉했습니다. 그가 공자에게 도둑을 예방하는 방법에 대하여 물은 것입니다. 공자는 당신이 먼저 탐욕을 버려야 도둑이 없어진다고 대답합니다. 세상에 도둑이 들끓는 이유는 정치 지도자의 탐욕 때문에 그렇다는 것입니다. 공자가 살던 시대에는 권력자들의 탐욕으로 백성은 굶주리고, 가정은 붕괴되고, 사회는 혼란에 빠졌습니다. 이런 난세의 원인은 지배자들의 탐욕이었습니다. 그들은 탐욕을 채우기 위해 백성을 더욱 수탈했고, 사람들은 더욱 포악해질 수밖에 없었던 것입니다. 한 인간의 범죄 행위 이면에는 사회적 불합리와 지배층의 탐욕이 있다는 것을 공자는 날카롭게 지적하고 있습니다.

不欲不竊(불욕부절) ◦ 지배자가 탐욕을 버리면 백성은 도둑질하지 않을 것이다.

절(竊): 훔치다

솔선수범의 정치

자로문정 자왈 선지로지 청익 왈무권
子路問政 子曰 先之勞之 請益 曰無倦

자로가 정치를 물으니 공자가 말했다. "솔선수범하라! 부지런해야 한다." 더 말씀해주실 것을 청하니 공자가 말했다. "게으르지 말아야 한다."

《논어》의 가르침은 즉문즉답식 교육입니다. 제자가 어떤 문제에 대하여 깊이 고민하고, 생각을 정리하여 공자에게 질문하면, 공자는 묻는 제자의 현재 상태와 수준에 따라 대답해주었습니다. 자로가 공자에게 정치에 대하여 물었습니다. 이렇게 정치에 대하여 직접적으로 질문한 것은 심사숙고의 과정을 거치지 않은 듯합니다. 공자는 짧게 질문한 것에 대응하여 짧게 대답했습니다. "솔선수범", 자로는 좀 더 자세하게 대답해 달라고 했고, 공자는 두 글자로 짧게 대답했습니다. "게으르지 말 것". 참 질문도 단순하고 대답도 단순합니다. 정치는? 솔선수범! 좀 더 자세히? 부지런함! 답은 짧아도 생각해볼 것은 많습니다.

정치인들은 사람들에게 어떻게 하라고 말하기 전에 자신이 먼저 솔선수범하여 보여주어야 합니다. 나아가 정치인들은 누구보다도 부지런하게 움직여야 합니다. 자신은 실천하지 못할 것을 말만 요란하게 강조하고, 게으름으로 정치를 제대로 챙기지 못하는 정치인이라면 그 자리에 더 이상 머물게 해서는 안 된다는 것입니다.

선지로지무권
先之勞之無倦 ◦ 솔선하라! 먼저 땀 흘려라! 게으르지 마라!

권(倦): 게으르다

정치는 속도가 아니라 방향

자 하 위 거 보 재 문 정
子夏爲莒父宰 問政

자하가 거보의 행정관이 되었는데 정치에 대하여 물었다.

자 왈 무 욕 속 무 견 소 리 욕 속 즉 부 달 견 소 리 즉 대 사 불 성
子曰 無欲速 無見小利 欲速則不達 見小利則大事不成

공자가 말했다. "서두르지 말아야 한다. 작은 이익에 연연하지 말아야 한다. 서두르다 보면 목표에 제대로 도달하지 못할 것이고, 작은 이익에 연연하면 큰일을 이룰 수 없을 것이다."

자하가 노나라의 조그만 도시 거보의 행정책임자로 부임하여 공자에게 정치에 대하여 자문했습니다. 공자의 제자들은 정치인으로 활동하면서 스승인 공자에게 자주 자문을 구했습니다. 공자는 두 가지로 자문합니다. 첫째, 정치는 속도가 아니다. 둘째, 공직자로서 작은 이익을 탐내지 말라! 참 명쾌한 대답입니다.

정치인은 자신의 업적을 과시하기 위하여 종종 빨리 일을 추진하려고 합니다. 빠르게 성과를 내려다보면 반드시 제대로 마무리가 안 되는 경우가 많습니다. 정치는 속도가 아니라 방향이 더 중요합니다. 비록 늦더라도 제대로 된 방향으로 밀고 나간다면 비록 내가 아니더라도 후임이 제대로 일을 완수할 수 있을 것입니다.

정치인이 또 조심해야 할 것이 사적 이익입니다. 내 이익에 잠깐 눈이 팔리다 보면 결국 큰일을 망치는 경우가 종종 있습니다. 작은 이익 때문에 평생의 업적이 무너지고, 명성에 금이 가고, 더 큰일을 할 수 없게 되는 것입니다. 제대로 방향을 잡고 사적 이익을 버리고 묵묵히 가다 보면 더 큰 성과와 결실을 만날 수 있을 것입니다.

욕 속 부 달
欲速不達 ◦ 빠르게 욕심내면 일을 완수할 수 없다.

거보(莒父): 노나라의 소읍 | 재(宰): 행정 책임자

전쟁과 인권

자 왈 이불교민전 시위기지
子曰 以不敎民戰 是謂棄之

공자가 말했다. "백성을 교육도 없이 전쟁터로 내몬다면 이것은 그들을 죽여버리는 일이다."

공자가 살던 시대는 전쟁이 일상화된 시대였습니다. 농업기술의 발달로 생산물이 많아지고, 잉여생산물은 전문 군인을 양성하고 전쟁을 벌이는 경비로 사용되었습니다. 전쟁은 땅을 넓히고, 인구를 확충하고, 권력을 확장하는 중요한 사업이었습니다. 전문 직업 전사 이외도 많은 백성이 자신들의 의지와 상관없이 전쟁에 동원되었습니다. 권력자들은 전쟁에 동원된 백성을 그저 자신의 탐욕을 채우는 도구로 생각했습니다. 백성도 어쩔 수 없이 전쟁에 동원되었기에 충성심이나 애국심이 있는 것은 아니었습니다.

이런 상황에서 백성을 전쟁터로 내몬다면 결국 그들의 삶을 빼앗는 것이고, 아무런 가치 없이 죽음으로 내모는 것이라고 공자는 비판하는 것입니다. 가치를 갖고 싸우다가 전쟁터에서 죽는다면 차라리 명예로운 죽음이지만, 아무런 소명의식 없이 전쟁터로 내몰려 죽는다면 그야말로 하루살이의 죽음과 다르지 않다는 것입니다. 공자는 교육을 통해 그들에게 전투기술, 가치관, 소명의식을 가르쳐야 한다고 한 것입니다. 전쟁에서 가치 없이 죽어간 수많은 영령들의 이야기는 끝이 없습니다.

불교민전
不敎民戰 ◦ 교육도 없이 사람들을 전쟁으로 내보내는 것은 그들의 목숨을 포기하는 것이다.

정권 교체를 위한 시간

자 장 왈 서 운 고 종 양 암 삼 년 불 언 하 위 야
子張曰 書云 高宗諒陰三年 不言 何謂也

자장이 말했다. "서경에 이르기를 '고종이 양암諒陰에서 삼 년을 말하지 않았다'라고 적혀 있는데 무슨 의미입니까?"

자 왈 하 필 고 종 고 지 인 개 연 군 훙 백 관 총 기 이 청 어 총 재 삼 년
子曰 何必高宗 古之人 皆然 君薨 百官 總己 以聽於冢宰三年

공자가 말했다. "어찌 고종만 그렇겠는가? 옛사람들은 모두 그러했다. 군주가 죽으면 백관이 자신의 일을 책임지고 수행했는데, 왕을 대신하는 재상 총재冢宰에게 삼 년간 결재를 받고 일했다."

고종은 은나라 무정武丁입니다. 그가 왕위에 오르고 시묘에서 삼 년간 침묵하고 아무런 왕의 권한을 행사하지 않았다는 것입니다. 공자는 후계자가 권력을 잡으면 삼 년 동안 어떤 명령도 내리지 않고 총리에 해당하는 총재冢宰에게 모든 권한을 위임하는 것이 권력 교체의 원칙이라고 대답합니다. 왜 후임 왕은 삼 년간 침묵했을까요?

《논어》에 부모가 죽고 자식이 삼 년간 부모의 원칙을 마음대로 바꾸지 않아야 효자라고 정의하는 구절이 있습니다. 삼 년간 무덤 옆에 오두막을 짓고 그곳에 거주하면서 권한을 행사하지 않은 이유는 평화적인 정권 교체를 위함입니다. 전임 왕의 주변 세력들이 스스로 물러나고 정리할 시간을 주는 기간이 삼 년입니다. 삼 년 정도면 어느 정도 전 권력이 스스로 정리가 될 것이고, 신임 권력은 비교적 안정되게 권력을 이임받아 행사할 수 있을 것입니다. 정권이 바뀌자마자 전임 권력을 정리하고 숙청한다면 신구 권력 간에 충돌이 생길 것이고, 결과는 국가적 혼란으로 나타날 것입니다. 국가든 가정이든 평화적인 정권 교체에 필요한 최소한의 기간이 삼 년입니다.

삼 년
三年 ◦ 평화로운 정권 교체를 위하여 주어지는 유예기간

양(諒): 살피다 | 암(陰): 침묵할 암闇 | 양암(諒陰): 군주가 죽었을 때 삼년상을 치르는 장소, 침묵으로 거상 | 훙(薨): 제후가 죽다 | 총재(冢宰): 신임 왕을 대신하여 정사를 결정하는 총리

정치는 과거의 재해석

안 연 문 위 방
顏淵問爲邦

안연이 나라를 다스리는 방법에 대해 물었다.

자 왈 행 하 지 시 승 은 지 로 복 주 지 면 악 즉 소 무 방 정 성 원 녕 인 정 성 음 영 인 태
子曰 行夏之時 乘殷之輅 服周之冕 樂則韶舞 放鄭聲 遠佞人 鄭聲淫 佞人殆

공자가 말했다. "하나라의 역법제도를 시행하고, 은나라의 소박한 수레를 타고, 주나라의 면류관을 쓰고, 음악은 순임금의 음악을 본받고, 정나라 음악을 추방하고, 말재주만 많은 사람을 멀리하라. 정나라 음악은 음란하고, 말 잘하는 사람은 세상을 위태롭게 만든다."

위방爲邦은 나라邦를 다스리는爲 방법입니다. 안연이 나라를 다스리는 방법에 대하여 물었습니다. 공자는 역대 성공한 나라들의 장점을 취합하면 좋은 정치를 할 수 있다고 말합니다. 하나라의 역법제도를 도입하고, 은나라의 과학기술을 운용하고, 주나라의 문화를 시행하면 나라를 제대로 다스릴 수 있다고 말합니다. 특히 음악에 있어서 순임금의 음악을 연주하고, 음란한 음악을 추방하며, 말 잘하는 사람을 멀리한다면 최고의 정치를 할 수 있다는 것입니다.

역법제도는 농사와 깊은 연관이 있으니 농업 경제의 부흥을 위함이고, 과학기술은 백성의 노고를 줄여 주기 위함이고, 문화와 음악은 백성의 마음을 행복하게 해주기 위함입니다. 경제, 사회, 문화 각 방면에서 지나간 문명을 잘 선별하여 이 시대에 구현하는 온고이지신溫故而知新이 훌륭한 정치의 시작이라는 것입니다.

위 방
爲邦 ◦ 나라를 통치하는 방법

로(輅): 수레 | 면(冕): 면류관

정치 비법, 장점과 문제점

자장문어공자왈 하여 사가이종정의 자왈 존오미 병사악 사가이종정의
子張問於孔子曰 何如 斯可以從政矣 子曰 尊五美 屛四惡 斯可以從政矣

자장이 공자에게 물어 말하기를 "어떻게 해야 정치를 제대로 한다고 할 수 있습니까?" 공자가 말했다. "오미五美를 소중히 생각하고, 사악四惡을 물리치면 제대로 된 정치를 한다고 할 수 있다."

자장왈 하위오미 자왈 군자혜이불비 노이불원 욕이불탐 태이불교
子張曰 何謂五美 子曰 君子惠而不費 勞而不怨 欲而不貪 泰而不驕
위이불맹
威而不猛

자장이 말하기를 "무엇을 오미五美라고 합니까?" 공자가 말했다. "군자가 은혜를 베풀지만 헛되이 베풀지 않는 것, 일을 시키되 원망하지 않게 시키는 것, 욕심은 갖되 탐욕스럽지 않는 것, 태연하되 교만하지 않는 것, 위엄은 있으나 사납지 않은 것, 이것이 다섯 가지 아름다움 오미五美라고 한다."

자장왈 하위혜이불비
子張曰 何謂惠而不費

자장이 말하기를 "무엇이 은혜를 베풀지만 헛되이 베풀지 않는 것이라고 합니까?"

자왈 인민지소리이리지 사불역혜이불비호 택가로이로지 우수원
子曰 因民之所利而利之 斯不亦惠而不費乎 擇可勞而勞之 又誰怨
욕인이득인 우언탐 군자무중과 무소대 무감만 사불역태이불교호 군자
欲仁而得仁 又焉貪 君子無衆寡 無小大 無敢慢 斯不亦泰而不驕乎 君子
정기의관 존기첨시 엄연인망이외지 사불역위이불맹호
正其衣冠 尊其瞻視 儼然人望而畏之 斯不亦威而不猛乎

공자가 말했다. "백성이 이익이라고 생각하는 것을 이롭게 해주니 이것이 또한 은혜를 베풀 때 헛되이 베풀지 않는 것이 아니겠는가? 해야 할 일만 잘 선택하여 일을 시키니 또한 무슨 원망이 있겠는가? 사랑에 대한 욕심으로 사랑을 행하니 또한 무슨 탐욕이 있겠는가? 군자는 많든 적든 작든 크든 오만하지 않으니 이것이 또한 태연하되 교만하지 않다는 것이 아니겠는가? 군자는 자신의 의관을 정제하고 보는 것을 신중하게 하니 엄숙하여 사람들이 그를 바라봄에 외경심을 느끼니 이것이 위엄이 있되 사납지 않다는 것이 아니겠는가?"

자장왈 하위사악 자왈 불교이살 위지학 불계시성 위지포 만령치기 위지적
子張曰 何謂四惡 子曰 不敎而殺 謂之虐 不戒視成 謂之暴 慢令致期 謂之賊
유지여인야 출납지린 위지유사
猶之與人也 出納之吝 謂之有司

자장이 말하기를 "무엇을 사악四惡이라고 합니까?" 공자가 말했다. "제대로 가르치지도 않고 잘못을 저질렀다고 사형시키는 것을 학대라 하고, 제대로 알려주지도 않고 성과를 바라는 것을 포악하다고 하고, 명령은 태만하게 하고 성과의 기일을 촉박하게 재촉하는 것을 사악하다고 하고, 어차피 줄 것인데 주는 데 인색한 것을 꽉 막힌 담당자 같다고 하는 것이다."

자장이 묻고 공자가 대답한 이 문장이 실제로 공자의 말인지는 확신이 가지는 않습니다. 너무 정연한 논리와 숫자로 표현되는 정치에 대한 논설이기에 후대에 누군가 첨가한 것이 아닌가 하는 생각이 들기도 합니다.

공자는 정치인의 다섯 가지 아름다운 장점五美으로, 1. 퍼셋 복지, 2. 명확한 지시, 3. 일에 대한 욕심, 4. 겸손한 태연함, 5. 따뜻한 카리스마를 들고, 정치인이 피해야 할 네 가지 문제점四惡으로, 1. 설명 없는 처벌, 2. 모호한 성과 기대, 3. 촉박한 성과 기대, 4. 인색함을 들면서 이런 네 가지 문제점을 가지고 있는 정치인을 꽉 막힌 실무자有司라고 평가절하하고 있습니다.

오미사악
五美四惡 ◦ 정치인의 다섯 가지 장점(美)과 네 가지 문제점(惡)

병(屛): 물리치다 | 엄(儼): 엄숙하다 | 첨(瞻): 보다

정치인의 다섯 가지 덕목

자 금 문 어 자 공 왈 부 자 지 어 시 방 야 필 문 기 정 구 지 여 억 여 지 여
子禽 問於子貢曰 夫子至於是邦也 必問其政 求之與 抑與之與

자금이 자공에게 물었다. "선생님께서 이 나라에 오셔서 반드시 이 나라 정치에 참여하시려고 하니 자발적으로 참여하시는 것입니까? 아니면 요청받으신 겁니까?"

자 공 왈 부 자 온 량 공 검 양 이 득 지 부 자 지 구 지 야 기 저 이 호 인 지 구 지 여
子貢曰 夫子 溫良恭儉讓以得之 夫子之求之也 其諸異乎人之求之與

자공이 대답했다. "선생님께서는 따뜻함, 양순함, 공경함, 검소함, 나눔으로 정치참여의 기회를 얻으신 것이니 선생님께서 정치참여하시는 것은 다른 사람들이 참여하는 방식과는 다른 것이다."

정치政를 묻는다問는 문정問政은 정치에 참여한다는 뜻입니다. 정치적 결정은 신속하게 그 효과가 나타납니다. 국가에서 법을 제정하여 시행하면 사회는 빠르게 그 법에 맞게 변합니다.

공자는 정치야말로 세상을 바꾸는 가장 빠른 길이며, 자신의 능력을 사회를 위해 쓰는 것은 지식인의 당연한 의무라고 생각했습니다. 공자는 제자들과 함께 여러 나라를 다니며 정치참여를 하려고 했습니다. 그래서 방문하는 나라마다 실권자를 찾아가 정치에 대하여 논했습니다. 자금은 공자가 유력한 정치인들을 만나는 것을 좋아하지 않았습니다. 그래서 공자가 실권자를 만나는 것이 초청받은 것인지, 자발적으로 찾아갔는지를 약간 비꼬듯이 자공에게 물은 것입니다. 자공은 공자의 정치참여는 자발적인 것임을 인정합니다. 그러나 공자의 그런 행위는 다른 사람과는 차별화된다고 강조합니다. 공자는 정치가로서 따뜻한 배려溫, 어진 성품良, 공손한 대인관계恭, 검소한 생활儉, 양보와 나눔讓의 자질을 갖추었습니다. 약자에 대한 배려, 인간 존중, 겸손한 자세, 검소한 생활습관, 나눔을 통한 사랑의 실천 등은 정치가로서 반드시 갖추어야 할 인성입니다.

온 량 공 검 양
溫良恭儉讓 ◦ 따뜻함, 인성, 겸손, 검소, 양보

방(邦): 나라, 제후의 통치구역 | 여(與): 의문조사, –까? | 온(溫): 따뜻함 | 양(良): 어질다 | 공(恭): 겸손하다 | 검(儉): 검소하다 | 양(讓): 양보하다 | 저(諸): 어조사, –와는

섬김의 리더십

계 강 자 문 사 민 경 충 이 권 여 지 하
季康子問使民敬忠以勸 如之何

계강자가 묻기를 "백성에게 공경과 충성을 다하라고 권장하고 싶은데 어떻게 하면 되겠습니까?"

자 왈 임 지 이 장 즉 경 효 자 즉 충 거 선 이 교 불 능 즉 권
子曰 臨之以壯則敬 孝慈則忠 擧善而敎不能則勸

공자가 말했다. "백성에게 훌륭한 인품으로 다가가면 그들은 당신을 공경할 것이고, 효도와 자애로 다가가면 충성을 다할 것입니다. 능력 있는 사람을 등용하여 그렇지 못한 사람을 가르치게 하면 백성은 모두 공경과 충성을 다할 것입니다."

공자 당시 정치인들의 고민은 백성의 마음을 얻는 것이었습니다. 백성의 마음을 얻는다는 것은 정치인들의 이익과 직결되는 일입니다. 백성은 세금과 부역의 원천이자 전쟁의 자원이었습니다. 그래서 백성이 늘어난다는 것은 군대는 강해지고, 세금은 늘어나고, 궁전은 커진다는 것을 의미합니다. 백성이 지도자의 뜻에 공경敬을 다하고 충성忠하는 것은 정치인들의 최고 목표였습니다.

공자는 백성의 공경과 충성을 바라기 전에 정치인이 먼저 그들을 어떻게 대해야 하는지에 대하여 답하고 있습니다. 훌륭한 인품壯으로 다가갈臨 때 백성의 공경심이 저절로 나올 것이고, 나이 먹은 사람에 대한 바른 처우와 젊은 사람에 대한 사랑이 있으면 백성은 저절로 충성심을 보이게 될 것입니다. 특히 교육을 통하여 공경과 충성을 잘善하는 사람을 선발擧하여 능력能이 안 되는 자를 가르치면 나라 전체가 공경과 충성의 기풍이 권장勸된다고 말합니다. 오늘날의 눈으로 보면 국민의 충성과 신뢰를 끌어내기 위해 공직자들의 섬김의 자세, 복지 개선, 일자리 창출 정책, 교육제도 등이 있으면 국민은 정부를 신뢰하고 충심을 다할 것입니다. 국민의 의무를 말하기 전에 국가의 의무를 고민하여야 한다는 공자의 말이 절실하게 다가옵니다.

거 선 교 불 능
擧善敎不能 ◦ 능력 있는 사람을 선발하여 능력 없는 사람을 가르치게 하라!

권(勸): 권장하다 | 임(臨): 낮은 곳으로 다가가다 | 장(壯): 훌륭한 인품 | 자(慈): 사랑하다 | 선(善): 잘하다

파벌 정치인

자왈 군자 주이불비 소인 비이불주
子曰 君子 周而不比 小人 比而不周

공자가 말했다. "군자는 두루 친화하되 편당 짓지 않으며, 소인은 편당만 짓고 두루 친화하지 않는 사람이다."

정치인에게는 계보가 있다고 합니다. 어떤 정치인은 누가 발탁한 사람이며, 어떤 계열이라는 일종의 정치 파벌에 대한 족보입니다. 공자는 정치인으로 파벌과 당파에 연루되어 본질을 놓치는 사람이 되어서는 안 된다고 강조합니다. 두루周 친화하는 정치인이 되어야지 파벌比 짓는 무리가 되어서는 안 된다는 것입니다.

성균관의 정문을 들어서자마자 왼쪽 편에는 영조대왕이 탕평책을 실시하며 상징적으로 세워놓은 비가 하나 있습니다. 일명 '탕평비蕩平碑'입니다. 당파와 족벌의 정치, 라인의 정치, 학연의 정치를 끝내고 공평한 정치를 시작하자는 영조대왕의 탕평 정치철학을 담고 있는 비입니다. 미래의 국가 지도자들이 될 성균관 유생들에게 부디 당파에 종속되지 말고 편당 짓지 말라는 당부가 담긴 비석입니다.

"주이불비내군자지공심周而不比乃君子之公心
비이부주식소인지사의比而不周寔小人之私意
두루 친화하고 당파 짓지 않는 것은 곧 군자의 공된 마음이오,
당파 짓고 친화하지 않는 것은 소인의 사사로운 뜻이다."

영조대왕은《논어》의 이 구절을 읽으며 당파 싸움에 쇠락해가는 조선의 미래를 걱정했습니다. 백성과 국가의 미래는 전혀 생각하지 않고 오로지 문벌과 당파의 이익에 몰두하고 있는 당시 정치인들에게 꼭 말해주고 싶었던 구절을 찾았던 것입니다. 그리고 주이불비周而不比, 비이부주比而不周, 이 두 구절 뒤에 군자

지공심君子之公心, 소인지사의小人之私意를 덧대어 탕평책의 과제로 삼아 탕평비에 새겨 넣은 것입니다.

군자와 소인은《논어》 전반에 걸쳐서 나오는 대비되는 인간형입니다. 군자와 소인의 차이는 공평과 사심 중에 어느 것을 추구하느냐에 달려 있습니다. 사적인 이익과 당파의 목적을 위하여 국가와 국민을 버릴 수 있는 사람이 소인이고, 공적인 이익을 위하여 사적인 이익을 포기할 줄 아는 사람이 군자입니다. 군자는 두루周 친화하여 서로 다른 사람도 용납할 수 있는 사람입니다. 그러나 소인은 편당比을 짓고 라인을 만들며 줄을 세우는 사람입니다. 어떤 정치인이 소인인지,《논어》의 잣대가 분명합니다.

주 이 불 비
周而不比 ◦ 훌륭한 정치인은 두루 친화하고 파벌 짓지 않는다.

주(周): 두루 | 비(比): 편당 짓다

양보의 정치인

자왈 능이례양 위국호 하유 불능이례양 위국 여례하
子曰 能以禮讓 爲國乎 何有 不能以禮讓 爲國 如禮何

공자가 말했다. "예로써 남에게 양보할 수 있는 사람이면 국가를 경영함에 무슨 문제가 있겠는가? 예로써 남에게 양보할 줄 모르는 사람이면 국가를 경영함에 예가 무슨 의미가 있겠는가?"

칼이 목에 들어가도 절대 양보 못한다고 자신의 고집을 꺾지 않는 사람이 있습니다. 자신의 신념을 존중하는 것은 좋으나 때로는 자신의 고집을 꺾고 상대방에게 양보하는 것도 훌륭한 리더의 위대한 선택입니다. 당쟁보다는 국가의 미래를 위해 내 생각을 양보하는 것이 진정 나라를 위한 정치인의 모습입니다. 양보는 공감에서 시작됩니다. 타인의 마음을 헤아리고 예禮를 다하여 내 것을 양보하고讓 줄 수 있는 사람이라면 국가를 경영爲國하는 데 아무런 문제가 없다는 것입니다.

경영자는 국민의 마음을 공감하고 그들의 아픔을 이해하고, 그들의 아픔을 어떻게 치유할까를 고민하는 사람이어야 합니다. 평소에 남에게 내 것을 줄 수 있는 사람이 국가의 경영자가 되면 국민에게 무엇을 해주어야 할지를 아는 리더가 될 것입니다. 경영의 핵심은 결국 사람입니다. 사람을 이해하지 못하고, 사람이 기본이 되지 않는다면 그 경영은 그저 효율만 따지는 것일 뿐입니다. 손님이 오면 무조건 더 드시라고 하는 식당은 늘 사람으로 붐빕니다. 내가 가진 것을 양보하는 주인에게 사람은 모여들기 때문입니다.

예양
禮讓 ◦ 예로 양보하는 정치인이 유능한 정치인

양(讓): 양보하다 | 위국(爲國): 나라를 경영하다 | 하유(何有): 숙어 하난지유何難之有의 줄임말, 무슨 어려움이 있겠는가? | 여(如), -하(何): 숙어, -와 같은 것이 무슨 의미가 있겠는가?

제왕들의 리더십

순 유 신 오 인 이 천 하 치 무 왕 왈 여 유 란 신 십 인
舜有臣五人而天下治 武王曰 予有亂臣十人

순舜에게는 다섯 명의 신하가 있어서 천하를 통치했다. 무武왕이 말했다. "나에게 능력 있는 신하 10명이 있다."

공 자 왈 재 난 불 기 연 호 당 우 지 제 어 사 위 성 유 부 인 언 구 인 이 이
孔子曰 才亂 不其然乎 唐虞之際 於斯爲盛 有婦人焉 九人而已

공자가 말했다. "'인재를 얻는 것이 어려운 일'이라는 말이 맞지 않은가? (요순이 다스리던) 당우唐虞 시대는 요즘 시대周보다 인재가 더욱 융성했는데 그중에 여성이 한 분 있었으니 남자는 9명뿐이었다."

삼 분 천 하 유 기 이 이 복 사 은 주 지 덕 기 가 위 지 덕 야 이 의
三分天下 有其二 以服事殷 周之德 其可謂至德也已矣

"주周의 문왕文王은 천하를 셋으로 나누어 그중에 둘을 차지했는데, 나머지 하나를 갖고 있는 은殷나라를 섬기고 복종했으니 주나라의 덕德이 참으로 지극한 덕이라고 할 수 있다!"

위대한 리더가 되기 위해서는 훌륭한 참모가 있어야 합니다. 아무리 능력이 출중하더라도 주변에서 나를 도와줄 유능한 신하가 없다면 그 능력을 제대로 발휘할 수 없기 때문입니다.

순舜에게는 5명五의 유능한 신하臣가 있어서 순의 뜻을 받들어 세상을 다스렸고治, 무왕武王에게는 조직을 잘 관리하는亂 신하臣 10명이 있었습니다. 특히 문왕은 자신이 이미 세상의 땅 70퍼센트 이상을 소유해도 전 정권인 은殷나라에 최선을 다했습니다. 비록 승리했지만 아직 민심을 잃지 않고 있는 지난 권력을 완전히 부정하지는 않겠다는 것입니다. 승자의 패자에 대한 배려가 무왕에게는 있었습니다. 공자는 요堯, 순舜, 우禹, 무왕武王 같은 역대 지도자들의 정치철학과 성공적인 국가 통치를 언급하며 그가 살던 시대의 지도자들에게 경종을 울렸던 것입니다.

재 난
才亂 ◦ 인재를 얻는 것이 가장 어려운 일이다.

란(亂): 다스리다, 어렵다 | 복(服): 복종하다

성공한 정치인

자왈 우오무간연의 비음식이치효호귀신 악의복이치미호불면
子曰 禹吾無間然矣 菲飮食而致孝乎鬼神 惡衣服而致美乎黻冕
비궁실이진력호구혁 우오무간연의
卑宮室而盡力乎溝洫 禹吾無間然矣

공자가 말했다. "나는 우禹에 대하여 어떤 트집도 잡을 수 없도다! 별 볼 일 없는 음식을 먹어도 조상의 제사는 효도를 극진히 하여 지내셨고, 의복은 형편없어도 제복은 아름답게 차려입으셨다. 사는 집은 초라해도 치수 사업에 힘을 다 쏟으셨으니 우禹에 대하여 나는 아무런 트집을 잡을 수 없도다!"

어떤 사람이든 장점과 단점은 모두 갖고 있습니다. 장점이 있으면 조그만 단점이라도 있고, 단점이 있으면 조그만 장점이라도 있습니다. 그런데 우禹는 아무리 단점을 트집間을 잡으려고 해도 잡을 수 없는 사람이라는 것입니다. 본인이 먹는 음식飮食은 보잘것없어도菲 조상의 영혼鬼神을 제사 지낼 때는 효도孝를 극진히致 했으며, 본인이 입는 옷衣服은 형편없어도惡 조상에게 제사 지낼 때 입는 옷黻과 모자冕는 예쁘게美 극진히致 준비했고, 본인이 사는 집宮室은 낮게卑 대충 지었어도 백성의 농사를 위한 도랑溝과 하수도洫 공사에는 최선을 다했다盡力는 것입니다.

정치인에게는 다른 어떤 사람보다 높은 수준의 윤리와 도덕이 요구됩니다. 청빈, 진실, 소탈, 열정, 능력, 배려, 나눔 등 정치인으로서 갖추어야 할 덕목이 한두 가지가 아닙니다. 정치인 우는 모든 면에서 하나도 트집을 잡을 수 없는 정치인이었다고 공자는 강조하고 있습니다.

무
無 ◦ 어느 하나 트집 잡을 것이 없는 정치인

간(間): 트집 잡다 | 비(菲): 보잘것없다 | 귀신(鬼神): 조상의 영령 | 불(黻): 제사에 입는 옷 | 면(冕): 제사에 쓰는 모자 | 구혁(溝洫): 도랑의 치수治水

대신과 구신

계 자 연 문 중 유 염 구 가 위 대 신 여
季子然 問仲由冉求 可謂大臣與

계자연이 묻기를 "자로와 염구는 대신이라 할 만합니까?"

자 왈 오 이 자 위 이 지 문 증 유 여 구 지 문 소 위 대 신 자 이 도 사 군 불 가 즉 지
子曰吾以子爲異之問 曾由與求之問 所謂大臣者 以道事君 不可則止
금 유 여 구 야 가 위 구 신 의
今由與求也 可謂具臣矣

공자가 말했다. "나는 그대가 특별한 질문을 할 것이라 생각했다. 그런데 결국 자로와 염구가 대신이냐는 질문이냐? 이른바 대신이란 자신의 원칙을 가지고 주군을 섬기다가 주군이 받아주지 않으면 자리를 내놓고 떠나는 사람이다. 지금 자로와 염구는 숫자만 채우는 구신이라고 할 수 있다."

왈 연 즉 종 지 자 여 자 왈 시 부 여 군 역 부 종 야
曰然則從之者與 子曰 弑父與君 亦不從也

계자연이 말하기를 "그렇다면 그저 자신의 철학은 없고 윗사람을 쫓아만 다니는 사람인가요?" 공자가 말했다. "그렇다고 해도 부모와 임금을 죽이는 사람을 따르지는 않을 것이다."

계자연은 노나라 계씨 집안의 귀족 계강자의 숙부였습니다. 당시 유력한 정치 가문인 계씨 집안에는 공자의 제자 염구와 자로가 발탁되어 신하로 참여하고 있었습니다. 공자가 천하를 주유하고 조국인 노나라로 돌아오자 공자에게 자신들이 발탁하여 등용한 염구와 자로를 유능한 신하, 대신大臣이라고 할 수 있는지 물었던 것입니다. 특별한 질문이 있을 줄 알았던 공자는 적잖이 실망했습니다. 그리고는 한마디로 부정하며 구색만 갖추는 신하인 구신具臣이라고 평가합니다.

대신은 자신의 뜻을 좇으며 자리에 연연하지 않고 임금의 잘못을 지적하는 사람이고, 구신은 그저 자리에 연연하며 임금의 뜻을 무조건 따르는 숫자만 채우는 신하라는 혹평입니다. 다만 임금과 부모를 죽이는 권력자는 절대로 따르지 않을 사람이란 것을 확인해줍니다. 염구는 계씨를 위해 세금을 많이 걷어 공자에게 탄핵을 당한 적이 있고, 자로는 성급과 용맹만 자랑하여 공자에게 자주 주의를 받았던 제자입니다.

대 신 구 신
大臣, 具臣 ◦ 임금에게 직언하는 신하, 숫자만 채우는 신하

정치 입문 조건

子路使子羔 爲費宰 子曰 賊夫人之子

자로가 자고를 비 땅의 행정관으로 임명하자 공자가 말했다. "남의 자식을 망치는구나!"

子路曰 有民人焉 有社稷焉 何必讀書然後 爲學

자로가 말했다. "백성이 있고, 사직이 있는데 어찌 독서한 후에 배웠다고 하겠습니까?"

子曰 是故惡夫佞者

공자가 말했다. "그래서 내가 말 잘하는 놈을 미워하는 것이다."

공자가 아끼고 사랑했지만 가장 대립도 많았던 제자 중에 한 사람이 자로입니다. 공자보다 9살 연하였던 자로는 공자의 충성스런 제자이기도 했지만 공자에게 무조건 복종했던 제자는 아니었습니다. 자로는 자신의 후배였던 자고를 비費 지역의 행정 책임자로 발탁하여 임명했습니다.

공자는 그 소식을 듣고 제자 한 사람을 망쳤다고 비난했습니다. 아직 정치에 나갈 준비가 안 된 제자를 정치로 끌어들였다는 것이었습니다. 이에 지지 않고 자로는 백성과 사직이 있는데 무슨 지식이 더 필요하냐고 하면서 공자의 말에 이의를 제기한 것입니다. 자로 말이 틀린 것은 아니었습니다. 이미 백성이 있고 경제가 제대로 돌아가고 있는데 무슨 정치인의 자격이 까다로울 필요가 있느냐는 것이었습니다. 할 말이 없던 공자는 말 잘하는 놈을 미워한다는 말로 자로를 비난한 것입니다. 아직 준비가 안 된 제자를 정치에 끌어들인 자로, 그것을 비난한 공자, 정치에 무슨 자격이 필요하냐고 항변한 자로, 참 재미있는 설정입니다.

何必讀書 ◦ 정치인이 되는 데 독서와 지식이 반드시 필요한가?

재(宰): 행정관 | 적(賊): 해치다, 망치다 | 영(佞): 말 잘하다

정치인의 자세

자 장 문 정
子張問政

자장이 정치를 물었다.

자 왈 거 지 무 권 행 지 이 충
子曰 居之無倦 行之以忠

공자가 말했다. "자신의 임무에 게으르지 말라! 국정을 시행함에 최선을 다해라!"

자장의 이름은 전손사顓孫師입니다. 성이 전손이고 이름이 사입니다. 자장은 그의 자입니다. 낮은 신분 출신이었고, 범죄 경력까지 갖고 있었던 자장은 외모가 뛰어나 사람들의 주목을 받았습니다.《논어》에 나오는 자장은 출세욕이 강하고, 적극적이며, 명성에 대한 욕구가 강한 사람입니다. 그러나 훗날 성숙한 사람이 되어 많은 사람들의 존경을 받았습니다. 그런 자장이 공자에게 정치에 대하여 직접 물은 것입니다.

공자는 두 가지로 답합니다. "게으르지 말 것", "최선을 다할 것". 공자의 대답을 살펴보면 질문한 사람에 대하여 알 수 있는 단서가 있습니다. 게으르지 말고 최선을 다하는 것이 정치라는 공자의 대답 안에는 자장이 정치인으로서 부족한 점이 들어 있을 것입니다. 정치를 하고 공직자가 된다는 것은 누구보다 부지런하고 열정을 갖고 있어야 한다는 뜻입니다. 그저 안정된 직업 정도로 생각하고 남에게 군림하려는 생각만 갖고 있다면 일찌감치 다른 길을 선택하는 것이 좋을 것입니다.

거 지 무 권 행 지 이 충
居之無倦 行之以忠 ◦ 게으르지 말고 열정으로 일하라!

성과를 내기 위한 시간

자로 10

자왈 구유용아자 기월이이 가야 삼년 유성
子曰 苟有用我者 朞月而已 可也 三年 有成

공자가 말했다. "만약 나를 등용하여 정치를 맡기는 자가 있다면 일 년이면 작은 성과가 나타날 것이다. 삼 년이면 완성된 성과가 나올 것이다."

공자는 정치에 참여하기를 간절하게 바랐습니다. 《논어》의 많은 곳에서 정치에 참여하고 싶은 공자의 심정과 이야기가 나옵니다. 공자가 제자 자로와 함께 한껏 기대를 품고 위나라에 갔던 것도 정치에 참여할 수 있는 기회를 얻기 위함이었습니다. 지금의 관점에서 보면 왜 그토록 공자가 정치에 관심이 많았는지 이해가 안 갈 수도 있습니다. 학자로서 교육자로서 제자들을 잘 양성하여 그들을 정치에 내보내는 것이 훨씬 더 나은 공자의 모습이었을 텐데 말입니다.

정치의 기대를 위나라로 품고 갔던 공자는 결국 정치에 참여할 기회를 얻지 못했습니다. 그리고 너무 아쉬워 한탄하며 이 말을 한 것 같습니다. 자신을 정치에 등용하면 일 년이면 나라가 바뀌고, 삼 년이면 성과를 낼 수 있는데, 아쉽다는 마음이 그대로 드러납니다. 일 년 만에 작은 변화가 생기고, 삼 년이면 성과를 낼 수 있다는 공자의 말에 성급함이 묻어납니다. 정치는 빨리 무엇을 이루려 하면 성과를 낼 수 없다는 '욕속부달(欲速不達)'의 철학과 위배되는 면도 있습니다. 한 인간이 어찌 일관성 있게 살 수 있겠습니까? 공자도 사람인지라 때로는 성급한 마음에 평소 생각과 다른 이야기도 합니다. 그런 공자가 더 인간적입니다.

삼 년 유 성
三年有成 ◦ 내가 정치를 하면 삼 년이면 성과를 낼 수 있다!

기(朞): 만 일 개월 또는 일 년

선인의 정치

자 왈 선 인 위 방 백 년 역 가 이 승 잔 거 살 의 성 재 시 언 야
子曰 善人 爲邦百年 亦可以勝殘去殺矣 誠哉是言也

공자가 말했다. "훌륭한 정치인들이 나라를 백 년간 이어서 통치하면 아마도 잔인한 사람들이 교화되어 사형의 형벌이 없어지는 세상이 될 것이라 했는데, 진실로 이 말이 좋구나!"

선인善人은 심성이 착하고 능력이 있는 사람입니다. 사랑을 베풀고, 죄를 용서하고, 약한 자를 품어주고, 능력이 모자란 자를 버리지 않는 사람입니다. 이런 사람이 정치 지도자로 계속해서 나와 백 년 정도 정치를 하면 세상은 따뜻한 세상으로 변한다는 것입니다.

승잔거살勝殘去殺은 잔인殘忍한 사람이 교화되어 사형殺당하는 사람이 없게 된다는 뜻입니다. 아무도 죽을 죄를 짓지 않고 평화롭게 사는 세상을 만든다는 것입니다. 공자는 선인의 정치를 추구했습니다. 지도자가 바르고 착한 사람이 되어야 세상이 평화롭게 된다는 것입니다. 백성을 풍족하게 먹고살게 해주고, 국가의 국방력을 갖추어 보호하고, 사회의 신뢰를 높여 주는 정치 목표를 선인이 이끄는 정치가 가능하게 할 것이란 믿음이었습니다.

승 잔 거 살
勝殘去殺 ◦ 잔인한 사람이 없어지고, 살인의 형벌이 폐지되는 평화로운 세상

잔(殘): 잔인하다 | 살(殺): 사형

나라의 흥망을 결정하는 한마디

자로 15

정공 문일언이가이흥방 유저
定公 問一言而可以興邦 有諸

노나라 정공이 묻기를 "말 한마디에 나라가 흥한다고 하는데 그런 일이 있습니까?"

공자대왈 언불가이약시기기야 인지언 왈위군난 위신불이 여지위군지난야
孔子對曰 言不可以若是其幾也 人之言 曰爲君難 爲臣不易 如知爲君之難也
불기호일언이흥방호 왈일언이상방 유저
不幾乎一言而興邦乎 曰一言而喪邦 有諸

공자가 대답하여 말했다. "말 한마디에 그와 같이 나라가 흥한다고는 할 수 없지만, 사람들이 하는 말 중에 '임금 노릇 하는 것이 어렵고, 신하 노릇 하는 것도 쉽지 않다'고 했으니 만약에 임금 노릇 하는 것이 어렵다는 말을 이해한다면 이 말 한마디에 나라가 흥하는 것을 기약할 수 있지 않을까요?" 정공이 말하기를 "말 한마디에 나라를 잃는다고도 하는데 그런 일이 있습니까?"

공자대왈 언불가이약시기기야 인지언 왈여무락호위군 유기언이막여위야
孔子對曰 言不可以若是其幾也 人之言 曰予無樂乎爲君 唯其言而莫予違也
여기선이막지위야 불역선호 여불선이막지위야 불기호일언이상방호
如其善而莫之違也 不亦善乎 如不善而莫之違也 不幾乎一言而喪邦乎

공자가 대답하여 말했다. "말 한마디에 그와 같이 나라가 망하는 것을 기약할 수는 없지만 사람들이 하는 말 중에 '나는 임금 되는 것이 즐거운 것이 아니라 오직 내 말을 아무도 거스르지 않는 것이 즐겁다'라는 말이 있으니 만약에 그 임금이 좋은 사람이어서 아무도 그의 말을 거스르지 않는다면 그것은 또한 좋은 일이 아니겠습니까? 그런데 만약 그 사람이 좋은 사람이 아닌데 아무도 그의 말을 거스르지 않는다면 그 말 한마디에 나라가 망한다는 것을 기약할 수 있지 않을까요?"

노나라 왕 정공이 공자에게 나라의 흥망을 결정하는 말 한마디를 해달라고 했습니다. 공자는 "임금 노릇하는 것이 어려운 일이다爲君難." 이 말 한마디만 제대로 이해한다면 그 나라는 흥할 수 있다고 했습니다. 반대로 "임금 노릇하는 것이 좋은 것이 아니라無樂乎爲君" 내 말을 아무도 거역 못하는 것이 즐거운 일이다言而莫予違!" 이 말을 좇는다면 그 나라는 망할 것이라고 했습니다. 임금의 자리는 어려운 자리이며, 주변에서 아부하는 사람의 말을 듣지 말고 쓴 소리 하는 사람들의 말을 들어야 할 자리입니다. 권력을 즐기는 순간 몰락의 길이 기다립니다. 권력의 달콤함은 아무도 나의 말에 거스르지 않는다는 것입니다. 이 달콤함에 길들여지면 결국 지도자는 추락하고, 나라는 기울게 될 것입니다.

위군난
爲君難 ◦ 임금 노릇하는 것이 어려운 일이다.

정치인은 예를 좋아한다

자 왈 상 호 례 즉 민 이 사 야
子曰上好禮則民易使也

공자가 말했다. "윗사람이 예를 좋아하면 백성을 통치하기 쉽다."

예禮는 유교에서 중요하게 여기는 덕목입니다. 유교에서 예에 대한 정의도 다양합니다. 다양한 의식 절차로서의 예에서부터, 사회의 원칙과 상식으로서의 예에 이르기까지 너무나 다양해서 한마디로 예를 정의하기란 쉬운 일은 아닙니다. 다만 예가 절하고 인사하는 의식 절차로서의 예만은 아닌 것은 분명합니다.

공자는 정치인이 예를 좋아하면好禮 백성을 통치하기 쉽다고 했습니다. 너무나 짧은 정의라 해석하기가 쉽지 않습니다. 여기서 예는 예우禮遇한다는 의미로 해석을 해봅니다. 지도자가 백성을 예우하고 존중하고 배려하면 사람들이 그 지도자를 믿고 따를 것입니다. 일명 '서번트 리더십'입니다. 백성을 예로 섬기고 높이면 결국 그들의 마음을 움직여 내가 원하는 방향으로 따라오게 할 수 있을 것입니다. 예는 예를 갖추어 사람을 대하는 것입니다. 위계의 엄격함이 아니라 상호 간에 존중과 배려가 예입니다. 특히 윗사람이 아랫사람을 예우하면 그들의 마음을 얻을 수 있을 것입니다. 군림하고 강요하는 지도자에게 마음을 주고 따라갈 사람은 없습니다.

호
好 ◦ 상대방을 예로써 대우하기를 좋아한다.

문제는 담장 안이야!

계씨 1

계씨장벌전유 염유계로 현어공자왈 계씨장유사어전유
季氏將伐顓臾 冉有季路 見於孔子曰 季氏將有事於顓臾

노나라 귀족 계씨가 소국小國 전유顓臾를 치려고 했는데 염유와 계로가 공자를 만나 말했다. "계씨가 전유를 치려는 일을 벌이려는 것 같습니다."

공자왈 구무내이시과여 부전유 석자선왕 이위동몽주 차재방역지중의
孔子曰 求無乃爾是過與 夫顓臾 昔者先王 以爲東蒙主 且在邦域之中矣
시사직지신야 하이벌위
是社稷之臣也 何以伐爲

공자가 말했다. "염유求야! 이것은 너의 잘못이 아니더냐? 전유는 옛날 선왕께서 동몽산의 제주로 삼았고, 또한 노나라 구역 안에 있으니, 이 나라는 사직의 신하이다. 무엇 때문에 전유를 정벌하려고 하느냐?"

염유왈부자욕지 오이신자 개불욕야 공자왈 구 주임 유언왈 진력취렬
冉有曰夫子欲之 吾二臣者 皆不欲也 孔子曰 求 周任 有言曰 陳力就列
불능자지 위이부지 전이불부 즉장언용피상의 차이언과의 호시출어합
不能者止 危而不持 顚而不扶 則將焉用彼相矣 且爾言過矣 虎兕出於柙
귀옥훼어독중 시수지과여
龜玉毁於櫝中 是誰之過與

염유가 말하기를 "계씨가 그런 뜻을 갖고 있는 것이지 저희 두 신하가 그런 뜻이 아닙니다." 공자가 말했다. "염유야! 옛날 사관史官 주임周任이 한 말이 있단다. '내 힘을 다하여 관직에 나아가 능력을 제대로 발휘하지 못하면 그 자리에서 물러날 것이고, 군주의 위기를 붙잡아주지 못하고, 군주가 엎어지는 데 부축해주지 못하면 그 신하를 어디에다 쓸 것인가?' 그리고 네가 하는 말에 문제가 있다. 호랑이와 들소가 우리에서 도망쳐 나가고, 거북박제와 옥이 보물상자 안에서 훼손되었다면 이것은 누구의 잘못이겠는가?"

염유왈 금부전유 고이근어비 금불취 후세필위자손우 공자왈
冉有曰 今夫顓臾 固而近於費 今不取 後世必爲子孫憂 孔子曰
구군자질부사왈 욕지 이필위지사 구야문유국유가자 불환과이환불균
求君子疾夫舍曰 欲之 而必爲之辭 丘也聞有國有家者 不患寡而患不均
불환빈이환불안 개균무빈 화무과 안무경
不患貧而患不安 蓋均無貧 和無寡 安無傾

염유가 말했다. "지금 전유는 성곽이 단단하고 비費 지역 근처에 있어서 지금 만약 정벌하여 취하지 않으면 후세에 반드시 자손들의 걱정거리가 될 것입니다." 공자가 말했다. "염유야! 군자는 '내가 하고 싶어서 그런 것이야!'라고 말하지 않고, 어떻게든 변명의 말을 만들어내서 자기가 하고 싶은 것을 정당화하는 것을 가장 미워한단다. 내가 듣기로는 한 나라와 한 집안을 경영하는 사람은 백성의 숫자가 적음을 근심하지 않고 백성이 균등한 생활을 하지 못하는 것을 근심하고, 내가 재정이 가난한 것을 근심하지 않고 백성이 안정되지 못한 것을 근심한다고 들었다. 대체로 백성이 균등하면 내가 가난해지는 일은 없고, 백성이 화합하면 백성이 적어지는 일은 없고, 백성이 편안하면 나라가 망하는 일은 없단다."

부여시고 원인 불복즉수문덕이래지 기래지즉안지 금유여구야 상부자
夫如是故 遠人 不服則修文德以來之 既來之則安之 今由與求也 相夫子
원인불복이불능래야 방분붕리석이불능수야
遠人不服而不能來也 邦分崩離析而不能守也

"이와 같기 때문에 먼 지역에 있는 사람들이 복종하지 않으면 문덕文德을 닦아 그들을 스스로 오게 해야 하고, 그들이 찾아오면 그들을 편안하게 해주어야 한다. 지금 너희 자로와 염유는 계씨를 돕는 신하 입장에서 먼 지역에 있는 사람들은 복종하지 않는데도 스스로 오게 하지도 못하고, 나라는 분열되고 무너져 이반되고 쪼개지는데도 제대로 너희 역할을 수행하지도 못하고 있구나!"

이모동간과어방내 오공계손지우 부재전유이재소장지내야
而謀動干戈於邦內 吾恐季孫之憂 不在顓臾而在蕭牆之內也

"그런데 너희들은 창과 방패를 나라 안에서 동원할 계획을 세우고 있으니, 난 계손의 고민이 전유에 있는 것이 아니라 담장 안에 있지 않을까 심히 염려스럽다."

계씨의 신하가 된 염유와 자로, 그리고 공자가 벌이는 정치 토론입니다. 이슈는 간단합니다. 계씨가 전유라는 지역을 공격하고자 하는데 이유는 미래의 위협을 제거하여 나라를 안정시키고자 함입니다. 이 말을 들은 공자는 속마음은 결국 땅을 빼앗고 권력을 확장하고자 하는 데 있다고 지적합니다. 그리고 그 일에 연루된 두 제자가 그 일에 앞장서고 있음을 비난합니다. 겉으로는 미래의 위협 제거지만 결국 지도자의 탐욕을 채우고자 하는 일이라는 지적입니다. 그리고 공자는 한 나라의 위협은 담장 밖이 아니라 결국 제대로 정치를 보좌하지 못하는 신하와 탐욕의 군주가 함께 만드는 담장 안에서의 위협에서 시작된다고 비판합니다. 국가의 존망은 외부의 위협보다도 내부의 분열과 정치 지도자들의 탐욕에 의해 결정됩니다.

소장지내
蕭牆之內 ◦ 문제는 담장 안에서부터 시작된다.

전유(顓臾): 노魯나라 안에 있는 조그만 나라 이름 | 주임(周任): 사관史官의 이름 | 지(持): 붙잡다 | 전(顚): 넘어지다 | 시(兕): 외뿔 소 | 합(柙): 짐승을 가둬 두는 우리 | 독(櫝): 신주를 넣어 두는 궤짝 | 비(費): 계씨의 사읍 | 석(析): 쪼개다 | 소(蕭): 쑥

퍼스트 레이디의 칭호

방 군 지 처 군 칭 지 왈 부 인 부 인 자 칭 왈 소 동 방 인 칭 지 왈 군 부 인
邦君之妻 君稱之曰夫人 夫人自稱曰小童 邦人稱之曰君夫人
칭 저 이 방 왈 과 소 군 이 방 인 칭 지 역 왈 군 부 인
稱諸異邦曰寡小君 異邦人稱之亦曰君夫人

한 나라 임금의 부인을 군주가 부를 때는 부인夫人이라고 하고, 부인이 스스로 부를 때는 소동小童이라고 하고, 국민이 부를 때는 군부인君夫人이라고 하고, 다른 나라 사람들에게 말할 때는 과소군寡小君이라고 하고, 다른 나라 사람들이 부를 때는 또한 군부인君夫人이라고 한다.

유교에서 호칭은 무엇보다 중요한 정치의 요소입니다. 이름과 실제가 제대로 부합되지 않으면 정치가 제대로 이루어질 수 없다고 공자는 강조하고 있습니다. 이른바 정명正名의 정치철학입니다. 군주의 부인에 대한 이름名과 호칭을 나열하고 있습니다. 임금이 부인을 부를 때는 '부인夫人', 부인이 자신을 호칭할 때는 '작은 아이'라는 의미의 '소동小童', 백성이 퍼스트레이디를 부를 때는 '임금의 부인'이라는 의미의 '군부인君夫人', 이웃 나라 사람들에게 임금이 자신의 부인을 호칭할 때는 '과인의 작은 임금'이라는 의미의 '과소군寡小君', 이웃 나라 사람들이 임금의 부인을 호칭할 때는 '임금의 부인'이라는 의미의 '군부인君夫人'이라고 부른다는 것입니다.

《논어》에 왜 갑자기 임금의 부인에 대한 다양한 호칭이 나왔는지는 잘 이해가 되지 않습니다. 공자가 직접 한 말도 아니고, 앞의 문장과의 연관성도 떨어지고, 〈계씨〉 편의 마지막 구절인 것으로 보아 후세에 누군가 의도적으로 끼워 넣은 것이 아닌가 생각됩니다. 그래도 임금의 부인, 요즘의 퍼스트레이디에 대한 다양한 호칭이 재미있습니다.

군 부 인
君夫人 ◦ 백성이 임금의 부인을 부르는 호칭

8명의 정치인들

주 유 팔 사 백 달 백 괄 중 돌 중 홀 숙 야 숙 하 계 수 계 와
周有八士 伯達 伯适 仲突 仲忽 叔夜 叔夏 季隨 季騧

주周나라에 8명의 선비가 있었다. 백달, 백괄, 중돌, 중홀, 숙야, 숙하, 계수, 계와가 그들이다.

주周나라에 8명의 훌륭한 선비士가 있다는 것인데 누가 말했는지는 나와 있지 않습니다. 그리고 〈미자〉 편의 마지막 구절이니, 아마도 후대에 누군가 끼워 넣은 문장이 아닌가 싶습니다. 《논어》에는 각 편의 마지막 구절에 누가 말했는지 모르는 글들이 끼워져 있습니다. 공자의 말이라고 억지로 해석하기보다는 전해 오는 이야기 정도로 해석하는 것이 좋을 듯합니다. 주나라의 뛰어난 선비들 8명의 이름은 백伯, 중仲, 숙叔, 계季로 이루어져 있습니다. 백伯은 맏아들, 중仲은 둘째, 숙叔은 셋째, 계季는 막내의 의미이니 아마도 형제들인 것 같습니다. 이들이 누구인지, 어떤 활동을 했는지는 알려져 있지 않습니다. 다만 주나라 태평성대에 훌륭한 선비들이 많이 배출되었다는 의미 정도로 해석하면 될 듯합니다. 8명이란 숫자도 다소 인위적입니다. 팔선八仙은 8명의 신선이라는 뜻이니, 팔八이란 숫자는 어떤 완성의 숫자를 의미합니다. 8명의 아들을 낳은 어머니가 누구인지 궁금합니다.

팔 사
八士 ◦ 8명의 훌륭한 선비

검찰총장의 슬픔

맹씨 사양부 위사사 문어증자 증자왈 상실기도 민산구의
孟氏 使陽膚 爲士師 問於曾子 曾子曰 上失其道 民散久矣
여득기정즉애긍이물희
如得其情則哀矜而勿喜

맹씨가 증자의 제자 양부陽膚를 검찰총장으로 임명하자, 양부가 증자에게 자문을 구했다. 증자가 말했다. "윗자리에 있는 사람들이 도를 잃어서 백성의 마음이 떠난 지가 오래되었다. 만약 (죄를 진) 사람들의 실정을 알게 되면 슬퍼하고 위로해야지 기뻐해서는 안 될 것이다."

사사士師는 법을 집행하는 관리의 총 책임자입니다. 현재로 따지면 검찰총장이나 경찰청장이라고 할 수 있습니다. 증자의 제자인 양부가 사사로 임명되어 스승인 증자를 찾아와 자문을 구했습니다. 증자는 법 집행 책임자가 된 제자에게 한마디 당부를 합니다. "죄를 진 사람을 미워하기 전에 그가 죄를 질 수밖에 없는 상황을 먼저 이해해야 한다!" 참 멋진 당부입니다.

증자가 살던 시대는 권력자들의 실정으로 세상이 혼란에 빠지고 백성은 부모자식이 헤어져 얼굴을 못 보고, 처자식은 이산가족이 되어 흩어졌던 시대입니다. 배고픔과 어려움에 많은 백성들이 죄를 지을 수밖에 없는 처지로 내몰린 시대입니다. 이런 시대에 법을 집행하는 관리가 범인을 잡았다고 마냥 기뻐할 일만은 아니라는 것입니다. 범죄자가 왜 범죄를 저지를 수밖에 없었는지 그 실정情을 들으면 슬프고哀 불쌍한矜 생각이 들어야지 기뻐할喜 일이 아니라는 것입니다. 배가 고파서 빵을 훔친 장발장에게 마냥 돌을 던질 수만은 없다는 것입니다.

애긍물희
哀矜勿喜 ◦ 범죄자를 잡으면 슬퍼하고 불쌍히 여겨라! 기뻐할 일이 아니다!

사사(士師): 법을 집행하는 책임자 | 산(散): 흩어지다 | 정(情): 실정 | 긍(矜): 불쌍히 여기다

정치인이 알아야 할 세 가지

자 왈 부 지 명 무 이 위 군 자 야 부 지 례 무 이 립 야 부 지 언 무 이 지 인 야
子曰 不知命 無以爲君子也 不知禮 無以立也 不知言 無以知人也

공자가 말했다. "자신의 운명을 알지 못하면 군자라고 할 수 없고, 자신이 처신해야 할 예의를 모른다면 자리를 지키지 못할 것이고, 상대방의 말을 제대로 파악하지 못하면 사람을 안다고 할 수 없을 것이다."

《논어》의 가장 마지막 문장입니다. 《논어》의 첫 구절이 학學으로 시작했다면 《논어》의 마지막 구절은 지知로 끝납니다. 배움의 결과는 지혜知라는 생각을 해봅니다. 인간이 알아야 할 세 가지 지혜가 있다고 합니다. 첫째는 운명命을 아는 것입니다. 나의 소명의식과 내가 가야 할 길을 아는 것입니다. 이것이 군자의 앎입니다. 둘째, 예禮를 아는 것입니다. 내가 어떻게 살아야 할지에 대한 성찰입니다. 주변 사람들을 예우하고, 몸가짐과 마음가짐을 다듬는 것이 예를 아는 것입니다. 셋째, 말言을 아는 것입니다. 상대방이 무슨 의도를 가지고 있는지, 상대방의 마음 상태는 어떠한지를 말을 통해 알아야 상대방을 제대로 이해할 수 있습니다. 인간이 알아야 할 세 가지, 운명, 예의, 언어를 알아야 비로소 완성된 인간이 될 수 있을 것입니다.

지 명 지 례 지 언
知命 知禮 知言 ◦ 운명을 알고, 예의를 알고, 말을 알아야 비로소 군자라 할 수 있다.

|9장|

공자와 제자들

孔子弟子

《논어》 498개 문장의 대부분은 공자와 그 제자들의 이야기입니다. 공자 아카데미에서 벌어졌던 토론과 질문, 역사적 인물과 정치 지도자들에 대한 평가, 개인적 고민과 사회적 이슈들이 《논어》의 주요 내용입니다.

공자는 '흙수저' 출신이었습니다. 세 살 때 아버지가 죽고 홀어머니 밑에서 어린 시절을 보냈던 공자는 학습學習을 통해 성장했습니다. 배움과 강습은 공자의 중요한 삶의 주제였습니다. 공자가 평생 추구했던 것은 제자 양성과 정치 참여였습니다. 제자들에게 자신의 철학을 전해주고, 제자들과 함께 정치에 참여하여 세상을 바꾸는 것이 그의 꿈이었습니다. 그러나 현실은 모든 것을 다 주지 않았습니다. 많은 제자들이 공자에게 모여들었지만, 공자가 정치에 직접 참여할 기회는 얻지는 못했습니다. 젊은 시절 노나라 사법 책임자가 되어 구악을 일소하는 성과를 올리기도 했지만 당시 귀족들은 공자를 버거워했습니다. 더 이상 조국 노나라에 희망이 없다고 생각한 공자는 56세에 사표를 던지고 제자들과 14 년간의 긴 유랑생활을 떠납니다. 여러 나라를 돌면서 자신의 정치적 포부를 실현할 기회를 얻고 싶었지만 현실은 그를 받아들여 주지 않았습니다. 69세에 조국으로 돌아온 공자는 73세 인생을 마칠 때까지 자신의 철학과 이상을 책으로 정리하고 후세의 학자들에게 자신의 꿈을 이전했습니다.

《논어》에서 보이는 공자는 모든 것이 완전한 성인의 모습은 아닙니다. 때로는 실수도 하고, 잘못된 행동을 하기도 합니다. 그러나 공자는 자신의 실수를 누군가 지적하면 바로 용납하고 자신의 잘못을 인정하는 사람이었습니다. 자신의 부족한 점을 제자들에게 고백하기도 하고, 세상이 자신을 받아주지 않음을 한탄하기도 합니다. 그러나 분명한 것은 공자가 세상을 떠나 산속으로 들어가지 않았다는 것입니다. 그의 철학은 산속 자연이 아닌 시장거리에서 실현될 수 있다고 믿었기에 은자隱者의 길을 선택하지 않은 것입니다. 이 점이 유교가 인간의 철학, 현실의 철학이 된 중요한 이유입니다.

공자는 자신의 인생을 회고하면서 70대를 종심從心이라고 정의합니다. 마음을 좇아 살았던 시기라는 것입니다. 자신의 영혼의 떨림을 좇아 살아도 상식에 어긋나지 않는 자신의 70대를 회고하면서 73세에 세상을 떠납니다. 공자가 살던 당시에는 비록 그를 받아줄 세상의 여지는 좁았지만 그가 죽고 난 후 2,500년 동안 동아시아는 공자의 세상이었습니다. 공자의 철학과 이상은 바로 정치의 근간이 되었고, 지식인의 철학이 되었고, 백성의 상식이 되었습니다. 비록 역사 속에서 공자의 철학이 일부 세력에 의해 오염도 되고 날조도 되었지만, 그의 이상은 철저하게 주류가 되었습니다. 이제 그의 철학과 이상이 우리 시대에 보이게 남아 있지는 않지만 우리들 삶의 패턴에 보이지 않게 작용하고 있다는 것을 부정할 수는 없습니다. 혼란의 시기에 70여 년 인생을 격동적으로 살다 간 공자와 그를 따르던 제자들의 이야기로 들어가 보겠습니다.

목탁

영혼의 떨림을 따라간 사나이

자왈 오십유오이지우학
子曰 吾十有五而志于學

공자가 (자신의 인생을 회고하며) 말했다. "내 나이 15살에 배움에 뜻을 두었다."

삼십이립
三十而立

"30대에는 전문가로 우뚝 설 수 있었다."

사십이불혹
四十而不惑

"40대에는 어떤 상황에도 마음이 흔들리지 않았다."

오십이지천명
五十而知天命

"50대에는 내가 세상에 온 이유를 깨달았다."

육십이이순
六十而耳順

"60대에는 어떤 말도 거슬림 없이 내 귀에 들어오게 되었다."

칠십이종심소욕불유구
七十而從心所欲不踰矩

"70대에는 영혼의 떨림을 좇아 살아도 상식에 벗어나지 않게 되었다."

공자는 당시 정치 지도자들에게 가장 많은 자문 요청을 받은 사람이며, 그의 주변엔 수많은 제자들이 몰려들었습니다. 비록 불우한 가정에서 태어나 홀어머니 밑에서 성장했지만, 결핍을 극복하고 새로운 비전을 제시했던 공자는 동아시아에서 가장 많은 영향을 끼친 인물입니다. 산동성 곡부曲阜라고 하는 소도시 출신이었지만 그는 동아시아를 벗어나 서양에서도 알아주는 인물이 되었습니다. 공자는 말합니다. 인재人才는 노력을 통해 만들어지는 것이라고. 아무리 뛰어난 재능과 선천적 능력을 갖고 태어났어도 후천적 학습과 노력 없이는 인재의 반열에 들 수 없다는 것입니다.

공자는 나이 70살이 되어 자신의 인생을 돌아보며 회고했습니다. 15살, 요즘 중학생 나이에 배움學에 뜻志을 두었다고 하니 일찍부터 자신의 인생 방향을 설정한 것 같습니다. 3살 때 아버지가 돌아가시고 홀어머니 밑에서 자란 공자는 자신을 늘 '학습하는 인간'으로 정의합니다. 그만큼 배움에 대한 공자의 태도는 적극적입니다. 배움에 뜻을 둔 지 15년이 지난 30대에는 전문가로서 우뚝 서게立 되었습니다. 예의禮, 음악樂, 활쏘기射, 전차 몰기御, 정치書, 전략數의 육예六藝에 대한 배움이 경지에 이른 것입니다.

40대는 불확실성의 나이라고 하나요? 이런저런 일에 마음이 움직이고 휘둘리는 시기입니다. 공자는 어떤 일에도 마음이 흔들리지惑 않는 부동심不動心의 경지에 이른 것 같습니다. 공자는 이 시기에 조국인 노魯나라에서 적극적인 정치 활동을 합니다. 높은 자리에 올라 소신을 굽히지 않고 정치 활동을 했습니다. 50대에 하늘天이 나를 이 세상에 내려오게 한命 이유를 깨달았다知는 것은 일종의 소명의식의 자각입니다. 그래서 사표를 쓰고 56세 나이에 제자들과 14년간 외롭고도 힘든 주유천하周遊天下의 길을 떠납니다. 세상에 대한 걱정, 우환憂患 의식이 생긴 것입니다. 60대, 세상을 돌아다니면서 참 많은 일을 겪었을 시기입니다. 굶주림과 조롱, 외로움과 배신의 경험 속에서 귀耳가 순順해집니다. 누가 어떤 말을 해도 모두 순순히 받아들일 수 있는 마음의 큰 공간이 생긴 것입니다.

그리고 70대, 죽음을 앞두고 영원한 자유를 얻습니다. 마음心이 가고자欲 하는 곳所으로 좇아從가도 상식矩과 원칙을 넘어서지踰 않는 경지에 이른 것입니다. 일명 공자의 인생 절정, 종심從心의 시기입니다. 영혼心을 좇아 산다는 것은 인생 절정의 순간입니다. 더 이상 남의 평가에 귀 기울이지 않고, 남과 비교하지 않고, 오로지 자신의 내면세계와 소통하며 살아가는 경지입니다. 공자의 인생은 한마디로 마음이 가고자 하는 방향으로 거침없이 달려가며 살다 간 인생이라고 정의할 수 있습니다.

從心(종심) ◦ 마음의 떨림을 좇아 살리라!

혹(惑): 미혹되다 | 종(從): 좇다 | 유(踰): 넘다 | 구(矩): 90도 각을 재는 곱자, 법도 | 위(違): 위반하다 거스르다

공자가 추구했던 도

자 왈 삼 호 오 도 일 이 관 지 증 자 왈 유
子曰 參乎 吾道 一以貫之 曾子曰唯

공자가 말했다. "증자야! 내 (평생 추구했던) 도道는 일관된 것이 있다!" 증자가 대답하여 말하기를 "알고 있습니다."

자 출 문 인 문 왈 하 위 야 증 자 왈 부 자 지 도 충 서 이 이 의
子出 門人 問曰 何謂也 曾子曰 夫子之道 忠恕而已矣

공자가 나가자 제자들이 증자에게 물었다. "무엇인가?" 증자가 말했다. "스승님의 (일관된) 도는 충서忠恕일 뿐이다."

《논어》에 나오는 베스트 장면입니다. 공자가 자신이 평생 추구했던 도道를 증자에게 전해주는 이 장면은 마치 부처가 자신의 도를 수제자 가섭에게 전해주는 모습과 유사합니다. 부처가 꽃을 하나 따서 보여주었고, 제자 가섭은 미소로 답함으로써 부처님의 도가 가섭에게로 이어졌다는 염화미소의 이야기와 공자가 자신의 도를 물었고 제자 증자가 알았다唯고 답함으로써 공자의 도가 증자에게로 이어졌다는 이야기는 너무나 닮아 있습니다.

삼參은 공자의 제자 증자의 이름이며, 제자들 중에 뛰어난 제자는 아니었습니다. 그런데 공자는 증자에게 자신이 평생 일관一貫되게 추구했던 도에 대하여 물었고, 증자는 알겠다고 대답합니다. 공자가 그 자리에서 나가고出 제자들은 모여들어 증자에게 다그칩니다. 뭘 안다고 그리 쉽게 대답했느냐는 것이죠. 증자는 충서忠恕라고 대답함으로써 모든 상황은 종료됩니다. 결국 공자 문하의 2대 스승 자리는 증자에게로 돌아갑니다. 서로 그 자리를 노리던 다른 제자들의 표정이 눈에 선합니다. 닭 잡던 개 지붕 쳐다보는 심정이었을까요? 자신들보다 못한 증자에게 도를 전수한 공자에 대한 원망도 있었을 겁니다.

충서의 충忠은 진심을 다하는 것이고, 서恕는 타인의 마음을 헤아리는 것입니다. 충서를 간단히 말하면 '진심을 다하여 상대방의 마음을 헤아리는 것'이라고 말할 수 있습니다. 공자가 평생 추구했던 도는 특별한 것이 아니라 '진심 어린忠

공감恕'입니다. 이것이 인仁의 정신이고 인간다움입니다. 사람은 진심으로 타인의 마음을 공감할 줄 알아야 진정 인간다울 수 있다는 것입니다.

자식이 진심으로 부모의 마음을 헤아리는 것이 효孝의 충서이고, 윗사람이 진심으로 아랫사람의 마음을 헤아릴 줄 아는 것이 자애慈의 충서입니다. 형제끼리 진심으로 서로의 마음을 헤아릴 줄 아는 것이 우애友의 충서이고, 사람들끼리 진심으로 서로의 마음을 헤아리는 것이 공경敬의 충서입니다. 이것이 공자가 평생 동안 추구했던 일관된 철학이었습니다.

一以貫之(일이관지) ◦ 일관되게 추구했던 것

공자라는 큰 궁궐

숙 손 무 숙 어 대 부 어 조 왈 자 공 현 어 중 니
叔孫武叔 語大夫於朝曰 子貢 賢於仲尼

노나라 대부 숙손무숙이 조정에서 대부들에게 말하기를 "자공이 공자보다 낫다"라고 했다.

자 복 경 백 이 고 자 공 자 공 왈 비 지 궁 장 사 지 장 야 급 견 규 견 실 가 지 호
子服景伯 以告子貢 子貢曰 譬之宮牆 賜之牆也及肩 窺見室家之好
부 자 지 장 수 인 부 득 기 문 이 입 불 견 종 묘 지 미 백 관 지 부 득 기 문 자 혹 과 의
夫子之牆 數仞 不得其門而入 不見宗廟之美 百官之富 得其門者 或寡矣
부 자 지 운 불 역 의 호
夫子之云 不亦宜乎

자목경복이 이 말을 자공에게 전하니 자공이 말했다. "궁궐의 담장에 비유하면 나의 담장은 겨우 어깨 정도 높이라 궁궐 안의 좋은 풍경을 들여다볼 수 있지만 우리 선생님의 담장은 몇 길 높이라 그 문을 거쳐 들어가지 않으면 종묘의 아름다움과 백관의 풍성함을 볼 수가 없다. 그런데 그 문을 들어가 본 자가 매우 적으니 숙손무숙이 그렇게 이야기한 것이 당연하지 않겠는가?"

자공은 공자보다 당시 귀족들에게 더 유명했습니다. 심지어 스승인 공자보다 제자인 자공이 훨씬 뛰어나다는 평가도 있었습니다. 공자가 죽고 난 후 자공은 여러 나라에서 정치인으로 성공하여 권력과 부를 모두 누리는 인물이 되었습니다. 자공은 이런 평가에 대해서 늘 미안해했고, 공자는 세상에 영합하여 인기를 누리고 있는 제자를 그리 탐탁하게 여기지 않은 것 같습니다.

노나라 귀족이 자공이 공자보다 낫다는 이야기를 하자 자공은 스승인 공자가 자신보다 훨씬 높은 차원의 분이라고 사양하고 있습니다. 궁궐로 비유하면 자신의 궁궐은 어깨 정도 높이의 담장으로 둘러싸여 누구나 그 안의 궁궐을 볼 수 있어 아름다워 보이지만, 공자의 궁궐은 높은 담장으로 둘러싸여 그 담장 안의 아름다움을 아무나 볼 수가 없다는 것입니다. 재미있는 비유입니다. 낮은 담장 안의 집은 누구나 볼 수 있어 아름답다고 감탄할 수 있지만, 높은 담장 안의 집은 아무나 볼 수 없어 그 진면목을 제대로 아는 사람이 드물다는 것입니다. 형만 한 아우 없고, 스승만 한 제자가 없다는 제자인 자공의 스승에 대한 존경이 가득 묻어나는 글입니다. 그러나 당시에는 확실히 자공이 공자보다 더 인기가 있고 능

력 있다고 평가된 것은 분명한 것 같습니다.

한 인간의 진면목을 판단하는 것은 담장 밖에서는 제대로 판단할 수 없습니다. 문을 열고 직접 그 안에 들어가봐야 제대로 알 수 있습니다.

부자지장 수인
夫子之牆 數仞 ◦ 스승님의 담장은 몇 길 높이가 되어
아무나 그 안의 아름다움을 볼 수가 없다.

해와 달이 된 공자

숙손무숙 훼중니 자공왈 무이위야 중니 불가훼야 타인지현자
叔孫武叔 毁仲尼 子貢曰 無以爲也 仲尼 不可毁也 他人之賢者
구릉야 유가유야 중니 일월야 무득이유언 인수욕자절 기하상어일월호
丘陵也 猶可踰也 仲尼 日月也 無得而踰焉 人雖欲自絶 其何傷於日月乎
다견기부지량야
多見其不知量也

노나라 대부 숙손무숙이 공자를 헐뜯자 자공이 말했다. "그렇게 하지 마시오! 공자님은 헐뜯을 대상이 아닙니다. 일반 사람들 중에 똑똑한 사람은 언덕과 같아서 뛰어넘을 수 있지만 공자님은 해와 달과 같아서 뛰어넘을 수 있는 존재가 아닙니다. 사람들이 스스로 가로막는다고 해도 어떻게 해와 달에 손상을 줄 수 있겠습니까? 다만 자신의 수준이 낮다는 것만 보여줄 뿐입니다."

자공은 공자에 대하여 무한한 존경심을 갖고 있는 제자였음에 분명합니다. 사람들이 공자를 비난하거나 저평가를 할 때마다 적극적으로 나서서 스승을 옹호합니다. 어느 귀족이 공자를 비난하자 자공은 공자를 해와 달로 비유합니다. 일반적인 현자는 언덕 정도의 수준이라 얼마든지 뛰어넘을 수 있지만, 공자는 해와 달과 같아서 일반인들이 뛰어넘을 수 없는 차원이라는 것입니다. 해와 달은 아무리 부정하려고 해도 부정할 수 없으니, 공자를 부정하는 것은 스스로 수준이 낮다는 것을 인정할 뿐이라는 것입니다.

이런 제자 한 명 있으면 든든할 것 같습니다. 인생을 살면서 어떤 상황에서도 나를 옹호해줄 내 편이 있다는 것은 행운입니다. 공자에게는 내 편이 되어줄 제자가 많았으니, 비록 지위는 얻지 못했더라도 여한이 없었을 것 같습니다.

일월 무득이유
日月 無得而踰 ◦ 해와 달은 인간이 뛰어넘을 수 없는 존재다.
(자공이 스승인 공자를 해와 달로 비유하면서)

유(踰): 넘다 | 절(絶): 가로막다

위대하다! 공자여!

진 자 금 위 자 공 왈 자 위 공 야 중 니 기 현 어 자 호
陳子禽 謂子貢曰 子爲恭也 仲尼 豈賢於子乎

진자금이 자공에게 말하기를 "그대가 공자를 공경해서 그런 것이지 공자가 어떻게 당신보다 낫다고 하십니까?"

자 공 왈 군 자 일 언 이 위 지 일 언 이 위 부 지 언 불 가 불 신 야 부 자 지 불 가 급 야
子貢曰 君子一言 以爲知 一言以爲不知 言不可不愼也 夫子之不可及也
유 천 지 불 가 계 이 승 야 부 자 지 득 방 가 자 소 위 립 지 사 립 도 지 사 행 수 지 사 래
猶天之不可階而升也 夫子之得邦家者 所謂立之斯立 道之斯行 綏之斯來
동 지 사 화 기 생 야 영 기 사 야 애 여 지 하 기 가 급 야
動之斯和 其生也榮 其死也哀 如之何其可及也

자공이 말했다. "군자는 한마디 말에 지혜로운 자가 되기도 하고, 한마디 말에 무식한 자가 되기도 하니, 말을 어찌 삼가지 않을 수 있겠는가? 선생님을 좇아갈 수 없음은 하늘을 사다리로 올라갈 수 없음과 같다. 우리 선생님이 만약 나라를 얻어 통치하셨다면, 이른바 '백성을 살게 하셨으면 모두 생존했을 것이고, 인도하셨으면 따랐을 것이고, 편안하게 해주셨으면 멀리서 백성이 몰려들었을 것이고, 그들의 마음을 움직였으면 화합했을 것이다. 그분이 살아계심을 모두 영광으로 여기고, 그분이 돌아가시면 모두 슬퍼했을 것이다'라는 것이니 어찌 그분을 좇아갈 수 있겠는가?"

자공이 이번에는 스승인 공자를 하늘에 비유합니다. 어느 귀족이 자공이 공자보다 훨씬 낫다고 했습니다. 자공은 그 귀족을 무식한 사람이라고 표현하며 스승을 옹호합니다. 공자는 하늘과 같이 높고 높아서 아무도 올라갈 수 없는 존재이며, 그분이 정치를 하셨으면, 백성은 모두 그분을 좇아 모여들고, 그분이 다스리는 나라는 풍족하고 행복한 나라가 되었을 것이라는 이야기입니다. 위대한 스승은 현명한 제자에 의해 만들어지는 것 같습니다. 자공이 없었으면 공자도 없었을 것이고, 베드로가 없었으면 예수도 없었을 것이고, 가섭이 없었으면 부처도 없었을 것이란 상상을 해봅니다. 인간의 복 중에 제자 복도 무시 못할 으뜸의 복입니다.

언 불 가 불 신
言不可不愼 ◦ 알지도 못하고 말을 함부로 해서는 안 된다.

수(綏): 편안하다

세상의 목탁

의 봉 인 청 견 왈 군 자 지 지 어 사 야 오 미 상 부 득 견 야 종 자 현 지
儀封人 請見曰 君子之至於斯也 吾未嘗不得見也 從者見之

의儀 땅을 지키던 국경 수비대장이 공자가 왔다는 소식을 듣고 뵙기를 청하며 말하기를 "군자들이 제가 있는 이 지역에 오시면 제가 일찍이 안 만나본 사람이 없습니다"라고 하여 제자들이 공자와 면담을 하게 했다.

출 왈 이 삼 자 하 환 어 상 호 천 하 지 무 도 야 구 의 천 장 이 부 자 위 목 탁
出曰 二三子何患於喪乎 天下之無道也久矣 天將以夫子爲木鐸

그가 공자를 면담하고 나와서 제자들에게 말했다. "여러분들은 세상이 알아주지 않음을 왜 걱정하십니까? 세상이 무도한 지 오래되었는데 하늘이 장차 당신들 스승으로 이 세상의 새벽을 알리는 목탁을 삼고자 하신 것이오!"

나무木로 만든 방울鐸이라는 뜻의 목탁은 스님이 부처님의 소리를 세상에 알리는 역할을 합니다. 목탁은 세상에 부처님의 소리를 전하는 불가의 도구이지만 《논어》에서 그 단어가 나옵니다. 공자와 그의 제자들은 14년간의 긴 유랑생활을 했습니다. 그들이 의儀라고 하는 국경도시에 갔을 때 국경도시 책임자封人가 면담을 요청했고, 제자들從者은 공자와 면담을 하게 해주었습니다. 책임자는 면담 후 상심한 제자들에게 용기를 불어넣는 말을 합니다. 자리를 잃고喪 떠도는 것에 대하여 근심患하지 마라! 하늘이 공자夫子를 세상의 새벽을 알리는 목탁木鐸으로 내려 보내셨으니 반드시 세상이 당신들을 알아줄 때가 올 것이라는 메시지였습니다. 어려운 세상에 새로운 미래를 여는 사람이라면 분명 하늘이 내리신 목탁의 미션을 수행하는 사람입니다. 세상에는 세상 사람들의 숫자만큼 목탁이 있습니다. 목탁은 하늘이 내린 나의 소명입니다. 나의 소리를 세상에 알리는 목탁, 내 존재의 이유를 목탁에서 찾아봅니다.

목 탁
木鐸 ◦ 세상에 진리를 알리는 소리가 되어라!

의(儀): 국경도시 이름 | 봉인(封人): 국경도시 책임자 | 현(見): 뵙다 | 목탁(木鐸): 새벽을 알리는 나무 도구

주유천하

미 생 무 위 공 자 왈 구 하 위 시 서 서 자 여 무 내 위 영 호
微生畝謂孔子曰 丘何爲是栖栖者與 無乃爲佞乎

미생무가 공자에게 말하기를 "그대는 어찌하여 그토록 바쁘게 세상을 돌아다니는가? 말재주로 권력에 아첨하는 것이 아닌가?"

공 자 왈 비 감 위 영 야 질 고 야
孔子曰 非敢爲佞也 疾固也

공자가 말했다. "제가 어찌 감히 말재주로 아첨을 하려 하겠습니까? 세상의 고집불통의 사람들이 딱해서 그들을 설득하려는 것이지요."

공자는 숨은 은자가 아니라 세상에 나아가 현실의 부조리를 바꾸려고 하는 현실 참여자였습니다. 자신의 능력을 감추고 홀로 산에 들어가 유유자적하며 지내는 사람이 되기보다는 적극적으로 정치에 참여하여 자신의 꿈을 세상에 실현하고자 했습니다.

그런 공자에 대하여 미생무라는 은자가 그저 자리나 찾으려고 권력자들 주변에서 아첨하는 사람이라고 공자를 비난한 것입니다. 공자는 고착固着되고 고집固執스런 지도자들이 나라를 망치고 세상을 혼란에 빠트리는 것을 차마 두고 보지 못해서 세상을 돌아다니는 것이라고 대답하고 있습니다. 출세나 자리를 얻기 위해 세상을 돌아다니며 권력자들을 설득하려는 것이 아니라 보다 나은 정치를 할 수 있도록 도움을 주기 위해서라는 것입니다.

세상에 나아가 현실의 부조리를 바꿀 것인가? 아니면 물러나서 내 삶을 온전히 즐기며 살 것인가? 어느 것 하나 참 쉽지 않은 선택입니다.

질 고
疾固 ◦ 고집불통인 사람들을 증오한다.

미생무(微生畝): 공자보다 나이가 많은 은자隱者 | 서(栖): 바쁜 모양 | 영(佞): 아첨하다

나아가고 물러남을 아는 사람

자 위 안 연 왈 용 지 즉 행 사 지 즉 장 유 아 여 이 유 시 부
子謂顔淵曰 用之則行 舍之則藏 惟我與爾有是夫

공자가 안연에게 말했다. "세상이 나를 써준다면 벼슬길에 나아가고, 세상이 나를 버린다면 물러나 초야에 묻혀 살 것이니, 오직 나와 너만이 이런 삶을 살 수 있을 것이다."

자 로 왈 자 행 삼 군 즉 수 여
子路曰 子行三軍則誰與

자로가 옆에 있다가 말했다. "선생님께서 군대를 지휘하신다면 누구와 함께 하시겠습니까?"

자 왈 포 호 빙 하 사 이 무 회 자 오 불 여 야 필 야 임 사 이 구 호 모 이 성 자 야
子曰 暴虎馮河 死而無悔者 吾不與也 必也臨事而懼 好謀而成者也

공자가 말했다. "맨손으로 호랑이를 때려잡고 맨몸으로 강을 걸어서 건너다 죽어도 후회하지 않는 사람과 나는 (전쟁을) 함께하고 싶지 않다. 반드시 그런 (군대를 지휘할) 일이 생긴다면 전쟁에 임하여 두려워하고, 전략을 잘 세워 승리를 이루어낼 수 있는 사람과 함께할 것이다."

누군가 나를 알아주면用 세상에 나아가 내 능력을 유감없이 발휘하고, 나를 알아주지 않는다면 조용히 물러나藏 자신의 삶을 즐기며 사는 것은 선비의 중요한 진퇴의 철학입니다.

공자는 안회와 자신만이 그런 진퇴의 절도를 안다고 이야기했고, 그 말을 듣고 있던 자로는 은근히 질투하여 군대三軍의 일은 용기 있는 자신과 함께할 것이라고 생각하고 공자에게 물었습니다. 공자는 맨손으로 호랑이虎를 때려잡고暴 강물河을 아무 도구 없이 건너는馮 필부匹夫의 용기를 가진 사람과는 함께하지 않을 것이며, 만약에 그런 상황이 생긴다면 전쟁事에 임臨하여 두려워懼할 줄 알고 전략謀을 잘好 세워 전쟁에서 승리를 이루어成낼 수 있는 사람과 함께하겠다고 대답합니다. 정제되지 않은 감정과 무모한 용기勇氣를 가진 사람보다는 이성적이고 합리적인 사고를 가지고 성과를 낼 수 있는 사람이 공자가 바라던 인재였습니다. 이 대답을 들었던 자로의 표정이 궁금해집니다.

용 즉 행 사 즉 장
用則行 舍則藏。세상이 알아주면 나아가고 나를 버리면 조용히 물러나라!

사(舍): 버리다 | 장(藏): 은거하다 | 여(與): 함께하다 | 포(暴): 맨손으로 잡다 | 빙(馮): 걸어서 건너다 | 구(懼): 두려워하다

공자의 선택

염 유 왈 부 자 위 위 군 호 자 공 왈 낙 오 장 문 지
冉有曰 夫子爲衛君乎 子貢曰諾 吾將問之

염유가 말했다. "우리 선생님이 위나라 임금을 위해서 일을 하실까?" 자공이 말했다. "그래! 내가 가서 물어보겠다."

입 왈 백 이 숙 제 하 인 야 왈 고 지 현 인 야 왈 원 호 왈 구 인 이 득 인 우 하 원
入曰 伯夷叔齊 何人也 曰古之賢人也 曰怨乎 曰求仁而得仁 又何怨

자공이 공자의 방으로 들어가 말하기를 "백이와 숙제는 어떤 사람입니까?" 공자가 말하기를 "옛 시절의 현인들이다." 자공이 말하기를 "(그들은 자신의 결정을) 원망했습니까?" 공자가 말하기를 "인仁을 구하려다 인을 얻었으니 또한 무슨 원망이 있었겠는가?"

출 왈 부 자 불 위 야
出曰 夫子不爲也

자공이 나와서 말했다. "선생님께서는 안 하실거야."

공자와 제자들이 위나라에 갔을 때 왕위 계승 문제로 시끄러웠던 위나라 왕 출공出公은 공자에게 자신을 위해 일을 해달라고 권유합니다. 제자들은 공자가 어떤 결정을 내릴지 궁금했고, 백이伯夷와 숙제叔齊를 비유하여 물었습니다. 백이와 숙제는 옳은 선택을 했고 결국 힘든 삶을 살다가 비극적인 죽음을 맞이했는데 그들은 어떤 원망怨도 없었다는 공자의 대답에 공자가 부당한 위나라 왕을 돕지 않을 것이라고 판단했습니다.

공자는 비록 정치에 참여하는 기회를 얻지 못하더라도 부정한 정권과는 결탁하지 않는다는 생각을 갖고 있었습니다. 인생을 살다 보면 손해 나는 결정을 할 때도 있습니다. 그러나 비록 손해를 보았더라도 마음은 행복할 수 있습니다. 세상을 살다가 내 영혼이 가고자 하는 방향으로 결정하면 여한이 없습니다.

구 인 하 원
求仁何怨 ◦ 인을 추구하다 인을 얻었으니 무슨 후회가 있겠는가?

원(怨): 원망하다 후회하다

행복이 있는 곳

자 왈 반 소 사 음 수 곡 굉 이 침 지 락 역 재 기 중 의 불 의 이 부 차 귀 어 아 여 부 운
子曰 飯疏食飮水 曲肱而枕之 樂亦在其中矣 不義而富且貴 於我 如浮雲

공자가 말했다. "거친 밥에 물 말아 먹고 팔꿈치 구부려 베개 삼아 누워 자더라도 내 즐거움이 그 가운데 있으니 옳지 못한 부귀영화가 나에게 뜬구름과 같다!"

공자가 꿈꾸는 최고의 인생은 즐기는樂 인생입니다. 물질적인 결핍과 사회적 고립이 있더라도 자신의 즐거움만큼은 포기하지 않겠다는 것입니다. 배움을 즐기고, 깨달음을 즐기고, 동지와 함께함을 즐기는 것이 인생의 중요한 가치입니다. 비록 거친 밥疏食을 맹물水에 말아먹고飮, 베개가 없어서 팔뚝肱을 베개枕 삼아 누워 자더라도 자신의 즐거운 삶의 가치만큼은 포기하지 않겠다는 것입니다.

아부하고 옳지 못한不義 행동을 하여 얻은 부귀富貴는 결국 뜬구름浮雲처럼 잠깐 나에게 왔다가 사라지는 것이니 내 인생의 즐거움을 더욱 소중히 여기며 살겠다는 공자의 다짐은 동양 사회 지식인들이 가장 중요하게 생각한 삶의 가치였습니다. 아는 것보다 좋아하는 것이 한 수 위이고, 좋아하는 것보다 즐기는 것이 한 수 위입니다. 오늘 출근해서 하는 내 일을 즐기고, 내가 선택한 삶을 즐기고, 나에게 다가온 고통마저도 즐길 수 있다면 그 안에 인생의 절정이 있다고 할 수 있습니다.

락 재 기 중
樂在其中 ◦ 인생의 즐거움은 어디에도 있다.

소(疏): 거칠다 | 사(食): 밥 | 곡(曲): 구부리다 | 굉(肱): 팔뚝 | 침(枕): 베개 | 부(浮): 뜬

공자의 일상

자 지 연 거 신 신 여 야 요 요 여 야
子之燕居 申申如也 夭夭如也

공자는 평상시 삶은 편안하셨고 온화하셨다.

연거燕居는 평상시 한가롭게 있을 때입니다. 공자의 제자 중에 누군가가 공자의 평상시 모습을 형용한 것입니다. 편안申하고 온화夭함으로 공자의 일상을 형용하고 있습니다. 신申은 몸과 뼈가 펴져 있는 상태입니다. 긴장이 풀어져 몸이 편안하게 완화되어 있는 상태를 신신여申申如라고 표현한 것입니다. 요夭는 화평和平하는 뜻입니다. 평화로운 모습입니다. 요요여夭夭如는 온화하고 따뜻한 모습을 형용한 것입니다.

공자는 평상시에 참 편안하고 온화하셨나 봅니다. 직장에서는 긴장을 늦추지 않고, 결연한 의지로 일을 해야 하는 것이 맞지만 집에서 쉴 때는 편안하고 온화하게 쉬어야 합니다. 그런데 직장이든 집안이든 똑같이 긴장감을 유지하고 있고, 심지어 친구를 만날 때도 결연한 모습으로 대하는 사람들이 있습니다. 평생 긴장을 유지하고 살기에 표정도 늘 심각합니다. 내가 어디에서 누구와 있느냐를 정확히 알고 처신하는 것이 중요합니다.

신 신 여
申申如 ◦ 평상시 긴장을 풀고 편안한 마음으로 살라!

연(燕): 편안하다 | 신(申): 펴다 | 요(夭): 온화하다

휴머니스트 공자

자 견 자최자 면의상자 여고자 견지 수소필작 과지 필추
子見齊衰者 冕衣裳者 與瞽者 見之 雖坐必作 過之 必趨

공자는 상복을 입은 사람, 정장을 입고 있는 사람, 그리고 눈이 안 보이는 사람을 만나면 비록 앉아 있더라도 반드시 일어나서 예를 표했으며, 그들이 지나가면 반드시 기다렸다가 따라갔다.

공자는 휴머니스트였습니다. 공자가 주장하는 인仁은 인간다움입니다. 인간다움은 사랑이며, 사랑은 인간에 대한 공감Empathy에서 시작됩니다.

상복齊衰 입은 사람은 이별의 아픔을 겪고 있는 사람입니다. 멋진 모자冕와 복장衣裳을 차려 입은 사람은 기쁜 일이 있는 사람입니다. 눈이 안 보이는 사람瞽은 장애의 아픔을 가지고 있는 사람입니다. 공자는 이들의 마음을 공감했습니다. 그들을 만나면見 일어나서作 슬픔과 기쁨의 공감을 함께했고 그들이 먼저 지나갈過 수 있도록 길을 비켜주었습니다. 그리고 뒤쫓아趨가는 겸손함도 보여주었습니다. 이런 슬픈 자, 기쁜 자, 약자에 대한 공감이 바로 인의 시작입니다.

공자는 인을 주장한 사람이 아니라 그의 삶 속에서 인을 그대로 실천하며 살았던 사람입니다. 공자가 사람을 대하는 인간적인 태도를 잘 볼 수 있습니다.

필작
必作 ◦ 약자를 보면 일어나서 양보하라!

자최(齊衰): 상복 | 면(冕): 모자 | 의상(衣裳): 정장 웃옷과 바지 | 고(瞽): 소경 | 작(作): 일어나다 | 추(趨): 뒤따라가다

직장인 공자

자왈 출즉사공경 입즉사부형 상사 불감불면 불위주곤 하유어아재
子曰 出則事公卿 入則事父兄 喪事 不敢不勉 不爲酒困 何有於我哉

공자가 말했다. "밖에 나가서 높은 사람公卿을 잘 모시고, 집에 들어와 부모 형제를 잘 섬기고, 상례를 최선을 다해 치르고, 술 때문에 피곤하지 않는 것, 이것들 중에 나에게 무엇이 있겠는가?"

공자가 실천하며 살고 싶어 하는 삶의 모습이 보입니다. 직장에서 상사公卿를 잘 모시기, 집에서 부모형제父兄와 잘 지내기, 상례喪에 최선勉을 다하기, 술酒 때문에 피곤困하지 않기, 이것이 공자가 일상에서 실천하며 살고 싶었던 모습입니다. 현재 직장인의 삶과 그리 멀지 않습니다. 직장에서 일 잘하고, 집에서 우애 있고, 상례에 빠짐없이 참가하여 슬픔을 함께 나누고, 퇴근 후 술 때문에 다음날 일에 지장을 받지 않길 바라는 직장인의 모습을 공자의 일상에서 발견합니다.

겸손의 말로 했겠지만, "술 때문에 몸이 힘들지 않기酒困"는 좀 의외입니다. 공자는 애주가愛酒家였습니다. 파는 술보다는 집에서 담근 가양주를 즐겨 마셨습니다. 술을 좋아하여 많이 드셨으나 주사는 없다고 기록하고 있습니다. 이런 애주가 공자는 술을 마시고 그 다음날 피곤하여 일에 지장이 있었나 봅니다. 술 때문에 망가진 적은 없지만 주독에 고생하신 것 같습니다. 하늘이 내린 위대한 성인이 아니라 평범한 보통 인간의 모습 공자가 더욱 친근하게 다가옵니다.

불위주곤
不爲酒困 ◦ 술 때문에 피곤해서 일을 망쳐서는 안 된다.

면(勉): 힘쓰다

문상의 예절

자식어유상자지측 미상포야 자어시일 곡즉불가

子食於有喪者之側 未嘗飽也 子於是日 哭則不歌

공자는 (초상집에 가서) 상을 당한 사람 옆에서 밥을 먹을 때 한 번도 배불리 먹지 않았으며, 공자는 이날만큼은 눈물을 흘리며 슬픔의 곡을 했고, 노래는 부르지 않았다.

공자의 철학은 공감에서 시작됩니다. 상喪을 당한 사람 옆側에서 밥食을 먹을 때 배불리飽 먹지 않았던 것은 상례를 치르는 자의 슬픔에 대한 공감에서 나온 것입니다. 상주는 슬퍼서 힘들어하는데 그 옆에서 편안하게 밥을 배불리 먹을 수는 없다는 배려입니다. 그리고 조문을 한 그날만큼은 노래歌를 부르지 않으시고 슬픔의 눈물哭을 흘리셨습니다. 남의 슬픔을 공감하고 함께 나누는 것이 인仁이기 때문입니다. 이 구절을 읽다 보면 공자는 매일 노래를 불렀다는 추론을 해봅니다. 그러니까 조문한 그날만큼은 노래를 안 부르고 슬픔의 곡을 하셨다는 것입니다.

상례는 유교에서 중요하게 생각하는 마무리 의식입니다. 한 인간이 세상에 존재하다가 어느 날 세상을 떠날 때, 남은 자들의 슬픔을 의식으로 잘 표현한 것이 상례입니다. 복잡한 절차의 상례가 잘 치른 상례가 아닙니다. 남아 있는 자의 슬픔과 죽은 자의 추모가 상례의 기본입니다. 남의 불행이 나의 행복이 되어 버린 요즘, 타인의 슬픔을 공감하는 마음이 절실합니다.

곡즉불가

哭則不歌 ◦ 조문을 한 날에는 울기만 하셨지 노래는 부르지 않으셨다.

측(側): 옆 | 포(飽): 배부르다

공자가 부끄러워한 것

자 왈 교 언 영 색 주 공 좌 구 명 치 지 구 역 치 지
子曰 巧言令色足恭 左丘明恥之 丘亦恥之

공자가 말했다. "말을 잘하고 표정을 잘 짓고 과다한 공손함을 좌구명이 부끄러워하는데 나도 또한 부끄러워한다."

익 원 이 우 기 인 좌 구 명 치 지 구 역 치 지
匿怨而友其人 左丘明恥之 丘亦恥之

"상대방에 대한 원망이 있는데 감추고 그 사람하고 친구인 척하는 것을 좌구명이 부끄러워하는데 나도 또한 부끄러워한다."

부끄러움이 없다는 것은 인간으로서 양심의 감각이 무뎌진 것입니다. 부정한 방법으로 돈 버는 것을 부끄러워하지 않고, 상대방을 무시하고 비하하면서도 부끄러워하지 않고, 남을 아프게 하는 것을 부끄러워하지 않는 시대는 암울합니다.

공자는 자신이 부끄럽다고 생각하는 것 네 가지를 말하고 있습니다. 첫째, 현란한 말재주로 상대방을 대하는 것巧言, 둘째, 얼굴 표정을 예쁘게 꾸며 상대방을 속이는 것令色, 셋째, 아부에 가까운 공손함足恭, 넷째, 원망을 속이고 만나는 우정匿怨, 이 네 가지가 자신이 부끄러워하는 일이라고 고백합니다. 결국 전체적으로 보면 자신을 속이는 것에 대한 부끄러움입니다. 내 마음을 속이고, 말로, 얼굴로, 몸짓으로만 상대방을 대한다면 참 부끄러운 일이라는 것입니다. 부끄러움을 아는 사람은 아직 희망이 있습니다. 자신이 부끄러운 일을 하면서도 부끄러움을 모르는 것이 진짜 부끄러운 일입니다.

치
恥 ◦ 부끄러움을 아는 것이 성숙한 인간이다.

치(恥): 부끄러워하다 | 주(足): 과도하다 | 공(恭): 공손하다 | 익(匿): 숨기다 | 원(怨): 원망

공자의 주량

사 불 염 정 회 불 염 세
食不厭精 膾不厭細

밥은 정미精米한 것을 싫어하지 않았고, 회膾는 가늘게 썬 것을 싫어하지 않았다.

사 의 이 애 어 뇌 이 육 패 불 식 색 악 불 식 취 악 불 식 실 임 불 식 불 시 불 식
食饐而餲 魚餒而肉敗 不食 色惡不食 臭惡不食 失飪不食 不時不食

밥이 쉰 것과 생선이 상하고 고기가 부패한 것은 먹지 않았고, 색깔이 안 좋은 것은 먹지 않았고, 냄새가 안 좋은 것은 먹지 않았고, 제대로 안 익은 것은 먹지 않았고, 제철이 아닌 음식은 먹지 않았다.

할 부 정 불 식 부 득 기 장 불 식
割不正不食 不得其醬不食

자른 것이 반듯하지 않은 것은 먹지 않았고, 그 음식에 맞는 간장이 없으면 먹지 않았다.

육 수 다 불 사 승 사 기 유 주 무 량 불 급 난
肉雖多 不使勝食氣 唯酒無量 不及亂

고기가 아무리 많아도 밥 기운을 이기게 먹지 않았고, 오직 술을 마실 때 정해진 양은 없었으나 주사를 부리지 않았다.

고 주 시 포 불 식 불 철 강 식 부 다 식
沽酒市脯 不食 不撤薑食 不多食

밖에서 사온 술과 포는 먹지 않았고, 생강 먹는 것을 꾸준히 했으며, 음식을 많이 먹지 않았다.

제 어 공 불 숙 육 제 육 불 출 삼 일 출 삼 일 불 식 지 의
祭於公 不宿肉 祭肉 不出三日 出三日 不食之矣

나라에서 제사 지내고 받은 고기는 하루를 넘기지 않았고, 집에서 제사 지낸 고기는 삼 일을 넘기지 않았으니, 삼 일이 지나면 먹지 못하기 때문이다.

식 불 어 침 불 언
食不語 寢不言

밥 먹을 때는 대답하여 말하지 않았고, 잠잘 때는 말을 걸지 않았다.

수 소 사 채 갱 필 제 필 재 여 야
雖疏食菜羹 必祭 必齊如也

비록 거친 밥과 나물국이라도 반드시 (먹기 전에) 조금 떼어 제사를 지냈으니, 반드시 재계하는 것처럼 했다.

공자의 음식 습관과 생활이 아주 자세하게 실려 있습니다. 그런데 이 글만 보면 공자는 참 까다로운 성격의 소유자입니다. 음식의 색과 냄새가 안 좋아도 안 먹고, 제철 음식 아니면 안 먹고, 안 익어도 안 먹고, 간장 소스가 없어도 안 먹고,

밖에서 사온 음식과 술도 안 먹는, 음식에 대하여 아주 까다로운 식성입니다. 물론 이런 공자의 식습관은 그의 철학과 연관이 있습니다. 결국 '정당正當'하고 '바른正' 것을 추구한다는 공자의 철학이 음식에 반영되어 있는 것입니다.

후대에 공자의 제자들이 공자를 높이면서 공자의 식습관을 왜곡한 것이 아닌가 하는 의심도 드는 구절입니다. 공자는 술을 많이 먹었지만 주사가 없었다는 것과, 생강을 상식했고, 고기를 먹어도 반드시 밥은 먹었다는 것이 재미있게 다가옵니다.

유주무량불급난
唯酒無量不及亂 ◦ 술을 한량없이 마셨으나 술 때문에 난리를 피우지는 않았다.

염(厭): 싫어하다 | 애(餲): 음식이 변하다 | 의(饐): 밥이 쉬다 | 패(敗): 음식이 부패하다 | 임(飪): 익히다 | 고(沽): 사다 | 포(脯): 저미어 말린 고기 | 철(撤): 거두다 | 강(薑): 생강 | 숙(宿): 하룻밤 묵히다 | 갱(羹): 국

공자의 의상

군 자　불 이 감 추 식
君子 不以紺緅飾

군자(공자)는 감색과 검붉은 색으로 옷깃의 선을 두르지 않았다.

홍 자　불 이 위 설 복
紅紫 不以爲褻服

다홍색과 자주색으로 평상복을 만들어 입지 않았다.

당 서　진 치 격 필 표 이 출 지
當暑 袗絺綌必表而出之

더운 여름날에 가는 베와 굵은 베로 만든 홑옷으로 반드시 밖에 걸쳤다.

치 의　고 구　소 의　예 구　황 의　호 구
緇衣 羔裘 素衣 麑裘 黃衣 狐裘

검은 옷에는 염소 가죽의 외투를 입고, 흰 옷에는 사슴 가죽 외투를 입고, 황색 옷에는 여우 가죽 외투를 입었다.

설 구 장　단 우 메
褻裘長 短右袂

평상시 입는 외투는 길게 입었고, 오른 소매는 짧게 했다.

필 유 침 의　장 일 신 유 반
必有寢衣 長一身有半

반드시 잠옷을 입었으니 길이는 몸의 1.5배였다.

호 학 지 후 이 거
狐貉之厚以居

여우와 담비의 두터운 가죽을 입고 지냈다.

거 상 무 소 불 패
去喪無所不佩

탈상하고서는 패물을 차지 않음이 없었다.

비 유 상　필 쇄 지
非帷裳 必殺之

늘어진 치마가 아니면 반드시 (주름 없이) 줄여서 꿰맸다.

고 구 현 관　불 이 조
羔裘玄冠 不以弔

염소 가죽 외투와 검은 모자를 쓰고 조문하지 않았다.

길 월　필 조 복 이 조
吉月 必朝服而朝

초하루에는 반드시 조복을 갖춰 입고 조회에 참석했다.

공자의 의상과 관련된 내용입니다. 그러나 공자가 반드시 이런 의상을 입고 생활했다는 것보다는 공자와 그 집안의 후손들의 의상 예절로 보입니다.

몇 가지 특이한 것은 옷을 입을 때 색깔에 민감했다는 것입니다. 색을 맞추거나 특별한 색을 기피하는 것은 색이 가지고 있는 상징성 때문인 것 같습니다. 간색間色을 싫어한 것은 정통이 아니라는 측면에서 기피한 것이고, 색을 맞춘 것은 명분 있는 결합을 상징한 것입니다.

패물을 차는 것은 모든 것을 갖춘다는 의미이고, 초하루에 예복을 차려입고 조회에 나가는 것은 한 달을 시작하는 날에 마음가짐을 경건하게 한다는 뜻입니다. 여하간 공자가 반드시 이런 의상을 갖추고 생활했다고 해석하는 것은 무리인 것 같습니다.

필유침의
必有寢衣 ◦ 저녁에 잠잘 때는 반드시 잠옷을 입고 자라!

감(紺): 감색 | 추(緅): 검붉다 | 설(褻): 평상시 | 진(袗): 홑옷 | 치(絺): 고은 갈포 | 격(綌): 거친 갈포 | 치(緇): 검은 옷 | 고(羔): 새끼 양 | 구(裘): 갖옷 | 예(麑): 사슴 새끼 | 메(袂): 소매 | 침의(寢衣): 잠옷 | 학(貉): 담비 | 패(佩): 노리개를 차다 | 유(帷): 휘장 | 쇄(殺): 줄이다 | 길월(吉月): 초하루

배움의 열정

자왈 십실지읍 필유충신 여구자언 불여구지호학야
子曰 十室之邑 必有忠信 如丘者焉 不如丘之好學也

공자가 말했다. "열 가구 되는 조그만 마을에 반드시 충신忠信이 나丘 정도 되는 사람은 있겠지만 나만큼 배우기를 좋아하는 사람은 없을 것이다."

구丘는 공자의 이름입니다. 언덕이라는 뜻인데, 아마도 공자의 이마가 크고 언덕처럼 우뚝 솟아서 구라고 이름을 지은 것 같습니다. 노자는 귀가 커서 귀라는 뜻의 이耳라고 이름 지은 것을 보면, 그 당시 사람들은 신체의 특징으로 이름을 많이 지었던 것 같습니다.

열 가구 되는 마을이면 조그만 동네를 의미합니다. 그 정도 작은 동네라도 공자만큼 진실과 신의를 지키며 사는 사람 하나 정도는 있겠지만, 자신만큼 배우기를 좋아하는 사람은 없을 것이라는 공자의 자신에 대한 평가입니다.

공자는 자신을 '배우는 사람'이라고 정의합니다. 배움은 공자의 평생 목표이며 존재 이유입니다. 어려서 15살에 배움에 뜻을 두었고, 배움을 좋아하며, 배움이 세상에서 가장 기쁜 일이라고 늘 말합니다. 그래서 공자가 가장 좋아하는 말이 호학好學입니다. 호학은 《논어》에 16번이나 나옵니다. 자신의 장점을 한마디로 정의해보라고 하면 사람마다 여러 가지 답이 나올 것입니다. 나는 신뢰를 지키는 사람, 정직한 사람, 타인에게 베풀고 나누는 사람 등 대답이 다양할 것입니다. 호기심 가득한 배움의 인생을 산다는 것은 행복한 일입니다.

구지호학
丘之好學 ◦ 나(공자)는 배움을 좋아하는 사람이다.

공자의 연인

자견남자 자로불열 부자시지왈 여소비자 천염지 천염지
子見南子 子路不說 夫子矢之曰 予所否者 天厭之 天厭之

공자가 (위령공의 부인) 남자南子를 (사적으로) 만났다. 자로가 기분 나빠 하자, 공자가 맹세하며 말했다. "내가 (그녀와) 부정한 행동을 했다면 하늘이 나를 버리실 것이다! 하늘이 나를 버리실 것이다!"

남자南子는 위衛나라 영공靈公의 부인이었는데 음란淫亂한 행실이 있었다고 합니다. 공자는 사적으로 남자를 만났고 자로는 그 만남을 탐탁치說 않게 여겼습니다. 공자는 남자와의 만남에 부정否한 행동은 없었다고 맹세矢하면서, 만약 있었다면 하늘天이 자신을 버릴厭 것이라고 두 번이나 강조했습니다. 이 기록만 가지고는 실제 공자와 위령공의 부인과의 부적절한 관계를 정확하게 알 수는 없지만 하늘을 거론하며 두 번이나 아무 일 없었다고 강조한 것을 보면 공자가 제자의 의심을 받는 것이 꽤 억울했던 것 같습니다.

한편으로는 두 번이나 거듭 강조한 것은 무엇인가 숨기는 것이 있어서 그런 것이 아닐까 상상도 해봅니다. 공자는 신이 아니라 인간이었습니다. 완전무결한 사람은 아니었다는 뜻입니다. 때로는 실수도 하고, 증오도 품고, 해서는 안 될 일도 했습니다. 그러나 공자는 자신의 잘못을 변명하는 사람은 아니었습니다. 우리가 유교에 대하여 잘못 알고 있는 관념 중에 하나가 공자는 완전한 성인일 것이라는 착각입니다. 공자는 우리와 같은 인간이었기에 더욱 그 가치가 크다고 할 수 있습니다.

천염지
天厭之 ◦ 내가 부정한 짓을 했다면 하늘이 나를 버릴 것이다!

시(矢): 맹세하다 | 염(厭): 싫어하다, 버리다

편집자 공자

자 왈 술 이 부 작 신 이 호 고 절 비 어 아 노 팽
子曰 述而不作 信而好古 竊比於我老彭

공자가 말했다. "옛것을 잘 편집하되 새롭게 창작하지 않고, 옛것을 확신하고 좋아하는 나를 삼가 노팽에게 비유한다."

애플의 창업자 스티브 잡스의 능력은 창조create가 아니라 편집display이었습니다. 무엇을 창조하는 것도 힘들지만, 기존의 창조된 것을 어떻게 편집할 것인가가 더 위대한 창조일 수도 있습니다. 르네상스는 로마와 그리스 고전의 재창조이며 새로운 편집으로 시작되었습니다. 공자는 스스로를 창조자creator가 아니라 편집자displayer라고 하면서, 과거의 문화古를 확신信하고 좋아한다고好 정의합니다. 그리고 그런 자신을 노팽老彭이란 은殷나라 귀족과 비교比하고 있습니다.

문화는 창조, 계승, 재창조를 통해 발전합니다. 하늘 아래 완벽하게 새로운 것은 없습니다. 과거 인간이 만든 문화를 어떻게 편집하고 재해석하여 시대정신을 반영하여 새롭게 재창조할 것인가는 무엇보다 중요한 일입니다. 공자는《시경》과《서경》,《예기》를 편집했고,《주역》을 시대에 맞게 재해석했습니다. 역사책《춘추》를 통해 역사에 대한 새로운 관점 역시 공자의 뛰어난 능력이었습니다. 창조와 창의는 지나간 문화의 재구성과 새로운 편집을 통해 만들어지는 것입니다.

술 이 부 작
述而不作 ◦ 나는 편집을 하는 사람이지 창작하는 사람이 아니다.

공자의 자기반성

자왈 묵이지지 학이불염 회인불권 하유어아재
子曰 默而識之 學而不厭 誨人不倦 何有於我哉

공자가 말했다. "묵묵히 배운 것을 기억하고, 배움에 싫증 내지 않고, 가르침에 게으르지 않는 것, 이것 중 어떤 것이 나에게 있겠는가?"

공자는 확실히 배움을 좋아하는 인물이었습니다.《논어》첫 구절에서 배움을 인생 최고의 기쁨으로 이야기했고, 15살 어린 나이에 배움에 인생을 걸었다는 구절에서 보듯이 배움은 공자의 인생 전반에 흐르는 삶의 본질이었습니다. 배운 것을 묵묵히默 기억識하고, 배움에 싫증厭 내지 않으며, 그 배움을 전파하고 가르치는誨 일에 게으르지倦 않는 것이 공자의 정체성이며, 삶의 방향이며, 성찰의 항목이었습니다.

공자Confucius의 가르침 유교Confucianism는 배움學을 통해 한 인간이 성숙되고 위대해질 수 있다는 교육철학을 갖고 있습니다. 공자는 자신의 결점을 스스로 고백합니다. 배운 것을 제대로 기억도 못하고, 때로는 배움에 싫증 내고, 남에게 가르치는 것이 게으르다는 자기 고백입니다. 인류의 스승 공자에게도 배움은 만만한 일이 아니었나 봅니다.

하유어아
何有於我 ◦ 무엇이 나에게 있는가?

묵(默): 말이 없다 | 지(識): 기억하다 | 염(厭): 싫증 내다 | 회(誨): 가르치다 | 권(倦): 게으르다

공자의 인생 근심

자왈 덕지불수 학지불강 문의불능사 불선불능개 시오우야
子曰 德之不修 學之不講 聞義不能徙 不善不能改 是吾憂也

공자가 말했다. "덕을 수양하지 못하는 것, 배움을 제대로 익히지 못하는 것, 옳은 것을 듣고 실천에 옮기지 못하는 것, 잘못된 것을 고치지 못하는 것, 이것들이 내 인생의 근심이다."

공자의 자기반성과 아울러 근심에 대한 문장입니다. 공자도 근심이 많았던 사람입니다. 그러나 우리가 생각하는 세속적인 근심은 아니었습니다. 자기성찰을 통해 스스로 문제가 있다고 생각하는 것에 대한 근심이었습니다.

첫째, 인격 수양修德에 대한 근심입니다. 덕을 수양하고 베푸는 것에 대한 성찰입니다. 둘째, 배움의 습득講學에 대한 근심입니다. 배움을 지속하고, 익히고, 내 것으로 만드는 것에 대한 성찰입니다. 셋째, 정의의 실천徙義에 대한 근심입니다. 난 늘 옳은 선택을 하고 옳은 길을 가고 있는가에 대한 성찰입니다. 넷째, 잘못의 개선改善에 대한 근심입니다. 인간이면 늘 잘못을 저지릅니다. 잘못을 반성하고 개선하고 있는가에 대한 성찰입니다.

이 네 가지가 공자의 평생 근심憂이었습니다. 재물, 권력, 명예, 지위가 인생의 고민인 일반인들과 참 많이 다릅니다. 인격, 배움, 정의, 개선에 대한 근심은 공자가 평생 놓치 않은 성찰의 항목입니다.

오우
吾憂 ◦ 내 인생 평생의 근심은?

우(憂): 근심하다 | 강(講): 익히다 | 사(徙): 옮기다

꿈속에서 만난 사람

자왈 심의 오쇠야 구의 오불부몽견주공
子曰 甚矣 吾衰也 久矣 吾不復夢見周公

공자가 말했다. "심각하구나! 내 늙음이여! 오래되었구나! 내가 꿈속에서 주공周公을 다시 보지 못함이!"

공자는 꿈이 있었습니다. 도道가 바로 서는 세상을 만들겠다는 꿈이었습니다. 공자는 73년의 인생을 살면서 한 번도 그 꿈을 포기한 적이 없습니다. 공자가 생각한 이상적인 사람은 주공周公이었습니다. 주공은 주周나라 무왕武王의 동생으로 공자가 꿈꾸던 이상 정치를 실현했던 인물이었습니다. 공자는 너무나 절박하게 주공을 선망했기에 꿈夢속에서 자주 만났습니다. 그런데 나이가 들어 기력이 쇠衰해지고, 더 이상 다시復 주공을 꿈속에서 만나지見 못하게 되었습니다. 꿈속에서 만나고 싶은 사람이 더 이상 나오지 않는다면 늙은 것이라는 공자의 독백이 재미있습니다.

꿈속에서까지 보일 정도로 누군가를 만나고 싶어 하는 사람이 있다는 것은 행복합니다. 사랑하는 연인이나 부모님, 심지어 고대 성현이나 유명인 등 꿈속에서 만나고 싶은 사람은 다양합니다. 더 이상 꿈속에서 만나고 싶은 사람이 나오지 않는 것은 욕망도, 갈망도 없어졌다는 것입니다. 더 이상 만나고 싶은 사람도, 먹고 싶은 음식도, 하고 싶은 일이 없다면 늙음을 한번 돌아봐야 합니다.

심의오쇠야
甚矣吾衰也 ◦ 심하구나! 나의 늙음이여!
더 이상 꿈속에서 그 사람을 볼 수 없구나!

심(甚): 심하다 | 쇠(衰): 늙다 | 부(復): 다시

공자가 살고 싶은 삶

子曰 志於道 據於德 依於仁 游於藝
(자왈 지어도 거어덕 의어인 유어예)

공자가 말했다. "(나는) 도道를 꿈꾸며, 덕德을 실천하고, 인仁을 베풀고, 예藝와 노닐며 살고 싶구나."

이 구절은 공자가 자신이 바라는 삶의 방식을 이야기한 것 같습니다. 이 구절을 읽다 보면 공자의 도덕인예道德仁藝에 근거한 삶을 동경하게 됩니다. 꿈과 목표를 설정하고道, 그 꿈에 걸맞은 일상의 내 능력을 발휘하고德, 주변에 사랑과 배려를 베풀고仁, 예술적 삶에 취하여遊 사는 삶이라면 정말 행복한 삶의 전형처럼 보입니다.

목표가 있는 삶, 덕을 베푸는 인생, 사랑을 나누는 소통, 예술을 사랑하는 열정을 갖고 산 공자가 부럽습니다. 목표도 없고, 베풀거나 나누지도 못하고, 예술에 대한 아무 애정도 없이 사는 인생과 비교가 되기도 합니다.

道德仁藝(도덕인예) ◦ 꿈, 인격, 사랑, 예술을 사랑하며 살자!

거(據): 의거하다 | 의(依): 의지하다 | 유(遊): 노닐다

공자학당 수업료

자 왈 자 행 속 수 이 상 오 미 상 무 회 언
子曰 自行束脩以上 吾未嘗無誨焉

공자가 말했다. "나에게 말린 육포 10개들이 한 묶음 이상만 가져오면 내 일찍이 그를 제자로 받아들여 가르쳐주지 않은 적이 없었다."

스승에게 예물을 갖고 찾아뵙는 의식을 '속수束脩의 예禮'라고 하는 것은《논어》의 이 구절에서 나왔습니다.

수脩는 말린 육포이며 속速은 10개 한 묶음을 의미합니다. 공자에게 가르침을 청하러 간 제자들은 각자 수업료에 해당하는 예물을 가지고 갔는데, 육포 한 묶음 이상만 되면 공자는 모두 제자로 받아들였습니다. 공자는 최소한의 성의만 보이면 모두 제자로 받아들여 가르쳤다는誨 것입니다. 돈을 안 받고 가르칠 수도 있지만 적어도 최소한의 물질적 성의는 보여주어야 한다는 것입니다. 성의가 없어 공부를 못하는 것이지, 돈이 없어서 공부를 못하게 하지는 않겠다는 것입니다.

공자에게 많은 제자들이 몰려들었습니다. 그들은 공자에게 수업을 듣고 공부를 연마했습니다. 돈이 없거나 지위가 낮더라도 공자는 차별하지 않았습니다. 배우겠다는 열정이 공자학당의 수업료였습니다.

속 수
束脩 ◦ 배움을 청하는 최소한의 예의, 말린 육포 10개

속(束): 한 묶음, 10개 | 수(脩): 육포

공자학당 수업 원칙

자왈 불분불계 불비불발 거일우 불이삼우반 즉불부야
子曰 不憤不啓 不悱不發 擧一隅 不以三隅反 則不復也

공자가 말했다. "절박하지 않으면 열어주지 않을 것이며, 간절하지 않으면 답해주지 않을 것이며, 한 귀퉁이를 들어주었는데 세 귀퉁이를 돌이켜 추론하지 못한다면 다시는 그에게 가르쳐주지 않겠다."

공자의 수업 원칙입니다. 제자들을 가르칠 때 가장 중요하게 생각하는 것이 제자들의 간절한 태도입니다. 절박하고憤 간절할悱 때 그들의 의문을 풀어서 열어주고啓, 적절한 답을 말해줄發 것이며, 하나를 이야기해서擧 나머지 세 개를 돌이켜反 추론하지 못한다면 다시 반복해서 말해주지 않겠다는 것입니다.

공자는 습관적으로 스승의 이야기를 듣는 제자들의 수동적 학습 태도를 거부했습니다. 제자들이 간절하고 절박하게 고민하고 질문하며 스승의 가르침을 근거로 다른 가르침을 추론해나가는 모습이 진정 배우는 자의 학습 태도라고 생각한 것입니다. 제자들의 간절하지 않은 질문은 아무리 훌륭한 답을 해주어도 그들의 머리에 남지 않는다는 것을 잘 알고 있었던 것 같습니다.

공자학당에 입학해서 졸업하기가 쉽지 않았을 것 같습니다. 들어가기는 쉬워도 스스로 간절하게 배움을 원하지 않으면 공자는 눈길도 주지 않는 스승이었던 것 같습니다. 입학만 하면 쉽게 졸업하는 요즘 대학과는 다른 공자학당의 수업 원칙입니다.

불분불계
不憤不啓 ◦ 절박하지 않으면 배움을 열어주지 않는다.

분(憤): 분발하다 | 계(啓): 열다 | 비(悱): 화내다 | 우(隅): 귀퉁이

돈보다 중요한 것

자왈 부이가구야 수집편지사 오역위지 여불가구 종오소호
子曰 富而可求也 雖執鞭之士 吾亦爲之 如不可求 從吾所好

공자가 말했다. "부자가 되기를 추구한다면 비록 마차를 모는 마부의 일이라도 나는 기꺼이 할 것이다. 그러나 만약 추구하지 않는다면 내가 좋아하는 것을 하며 살겠다."

공자는 부자가 되는 것에 대하여 부정적이지 않습니다. 백성을 부자로 만들어 주는 것이 지도자의 중요한 역할이라고 자주 강조합니다. 또한 부자가 되기 위해서 비록 천하고 힘든 일이라도 거부할 이유가 없다고 말합니다. 삶의 지향점이 부자가 되는 것에 있다면 마차를 모는執鞭 마부士의 일이라도 마다하지 않겠다는 것입니다. 그러나 내 인생의 지향점이 부富에 있지 않다면 내 영혼이 가고자 하는好 방향을 좇아從 살겠다는 것입니다.

사람마다 삶의 목표와 추구하는 삶의 가치는 모두 다릅니다. 부자가 되어 내가 가진 것을 남과 나누겠다는 뜻을 가졌다면 참으로 좋은 삶의 가치입니다. 부를 축적하여 나와 사회를 위해 아름답게 사용하겠다는 기업가 정신은 유교에서 장려하는 상인의 정신입니다. 이런 유교의 돈에 대한 긍정적인 태도에도 불구하고 역사 속에서 돈에 대한 이중적인 잣대가 있어 왔습니다. 속으로는 돈을 좋아하면서도 겉으로는 천시하는 이중성입니다. 이런 돈에 대한 이중성이 깨져야 비로소 이상과 현실이 하나가 될 수 있을 것입니다.

종오소호
從吾所好 ◦ 내가 좋아하는 것을 하며 살리라!

집(執): 잡다 | 편(鞭): 말채찍

재계, 전쟁, 질병에 대한 생각

자지소신 재전질
子之所愼 齊戰疾

공자가 신중했던 것은 재계齋戒, 전쟁戰爭, 질병疾病이었다.

전쟁戰과 질병疾은 인간의 목숨을 위협해온 중요한 두 가지 원인입니다. 인간이 태어나서 제명대로 살지 못하고 죽은 이유는 전쟁과 질병 때문입니다. 권력자들의 욕망은 전쟁을 부추겼고, 비위생적인 환경과 영양의 결핍은 질병을 불러일으켜 왔습니다. 공자는 전쟁, 질병을 가장 신중해야 할 것으로 지적하고, 재계齋戒 역시 신중하게 여겼습니다.

재계齊는 조상을 만나기 전에 몸을 정갈히 하고 마음을 가다듬는 의식입니다. 산 자와 죽은 자의 신성한 만남이기에 신중하게 준비해야 할 의식입니다. 전쟁戰은 사람의 생사와 국가의 존망이 달려 있기에 신중하게 결정할 일입니다. 질병은 많은 사람의 목숨을 위협하기에 신중하게 대비해야 할 일입니다. 공자가 신중하게 생각했던 것은 결국 사람과 관련된 일이었습니다. 죽은 자에 대한 보은報恩, 인간 생명에 대한 존중尊重이 유교철학의 가장 중요한 항목입니다. 전쟁을 힘겨루기의 수단으로 생각하고, 질병에 대하여 아무런 문제의식도 없다면 인간의 목숨은 그저 하찮은 목숨이 될 것입니다.

재 전 질
齊戰疾 ◦ 재계, 전쟁, 질병을 조심하라!

재(齊): 재齋와 같은 글자, 재계齋戒하다

공자의 음악 사랑

자 재 제 문 소 삼 월 부 지 육 미 왈 부 도 위 악 지 지 어 사 야
子在齊聞韶 三月 不知肉味 曰不圖爲樂之至於斯也

공자가 제齊나라에서 소韶음악을 듣고 (그 음악에 심취해) 3개월간 고기 맛을 알지 못했다. 그리고 말했다. "음악이 이런 정도 경지에 이를 수 있다는 것을 전혀 생각지 못했다!"

공자는 음악을 좋아했습니다. 노래도 부르고 직접 악기를 연주하기도 했습니다. 조문 간 날을 제외하고는 매일 노래를 불렀던 것 같습니다. 음악은 인간의 마음을 순화시키고, 사회적 갈등을 화해한다는 의미에서 예술 그 이상의 기능을 갖고 있다고 생각했습니다.

공자가 제齊나라에 가서 순임금을 주제로 한 소韶 음악을 들었습니다聞. 공자는 너무 음악에 감동한 나머지 3개월三月 간 맛있는 고기 맛肉味을 모를 정도로 심취했다는 것입니다. 가슴을 파고드는 음악을 듣고 하루 정도는 밥맛을 모를 정도로 심취할 수는 있지만 3개월간 고기 맛을 모를 정도로 빠졌다는 것은 대단한 몰입입니다. 뉴욕에 가서 뉴욕 필하모니 오케스트라의 베토벤 운명 교향곡을 듣고 3개월 동안 먹는 것에 관심이 없어졌다면 공자의 이런 심미審美적 경험을 이해할 수 있는 수준일 것입니다. 공자의 음악적 몰입의 이유는 무엇이었을까요? 음악적 수준이었을까요? 아니면 음악의 내용에 대한 감동일까요? 정확히 설명되고 있지는 않지만 당시 문화가 발전했던 제齊나라에서 들었다는 것은 연주 수준이 높아서 몰입한 것이 아닌가 짐작합니다.

부 지 육 미
不知肉味 ◦ 음악의 감동은 고기 맛을 잊게 만든다.

소(韶): 순임금의 음악 | 도(圖): 예상하다

공자의 관심사

자소아언 시서집례 개아언야
子所雅言 詩書執禮 皆雅言也

공자가 평소 했던 말들은 문학적 시詩, 정치書, 예의 실행禮과 같은 것들이었으니 모두 늘 하는 말이었다.

가끔 정치 이야기는 사절한다고 하는 사람들을 봅니다. 정치에 대한 관점이 너무나 다르기 때문에 때로는 충돌도 일어나고 갈등도 야기되어 정치 이야기는 사절한다는 것입니다. 그러나 공자는 정치야말로 세상을 바로잡는 힘이며 거부할 수 없는 주제라고 생각했습니다. 그래서 공자는 평소雅에 정치 이야기書를 즐겨했습니다.

시詩는 인간의 감정을 불러일으키고, 집단의 정서를 묶어주고, 인간의 감정을 소통시키는 중요한 장르입니다. 예禮는 인간관계를 보다 명확하게 소통시키는 역할을 합니다. 예를 통해 상대방에 대한 존중과 배려의 마음이 표현되기도 합니다. 공자는 평소에 시, 정치, 예의 이야기를 자주 하셨습니다.

그 사람을 제대로 알려면 평소에 무슨 이야기를 자주 하는지를 보면 알 수 있습니다. 부동산, 주식, 자식 이야기를 평소에 늘 하는 사람, 술, 잡기, 스포츠 이야기를 주로 하는 사람, 세상 사람들은 각자 자신이 좋아하는 이야기를 자주 하며 살아갑니다.

시서예
詩書禮 ◦ 문학, 정치, 예의를 말하며 살자!

아(雅): 평소에

내 나이는 숫자

섭공 문공자어자로 자로부대
葉公 問孔子於子路 子路不對

섭공이 자로에게 공자에 대하여 물었으나 자로는 즉시 대답하지 못했다.

자왈 여해불왈 기위인야 발분망식 락이망우 부지노지장지운이
子曰 女奚不曰 其爲人也 發憤忘食 樂以忘憂 不知老之將至云爾

(공자가 그 이야기를 듣고) 말했다. "너는 어찌 내가 한번 몰입하면 밥 먹는 것도 잊고, 한번 즐거움에 빠지면 근심도 잊고, 늙음이 장차 이른다는 것도 모르며 사는 사람이라 말하지 아니했느냐?"

섭공葉公은 당시 초楚나라 귀족이었습니다. 자로에게 스승인 공자에 대하여 물었고, 자로는 즉시 대답하지 못했습니다. 공자는 그 이야기를 듣고 자신을 세 가지 항목으로 설명하고 있습니다. 첫째, 한번 몰입하면發憤 먹는 것도 잊어버리는忘食 몰입형 인간. 둘째, 한번 즐거움에 빠지면樂 모든 근심을 잊는忘憂 낙천적 인간. 셋째, 늙음老과 나이 드는 것을 전혀 개의치 않고 현재에 충실한 현재형 인간입니다.

참 멋진 인간형입니다. 먹는 것과 근심은 늘 인간을 괴롭히는 본능입니다. 그런데 몰입과 즐거움에 빠지면 인간의 본능을 넘어선 초월의 경지에 이를 수 있다는 것은 참으로 따라가기 힘든 경지입니다. 사람들은 나이가 먹으면 몰입과 즐거움을 포기하는 경우가 많습니다.

'이 나이에.' 이 말을 하는 순간 이미 늙은 것입니다. 인생은 나이가 아니라 지금의 내가 더 중요하다는 생각으로 몰입과 즐거움에 마음을 던질 수 있다면 참 높은 경지입니다. 청춘은 나이가 아니라 청춘처럼 살면 언제나 청춘이라고 합니다. 나이는 숫자에 불과하다는 말이 허사가 아닌 듯합니다.

부지노지장지
不知老之將至 ◦ 내가 늙어가고 있다는 것도 모르고 사는 인생이 최고의 인생

분(憤): 감정에 몰입하다

옛것의 취미

자왈 아비생이지지자 호고민이구지자야
子曰 我非生而知之者 好古敏以求之者也

공자가 말했다. "나는 태어나면서부터 모든 것을 아는 자가 아니다. 그저 옛것을 좋아하고 부지런히 그 진리를 추구하는 사람이다."

천재를 생이지지生而知之라고 하고 수재는 배워서 깨닫는 학이지지學而知之라고 합니다. 공자는 자신을 태어나면서부터 모든 것을 알고生而知之 태어난 천재가 아니라고 합니다. 옛것古을 좋아하고好 부지런히敏 옛것을 지금 시대에 가장 적합한 가치로 전환시키는 작업을 하는 사람이라는 것입니다. 일명 공자의 술이부작述而不作 정신입니다. 편집하고 재해석하고 서술하는 사람이지 창작하는 사람이 아니라는 것입니다.

르네상스는 그리스 로마의 고전을 재해석하여 새로운 인간의 시대를 열은 것이고, 주자학은 공자를 재해석하여 동아시아의 새로운 이성의 시대를 열은 것입니다. 위대한 창조는 지나간 과거의 새로운 조립과 해석이며 태어날 때부터 모든 것을 아는 천재가 문명을 주도하는 것이 아니라는 공자의 독특한 해석입니다. 천재보다 한 수 위가 인재人材입니다. 인재는 노력을 통하여 도달되는 경지입니다. 천재는 쉽게 지치지만 인재는 지구력이 있어서 오래갑니다. 결국 인재가 문명을 창조합니다.

호고민이구
好古敏以求 ◦ 옛것을 좋아하고 부지런히 노력하여
진리를 찾아가는 사람이 되어라!

민(敏): 부지런하다

공자가 말하지 않았던 것

자불어괴력난신
子不語怪力亂神

공자는 괴이하고, 힘세고, 혼란스럽고, 신비스런 이야기는 하지 않았다.

혹세무민惑世誣民이라는 말이 있습니다. 세상을 유혹하고 사람들을 속여서 인기와 권력을 얻고 돈을 갈취한다는 뜻입니다. 사이비 종교는 신을 내세워 자신들의 이익을 얻으려 합니다. 권력자들은 사람들을 속여서 권력을 유지하려고 합니다. 이권을 유지하려는 언론은 상식적이지 않은 기사로 사람을 유혹합니다. 공자는 이런 혹세무민의 세상을 비판했습니다.

공자는 상식적이고, 인격적이고, 질서정연하고, 인간에 관한 이야기에 관심이 많았습니다. 사람들은 괴상怪하고 힘세고力, 혼란스럽고亂, 귀신神 이야기에 더 귀를 기울입니다. 그래서 그런 이야기를 해야 사람들의 주목을 받고 박수를 받을 수 있습니다. 공자는 비록 사람들의 박수를 못 받더라도 상식적이고 이성적이며 인간적인 이야기를 하는 것이 삶의 자세라고 생각했습니다.

유교는 죽음의 세계, 미신의 존재, 신들의 이야기에 관심이 없습니다. 인간과 인간세계에 대한 고민과 문제 해결이 공자가 추구하던 목표였습니다. 인기에 영합하여 특별한 것으로 자신의 이름을 드러내는 것을 공자는 증오합니다.

자불어
子不語 ◦ 공자는 (신비, 영웅, 혼란, 귀신) 등을 말하지 않았다.

괴(怪): 기이하다 | 난(亂): 혼란스럽다

공자의 행동 교육

자왈 이삼자 이아위은호 오무은호이 오무행이불여이삼자자 시구야
子曰 二三者 以我爲隱乎 吾無隱乎爾 吾無行而不與二三子者 是丘也

공자가 말했다. "너희들은 내가 무엇을 숨기는 것이 있다고 생각하느냐? 나는 너희들에게 숨기는 것이 아무것도 없다. 나는 어떤 행동을 할 때마다 너희들에게 모든 것을 보여주지 않는 것이 없으니 이것이 바로 나의 모습이다."

공자의 제자들은 공자가 자신들에게 무엇인가 가르쳐주지 않고 숨기는隱 것이 있다고 의심했습니다. 스승이 제자에게 모든 것을 다 가르쳐주면 제자들이 더 이상 배울 것이 없다고 생각하여 떠날 수도 있을 것이라고 생각했기 때문입니다. 제자들을 자기 주변에 영원히 두고 싶어 하는 스승 중에는 자신이 아는 모든 것을 다 안 가르쳐주는 스승도 있습니다. 그러나 공자는 그의 일상 행동行을 통해 제자들에게 보여주고與 가르쳐주었습니다.

가르침이란 어떤 지식이나 정보의 직접적 전달이 아니라 스승의 일거수일투족이 모두 가르침의 내용입니다. 공자의 웃음, 언어, 표정, 판단, 글씨, 생각, 결정 등이 모두 행동 교육이었습니다. 그저 지식을 얻으려고 모인 제자라면 공자의 생각을 이해하지 못할 수 있습니다. 수업을 통해 지식을 전달해야 교육이라고 생각하기 때문입니다. 스승을 만난다는 것은 그의 지식이 아니라 스승의 일생을 만나는 일입니다. 그만큼 어마어마한 일입니다. 공자의 교육 방식은 행동교육이었습니다. 자신의 일상 행동을 통하여 제자들에게 가르침을 전한 것입니다.

오무은
吾無隱 ∘ 나는 숨기는 것이 없다.

은(隱): 숨기다 | 이(爾): 너(희들) | 여(與): 보여주다

네 가지 가르침

자 이 사 교 문 행 충 신
子以四教 文行忠信

공자의 네 가지 가르침은 품격, 실천, 진심, 믿음이었다.

공자가 이끌던 학당에는 많은 제자들이 있었고 교육 내용도 충실했습니다. 예절, 음악, 궁술, 전차, 정치, 전략 6개의 전문과목인 육예六藝를 전문적으로 가르쳤습니다. 제자들은 교육을 마치고 세상에 나가 정치에 참여하거나 관료가 되었습니다. 공자는 제자들에게 교육을 하면서 강조했던 네 가지 가르침이 있었습니다.

문文은 인간의 문양이며 어떤 문양을 갖고 살아야 하는지에 대한 질문입니다. 행行, 인간의 행동이며 어떻게 살아야 하는지에 대한 질문입니다. 충忠은 인간의 진심이며 어떤 마음으로 상대방을 대해야 하는지에 대한 질문입니다. 신信 인간의 믿음이며 상대방과 어떻게 소통하느냐에 대한 질문입니다.

공자는 지식을 전달하는 전달자이기보다는 삶의 방식을 가르치고자 했습니다. 인간의 문양, 행동, 진심, 믿음을 강조하며 제자들을 교육했습니다.

문 행 충 신
文行忠信 ◦ 문양, 행동, 진심, 믿음으로 배워라!

사냥의 법도

자 조 이 불 망 익 불 석 숙
子釣而不網 弋不射宿
공자는 낚시는 해도 그물로 잡지는 않았고, 화살은 쏘아도 잠자는 새를 쏘아 잡지는 않았다.

공자는 낚시와 사냥할 때도 원칙과 상식을 벗어나지 않았습니다. 낚시釣를 좋아했지만 그물網로 물고기를 싹쓸이하지 않았고, 주살弋로 화살을 쏘아 새를 잡았지만 잠자고宿 있는 새를 쏘아 잡지射는 않으셨습니다. 결국 부당한 방법으로 사냥을 하지는 않았다는 것입니다.

물고기를 그물로 싹쓸이하면 어린 물고기까지 잡게 됩니다. 욕심이 생태계를 교란시키는 결과를 가져옵니다. 내가 지금 필요한 만큼의 물고기만 낚시를 통해 잡으면 자연과 함께 공존할 수 있습니다. 새를 사냥할 때도 잠자고 있는 새는 잡지 않았습니다. 아무런 대응 준비도 되어 있지 않은 새를 무작정 살상하는 것은 인간의 도리가 아니라고 생각한 것입니다. 아무리 새라도 도망갈 수 있는 기회는 주어야 한다는 것입니다. 참 공자다운 사냥법입니다.

요즘 같은 기업 전쟁에서 재벌들이 골목 상권까지 완전히 장악하여 돈을 싹쓸이로 모으고, 상대방이 힘든 상황을 틈타 합병을 하는 일이 비일비재한 시대에 한 번쯤 곱씹어 보아야 할 구절입니다. 싹쓸이와 무방비 상태의 상대방을 무너트리는 것이 편하고 효율적이지만 결국 오래가지 못할 것입니다.

조 이 불 망 익 불 석 숙
釣而不網 弋不射宿 ◦ 낚시는 하되 그물질하지 말라.
화살은 쏘되 자는 새는 쏘지 말라.

조(釣): 낚시하다 | 망(網): 그물질하다 | 익(弋): 화살에 줄을 매어 쏘아 잡다 | 석(射): 쏘아 맞히다 | 숙(宿): 잠자다

천재보다 한 수 위

자 왈 개 유 부 지 이 작 지 자 아 무 시 야
子曰 蓋有不知而作之者 我無是也

공자가 말했다. "아마도 배움의 지혜도 없이 새로운 창작을 하는 사람들도 있을 것이다. 나는 이런 정도의 지혜는 없다."

다 문 택 기 선 자 이 종 지 다 견 이 지 지 지 지 차 야
多聞 擇其善者而從之 多見而識之 知之次也

"(나는) 많이 듣고 좋은 것을 선택하여 따르고, 많이 보고 좋은 것을 기억하는 사람이니 지혜의 두 번째 등급은 된다."

공자의 학문 태도는 철저하게 '온고이지신溫故而知新'입니다. 과거 문명을 기반으로 새로운 미래의 대안을 만들어낸다는 것입니다. 물론 어떤 배움의 노력이나 앎 없이도不知 태어나면서 높은 지혜를 갖고 태어나 새로운 것을 창작作하는 위대한 사람도 있을 것이지만 공자는 그 정도의 경지는 스스로 없다고無 부정했습니다. 많이多 듣고聞 좋은 것善을 가려 선택하여擇 삶의 행동 지표로 삼아 따르고從, 많이多 보고見 좋은 것을 기억識하는 학문의 태도를 가진 공자 자신은 태어나면서부터 위대한 천재성을 가진 '생이지지生而知之'는 아니더라도 부지런히 배워서 아는 '학이지지學而知之'의 두 번째 등급次은 된다고 자부하고 있습니다. 공자가 스스로를 겸손하게 말한 것이지만, 결국 '생이지지'는 허구이며 '학이지지'야말로 배움의 최고 정점이라는 역설로 해석이 됩니다. 태어나면서 모든 것을 알고 태어나는 천재天才보다 열심히 노력하여 앎의 극치에 이르는 인재人才가 더욱 아름답습니다.

다 문 다 견
多聞多見 ◦ 많이 듣고 실천하고, 많이 보고 기억하는 사람이 인재(人才)

개(蓋): 대개, 아마도 | 작(作): 창작하다 | 지(識): 기억하다

잘못을 인정하는 공자

진 사 패 문 소 공 지 례 호 공 자 왈 지 례
陳司敗 問昭公知禮乎 孔子曰 知禮

진陳나라 사패(법무 책임자)가 노魯나라 왕 소공昭公이 예를 아는 왕이냐고 묻자 공자는 "예를 안다"고 대답했다.

공 자 퇴 읍 무 마 기 이 진 지 왈 오 문 군 자 부 당 군 자 역 당 호
孔子退 揖巫馬期而進之曰 吾聞君子 不黨 君子 亦黨乎

공자가 퇴청하자 (진나라 사패가) 공자의 제자인 무마기巫馬期에게 다가가 인사를 하고 말하기를 "내가 듣기로 군자는 편당 짓지 않는다고 들었는데 (아까 당신 스승인 공자의 대답을 듣고 보니) 군자도 역시 편당 짓는 모양이오?"

군 취 어 오 위 동 성 위 지 오 맹 자 군 이 지 례 숙 부 지 례
君娶於吳 爲同姓 謂之吳孟子 君而知禮 孰不知禮

"(당신 노나라) 임금이 오나라 여자에게 장가들었는데 동성과 혼인해 놓고 부인을 오맹자라고 (동성과 혼인한 사실을 숨기려고) 부르지 않았소? 그러니 (동성과 혼인한 당신네 나라) 임금이 예를 안다면 누가 예를 모른다고 하겠소?"

무 마 기 이 고 자 왈 구 야 행 구 유 과 인 필 지 지
巫馬期以告 子曰 丘也幸 苟有過 人必知之

무마기가 그 이야기를 듣고 공자에게 전하니 공자가 말했다. "나는 행복한 사람이다! 진실로 잘못이 있으면 (내 주변에) 누군가 반드시 그 잘못을 알고 지적해주는구나!"

이 긴 이야기의 핵심은 누군가 자신의 잘못을 지적할 때 순순히 인정하고 받아들이며 행복해하는 공자의 태도입니다. 참 어려운 경지입니다. 내가 아무리 잘못을 저질렀다고 해도 남이 그 잘못을 콕 찔러 이야기한다면 기분이 안 좋아지는 것은 사실입니다. 그것도 자신이 없는 곳에서 자신의 제자에게 그런 말을 했다면 기분이 좋을 리 없습니다. 그런데 오히려 내 잘못過을 누군가 지적해주면 기뻐하고 행복해幸 하는 공자의 태도는 너무 성숙한 인간의 모습입니다.

공자는 자신의 조국인 노魯나라 왕 소공昭公을 진陳나라 법률 책임자司敗에게 예禮를 아는 사람이라고 두둔했습니다. 아무래도 손은 안으로 굽는다고 자기 조국의 왕을 감싸고 돈 것이죠. 그런데 진나라 사패는 소공이 오吳나라 동성同姓 여인과 장가娶든 것은 예禮를 모르는 일인데 예를 안다고 대답한 공자가 편당黨

짓고 있다고 공자의 제자인 무마기에게 말하자, 그 말을 전해 들은 공자는 화를 내기는커녕 자신의 잘못을 지적해주는 사람이 있다는 것은 행복한 일이라며 기뻐한 것입니다. 자신의 잘못을 누군가 지적해줄 수 있는 사람이 있어서 행복하다는 공자의 마음이 정말 진심이라면 일반인이 절대로 따라가지 못하는 성숙한 경지에 이른 것임에 분명합니다. 잘못을 저지르는 게 잘못이 아니라 그 잘못을 인정하지 않는 것이 잘못이라는《논어》의 세계관이 그대로 반영된 문장입니다.

군 자 부 당
君子不黨 ◦ 군자는 패거리 짓지 않는다.

사패(司敗): 법무를 책임진 장관의 관직명 | 읍(揖): 공경을 표해 인사하다 | 당(黨): 무리, 패거리 | 취(娶): 장가들다 | 구(苟): 진실로

노래하는 공자

자 여 인 가 이 선 필 사 반 지 이 후 화 지
子與人歌而善 必使反之 而後和之

공자는 다른 사람과 노래를 부를 때 노래가 좋으면 그에게 한 번 더 반복하기를 청했고, 그리고 후에 자신이 화음을 넣어 따라 불렀다.

공자는 확실히 아티스트의 삶을 살았습니다. 상갓집에 조문 간 날 빼놓고는 항상 노래를 불렀으며, 시를 읊었고 악기를 연주했습니다. 제齊나라에서 클래식 음악을 듣고 너무 감격하여 3개월간 고기 맛을 잊었다는 일화는 이미 알고 있는 《논어》의 내용입니다.

자신이 꿈꾸는 인생의 가치가 부와 명예가 아니라면 자신이 좋아하는 삶을 살겠다고 늘 강조하던 공자는 하루하루 일상을 예술적 감동으로 즐기며樂 살다 갔습니다. 한번 감동하면 밥 먹는 것도 잊고, 한번 빠지면 모든 근심 걱정을 잊고 사는 사람이었습니다. 가난과 불운이 공자의 예술적 삶을 포기하게 하지 못했고, 역경과 어려움이 그의 흥興이 나는 인생을 깨지 못했습니다.

공자는 사람人을 만나면 노래歌를 불렀습니다. 그리고 그 사람이 좋은善 노래를 부르면 반드시 박수를 치고 그 사람으로 하여금使 한 번 더 반복해反 달라고 앙코르를 청했습니다. 그리고 상대방의 노래가 다시 시작되면後 자신도 그 노래에 화음和을 넣어 따라 불렀습니다. 여기서 노래가 어떤 장르의 노래였는지는 상고할 수 없지만 노래의 가사가 상당히 중요한 부분을 차지한 것 같습니다. 매일같이 노래를 부르고, 그 가사를 음미하며 살았던 공자의 인생이 부러워집니다.

자 여 인 가
子與人歌 ◦ 공자는 사람들과 노래를 자주 불렀다.

반(反): 반복하다 | 화(和): 화답하다

실천의 부족을 한탄하다

자 왈 문 막 오 유 인 야 궁 행 군 자 즉 오 미 지 유 득
子曰 文莫吾猶人也 躬行君子 則吾未之有得

공자가 말했다. "문화적 수준은 다른 훌륭한 사람과 같지 않겠는가? 그러나 그 문화를 몸으로 실천하는 군자의 삶은 내가 아직 완벽한 수준은 얻지 못했다."

문文은 인간의 문양이며, 그 문양이 모여 만든 것이 문화입니다. 구체적으로 말하면 세련된 언어와 용모, 절도에 맞는 동선과 시의적절한 표현, 음악과 예술에 대한 높은 수준은 모두 문의 내용입니다. 그 사람이 문이 있다는 것은 수준 높은 문화를 실천하고 있다는 것입니다.

공자는 이런 문화적 수준은 남들과 비교해서 떨어지지 않는다고 말합니다. 그러나 몸소躬 그 문화를 삶에 적용하고 실천行하며 사는 군자君子의 인생은 쉽게 얻을得 수가 있는 것이 아니라고 말합니다. 공자는 이미 문화를 삶에 실천하며 살고 있었지만 아직 수준에 오르지 않았다고 겸손하게 말하고 있는 것입니다. 그 사람이 문화적이란 말은 문화를 몸소 실천하고 있다는 뜻입니다. 언어와 행동을 절제하고, 타인을 존중하고 배려하며, 음악과 예술을 사랑하는 삶이 문화적 삶입니다. 문화 지식은 쉽게 얻을 수 있어도 문화적 삶을 사는 것은 쉬운 일이 아닙니다.

궁 행 군 자
躬行君子 ◦ 몸소 군자의 문화적 삶을 실천하고 살아야 한다.

유(猶): 같다 | 궁(躬): 몸

공자의 솔직한 고백

자왈 약성여인 즉오기감 억위지불염 회인불권 즉가위운이이의
子曰 若聖與仁 則吾豈敢 抑爲之不厭 誨人不倦 則可謂云爾已矣

공자가 말했다. "성聖과 인仁의 경지를 내가 어찌 감히 바라겠는가? 그러나 그것을 실천함에 있어서 싫증 내지 않고, 그것을 주변에 가르치는 데 있어서 게으르지 않는 것은 내가 그래도 좀 한다고 말할 수 있을 것이다."

공서화왈 정유제자 불능학야
公西華曰 正唯弟子 不能學也

공서화가 (공자의 말을 듣고) 말했다. "바로 그 점이 저희 제자들이 감히 배울 수 없는 점입니다."

공자가 행복했던 것 중에 하나가 제자들 때문이었던 같습니다. 자신의 생각을 함께 이야기하고 손뼉을 쳐줄 동반자가 있다는 것은 나이와 학식의 유무를 떠나 참 행복한 일입니다.

공자가 제자들에게 성聖과 인仁의 경지는 감敢히 바라보지 못하지만 그러나抑 그것을 실천하는 데 싫증厭 내지 않고, 가르치는 데誨 게으르지倦 않는다고 겸손하게 말하자, 제자 공서화가 바로正 그 점이 자신들弟子이 배울學 수 없는 점이라고 말합니다. 이렇게 추임새와 댓글을 예쁘게 넣어 줄 수 있는 제자가 있다는 것이 얼마나 행복한 일이겠습니까?

내가 겸손하게 말하면, 그 겸손마저도 존경해줄 수 있는 사람들이 옆에 있다는 것은 그 어떤 자산보다도 큰 자산입니다. 성聖은 성스러운 삶입니다. 인仁은 사랑을 실천한 삶입니다. 두 가지 모두 실천하기 힘든 덕목입니다. 공자는 자신이 늘 부족하다고 고백하고 있습니다. 공자의 그 고백이 더욱 공자를 존경하게 만듭니다.

오기감
吾豈敢 ◦ 내가 어찌 감히 장담할 수 있겠는가?

억(抑): 그러나 | 염(厭): 싫증 내다 | 운(云): 말하다 | 이(爾): –일 뿐이다

기도하는 공자

자질병 자로청도 자왈유저 자로대왈유지 뢰왈 도이우상하신기
子疾病 子路請禱 子曰有諸 子路對曰有之 誄曰 禱爾于上下神祇

공자가 심한 질병에 걸렸다. 자로가 병이 낫게 해달라고 하늘에 기도하는 의식을 하겠다고 청했다. 공자가 말하기를 "그런 일이 근거가 있는 일이냐?" 자로가 대답하기를 "예, 근거가 있습니다. (옛날) 제사 조문에 '너를 위해 상하 귀신에게 기도한다'라고 적혀 있습니다."

자왈 구지도구의
子曰 丘之禱久矣

공자가 말했다. "그런 기도라면 내가 기도한 지 오래되었다."

인생을 살다가 역경을 당하면 우리는 기도를 합니다. 그 기도의 대상이 누구든 간절하게 나에게 닥친 역경을 극복할 수 있도록 도와달라고 비는 것입니다. 공자가 질병疾病에 걸려 심하게 앓자 제자 자로가 하늘과 땅에 기도禱하는 의식을 진행하겠다고 청請했습니다. 공자는 그런 기도 의식의 근거가 있는지有 물었고, 자로는 제사 조문誄에 "상하上下 하늘神과 땅祇의 신령에게 너爾를 위하여 기도禱한다"는 근거가 있다고 대답합니다. 공자는 그런 근거라면 단호하게 거절하겠다고 합니다. 왜냐하면 오래전부터 공자는 매일 세상에 존재하는 모든 사람들을 위하여 기도해왔기 때문입니다.

우리는 기도가 때로는 내 아픔을 치료해주기 위한 기도이기도 하지만, 타인의 아픔을 위해 기도하고, 남이 잘되기를 기도하고, 이렇게 기도할 수 있게 해 줘서 감사하는 기도가 되어야 합니다. 기도는 내 행복과 내 미래를 위하여 복을 구하는 기도를 넘어서 매사에 감사하며 사는 기도로 확장되어야 합니다. 공자는 늘 기도하며 삶을 살아간 인물이었습니다.

구지도구
丘之禱久 ◦ 나(공자)는 늘 기도하며 살아왔다.

도(禱): 기도하다 | 뢰(誄): 조문弔文 | 기(祇): 토지의 신

따뜻한 카리스마

자온이려 위이불맹 공이안
子溫而厲 威而不猛 恭而安

공자는 따뜻하면서도 엄숙하고, 카리스마가 있으면서도 사납지 않고, 공손하면서도 편안했다.

공자에 대한 이런 평가를 보면 공자는 균형 잡힌 인격을 갖고 있는 인물이란 생각이 듭니다. 보통 사람들은 온화溫하면 너무 부드러워 맺고 끊지를 못하고, 위엄이 있으면 너무 사나워猛 접근하기 힘들고, 공손恭하면 너무 겸손하여 불편한 경우가 대부분입니다. 아무리 좋은 인격도 균형이 깨지면 완벽한 인격이라고 할 수 없습니다. 공자는 균형 잡인 인격을 소유했습니다. 온화하면서도 맺고 끊는 것이 정확하고, 위엄이 있으면서도 사납지 않고, 공손하면서도 상대방을 편안安하게 했습니다.

공자는 지도자의 자질을 완벽하게 갖춘 리더의 모습을 보여주고 있습니다. 어떤 아름다운 덕목도 치우치면 문제가 생깁니다. 중용은 균형이며, 균형은 중간이 아니라 늘 상황에 따라 유연하게 변화하는 유연성입니다. 인간의 품성 역시 역동적이고 균형이 잡혀 있다면 훌륭한 인재라고 할 수 있습니다. 온화함과 엄숙함, 위엄과 부드러움, 공손함과 안정감의 균형 잡힌 공자의 인격이 잘 나타나 있습니다.

온위공
溫威恭 ◦ 따뜻하고 위엄 있고 공손하게 살아라!

온(溫): 온화하다 | 려(厲): 엄숙하다 | 위(威): 카리스마 | 맹(猛): 사납다

연주의 감동

자왈 사지지시 관저지란 양양호영이재
子曰 師摯之始 關雎之亂 洋洋乎盈耳哉

공자가 말했다. "음악가 지摯가 처음 연주할 때 관저關雎의 마지막 클라이맥스가 내 귀에 아직도 생생하게 남아 있구나!"

공자는 확실히 음악 마니아였습니다. 특히 클래식에 대해서는 전문가의 수준에 이르렀습니다. 제나라에서 고대 음악인 순임금의 음악을 듣고 푹 빠져서 3개월 동안 고기 맛을 알지 못할 때도 있었고, 음악에 대해 수준 높은 평론을 당시 노나라 음악 책임자에게 한 적도 있습니다. 공자는 음악가 '지'의 음악을 듣고 너무나 인상 깊었나 봅니다. 지摯가 처음으로 관저關雎의 음악을 연주할 때 마지막 클라이맥스亂의 황홀함洋이 여전히 그의 귀耳에 남아盈 있었다는 것을 보면 공자의 음악적 심취가 경지에 이르렀음을 알 수 있습니다.

관저關雎는 《시경》 처음에 나오는 사랑을 주제로 한 노래입니다. "남녀 간의 사랑, 금슬琴瑟처럼 서로 잘 맞아서 아름답다"는 클라이맥스는 공자가 가장 좋아했던 부분이었나 봅니다. 공자는 그 음악을 들으면서 황홀경에 빠진 것입니다. 이 문장을 읽으면 내 영혼을 움직였던 음악가와 그의 연주가 내 기억 속에 남아 있는지 생각해보게 됩니다.

양양호영이
洋洋乎盈耳 ◦ 귓가에 생생하게 가득 남아 있는 음악 소리

지(摯): 노나라 음악가의 이름 | 관저(關雎): 《시경》의 첫 노래가사 | 란(亂): 음악의 클라이맥스 | 양양(洋洋): 아름답고 생생하다

공자가 드물게 한 말

자 한 언 리 여 명 여 인
子罕言利與命與仁

공자는 이익, 운명, 사랑仁에 대하여 말을 아꼈다.

이 말을 한 사람은 공자의 제자들인 것 같습니다. 공자가 돌아가시고 공자를 회상하면서 스승님은 이익利, 운명命, 사랑仁에 대하여 드물게罕 말씀하셨다고 회고하는 문장입니다. 이익은 정의義에 위배되고, 운명은 미묘하여 알기 어렵고, 사랑仁은 너무 위대하기에 말을 아끼셨다는 것이 기존의 해석입니다. 이익은 정의에 위배되고, 운명은 인간의 의지를 꺾을 수 없고, 사랑은 실천하기 어려워서 이런 것들에 대한 말을 아끼셨다고 재해석해봅니다.

입만 열면 돈, 투자, 이익 같은 단어를 입에 달고 사는 사람들이 있습니다. 노력도 해보지 않고 운이 나쁘다고 실망하는 사람들도 있습니다. 사랑한다고 말하면서 실천하지 않는 사람들도 있습니다. 나의 일상에서 나는 어떤 말을 자주 하고, 어떤 말을 아끼는지 한 번 돌아보는 것도 좋을 것 같습니다. 그 사람이 평상시 어떤 말을 자주 하는지를 보면 그 사람의 마음을 알 수 있습니다.

한 언
罕言 ◦ 돈, 운명 같은 이야기는 드물게 하고 살자!

한(罕): 드물다

이름 없는 마부가 되리라!

달 항 당 인 왈 대 재 공 자 박 학 이 무 소 성 명
達巷黨人曰 大哉 孔子 博學而無所成名

달항達巷 마을에 사는 어떤 사람이 말했다. "대단하구나! 공자여! 그렇게 넓게 배우고도 뭐하나 제대로 잘한다는 소문이 하나도 없구나!"

자 문 지 위 문 제 자 왈 오 하 집 집 어 호 집 사 호 오 집 어 의
子聞之 謂門弟子曰 吾何執 執御乎 執射乎 吾執御矣

공자가 그 이야기를 듣고 제자들에게 말했다. "내가 무엇을 잡겠는가? 말고삐를 잡겠는가? 활을 잡겠는가? 나는 말고삐를 잡겠다."

달항達巷은 마을 이름입니다. 그 동네의 어떤 사람이 공자를 약간 비꼬며 말했습니다. 그토록 넓게博 배웠다고學 하는 사람이 어떤 특별한 것 하나 잘한다는 명성名이 없는無 것을 보니 참 대단한大 사람이라는 역설적인 비꼼이었습니다.

공자는 사냥을 비유하여 자신의 신념을 말하고 있습니다. 사냥을 할 때 활射을 쏘는 궁사弓師와 말을 모는 사람御이 있는데 비록 활쏘는 사람이 모든 사람의 주목을 받더라도 나는 묵묵히 말 모는 역할을 하겠다는 것입니다. 다른 사람의 칭찬과 명예를 탐하기보다는 사냥을 잘할 수 있도록 도와주는 마부의 역할, 화려한 박수보다는 보이지 않고 묵묵히 도와주는 조력자의 역할을 자처한 것입니다.

축구에서 골을 잘 넣어 박수받는 선수도 있지만, 골을 잘 넣을 수 있도록 도와주는 이름 없는 선수도 있습니다. 세상을 아름답게 만드는 이름 없는 사람들이 진정 세상의 주인입니다. 영웅의 시대는 초월적이고 거대한 영웅이 주인공입니다. 그러나 인간의 시대는 평범하고 맑은 영혼을 가진 사람이 주인공입니다. 영웅의 시대가 완전히 막을 내렸을 때 비로소 인간은 혁명의 끝을 만나게 될 것입니다.

집 어
執御 ◦ 주목받는 활쏘는 사람보다는 조력자로서 말을 모는 마부가 되리라!

달항(達巷): 마을 이름 | 집(執): 잡다 | 어(御): 말을 몰다 | 사(射): 활을 쏘다

공자가 끊은 네 가지

자한 4

자 절 사 무 의 무 필 무 고 무 아
子絕四 毋意 毋必 毋固 毋我

공자는 네 가지를 멀리했다. 의도, 기대, 고집, 이기심.

공자는 네 가지를 끊었습니다.

첫째는 의도意입니다. 의도는 어떤 목적을 가지고 있는 것입니다. 목적을 갖게 되면 그 목적을 위해서 해서는 안 될 일도 하게 됩니다. 둘째는 기대必입니다. 반드시 어떻게 해야겠다는 기대가 있으면 실망도 큽니다. 실망은 갈등과 불안을 만들어냅니다. 셋째는 고집固입니다. 고집은 선입관과 편견입니다. 고집이 세면 다름을 인정하지 않습니다. 넷째는 이기심我입니다. 이기심은 타인에 대한 존중과 배려를 방해합니다. 오로지 나만을 위한 경직된 삶을 살게 됩니다. 세상에 변하지 않는 절대적인 진리는 없습니다.

공자는 시대의 변화에 따라 유연하게 사고하고 판단해야 한다고 생각했습니다. 어떤 의도意가 있으면, 그 기대치를 달성하기 위하여 반드시必 고집固하고 집착하게 됩니다. 이런 것들은 모두 개인의 이기심我 때문에 나오는 것입니다. 성숙한 사람은 한곳에 머물거나 집착하지 않습니다. 자신의 의도를 버리고 상황에 따라 유연하게 판단하고 실행합니다. 나를 내려놓았기에 진정 나를 얻을 수 있는 것입니다. 오로지 지금의 현실과 상황에 기초하여 최적의 답을 찾아내는 것이 공자의 시중時中 철학입니다.

절 사
絕四 ◦ 의도, 기대, 고집, 이기심 이 네 가지를 끊어 버려라!

절(絕): 없다, 멀리하다 | 의(意): 의도하다 | 필(必): 반드시 기필하다 | 고(固): 고집 | 아(我): 이기심

협박에 처한 공자

자 왈 천 생 덕 어 여 환 퇴 기 여 여 하
子曰 天生德於予 桓魋其如予何

공자가 말했다. "하늘이 나에게 능력을 주어 이 땅에 보내셨는데, 저 환퇴 같은 놈이 나에게 무슨 짓을 할 수 있겠는가?"

송나라 장군 환퇴桓魋는 공자를 협박하고 해치려고 했습니다. 공자가 자신을 비난했다는 이유입니다. 공자가 송나라 큰 나무 아래서 제자들과 예를 연습하고 있을 때 한퇴는 나무를 뽑아 공자를 죽이려고 위협했습니다. 피하라는 제자들의 말에 공자는 의연하게 대답합니다. 하늘天이 자신에게 세상을 구할 능력德을 주어 이 땅에 보냈으니生 아무리 환퇴가 자신을 해치려고 해도 해칠 수 없다고 말하며 환퇴의 협박에 굴복하지 않았던 것입니다.

협박에 흔들리지 않는 공자의 강단 있는 모습이 상상됩니다. 세상을 살다 보면 나를 괴롭히는 천적을 만나게 됩니다. 그 천적이 나를 위협하고 협박할 때 이 구절을 떠올려 보십시오. 하늘이 나를 어떻게 이 땅에 내려 보내셨는데, 그따위 천적 따위가 나를 어떻게 할 수 있겠냐고 당당하게 외친다면 마음이 흔들리거나 상처받는 일이 없을 것입니다.

기 여 여 하
其如予何 ◦ 환퇴가 나를 협박한들 무슨 짓을 할 수 있겠는가?

협박에 물러서지 않는 공자

자 외 어 광 왈 문 왕 기 몰 문 부 재 자 호
子畏於匡 曰文王 旣沒 文不在玆乎

공자가 광匡 지역 사람들에게 협박을 당했다. 공자가 말했다. "문왕文王이 이미 돌아가셨음에 그분의 문명이 나에게 있지 않겠는가?"

천 지 장 상 사 문 야 후 사 자 부 득 여 어 사 문 야 천 지 미 상 사 문 야 광 인 기 여 여 하
天之將喪斯文也 後死者 不得與於斯文也 天之未喪斯文也 匡人 其如予何

"하늘이 장차 이 문명을 없애고자 했다면 뒤에 죽는 자(공자)가 이 문명에 참여하지 못하게 했을 것이니, 하늘이 이 문명을 없애지 아니한다면 광匡 지역의 사람들이 나에게 어떤 짓을 하겠는가?"

공자는 제자들과 14년 동안 세상을 주유周遊했습니다. 그 여정에서 먹을 것이 없어 굶어 죽을 지경에도 이르고, 협박을 당하기도 했습니다. 공자가 광匡 지역을 지날 때 공자의 외모가 광 지역 사람들을 괴롭혔던 양호陽虎를 닮아 광 지역 사람들에게 포위당하여 협박畏을 받았습니다. 공자는 걱정하는 제자들에게 자신이 이 세상에 살아 있어야 할 이유를 분명히 이야기합니다. 자신은 문왕文王의 계승자이며, 그 계승의 임무는 문명文의 수호라는 것입니다. 하늘天이 자신을 세상에 보낸 것은 세상에 예악禮樂과 제도制度의 문명을 전파하기 위함이니 광 지역에서 헛되게 죽게 하지는 않을 것이라고 제자들을 안심시킵니다.

실제로 이런 상황이 있었다면 공자는 정말 존경할 만한 인물입니다. 죽음 앞에서도 당당하게 자신이 살아 있어야 할 이유를 외치며 흔들리지 않는 정신의 소유자, 그런 공자의 모습은 그 후 죽음 앞에서도 흔들리지 않는 역대 선비들의 호연지기 정신의 모범이 되었습니다. 조그만 걱정 앞에서 일희일비하며 살아가는 이 시대의 자화상 속에서 공자의 강한 정신력을 본받고 싶습니다.

기 여 여 하
其如予何 ◦ 광 땅의 사람들이 나를 협박한들 무슨 짓을 할 수 있겠는가?

외(畏): 협박하다 | 문(文): 예악제도의 문명 | 상(喪): 잃다, 없애다 | 여(與): 참여하다 | 여(予): 나 1인칭

흙수저 공자의 어린 시절

태재문어자공왈 부자성자여 하기다능야 자공왈 고천종지장성 우다능야
大宰問於子貢曰 夫子聖者與 何其多能也 子貢曰 固天縱之將聖 又多能也

태재太宰가 자공에게 물어 말했다. "그대 스승은 성인이다! 어떻게 그렇게 많은 능력이 있는가?" 자공이 말하기를 "진실로 하늘이 보내신 성인일 겁니다. 그래서 능력이 많으시지요."

자문지왈태재지아호 오소야천고다능비사 군자다호재 부다야
子聞之曰大宰知我乎 吾少也賤故多能鄙事 君子多乎哉 不多也

공자가 그 이야기를 듣고 말했다. "태재太宰가 나를 잘 아는구나. 나는 어렸을 때 천하게 자랐다. 그래서 비천한 일에 대하여 능력이 많게 되었다. 그런데 군자가 능력이 많아야 하는가? (군자는) 능력이 많지 않아도 된다."

뢰왈 자운오불시고예
牢曰 子云吾不試故藝

자장이 말했다. "선생님께서는 '내가 관직에 등용되지 못해서 다양한 재주를 배우게 되었다'고 말씀하셨다."

《논어》의 명장면입니다. 공자는 성인聖人임을 거부합니다. 공자는 자신의 능력이 어린少 시절 힘들고 어려웠던賤 경험에서 나온 것임을 강조합니다. 공자의 제자 자장牢은 "평생 벼슬에 등용試되지 않은 것이 다양한 기능藝을 익힌 계기가 되었다"는 공자의 이야기를 회고하고 있습니다.

전화위복轉禍爲福! 지금 나에게 다가온 불행이 나중에 행복으로 변할 수 있다는 말이 생각납니다. 어린 시절의 불우했던 삶이 자신의 평생 경쟁력이 되었고, 관직에 등용되지 못했던 불운이 오히려 더 많은 공부할 수 있는 기회를 얻을 수 있었다는 공자의 인생론 속에서, 금수저로 태어나 좋은 스펙을 가지고 승승장구하며 사는 인생이 반드시 완벽한 인생은 아니라는 생각을 하게 됩니다. 나에게 다가온 불행을 행복으로 한판 뒤집을 수 있다는 생각이 유교의 핵심 철학입니다.

오소야천
吾少也賤 ◦ 어린 시절의 불우함이 평생의 경쟁력이다.

태재(太宰): 관직 이름 | 종(縱): 놓다 | 비(鄙): 비천鄙賤하다 | 뢰(牢): 제자 자장 | 시(試): 관직에 등용되다

눈높이 교육

자 왈 오 유 지 호 재 무 지 야 유 비 부 문 어 아 공 공 여 야 아 고 기 양 단 이 갈 언
子曰 吾有知乎哉 無知也 有鄙夫問於我 空空如也 我叩其兩端而竭焉

공자가 말했다. "내가 아는 것이 많다고 생각하는가? 나는 아는 것이 없다. 다만 어떤 배움이 없는 사람이 나에게 질문을 하면 그가 아무리 머리에 든 것이 없더라도 나는 그 질문에 대한 답의 양쪽을 들어서 최대한 이해할 수 있도록 최선을 다해 설명해주는 사람이다."

지식이 많다고 훌륭한 선생이 되거나 잘 가르치는 것은 아닙니다. 오히려 지식이 많은 사람이 자신의 기준으로 상대방을 대하다 보면 지식 전달은커녕 갈등만 유발할 수도 있습니다. "너는 그것도 모르느냐?"라고 소리치는 것은 자신의 기준으로 상대방을 대했기 때문입니다.

공자의 교수 방법은 눈높이 교육이었습니다. 상대방 수준에 눈높이를 맞추고 상대방이 이해할 수 있는 예를 들어 설명해주는 눈높이 교육의 창시자가 바로 공자였습니다. 상대방이 아무리 머리가 텅 비어 있고空空 아는 것이 없고 지위가 낮은 사람鄙夫이라도 그가 이해할 수 있도록 양 극단端을 잘 잡아서叩 최선을 다해竭 설명해주려는 공자의 교수법은 참으로 인자한 사랑의 정신이 없으면 쉽지 않은 것입니다.

똑똑한 사람이 훌륭한 리더가 되기 쉽지 않은 이유 중에 하나가 자신보다 못한 사람을 인정하지 않기 때문입니다. 세상에 다양한 수준의 사람이 있습니다. 그 사람의 수준을 이해하고 이끌어 가는 것이 현명한 리더입니다.

고 기 양 단
叩其兩端 ◦ 그 사람이 알 수 있도록 양쪽 면을 잘 설명하여 이해시켜야 한다.

비(鄙): 어리석다 | 공공여(空空如): 텅 비어 있다 | 고(叩): 잡아당기다 | 갈(竭): 다하다

공자의 절망

자왈 봉조부지 하불출도 오이의부
子曰 鳳鳥不至 河不出圖 吾已矣夫

공자가 말했다. "봉황새가 더 이상 날아오지 않는구나! 황하에서 더 이상 희망의 그림이 나오지 않는구나! 나는 끝났나 보다!"

공자는 세상을 바꾸려는 꿈을 가졌던 혁명가이자, 교육자이자, 예술가였습니다. 혼란의 시대를 상식과 사랑이 통하는 인간 중심의 세상으로 바꾸어보고 싶었던 공자의 꿈은 그리 쉽게 달성되지 못할 꿈이었습니다. 공자는 시대의 한계를 느끼고 자주 한탄을 했습니다. 홀연히 뗏목을 타고 바다 건너 저 미지의 세계로 떠나고 싶어 하기도 했고, 어쩔 수 없는 세상을 한탄하기도 했습니다.

봉황새와 하도河圖는 좋은 세상이 온다는 상서로운祥 상징입니다. 봉황은 태평성대에 나타나는 상징의 새입니다. 실제로 있지는 않지만 평화의 시대에는 봉황이 나타난다고 합니다. 지금도 대통령의 문양에 봉황새가 사용되고 있습니다. 하도는 황하에서 용마가 등에 지고 나왔다는 평화의 그림입니다. 봉황과 하도가 더 이상 나타나지 않는다는 것은 평화의 희망이 없어졌다는 은유입니다. 어떤 희망의 소식도 더 이상 들을 수 없었던 당시 시대를 고민하던 공자, 처절한 지식인의 우환의식이 느껴집니다. 뉴스에서 희망의 소식이 끊긴 지 오래된 요즘, 암울한 시대를 사는 지식인의 마음은 예나 지금이나 그리 큰 차이가 없는 것 같습니다.

오이의부
吾已矣夫 ◦ 아! 나는 이제 더 이상 희망을 찾지 못하겠구나!

넘지 못할 벽

안연 위연탄왈 앙지미고 찬지미견 첨지재전 홀언재후
顔淵 喟然歎曰 仰之彌高 鑽之彌堅 瞻之在前 忽焉在後

안연이 크게 탄식하며 말했다. "(공자는) 따라갈수록 더욱 높고, 다가갈수록 더욱 견고하고, 바라보면 앞에 계신 듯이 하시다가 홀연히 뒤에 계시는구나!"

부자 순순연선유인 박아이문 약아이례
夫子 循循然善誘人 博我以文 約我以禮

"선생님께서는 차근차근 사람들을 잘 이끌어주시며, 나를 문文으로써 넓혀주셨고, 예禮로써 묶어주셨다."

욕파불능 기갈오재 여유소립 탁이 수욕종지 말유야이
欲罷不能 旣竭吾才 如有所立 卓爾 雖欲從之 末由也已

"그만두려고 해도 그만둘 수 없구나! 이미 내 재능의 한계를 다했구나! 그분은 우뚝 내 앞에 서 계시는구나! 비록 그분을 따르고자 하나 방법이 없구나!"

스승에 대한 제자의 감탄이 이 정도면 최상의 아부고, 최고의 감탄입니다. 이런 제자를 스승이 어찌 아끼지 않을 수 있겠습니까? 스승을 우러러 따라가려仰 한 발짝 다가가면 너무彌 높아高 다가갈 수 없고, 다가가 돌파하려鑽 해도 단단堅하여 돌파할 수 없는 스승의 위대함에 최상의 존경을 표하는 안연의 모습에서 존경의 극치를 만나게 됩니다. 차근차근循循 제자들을 이끌어誘주고, 넓은 지식과 정제된 논리博文約禮를 가르쳐주는 선생님, 내 재능才에 한계竭를 느껴 그만두려罷 해도 그만둘 수 없으니不能 평생 힘이 있는 한 스승을 좇아 배우겠다는 제자의 다짐입니다.

이런 안연이 갑자기 젊은 나이에 죽었으니 공자의 슬픔이 어떠했겠습니까? "하늘이 나를 버렸구나! 하늘이 나를 버렸구나!"라고 탄식하여 제자의 죽음을 슬퍼하던 스승, 참으로 인력으로는 만나기 힘든 스승과 제자의 인연입니다.

욕종지말
欲從之末 ◦ 아무리 좇아가려고 해도 좇아갈 수가 없구나!

위연(喟然): 한숨 쉬며 탄식하다 | 앙(仰): 따르다 | 미(彌): 더욱 | 찬(鑽): 뚫다 | 견(堅): 단단하다 | 첨(瞻): 보다 | 홀연(忽然): 갑자기 | 순순연(循循然): 차근차근 | 파(罷): 그만두다 | 탁(卓): 뛰어나다 | 말(末): 없다無

현실 참여의 의지

자 공 왈 유 미 옥 어 사 온 독 이 장 저 구 선 가 이 고 저
子貢曰 有美玉於斯 韞匵而藏諸 求善賈而沽諸

자공이 말했다. "여기 아름다운 옥玉이 있다면 궤짝에 담아 감추어두겠습니까? 아니면 좋은 가격을 준다는 사람을 찾아 팔겠습니까?"

자 왈 고 지 재 고 지 재 아 대 가 자 야
子曰 沽之哉 沽之哉 我待賈者也

공자가 말했다. "팔아야지! 팔아야지! 나는 좋은 가격을 기다리고 있는 사람이다!"

선비는 속세와 결별하고 산속이나 집안에 틀어박혀 글공부나 하는 사람이 아닙니다. 선비는 세상에 나아가 자신의 능력을 알아줄 사람을 구하여 자신의 꿈과 목표를 실천하는 사람입니다. 학자는 세상이 어떻게 돌아가든 책 속에 파묻혀 공부에 전념해야 한다는 것은 일제 식민사관의 영향으로 보여집니다. 인간과 세상을 외면하는 어떤 지식도 가르침도 의미가 없습니다. 공자든, 예수든, 부처든 모두 세상 사람들과 함께 동고동락하고자 했던 인물들이었습니다.

자공子貢은 공자가 때를 얻지 못하여 능력을 발휘하지 못하는 것을 안타깝게 여겼습니다. 그리고 아름다운 옥美玉을 상자匵에 담아서韞 보관藏만 할 것인지, 아니면 좋은 가격賈을 만나면 팔沽 것인지를 물었습니다. 스승인 공자가 자신의 능력을 세상을 위해 쓸 생각이 있는지를 은유하여 물은 것입니다. 공자는 단언합니다. "팔 것이다!" 나를 정말 알아주는 사람이 있다면 아낌없이 자신의 능력을 다할 수 있음을 표명한 것입니다. 선비는 자신을 굽혀 세상과 타협하여 자리에 연연하는 사람이 아니지만, 정당한 방법으로 세상에 나아가는 것을 두려워하는 사람도 아닙니다.

고 지 재
沽之哉 ◦ 좋은 가격과 대우로 나를 사준다면 아낌없이 내 능력을 세상에 팔아라!

온(韞): 감추다 | 독(匵): 궤짝 | 장(藏): 감추어 보관하다 | 가(賈): 값 | 고(沽): 팔다

명산의 조건

자 욕 거 구 이
子欲居九夷

공자가 구이九夷에 가서 살려고 했다.

혹 왈 루 여 지 하 자 왈 군 자 거 지 하 루 지 유
或曰陋 如之何 子曰 君子居之 何陋之有

누군가 말하기를 “누추한 곳입니다. 어떻게 지내시려고요?” 공자가 말했다. “군자가 사는 곳에 어찌 누추함이 있겠는가?”

“산이 높아서 명산이 아니라 신선이 살면 명산이 된다”는 말이 있습니다. 원래부터 명산이 있는 것이 아니라 훌륭한 사람이 살면 그곳이 명산이 된다는 것입니다. 아무리 좋은 환경을 갖추었더라도 그곳에 사는 사람이 별로면 별 볼 일 없는 곳이 됩니다. 공자는 세상에 희망이 없다고 생각할 때마다 떠나고 싶어 했습니다. 비록 궁벽한 곳이라고 해도 그곳에서 자신의 꿈을 피울 수 있다고 생각했습니다.

동방 그 어느 곳, 문명이 미치지 못한 곳九夷에 떠나고 싶다고 할 때 궁벽한陋 곳에서 어떻게 지낼 수 있냐고 제자들은 말렸고, 군자가 살면 그곳이 바로 문명의 땅이라고 공자는 대답했던 것입니다. 천박한 문명의 때가 묻지 않은 곳에 가서 새로운 꿈을 실현하고 싶은 공자의 심정이 너무나 격하게 공감이 되는 대목입니다. 훌륭한 사람이 있으면 그곳이 바로 문명의 땅이 됩니다.

군 자 거 지 하 루 지 유
君子居之 何陋之有 ◦ 군자가 사는 곳이 바로 문명의 땅이다.

구이(九夷): 동방 이민족의 땅 | 루(陋): 누추하다

문예부흥을 꿈꾼 공자

자왈 오자위반노연후 악정 아송 각득기소
子曰 吾自衛反魯然後 樂正 雅頌 各得其所

공자가 말했다. "내가 위衛나라에서 노魯나라로 돌아오면서부터 그 후로 음악이 바르게 되었고, 아송雅頌이 각각 자기 자리를 찾았다."

동양의 지식인들은 살아서 자신의 꿈을 이룰 수 없다고 생각하면 낙향하여 제자를 양성하거나 저술을 통하여 그 꿈을 후세에 전달하고자 했습니다. 퇴계도 정치적인 한계에 부딪혔을 때 낙향하여 도산서원을 열고 제자들을 양성하고 저술에 전념했습니다. 세상을 바꿀 수 없다면 후세의 군자를 기다리는 것이 지식인들의 대안이었습니다.

공자는 세상을 주유周遊하며 자신의 꿈을 실현하고자 했지만 그 꿈을 이룰 수 없었기에 조국인 노魯나라로 돌아와反 저술 활동에 전념했습니다. 그리고 무너진 음악樂체계를 바로正잡고, 아악雅과 제례 찬송頌 음악을 복원했습니다. 파괴된 문화文化의 복원은 새로운 문명의 시작이며 창조의 원천입니다. 춘추시대 말기, 공자는 문예부흥, 르네상스 운동의 선두에 서 있었습니다. 그 부흥의 문명이 2,500년간 동아시아 정신사를 지배해온 것입니다.

각득기소
各得其所 ◦ 세상이 혼란할 때 지식인은 문명을 정비하여 새로운 세상을 기다린다.

아송(雅頌): 클래식과 제사 음악

꿩의 우화

색 사 거 의 상 이 후 집
色斯擧矣 翔而後集

새가 (사람의 안색을 살펴 좋지 않으면) 이에 날아가서 빙빙 돌다가 다른 곳에 앉았다.

왈 산 량 자 치 시 재 시 재 자 로 공 지 삼 후 이 작
曰山梁雌雉 時哉時哉 子路共之 三嗅而作

공자가 말하기를 "산속에 다리에 암꿩이 때에 맞는구나! 때에 맞는구나!" 하니 자공이 암꿩을 잡아 올리니 공자가 세 번 냄새를 맡고 일어났다.

해석이 쉽지 않은 구절입니다. 논리적으로 연결이 안 되고 아마도 앞뒤에 빠진 문장이 있을 것입니다. 억지로 소설을 써보겠습니다. 공자와 자로가 산에 갔습니다. 마침 꿩들이 공자 일행이 오는 것을 보고 날아올라 다른 곳에 가서 앉았습니다. 공자는 이것을 보고 말합니다. "꿩들도 때를 아는구나! 자신을 잡으러 오는 사냥꾼을 보면 날아올라 다른 곳에 가서 앉는구나!" 그러자 자로는 스승인 공자가 꿩을 먹고 싶어 한다고 생각했습니다. 그리고 화살을 쏘아 꿩을 잡아 요리하여 공자에게 올렸습니다. 공자는 자로가 잡아온 꿩이 자기가 때를 알고 앉을 곳을 선택한다고 했던 꿩이란 걸 알았습니다. 그리고 꿩고기의 냄새를 세 번 맡고 일어나서 안 먹고 다른 곳으로 가 버렸습니다.

이 문장에서 중요한 것은 꿩도 자신이 앉을 자리를 찾아 앉는다는 것입니다. 양금택목良禽擇木이란 말이 있습니다. 똑똑한 새는 앉을 곳을 가려서 앉는다는 뜻입니다. 세상을 살면서 어디에 머물 것인가를 잘 결정하는 것이 무엇보다도 중요한 일입니다.

시 재 시 재
時哉時哉 ◦ 꿩들도 앉아야 할 때를 아는데 하물며 사람이랴?

색(色): 얼굴 빛 | 거(擧): 날아오르다 | 집(集): 내려앉다 | 량(梁): 다리 | 치(雉): 꿩 | 공(共): 올리다供 | 후(嗅): 냄새를 맡다

공자의 업무 보고

진 성 자 시 간 공 공 자 목 욕 이 조 고 어 애 공 왈 진 항 시 기 군 청 토 지
陳成子弑簡公 孔子沐浴而朝 告於哀公 曰陳恒弑其君 請討之

진성자가 제나라 왕 간공을 죽였다. 공자가 목욕재계하고 노나라 조정에 들어가서 노나라 왕 애공에게 보고했다. "제나라 진항陳恒이 그의 군주를 죽였으니 토벌하기를 간청합니다."

공 왈 고 부 삼 자 공 자 왈 이 오 종 대 부 지 후 불 감 불 고 야 군 왈 고 부 삼 자 자
公曰 告夫三子 孔子曰以吾從大夫之後 不敢不告也 君曰告夫三子者

애공이 말하기를 "노나라 세 가문의 수장에게 보고하라!" 공자가 말하기를 "저는 대부의 말석에 있는 사람이지만 신하로서 이 사실을 왕에게 보고할 수밖에 없었습니다. 그런데 군주께서 '세 가문의 수장에게 보고하라' 하시는군요!"

지 삼 자 고 불 가 공 자 왈 이 오 종 대 부 지 후 불 감 불 고 야
之三子告 不可 孔子曰 以吾從大夫之後 不敢不告也

결국 공자가 세 가문의 수장에게 가서 보고하니 불가하다고 답했다. 공자가 말했다. "내가 대부의 말석에 있는 사람이라도 (안 되는 줄 알면서도) 보고할 수밖에 없었다."

신하의 가장 중요한 역할은 군주에게 사실을 있는 그대로 보고하고 의견을 제시하는 것입니다. 제나라 귀족 진성자가 제나라 왕을 죽이고 혁명을 일으켰습니다. 공자는 이 사실을 노나라 왕에게 사실대로 보고하고, 군대를 보내 혁명군을 토벌해야 한다고 의견을 냈습니다. 노나라 왕은 자신에게 군대를 동원할 능력이 없으니 실권을 쥐고 있는 세 귀족에게 보고하라고 했습니다. 공자는 그들에게 보고했으나 결국 거절되었습니다. 공자는 자신의 의견이 거절될 것이라고 잘 알고 있었습니다. 그러나 신하로서 사실대로 보고하고 바른 의견을 내는 것이 의무라고 생각하여 보고한 것입니다.

공자는 월급만 축내고 자리나 보존하는 사람은 신하의 자격이 없다고 합니다. 옳고 그른 것을 제대로 판단하여 자신이 모시는 사람에게 의견을 개진하는 것이 신하로서 가장 중요한 일입니다. 오로지 힘만이 정의이던 시절, 공자의 생각은 당시 실권자들 어느 누구에게도 받아들여지지 않았습니다.

불 감 불 고
不敢不告 ◦ 월급받는 사람으로서 옳고 그름을 사실대로 보고해야 한다!

하늘은 알고 있다

자 왈 막 아 지 야 부 자 공 왈 하 위 기 막 지 자 야
子曰 莫我知也夫 子貢曰 何爲其莫知子也
자 왈 불 원 천 불 우 인 하 학 이 상 달 지 아 자 기 천 호
子曰 不怨天 不尤人 下學而上達 知我者 其天乎

공자가 말했다. "나를 아무도 알아주지 않는구나!" 자공이 말하기를 "어찌 아무도 선생님을 알아주지 않는다고 하십니까?" 공자가 말했다. "하늘을 원망하지 않고, 남을 탓하지 않고 바닥부터 배워서 높은 경지에 이르고자 하는 사람이 바로 나인데, 나를 알아주는 사람은 저 하늘밖에 없나 보구나!"

공자는 자신의 인생을 항상 만족하며 살았을까요? 공자는 현실의 넘지 못하는 벽을 만나면 실망하고 절망했던 사람입니다. 때로는 세상이 더 이상 희망이 없다고 푸념하기도 하고, 더 이상 희망이 없는 세상에서 벗어나 멀리 떠나고 싶다고 말하기도 합니다. 이번에는 세상이 자신을 알아주지 않는다고 절망하고 있습니다. 공자의 평소 말대로라면 남들이 나를 알아주지 않는다고 화내지 말아야 합니다. 그러나 공자도 인간입니다. 인간이 어찌 자신의 평소 말대로만 살 수 있겠습니까?

자공이 공자에게 남들이 왜 스승님을 알아주지 않는다고 푸념하시냐고 물었습니다. 공자는 최선을 다해서 사는 자신을 알아줄 사람은 하늘밖에 없다고 절망하고 있습니다. 자신의 불우한 처지에 대해 원망하지 않고 바닥부터 배워서 높이 올라온 자신을 알아줄 사람이 결국 하늘밖에 없다는 말로 자신을 위로하고 있습니다. 아무도 나를 알아주는 사람이 없을 때, 그래도 하늘은 나를 알아줄 것이란 희망만 있어도 견딜 만합니다.

막 아 지
莫我知 ◦ 세상에 누구도 나를 알아주지 않아도 하늘은 나를 알아줄 것이다!

우(尤): 원망하다

은자가 바라본 공자

자로숙어석문 신문왈해자 자로왈자공씨 왈시지기불가이위지자여
子路宿於石門 晨門曰奚自 子路曰自孔氏 曰是知其不可而爲之者與

자로가 노나라 남쪽 성문인 석문에서 묵게 되었다. 성문지기가 말하기를 "어디서 왔는가?" 자로가 말하기를 "공씨 문하에서 왔소이다." 성문지기가 말했다. "세상이 안 되는 줄 알면서 어떻게 해보려고 돌아다니는 사람 말인가?"

새벽에 성문을 열고 닫는 성문지기를 신문晨門이라고 합니다. 미관말직 9급 공무원이니 대체적으로 지식은 있으나 앞에 나서고 싶지 않은 은자隱者들이 종사했습니다. 이들은 공자와 그 제자들이 몰려다니면서 세상을 바꾸어보려고 하는 것을 비웃었습니다. 어차피 혼란에 빠져 더 이상 희망이 없는 세상인데 왜 그렇게 몰려다니는가에 대한 비판이었습니다.

난세에 지식인들은 두 부류로 나누어집니다. 평화의 세상을 꿈꾸며 자신의 인생을 거는 사람들을 현자顯者라고 합니다. 반면 어차피 바뀌지 않을 세상이면 조용히 물러나 목숨을 보존하며 자신의 자유를 누리며 사는 사람들을 은자라고 합니다. 현자와 은자, 이 두 부류 중에 어떤 부류가 더 옳은지에 대한 판단은 의미가 없습니다. 각자 자신의 삶을 존중하고 자신의 선택을 옳다고 생각하여 결정한 일이기에 시비를 따질 수 없는 일입니다. 공자와 그 제자들은 현자였습니다. 그들은 쉽게 바꿀 수 없는 현실을 마주하여 물러서지 않고 앞으로 나아간 사람들이었습니다. 참 쉽지 않은 용기입니다.

지기불가
知其不可 ◦ 불가능한 현실인 줄 알지만 세상을 바꾸어 보리라!

신(晨): 새벽 | 신문(晨門): 새벽에 성문을 열고 닫는 문지기 | 자(自): -로부터

공자를 비판한 은자

자격경어위 유하괴이과공씨지문자 왈유심재 격경호 기이왈비재 갱갱호
子擊磬於衛 有荷蕢而過孔氏之門者 曰有心哉 擊磬乎 旣而曰鄙哉 硜硜乎
막기지야 사이이이의 심즉려 천즉게 자왈 과재 말지난의
莫己知也 斯已而已矣 深則厲 淺則揭 子曰 果哉 末之難矣

공자가 위나라에 있을 때 경쇠를 연주하고 있었다. 삼태기를 메고 공자가 있는 집 앞 문을 지나는 사람이 있어 말하기를 "세상을 걱정하는 마음이 있구나! 경쇠를 연주하는 소리여!" 그리고 조금 있다가 말했다. "비루하구나! 땡땡거리는 경쇠 소리여! 세상이 나를 알아주지 않으면 그만두면 될 일이다. 물이 깊으면 옷을 벗고 건너고, 물이 얕으면 옷을 걷고 건너면 될 것을." 공자가 말했다. "과감하구나! 그렇게만 살면 어려운 일이 없겠구나!"

세상에 나아가 부조리한 현실을 바꾸려던 공자와 난세에 조용히 물러나 자신의 성명을 보존하려 했던 은자들의 토론은 재미있습니다. 어느 은자가 공자가 석경을 연주하는 소리를 듣고 세상이 제 맘처럼 안 된다는 불평이 연주소리에 들어가 있다고 비웃었습니다. 땡땡 치는 연주소리에 공자의 불편한 심기가 느껴진 것입니다. 그리고《시경》의 구절을 인용해 말합니다. "물이 깊으면 옷을 벗고 건너고, 물이 얕으면 옷을 걷고 건너라!" 이 말은 순리대로 세상을 살아야지 억지로 살아서는 안 된다는 비유로 공자가 세상일에 나서는 것을 비꼰 것입니다.

공자가 그 말을 듣고 한 말이 압권입니다. "나도 그렇게 편히 살고 싶다! 그러나 그렇게 살 수 없는 것을 어찌하냐?" 인생을 살다 보면 나서서 내 주장을 펼 것인가? 아니면 조용히 침묵하고 살 것인가를 고민할 때가 많습니다. 참 쉽지 않은 선택입니다.

과재
果哉 ◦ 자신의 뜻대로 과감하게 사는구나!

경(磬): 경쇠, 악기 이름 | 갱(硜): 돌이 부딪히는 소리 | 려(厲): 옷을 벗다 | 게(揭): 옷을 걷다

사표를 쓴 공자

제경공 대공자왈 약계씨즉오불능 이계맹지간 대지 왈오로의 불능용야
齊景公 待孔子曰 若季氏則吾不能 以季孟之間 待之 曰吾老矣 不能用也
공자행
孔子行

제齊나라 경공이 공자를 대접하면서 말했다. "계씨만큼은 내가 대우하지는 못해도 계씨와 맹씨 중간 정도는 대우해주겠소!" 그리고 응대하면서 말하기를 "내가 늙어서 지금은 당장 힘들 것 같소!" 라고 하니 공자가 제나라를 떠났다.

제나라 왕이 공자를 등용하고자 불렀습니다. 연봉 대우는 노나라 귀족들이 주는 월급의 평균치에 맞추겠다고 했습니다. 그런데 결국은 공자를 등용하여 쓰지 않았습니다. 이유는 자신이 늙어서 공자의 새로운 정치철학을 구현하기에는 한계가 있다는 것이었습니다. 공자는 미련 없이 제나라를 떠났습니다.

이 사실을 놓고 보면 공자는 정치에 참여하여 자신의 정치철학을 구현하고자 했던 사람입니다. 여러 나라에서 공자에게 러브콜을 보냈지만 결국 아무도 공자를 등용하여 쓰지 않았습니다. 공자의 철학이 당시 시류하고는 부합되지 않았기 때문입니다. 부국강병을 원하는 실권자들에게 공자의 정명正名과 민본의 정치철학은 아무래도 부담이 되었을 것입니다. 공자는 큰 대우를 바라지도 않았습니다. 오로지 자신의 도道를 인정하고 받아줄 지도자가 있다면 아낌없이 자신의 능력을 바치려고 했습니다. 연봉이 작아서 공자가 떠났다는 오해는 없었으면 좋겠습니다.

공자행
孔子行 ◦ 자신의 정치철학을 수용하지 못한다면 미련 없이 떠났다.

대(待): 대접하다

미련없이 떠난 공자

제 인 귀 여 악 계 환 자 수 지 삼 일 부 조 공 자 행
齊人歸女樂 季桓子 受之 三日不朝 孔子行

제나라 사람이 미녀 음악단을 노나라로 보내니, 계환자가 그들을 맞이하여 삼 일을 조회에 나가지 않자 공자가 떠났다.

공자가 노나라 검찰총장司寇을 역임한 바 있습니다. 이 시절이 공자가 자신의 철학을 실제 정치에 가장 잘 실천했던 시절입니다. 공자는 관료로서 성과를 거두었습니다. 불의의 집단 소정묘小正卯를 구속하고 사형시켰습니다. 그리고 시체를 삼 일간 궁정에 걸어 놓았습니다. 앞으로 누구든 불의를 행하면 이렇게 된다는 본보기였습니다. 공자가 사구로 임명된 지 7일 만에 벌어진 일입니다. 노나라 정치권이 긴장했습니다. 공자가 사법 책임자로서 어떻게 임무를 수행할지를 보여 주었기 때문입니다.

이웃 나라인 제나라는 노나라의 정치가 안정되어 가는 것에 위협을 느꼈습니다. 그래서 미녀 음악단을 노나라 왕에게 선물로 보냈습니다. 노나라 왕은 미녀 음악단에 빠져 삼 일 동안 국무회의에 참가하지 않았습니다. 공자는 더 이상 자신의 조국 노나라에는 희망이 없다고 생각했습니다. 그리고 사표를 쓰고 떠났습니다. 사표를 던지고 떠나는 공자의 모습을 상상해봅니다. 그저 월급이나 받으며 자리를 보존하겠다는 사람들로 가득한 요즘, 공자의 결단에 박수를 보냅니다.

공 자 행
孔子行 ◦ 더 이상 희망이 없는 조직이라면 사표 쓰고 떠났다.

귀(歸): 보내다

공자의 스승은?

위 공 손 조 문 어 자 공 왈 중 니 언 학
衛公孫朝問於子貢曰 仲尼焉學

위나라 대부 공손조가 자공에게 물어 말하기를 "그대의 선생 공자는 누구에게 배웠는가?"

자 공 왈 문 무 지 도 미 추 어 지 재 인 현 자 식 기 대 자 불 현 자 식 기 소 자
子貢曰 文武之道 未墜於地 在人 賢者 識其大者 不賢者 識其小者
막 불 유 문 무 지 도 언 부 자 언 불 학 이 역 하 상 사 지 유
莫不有文武之道焉 夫子 焉不學 而亦何常師之有

자공이 말했다. "문왕과 무왕의 도가 아직 땅에 떨어지지 않아 세상 사람들에게 남아 있으니, 똑똑한 사람은 큰 것을 알고 있고, 덜 똑똑한 사람들은 그 작은 것을 알고 있으니, 모두가 문왕과 무왕의 도가 아닌 것이 없다. 그러니 우리 선생님은 어디서든 배우지 않았겠으며, 어찌 일정한 스승이 있었겠는가?"

공자에 대하여 많이 묻는 질문 중에 하나가 공자의 스승은 누구냐는 질문입니다. 결론은 공자에게는 정해진 스승이 없었습니다. 어쩌면 세상의 모든 사람이 공자의 스승이었다는 대답이 가장 적합할 듯합니다. 물론 거문고나 음악 같은 예능 분야에 대하여 공자에게 영향을 준 사람들은 문헌에 나타납니다만 정확하게 스승이라고 할 수는 없습니다.

공자의 똑똑한 제자 자공이 공자의 스승이 누구냐는 질문에 현명한 대답을 합니다. 세상의 모든 사람이 스승이라는 대답입니다. 좀 과격하게 말하면 길거리에서 배웠다고 할 수 있습니다. 공자의 어린 시절은 불우했고 미천한 직업에 종사하기도 했습니다. 그런 바닥에서의 경험, 그리고 세상을 살면서 만난 사람들과의 관계에서 얻은 깨달음이 공자의 스승이라고 할 수 있을 것입니다. 학교에서 지식을 가르쳐준 사람을 스승이라고 하지 않습니다. 세상을 보는 관점과, 지식을 대하는 태도를 깨우쳐준 사람이 진정 스승입니다.

하 상 사 지 유
何常師之有 ◦ 공자에게 어찌 정해진 스승이 있었겠는가?
세상의 모든 사람이 스승이었다.

내가 하늘을 속이랴?

자질병 자로사문인위신 병간왈 구의재 유지행사야 무신이위유신 오수기
子疾病 子路使門人爲臣 病間曰 久矣哉 由之行詐也 無臣而爲有臣 吾誰欺
기천호 차여여기사어신지수야 무영사어이삼자지수호 차여종부득대장
欺天乎 且予與其死於臣之手也 無寧死於二三子之手乎 且予縱不得大葬
여사어도로호
予死於道路乎

공자가 병이 들어 위중했다. 자로가 제자들을 뽑아서 공자의 (장례를 치를) 가신家臣으로 삼았다. 병에 좀 차도가 있자 공자가 말했다. "오래되었구나! 자로가 거짓을 행한 것이. 내가 가신을 둘 지위가 없는데 가신을 두었으니, 내가 누구를 속이겠는가? 하늘을 속이겠는가?" "그리고 내가 (거짓으로 꾸민) 가신들 손에 죽는 것보다는 차라리 너희 제자들 손에서 죽고 싶지 않겠는가?" "그리고 비록 내가 (죽어) 큰 장례는 못 치르더라도 내가 설마 길거리에서 죽기야 하겠느냐?"

공자를 가장 근거리에서 따른 제자는 자로子路였습니다. 그런데 자로의 스승에 대한 사랑은 과도했습니다. 공자가 질병으로 위중하게 되자, 자로는 문인門人 제자들 중에서 몇 명을 선발하여 스승의 죽음에 대비하여 가신家臣으로 임명하고 장례를 준비하게 했습니다. 그러나 가신은 관직이 있는 귀족들만이 둘 수 있는 것이기에 공자는 병이 좀 낫자間 자로의 행위를 속임수詐라고 질타했던 것입니다. 자신의 지위가 가신을 둘 수 없는 위치인데 가신을 둔 것은 하늘天을 속이는欺 일이라는 것입니다. 죽더라도 제자들 손에 떳떳하게 죽은 것이 낫지 거짓을 행하여 가신들의 손에 장례를 치르고 싶지 않다는 것입니다. 비록縱 왕이나 귀족처럼 큰 장례식은 아니더라도 도로道路에서 쓸쓸하게 죽지는 않을 것이라고 하면서 자로를 꾸짖고 있는 것입니다.

공자는 참 매력 있는 인물입니다. "하늘에 죄를 얻으면 빌 곳이 없다!"고 말한 것처럼, 자신을 속이는 것을 가장 나쁜 일이라고 생각했습니다. 그는 자신의 영혼 앞에 한 치도 부끄러움 없이 살다 간 사람이었습니다.

기천호
欺天乎 ◦ 어찌 하늘을 속이겠는가?

신(臣): 가신家臣 귀족 밑에서 일을 담당하는 신하 | 간(間): 차도가 있다 | 여기(與其) A 영(寧) B: A하기보다는 차라리 B하는 게 낫다

죽음을 앞둔 공자

자왈 가아수년 졸이학역 가이무대과의
子曰 假我數年 卒以學易 可以無大過矣

공자가 말했다. "나에게 몇 년의 시간만 하늘이 허락한다면, 그리하여 죽을 때까지 주역을 공부할 수만 있다면 인생에 큰 잘못 없이 살 수 있을 것이다."

공자의 이 말은 아마도 죽음에 임박해서 한 말이 아닌가 싶습니다. 하늘이 몇 년數年의 시간만 더해加 살게 해준다면, 주역易을 죽을 때卒까지 공부하여學 인생에 큰 대과大過 없이 살다 가고 싶다는 공자의 염원이 담긴 문장입니다.

주역周易은 과거의 흔적을 참고하고 미래의 변화를 예측하여, 그것을 근거로 지금 나의 판단을 결정하는 원리가 담긴 책입니다. 과거와 미래의 두 축을 근거로 지금의 나를 제대로 판단하고 결정할 수 있다면 인생에 큰 실수 없이 살아갈 수 있을 것입니다. 인간이 살면서 큰 실수를 하는 것은 다가올 미래의 조짐을 읽어 내지 못하고, 과거의 흔적을 정확하게 복기하지 못하기 때문입니다.

세상의 어떤 일이든 일어나는 패턴이 있고, 그 패턴을 읽어내는 다양한 방법론 중에 하나가 주역입니다. 그래서 《주역》은 종종 점서로 여겨지기도 합니다. 주역은 비록 고대적 사유이기는 하나 일의 발생과 전개, 그리고 결말까지 나름대로 원리를 제시한 책이라고 할 수 있습니다. 지금의 내 행동과 생각이 미래에 끼칠 영향을 알고 있다면 죽을 때까지 큰 실수 없이 살 수 있을 것입니다.

무대과
無大過 ◦ 미래를 조금이라도 예측하고 산다면 큰 실수 없이 살 수 있을 것이다.

가(假): 더하다, 빌려주다 | 졸(卒): 죽다

공자에게는 3,000명의 제자들이 있었다고 전해집니다. 그중에 뛰어난 72명의 제자들이 있었고, 그중에서도 탁월한 제자 10명이 있었으니 공문십철孔門十哲이라고 합니다. 그러나 실제로 《논어》에 등장하는 제자는 30명을 넘지 않습니다. 공자 제자의 출신은 다양합니다. 빈민가 출신 안연, 상인 출신 자공, 협객 출신 자로, 미천한 신분으로 성공한 자천, 장애인이었던 민자건 등이 있었습니다. 그중에서 공자는 자신의 사위와 조카사위를 삼기도 했고, 재여 같은 제자는 공자에게 혹독한 욕을 얻어먹기도 했습니다. 《논어》를 읽다가 보면 엉뚱한 상상을 하기도 합니다. 2,500년 전으로 거슬러 올라가 공자 문하에 들어가 제자가 되는 상상입니다. 그러면 《논어》를 읽는 동안 풀리지 않았던 문장들이 저절로 풀릴 것 같습니다. 공자의 제자들은 3년 정도의 수업을 마치고 졸업하여 전국 각지로 흩어졌습니다. 정치가로서 관료로서 발탁된 제자들은 각자 자신의 그릇만큼 스승에게서 배운 공부를 현실에 응용했습니다. 그들은 각자 받아들인 관점과 내용이 달랐기 때문에 공자의 사상은 다양하게 확장될 수 있는 기회를 갖게 되었습니다. 예수가 열두 제자들을 통해 전 세계에 확장될 수 있었고, 부처 역시 10대 제자들을 통해서 확장성을 이룰 수 있었습니다. 제자는 스승의 철학을 다양하게 변형시키고 확장시키는 중요한 메신저입니다. 《논어》에서 공자의 제자들과 관련된 문장을 모아 순서대로 분류해보았습니다.

공자의 10대 제자

자왈 종아어진채자 개불급문야 덕행 안연민자건염백우중궁
子曰 從我於陳蔡者 皆不及門也 德行 顔淵閔子騫冉伯牛仲弓
언어 재아자공 정사 염유계로 문학 자유자하
言語 宰我子貢 政事 冉有季路 文學 子游子夏

공자가 말했다. "진나라와 채나라에서 어려움을 당할 때 나를 쫓던 제자들이 지금은 모두 내 문하에 없구나. 덕행에는 안연, 민자건, 염백우, 중궁이었고, 언어에는 재아, 자공이었고, 정사엔 염유, 계로였고, 문학엔 자유와 자하가 뛰어났었지."

부처의 10대 제자처럼 공자에게도 10대 제자가 있었으니 공문십철孔門十哲이라고 합니다. 공자 문하의 10명의 뛰어난 제자란 뜻입니다. 덕행德行은 행동으로 공자님의 뜻을 실천한 제자들입니다. 언어言語는 논리와 수사로 뛰어난 제자들입니다. 정사政事는 정치적으로 뛰어난 제자들입니다. 문학文學은 경전과 문서에 탁월한 제자들입니다. 4개의 분류는 공자가 제자들에게 가르치던 과목들입니다. 공자 대학 덕행학과, 언어학과, 정사학과, 문학과라고 하는 단과대학 학장들이라고 할 수 있지 않을까요?

이 글은 공자가 나이가 들어 지난 과거를 회상하면서 하는 말입니다. 14년간 세상을 돌아다니며 고생을 함께했던 제자들이 이제는 죽거나 세상에 나아가 자리를 얻어 각자 역할을 충실히 하고 있는데, 내 주변에는 아무도 남지 않았다는 스승의 제자들에 대한 회상입니다. 70세를 넘겨 죽음을 목전에 두고 한 말이 아닌가 생각이 듭니다.

불급문
不及門 ◦ 나와 함께 동고동락했던 제자들이 더 이상 문하에 남아 있지 않구나!

안회는 공자가 가장 사랑하고 아끼던 제자였습니다. 빈민가 출신으로 어렵게 살았던 안회는 어려운 환경 속에서도 자신의 즐거움을 잃지 않고 살았던 제자였습니다. 비록 31살이라는 짧은 인생을 살다 갔지만 공자의 제자 중에 가장 뛰어났던 제자로 인정받았습니다. 안회를 한마디로 정의하면 위대한 바보입니다. 공자의 말에 아무런 토를 달지 않고 실천했기에 공자에게 바보라는 소리까지 들었습니다. 그러나 안회는 공자의 가르침을 인생에 실천했고, 어려운 환경에서도 자신의 즐거움을 잃지 않고 살았던 위대한 바보였습니다. 안회의 죽음에 공자는 "하늘이 나를 버렸구나!"라고 말하며 통곡했습니다.

똑똑한 바보 제자

자왈 오여회 언종일 불위여우 퇴이성기사 역족이발 회야 불우
子曰 吾與回 言終日 不違如愚 退而省其私 亦足以發 回也 不愚

공자가 말했다. "내가 제자 안회와 종일토록 이야기를 할 때 내가 하는 말에 토를 달지 않는 것이 바보 같다고 생각했다. 그러나 물러나 그의 평상시 생활을 살펴보니 역시 내가 한 말을 충분히 실천하고 있구나! 안회야! 넌 바보가 아니다!"

고 김수환 추기경은 스스로 바보라고 불렀습니다. 그러나 그 바보가 어찌 진짜 바보였겠습니까? 시장 노점상에서 물건값 깎지 않는 바보, 아무리 놀려도 화를 내지 않는 바보, 자신이 가진 것을 남에게 선뜻 줄 수 있는 바보, 고통의 길인 줄 알면서도 세상의 힘들고 어려운 사람들 편에 선 바보는 위대한 바보입니다.

공자의 제자 중에서도 그런 바보가 한 명 있었습니다. 바로 안회顔回입니다. 공자가 가장 아끼고 사랑했던 제자였습니다. 자신과 하루 종일終日 이야기할 때 공자의 말에 한마디도 거스르지違 않았기에 바보처럼如愚 생각될 정도였습니다. 그런데 수업이 끝나고 집에 가서退 평상시 사적私 생활을 살펴보니省 역시亦 수제자답게 충분히 공부한 내용을 삶에 반영하여 실천發하고 있었던 것입니다. 얼마나 기쁘고 감격스러웠겠습니까? 자신의 제자가 자신이 한 말을 적극적으로 삶에 실천하고 있는 모습에 공자는 감탄하여 말합니다! "안회回야! 넌 바보愚가 아니야!" 원래 어리석은 사람이 어리석은 것은 바보지만 똑똑한 사람이 바보처럼 사는 것은 위대한 바보입니다. 아직은 배울 것이 많다고 생각하며 남의 말에 귀를 기울이고 묵묵히 배운 것을 실천하는 사람, 안회顔回는 위대한 바보였던 것입니다.

불우
不愚 ◦ 똑똑한 사람이 바보처럼 살면 바보가 아니다.

우(愚): 어리석다, 바보 | 발(發): 실천하다

기쁨 주는 제자

자왈 회야 비조아자야 어오언 무소불열
子曰 回也 非助我者也 於吾言 無所不說

공자가 말했다. "안회는 나를 도와주지 않는 제자다. 내가 하는 말에 무조건 기뻐만 하는 것을 보면 말이다."

안회는 공자의 충실한 제자였습니다. 공자가 무슨 말을 해도 기뻐하며 따랐습니다. 스승인 공자는 이런 제자를 어떻게 생각했을까요? 아무런 토를 달지 않고 자신의 말을 무조건 따르고 실천하는 제자 안회에 대하여 한편으로는 대견하고, 또 한편으로는 걱정스럽기도 했을 것입니다. 공자는 안회에게 자신을 도와주지 않는 제자라고 말합니다. 가르침을 내리는 스승에게 자신의 의견을 말하고, 의문을 제기하는 것이 어쩌면 스승을 도와주는 제자일 수도 있는데 기뻐만 하고 있으니 도움이 안 된다는 것이지요. 스승이라고 어찌 완벽할 수 있겠습니까? 때로는 가르침에 실수도 있을 것이고, 논리도 안 맞을 수 있을 것입니다.

저는 이 문장을 읽으면서 공자는 참 훌륭한 스승이라는 생각을 해봅니다. 자신의 가르침에 무조건 따르는 제자가 좋을 텐데 의견을 내지 않는 제자에게 아쉬움을 표현하고 있으니 진정한 스승입니다. 아울러 제자 안회는 스승의 가르침을 무조건 따르고 있으니 참으로 충실한 제자라는 생각을 해봅니다. 이런 스승과 제자가 만나 공부를 했으니 얼마나 행복했을까요? 공자와 안회는 멋진 스승과 멋진 제자의 표상입니다.

무소불열
無所不說 ◦ 너무 좋아서 기뻐하지 않을 수가 없다.

단명한 제자

애공문 제자숙위호학
哀公問 弟子孰爲好學

애공이 묻기를 "제자들 중에서 누가 제일 배움을 좋아합니까?"

공자대왈 유안회자호학 불천노 불이과 불행단명사의 금야즉무
孔子對曰 有顔回者好學 不遷怒 不貳過 不幸短命死矣 今也則亡
미문호학자야
未聞好學者也

공자가 대답하여 말했다. "안회라는 제자가 있었는데 배움을 좋아했고, 자신의 분노를 남에게 옮기지 않았으며, 잘못을 두 번 반복하지 않던 제자였습니다. 그런데 불행히도 명이 짧아 일찍 죽어 지금은 세상에 있지 않습니다. (그가 떠난 뒤로) 그렇게 배움을 좋아하는 제자는 아직까지 보지 못했습니다."

안회는 31살에 죽었습니다. 공자는 수제자 안회를 그토록 아끼고 사랑했으며, 그의 이른 죽음을 너무 안타까워했습니다. 노나라 왕 애공哀公이 제자들 중에 가장 배움學을 좋아好하는 자가 누구孰냐고 물은 것은, 어느 제자가 가장 공자의 후계자 감이냐고 묻는 것이었습니다. 공자는 죽은 안회가 가장 배움을 좋아했다고 대답하면서 안회는 아무리 화怒가 나도 남에게 옮기지遷 않았고, 한 번 저지른 자신의 잘못過을 두 번貳 반복하지 않았다고 덧붙입니다. 그리고 안회 이후로 그만한 제자를 본 적도 들은 적聞도 없다고未 잘라 말합니다. 공자의 안회 사랑이 얼마나 깊은지를 볼 수 있는 대목입니다.

공자의 이미 죽어 버린 제자에 대한 애착이 강한 것은 이해가 가지만 그 이후로 어떤 제자에게도 마음을 완전하게 주지 않은 것은 아쉬움이 남는 부분입니다. 그래도 안회와 가장 가까운 수준에 오른 제자 한두 명은 꼽을 수 있을 텐데 매정하게 없다고 단정하는 공자의 마음을 헤아리기가 쉽지는 않습니다.

불천노 불이과
不遷怒 不貳過 ◦ 나의 분노를 남에게 옮기지 마라! 잘못을 두 번 반복하지 마라!

천(遷): 옮기다 | 이(貳): 두 번

배움을 좋아했던 제자

계 강 자 문 제 자 숙 위 호 학 공 자 대 왈 유 안 회 자 호 학 불 행 단 명 사 의 금 야 즉 무
季康子問 弟子孰爲好學 孔子對曰 有顔回者 好學 不幸短命死矣 今也則亡

계강자가 묻기를 "제자들 중에 누가 배움을 좋아합니까?" 공자가 대답하여 말했다. "안회라는 제자가 있었는데 배움을 좋아했으나 불행히 단명하여 죽었습니다. 이제는 배움을 그만큼 좋아하는 제자가 없습니다."

공자는 일찍 죽은 안회를 그리워했습니다. 제자의 죽음에 이렇게 스승이 아쉬워하는 것은 아마도 제자에 대한 기대 때문이었을 것입니다. 어떤 제자보다도 공부를 좋아했고, 자신의 가르침을 실천하려고 노력했기에 안회의 죽음이 공자에게 큰 상처를 남겼을 것입니다.

계강자라는 귀족이 공자에게 문하생 중에 누가 제일 공부를 좋아하냐고 묻자 공자는 단연코 안회라고 대답합니다. 그런데 그런 안회가 이제는 죽고 없고 그 후로 공부를 정말 좋아해서 하는 제자가 없다고 단언합니다. 공자의 대답이 너무 박절합니다. 안회만은 못해도 공부를 좋아하는 제자가 있다고 대답할 만한데 안회 이후로 없다고 말하는 공자에게서 안회를 편애하는 사적인 감정이 느껴지기도 합니다. 공자가 안회의 단명을 얼마나 슬퍼했는지, 그리고 얼마나 안회를 편애했는지를 잘 느끼게 해주는 문장입니다.

불 행 단 명 사
不幸短命死 ◦ 재능이 있는 사람은 불행히 일찍 죽는구나!

안회의 즐거움

자왈 현재 회야 일단사 일표음 재루항 인불감기우 회야 불개기락
子曰 賢哉 回也 一簞食 一瓢飮 在陋巷 人不堪其憂 回也 不改其樂
현재 회야
賢哉 回也

공자가 말했다. "현명하다! 안회야! 한 광주리 밥과 한 바가지 물로 누추한 마을에 살면 사람들은 그 근심을 견디기 어려운데, 안회는 그런 상황에서도 자신의 즐거운 삶이 변하지 않으니 현명하다! 안회야!"

안회는 빈민가에서 가난하게 살았습니다. 세상을 살다가 가난을 만나면 대부분의 사람들은 낙이 없다고 말합니다. 내 인생을 짓누르는 가난 때문에 뭘 해도 즐거울 수 없다는 것입니다. 안회는 달랐습니다. 그는 비록 누추한陋 마을巷에서 당장 배를 채울 밥食 한 광주리簞와 마실飮 물 한 바가지瓢만 있어도 자신의 즐거운樂 행복을 놓치지改 않고 살았습니다. 공자는 그런 안회를 정말 현명賢하다고 거듭 칭찬합니다.

똑똑한 사람은 지식이 많은 사람도 아니고, 배운 게 많은 사람도 아닙니다. 그의 일상이 즐거움樂으로 가득 차 있다면 똑똑하고 현명한 사람입니다. 특히 힘들고 어려운 상황에서도 웃음을 잃지 않고 자신의 일상을 즐거움으로 채울 수 있는 사람이라면 현인賢人이라고 할 수 있습니다. 그 사람의 진면목을 보려면 힘들 때 보면 알 수 있다고 합니다. 어려운 상황에서도 흔들리지 않는 마음으로 살아가는 사람, 자신의 행복의 가치를 포기하지 않는 사람이 진정 현명한 사람입니다. 공자가 안회를 그토록 좋아했던 이유 중에 하나가 가난 속에서도 안회는 일상의 낙樂을 놓치지 않았기 때문이었습니다.

불개기락
不改其樂 ◦ 어떤 어려움 속에서도 일상의 즐거움을 포기하지 마라!

단(簞): 대광주리 | 사(食): 밥 | 표(瓢): 바가지 | 누(陋): 누추하다 | 항(巷): 마을 | 감(堪): 견디다

배움을 실천하는 제자

자왈 어지이불타자 기회야여
子曰 語之而不惰者 其回也與

공자가 말했다. "말해주면 게으르지 않고 (그 말을) 실천하는 제자는 안회일 것이다."

공자가 제자 안회를 높이 평가하는 항목을 살펴보면, 가난 때문에 포기하지 않는 일상의 낙, 공부를 좋아하고 기쁨으로 배우는 태도, 자신의 분노를 남에게 옮기지 않고 혼자 삭히는 감정조절, 한 번 저지른 잘못은 두 번 다시 반복하지 않는 개선의 자세, 배운 것을 반드시 실천하는 배움과 삶의 일치 등이 있습니다.

그중에서도 특히 배움과 삶의 일치라는 점에서 안회는 높은 평가를 받고 있습니다. 자신이 가르쳐준 말語을 게으르지惰 않고 실천하는 안회를 공자는 사랑하지 않을 수 없었습니다. 아는 것과 실천하는 것이 완전 합일하기가 쉬운 일은 아닙니다. 들었으면 행할 줄 아는 안회의 태도는 다른 제자들이 따라갈 수 없는 탁월함이었습니다. 지식과 삶이 따로 노는 지식과 삶의 분리가 아닌, 지식의 실천적 삶을 안회는 살았던 것입니다. 지식이 교만하면 폭력적인 무기가 됩니다. 지식을 겸손하게 실천하는 안회의 모습이 눈앞에 상상이 됩니다.

어지불타
語之不惰 ◦ 좋은 가르침을 삶에 반영하는 데 게으르지 말라!

타(惰): 게으르다

중단 없는 정진

자 위 안 연 왈 석 호 오 견 기 진 야 미 견 기 지 야
子謂顔淵曰 惜乎 吾見其進也 未見其止也

공자가 안연에 대하여 말했다. "안타깝구나! (안연의 죽음이여) 나는 그 제자가 앞으로 정진하는 것은 보았으나 중지하는 것은 보지 못했다."

수제자 안연의 갑작스런 죽음은 공자의 마음을 너무나 아프게 했습니다. 그토록 아꼈던 제자의 죽음에 안타까움惜을 금치 못했던 공자는 안연이 열정을 갖고 앞으로 정진進했으며 중지止함이 없었던 제자라고 회고하고 있습니다. 포기하지 않고 끝까지 정진하는 안연의 기억이 공자에게는 늘 따라다녔던 것 같습니다. 안연을 추억하면서 안연의 포기하지 않는 정신의 자세가 공자의 가슴속에 깊이 새겨져 있었습니다. 나아가라! 중도에 포기하거나 주저앉지 마라! 그 모습을 제자 안연에게서 공자는 보았던 것입니다. 목표를 세울 때는 주저하지만, 일단 목표가 확정되면 무소의 뿔처럼 중단 없이 앞으로 전진하는 것이 안회의 스타일이었습니다.

세상을 살다 보면 천재를 만나는 경우가 있습니다. 이런 천재와 무리하게 경쟁할 필요가 없습니다. 중단 없는 정진으로 계속 가다 보면 어느덧 천재가 저 뒤에 보이게 마련입니다. 지구력이 강한 사람이 결국 목표에 가장 가깝게 가게 됩니다.

견 기 진 미 견 기 지
見其進 未見其止 ◦앞으로 정진하라! 중간에 포기하는 모습을 보이지 마라!

석(惜): 안타깝다

안회 아버지의 간청

안 연 사 안 로 청 자 지 거 이 위 지 곽
顔淵死 顔路請子之車 以爲之椁

안연이 죽었다. 안연의 아버지 안로가 공자의 수레로 외곽外椁을 만들어 안연의 관을 싣고 장사를 치르기를 부탁했다.

자 왈 재 부 재 역 각 언 기 자 야 리 야 사 유 관 이 무 곽 오 부 도 행 이 위 지 곽
子曰 才不才 亦各言其子也 鯉也死 有棺而無椁 吾不徒行 以爲之椁

이 오 종 대 부 지 후 불 가 도 행 야
以吾從大夫之後 不可徒行也

공자가 말했다. "재주가 있든 없든 모든 부모는 자신의 아들을 위하여 말하는 것이다. 내 아들 리鯉가 죽었을 때 관만 있었지 외곽外椁 없이 장사를 치렀다. 그때 내가 내 수레로 아들의 외곽을 만들어주고 걸어 다니지 않았던 것은 내가 대부를 뒤에서 모시는 상황이었기에 걸어다닐 수 없어서였다."

사랑하는 제자 안연이 죽었습니다. 안연의 아버지가 자식의 장례를 치르면서 공자의 수레를 관을 싣는 곽으로 사용할 수 있게 해 달라고 부탁했습니다. 공자는 거절합니다. 이 대목에서 공자의 차가운 면이 보입니다. 그토록 아끼던 제자의 관을 옮기기 위해 자신이 타는 수레를 얼마든지 빌려줄 수 있었을 텐데 박절하게 거절한 공자의 생각은 무엇이었을까요? 공자는 자신의 아들이 죽었을 때도 자신의 수레를 사용하지 않았다고 말합니다. 이유는 관직에 있는 자신이 공무를 처리하기 위해서는 수레가 필요하기 때문입니다. 그리고 일반인의 장례에 수레를 동원하여 장례를 치르는 것은 명분에도 맞지 않는다는 것입니다. 그토록 아꼈던 제자에게도 명분에 맞지 않으면 한 치의 양보가 없었던 공자의 모습을 볼 수 있습니다.

재 부 재 각 언 기 자
才不才 各言其子。재주가 있든 없든 세상의 아버지들은
자기 자식의 입장에서 말할 수밖에 없다.

안로(顔路): 안연의 아버지. 공자보다 6살 연하 | 곽(椁) :관을 담는 수레로 만든 외관 | 리(鯉): 공자의 아들

내 친구 안회

증자왈 이능문어불능 이다문어과 유약무 실약허 범이불교 석자오우
曾子曰 以能問於不能 以多問於寡 有若無 實若虛 犯而不校 昔者吾友
상종사어사의
嘗從事於斯矣

증자가 말했다. "능력이 있어도 능력 없는 사람에게 물을 줄 알고, 많이 알아도 조금 알고 있는 사람에게 물을 줄 알고, 있으면서도 없는 듯이, 차 있으면서도 비어 있는 듯이, 남이 나를 무시해도 따지지도 계산하지도 않는 삶을, 옛날 내 친구가 일찍이 이렇게 살다 갔었다."

안회가 죽고 나서 증자曾子가 옛날 자신의 친구 안회顔回를 회고하면서 제자들에게 이야기하는 장면입니다. 아마도 죽음을 앞둔 증자가 지난날 공자와 함께 지내던 시절을 그리며 학우學友이자 친구였던 안회가 떠올랐나 봅니다. 능력能도 뛰어나고 아는有 것도 많았지만, 늘 겸손하게 자신을 낮추고 남에게 물을問 줄 알았던 친구, 있어도 있는 척 하지 않았고, 충실해도 아무것도 없는 바보처럼 자신을 비울 줄 알았던 친구, 남이 나를 무시하거나犯 함부로 대해도 따지지校 않았던 친구友, 그런 친구를 그리워하며 추억에 잠기는 증자의 모습이 참 아름답습니다.

공자의 제자들은 나이 차도 있고 출신도 달랐습니다. 그러나 공자라는 스승을 중심으로 모여 고대 문화를 학습하고, 난세를 걱정하고, 새로운 비전을 제시했습니다. 서로 다른 생각과 가치도 있었지만 공자라는 인물의 다양한 모습을 각자 그릇만큼 담아 갔습니다. 안회는 그 제자들 중에서도 공자와 가장 닮은꼴의 제자였습니다.

석자오우
昔者吾友 ◦ 옛날 공자 문하에서 함께 배웠던 내 친구였던 안회가 그립다!

교(校): 계산計하다 | 범(犯): 범하다

안회의 죽음

선진 8

안 연 사 자 왈 희 천 상 여 천 상 여
顔淵死 子曰噫 天喪予 天喪予

안연이 죽었다. 공자가 말했다. "아아! 하늘이 나를 버렸구나! 하늘이 나를 버렸구나!"

선진 9

안 연 사 자 곡 지 통 종 자 왈 자 통 의 왈 유 통 호 비 부 인 지 위 통 이 수 위
顔淵死 子哭之慟 從者曰 子慟矣 曰有慟乎 非夫人之爲慟 而誰爲

안연이 죽었다. 공자가 애통하게 통곡했다. 수행 제자가 말하기를 "선생님! 너무 애통해하십니다." 공자가 말했다. "너무 애통해하는 것 같으냐? 안회의 죽음을 애통해하지 않으면 누구의 죽음을 애통해하겠는가?"

선진 10

안 연 사 문 인 욕 후 장 지 자 왈 불 가 문 인 후 장 지
顔淵死 門人欲厚葬之 子曰不可 門人 厚葬之

안연이 죽었다. 제자들이 안연의 장례를 크게 치르고자 했다. 공자는 "안 된다"고 했다. 그럼에도 제자들이 크게 장례를 치렀다.

자 왈 회 야 시 여 유 부 야 여 부 득 시 유 자 야 비 아 야 부 이 삼 자 야
子曰 回也 視予猶父也 予不得視猶子也 非我也 夫二三子也

공자가 말했다. "안회는 나 보기를 아버지처럼 여겼는데, 나는 안회를 자식처럼 여기지 못했구나! 내 잘못이 아니다. 바로 제자들 때문이다!"

안연이 결국 죽었습니다. 사랑하는 제자의 죽음에 공자의 애통함을 나타내는 구절을 모두 모아 보았습니다. 하늘이 나를 버렸다고 공자는 통곡했습니다. 어떤 역경을 만나도 흔들리지 않았던 공자였습니다.

환퇴가 자신을 협박할 때도, 양호로 몰려 죽음의 위협에 처했을 때도 하늘이 나를 보호할 것이라며 당당하게 대처한 공자가 안회가 죽었을 때는 하늘이 자신을 버렸다고 통곡했으니 제자를 잃은 그 슬픔이 얼마나 컸는지 짐작이 갑니다. 제자들이 너무 애통해하는 공자에게 건강을 걱정하며 말리자 공자는 내 사랑하는 제자의 죽음에 애통해하지 않으면 누구의 죽음에 애통해할 것이냐며 울음을 멈추지 않았습니다.

결국 제자들은 스승의 마음을 헤아려 공자의 만류에도 불구하고 크게 장례식을 치렀습니다. 공자는 그런 제자들을 나무랐습니다. 사랑하는 제자를 잃은 슬픔은 슬픔이고, 명분에 맞지 않은 호화 장례는 용납하지 않겠다는 것이 공자의 생각이었습니다. 어떻게 보면 공자의 명분에 철저한 처신이 대단해 보이기도 하지만, 사랑하는 제자를 위해 꼭 그렇게 명분 타령을 했어야만 했는가에 대한 아쉬움이 남습니다.

천상여
天喪予 ◦ 그가 죽다니! 하늘이 나를 버렸구나!

자공은 공자의 제자 중에 돈이 가장 많아 사마천의 《사기》〈화식열전〉에서 장사를 통해 돈을 많이 번 재벌로 기록되기도 했습니다. 자공은 이재理財에 밝고 성과와 효율을 중요하게 생각했습니다. 그런 자공을 공자는 탐탁하게 생각하지 않았습니다. 자공은 공자의 수제자로 알려진 안회와 자주 비교되었습니다. 안회는 돈을 버는 재주도 없고, 그저 자신이 좋아하는 것을 좇아 살았던 인물입니다. 그러나 하나를 가르치면 열을 깨달아 공자의 제자 중에서 가장 뛰어난 제자로 인정받았습니다. 그런 안회에게 자공은 일종의 라이벌 의식이 있었던 것 같습니다. 공자는 자공이 비록 그 당시 외부에서 잘 알려진 인물이었지만 안회를 더욱 높이 평가했습니다. 자공도 안회에 대하여는 넘지 못할 벽으로 생각했던 것 같습니다. 자공은 공자의 가장 열렬한 제자로서 공자가 죽었을 때 다른 제자들은 3년간 공자 무덤에서 시묘를 하고 떠났는데 자공만 3년을 더하여 총 6년을 공자의 무덤 옆에서 공자를 지켰습니다. 공자가 세상에 널리 알려지게 된 것은 자공의 공이 컸습니다. 당시 공자보다 더 좋은 평가를 받았던 자공의 이야기로 들어가 봅니다.

자공의 그릇

자공문왈 사야하여 자왈 여기야 왈하기야 왈호련야

子貢問曰 賜也何如 子曰 女器也 曰何器也 曰瑚璉也

자공이 물어 말했다. "저는 어떤 사람입니까?" 공자가 말했다. "너는 한 가지 재주 정도는 담을 수 있는 그릇이다." 자공이 말하기를 "무엇을 담는 그릇입니까?" 공자가 말했다. "제사에 쓰는 호련瑚璉이라는 그릇이다."

사람을 평가할 때 그릇器이라는 표현을 자주 합니다. "그 사람 그릇이 크다"라는 표현은 그 사람이 포용력이 있고 큰 인물이라는 의미입니다. 자공이 자신이 어떤 사람이냐고 묻자 공자는 그릇이라고 대답합니다. 자공은 무슨 그릇이냐고 묻습니다. 공자는 제사에 쓰는 중요한 제기인 호련瑚璉이라고 대답합니다. 호련은 제사에 사용하는 그릇으로, 중요한 제물을 담는 소중한 그릇입니다.

자공은 공자의 이런 말에 기뻤을까요? 사실 자공이 듣고 싶은 답은 '군자'라는 말이었을 것입니다. 공자는 "군자불기君子不器"라고 해서 군자는 한 가지 재능器만 가진 사람이 되어서는 안 된다고 한 적이 있습니다. 아마도 실망했을 겁니다. 그래도 제사에 쓰이는 중요한 제기라는 말에 위로받았을 수도 있습니다. 공자의 눈에는 아직 군자의 수준까지는 이르지 못한 제자로 보여졌나 봅니다. 전문가specialist의 수준에는 올랐지만 다양한 전문성을 통합해낼 수 있는 융합인(군자)의 경지에는 이르지 못한 것 같습니다. 공자가 말하는 군자는 전문성의 단계를 넘어 통합과 융합을 통해 새로운 가치를 창출해낼 수 있는 단계입니다. 무엇이든 다 담을 수 있는 그릇이라면 군자에 가깝다고 할 수 있습니다.

器(기) ◦ 모든 것을 다 담을 수 있는 통합의 그릇이 되어라!

사(賜): 자공의 이름 | 여(女): 여汝와 같은 뜻으로 '너' | 기(器): 그릇 |
호련(瑚璉): 제사에 사용하는 중요한 제기의 이름

자공과 안회의 비교

자 위 자 공 왈 여 여 회 야 숙 유
子謂子貢曰 女與回也 孰愈

공자가 자공에게 말했다. "너와 안회 중에 누가 더 낫다고 생각하는가?"

대 왈 사 야 하 감 망 회 회 야 문 일 이 지 십 사 야 문 일 이 지 이
對曰 賜也 何敢望回 回也 聞一以知十 賜也 聞一以知二

(자공이) 대답하여 말하기를 "제가 어찌 감히 안회와 비교됨을 바라겠습니까? 안회는 하나를 들으면 열을 알고, 저는 하나를 들으면 둘 정도 아는 사람입니다."

자 왈 불 여 야 오 여 여 불 여 야
子曰 弗如也 吾與女 弗如也

공자가 말했다. "같지 않지. 나는 네가 안회만 못하다는 것을 인정한다."

자공은 공자의 뛰어난 제자였지만 안회만큼은 아니었던 것 같습니다. 어느 날 공자는 뜬금없이 자공에게 묻습니다. 너女와 안회回 중에 누가孰 더 낫냐愈는 질문입니다. 이런 질문을 선생님에게 들으면 기분 좋아할 제자는 없을 것입니다. 특히 비교하는 대상이 이미 선생님이 총애하는 제자라면 말입니다. 그래도 자공은 대답합니다. 자신賜은 안회와 비교 대상이 되는 것조차 바랄 수 없다는 것입니다. 왜냐하면 안회는 하나一를 들으면聞 열十을 아는知 제자이지만 자신은 하나를 들으면 겨우 둘 정도 아는 제자라는 것입니다.

이 정도 대답이면 참 겸손하고 충실한 대답입니다. 그런데 공자는 여기에 대못을 박습니다. "그래! 같지 않아! 난 네 말에 동의한다!" 공자가 꼭 이렇게 말할 필요가 있었는지 의문입니다. 그냥 순순히 안회와 비교조차 되지 못한다고 제자가 대답하면 더 이상 그렇게 확인하여 말할 필요까지는 없지 않았나 싶습니다. 그만큼 공자의 안회 사랑은 유별난 것 같습니다.

문 일 지 이
聞一知二 ◦ 하나를 듣고 둘을 안다면 훌륭한 인재다.

여(女): 여汝와 같은 뜻, 너 | 회(回): 공자 제자 안연顔淵의 이름 | 숙(孰): 누구 | 유(愈): ~보다 낫다 | 불(弗): 아니다不과 같은 뜻 | 여(與): 동의하다, 인정하다

투자의 달인 자공

子曰 回也 其庶乎 屢空 賜不受命而貨殖焉 億則屢中

공자가 말했다. "안회는 자주 쌀독이 비었다. 자공은 운명을 받아들이지 않고 돈을 증식했으니 투자할 곳을 찍으면 자주 적중했다."

자공은 공자에게 안회와 자주 비교를 당했습니다. 사회적으로 자공은 안회가 따라오지 못할 명성을 얻고 있었습니다. 심지어 스승인 공자보다 낫다고 평가받기도 했습니다. 외교적 능력이나 정치적 지위로 보면 자공은 공자보다 훨씬 높은 평가를 받고 있었습니다. 자공은 투자의 달인이었습니다. 그가 물건을 사서 팔면 항상 많은 이윤이 남았습니다. 자본과 물류의 흐름을 꿰뚫는 통찰력이 있었기 때문입니다.

투자를 통해 자본을 늘리는 행위를 화식貨殖이라고 합니다. 돈貨을 증식殖한다는 뜻입니다. 공자는 안회와 자공을 비교하면서 안회는 자주 쌀독이 비어 굶주림에 허덕였는데 자공은 운명을 그대로 받아들이지 않고 투자를 하여 자주 투자에 성공했다고 했습니다. 이 글만으로는 누구를 더 칭찬한 것인지 명확하게 판단할 수 없습니다. 중요한 것은 자공은 운명을 거부했다는不受命 공자의 평가입니다. 운명에 대한 저항, 아무래도 자공에 대한 좋은 칭찬인 듯합니다.

不受命 ◦ 운명을 받아들이지 말고 저항하여 너의 운명을 만들어라!

무시당한 자공

자공왈 아불욕인지가저아야 오역욕무가저인 자왈 사야 비이소급야
子貢曰 我不欲人之加諸我也 吾亦欲無加諸人 子曰 賜也 非爾所及也

자공이 말했다. "저는 다른 사람이 나에게 가해지기를 원치 않는 것을 나 또한 다른 사람에게 가하지 않으려 합니다." 공자가 (그 말을 듣고) 말했다. "자공아! 네가 말할 수 있는 수준이 아니다!"

공자는 《논어》 여러 곳에서 자공에 대하여 무시하는 말을 합니다. 제자 안회랑 비교도 안 된다고 한 적도 있고, 제사에 쓰이는 좋은 그릇 정도는 되나 성숙된 군자는 아니라는 말도 합니다. 이번에도 자공에 대하여 쓴소리를 합니다. 자공이 남이 나에게 하지 않기를 바라는 것을 나 또한 남에게 하지 않겠다고 하자 공자는 "네가 언급할 수준이 아니다非爾所及"라고 일축합니다.

제자가 어렵게 자신의 각오를 말하는데 네 수준이 아니라고 일축하는 선생님은 좀 야박하게 느껴지기까지도 합니다. 물론 자공이 말한 것은 참 어려운 수준입니다. 역지사지易地思之의 마음으로 내가 원하지 않는 것을 남에게 하지 않겠다는 것은 공자가 그토록 강조한 인仁을 체득한 사람의 경지라고 할 수 있습니다. 제자로서 그런 각오를 다지고 목표는 세울 수 있습니다. 남이 나를 무시하는 것을 싫어하듯이 나도 남을 무시하지 않겠다는 각오가 뭐 그리 대단한 것이라고 스승이 제자에게 그렇게 면박을 주는지 이해가 안 가는 면도 있습니다. 어쨌든 자공은 스승인 공자에게 미운털이 박힌 것은 확실합니다. 자공이 공자가 죽고 6년 동안 공자의 무덤을 지킬 것을 공자가 미리 알았더라면 이렇게 야박한 말은 안 했을 것이란 상상을 해봅니다.

아불욕
我不欲 ◦ 내가 하고 싶지 않은 것을 남에게 강요하지 말라!

가(加): 가하다 | 저(諸): –에게 | 이(爾): 너 | 급(及): –에 미치다

자공이 보고 배운 것

자공왈 부자지문장 가득이문야 부자지언성여천도 불가득이문야
子貢曰 夫子之文章 可得而聞也 夫子之言性與天道 不可得而聞也

자공이 말했다. "선생님의 삶의 모습은 내가 직접 보고 배울 수 있었지만 선생님이 (보이지 않는) 인성과 천도를 말씀하신 것은 들을 수가 없었다."

문장文章은 우리가 요즘 사용하는 의미의 문장sentence이 아닙니다. 문장은 사람이 살아가는 삶의 문양紋樣입니다. "그 사람 문장이 참 좋다!"라는 말은 그 사람이 살아가는 삶의 문양이 참 아름답다는 의미입니다. 공자는 제자들에게 자신의 일상의 살아가는 삶의 문양을 그대로 보여주었습니다. 보이지 않는 어렵고 기이한 형이상학적인 이야기는 잘 하지 않았습니다. 공자가 죽고 나서 자공은 선생님夫子이 어떤 문양文章을 갖고 사셨는지 직접 볼 수 있었지만 인간의 본성性이나 하늘의 도리天道 같은 보이지 않는 주제에 대한 말씀은 들을 수 없었다고 회고하고 있습니다.

자공이 이 말을 했을 때는 스승인 공자가 돌아가셨을 때인 것 같습니다. 성性이나 천도天道는 보이지 않는 인간의 본성이나 하늘의 원리 같은 관념론적인 이야기입니다. 공자는 자신의 삶을 통하여 제자들을 교육했습니다. 인간이 어떻게 살아야 하는지에 대한 삶의 태도나 방식에 더욱 교육의 주안점을 둔 것입니다. 지식의 전달이 아니라 스승의 삶의 방식을 보여주는 것이 유교식 교육입니다.

문장
文章 ◦ 사람은 지식이 아닌 삶의 문양으로 평가받아야 한다!

자로子路는 공자의 제자 중에서 힘과 용기가 출중했던 인물입니다. 공자보다 9살 적었으며 제자들 중에서 최연장자로 알려져 있습니다. 원래는 거리의 무뢰한 출신이었으나 공자를 만나서 개과천선하여 공자 옆에서 공자를 경호하고 지켜주던 제자가 되었습니다. 외부 사람들은 공자의 제자 중에서 자공과 자로를 가장 많이 알아주었습니다. 공자를 누군가 욕하거나 해치려 하면 자로가 나서서 해결했습니다. 공자는 자로가 위나라 내란에 잘못 연루되어 죽음을 선택했다는 소식을 들었을 때 자로의 죽음을 애도하며, 자로가 내 제자로 들어온 이후 나를 해치려는 자가 없어졌다고 말합니다. 그만큼 자로의 자리는 공자에게 컸습니다. 공자의 좋은 말을 들으면 바로 실천하려고 노력했던 자로. 비록 거칠었지만 순순한 열정과 강한 실천력으로 훗날 많은 사람들이 기억하는 공자의 제자가 되었습니다. 자로의 이야기로 들어가보겠습니다.

자로의 용기와 절제

자왈 도불행 승부 부우해 종아자 기유여 자로 문지희
子曰 "道不行 乘桴 浮于海 從我者 其由與" 子路 聞之喜

공자가 말했다. "도가 세상에 행하여지지 않는구나! 조각배를 타고 바다 건너 떠나고 싶구나! 나를 쫓아올 제자는 자로밖에 없을 것이다!" 자로가 공자의 그 이야기를 듣고 기분 좋아했다.

자왈 유야 호용과아 무소취재
子曰 由也 好勇過我 無所取材

공자가 말했다. "자로야! 너는 용기는 나보다 앞서지만 그 용기를 잘 재단할 줄 모르는구나!"

공자는 자신이 살고 있는 곳에서 도가 더 이상 행해질 수 없음道不行에 실망합니다. 산동 출신이었던 공자는 동쪽으로 가서 조각배를 타고 바다를 지나 다른 곳으로 떠날 생각을 합니다. 아마도 실제 배를 타고 떠났다면 인천 앞바다에 도착했을 것입니다. 그때 자신을 쫓아올 사람은 용기 있는 자로由뿐이라고 말합니다. 그 말을 듣고 좋아 어쩔 줄 모르던 자로에게 공자는 한마디 던집니다. 용기勇는 자신보다 낫지만, 그 용기를 어떻게 써야 하는지는 모른다는 것입니다.

용기는 필요한 곳에 제대로 썼을 때 큰 힘을 발휘합니다. 남을 해치는 데 쓰면 용기는 폭력이 됩니다. 자로는 용맹은 출중하지만 그 용맹을 컨트롤할 줄 모른다는 것입니다. 공자는 용기가 앞서는 자로가 결국 그것 때문에 제명에 죽지 못할 것이라 예언했고, 결국 위나라 내란에 자로가 잘못 끼어들어 의미 없는 죽음을 당하게 됩니다. 공자의 제자 중에서 가장 용맹스런 제자였던 자로, 그는 공자의 충실한 경호실장이었습니다.

도불행
道不行 ◦ 도가 행해지지 않는 세상, 어디론가 멀리 떠나고 싶구나!

부(桴): 나무로 만든 작은 배 | 희(喜): 기뻐하다 | 유(由): 제자 자로의 이름 | 취재(取材): 재단裁하다

실천의 용기

자로 유문 미지능행 유공유문
子路 有聞 未之能行 唯恐有聞

자로는 좋은 이야기를 듣고 자신이 그것을 실행하고 있지 않다고 생각하면 오직 좋은 이야기를 또 들을까 걱정했다.

문聞은 좋은 이야기를 듣는 것입니다. 좋은 이야기를 듣고 그것을 삶에 반영하여 실천하는 사람이 진정 용기 있는 사람입니다. 머리에 들은 것은 많은데, 제대로 삶에 반영되어 있지 않고, 오로지 지식으로만 가지고 있다면 제대로 배운 사람이라고 할 수 없습니다.

자로는 실천가였고 행동가였습니다. 그래서 선생님의 좋은 이야기나 가르침을 들으면 반드시 실천하려고 노력했습니다. 이런 실천의 용기는 공자의 제자들 중에 자로가 가장 뛰어났습니다. 자로는 한 가지를 들으면, 그것을 완전히 실천하고 그다음에 배움을 찾았습니다. 자로는 협객 출신이라 명예를 소중히 여겼습니다. 자신이 옳다고 생각하면 곧바로 실행에 옮기는 제자였기에 공자의 문하생들은 자로를 존중했습니다. 자로는 성격이 급하기는 했지만 우직하게 배움을 실천하는 사람이었습니다.

학벌도 좋고, 책도 많이 읽고, 아는 것은 많은데 하나도 그의 삶에 반영되어 있지 않다면 그것을 배움이라 할 수 없습니다. 좋은 말을 들었으면 바로 실천하는 것이 유교의 지행합일知行合一 철학입니다.

유문능행
有聞能行 ◦ 좋은 말을 들었으면 실천하라!

부끄럽지 않을 용기

자왈 의폐온포 여의호학자 입이불치자 기유야여
子曰 衣敝縕袍 與衣狐貉者 立而不恥者 其由也與

공자가 말했다. "다 해진 솜옷을 입고 여우와 담비 가죽옷 입고 있는 (부유한) 사람과 서 있어도 부끄럽게 생각하지 않을 제자는 아마도 자로일 것이다."

불기불구 하용부장
不忮不求 何用不臧

"(부유한 자를) 해치지도 않고 탐내지도 않는다면 훌륭하다고 하지 않겠는가?"

자로 종신송지 자왈 시도야 하족이장
子路 終身誦之 子曰 是道也 何足以臧

자로가 (그 이야기를 듣고) 평생 외우려고 했다. 공자가 말했다. "이런 도道만으로 어찌 훌륭하다고 하겠는가?"

공자의 제자 자로는 협객 출신이었습니다. 용기와 강한 힘을 갖고 있었던 자로는 비록 다 떨어지고 해진敝 솜옷縕袍을 입고 있어도 여우狐와 담비貉 가죽을 입고 있는 부자에게 주눅 들거나 부끄러워恥 하지 않았습니다. 자신이 힘이 세다고 부자를 해치거나忮 빼앗으려고求도 하지 않았습니다.

공자는 이런 자로를 훌륭하다臧고 칭찬했는데 자로는 너무 기뻐서 공자의 말씀을 가슴에 새기며 외우고 다녔습니다. 그러나 공자는 그것만으로는 도道를 깨우치기에 부족하다고 말한 것입니다. 권력자와 부자 앞에서 주눅 들지 않을 배짱을 가진 자로, 그는 선비의 배짱 있는 영혼을 가진 제자였습니다.

입이불치
立而不恥 ◦ 부자와 마주 보고 서서 한 치의 부끄러움도 갖지 마라!

폐(敝): 해지다 | 온(縕): 헌솜 | 포(袍): 솜옷 | 호(狐): 여우 | 학(貉): 담비 | 기(忮): 해치다 |
장(臧): 착하다, 훌륭하다

자로의 실행력

자왈 편언가이절옥자 기유야여 자로 무숙낙
子曰 片言可以折獄者 其由也與 子路 無宿諾

공자가 말했다. "한마디 말로 송사를 끝낼 수 있는 사람은 자로밖에 없을 것이다. 자로는 자신이 승낙한 것을 하루 이상 지체하는 일이 없었다."

자로는 공자의 제자였지만 당시 사람들에게 많이 알려진 인물이었습니다. 공자와 함께 14년간의 긴 유랑생활을 함께했던 자로는 천성이 거칠고 용맹을 좋아했던 사람입니다. 그가 처음 공자를 만났을 때는 공자를 조롱했습니다. 그러나 공자가 끝까지 예를 다해 자로를 대하자 감복하여 예물을 올리고 공자의 제자로 정식 입문했습니다.

자로는 워낙 용맹이 뛰어나 그가 한마디만 하면 송사는 바로 끝났습니다. 그가 판결한 결과를 받아들이지 않으면 가만 두지 않았기 때문입니다. 그는 누구의 부탁을 받고 본인이 승낙한 것이면 하루를 넘기지 않았습니다. 차일피일 미루지 않고 바로 그 일을 해결하려고 했기 때문입니다. 자로는 확실히 솔직하고 단순한 사람이었지만 정직하고 용기 있는 사람이었습니다. 자로는 위나라 왕위 찬탈 싸움에 잘못 끼어들어 결국 정상적인 죽음을 맞이하지 못했습니다. 그러나 자로라는 제자가 있음으로 인해서 공자의 색깔을 더욱 다양하게 만들어주었습니다.

편언절옥
片言折獄 ◦ 한마디 말로도 옳고 그른 것을 가리고 판결할 수 있는 용기

절(折): 부수다 | 옥(獄): 송사

안연, 자공, 자로를 제외하고《논어》에 나오는 다른 제자들의 이야기를 모았습니다. 증자와 민자건은《논어》에 자주 언급되긴 하지만 기타 제자로 분류했습니다. 제자 중에는 공자의 사위도 있고 조카사위도 있습니다. 때로는 부자가 함께 공자의 제자가 되기도 했습니다. 9살 어린 자로가 공자의 나이에 근접해 있고, 다른 제자들은 공자보다 나이가 한참 어린 제자들입니다. 증자는 공자의 도통을 이은 수제자로 알려져 있고, 민자건은 효행으로 공자의 문하에서 존경을 받은 제자입니다. 염옹은 천민 출신으로 공자의 제자가 되어 군자의 칭호를 얻었습니다. 재여는 뛰어난 능력을 지녔지만 공자에게 가장 많은 욕을 얻어먹은 제자였습니다. 공자와 인생을 같이했던 제자들의 이야기로 들어가보겠습니다.

자식의 의무를 다한 증자

曾子有疾 召門弟子曰 啓予足 啓予手 詩云 戰戰兢兢 如臨深淵 如履薄氷 而今而後 吾知免夫 小子

증자曾子가 병이 들어 문하의 제자들을 불러 모아놓고 말했다. "(이불을 걷어) 내 발과 내 손을 보아라! 어느 시詩에 '전쟁에 임한 듯이 두려워하고 경계하라! 깊은 연못에 이른 듯이 조심하라! 얇은 얼음을 밟듯이 조심하라!' 이런 구절이 있는데 지금에서야 나는 (부모님이 주신 몸을 잘 보존할) 책임에서 벗어남을 알겠구나, 제자들아!"

'전전긍긍戰戰兢兢'이라는 단어는 익숙합니다. 두려움에 떨며 안절부절 못할 때 "전전긍긍한다"고 말합니다. 이 구절의 원전은 《시경詩經》이고, 그 구절을 증자가 다시 인용하여 제자들에게 말한 것입니다. 깊은深 연못淵에 가면臨 물에 빠질까 전전긍긍하고, 얇은薄 얼음氷을 밟으면履 얼음이 깨질까 전전긍긍합니다. 증자는 부모님이 내게 주신 몸을 혹시라도 훼손할까 두려워 떨었던 것입니다. 그래서 그는 병疾이 위중하여 죽기 전에 제자들을 불러召서 이불을 걷고啓 자신의 발足과 손手을 보라고 말했던 것입니다. 나는 부모님이 주신 이 몸을 잘 보존하기 위하여 평생 전전긍긍하며 조심스럽게 살았고, 이제 죽음을 앞두고 그 보존의 임무에서 벗어날免 수 있게 되었다는 것입니다.

증자는 내 몸이 내 것만이 아니라 부모님이 주신 소중한 것이라고 생각했습니다. 그러니 잘 보존하여 사용하다가 저 세상으로 가는 것이 자식의 신체 사용 의무라고 생각했던 것입니다. 효도가 부모의 마음을 헤아리는 것이라면, 부모님이 주신 몸을 잘 보존하며 살다 가는 것이 효도의 시작입니다. 내 몸을 함부로 하지 않아야 할 이유가 충분히 있습니다.

戰戰兢兢 ◦ 부모님이 물려주신 몸, 전쟁에 임한 듯이 늘 조심하고 소중히 여겨라!

계(啓): 열다 | 전전(戰戰): 두려워하다 | 긍긍(兢兢): 경계하다 | 리(履): 밟다 | 박(薄): 엷다 |
면(免): 책임을 면하다 | 소자(小子): 스승이 제자를 부르는 말

임종을 앞둔 증자

증자유질 맹경자문지 증자언왈 조지장사 기명야애 인지장사 기언야선
曾子有疾 孟敬子問之 曾子言曰 鳥之將死 其鳴也哀 人之將死 其言也善

증자가 병이 들었는데 맹경자가 문병을 했다. 증자가 말했다. "새가 죽기 직전에는 그 울음이 슬프고, 사람이 죽기 직전에는 그 말이 착한 법입니다."

군자소귀호도자삼 동용모 사원포만의 정안색 사근신의 출사기 사원비배의
君子所貴乎道者三 動容貌 斯遠暴慢矣 正顏色 斯近信矣 出辭氣 斯遠鄙倍矣

"군자가 소중하게 여겨야 할 도道가 세 가지가 있습니다. 몸가짐은 사납고 오만함을 멀리해야 하고, 얼굴 표정은 진실이 있어야 하고, 말할 때는 속되고 도리에 어긋난 말을 멀리해야 합니다."

변두지사즉유사존
籩豆之事則有司存

"제기를 놓는 그런 (구체적인) 일들은 전문가들이 있으니 (제기 더 이상 말하지 않겠습니다.)"

새鳥가 죽기死 직전將에는 울음鳴이 슬프고哀, 사람이 죽기 직전에는 말言이 착善하다는 구절이 가슴에 와 닿습니다. 결국 죽음은 인간을 선하고 정직한 존재로 만드는 것일까요? 물론 어떤 사람은 죽기 직전까지도 거짓과 위선 가득한 채로 살다 가기도 합니다. 그래도 죽음을 앞두고 인간은 태어날 때 그 모습, 그 순수하고 착한 존재로 돌아가게 되나 봅니다.

당시 노나라 귀족인 맹경자孟敬子가 문병을 오자 증자는 평생 자신이 소중하다고 생각했던 세 가지 도道를 들려줍니다. 내 몸짓容貌이 사납고 오만하지 않았기를, 내 얼굴顏色이 믿음 가득했기를, 내 말辭氣이 속되거나 상식에 위배되지 않았기를 바라며 인생을 살았다는 것입니다. 제기籩豆를 놓는 일 같은 지식적이고 기능적인 것들은 전문가有司에게 맡기고 나는 내 행동과 표정과 말 한마디에 더욱 신중하게 최선을 다해 살았다는 것입니다. 참 아름다운 《논어》의 구절입니다. 죽음을 앞둔 증자의 애절한 말이 가슴에 더욱 다가옵니다.

인지장사 기언야선
人之將死 其言也善 ◦ 사람이 죽을 때가 되면 그 사람의 말이 선해진다.

장(將): 막 –하려 한다 | 포(暴): 사납다 | 만(慢): 오만하다 | 사(辭): 말 | 비(鄙): 비천하다 | 배(倍): 어긋나다

개천에서 용 난 제자, 염옹

자위중궁왈 이우지자 성차각 수욕물용 산천 기사저
子謂仲弓曰 犁牛之子 騂且角 雖欲勿用 山川 其舍諸

공자가 제자 중궁을 평가하며 말했다. "얼룩소의 새끼가 붉고 뿔이 있다면 비록 (제사에) 사용하지 않으려고 해도 산천(의 신령)이 그 제물을 거부하겠는가?"

공자의 제자 중에 염冉씨 집안 세 형제가 있습니다. 그중의 둘째가 염옹입니다. 큰형은 나병으로 죽은 염경冉耕이고, 동생은 계씨 집안의 가신이 된 염구冉求입니다. 염옹은 공자에게 안회와 더불어 칭찬을 가장 많이 받은 제자입니다. 비천한 집안에서 행실이 나쁜 아버지 밑에서 자랐지만 그의 덕행과 인품은 공자의 제자 중에서 가장 알아주는 사람이었습니다. 그러나 당시 사람들은 염옹이 미천한 집안 출신이라는 것 때문에 그의 능력을 과소평가했습니다. 그때 공자는 출신만으로 사람을 평가해서는 안 된다고 한 것입니다.

얼룩소犁友는 천한 신분의 부모를 비유한 것이고, 붉고騂 뿔角이 있다는 것은 제물로 바쳐지는 귀한 붉은 황소를 비유합니다. 얼룩소의 새끼가 붉은 황소가 되었다면 산천山川의 신령이 그 제물을 출신이 안 좋다고 거부舍하지 않을 것이라고 말하면서 인간의 위대한 변화 가능성에 대하여 강조하고 있습니다. 공자는 노력하면 누구나 용이 될 수 있다고 생각했습니다. 개천에서 용이 날 수 있다고 생각하는 사회는 아직 희망이 있는 사회입니다.

이우지자
犁牛之子 ◦ 얼룩소가 잘생긴 붉은 황소를 낳았다면
하늘이 그 황소를 버리지 않을 것이다!

이(犁): 얼룩소 | 성(騂): 붉은 소 | 각(角): 뿔 | 사(舍): 버리다捨와 같은 뜻 | 저(諸): 어조사 |
중궁(仲弓): 공자의 제자 염옹의 자字

염옹의 눌변

혹왈 옹야 인이불녕
或曰 雍也 仁而不佞

누군가 공자에게 말했다. "당신 제자 옹은 인仁을 체득했으나 말재주는 없는 것 같습니다."

자왈 언용녕 어인이구급 누증어인 불지기인 언용녕
子曰 焉用佞 禦人以口給 屢憎於人 不知其仁 焉用佞

공자가 말했다. "어찌 말 잘하는 것이 중요하겠는가? 사람을 상대할 때 그저 말로만 상대하려 한다면 자주 사람들의 미움을 살 것이다. 내 제자 옹이 인仁을 체득한 지는 확신할 수는 없지만 어찌 말 잘하는 것이 중요한 것이겠느냐?"

염옹은 행정에 뛰어난 능력을 갖고 있었습니다. 제자 안회와 더불어 공자에게 가장 높은 평가를 받았던 제자였습니다. 심지어 임금의 자리에 올라도 손색이 없다고 할 정도로 공자는 염옹을 칭찬했습니다. 누군가 공자에게 염옹이 인仁을 체득했지만 말은 잘 못한다고 평가했습니다.

공자는 인간에 대한 평가에 말 잘하는 것은 쓸 데가 없다고 말합니다. 그저 사람들을 상대할 때 입으로만 잘 대처하면 결국 사람들에게 자주 미움을 사게 된다는 것입니다.

공자는 말言보다 실천行을 더욱 중요시 여기는 사람입니다. 말을 줄이고 실천을 소중히 여기며 살아야 한다는 것이죠. 그래서 사람 평가에는 말 잘하는 것이 중요하지 않다는 것입니다. 다만 제자 옹雍이 인을 체득했다는 것에 대하여는 동의하지 않습니다. 그만큼 인을 완전히 체득하는 것은 쉽지 않다는 것입니다. 공자가 유일하게 자신의 제자 중에서 인을 체득한 사람이라고 인정했다면 아마도 31살의 젊은 나이에 일찍 죽은 제자 안회顔回일 것입니다.

언·용·영
焉用佞 ◦ 어찌 인간이 말 잘하는 것만으로 인생을 살려 하는가?

옹(雍): 공자의 제자 염유冉有의 이름 행정에 뛰어났다 | 영(佞): 말 잘하다 | 언(焉): 어찌 | 어(禦): 상대하다 | 급(給): 공급하다

염옹의 군왕 자질

자 왈 옹 야 가 사 남 면 중 궁 문 자 상 백 자 자 왈 가 야 간
子曰 雍也 可使南面 仲弓 問子桑伯子 子曰 可也簡

공자가 말했다. "옹아! 너는 군왕 노릇도 할 수 있겠다!" 중궁(옹)이 묻기를 "자상백자는 어떻습니까?" 공자가 말하기를 "가능은 하지만 너무 간략하구나!"

중 궁 왈 거 경 이 행 간 이 림 기 민 불 역 가 호 거 간 이 행 간 무 내 태 간 호
仲弓曰 居敬而行簡 以臨其民 不亦可乎 居簡而行簡 無乃大簡乎

중궁이 말하기를 "공경함을 기반으로 간략한 정치를 실행하여 백성에 다가가면 또한 가능하지 않겠습니까? 간략함을 기반으로 간략한 정치를 실행하는 것은 너무 간략한 것이 아니겠는지요?"

자 왈 옹 지 언 연
子曰 雍之言然

공자가 말했다. "옹아! 네 말이 옳다!"

공자는 염옹을 임금 역할南面을 맡겨도使 된다고 칭찬했습니다. 그러자 옹은 자상백자라는 사람도 그 역할을 할 수 있는지 물었고, 공자는 가능은 하겠지만 그의 정치 스타일이 너무 간략簡하다고 말합니다. 간략한簡 정치는 무간섭 방임 정치입니다. 법률과 통제를 최대한 줄이고 간략한 몇 가지의 원칙만을 가지고 하는 무위無爲 정치입니다. 그때 옹은 공경敬을 기반居한 간략한 정치로 백성에게 다가가면臨 가능할 수 있다고 말합니다. 다만 오로지 간략함만을 기반으로 정치를 하는 것은 문제라고 말합니다. 공자는 옹의 말에 전적으로 동의합니다.

최대한 간섭을 하지 않는 간략함의 정치는 도가철학에서 강조하는 정치 형태입니다. 자상백자는 도가적 성향의 인물입니다. 백성의 자율을 보장하고 그들의 자유의지를 인정해주는 정치입니다. 이런 정치 형태는 지도자의 도덕성에 기초하여 도덕과 예의를 숭상하고 그것을 따르지 않으면 제재하는 유가의 정치노선과 확연하게 구별이 됩니다.

행 간
行簡 ◦ 복잡함을 벗어 던지고 간략함으로 세상을 이끌어라!

옹(雍): 공자의 제자 중궁仲弓의 이름 | 남면(南面): 임금이 앉던 자리의 방향, 임금 노릇 | 간(簡): 단순함, 불간섭 정치

민자건의 효행

자 왈 효 재 민 자 건 인 불 간 어 기 부 모 곤 제 지 언
子曰 孝哉 閔子騫 人不間於其父母昆弟之言

공자가 말했다. "효자로구나 민자건이여! 사람들이 민자건의 부모형제들이 민자건을 칭찬하는 말에 이의를 달지 못하는구나!"

민자건의 이름은 손損입니다. 공자보다 15살 어렸으며 어려서부터 부모에게 학대를 받았다고 합니다. 그러나 덕행이 뛰어나 정성을 다하여 부모에게 효도했습니다. 부모에게 효도를 다하는 것은 유교의 중요한 가치입니다. 자신을 죽이려 한 아버지에게 효도한 순임금 역시 효의 표상으로 알려져 있습니다. 민손의 부모에 대한 효도는 스승인 공자에게로 확장되어 스승을 모실 때 부모처럼 모셨습니다. 그는 권력과 야합하려 하지 않았고, 자신의 자존심을 지키며 살려고 했던 사람입니다.

이런 민손에 대하여 공자는 덕행이 뛰어난 4명의 제자 중에 하나로 꼽고 있습니다. 공자는 민손을 효자라고 하면서 어느 누구도 민손의 부모와 형제들이 민손을 효자라고 칭찬하는 것에 대하여 이의를 제기하지 못할 것이라고 말하고 있습니다. 공자의 제자 중에 증자와 함께 효도로 이름을 날린 민손을 민閔씨의 조상으로 여기기도 합니다.

효 재
孝哉 ◦ 부모가 나에게 잘해주지 못했더라도 부모에게 최선을 다해 효도하라!

민자건의 거절

계씨사민자건 위비재 민자건왈 선위아사언 여유복아자 즉오필재문상의
季氏使閔子騫 爲費宰 閔子騫曰 善爲我辭焉 如有復我者 則吾必在汶上矣

계씨가 민자건을 비費 땅의 행정관으로 임명하려고 했다. 민자건이 그 이야기를 듣고 말했다. "나를 위해 거절한다고 잘 말해주시오! 만약 다시 나를 부르면 그때 나는 반드시 문汶수 강가에 있을 것이오!"

계씨는 노나라 귀족으로 공자의 제자 민자건을 비費 지역의 행정 책임자宰로 임명하려고 했습니다. 그때 민자건은 그 이야기를 전하러온 심부름꾼에게 거절辭한다는 뜻을 잘善 전해 달라고 합니다. 그럼에도 다시復 찾아오면 도망가서 문汶수 강가에 가서 숨어버린다는 것입니다.

당시 공자의 제자들이 대부분 관직에 나가는 것에 뜻을 갖고 있는 것과 비교해서 민자건은 부당한 정권에 참여할 관심이 없었습니다. 특히 민자건을 스카우트하려고 했던 계씨는 노나라 대부로서 강력한 힘으로 전횡을 일삼던 집안이었습니다. 민자건은 정치에도 관심이 없었지만 부당한 정권에서 벼슬할 생각은 전혀 없었습니다. 이런 전통은 동양의 지식인들이 관직에 나가지 않고 초야에 묻혀 자신의 뜻을 잘 보존하며 사는 태도에 많은 영향을 끼쳤습니다. 권력자가 돈과 지위를 주면서 불러도 함부로 나아가지 않는 영혼을 갖고 있다는 것이 선비들의 자존심이었습니다.

선위아사
善爲我辭 ◦ 나를 위해 정중히 거절한다고 잘 말해주시오!

사(辭): 사양하다 | 복(復): 되돌아오다 | 문(汶): 강 이름

민자건의 언행

노 인 위 장 부 민 자 건 왈 잉 구 관 여 지 하 하 필 개 작 자 왈 부 인 불 언 언 필 유 중
魯人爲長府 閔子騫 曰仍舊貫如之何 何必改作 子曰 夫人 不言 言必有中

노나라 사람들이 장부창고를 새로 지었다. 민자건이 말하기를 "옛것을 그대로 사용해도 될 텐데 어찌 새롭게 만들려고 하는가?" 공자가 말했다. "아, 민자건이란 사람은 말을 안 해 그렇지 말하면 반드시 사리에 맞는 말만 하는구나!"

노나라 귀족들이 장부長府라는 창고를 새로 호화롭게 건축했습니다. 민자건은 옛날 건물을 리모델링해서 사용하면 되지 왜 허물고 신축하여 경비와 인력을 낭비하느냐고 논평했습니다. 공자는 그 말을 듣고 민자건의 지적이 시의적절하다고 칭찬했습니다.

민자건은 원래 말이 없던 사람이었습니다. 덕행으로 잘 알려진 민자건은 정치적인 일이나 사회 이슈에 대하여 특별히 자신의 의견을 자주 개진하는 사람이 아니었던 것입니다. 그런데 창고 신축에 대하여 낭비라고 지적한 것입니다. 오래된 관공서라도 잘 수리해서 쓰면 되지 왜 많은 돈을 들여 호화청사를 신축하느냐는 비판이었습니다. 말수가 적었던 민자건이 적극적으로 자신의 의견을 개진한 것을 들은 공자는 그의 비평이 적중했다고 표현했습니다. 필중必中은 완전히 정확한 지적이라는 뜻입니다. 평소에 말이 없다가 말을 한마디 하면 맞는 말만 하는 사람을 필중이라고 합니다.

필 중
必中 ◦ 말을 안 해서 그렇지 말을 하면 반드시 맞는 말만 한다.

장부(長府): 창고 | 구관(舊貫): 옛날에 있는 그대로

공자 사위, 공야장

자위공야장 가처야 수재누설지중 비기죄야 이기자 처지
子謂公冶長 可妻也 雖在縲絏之中 非其罪也 以其子 妻之

공자가 제자 공야장에 대하여 말했다. "사위 삼을 만한 사람이다. 비록 지금은 감옥에 갇혀 있지만 직접 죄를 지어서 갇힌 것이 아니다" 하고는 자신의 딸을 시집보냈다.

공자에게는 리鯉라는 이름의 아들이 있었고 딸이 있었습니다. 공자는 자신의 딸을 감옥에 수감 중인 제자 공야중에게 시집보냈습니다. 옥중 결혼을 시킨 것입니다. 공야장이 비록 포승줄에 묶여 감옥 안에 갇혀 수감 생활을 하고 있지만 진짜 죄를 져서 갇힌 것이 아니라고 하면서 과감하게 자신의 딸을 시집보냈습니다. 공야장이 무슨 죄목으로 감옥에 갇혔는지는 모르지만 공자가 결코 죄를 져서 갇힌 것이 아니라고 하는 것을 보아 정치적 사건에 연루되었거나 억울하게 갇혀 있었나 봅니다. 일명 시국 사범이라고 할 수 있습니다.

딸을 둔 아버지로서 감옥에 있는 사람을 사위 삼는 것은 쉽지 않은 결정이었을 것입니다. 공자는 자신의 제자인 공야장에 대하여 자세히 알고 있었을 것입니다. 그래서 자신의 제자가 결백하다고 믿었기에 과감하게 딸을 시집보낼 수 있었을 것입니다. 공자의 사위는 시국사범으로 감옥에 갇힌 경력이 있는 전과자였습니다.

비기죄
非其罪 ∘ 그 사람이 죄가 없이 결백하면 믿어주어라!

처(妻): 시집보내다(사위로 삼다) | 누(縲): 포승줄 | 설(絏): 묶다

공자의 조카사위, 남용

자위남용 방유도 불폐 방무도 면어형륙 이기형지자 처지
子謂南容 邦有道 不廢 邦無道 免於刑戮 以其兄之子 妻之

공자가 제자 남용에 대하여 말했다. "나라에 도가 있을 때 쓰임을 당하고, 나라에 도가 없을 때 형벌에 연루되지 않은 사람이다!" 하고는 형님의 딸을 시집보냈다.

남용南容은 공자의 제자이자 조카사위입니다. 공자가 죽은 형님의 딸을 시집보내면서 한 이야기입니다. 나라가 잘 다스려질 때는 요직에 등용되어 버려지지 아니하고, 나라가 혼란할 때는 형벌을 받지 않고 성명을 보존하는 사람이기에 조카사위를 삼았다는 것입니다. 감옥에 있는 공자의 사위 공야장보다는 훨씬 좋은 조건입니다. 남용은 적어도 국가가 혼란할 때는 조용히 물러나 생명을 보존하는 사람입니다. 일반 사람 같으면 이런 사람을 자기 사위로 삼으려고 할 텐데 조카사위를 삼은 것을 보면 내 딸보다 조카딸을 더 챙기는 공자의 세심한 마음 씀씀이가 돋보입니다.

공자가 사람을 평가하는 방법은 결국 그 사람의 현재 모습이 아니라 본질을 보는 것이었습니다. 그 사람의 처지나 사회적 지위가 아니라 그 사람이 어떤 사람이냐는 것이 중요한 판단 기준이었던 것 같습니다. 어느 학교 출신, 현재 직업과 연봉은 얼마, 부모는 누구냐에 따라 사위를 고르지 않고 오로지 그 사람의 됨됨이를 보고 판단하는 공자의 사위 고르는 방법, 참 따라 하기 쉽지 않은 것 같습니다.

면어형륙
免於刑戮 ◦ 세상이 혼란할 때 형벌을 피할 수 있다면 지혜로운 사람이다.

방(邦): 나라 | 폐(廢): 버려지다 | 형륙(刑戮): 형벌을 받아 죽다

시를 읊어 공자의 조카사위가 된 제자

남용삼복백규 공자 이기형지자처지
南容三復白圭 孔子 以其兄之子妻之

남용이 (하루에) 세 번 반복해서 백규白圭 시를 읊으니 공자가 그의 형의 딸을 그에게 시집보냈다.

공자가 자신의 조카사위 남용을 평가하며 하는 말입니다. 남용은 처신을 잘하는 제자였습니다. 잘 다스려지는 시대에는 자신의 능력을 유감없이 발휘했지만, 혼란한 시대에는 조용히 물러나 자신의 몸을 보존했습니다. 그런 남용이 《시경》에 나오는 백규지점의 시를 하루에 세 번씩 읊으며 자신의 말을 조심하는 것을 보고 공자는 그를 조카사위로 삼은 것입니다.

남용이 읊었다는 백규지점의 시는 자신의 말을 늘 조심하라는 내용입니다. 세상을 살면서 큰 위기를 맞이하는 이유는 말조심을 하지 못하여 그런 경우가 많습니다. 아무런 생각 없이 말을 함부로 하다가 결국 어려운 상황을 맞이하게 됩니다. 죽은 형의 딸을 처신을 조심하는 제자에게 시집보낸 이유는 아버지 없는 조카딸을 잘 지켜주라는 당부가 담겨 있었을 것입니다.

백규지점 상가마야 사언지점 불가위야
白圭之玷 尙可磨也 斯言之玷 不可爲也

◦하얀 옥에 있는 티는 차라리 갈아 없앨 수 있지만
내가 하는 말의 티는 어찌할 수 없도다!

자천이 군자가 된 이유

자위자천 군자재 약인 노무군자자 사언취사
子謂子賤 君子哉 若人 魯無君子者 斯焉取斯

공자가 제자 자천에 대하여 평가했다. "군자로구나! 이 사람이여! 노나라에 군자가 없었다면 이 사람이 어떻게 이런 군자의 풍모를 배웠겠는가?"

자천의 이름은 복부제宓不齊로 공자보다 30살 어린 제자였습니다. 공자는 자천을 군자라고 칭찬하면서 자천이 군자가 된 이유는 노魯나라에 군자君子들이 많았기에 가능했다고 말합니다. 군자는 세련된 용모와 높은 성찰을 하고 있는 사람입니다. 학습과 인성이 모두 출중한 사람입니다. 이런 군자의 탄생은 그 지역에 이런 사람이 얼마나 많이 있느냐에 달려 있다는 것입니다.

주공周公의 영지인 노魯나라는 문명과 문화의 수준이 높은 나라로서 군자들이 많이 있는 나라이니 자천이란 사람이 이들의 영향을 받아 군자의 품격으로 성장할 수 있었다는 것입니다. 공자 역시 노나라 사람이니, 자신의 조국에 대한 애국심이 상당했던 것 같습니다. 한 인물의 성장은 그가 태어나고 자란 풍토와 사람들의 영향을 받습니다. 물론 개천에서 용이 날 수도 있지만, 용이 많이 나는 곳에서 용이 될 확률이 더 높을 수 있습니다. 맹자의 어머니가 맹자를 위해 세 번의 이사를 한 것도 그 동네의 환경을 고려한 결정이었을 것입니다.

군자재
君子哉 ◦ 주변에 군자가 많아야 그 사람이 군자가 되는구나!

자천(自賤): 공자의 제자로 천민 출신으로 추정 | 노(魯): 나라 이름, 공자의 조국 | 사(斯): 이것, 이 사람 | 언(焉): 어찌, 어떻게

공자가 포기한 제자, 재여

재여주침 자왈 후목 불가조야 분토지장 불가오야 어여여 하주
宰予晝寢 子曰 朽木 不可雕也 糞土之墻 不可杇也 於予與 何誅

공자의 제자 재여가 낮잠을 잤다. 공자가 말하기를 "썩은 나무는 다시 새길 수 없고, 무너진 담장은 다시 손질할 수 없다고 했는데, 내가 지금 (저 구제불능) 재여에게 무슨 벌을 주겠는가?"

자왈 시오어인야 청기언이신기행 금오어인야 청기언이관기행 어여여
子曰 始吾於人也 聽其言而信其行 今吾於人也 聽其言而觀其行 於予與
개시
改是

공자가 말했다. "처음에 나는 사람에 대하여 그 사람의 말을 듣고 그 사람의 행동도 그럴 것이라고 믿었다. 그런데 지금 나는 사람에 대하여 그 사람의 말을 듣고 그 사람의 행동을 보게 되었다. 이것은 재여 때문에 바뀐 것이다."

공자도 포기한 제자가 있습니다. 재여입니다. 공자도 사람인지라 싫으면 싫다고 내색을 했습니다. 웬만하면 자신이 가르친 제자를 욕하거나 싫다고 공개하지는 않는데, 얼마나 미웠으면 많은 사람 앞에서 재여를 욕했을지 상상을 해봅니다.

이 구절은 공자가 제자 재여宰予에게 불같이 화를 내며 욕을 하고 있는 장면입니다. 재여가 낮잠晝寢을 자는 것을 보고 공자는 썩은 나무朽木, 똥과 흙糞土으로 만든 무너진 담장墻이라고 욕을 합니다. 더 이상 다시 새길 수도, 흙손질할 수도 없다는 것은 구제 불능이라는 것입니다. 좀 과장되게 이야기하면 "이 썩을 놈아! 이 무너진 담장아! 넌 구제불능이다! 포기한다!" 이 정도 느낌입니다. 정말 그 사람을 포기하면 더 이상 아무 말도 하지 않고, 아무 벌誅도 주지 않게 됩니다.

공자는 자신이 가지고 있던 인간에 대한 신뢰마저 재여 때문에 무너졌다고 말합니다. 재여 이전에는 그 사람이 하는 말을 다 실천한다고 믿었는데 이제 더 이상 사람의 말을 믿지 않고 직접 그 사람의 행동을 보는 습관이 생겼다는 것입니다. 결국 인간에 대한 신뢰가 재여 때문에 깨졌다는 것입니다. 이 글을 읽다 보면 보통 인간의 감정을 가진 공자의 모습도 엿보이고, 제자에게 너무 실망하여 한탄하는 스승의 모습도 보입니다. 그런데 제자가 낮잠 잔 것 갖고 이렇게 불

같이 화를 내며 인간에 대한 신뢰까지 없어졌다고 한탄할 수 있을까 하는 의문도 생깁니다. 재여가 열심히 공부한다고 이야기 해놓고 실제로는 잠을 자고 있었다면 배신감이 들 수도 있을 것입니다. 왜 자식이 공부한다고 독서실 갔는데 부모가 먹을 것을 싸 가지고 독서실을 가보니 자식이 공부는 안 하고 잠을 자고 있었다면 실망하여 화가 났을 법도 합니다. 그래도 썩은 나무니, 무너진 담장이니 하면서 더 이상 인간을 신뢰하지 않겠다고 할 정도는 아니지 싶습니다. 무엇인가 공자가 이토록 화날 일이 있었을 것입니다. 그리고 낮잠 잔 것이 평소에 참았던 화가 폭발한 기폭제가 되었겠지요.

평소에 재여는 재주는 있고 말은 잘하나 공자의 가르침에 꼭 토를 단 제자였습니다. 부모의 상례는 3년 정도 애도의 기간이 필요하다고 공자가 말하자, 재여는 3년은 너무 긴 시간이니 1년 정도로 애도기간을 줄여야 한다고 토를 답니다. 이래저래 공자의 마음에 들지 않는 제자였습니다. 사람이 화를 크게 낼 때는 그 이전에 쌓인 감정이 반드시 있기 때문입니다. 궁금해집니다. 공자가 이토록 불같이 화를 낸 진짜 이유가 무엇이었는지 말입니다.

何誅(하주) ◦ 도저히 가르쳐도 어쩔 수 없는 사람에게 무슨 벌을 주겠는가?

침(寢): 잠자다 | 후(朽): 썩다 | 조(雕): 새기다 | 분(糞): 똥 | 오(杇): 흙을 벽에 바르다 | 주(誅): 벌을 주다

취직을 거절한 제자, 칠조개

자 사 칠 조 개 사 대 왈 오 사 지 미 능 신 자 열
子使漆雕開仕 對曰 吾斯之未能信 子說

공자가 제자 칠조개에게 (그만 졸업하고) 관직에 나가도 좋다고 권유했다. 칠조개가 대답하여 말하기를 "저는 아직 (관직에 나갈) 확신이 서지 않습니다." 공자가 그 말을 듣고 기뻐했다.

공자는 배움이 어느 수준에 이르면 세상에 나아가서 현실에 참여해야 한다고 생각했습니다. 공자가 제자 칠조개에게 취직仕해도 좋다는 말을 했을 때 칠조개는 아직 자신의 능력에 대해 확신이 서지 않는다고 대답합니다. 아직 자신의 능력이 안 되니 선생님에게 더 배우고 난 후에 나가겠다는 제자의 대답에 공자는 기뻐합니다. 공자와 그 제자들의 문답을 보고 있으면 참 흥미롭습니다. 이제는 졸업하고 취직해도 좋다고 권유하는 선생, 아직은 멀었다고 사양하는 제자, 그 말을 듣고 기뻐하는 선생, 참 재미있는 장면입니다.

유교적 세계관 중에 하나가 사양입니다. 왕이 세자에게 "나는 이제 왕을 그만하려 하니 세자가 내 왕위를 물려받아라!" 라고 하면 세자는 "저는 아직 아버님의 뒤를 이을 수준이 안 됩니다. 아버님께서 더 하셔야 마땅합니다!" 그러면 왕은 기분이 좋아집니다. 이런 장면은《조선왕조실록》에 자주 나오는 상황입니다. 유교적 세계관에서는 기본으로 세 번은 사양해야 합니다. 그래야 주는 사람도 받는 사람도 모두 행복하게 주고받을 수 있다는 것이지요. 요즘 아이들한테 용돈을 줄 때 "아니어요! 괜찮아요!" 하고 받으면 왠지 기특하게 생각되는 이유가 있는 것 같습니다.

미 능 신
未能信 ◦ 아직 확신이 서지 않기에 함부로 나서지 않겠다.

칠조개(漆雕開): 공자의 제자 | 사(仕): 벼슬하다 | 열(說): 기뻐하다

욕심 많은 제자, 신정

子曰 吾未見剛者 或對曰 申棖 子曰 棖也慾 焉得剛

(자왈 오미견강자 혹대왈 신정 자왈 정야욕 언득강)

공자가 말했다. "나는 정말 굳센 사람을 본 적이 없다." 누군가 "신정은요?"라고 대꾸했다. 공자가 말했다. "신정은 욕심이 많은 것이지 어찌 강하다고 할 수 있겠는가?"

굳세다剛는 것은 어떤 경우에도 자신의 소신을 굽히지 않는 강직함입니다. 정의를 위하여 목숨을 걸고 지키는 강한 신념을 가진 사람을 강직하다고 합니다. 공자는 난세에 그런 사람을 보고 싶었습니다. 그런데 당시 사람들은 정의의 실천은커녕 일신의 안위만을 걱정하며 소신을 버리고 살아갔나 봅니다.

공자가 한탄하고 있을 때 누군가 공자의 제자 신정申棖을 추천합니다. 신정이란 제자가 강직한 사람이라는 것입니다. 그런데 공자는 그가 욕망慾이 많은 사람이지 강직한 사람은 아니라고 일축합니다. 욕망이 있으면 강하게 보일 수도 있습니다. 명예욕, 권력욕, 부자가 되고 싶은 욕망을 위해 자신의 강한 소신으로 밀고 나가는 것이 강한 것으로 보일 수도 있기 때문입니다. 신정은 아마도 자신의 욕망을 달성하기 위하여 흔들리지 않는 강한 삶의 태도를 보여주었나 봅니다. 그래서 강한 사람으로 주변 사람들에게 보였을 것입니다. 그런데 공자는 그런 강함은 정의를 위한 소신이지 욕망을 위한 집념이 아니라는 것입니다. 제자 평가에 정말 후하지 않은 공자입니다.

焉得剛(언득강) ◦ 욕망이 강한 것을 어찌 강직한 것이라고 할 수 있겠는가?

언(焉): 어찌 | 강(剛): 굳세다 | 신정(申棖): 공자의 제자

공자의 월급 지급 원칙

자화시어제 염자위기모청속 자왈 여지부 청익 왈여지유 염자여지속오병
子華使於齊 冉子爲其母請粟 子曰 與之釜 請益 曰與之庾 冉子與之粟五秉

자화가 제나라에 공자의 심부름을 갔다. (공자의 경리담당) 염자가 사신으로 간 자화의 어머니를 위해 곡식을 주기를 청했다. 공자가 말하기를 "부釜를 주어라!" 좀 더 주기를 청하자 "유庾를 주어라!" 하니 염자가 그의 어머니에게 오병五秉의 곡식을 내어주었다.

자왈 적지적제야 승비마 의경구 오문지야 군자 주급 불계부
子曰 赤之適齊也 乘肥馬 衣輕裘 吾聞之也 君子 周急 不繼富

공자가 말하기를 "공서자화가 제나라로 갈 때에 살찐 말을 타고 가볍고 비싼 가죽옷을 입고 갔다고 들었다. 군자는 급한 사람은 두루 도와주지만 부자인 사람을 더 부자로 이어주지는 않는다."

원사위지재 여지속구백사
原思爲之宰 與之粟九百辭

원사가 공자의 행정관이 되자 그에게 곡식 900을 주었으나 사양했다.

자왈 무 이여이린리향당호
子曰 毋 以與爾隣里鄕黨乎

공자가 말했다. "사양하지 말라毋! 너희爾 이웃 마을 동네 사람들과 함께 나누어라!"

공자가 노나라 법무장관격인 사구司寇에 올랐을 때 그의 제자들에게 월급을 지급하는 일화 두 가지를 말하고 있습니다. 자화子華의 이름은 공서적입니다. 공자의 제자로 외교에 능했습니다. 공자의 심부름使으로 제齊 나라에 갔을 때 공자의 자금을 집행하는 염자冉子가 남아 있는 자화의 어머니를 위해 생활비로 곡식粟을 내어주기를 청했습니다. 염자는 공자가 주라고 한 양을 초과하여 자화의 어머니에게 지급했고, 공자는 자화가 원래 부자인데 또 곡식을 많이 줄 이유가 없다고 하면서 급急한 사람에게 마음을 써야지周, 원래 부자富한테 더 많은 것을 줄 이유가 없다고 말합니다.

공자는 그 사람의 처지를 기준으로 월급을 책정한 것 같습니다. 부자보다는 빈자에게 더 많은 돈이 지급되어야 한다고 생각한 것입니다. 능력 위주의 자본주의와 공동 분배의 사회주의의 어떤 이론하고도 맞지 않습니다. 그래도 개인의 처지를 고려하여 그 사람의 월급을 책정해야 한다는 공자의 생각은 상황을 중

요시 여기는 시중時中의 임금 지불 원칙이라고 할 수 있습니다.

원사原思 역시 공자의 제자였는데 공자의 행정관宰으로 근무하게 되었습니다. 공자는 그에게 대가로 곡식粟 900을 주었는데與 극구 사양했습니다. 공자는 사양하지 말라毋고 하면서 원사의 이웃隣, 동네里, 마을鄕, 고을黨 사람들과 함께 곡식을 나누라고 했습니다. 원사는 대가 없이 공자를 위해 일을 하겠다는 것이었는데 공자는 제자 원사가 살고 있는 이웃들의 힘든 사정을 알았기에 함께 나누라는 뜻으로 곡식을 많이 준 것입니다. 공서화를 심부름시킬 때 그의 어머니에게는 곡식을 많이 주지 말라고 했고, 원사에게는 많이 주라고 한 것은 '가난한 자에게는 많게 부자에게는 적게 준다'는 시중時中의 임금 지불 원칙을 그대로 시행한 것입니다. 요즘 대학에서 성적순으로 장학금을 주는 것이 아니라 그 학생의 집안 형편에 따라 지급하는 원칙과 유사한 지불 원칙입니다. 많이 버는 사람에게 세금을 많이 걷고, 적게 버는 사람에게는 적게 과세하는 원칙과도 유사한 것 같습니다.

공자는 변치 않는 고정된 원칙을 반대합니다. 개개인의 상황에 따라 유연하게 대처하고 조정하는 것이 군자의 아름다운 판단이라는 것입니다. 때로는 너무 자의적 판단에 균형을 잃을 수도 있지만 그래도 개개인의 상황을 고려한 공평한 판단의 정신입니다.

주급불계부
周急不繼富 ◦ 급하고 힘든 사람에게 더 많이 주어라!
부자에게 더 줄 이유는 없다!

자화(子華): 공자의 제자. 성姓은 공서公西 이름은 적赤, 외교에 능했다 | 원사(原思): 공자의 제자. 이름은 헌憲, 공자의 행정관으로 근무 | 시(使): 심부름 가다 | 부(釜): 곡식의 단위. 6말 4되 | 유(庾): 용량의 단위. 16말 | 병(秉): 용량의 단위. 16섬 | 적(適): 가다 | 구(裘): 가죽옷 | 주(周): 두루 미치다, 구제하다

내 고향 꿈 많은 젊은이들

子在陳 曰歸與 歸與 吾黨之小子狂簡 斐然成章 不知所以裁之
(자재진 왈귀여 귀여 오당지소자광간 비연성장 부지소이재지)

공자가 진陳나라에 있을 때 말했다. "돌아가리라! 돌아가리라! 내 고향 젊은이들은 꿈은 높고 실행력은 떨어지지만 그래도 찬란하게 빛나는 포부가 있도다! 다만 그 포부를 어떻게 재단할지 모르는구나."

공자는 자신의 꿈을 실현하고자 천하를 두루 다녔으나 실행되지 못함을 한탄했습니다. 특히 진陳나라에 있을 때는 몸과 마음이 완전히 지쳐버렸을 때입니다. 그래서 고향인 조국 노魯나라 고향으로 돌아가겠다고歸 말합니다. 타지에 나와 살다가 내 꿈을 실현할 수 없다고 생각하면 고향으로 돌아가겠다는 말을 많이 합니다. 그래도 고향에는 나를 반겨줄 사람들이 있고 나를 알아줄 이웃이 있기 때문입니다.

공자의 조국 노魯나라는 비록 작은 나라였지만 주周나라의 정통성을 계승했다는 자부심이 있었습니다. 고향의 젊은이들은 포부가 컸습니다. 그러나 그 포부를 실현할 수 있는 실행력은 떨어졌습니다. 공자는 그런 젊은이들에게 다시 희망을 걸고 싶었습니다. 자신의 꿈을 어떻게 실현할지 구체적인 실행 방안은 모르지만 그래도 찬란하게 빛나는 포부를 가지고 있다는 것만으로도 가능성이 있었기 때문입니다. 공자는 젊은이들이 희망만 있다면 얼마든지 가능성이 있다고 생각했습니다. 지금 당장 구체적인 실행력은 떨어지더라도 잘 가르치면 자신을 대신할 훌륭한 인재로 만들 수 있다고 본 것입니다. 비록 실행은 서툴고 엉성해도 큰 꿈을 잃지 않고 사는 젊은이들을 응원합니다.

裁(재) ◦ 꿈 많은 젊은이여! 너의 큰 꿈을 잘 재단하여 실천하라!

당(黨): 마을, 고향 | 소자(小子): 젊은이 | 광간(狂簡): 포부는 크지만狂 실행력이 떨어지는簡 | 비(斐): 찬란하다 | 재(裁): 재단하다

비운의 제자, 염경

백 우 유 질 자 문 지 자 유 집 기 수 왈 무 지 명 의 부 사 인 야 이 유 사 질 야
伯牛有疾 子問之 自牖 執其手曰 亡之 命矣夫 斯人也而有斯疾也
사 인 야 이 유 사 질 야
斯人也而有斯疾也

백우가 병에 걸렸다. 공자가 문병을 가서 창문을 통해 백우의 손을 잡고 말했다. "이럴 리가 없다! 운명인가 보다! 이 사람이 이런 병에 걸리다니! 이 사람이 이런 병에 걸리다니!"

백우伯牛는 공자의 제자 염경冉耕입니다. 공자의 제자, 염冉씨 삼형제 중 첫째입니다. 덕행이 높아 많은 사람들의 존경을 받던 제자였습니다. 그런데 심각한 병病에 걸렸습니다. 아마도 나병癩病인 듯합니다. 공자가 문병問을 가서 남쪽 창문牖으로 손手을 내밀어 잡고 비통하게 말씀하신 내용입니다. 도저히 회복될 기미가 없는 제자의 병문안을 하며 있을 수 없는亡 운명命이라고 외치며 슬퍼합니다.

참 안타까운 장면입니다. 사랑하는 제자가 몹쓸 중병에 걸려 누워 있는 것을 애통해하는 스승, 내 제자가 이런 병에 걸릴 리가 없다는 스승의 오열에 가슴이 짠해집니다. 부모가 자식이 아프면 마음이 아프듯이, 스승도 제자가 아프면 가슴이 아픈 것은 당연한 이치인가 봅니다. 못 믿겠다는 듯이 이斯 사람人이 이런斯 병疾에 걸릴 리가 없다며 반복하는 공자의 슬픔을 짐작해봅니다.

명 의 부
命矣夫 ◦ 하늘의 운명이로구나!

문(問): 문병하다 | 유(牖): 창(남쪽) | 무(亡): 무無와 같은 뜻

인성이 모자란 제자, 자장

자장 15

자유왈 오우장야 위난능야 연이미인

子游曰 吾友張也 爲難能也 然而未仁

자유가 말했다. "내 친구 자장은 어려운 것은 능력이 있어 잘하지만, 그러나 인仁하지는 않다."

자장 16

증자왈 당당호 장야 난여병위인의

曾子曰 堂堂乎 張也 難與並爲仁矣

증자가 말했다. "당당하구나! 자장이여! 그러나 함께 인을 실천하기는 어려운 사람이다."

자장의 이름은 전손사顓孫師입니다. 공자보다 48세 연하이며 출세에 대한 욕망이 강한 제자였습니다. 공자는 자장을 편벽되고 치우치는 단점이 있다고 지적했습니다.

자장은《논어》에 여러 차례 언급됩니다. 공자에게 벼슬을 구하는 방법을 물은 적이 있는 것을 보아 출세에 대하여 관심이 많았던 제자입니다. 또한 유명해지는 것이 통달한다고 생각하여 공자에게 물은 적이 있습니다. 명예에 대한 욕심도 많았던 사람입니다.

자장은 능력은 출중했으나 인성에는 문제가 있었나 봅니다. 주변의 친구들에게 그리 좋은 평가를 받지 못하고 있습니다. 자유는 자장을 어려운 문제를 해결하는 능력은 있으나 인성은 좋지 않다고 평가합니다. 증자는 자장을 어디에서든 당당하게 일처리를 하는 사람이지만 인성에 있어서 같이 행하기는 어려운 사람이라고 평가합니다. 공자와 동료 제자들의 자장에 대한 평가를 종합해보면 능력과 실력은 있으나, 인성과 공평함은 떨어지는 사람입니다. 인성 없이 능력만 있다고 훌륭한 인재라고 여기지 않았던 것은 예나 지금이나 별 차이가 없는 것 같습니다.

미인
未仁 ◦ 능력은 있으나 인성을 안 갖추면 인재라고 할 수 없다.

제자들과 수업시간 풍경

민자시측 은은여야 자로항항여야 염유자공간간여야 자락
閔子侍側 誾誾如也 子路行行如也 冉有子貢侃侃如也 子樂

민자건이 공자 옆에서 모실 때엔 은은히 공손했고, 자로는 항항히 씩씩했고, 염구와 자공은 간간히 유쾌했다. 공자는 그런 제자들의 모습을 기뻐했다.

약유야 부득기사연
若由也 不得其死然

공자가 말했다. "자로 같은 제자는 제명에 죽지 못할 것이다."

공자는 제자들 때문에 행복했습니다. 제자들과 함께 앉아 인생의 행복에 대하여 이야기하기도 하고, 정치와 정치가들에 대한 품평도 했습니다. 역사 속의 지도자들과 인물에 대한 이야기, 사회적 이슈에 대한 열띤 토론도 벌였습니다.

어느 날 제자들과 이야기를 나누고 있었습니다. 민자건, 자로, 염유, 자공과 함께 모여 있는 장면을 사진 찍어놓은 듯한 풍경이 상상이 됩니다. 공손하게 앉아 있는 민자건, 씩씩하게 옆에서 지켜보는 자로, 그 옆에 자공과 염유가 유쾌하게 웃고 있습니다. 그 중심에 있는 공자는 너무나 행복한 모습입니다. 이 장면은 그림으로 그려도 좋고 사진으로 만들어도 좋을 것 같습니다. 참 행복하고 아름다운 공자와 제자들이 함께 있는 장면입니다.

그런데 공자의 한마디가 분위기를 써늘하게 만듭니다. "자로는 제명에 죽지 못할 것이다!" 갑자기 왜 이런 말을 했을까요? 너무 씩씩하게 앉아 있는 자로를 보며 그런 생각이 들었던 걸까요? 실제로 자로는 제명에 죽지 못했습니다. 왕위 싸움에 잘못 끼어들어 처참한 죽음을 당했습니다. 여하간 묘하게 여운이 남는 공자와 그 제자들의 수업 장면입니다.

락
樂 ◦ 즐겨라! 인생의 모든 순간을!

은은(誾誾): 공손한 모양 | 항항(行行): 굳세고 강직한 모양 | 간간(侃侃): 유쾌한 모양

제자들의 단점

시 야 우 삼 야 노 사 야 벽 유 야 언
柴也愚 參也魯 師也辟 由也喭

자고는 어리석고, 증삼은 미련하고, 자장은 치우치고, 자로는 거칠다.

제자들의 단점에 대하여 적은 글입니다. 누가 왜 이렇게 제자들에 대하여 단점을 지적했는지는 안 나와 있지만, 아무래도 가까이서 보고 가르친 공자의 제자들에 대한 평가일 듯합니다. 제자들의 생활기록부에 나와 있는 선생인 공자가 평가한 내용입니다.

자고는 어리석다고 적고 있습니다. 키가 150센티 정도밖에 안 되었다고 하는데 공자의 그림자도 밟지 않은 우직한 면이 있었지만 다른 관점에서 보면 어리석은 면입니다. 증자는 효도를 실천했으나 미련하다고 평가합니다. 자장은 뛰어난 머리와 실력은 있었으나 치우친 편견이 있었습니다. 자로는 용기는 가상하나 너무 거칠었다고 평가합니다. 선생이 제자의 장점만 적는 것도 좋지만 그들이 가지고 있는 단점을 이야기함으로써 스스로 고쳐나갈 수 있는 길을 열어준 것이 아닌가 싶습니다. 공자의 제자 평가는 칭찬 일색이 아닙니다. 오히려 단점을 부각함으로써 개선의 기회를 주었던 것입니다.

우 노 벽 언
愚魯辟喭 ◦ 어리석고, 둔하고, 치우치고, 거친 단점을 고쳐야 한다.

시(柴): 자고子羔의 이름 | 삼(參): 증자의 이름 | 사(師): 자장子張의 이름 | 유(由): 자로의 이름 |
노(魯): 노둔하다 | 벽(辟): 편벽하다 | 언(喭): 거칠다

제자들의 장점

계 강 자 문 중 유 가 사 종 정 야 여 자 왈 유 야 과 어 종 정 호 하 유
季康子問 仲由 可使從政也與 子曰 由也果 於從政乎何有

계강자가 묻기를 "자로는 정치를 맡길 만합니까?" 공자가 말하기를 "자로는 과감하니 정치를 할 때 무슨 어려움이 있겠는가?"

왈 사 야 가 사 종 정 야 여 왈 사 야 달 어 종 정 호 하 유
曰賜也 可使從政也與 曰賜也達 於從政乎何有

"그렇다면 자공은 정치를 맡길 만합니까?" 공자가 말하기를 "자공은 통달했으니 정치를 할 때 무슨 어려움이 있겠는가?"

왈 구 야 가 사 종 정 야 여 왈 구 야 예 어 종 정 호 하 유
曰求也 可使從政也與 曰求也藝 於從政乎何有

"그렇다면 염유는 정치를 맡길 만합니까?" 공자가 말했다. "염유는 기예가 있으니 정치를 할 때 무슨 어려움이 있겠는가?"

정치인에게는 청렴, 능력, 비전 제시, 과감한 판단, 조정 능력 등 다양한 능력이 요구됩니다. 공자의 제자들은 정치인으로서 각자의 능력을 갖추고 있었습니다. 어느 귀족이 공자의 제자들을 거명하며 정치할 능력從政이 있냐고 묻자 공자는 제자들의 장점을 하나하나 열거하며 충분히 능력이 있다고 말합니다. 자로仲由는 과감한 실행력果, 자공賜은 사리에 통달한 능력達, 염유求는 뛰어난 재능藝이 있어 각자의 장점을 살려 정치를 하는 데 문제가 없다는 것입니다. 물론 이런 것들을 다 가지고 있으면 금상첨화이겠지만 정치는 자신의 전문성과 능력을 잘 발휘하면 충분히 할 수 있다는 것이 공자의 생각이었습니다. 공자는 제자들의 단점과 장점을 정확히 알고 있는 스승이었습니다.

과 달 예
果達藝 ◦ 정치인의 자격: 과감성, 통달, 전문성

과(果): 굳세다, 과감하다 | 달(達): 사리에 통달하다 | 예(藝): 재능

공자의 제자 평가

맹 무 백 문 자 로 인 호 자 왈 부 지 야
孟無伯問 子路仁乎 子曰 不知也

맹무백이 묻기를 "자로는 인仁을 체득했습니까?" 공자가 말하기를 "모르겠습니다."

우 문 자 왈 유 야 천 승 지 국 가 사 치 기 부 야 부 지 기 인 야
又問 子曰 由也 千乘之國 可使治其賦也 不知其仁也

(맹무백이) 재차 물으니 공자가 답하기를 "자로는 천 대의 수레를 동원할 수 있는 나라 규모에서 군대를 지휘하는 총사령관을 시킬 능력은 되나 자로가 인仁을 체득했는지는 알 수는 없습니다."

구 야 하 여 자 왈 구 야 천 실 지 읍 백 승 지 가 가 사 위 지 재 야 부 지 기 인 야
求也 何如 子曰 求也 千室之邑 百乘之家 可使爲之宰也 不知其仁也

(맹무백이 묻기를) "그러면 제자 염구는 어떻습니까?" 공자가 말하기를 "염구는 천 가구가 사는 도시나 백 대의 수레를 동원할 수 있는 나라 규모에서 그에게 행정을 맡길 능력은 되나 염구가 인仁을 체득했는지는 알 수 없습니다."

적 야 하 여 자 왈 적 야 속 대 립 어 조 가 사 여 빈 객 언 야 부 지 기 인 야
赤也 何如 子曰 赤也 束帶立於朝 可使與賓客言也 不知其仁也

(맹무백이 묻기를) "그러면 제자 공서화는 어떻습니까?" 공자가 말하기를 "공서화는 조정에서 관복을 입고 외교사절을 접대할 능력은 되나 적이 인仁을 체득했는지는 알 수 없습니다."

맹무백은 당시 귀족이었습니다. 공자에게 제자들 중에 누가 인仁을 체득한 제자인지를 물었을 때 공자는 어느 누구도 인을 체득한 제자가 없다고 말합니다. 자로는 용맹하니 제후국 규모의 군대賦를 지휘할 능력은 있고, 염구는 행정에 능력이 있으니 조그만 도시나 나라 규모에서 행정 책임자宰의 능력은 되고, 공서화는 외교에 능력이 있으니 관복을 차려입고 외교사절賓客을 접대할 능력은 되지만 어느 누구도 인仁을 체득한 제자라고 하기에는 부족하다는 것입니다.

인은 공자가 추구하던 최고의 가치였습니다. 결국 어느 한 가지 재주는 있지만 통합적 성숙의 극치인 인을 체득한 제자는 없다는 것입니다. 선생이 제자에 대하여 객관적으로 평가하는 것은 좋으나 그래도 너무 야박하다는 생각은 듭니다. 어쩌면 귀족이었던 맹무백은 제자들 중에 등용하여 쓸 제자를 찾으려고 물었을 수도 있습니다. 회사 CEO가 학교 총장에게 쓸 만한 제자가 있는지 추천해 달라고 하는 것이지요. 요즘 제자들을 취직시키려고 성적을 후하게 주고, 제자

추천서를 직접 거창하게 써주는 교수와 비교하면 공자는 너무 박합니다.

공자는 자신의 생각을 속이고 과장하지 않는 사람이었습니다. 제자들의 재능은 인정하나 아직 완벽하게 성숙한仁 사람은 없다고 생각했는지 제자들 모두 한 가지 재주는 있지만 통합적으로 완성된 제자는 없다는 것입니다. 공자가 완벽하다고 칭찬한 제자는 오직 한 명, 안회 말고는 없는 것 같습니다. 불행하게도 31살의 나이에 요절한 안회 이외는 어느 누구도 인을 체득한 제자가 없다고 공자는 말합니다.

부 지 기 인
不知其仁 ◦그 사람이 정말 인(仁)을 완전하게 체득한 사람인지는 알 수 없다.

유(由): 제자 자로 | 구(求): 제자 염구 | 적(赤): 제자 공서화 | 부(賦): 징집된 군대 | 재(宰): 행정 책임자 | 속대(束帶): 관복을 입다 | 빈객(賓客): 외교사절

| 에필로그 |

《1일 1강 논어 강독》을 마치면서

코로나19는 사회적으로 많은 변화를 가져오는 계기가 되었지만, 저에게도 큰 변화의 시간을 갖게 했습니다. 강의가 모두 취소되어 오두막에서 논어를 다듬을 시간이 그만큼 많아졌습니다. 코로나19는 저를 힘들게 하기도 했지만 돌이켜보면 큰 축복이었습니다. 팔배나무 아래 오두막에 머물며 자연을 벗 삼아 놀면서 논어 498개 문장을 더 깊이 들여다볼 기회를 주었기 때문입니다. 세상에 어떤 일이든 완벽하게 행복이거나 불행은 없습니다. 행복 뒤에 재앙이 따라오고, 불행 뒤에는 행복이 미소 짓고 있습니다. 사마천은 49세에 궁형을 당하여 모든 일정을 취소하고 저술에 집중하여 55만 글자의 《사기》를 완성할 수 있었고, 다산은 40세에 유배를 당하여 저술에만 전념할 수 있었습니다. 공자에게 닥친 56세의 명예퇴직은 새로운 시대를 여는 유교 철학의 기반이 만들어진 계기가 되었습니다. 비록 고난의 14년간 유랑이었지만 제자들과 길거리 현장에서 더 깊이 토론하고 체험할 수 있는 시간을 얻었기 때문입니다. 한 인간의 인생에 닥친 역경이란 긴 호흡으로 보면 결코 나쁜 일만은 아님이 분명합니다.

논어를 9개 항목으로 분류하여 새롭게 편집하고 완역하겠다는 생각으로 시작한 《1일 1강 논어 강독》을 다 지어놓고 보니 여기저기 새롭게 고치고 싶은 곳이 한두 곳이 아닙니다. 어떤 일이든지 다 끝내놓고 나면 남는 아쉬움이 있습니다. 그러나 지나간 것은 지나간 대로 의미가 있는 법, 아쉬움을 밑천으로 다음 번에 더 멋지게 재편집할 수 있다는 기대로 부끄러움을 무릅쓰고 세상에 내놓습니다. 이 책을 읽는 독자들의 새로운 아이디어와 가르침을 간절히 기다리고 있을 뿐입니다. 학습, 성찰, 관계, 사랑, 예악, 군자, 인재, 정치, 공자와 제자들, 9개 항목으로 논어의 전체 내용을 담는 것에 대하여도 독자들의 의견과 조언을 기다립니다. 책을 읽다가 의문점이나 오류를 찾아내신 분이라면 바로 저에게 이메일로 보내주신다면 감사의 온정을 잊지 않겠습니다.

《논어》를 끝내고 노자 도덕경 번역에 들어갔습니다. 작년에는 히말라야 여행을 하면서 노자를 가슴에 더 깊이 새길 수 있는 시간도 가졌습니다. 다음에 나올 《1일 1강 도덕경 강독》도 독자 여러분들이 많은 관심 가져 주시기 바랍니다. 이제 저도 공자가 조국 노나라를 떠나 천하를 유랑하기 시작했던 나이가 되었습니다. 이제 그동안 가슴 깊숙이 새겼던 고전을 책 속의 글로 새기는 유랑의 길을 떠나려고 합니다. 중요한 것은 그동안 관행처럼 해오던 순차적 번역은 피하려고 합니다. 이미 현명한 학자들이 수천 년 동안 뛰어난 번역을 해놓았기에 아무리 애를 쓴다고 해도 그분들의 번역을 뛰어넘기는 쉽지 않다는 것을 잘 알고 있기 때문입니다. 《1일 1강 논어 강독》이 해체와 새로운 조립이라는 과정을 겪었듯이 다음에 나올 책도 이 프로세스를 거쳐 나올 것입니다. 고전의 원래 의미를 살리되 시대정신과 요구에 부합되는 번역을 통하여 미래의 대안을 제시하는 것이 저의 바람입니다. 이제 잠시 모든 생각을 멈추고 오두막집을 수리하는 시간을 가져야 할 것 같습니다.